HISTOIRE

DE LA

GUERRE FRANCO-PRUSSIENNE

HISTOIRE

DE LA

GUERRE FRANCO-PRUSSIENNE

ET DE

SES ORIGINES

PAR

ALFRED MICHIELS

Avec dix belles Gravures tirées hors texte

CHUTE DE L'EMPIRE

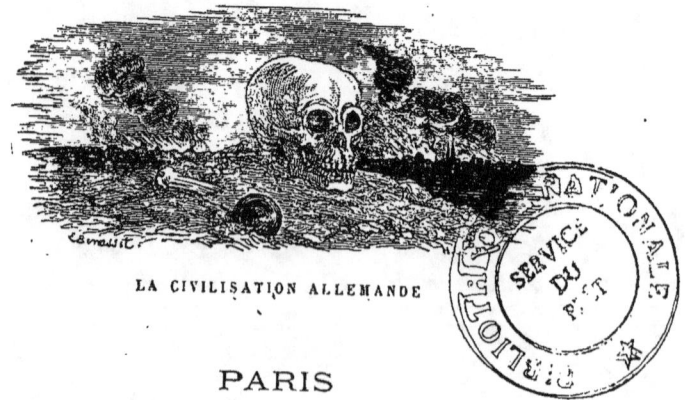

LA CIVILISATION ALLEMANDE

PARIS

A. PICARD
Libraire-Éditeur, rue Bonaparte, 82

E. DENTU
Palais-Royal, Galerie d'Orléans, 17 et 19

1872

Tous droits réservés.

FAMILLE EXTERMINÉE PAR UNE BOMBE,
DANS UNE CAVE DE STRASBOURG.

HISTOIRE

DE LA

GUERRE FRANCO-PRUSSIENNE

PRÉAMBULE

Commencer l'histoire de cette lutte affreuse aux premières escarmouches diplomatiques, aux premiers mouvements des armées, ce serait vouloir n'y rien comprendre. Elle n'a pas été allumée par une colère soudaine, par un accident imprévu, par un accès d'enthousiasme irréfléchi : elle couvait depuis longtemps, elle fermentait dans l'ombre, comme une substance redoutable, qui devait produire à la fin une explosion terrible. Analyser ce travail occulte, signaler les causes d'une guerre préparée si astucieusement par l'Allemagne, c'est un devoir, une nécessité pour l'historien. Le passage suivant d'un article publié dans la *Gazette de Cologne*, le 25 août 1870, et réimprimé le lendemain dans la *Gazette de l'Allemagne du Nord*, interprète du comte de Bismarck, fera entrevoir les canaux lointains d'où sont sorties, comme un liquide empoisonné, les catastrophes de 1870 et 1871, qui en produiront elles-mêmes de plus graves encore :

« Le sentiment général en Allemagne s'oppose maintenant à toute paix qui ne prémunirait pas définitivement l'Europe contre la prépondérance de la France. Il faut que son rôle finisse à présent, une fois pour toutes. Ce que l'Europe s'était proposé en 1813 et 1815, l'Allemagne toute seule doit l'accomplir aujourd'hui. Ce n'est pas à un homme, à une dynastie, à une forme de gouvernement que nous faisons la guerre; nous la faisons au peuple français tout entier; parce que, depuis trois siècles, il a cherché par tous les moyens à gouverner le monde. »

Ainsi l'envie, la basse envie, cette grande passion germanique, a été la première cause de la guerre : on voulait abaisser la France, usurper sa place en Europe. L'Allemagne victorieuse croit-elle que les positions soient changées ? Croit-elle avoir soustrait à sa rivale la direction des esprits, avoir annulé son influence en Europe ? Qu'elle se détrompe. Elle a sournoisement accablé un peuple malheureux, désorganisé par la plus sotte et la plus vile administration : elle l'a décimé, pillé avec une bassesse inouïe; elle le rançonne avec une immonde cupidité, mais elle n'a pas pris sa place. Les nations prépondérantes sont celles qui débattent les questions vitales d'une époque, les problèmes décisifs pour le sort de l'humanité, au point de développement où elle est parvenue. La France a eu le malheur de tomber entre les mains d'un stupide coupe-jarret, secondé longtemps par toute l'Europe. Mais dans son abaissement passager, comme dans son infortune, elle exprime seule des idées d'avenir, elle émet, elle dégage seule, au milieu de la lutte et de la souffrance, les principes qui règleront prochainement les destins du monde. La sotte Allemagne ne trouve rien, ne produit rien. Avant d'attaquer le Danemark, l'Autriche, la France, quelle devise a-t-elle inscrite sur ses bannières? Quelles théories précieuses, quelles vérités inconnues son génie a-t-il découvertes? Elle a ramassé dans les fanges de la barbarie deux maximes odieuses : *la Force prime le Droit;* — *l'Astuce et le Mensonge priment la Vérité;* elle a ouvertement proclamé l'abolition de la justice, de la conscience et de l'honneur. Et elle se figure qu'elle va dominer le monde avec ce beau système? Elle croit avoir pour toujours anéanti la morale? Quelle rebutante folie! Combien ce pauvre Laharpe, qui pourtant n'avait pas un génie transcendant, voyait plus clair et était mieux inspiré, quand il écrivait :

La force n'est un droit qu'aux yeux de l'insensé.

L'Allemagne s'en apercevra plus tôt qu'elle ne pense : ce n'est pas sa bravoure qui maintiendra son ascendant, car elle s'est battue avec un excès de prudence, bien éloigné du vrai courage et de la fierté chevaleresque. Ses troupes songeaient plus au butin qu'à la gloire, étaient plus préoccupées de se garantir que de s'illustrer. Elles n'auraient pas dit, comme les anciens : *Aut mors, aut vita decora* (ou la mort, ou une vie honorable). La mort, les héros teutoniques ne la défient guère, s'en soucient très-peu; la dignité de leur personne et de leur conduite les intéresse moins encore.

Ce qui les intéresse et les touche, c'est de remplir leurs poches, de vider les maisons, de forcer les caisses, d'emballer les pendules, de dévaliser les caves, de fouiller les jardins, de piller les armoires et les commodes, pour envoyer des souvenirs à leurs bien-aimées. Ces hordes sentimentales ont besoin de souvenirs, et les langoureuses Allemandes ne s'effarouchent point des taches de sang, qui peuvent maculer les objets de toilette qu'on leur expédie.

Elles n'en porteront pas avec moins de plaisir ces joyaux sinistres, elles n'en minauderont pas moins sous ces funèbres parures. Voilà comment se révèlent au monde le patriotisme germanique, la grandeur et la noblesse de la race allemande!

15 juin 1871.

LIVRE PREMIER

LES ILLUSIONS ET LES PROVOCATIONS

CHAPITRE PREMIER

LES FAUX-ALLEMANDS : LA RELIGION.

Il y a des livres qui sont une malédiction pour un pays. Les erreurs qu'ils accréditent produisent les conséquences les plus funestes : c'est comme un arbre homicide, une espèce de *bohon upas,* d'où sortent des émanations pernicieuses, d'où tombent des fruits empoisonnés. Tel a été pour la France l'ouvrage de Mme De Stael, intitulé : *De l'Allemagne.* Jamais publication aussi fatale n'a dénaturé un sujet, peint de fausses couleurs une race humaine. Les Allemands décrits dans cette œuvre malheureuse sont des personnages chimériques; on leur prête des vertus qu'ils n'ont pas, une science qu'ils n'ont pas, des talents qu'ils n'ont jamais eus. Les événements de l'histoire y sont défigurés comme le caractère de la nation. Ce livre est un mirage perpétuel; on dirait un des châteaux magiques, où pénètrent les chevaliers des anciennes légendes, monuments trompeurs qui s'évanouissent quand on prononce certaines formules, car ils ne sont qu'apparence et illusion.

L'ouvrage, par malheur, a eu dans toute l'Europe un succès immense, a exercé une action proportionnée à la faveur désastreuse qu'il obtenait. Écrit en haine de l'Empire, pour flatter les adversaires de Napoléon Ier, quand l'étoile du grand capitaine penchait vers son déclin, la haine lui servit de parure et de caution, le chaperonna, lui mit au front une couronne d'innocence. On accueillit comme une vierge pure l'œuvre perfide et mensongère. Quand la police impériale fit saisir et détruire la première édition, la lettre où le duc de Rovigo signifiait à l'auteur une sentence de bannissement, contenait ce passage qui révolta Mme de Stael : « Votre exil est une conséquence naturelle de la marche que vous suivez depuis plusieurs années. Il m'a paru que l'air de ce pays-ci ne vous convenait point, et nous n'en sommes pas encore réduits à chercher des modèles dans les peuples que vous admirez.

» Votre dernier ouvrage n'est point français : c'est moi qui en ai arrêté l'impression. Je regrette la perte qu'il va faire éprouver au libraire, mais il ne m'est pas possible de le laisser paraître. »

Le duc de Rovigo n'était pas un savant ; il ne connaissait pas l'Allemagne, que personne du reste ne connaissait alors. S'il avait eu des renseignements fidèles sur ce triste pays et sur ses habitants, il aurait pu ajouter : « — Votre publication n'est pas seulement un livre hostile à la France, c'est en outre un odieux recueil d'impostures. Vous y falsifiez l'histoire avec une audace révoltante et une coupable opiniâtreté. Les faits les plus avérés, les plus positifs, vous les niez ; les observations les plus flagrantes que suggère l'étude, vous les repoussez dans l'ombre. Vous mettez à la place des chimères, des contes d'enfant, d'absurdes inventions. Vos Allemands de fantaisie n'ont aucune réalité. Ce sont des charges sérieuses, des caprices d'artiste, offerts en spectacle pour dénigrer la France, pour l'outrager par opposition, en prêtant à un peuple voisin des talents fictifs et des vertus imaginaires. »

En s'exprimant ainsi, le duc de Rovigo n'aurait fait que dire l'exacte vérité. Non content de détruire les exemplaires déjà imprimés du livre *De l'Allemagne*, le général Savary, ministre de la police, intima l'ordre à Mme De Stael d'en livrer le manuscrit. Quelque respect que mérite en général la liberté de la presse, il est regrettable que les feuilles pernicieuses n'aient pas été anéanties, que l'ouvrage, supprimé en 1810, ait pu reparaître à Londres en 1813. La France n'aurait pas été livrée aux hordes barbares, qui ont avili même la guerre, qui ont déshonoré le succès et révolté la conscience humaine; l'Europe avertie, au lieu d'être hébétée, n'aurait pas laissé des troupes frénétiques décimer une nation illustre, saccager le grand centre de la civilisation européenne, préparer aux lâches spectateurs de ces crimes un lugubre avenir, proclamer enfin sans pudeur la sainteté de la ruse et le droit divin du carnage, LE TOUT A PROPOS D'UNE CANDIDATURE AU TRÔNE D'ESPAGNE !

Comment une femme d'un aussi grand mérite que Mme De Stael, qui exprime partout les plus nobles sentiments, a-t-elle pu se laisser entraîner à commettre un pareil méfait littéraire? Heureusement pour sa mémoire, ce n'est pas elle qui l'a commis; elle l'a *subi*, elle a été le jouet et la dupe de quatre fourbes, soudoyés par la maison d'Autriche et par la Prusse pour l'abuser, pour lui fournir des renseignements trompeurs, des notes mensongères, pour masquer à ses yeux l'Allemagne véritable et faire poser devant elle une fausse Allemagne, minaudante et souriante, hypocrite et fardée. Mme De Stael voyageait de châteaux en châteaux, de salons en salons; elle n'est jamais entrée dans une cabane, dans une ferme, dans une guinguette, dans une brasserie, dans une salle d'université ; elle n'a jamais vu le peuple allemand ; elle n'a vu, elle n'a fréquenté que les seigneurs et les banquiers d'outre-Rhin. Et l'histoire d'Allemagne, croyez-vous qu'elle l'eût apprise là où il faut l'apprendre, c'est-à-dire dans les documents, non dans les manuels scolaires, dans les livres autorisés, où elle est travestie de la manière la plus audacieuse, avec une inflexible régularité ? Est-ce qu'elle avait jamais feuilleté un recueil diplomatique, lu un texte original, fouillé des archives ? Le temps énorme qu'elle consacrait au monde, qu'elle gaspillait en conversations, ne le lui permettait pas. Elle n'aurait donc pu écrire un ouvrage comme son livre *De l'Allemagne*, sans qu'on lui préparât la besogne, sans qu'on lui fournît des notes, et c'est là que l'hypocrisie allemande l'attendait.

Les quatre individus apostés pour l'éblouir, pour la duper et la fourvoyer, se nommaient Guillaume et Frédéric Schlegel, Jean de Muller, Zacharias Werner. Guillaume Schlegel la suivait partout : il était son ami, son commensal, son parasite, le précepteur de son fils Auguste ; Frédéric Schlegel, afin d'obtenir une place de professeur à Vienne, en 1808, avait tout à coup, en une semaine, changé de foi et de communion, abjuré le protestantisme, embrassé le catholicisme ; Jean de Muller, le démocrate suisse, avait pactisé avec le despotisme prussien ; Zacharias Werner était un illuminé hagard, un pieux libertin, qui déclamait aussi dans une chaire, sur les bords du Danube, en faveur du moyen-âge, de l'autorité absolue, de l'empire allemand et de l'infaillibilité allemande.

Les renseignements prétendus que ces quatre affidés lui communiquaient de vive voix, ou lui apportaient plus ou moins soigneusement écrits, Mme De Stael n'avait aucun moyen de les contrôler. Elle n'en suspectait point l'exactitude, elle les acceptait de confiance ; mais il lui serait venu des doutes, qu'elle n'aurait pu les vérifier. Elle répercuta d'une manière ingénue, dans son beau style, les voix insidieuses qui la trompaient, et elle trompa l'Europe.

Un jour, par exemple, le coquet Frédéric Schlegel, ou Zacharias Werner, l'apôtre licencieux, à la pâle figure de spectre, aux yeux égarés, lui apportait des notes sur la religion en Allemagne, et la fille de Necker prenait sa plume, écrivait des passages comme les suivants, qu'un homme bien informé lit avec un étonnement inexprimable :

« Les nations de race germanique sont toutes naturellement religieuses ; et le zèle de ce sentiment a fait naître plusieurs guerres dans leur sein. Cependant, en Allemagne surtout, l'on est plus porté à l'enthousiasme qu'au fanatisme. L'esprit de secte doit se manifester sous diverses formes, dans un pays où l'activité de la pensée est la première de toutes ; mais d'ordinaire, on n'y mêle pas les discussions théologiques aux passions humaines ; et les diverses opinions, en fait de religion, ne sortent pas de ce monde idéal, où règne une paix sublime.

» Cette expression : c'est *divin*, qui est passée en usage pour vanter les beautés de la nature et de l'art, cette expression est une croyance parmi les Allemands ; ce n'est point par indifférence qu'ils sont tolérants, c'est parce qu'ils ont de l'universalité dans leur manière de voir et de sentir la religion.

» En lisant les détails de la mort de Jean Huss et de Jérôme de Prague, les précurseurs de la Réformation, on voit un exemple frappant de ce qui caractérise les chefs du protestantisme en Allemagne, la réunion d'une foi vive avec l'esprit d'examen. Leur raison n'a point fait tort à leur croyance, ni leur croyance à leur raison ; et leurs facultés morales ont agi toujours ensemble.

» La religion catholique est plus tolérante en Allemagne que dans tout autre pays. La paix de Westphalie ayant fixé les droits des différentes religions, elles ne craignent plus leurs envahissements mutuels ; et d'ailleurs le mélange des cultes, dans un grand nombre de villes, a nécessairement amené l'occasion de se voir et de se juger. Dans les opinions religieuses, comme dans les opinions politiques, on se fait de ses adversaires un fantôme, qui se dissipe presque toujours par leur présence ; la sympathie nous montre un semblable dans celui qu'on croyait son ennemi. »

Supposons à Mme De Stael les connaissances qui lui manquaient, supposons que l'étude l'eût familiarisée avec l'histoire d'Allemagne, et qu'elle eût promené sur le manuscrit menteur un clairvoyant regard. Elle eût été prise de colère, sans le moindre doute, et elle aurait dit, ou elle aurait éprouvé la tentation de dire à son hypocrite auxiliaire : « Eh ! quoi, maître fourbe, je me trompe, néo-catholique béat, vous avez l'audace de m'offrir comme des renseignements véridiques ces absurdes billevesées, ces faux rapports, ces contes invraisemblables ? Où avez-vous été chercher ces fictions ? Vous voulez sans doute me faire tomber dans un piège et tromper le monde par ma voix, en exploitant ma renommée ? Combien vous donne-t-on pour cette manœuvre déloyale ?

» Comment, vous venez me dire que les Allemands ne sont pas portés au fanatisme, ne mêlent point aux controverses théologiques les passions humaines, et que les esprits, en fait de religion, ne quittent jamais, au delà du Rhin, ce monde idéal où règne une paix sublime ? Vous prétendez que les populations germaniques sont tolérantes par élévation d'esprit, par grandeur de sentiment, par l'universalité de leur manière de voir ? Vous affirmez que la doctrine catholique est plus indulgente en Allemagne que partout ailleurs, et que toute lutte a cessé entre les diverses communions depuis la paix de Westphalie? Vous me donnez comme types du réformateur de sang teutonique Jean Huss et Jérôme de Prague, qui étaient des Bohêmes en horreur aux Allemands et que les Allemands ont brûlés? Il n'y a pas un mot de vrai dans ces notes perfides, vous le savez bien, et je ne puis revenir de l'étonnement que me cause votre audace.

» Pour débuter par le commencement, où la fureur des passions religieuses s'est-elle manifestée avec une violence plus impitoyable, que dans la lutte de l'orthodoxie allemande contre les innovations de Jean Huss et Jérôme de Prague, cités par vous comme des Germains? Ils avaient pu prêcher impunément leurs doctrines dans leur pays natal, y faire un grand nombre d'adeptes et y conquérir de vives amitiés. Ce fut un prince allemand, ce fut l'empereur Sigismond, qui somma Jean Huss de comparaître devant les prélats réunis à Constance, pour y justifier ses maximes. Afin de le rassurer, de l'attirer au concile par le vain espoir de faire triompher ses opinions, il lui octroya un sauf-conduit, où il annonçait qu'il venait d'étendre sur lui sa protection et celle de l'Empire, où il le recommandait à tous et à chacun de ses sujets en particulier, « désirant, ajoûtait-il, que vous le receviez bien et le traitiez favorablement, lui fournissant tout ce qui lui sera nécessaire pour hâter et assurer son voyage, tant par eau que par terre, sans rien recevoir ni de lui ni des siens aux entrées et aux sorties, pour quelque motif que ce soit, et vous invitant à le laisser librement et sûrement *passer, demeurer, s'arrêter et retourner*, en le pourvoyant même, s'il est besoin, de bons passe-ports, pour l'honneur et le respect de la majesté impériale (1). » Trois illustres barons, qui avaient foi non-seulement dans la parole, mais dans

---

(1) *Hussitenkrieg*, par Zacharias Théobald, p. 41 et 42.

l'orthodoxie de Jean Huss, le suivirent au bord du lac de Constance, pour le protéger et lui donner une marque publique d'intérêt, Jean de Chlum, Henri de Latzenboch et Wenceslas Duba.

Comment fut respectée cette promesse solennelle? Comment l'esprit de tolérance, attribué à l'Allemagne, se révéla-t-il dans cette imposante circonstance, où un tribunal européen, moitié ecclésiastique, moitié laïque, devait juger un docteur célèbre? L'occasion était belle pour faire preuve de patience et de générosité. Un seul homme, depuis que le moyen-âge penchait vers sa fin, avait aussi vivement appelé sur lui l'attention du monde, en examinant et critiquant les principes de l'Église, les mœurs du clergé, en les comparant avec les doctrines et les préceptes de l'Évangile. Cet homme, c'était Jean Wiclif, le maître, le guide, l'inspirateur de Jean Huss; l'Angleterre l'avait traité avec des ménagements qui sont un titre d'honneur pour elle, l'avait écouté avec une déférence, une sérieuse attention, qui prouvaient sa droiture, son amour de la vérité. Trois fois, il avait dû comparaître devant un cénacle hostile, pour défendre ses opinions; la première fois, Jean de Gaunt, duc de Lancastre, l'avait accompagné dans la salle et avait terrifié les prélats par ses discours menaçants; la seconde, le peuple envahit le lieu de l'Assemblée, où l'archevêque de Cantorbéry et l'évêque de Londres espéraient lui faire subir une condamnation; la multitude causa une telle frayeur aux soutiens de l'orthodoxie romaine qu'ils ne savaient plus quel parti prendre, lorsque sir Lewis Clifford apporta un message de la reine mère, veuve du Prince-Noir, qui leur interdisait formellement de juger Wiclif, injonction humiliante par laquelle ils furent tirés d'embarras; la troisième fois, il n'avait plus de protecteurs, la séance ne fut point troublée, mais ses adversaires n'estimaient pas qu'une étude consciencieuse des livres saints pût être envisagée comme une faute impardonnable, ni surtout châtiée comme un crime : Wiclif était un des plus brillants docteurs de l'université d'Oxford; la colère de ses ennemis, chose rare dans l'histoire des querelles théologiques, se trouva satisfaite par un simple édit de bannissement, qui l'expulsait de la ville. L'audacieux et infatigable novateur alla vivre paisiblement dans sa cure de Lutterworth, où il mourut, en 1384, à la suite d'une attaque d'apoplexie, dont il avait été frappé pendant qu'il disait la messe (1).

Telle ne devait pas être la fin de Jean Huss, chez une nation, qui, suivant Mme de Staël, traite les questions religieuses avec une placidité magnanime. On enferma d'abord le novateur dans la prison d'un monastère situé sur les bords du Rhin, laquelle touchait à un réceptacle d'immondices. Les miasmes qui s'en exhalaient rendirent bientôt le prisonnier malade : une fièvre ardente le saisit, menaça de le soustraire aux fureurs de la persécution. Le Pape lui envoya son propre médecin, pour que le bûcher ne perdît point sa victime. Ce fut pendant qu'il luttait contre la douleur, au milieu même d'un violent accès, qu'on lui vint lire son acte d'accusation, pour associer la cruauté humaine aux rigueurs de la nature. Puis on procéda contre lui, avec la double astuce de l'Église romaine et de l'esprit germanique. Parmi les hommes qui allaient feindre de le juger, se trouvait l'empereur Sigismond, tenu par sa promesse à le garantir, l'électeur palatin, les électeurs de Brandebourg, de Saxe et de Mayence, les ducs d'Autriche, de Bavière et de Silésie, une foule de margraves, comtes, barons, et même de simples gentilshommes, car il avait été résolu que les seigneurs laïques prendraient part à la délibération, comme les dignitaires ecclésiastiques.

(1) *The Life of Wiclif*, par Charles Webb Lebas.

L'Allemagne entière se trouvait réunie pour l'œuvre de mort. Avant de condamner le réformateur bohème, elle donna une preuve de l'impartialité qui l'animait.

Comme il avait sans cesse étudié les livres de Wiclif, les avait répandus dans le pays, et que l'archevêque de Prague, Zbynco von Hasenberg, pour comprimer les nouvelles doctrines, avait fait brûler, en 1410, ces œuvres pernicieuses dans la cour de son palais, le concile jugea nécessaire de rendre d'abord témoignage contre l'auteur et contre ses écrits. L'assemblée orthodoxe n'avait garde d'y trouver une seule phrase innocente. Elle les déclara impies, blasphématoires, criminels, défendit, sous peine d'anathème, de les lire ou de les garder, d'en parler même, à moins que ce ne fût avec mépris et en rappelant leur condamnation. Mais anéantir des volumes, flétrir les opinions qui s'y trouvaient exprimées, ne pouvait suffire à la tolérance germanique. Les prélats et les seigneurs d'Allemagne maudirent les restes du novateur dans son tombeau, ordonnèrent qu'ils fussent déterrés, livrés aux flammes ; et comme l'autorité du concile œcuménique embrassait tout le monde chrétien, la sentence fut exécutée, trente ans après la mort du courageux pasteur. On brûla ce qui subsistait encore de sa dépouille, et on jeta les cendres dans un petit ruisseau, qui les emporta dans la Saverne. L'Angleterre, livrée à elle-même, avait fait preuve d'intelligence et d'humanité ; sous l'impulsion de l'Allemagne, elle commit un acte odieux et grotesque. Ainsi se manifestèrent les aptitudes et les tendances des deux peuples.

La fureur teutonique poursuivant jusque sous la terre des ossements décharnés, un squelette inoffensif, ne devait pas épargner un homme vivant, dont les principes religieux l'indignaient, dont la vue seule lui causait un frémissement de haine. Le pauvre docteur, épuisé par la fatigue et la maladie, fut transporté dans une haute tour, au château de Gotlleben, où il pouvait, pendant le jour, se promener sous la voûte de son cachot; mais, la nuit, une chaîne de fer scellée dans la muraille le tenait immobile sur son grabat, comme un athlète capable de briser les portes et les verrous. Sa mort tragique au milieu des flammes, devant son protecteur Sigismond et les grands vassaux de l'Empire, mit le comble à la joie fanatique des princes allemands; le bûcher qui dévora, l'année suivante, son disciple Jérôme de Prague, attesta de nouveau leur clémence et leur générosité.

Ainsi fut ouverte dans les temps modernes, par la violence teutonique, l'ère des proscriptions, des supplices et des guerres religieuses : car le ressentiment, la pitié, l'admiration pour les deux martyrs éveillèrent dans toute la Bohême cette passion exaltée de la justice, cette haine profonde du mal, qui bronzent les cœurs, inspirent le mépris de la mort, sont les plus puissantes des forces morales. Trente mille hommes se levèrent d'abord, auxquels se joignirent bientôt une foule d'enthousiastes. Un capitaine d'une rare habileté, le seul qui n'ait jamais été vaincu, Jean Ziska, se mit à leur tête, commença par les aguerrir, fortifia une montagne pour leur servir d'asile, puis brava les fureurs de l'orthodoxie allemande. Huit armées catholiques furent défaites l'une après l'autre, les divers États de l'Empire, jusqu'à la mer Baltique, ravagés pendant vingt ans, nombre de villes prises d'assaut, et cinq cent mille hommes blanchirent de leurs ossements les plaines de l'Allemagne. Sigismond ne vit pas la fin de la lutte. Voilà comment débuta dans les controverses religieuses l'impartialité sereine de la nation germanique.

A ce prologue sauvage correspond la suite du drame. Par un enchaînement d'heureuses circonstances, Luther échappe au dernier supplice; mais quatre années seulement après le concile de Worms, on massacre les paysans soulevés par ses doctrines, et lui-même applaudit à l'extermination des pauvres ignorants, qui espéraient voir finir leur longue détresse en même temps que le servage intellectuel. En 1522, le réformateur avait écrit : « Le peuple est partout en mouvement et a les yeux ouverts : il ne veut pas, il ne peut pas se laisser plus longtemps opprimer ainsi » (1). En 1525, il parlait un autre langage, dans une brochure spéciale intitulée : *Contre les paysans voleurs et assassins* : il y déclare toute insurrection le plus grand des crimes. « C'est pourquoi il faut l'abattre, dit-il, l'égorger, la transpercer, quand on le peut, secrètement ou publiquement, comme si l'on tuait un chien enragé, car il n'y a rien de plus venimeux, de plus funeste, de plus diabolique dans le monde qu'un séditieux. Le peuple doit être gouverné par la force; l'âne doit recevoir des coups de bâton. S'il y a parmi les rebelles des innocents, Dieu les garantira et les sauvera, comme il a sauvé Loth et Jérémie. Les victimes ne sont pas innocentes : elles ont au moins commis la faute de se taire et d'approuver » (2). C'est une variante du mot célèbre et justement flétri : « Tuez-les tous ; Dieu reconnaîtra les siens ! »

Or, veut-on savoir quels traitements la noblesse faisait subir au peuple, que les déclamations de Luther avaient poussé à la révolte? Un des chefs de l'insurrection, Pfeiffer von Ilsfeld, lieutenant du célèbre Thomas Münzer, ayant été pris par Georges de Truchsess, le vainqueur le fit attacher dans le camp au tronc d'un pommier, avec une chaîne en fer longue de deux pas, qui lui permettait

---

(1) Zimmermann : *Geschichte des grossen Bauernkrieges*, t. 1er, p. 21.
(2) *Même ouvrage*, t. II, p. 376. — Carl Becker, *Doctor Martin Luther*, p. 151.

de se mouvoir jusqu'à cette distance; on dressa autour un bûcher circulaire, auquel lui-même, puis le comte Ulrich d'Helfenstein, le comte Frédéric de Fürstenberg, le sire Frowen de Hutten, Dietrich Späth et d'autres seigneurs apportèrent chacun une bûche; après quoi, on y mit le feu. Il était nuit, les étoiles illuminaient le ciel. Autour du cercle enflammé se tenait la noblesse, dont les yeux étincelaient à la fois du plaisir de la vengeance et des reflets du brasier. Pfeiffer, rôti vivant, bondissait, se démenait, courait çà et là, dans une torture sans nom; à ses cris, à ses gémissements, les princes répondaient par des éclats de rire; mais les autres captifs regardaient avec horreur cet affreux spectacle, qui répandait sur leur visage contracté la pâleur des morts. Peu à peu la voix du martyr s'affaiblit, et il tomba sans mouvement. Sept jours après, un nommé Jacques Rohrbach fut condamné au même supplice, et, comme par dérision, les notes retentissantes du fifre et de la trompette accompagnèrent ses mouvements désespérés.

Le lendemain, 21 mai 1525, Truchsess ordonna de réduire en cendres la petite ville de Weinsberg. A son approche, des centaines de familles l'avaient quittée, cherchant un refuge dans Heilbronn. Trautkircher, exécuteur de la sentence, parut devant les murailles. Il ne s'y trouvait plus que des femmes, des enfants et des vieillards. On leur donna l'ordre de partir, et on enleva de l'église le Saint-Sacrement; un homme âgé qui ne voulait pas abandonner la place et deux femmes en couches furent transportés dehors. On mit alors le feu à la ville dans trois endroits, et quelques femmes qui n'avaient pas tenu compte de l'avertissement, périrent au milieu de l'incendie. On avait défendu aux soldats, comme aux fugitifs, d'emporter les meubles, les ustensiles, d'emmener les bestiaux. Le grondement des flammes, les clameurs des animaux captifs, les cris, les gémissements, les sanglots de la population, qui voyait brûler ses demeures, ses provisions, ses dernières ressources, formaient un abominable concert. Autour des malheureux, cinq villages embrasés traçaient, pour ainsi dire, un cercle d'horreurs. Les six foyers de destruction empourpraient le ciel et toute la vallée. Quand le feu termina son œuvre atroce, dix maisons de Weinsberg, noircies par la fumée, restaient seules debout. Pour satisfaire la haine de la noblesse, l'archiduc Ferdinand d'Autriche interdit de reconstruire la ville tombée en cendres (1).

Ainsi abondent partout les preuves de la tolérance, de la charitable impartialité, du calme religieux des populations germaniques. Mme de Staël aurait pu s'en servir pour mettre dans l'embarras ses perfides auxiliaires, si elle avait eu la moindre connaissance de l'histoire d'Allemagne. Une foule d'objections auraient harcelé son esprit, mais elle n'avait même pas lu un manuel scolaire. Elle poursuivit donc ingénument son rôle de dupe.

Elle mentionne le traité de Westphalie, pour dire qu'il a fixé les droits des différents cultes et supprimé par cette mesure tous les motifs de débats ultérieurs. La concorde la plus parfaite règnerait donc depuis cette époque entre les diverses communions, dans les pays germaniques. C'est une erreur choquante, une falsification grossière de l'histoire, qui exciterait l'indignation contre Mme de Staël, si elle était préméditée.

Puisqu'elle parlait du traité de Westphalie, pourquoi n'a-t-elle pas soufflé mot de la guerre de Trente Ans, cette guerre abominable, que fit cesser la paix de Munster? Les premiers incidents venus de cette lutte affreuse, qui a dépassé en horreur et en perfidie tous les drames de l'his-

---

(1) ZIMMERMANN, t. II, p. 476.

toire, eussent complétement réfuté ses assertions sur la prétendue magnanimité de la race teutonique dans les controverses religieuses. C'est alors que le fanatisme de l'Allemagne contraignit des individus à communier sous une seule espèce, en leur introduisant l'hostie dans la bouche avec le canon d'un pistolet, d'une escopette, après les avoir frappés si cruellement au visage que leur sang coulait sur le pain emblématique ; qu'on vit des soldats mettre à la torture les Luthériens dans leurs propres maisons, pour leur faire abjurer les doctrines nouvelles, puis comme leur intrépidité bravait toutes les souffrances, martyriser devant eux leurs jeunes enfants, les mutiler, les tenailler, brûler leurs chairs délicates, en sorte qu'on obtenait de l'amour des parents pour ces innocentes victimes, ce qu'on n'avait pu obtenir par la douleur et la crainte de la mort. Jamais la violence et la barbarie ne se sont déchaînées avec une telle fureur. Des populations entières, pour échapper au désastre commun, prirent le parti de s'exiler. En Bohême, les citoyens de Lissau, ville construite au bord de l'Elbe, qui étaient unanimement dévoués à la Réforme, choisirent ce qu'ils pouvaient emporter, incendièrent leurs maisons, puis montèrent sur une colline d'où ils apercevaient toute la commune. Là, dans une muette exaspération, ils regardèrent les flammes envelopper les demeures qui leur étaient chères, où ils avaient passé leurs jours les plus heureux, où leurs pères étaient morts, où étaient nés leurs enfants. Puis, secouant la poussière de leurs pieds sur cette terre maudite, ils la quittèrent pour jamais. Quel spectacle devaient offrir ces malheureux proscrits s'acheminant vers des pays inconnus, ne sachant où ils reposeraient leur tête, et songeant avec amertume au passé, avec une morne tristesse à l'avenir (1) !

(1) *Vollstændige Geschichte der Hussiten*, p. 404 (Leipzig, 1783).

La paix de Westphalie a si peu reconcilié en Allemagne les cultes dissidents, que les mêmes abominations se renouvelèrent quarante ans après, qu'à une date plus récente encore, dans les derniers mois de 1731, un édit du gouvernement impérial exila trente mille protestants, les montagnards les plus industrieux du pays de Salzbourg. Les férocités commises en Hongrie, pour cause de religion, pendant l'année 1687, égalent les scènes les plus hideuses qui ont ensanglanté l'Allemagne pendant la guerre de Trente Ans. Il s'agissait alors de détruire dans les provinces magyares l'attachement aux doctrines de Luther, aux maximes presque philosophiques des Sociniens. Les tortures les plus raffinées ne semblèrent pas trop cruelles pour vaincre le courage et lasser la résistance des sectaires. On en tirait, allongeait quelques-uns sur des échelles, afin de leur disloquer les membres; à d'autres, on serrait la tête avec des cordes ou des cercles de fer, jusqu'à ce que leurs yeux sortissent de leurs orbites. On les suspendait par les mains à des potences, et on leur attachait aux pieds des poids énormes. Les bourreaux leur brûlaient ensuite les aisselles avec des bougies, secouaient sur les infortunés des torches de poix et de résine, qui les arrosaient d'une pluie de feu. On les torturait avec des tenailles ardentes, on leur introduisait sous les ongles des pieds et des mains des lames de fer rougies, des clous chauffés à blanc. Plusieurs, à moitié rôtis, à moitié lacérés, expiraient pendant la question. Le général Caraffa, délégué de l'Empereur, avait promis six cents florins à quiconque inventerait un nouveau supplice. Un de ces tourments, le plus atroce parmi tous ceux que rapportent les historiens, glace d'horreur les entrailles. Après avoir dépouillé les victimes, on leur introduisait dans l'urètre et le fondement de gros fils de fer rougis au feu! Ainsi se révélaient, à la fin du dix-septième siècle, la charité chrétienne, l'indulgence et l'esprit magnanime de la race teutonique (1).

A une époque bien plus voisine de nous, les mêmes sentiments de féroce piété animaient une partie de l'Allemagne. En 1769, Marie-Thérèse publia un code nouveau, où elle régularisa et envenima la persécution. Des lois atroces y furent promulguées contre les impies. Un seul blasphème entraînait des supplices horribles; pour des discours irrévérencieux à l'égard du maître souverain, on coupait ou arrachait la langue au prévenu; si l'offense avait eu lieu par gestes, on lui tranchait la main; dans les deux cas, il était brûlé vivant. Des circonstances particulières aggravaient-elles le sacrilége, le tribunal pouvait faire torturer le coupable avec des tenailles ardentes, pouvait lui faire enlever des lanières de peau et ordonner qu'on le traînât au supplice sur une claie. Quand le sacrilége était seulement dirigé contre la Vierge ou les saints, profanait seulement de pieuses images, le délinquant, au lieu de périr dans les flammes, avait la tête tranchée. S'il existait des circonstances aggravantes, on lui coupait aussi la langue ou la main. Les jurons ou serments par le Christ, par ses membres, par l'hostie et autres objets vénérés, étaient punis de copieuses bastonnades. L'abandon de la foi chrétienne pour un autre système religieux conduisait à l'échafaud. Ces prescriptions sanguinaires furent exécutées jusqu'en 1780. Et Mme de Staël ne le savait pas! Et elle acceptait les notes mensongères de ses acolytes! Et elle mettait en circulation à travers l'Europe les idées les plus fausses sur la piété allemande!

Comme si elle craignait de ne pas les faire prévaloir,

---

(1) VEHSE, *Geschichte des œstreichischen Hofs*, t. V, p. 270 et 271. — HORMAYR, *Anemonen*, t. Ier, p. 138 et 139. — FESSLER, *Geschichte der Hungern*, t. IX, p. 391 et suivantes. — *Historia ecclesiæ evangelicæ in Hungaria*, p. 43.

elle les répète avec opiniâtreté chaque fois qu'elle en trouve l'occasion ; la quatrième partie de son livre en est toute imprégnée ; on y remarque des passages pleins d'illusions, comme les suivants : « Parmi les gens du peuple, la religion a, dans le nord de l'Allemagne, un caractère idéal et doux qui surprend singulièrement, dans un pays dont on est accoutumé à croire les mœurs très-rudes. — Heureux pays que celui où de tels sentiments sont populaires, et répandent jusque dans l'air qu'on respire je ne sais quelle fraternité religieuse, dont l'amour pour le ciel et la pitié pour l'homme sont le touchant lien ! » La dévotion, au nord de l'Allemagne, n'est pas plus douce qu'au midi, comme le prouvent la *Gazette de la Croix* et la piété du roi Guillaume. Mme de Staël, d'ailleurs, s'était contredite elle-même, en écrivant cette observation : « Frédéric II introduisit la liberté de penser dans le nord de l'Allemagne ; la Réformation y avait amené l'examen, mais non pas la tolérance ; et, par un contraste singulier, on ne permettait d'examiner qu'en prescrivant impérieusement d'avance le résultat de cet examen. » Le fanatisme, au delà du Rhin, prend donc toutes les formes.

CHAPITRE II.

LES FAUX ALLEMANDS : LA POLITIQUE ET LA MORALE.

Comme Mme de Staël défigurait l'histoire religieuse des populations allemandes, leur attribuait des sentiments de calme piété, de dévotion tolérante, qu'elles n'ont jamais eus, elle travestissait leur histoire politique, le caractère de leurs princes et de leurs gouvernements. Tous les souverains germaniques, si on l'en croyait, sont l'honnêteté, la justice, la clémence et l'abnégation incarnées ; leurs sujets ont tellement à se louer de leur droiture, de leur bienveillance paternelle, qu'ils n'éprouvent le besoin d'obtenir aucune liberté, aucune garantie. Étant heureux, que peuvent-ils désirer? Leur servitude est plus douce cent fois que l'indépendance des autres nations. La vertu des princes allemands fait pleuvoir sur eux toutes sortes de prospérités. On va croire que je raille et que j'amplifie. Les paroles mêmes de Mme de Staël prouvent le contraire.

« La nation autrichienne s'était tellement livrée au repos et aux douceurs de la vie, que les événements publics eux-mêmes n'y faisaient pas grand bruit, jusqu'au moment où ils pouvaient réveiller le patriotisme : et ce sentiment est calme dans un pays où il n'y a que du bonheur. »

« Les affaires se traitent d'après un certain ordre de numéros que rien au monde ne dérange. Des règles invariables en décident, et tout se passe dans un silence profond ; ce silence n'est pas l'effet de la terreur, car que peut-on craindre dans un pays où les vertus du monarque et les principes de l'équité dirigent tout ? mais le profond repos des esprits comme des âmes ôte tout intérêt à la parole. »

« L'Autriche, réunissant dans son sein des peuples très-divers, tels que les Bohêmes, les Hongrois, etc., n'a point cette unité si nécessaire à une monarchie ; néanmoins la grande modération des maîtres de l'État a fait depuis longtemps un lien pour tous de l'attachement à un seul. L'empereur d'Allemagne était tout à la fois souverain de son propre pays et chef constitutionnel de l'Empire. Sous ce dernier rapport, il avait des intérêts divers et des lois établies, et prenait, comme magistrat impérial, une habitude de justice et de prudence, qu'il reportait ensuite dans le gouvernement de ses États héréditaires. La nation bohême et hongroise, les Tyroliens et les Flamands, qui composaient autrefois la monarchie, ont tous plus de vivacité naturelle que les véritables Autrichiens ; ceux-ci s'occupent sans cesse de l'art de modérer, au lieu de celui d'encourager. Un gouvernement équitable, une terre fertile, une nation riche et sage, tout devait leur faire croire qu'il ne fallait que se maintenir pour être bien, et qu'on n'avait besoin, en aucun genre, du concours extraordinaire des talents supérieurs. »

Le principal gouvernement de l'Allemagne, la cour d'Autriche, on le voit, était aux yeux de Mme de Staël un modèle incomparable. L'auguste famille des Habsbourgs avait atteint l'idéal de la perfection politique. Un seul regret, une seule inquiétude se mêlent à l'enthousiasme de la Genevoise : elle craint que la félicité sans bornes dont jouissent les populations du sud n'engourdisse leurs facultés. « Dans un pays où tout mouvement est difficile, dans un pays où tout inspire une tranquillité profonde, le plus léger obstacle suffit pour ne rien faire, pour ne rien écrire et, si l'on veut même, pour ne rien penser. Qu'y a-t-il de mieux que le bonheur? dira-t-on. Il faut savoir ce qu'on entend par ce mot. Le bonheur consiste-t-il dans les facultés qu'on développe ou dans celles qu'on étouffe? Sans doute un gouvernement est toujours digne d'estime, quand il n'abuse point de son pouvoir et ne sacrifie jamais la justice à son intérêt; mais la félicité du sommeil est trompeuse; de grands revers peuvent la troubler; et pour tenir plus aisément et plus doucement les rênes, il ne faut pas engourdir les coursiers. »

L'éloge est complet : rien ne manque au bonheur des Allemands, et l'on ne doit craindre pour eux que l'excès de leur béatitude. Les souverains du nord prodiguent à leurs sujets la même félicité que les princes du midi. « Je n'ai pas rencontré dans toute la Prusse, dit Mme de Staël, un seul individu qui se plaignît d'actes arbitraires dans le gouvernement, et cependant il n'y aurait pas eu le moindre danger à s'en plaindre. » Un gouvernement qui ne commet pas la plus faible injustice, qui ne donne lieu à aucune réclamation, qui entretient partout le calme et le bonheur, c'est l'idéal de la politique; cet idéal, que l'on a vainement essayé de réaliser partout ailleurs, les cours d'Allemagne l'auraient donc atteint par leur sagesse, leur droiture, leur esprit d'indulgence et de conciliation.

Si la mansuétude religieuse, attribuée aux populations teutoniques par Mme de Staël, est faite pour causer un étonnement profond à tout homme qui connaît l'histoire d'Allemagne, ses extases sur leur bonheur n'étonnent pas moins; mais à la surprise se mêlent quelques soupçons. Dans ce qui concerne les débats théologiques, les pieuses boucheries, on a pu facilement la tromper; concernant le régime, la situation politique des pays d'outre-Rhin, on n'a pas dû la mystifier aussi aisément. Elle voyait de ses propres yeux les choses dont elle avait à parler : elle avait habité Berlin en 1804, elle demeurait à Vienne depuis la fin de 1807 : la machine politique des Habsbourgs et des Hohenzollern fonctionnait devant elle. Comment donc a-t-elle dénaturé complétement les faits? Quand elle pouvait observer, juger par elle-même, il n'est guère probable qu'elle ait été une simple dupe. Elle a écrit presque tout son livre entre l'automne de 1807 et le milieu de l'année 1810. La situation de l'Allemagne, les événements qui la bouleversaient, les princes et les personnages qui gouvernaient sa fortune, n'autorisaient en aucune façon les jugements qu'elle porte, ne lui fournissaient pas les couleurs de ses tableaux chimériques.

Jamais la Prusse et l'Autriche, qu'elle dépeint, l'une et l'autre comme le séjour du calme, de l'opulence et du bonheur, n'avaient été dans une situation plus misérable. Après l'outrageante invasion de 1792, où elle avait commencé par dicter des lois à la France, dans un célèbre manifeste, et menacé Paris d'une destruction totale, si l'on n'obéissait pas sur-le-champ, après sa conduite ambiguë et perfide, pendant les années qui avaient suivi sa défaite, la Prusse, en 1806, avait déclaré la guerre à Napoléon. L'heure du châtiment venait de sonner pour elle. Accablée dans une rapide campagne, ayant en vain obtenu le secours des Russes, il lui avait fallu subir la loi du vainqueur. Elle perdit la moitié de son territoire et de ses habitants, fut contrainte de payer, comme indemnité de guerre, cent vingt millions de francs, et réduite à nourrir 150,000 hommes jusqu'aux derniers mois de l'année 1808. D'effroyables malheurs, qui sont loin de me causer une joie vindicative, pesaient sur les provinces que la guerre venait de ravager. L'historien le plus récent de la Prusse en fait une description tragique :

« Les misérables débris de ce grand naufrage semblaient menacés eux-mêmes d'une destruction inévitable. Le territoire était saccagé de la manière la plus affreuse; dans tous les endroits, où avaient séjourné les principaux corps de troupes françaises, notamment dans la Marche et dans la Prusse orientale, le pays avait été systématiquement épuisé. Les champs étaient en friche, car on manquait de graines pour les ensemencer et même de bras pour la culture. En certains districts, les maladies contagieuses produites par la guerre avaient enlevé un cinquième de la population. D'innombrables familles, qui avaient perdu toutes leurs ressources, luttaient contre le besoin. Le commerce et l'industrie languissaient; le blocus continental, ordonné par Napoléon, avait détruit au dehors tout crédit. Les millions, que des individus et des sociétés agricoles avaient dépensés dans les provinces polonaises pour l'amélioration du sol, se trouvèrent perdus, sauf de rares exceptions, avec les provinces mêmes, séparées de la monarchie. Plus de sept mille employés, qui les administraient, les avaient précipitamment quittées, sans rien emporter avec eux, et on ne pouvait leur offrir aucun dédommagement, aucun moyen d'existence. Les nombreux officiers, qui revenaient de captivité, demandaient aussi au gouvernement des secours. Le fléau des logements militaires, des contributions et des réquisitions ne cessait pas, et arrachait au pays ses dernières ressources; et même quand les troupes victorieuses furent parties, on paya encore chaque année aux garnisons des forteresses de l'Oder, pour leur entretien, des sommes importantes (1). »

Je suis loin d'approuver, je l'ai déjà dit, ce cruel traite-

---

(1) Voigt, *Geschichte des Brandenburgisch, — Preussischen Staates*, t. II, p. 239.

ment infligé à la Prusse : la modération et la clémence sont la meilleure des politiques ; si des représailles deviennent nécessaires, il est honorable, il est utile, de ne point dépasser la stricte mesure, et, dans tous les cas, la multitude a si peu de part aux fautes des gouvernements, son ignorance et sa pauvreté l'environnent de si profondes ténèbres, qu'on ne peut sans crime la martyriser pour l'en punir. La France républicaine avait été magnanime envers la Prusse liguée avec l'Autriche ; pendant que les Autrichiens bombardaient Lille, la Convention avait laissé les troupes prussiennes, malades, vaincues et affamées, prendre la route de leur pays, sans les poursuivre autrement que pour la forme, quand elle aurait pu les anéantir. Mais Napoléon était un Corse ; il n'appartenait point à la race généreuse des Gaules, et son âme féroce ne connaissait ni les ménagements ni la pitié. Il justifiait par un exemple éclatant l'opinion que les anciens avaient déjà de ses compatriotes, comme le prouve un distique de Sénèque :

Prima est ulcisci lex, altera vivere raptu,
Tertia mentiri, quarta negare Deos.

« Le Corse a pour première loi de se venger, pour seconde de vivre de rapine, pour troisième de mentir, pour quatrième de nier les dieux. »

Tacite ne traite pas mieux la population de l'île maudite. « *Corsicâ honesti nihil egredi potest, ne servus quidem* » (Rien qui soit honnête ne peut venir de la Corse, pas même un esclave.)

Un si affreux dénuement régnait en Prusse pendant l'hiver de 1806-1807, que beaucoup de mères, se trouvant sans ressource aucune, abandonnaient leurs enfants sur les ponts, dans les rues obscures, où l'on en trouvait le matin des groupes entiers, qui avaient passé la nuit au milieu de la neige, sous l'âpre ciel du Nord, ayant pour seule couche un peu de paille, sans nourriture et presque sans habits. La reine Louise fut obligée d'ouvrir une souscription destinée à leur venir en aide, d'obtenir que des familles moins malheureuses adoptassent quelques-uns de ces pauvres abandonnés, ou les recueillissent du moins temporairement, et elle-même pourvut aux besoins d'un certain nombre (1).

Napoléon ayant forcé en 1808, le roi de Prusse à congédier le baron de Stein, un ministre des finances d'une déplorable incapacité faillit perdre à jamais la monarchie. Altenstein ne comprenait absolument rien aux affaires dont il était chargé, circonstance d'autant plus fâcheuse que les malheurs de l'époque exigeaient un talent spécial. Mais on avait depuis longtemps l'habitude de regarder ce talent comme un luxe inutile. On confiait la fortune de la nation à un courtisan spirituel, à un homme du monde que recommandaient surtout ses manières élégantes, à un riche propriétaire foncier de la classe noble, ou encore à un général en faveur. Tant que des rois comme Guillaume Ier et Frédéric II, qui étaient d'infatigables administrateurs, qui exerçaient le plus âpre contrôle, avaient présidé aux recettes et aux dépenses, ces choix absurdes n'avaient point eu de suites fâcheuses. Mais sous le prodigue, licencieux et indolent Frédéric-Guillaume II, on avait vu les déplorables effets d'un usage si peu sensé. Ils devinrent plus funestes encore après la guerre de 1806 et 1807. « Altenstein, dit Pertz, ne savait ni diriger le ministère des finances pris en lui-même, ni le faire concorder avec les autres. Sans programme, sans idées d'ensemble, il administrait au jour le jour ; donner ce qu'on lui demandait et octroyer des faveurs, surtout aux personnes

(1) *Luise, Kœnigin von Preussen*, p. 200 (Berlin, 1810).

influentes, lui paraissait le meilleur moyen de se faire des amis, de conserver sa position. Nul ordre ne régnait dans les affaires, il n'y avait pas de jour fixé pour les rapports, jamais de délibérations avec les conseillers. Le ministre choisissait, je veux dire acceptait des employés incapables, que lui amenaient, lui présentaient ses connaissances ; il était tout fier de briller parmi eux et de pouvoir dire superbement : « Je veux, j'ordonne, je verrai. » Ignorant la situation et les ressources de la Prusse, l'histoire et le gouvernement des autres pays, non moins que l'art du financier, il croyait tout savoir, dédaignait tout ce qu'on avait fait avant lui pour exalter le sentiment populaire, quand la patrie exigeait de grands sacrifices.

» Agir sur l'opinion lui semblait inutile. Le hautain personnage détestait par suite toute publicité donnée aux opérations de finance et l'évitait soigneusement ; personne ne connaissait l'état du Trésor, et son argument décisif était toujours : *Sit pro ratione voluntas.* »

Ce vaniteux et absurde rodomont fut seulement destitué le 7 juin 1810, où le baron Auguste de Hardenberg, le remplaça. Le prétentieux Altenstein n'avait pas trouvé moyen de payer l'indemnité de guerre exigée par les Français.

Quant au roi, homme médiocre, timide et incertain, qui avait contribué pour une grande part aux malheurs de la Prusse, en gardant près de lui les conseillers ineptes et dépravés de son père, en leur laissant continuer leur œuvre malsaine, en déclarant follement la guerre, le cruel enseignement de la douleur lui avait inspiré un vrai patriotisme, le désir sincère de relever son peuple vaincu, appauvri et humilié : ses bonnes intentions lui gagnaient les cœurs, on le regardait comme un honnête homme.

« Mais quand dans un état social le bonheur lui-même n'est, pour ainsi dire, qu'un accident heureux, fait observer Mme de Staël, et qu'il n'est pas fondé sur des institutions durables, qui garantissent à l'espèce humaine sa force et sa dignité, le patriotisme a peu de persévérance, et l'on abandonne facilement au hasard les avantages qu'on ne croit devoir qu'à lui. "

Appliqué aux circonstances que je viens d'exposer, ce mot de bonheur, sans cesse répété dans le livre *de l'Allemagne*, ne produit-il pas l'effet le plus étrange? Peut-on y voir une simple erreur, le simple résultat d'un abus de confiance, dont Mme de Staël aurait été naïvement dupe? Comment admettre qu'elle ignorait des événements contemporains si frappants, si tragiques, et n'avait rien appris de leurs terribles conséquences? Ne lisait-elle aucune feuille publique? Et le témoignage de ses yeux, son expérience personnelle ne lui donnaient-ils aucun renseignement? Est-il croyable qu'elle ait traversé la Prusse sans apercevoir aucune trace de ses douleurs, de sa misère et de son asservissement? Est-il vraisemblable qu'un pays ravagé par la guerre, la disette, le typhus et autres maladies épidémiques, se soit offert à sa vue comme une région enchantée, pour laquelle le destin n'avait que des sourires? Une illusion pareille, sauf en cas de démence, serait inexplicable.

Et si elle ouvrait par hasard quelque livre ayant trait aux annales de la Prusse, y trouvait-elle rien qui pût confirmer ses rêves sur la droiture, la bonté, les sentiments généreux et magnanimes de la maison royale? Pour ne parler que des trois derniers Hohenzollern, ils avaient fait preuve de dispositions entièrement contraires.

Frédéric-Guillaume Ier tenait toujours à la main une grosse canne de bambou. Cette canne était le bâton magique dont il se servait pour gouverner la monarchie: elle frappait les hommes les plus respectables. Des soufflets, des coups de pied dans le ventre exprimaient encore mieux sa mauvaise humeur. Le caractère violent, cruel, impérieux du roi éclatait en scènes bruyantes et terribles. Son aspect seul inspirait la crainte. Le baron de Bielefeld, qui le vit une année avant sa mort, en fait une description tragique. Toutes sortes de nuances lugubres se disputaient son visage, le bleu, le rouge de brique, le vert et le jaune. Sa figure trapue avait une menaçante expression : son énorme tête s'enfonçait entre ses épaules. Ce courtaud despotique était devenu d'une grosseur monstrueuse, son gilet avait quatre aunes de tour (aunes de 70 centimètres).

Il exigeait de tout le monde une obéissance passive, ne permettait de faire aucune observation. Dès qu'on essayait de répondre, il lançait au nez des gens cette maxime orientale : *Un sujet ne doit pas raisonner.* Il annulait suivant son caprice les décisions des tribunaux, non pour les adoucir, mais pour les aggraver. Un conseiller militaire ayant soustrait une somme qu'il pouvait restituer, les juges le condamnèrent seulement à plusieurs années de prison. Le roi ne voulut point confirmer la sentence, et ajourna l'affaire jusqu'au moment où il devait aller inspecter les troupes de Kœnigsberg. Ayant alors mandé le coupable, il lui annonça qu'il allait le faire pendre. Le conseiller eut la hardiesse de répondre. « Ce n'est pas ainsi qu'on doit traiter un membre de la noblesse prussienne : mes moyens me permettent de restituer la somme. » — « Je ne veux aucun argent d'un fripon de ton espèce, » s'écria le roi, transporté de fureur. Il ordonna de dresser une potence devant l'hôtel des domaines et la salle du conseil militaire : on y suspendit le gentilhomme en présence de tous ses collègues.

Ardent chasseur, Guillaume traitait les braconniers avec barbarie. Un de ces maraudeurs ayant été admis à se justifier par serment légal, ou en subissant la torture, le prince ne voulut lui laisser aucun moyen de salut : il le fit saisir et pendre sans autre forme de procès.

L'affreuse épreuve de la torture, un juif l'avait supportée avec courage, sous l'imputation d'avoir commis un larcin, et niait toujours le délit. « Alors je prends le drôle sur ma conscience, dit le roi : qu'on le mène au gibet. »

Dans ses discours, ses ordonnances et ses lettres, il employait les locutions les plus grossières. Les mots de *coquin, gueux, coïon,* jaillissaient perpétuellement de sa bouche royale, comme un jet de salive. Si on lui adressait quelque pétition qui ne lui plaisait pas, il dessinait sur la marge, pour toute réponse, une tête d'âne avec de longues oreilles. Dans ses instructions et décrets, les formules suivantes reparaissaient constamment : « Si cela n'est pas fait, j'y tiendrai la main ; on encourra ma haine, il y aura du tapage, le tonnerre tombera subitement. » Il ne ménageait pas plus ses ministres que les simples particuliers, ne marchandait à personne les injures. Si un ministre venait une heure trop tard au conseil, sans en avoir obtenu l'autorisation ou par suite d'un malaise, il payait une amende de cent ducats ; s'il ne venait pas du tout, il perdait une moitié de son traitement annuel. A la seconde absence, il était destitué. Dans une instruction générale de l'année 1723, Guillaume écrivit de sa propre main : « Ces messieurs doivent faire la besogne pour laquelle je les paye. »

Ses domestiques n'étaient pas en sûreté avec lui : près de son couvert, sur la table, il avait toujours deux pistolets chargés au gros sel. Un serviteur oubliait-il quelque chose, ou agissait-il avec maladresse, le prince tirait sur lui. L'un d'eux fut blessé grièvement au pied, un de ses camarades perdit un œil. Le 27 octobre 1734, le prince bâtonna un de ses pages avec une telle fureur, que l'on crut voir la scène finir par une attaque d'apoplexie. Deux jours après il eut une crise semblable : il roua de coups ses chasseurs, parce qu'ils lui avaient volé du bois. Il inspirait aux employés une si grande terreur, qu'un fonctionnaire public, appelé devant lui à l'improviste, tomba mort d'effroi.

Comme son bambou n'épargnait personne, il en frappa un major sur le front des troupes. Le militaire indigné prit ses pistolets, lança la première balle devant les pieds du cheval qui portait le roi, pour montrer qu'il aurait pu tuer le prince, s'il l'avait voulu, et du second coup se fit sauter la cervelle. Sa colère même n'avait pu triompher de son esprit d'obéissance ; il était mort exaspéré, mais en esclave docile.

Un jeune officier de la garde, le baron de Heydekam, ayant tenu à l'égard du souverain quelques propos indiscrets, Guillaume lui envoya l'ordre de comparaître devant lui, l'interrogea et, pour le punir, commanda de le mener sur la place du Marché-Neuf : là, il reçut deux soufflets de la main du bourreau, qui lui enleva son épée, la brisa et la foula aux pieds en signe de mépris. Voilà comment ce roi patriarcal traitait les chefs de l'armée prussienne (1).

Il ne ménageait pas plus les hommes de robe. Les conseillers d'un tribunal ayant un jour condamné à mort, pour vol avec effraction, un soldat de haute taille qu'il aimait beaucoup, Guillaume fit venir les magistrats l'un après l'autre et les rossa d'importance, sous prétexte qu'ils voulaient lui enlever un sujet d'élite, et avaient récemment absous un conseiller militaire, qui avait commis une fraude bien plus considérable.

Sa terrible canne s'abattait sur les gens à tout propos, et même hors de tout propos. Il avait vendu au pharmacien de la cour, moyennant 1,000 thalers, le titre de conseiller

---

(1) *Mon voyage en Prusse*, par L. M. D. L., p. 15 (Paris, 1807).

intime. L'ayant rencontré sur son passage et ne le reconnaissant pas, il lui demande : « Qui êtes-vous? » — « Le conseiller intime de Votre Majesté, » lui répond l'apothicaire. A ces mots, le roi fait tomber sur lui une grêle de coups, le traite de gredin, de canaille, lui enjoint de répondre à l'avenir : « Je suis le conseiller un tel. » Pour une différence de deux ou de trois mots, le prince l'avait bâtonné comme un esclave.

Sa famille même n'était pas à l'abri de son humeur sauvage. Une de ses filles, qui nous a laissé des mémoires sur son règne, ayant osé discuter avec lui pendant un repas, il voulut la frapper de son couteau : le chasseur placé derrière le prince la sauva, en tournant avec rapidité vers le mur le fauteuil à roulettes, sur lequel le furieux était assis. (1). Quand l'héritier du trône, ne pouvant supporter plus longtemps une si dure tyrannie, essaya de fuir, Guillaume le rattrapa près de Wesel, le saisit par la poitrine et par les cheveux, fit tous ses efforts pour le tuer. Le général Waldow fut contraint de le défendre. Mais, dans sa rage, le prince frappa si brutalement Frédéric II à la figure avec la pomme de sa canne, qu'il lui mit le visage tout en sang. Quatre jours après, il essaya de lui passer son épée au travers du corps. Le général Henri von der Mosel se jeta entre eux. « Arrachez-moi la vie, s'écriait-il, mais, je vous en conjure, épargnez votre fils. » Guillaume alors cita Frédéric devant un conseil de guerre, demanda qu'il fût condamné à mort comme déserteur, et peu s'en fallut que le prince royal ne reçût quatre ou cinq balles dans la poitrine. Les juges avaient prononcé la sentence. Il fut jeté en prison et menacé de la torture. Son ami, son compagnon de jeu-

---

(1) Cette princesse, la sœur bien-aimée de Frédéric II, épousa plus tard le margrave de Baireuth.

nesse, le malheureux Katt, ayant été saisi à Berlin, le roi lui fit trancher la tête devant l'héritier du trône, qui tomba sans connaissance (1).

Quoique Frédéric II fût un homme vraiment supérieur, il avait de grandes similitudes avec son père. Un ambassadeur anglais à sa cour, sir Charles Hanbury Williams, nous a laissé des notes précieuses sur son gouvernement. « Hamlet dit quelque part : — Le Danemark est une prison. — La Prusse tout entière en est une, dans le sens littéral du mot. Personne ne peut la quitter sans l'autorisation du roi et de ses ministres. Ceux qui possèdent des terres ailleurs que dans les domaines de Sa Majesté sont fort à plaindre : il ne leur permet ni de vendre les biens qu'ils possèdent en Prusse, ni de résider sur ceux qu'ils possèdent au dehors. Les Silésiens qui ont des propriétés en Bohême sont dans la plus triste situation. Beaucoup ont renoncé à leurs terres en Prusse, ou les ont vendues pour un prix dérisoire, afin d'échapper à ce royaume d'Égypte, à cette maison de servitude. Six cents thalers font à peu près cent guinées ou 2,500 francs. Aucun sujet de Frédéric II, qui n'a pas de biens au dehors, ne possédera davantage dans quelques années. Cependant il commence à voir qu'il ne peut plus faire rentrer les impôts dont il accable la nation. Je sais que le revenu de ses provinces, la Silésie exceptée, diminue depuis cinq ans. »

On vient de lire que personne en Prusse n'avait le droit de vendre ses biens ; sir Hanbury Williams ajoute : « Si le prince accordait cette permission et qu'il se trouvât des fous pour les acheter, il ne lui resterait point, au bout d'un an, quatre de ses sujets actuels. Il ne leur laisse

---

(1) Édouard Vehse, *Geschichte des preussischen Hofs und Adels*, t. III, pp. 52 et 106.

d'autre liberté que celle de la réflexion. Cette tyrannie opprime toutes les classes de la société, l'inquiétude se lit sur tous les visages. Pour jouir de quelque indépendance, on aspire à se retirer dans ses domaines, où l'on n'a de relations qu'avec sa propre famille. Mais on n'obtient pas facilement cette autorisation de Frédéric II, car ce père de la patrie veut que l'on habite Berlin et que l'on contribue à la prospérité de la grande ville. Lui-même n'y réside jamais que du commencement de décembre jusqu'à la fin de janvier : mais alors les Prussiens, les Silésiens, les habitants des districts les plus éloignés doivent y accourir, faire de la dépense et dissiper en deux mois ce qu'ils ont épargné pendant les dix autres. Il ne peut pas souffrir qu'un de ses sujets soit riche ou dans l'aisance, et, s'il vit quelques années encore, il atteindra le but magnanime qu'il se propose. Il reste seulement à Berlin quatre personnes qui vivent de leurs propres ressources, et encore ne pourront-elles garder longtemps leur position.

« La sollicitude que témoigne pour ses sujets Frédéric II est si grande qu'il surveille leurs affaires de famille, leurs mariages, l'éducation de leurs enfants, l'administration de leurs biens. Il lui est insupportable qu'un officier se marie, quel que soit son rang : aussitôt qu'il entre en ménage, il peut compter qu'il ne montera plus en grade. Immédiatement après leur naissance, les enfants sont inscrits dans un registre et, lorsqu'ils ont atteint l'âge de quatorze ans, il faut que les parents montrent leur acte de décès ou les présentent en personne, pour être enrôlés et prêter au roi le serment militaire; néglige-t-on cette formalité, ou les enfants ont-ils pris la fuite, les parents en sont responsables et mis sous les verrous. »

Un voyageur français corrobore le témoignage du ministre de la Grande-Bretagne. « Bourgeois, artisans, juristes, dit-il, et vous-mêmes, docteurs, professeurs en droit, vous tous enfin qui êtes célibataires, félicitez-vous de n'être pas nés sous la domination prussienne. Point de presse, comme en Angleterre, point de milice, comme en France. A Berlin on vous arrête dans les rues, on vous mène au corps de garde : là, on vous dépouille de vos habits et l'on vous revêt d'un uniforme. Sur la place de Dœnhoff, j'ai été témoin de l'enlèvement d'un professeur en droit, que je connaissais ; bon gré, mal gré, il a fallu qu'il prît le mousquet, et sa chaire doctorale est changée en guérite » (1).

Or, quelle était la destinée des individus qu'on arrachait ainsi à leur famille, à leurs travaux, à leurs habitudes ? Le même auteur va nous l'apprendre. « Toute l'Europe sait avec quelle rigueur on traite le soldat prussien : la canne des officiers toujours levée, cents coups de bâton pour la moindre faute. Il mène en outre la vie la plus misérable. Quoique les comestibles de toute espèce ne coûtent pas cher, sa paye est si modique, qu'il peut rarement se procurer quelques herbages et quelques légumes. Jamais de viande. Quand par son travail, ou le prix des gardes qu'il monte, il parvient à amasser quelques gros (monnaie de Prusse), alors il achète un peu de pain blanc, alors on le rencontre dans les rues, du pain blanc dans une main, du noir dans l'autre, et le malheureux se régale en mangeant du pain avec du pain » (2).

Une grande partie de la population était réduite à un état plus misérable encore. Le voyageur français en donne une preuve flagrante. « Si les caves du château de Berlin, dit-il, sont remplies d'or, si les caisses de Frédéric sont pleines, les poches de ses sujets, en revanche, sont bien vides. Dans les campagnes, on ne rencontre que des men-

---

(1) *Mon voyage en Prusse*, par L. M. D. L., page 118.
(2) *Même ouvrage*, p. 59.

diants. On leur donne de bon cœur, parce qu'ils sont bien réellement pauvres ; tout l'annonce du moins, et leur pâleur, et leur maigreur, et l'altération de leurs voix, et le vêtement qui les couvre. La plus petite monnaie les comble de joie et les pénètre de reconnaissance. Vous êtes bien loin d'eux, ils ne vous voient plus, vous ne les voyez plus, ils vous comblent encore de bénédictions. Chaque fois que je vais me promener aux environs de Berlin, soit à pied, soit à cheval, j'emplis ma bourse de gros. Il ne m'en coûte pas un ducat pour faire trente heureux » (1).

Frédéric II ne respectait pas plus que son père les décisions des tribunaux. Il fit pendre sur l'heure, sans alléguer aucun motif, un homme condamné à trois ans de prison. « La magistrature ne jouit d'aucune considération en Prusse. Si Frédéric ne suit pas précisément l'exemple de son père, qui donnait des coups de pied dans le ventre, souffletait les présidents et conseillers des différents tribunaux, il cherche l'occasion de les humilier et n'en manque pas une. Sans examen, sans donner raison de sa conduite, sans qu'il y ait aucune apparence de délit et même de faute, il les casse et souvent les fait enfermer. » A ce mépris, affiché publiquement pour la justice, se mêlaient par un inconcevable amalgame, des châtiments d'une extrême rigueur. » Qui n'a entendu parler de la forteresse de Spandau? C'est la Bastille du royaume de Prusse ; mais point d'appartements commodes, point de chambres carrées comme à la Bastille. Des casemates seulement, longues de dix pieds sur six de large, et tellement sombres que la lumière du jour y forme à peine un crépuscule. Deux heures de promenade, une le matin, une le soir, dans une cour très-étroite, dont les murs ont cent pieds de haut.

« C'est dans la forteresse de Spandau que le baron de

---

(1) *Mon voyage en Prusse*, par L. M. D. L., p. 38.

Trenck, chargé de chaînes, a vécu pendant vingt ans : c'est là qu'à chaque heure de la nuit un guichetier venait lui frapper sur l'épaule, et lui crier : *Trenck, dormez-vous* » (1)? Et quel crime impardonnable avait commis ce malheureux captif? Il avait inspiré un sentiment trop tendre à la princesse Amélie, sœur aînée de Frédéric II.

Malmenant, brutalisant de cette façon les hommes de toutes les classes, on pense bien qu'il ne traitait pas ses domestiques avec plus d'indulgence et d'humanité. Pour la moindre faute, réelle ou imaginaire, il les accablait de violents reproches, quand il ne leur prodiguait pas les coups de poing et les coups de canne. Pendant la guerre, ils étaient contraints de le suivre à pied, portant des armes comme les simples soldats. Un certain Deesen, qu'il avait longtemps préféré à ses camarades, étant tombé en défaveur, il ordonna de l'enrôler comme tambour dans un régiment. Le malheureux, demandant grâce, se précipita aux genoux de son maître : Frédéric II le repoussa d'abord à coups de pied, puis comme le serviteur se cramponnait à lui, le fit saisir par des troupiers. Perdant tout espoir, Deesen pria l'adjudant de le laisser aller prendre son chapeau dans sa chambre ; une fois seul, il se brûla la cervelle d'un coup de pistolet. Quand on vint annoncer au roi sa mort tragique, il se contenta de demander : « Comment avait-il fait pour se procurer une arme? » Plus tard, il montra quelque regret de cette fin cruelle, mais le pauvre diable était couché sous le gazon du cimetière (2).

Je pourrais accumuler ici toutes sortes de détails révoltants ; je me bornerai à quelques traits décisifs, que contiennent les dépêches de lord Malmesbury, autre ambassa-

(1) *Mon voyage en Prusse*, par L. M. D. L., p. 98.
(2) *Character Friederichs II*, beschrieben von A.-F. Büsching, p. 197 (Halle, 1788).

deur d'Angleterre à la cour de Berlin. On trouvait chez le roi de Prusse cette fausse sensibilité des Allemands, qui n'est qu'apparence et hypocrisie. « Je l'ai vu pleurer en écoutant une pièce de théâtre, écrit le diplomate ; il a montré pour son chien malade une sollicitude aussi tendre qu'une mère pour son enfant. Et le lendemain il a donné l'ordre de saccager toute une province, il a réduit à la misère un district de ses États par une augmentation capricieuse et inutile des impôts. Il a même, ce qui est encore plus inexplicable, hâté la mort de son frère, le prince Guillaume, en lui donnant des marques perpétuelles d'aversion, pendant sa dernière maladie. Souvent il ne laisse point exécuter un criminel, si son crime n'est de la pire espèce, mais durant la guerre de Sept Ans, il donna aux chirurgiens militaires l'ordre secret de laisser mourir les soldats blessés, plutôt que de les guérir par des amputations, qui augmenteraient le nombre des invalides et les frais de leur entretien » (1).

Dans une dépêche du même lord, écrite en 1767, on trouve ce passage : « Le moyen le plus sûr que puisse employer un officier pour obtenir la faveur du roi, c'est d'aggraver les châtiments qu'il inflige, de faire, par exemple, donner à un soldat cinq cents coups de bâton, au lieu de quatre cents. Les chefs les plus grossiers, les plus cruels, peuvent compter sur un avancement infaillible : le général Von Ramin, nommé tout récemment gouver-

---

(1) Le docteur Vehse, pour justifier cette barbarie, allègue les nécessités de la guerre (on excuse toujours par de prétendues nécessités les crimes religieux et politiques) et mentionne l'exemple du ministre de la guerre, en Saxe, qui, pendant l'insurrection de mai 1848, dit aux chefs des troupes royales : « Il ne faut pas mettre à la charge de l'État un trop grand nombre de prisonniers ; » ce qu'on peut traduire ainsi : « Massacrez ou fusillez tous les adversaires qui tomberont entre vos mains. » Belle manière de disculper Frédéric II ! Est-ce qu'une mauvaise action en légitime une autre ?

neur de Berlin, en est une preuve éclatante : ce Poméranien de vieille noblesse traite les officiers et les soldats avec une extrême rigueur. » Un jour, le brutal personnage frappa si violemment un soldat de sa canne, pour une faute minime, qu'il lui fit sauter un œil : lui jetant une pièce d'or, en guise d'excuse, il lui dit alors : « Tiens, voilà pour ta fenêtre cassée. » Homme nul d'ailleurs, sa bestialité le recommandait seul à Frédéric II, qui lui donna devant toute l'armée le grand cordon de son ordre, lui fit cadeau à plusieurs reprises de montres, de chevaux, de tabatières, de services en porcelaine et de sommes assez importantes (jusqu'à sept mille thalers d'un seul coup); il le retenait à Potsdam des semaines entières et lui octroya en 1773 la prévôté de Camin.

Voilà comment s'exerçait en Prusse le gouvernement paternel, dont Mme de Staël fait de si douces peintures, en le signalant, du reste, comme une invention allemande. Les mérites extraordinaires de Frédéric II formaient au moins compensation, dans une certaine mesure, à son implacable dureté. Son successeur n'eut que des vices. C'était une espèce de Falstaff couronné, un libertin sans scrupules, qui modelait sa vie sur celle de Louis XV, aimait uniquement la bonne chère, la parure et les filles. Il avait pour compagnons des entremetteurs et des drôles, qu'il souffletait et rossait à cœur joie ; pour satisfaire leur mauvaise humeur, les chenapans tombaient à leur tour sur le premier domestique qui entrait. Les ripailles, les débauches et les scènes grotesques se suivaient sans interruption. Au lieu de réformer les abus, d'améliorer le sort des différentes classes, un prince de ce caractère ne pouvait que dégrader la nation et l'appauvrir, sans la civiliser. Frédéric II avait prévu la décadence de la monarchie. « Je vais vous prédire ce qui arrivera quand je serai mort, avait-il dit au ministre Hoym. On mènera joyeuse vie à la cour. Mon neveu dissipera le trésor public, énervera les troupes. Les femmes gouverneront, et la Prusse penchera vers sa ruine. » Elle y pencha si bien que Napoléon put abattre en quinze jours cette œuvre factice. Sous le règne du neveu, comme sous la domination de Frédéric, les paysans demeurèrent attachés à la glèbe et le régime des corporations fut maintenu.

Quant au roi de Prusse Frédéric-Guillaume III, que Mme de Staël pouvait contempler sur son trône, au moment où elle écrivait le livre *De l'Allemagne*, s'il montra de bons sentiments, s'il aida son peuple à sortir de la poussière, il a été un des fondateurs, un des membres les plus obstinés de la Sainte-Alliance : il refusa toujours à la nation prussienne les libertés, les garanties, pour lesquelles elle avait combattu, aussi bien que pour l'affranchissement de la patrie. Or, voici comment l'Américain Daniel Webster a caractérisé la Sainte-Alliance, à propos de l'insurrection grecque en 1825 : « De bons princes ne suffisent pas maintenant aux nations ; elles veulent prendre part au gouvernement, décider elles-mêmes leurs affaires. Pour anéantir cette tendance de notre époque, un démon est sorti de l'Erèbe, qui cherche à détruire toute liberté sur le globe : ce démon s'appelle la Sainte-Alliance. En quoi consiste l'union prétendue sacrée? Est-ce un accord des nations entre elles? Non, c'est un accord des trônes contre les peuples, des princes contre leurs sujets : c'est, en un mot, une coalition de toutes les forces matérielles des gouvernements contre les droits de toutes les populations; c'est un complot du despotisme, qui nomme l'insurrection de la Grèce « un brandon jeté au sein de l'empire ottoman. » Avec cette alliance, il n'y a plus de peuples, mais seulement des rois : elle divise l'espèce humaine en deux couches horizontales : la couche supérieure est formée par les princes, la couche inférieure

par les peuples, qu'ils ont le droit de fouler aux pieds. »
Un souverain qui fut, pendant toute sa vie, l'opiniâtre
soutien d'une pareille ligue, peut-il être déclaré un modèle
de vertu politique?

Ces faits nombreux, et bien d'autres non moins con-
cluants, forcent à mettre en doute la sincérité de Mme de
Staël : elle n'a pu ignorer entièrement les uns, elle a dû
voir les autres de ses propres yeux. Pourquoi donc
a-t-elle feint de ne pas les savoir? Pourquoi donc a-t-elle
imprimé des assertions qui les nient et les contredisent?
Elle était inspirée par la plus violente des passions,
la haine. Ses profonds ressentiments contre Napoléon la
déterminèrent à peindre comme un idéal le peuple qu'il
avait foudroyé. Elle trahit cette intention dans une foule
de passages, elle l'exprime ouvertement dans la préface de
l'édition publiée à Londres en 1813 : « Il sera peut-être
doux à cette pauvre et noble Allemagne de se rappeler ses
richesses intellectuelles, au milieu des ravages de la guerre.
Il y a trois ans que je désignais la Prusse et les pays du
Nord qui l'environnent comme LA PATRIE DE LA PENSÉE ;
en combien d'actions généreuses cette pensée ne s'est-elle
pas transformée! ce que les philosophes mettaient en
système s'accomplit, et l'indépendance de l'âme fondera
celle des États. ».

Ce plan préconçu de glorifier l'Allemagne aux dépens
de la France explique, sans les justifier, les dissertations
chimériques de Mme de Staël sur la tolérance religieuse,
sur l'indulgente piété des Allemands, sur la bonté
inouïe et les sentiments paternels de leurs princes.
Elle explique toutes les autres erreurs ou impostures
semées à pleines mains dans son ouvrage. La citation
même, que nous venons de transcrire, contient un éloge
emphatique et immérité. Par quels moyens oratoires, par
quelles preuves soutenir que la Prusse est *la patrie de la*

pensée? Où sont les grands initiateurs, les savants de premier ordre, les philosophes lumineux qu'elle a produits? Sauf Kant, barbare dans sa forme, mais original et audacieux dans ses conceptions, quel grand esprit peut-elle offrir à l'admiration du monde? Je reviendrai sur cette matière, sur ce panégyrique insensé, mais je dois constater dès à présent que, depuis la mort du hardi logicien, la routine et le servage intellectuel ont pris possession de la Prusse, comme d'un domaine héréditaire.

Non moins dépouvues de raison et de justesse sont les extases qu'inspirent à Mme de Staël la pureté de mœurs, la droiture, la sincérité, la bonhomie prétendues des races germaniques. « Les Allemands, dit-elle, ont en général de la sincérité et de la fidélité ; ils ne manquent presque jamais à leur parole, et la tromperie leur est étrangère. Si ce défaut s'introduisait jamais en Allemagne, ce ne pourrait être que par l'envie d'imiter les étrangers, de se montrer aussi habiles qu'eux, et surtout de ne pas être leur dupe ; mais le bons sens et le bon cœur ramèneraient bientôt les Allemands à sentir qu'on n'est fort que par sa propre nature, et que l'habitude de l'honnêteté rend tout à fait incapable, même quand on veut, de se servir de la ruse. Il faut pour tirer parti de l'immoralité, être armé tout à fait à la légère et ne pas porter en soi-même une conscience et des scrupules qui vous arrêtent à moitié chemin, et vous font éprouver d'autant plus le regret d'avoir quitté l'ancienne route, qu'il vous est impossible d'entrer hardiment dans la nouvelle. »

Un peu plus loin, elle dit encore : « On a vu souvent chez les nations latines une politique singulièrement adroite dans l'art de s'affranchir de tous les devoirs ; mais on peut e dire à la gloire de la nation allemande, elle a presque l'incapacité de cette souplesse hardie, qui fait plier toutes les vérités pour tous les intérêts, et sacrifie tous les engagements à tous les calculs. Ses défauts, comme ses quali tés, la soumettent à l'honorable nécessité de la justice.

Quel rêve! quelle hallucination! ou quel audacieux parti pris de falsifier la vérité! Une citation encore pour en finir avec cet immense dépôt de renseignements trompeurs et d'assertions injustifiables : « La bonhomie se mêle à tout en Allemagne, même à l'orgueil aristocratique ; et les différences de rang se réduisent à quelques priviléges de cour, à quelques assemblées qui ne donnent pas assez de plaisirs pour mériter de grands regrets. »

Nous avons déjà dit que Mme de Staël n'étudiait rien, ne lisait rien, n'observait rien. Les fragments que je viens de transcrire en sont une nouvelle preuve, et des plus fâcheuses. Comment Mme de Staël pouvait-elle prôner la droiture, la probité, la sincérité des Allemands, lorsqu'ils se trahissaient l'un l'autre sous ses yeux, au détriment de leur pays, avec une honteuse bassesse et une coupable dissimulation? Dans la guerre de 1806-1807, la partie la plus douloureuse, la plus funeste de l'invasion française, fut la prise des places fortes de la Silésie et l'occupation de la province. Or, à quelles troupes avait été confiée cette expédition? A un corps de Saxons et de Bavarois! En 1809, parmi les soldats campés autour de Vienne, quels étaient les maraudeurs les plus avides, les hôtes les plus incommodes, les pillards les plus effrontés? Les auxiliaires bavarois de Napoléon, qui flétrit lui-même leur conduite brutale, dans un ordre daté de Schœnbrunn (1). Ces actes continuels de perfidie n'avaient pu échapper à Mme de Staël, et elle dit elle-même : « Ne voit-on pas quelques pays germaniques s'exposer, en combattant contre leurs compatriotes, au mépris de leurs alliés mêmes, les Français? Ces auxiliai-

---

(1) *Traditionen zur Characteristik Osterreichs*, t. 1er, p. 214 (Leipzig, 1844).

res, dont on hésite à prononcer le nom, comme s'il était temps encore de le cacher à la postérité; ces auxiliaires, dis-je, ne sont conduits ni par l'opinion, ni même par l'intérêt, *encore moins par l'honneur;* mais une peur imprévoyante a précipité leurs gouvernements vers le plus fort, sans réfléchir qu'ils étaient eux-mêmes la cause de cette force devant laquelle ils se prosternaient (1). » Dans une pareille façon d'agir, où est la place pour l'honnêteté, pour l'amour de la justice, pour la dignité nationale, pour les sentiments patriotiques?

Un homme qui se donnait la peine de regarder avant de prendre la plume, lord Malmesbury, ambassadeur d'Angleterre en Prusse, écrivait à lord Suffolk en 1776 : « Les Prussiens sont en général pauvres, vaniteux, ignorants et dépourvus de principes. S'ils étaient riches, la noblesse n'aurait pas consenti à servir dans des postes inférieurs avec zèle et courage. Leur vanité est pour eux une sorte de religion, la grandeur de leur souverain leur semble réfléchir leur propre grandeur. Leur ignorance prévient en eux toute idée d'opposition et de liberté. Leur manque de conscience les métamorphose en instruments dociles des ordres qu'on leur signifie; jamais ils n'examinent si ces commandements sont justes ou injustes. »

Ils ont, en un mot, le lyrisme de la bassesse, l'enthousiasme de la servilité. Aussi dans un ordre de cabinet, une année avant sa mort, Frédéric II laissait-il échapper cet aveu terrible : « Je suis las de commander à des esclaves. »

Pour la bonhomie aristocratique des Allemands, qui réduirait, suivant Mme de Staël, les différences de rang à quelques priviléges de cour, c'est une assertion tellement fausse qu'on se demande avec embarras comment elle a pu

---

(1) Préface de 1813.

l'écrire. Dans aucun pays du monde le hasard de la naissance n'exerce un empire plus absolu qu'en Allemagne. Du temps même de Mme de Staël, un roturier ne pouvait acheter en Prusse la moindre parcelle de terrain, ni obtenir le moindre grade sous les drapeaux. Frédéric II, qui n'aurait dû avoir aucun préjugé de caste, ne voulait que des nobles pour officiers. Lorsqu'il passait une revue, s'il apercevait un chef qu'il ne connaissait pas, il lui demandait son nom de famille, puis cherchait dans sa mémoire : ce nom lui paraissait-il plébéien, il donnait au militaire un léger coup de canne sur l'épaule et le congédiait ainsi. De véritables gentilshommes subirent cet affront. Ayant interrogé, suivant sa coutume, un jeune officier, pendant les manœuvres de Silésie, et le lieutenant ayant dit son nom, le souverain se fâcha : il prétendit qu'il n'était pas noble, lui donna le coup de canne habituel et le chassa honteusement de l'armée. Le roi se trompait : le général même, sous les ordres duquel servait le jeune officier, lui certifia qu'il appartenait à une ancienne famille de Poméranie. Le prince le fit rappeler au bout de quelque temps, lui rendit son grade et lui fit don de cent ducats, pour le consoler de sa mésaventure. Après les cruelles batailles d'Iéna, d'Auerstædt, d'Eilau et de Friedland, il fallut bien changer cette raide consigne, mais d'effroyables malheurs purent seul abolir dans l'Allemagne du Nord les priviléges excessifs de la noblesse.

J'en ai dit assez pour que le public désormais se tienne en garde contre un livre à jamais funeste. Dans tout ce qui concerne la religion, l'histoire, la politique, les mœurs et le caractère de la nation allemande, il ne contient que des erreurs. La partie littéraire en fait seule le mérite ; elle exigerait aussi quelques rectifications, sans le moindre doute, mais, en somme, elle garde presque toute sa valeur. L'Allemagne, avec une grande liberté d'esprit, faisait depuis cinquante ans des efforts méritoires, des efforts patriotiques, pour se créer une littérature nationale : dans cette entreprise importante, elle ne se laissait guider que par l'étude logique du beau considéré en lui-même, par ses propensions naturelles et par les souvenirs de son histoire. Elle n'avait accepté ni l'art poétique d'Horace, ni l'art poétique de Boileau, ne procédait point en vertu de règles conventionnelles et de maximes décrépites. Elle devait donc obtenir de précieux résultats, et les obtenait effectivement. A une époque où j'ignorais, comme tout le monde, l'histoire d'Allemagne, où les doctrines littéraires absorbaient mon attention, j'ai fait du livre de Mme de Staël un éloge presque illimité (1). Cette approbation, je la maintiens en ce qui concerne la poésie : l'ouvrage a eu l'influence la plus heureuse dans le pur domaine de l'imagination, a contribué au rajeunissement de l'esprit français.

On doit regretter d'autant plus, maudire même, les contre-vérités religieuses, politiques et sociales, qui serpentent à travers comme un fluide, empoisonné. Sans parler des autres effets regrettables, combien de fois n'a-t-on pas invoqué, sous Louis-Philippe, le gouvernement paternel de l'Autriche, pour annuler les revendications libérales? A quoi servent les théories démocratiques, disait-on, puisque voilà un peuple heureux, complétement heureux, sous l'autorité d'un monarque absolu. Et l'on n'entendait pas les gémissements du Spielberg, les lamentations de Szegedin, les fusillades de Bologne, les cris navrants qu'étouffaient les plombs de Venise et les cachots de Mantoue.

Le succès immense, incontesté, obtenu par le livre de

---

(1) *Histoire des idées littéraires en France*, t. II, p. 1 et suivantes (quatrième édition).

Mme de Staël, emportait, roulait partout, comme un torrent, les flots salutaires et les principes désastreux : on ne fit aucun choix, aucune réserve ; l'œuvre fatale devint une bible de l'erreur ; l'Allemagne, la vile Allemagne, brilla aux yeux de l'Europe entière comme un idéal religieux, politique et moral, tandis que sa littérature passait pour un trésor de science et un modèle de goût. C'était de la France que lui venait cette bonne fortune, c'était une publication française qui lui mettait au front ce nimbe trompeur. L'engouement prit de telles proportions dans toute l'Europe qu'il a dû rapporter des centaines de millions à la librairie allemande. Et cette infatuation lyrique n'avait pour base que des erreurs involontaires ou des mensonges calculés !

Telle est la puissance d'une idée fausse depuis longtemps répandue, que l'admiration de la Prusse, même après la guerre odieuse et perfide qui a ravagé la France, éclate partout dans le livre d'un fatal énergumène, portant la date du 28 janvier 1871 : le *Paris livré* de Gustave Flourens contient les éloges les plus insensés des Prussiens, comme d'une nation jeune, pleine d'initiative, ayant étudié à fond tous les problèmes modernes (qu'elle ne connaît pas ou qu'elle méprise), ayant sans cesse les yeux tournés vers l'avenir. L'auteur va jusqu'à prétendre que ce peuple sordide avait le droit de se poser en fléau de Dieu, en vengeur de la morale politique. Et abaissant la France à proportion des absurdes louanges dont il comble sa rivale, il ajoute ces paroles indignes : « Nous comprenons la rage des Prussiens qui pillent, ravagent et tuent avec tant de satisfaction nos provinces, qui veulent exterminer Paris, anéantir le nom français, devenu insupportable à toute la terre. Si nous étions Prussiens, nous en ferions tout autant, et nous aurions grandement raison de le faire. »

Voilà comment une erreur conduit à une autre, puis à des préférences criminelles, et finit par éteindre le patriotisme. O suprême dégradation !

La bienveillance exagérée, les dispositions amicales des Français pour les Allemands, la haute et injustifiable opinion de leur mérite, les idées fausses sur leur caractère, qui avaient passé des livres dans les esprits, ont eu les conséquences les plus pernicieuses. La France ne s'est pas tenue en garde contre l'Allemagne : elle a été ouverte à l'espionnage, aux intrigues, aux explorations militaires des fourbes germaniques ; des nuées d'émissaires, prenant tous les costumes, affectant tous les métiers, même celui de musicien nomade, ont pu tranquillement préparer sa ruine. La population ne se méfiait de rien : les ateliers, les comptoirs, la Bourse, les grandes entreprises d'industrie, le grand commerce étaient, aussi bien que le foyer domestique, à la discrétion de ces traîtres. Et quand il fut question de guerre contre l'Allemagne, la France laborieuse, intelligente et honnête éprouva une pénible surprise. Pourquoi cette lutte avec un peuple qu'on aimait, choyait et caressait ? La foule ne pouvait y croire. Je l'atteste devant l'Europe, devant le monde entier, si les hordes germaniques ont été si mollement combattues dans l'origine, si quelques éclaireurs ont pu attaquer, rançonner impunément des villes, c'est qu'on ne détestait point l'Allemagne, c'est que les bourgeois, les paysans n'avaient aucune intention de prendre part aux hostilités. Un prince stupide les avait sans doute exposés au péril sans leur donner des armes : mais ce qui manquait le plus, C'ÉTAIT LA HAINE.

Elle ne manquera pas désormais. La fureur sauvage des troupes allemandes l'a semée à pleines mains dans les champs ravagés et ensanglantés ; elle verdoie, elle prospère, la moisson funèbre ; elle produira en temps et lieu son œuvre de mort.

LIVRE DEUXIÈME

LA GUERRE

CHAPITRE PREMIER

MANŒUVRES DU ROI DE PRUSSE ET DU COMTE DE BISMARCK.

Dans l'été de 1855, au château de Stolzenfels, qui domine le Rhin de ses vieilles tours et de ses toits coniques, où flotte la bannière rouge et noire, deux héritiers d'un trône royal festoyaient en nombreuse compagnie. On était au dessert. L'un des princes, nommé Guillaume, est devenu roi de Prusse et empereur d'Allemagne; le second, nommé Léopold, exerce maintenant en Belgique les pouvoirs limités d'un souverain constitutionnel. L'entretien tomba sur les accroissements et les embellissements de Paris; un convive demanda au futur Barberousse s'il les avait vus, s'il avait fait une excursion dans la grande ville, et comme son interlocuteur lui répondait qu'il n'y avait pas mis le pied depuis la fin de l'Empire, il lui conseilla d'y retourner. Le visage de Guillaume se contracta, une haine profonde brilla dans son regard, et, mettant la main à la garde de son épée, il s'écria tout à coup : « Oui, j'y retournerai, comme en 1815! » Ce soudain élan d'inimitié que rien ne provoquait, ce symptôme de violente rancune étonna les auditeurs. Ce n'était rien moins qu'une menace contre la France. Mais comme le prince avait déjà cinquante-huit ans, que son frère vivait et régnait encore, on n'y attacha pas une grande importance. D'après le cours ordinaire des choses, d'après les plus sages calculs, il devait mourir sans avoir eu l'occasion de satisfaire son ressentiment. Et puis, devînt-il roi de Prusse, la monarchie prussienne n'avait pas assez de ressources pour lui permettre d'envahir la France, de venger une troisième fois les désastres si bien mérités de 1806. Deux revanches ne suffisaient-elles pas?

Eh bien! ce que personne n'aurait pu prévoir, ce qui était contraire à toutes les vraisemblances, comme à toute justice, la plus singulière combinaison d'événements l'a réalisé. Une chance funeste a conservé la vie au haineux personnage : son frère atteint d'une folie complète, lui transmit l'autorité avant même de reposer dans le tombeau sa tête maladive; un groupe de serviteurs habiles et expérimentés, une nation toujours obéissante ont secondé son aversion passée à l'état chronique; un adversaire inepte, qu'il espionnait, lui montra la place où il devait frapper, troubla, paralysa la défense; la nation la plus vaillante du monde, et la seule généreuse, tomba dans un piége où elle ne pouvait que se débattre, où son prudent ennemi l'avait attirée pour lui ouvrir les veines à coup sûr, afin de lui arracher son portefeuille et sa bourse.

L'opiniâtre animosité du roi Guillaume, que l'âge n'a pu éteindre, ni même calmer, qui lui a fait pendant soixante ans rêver l'humiliation et la ruine de la France est un phénomène peu ordinaire. Tant de fureur sous un crâne chauve! Comment expliquer cette monomanie de ressentiment? Par l'histoire du prince, par les souvenirs de sa jeunesse, par son caractère et par celui de la nation.

Le roi Guillaume, deuxième fils de Frédéric-Guillaume III, est né le 22 mars 1797. Dès l'âge de neuf ans, à partir de 1806, où Napoléon abattit en une seule campagne la monarchie factice de ses aïeux, il entendit maltraiter, calomnier, maudire la France ; ses premiers souvenirs distincts sont ceux d'une lutte contre la France; son premier acte viril fut de participer, avec son père et son frère aîné, à une invasion de la France. Il a donc grandi dans la haine d'un pays que la Prusse avait attaqué, outragé, envahi en 1792, en menaçant Paris d'une destruction totale, pour empêcher la nation de se constituer à sa guise, pour faire triompher la réaction la plus aveugle, d'après les conseils et sous la direction d'une vile prostituée, la comtesse de Lichtenau, qui dominait le roi et la cour.

La mère de Guillaume, la reine Louise, détestait les Français et particulièrement Napoléon, qui le lui rendait avec usure. Comme la maîtresse de son père avait fait décider la guerre contre la France en 1792, elle influença son mari et obtint de sa tendresse qu'il déclarât la guerre, dans le moment le plus inopportun, au redoutable Corse. Bonaparte en fut vivement et justement irrité. Comme il était parfois, sans le savoir, le vengeur de la République, son génie militaire infligea un dur châtiment à la suffisance prussienne ; et quand la reine Louise, accablée de douleur, implora sa miséricorde, elle trouva en lui un vainqueur inflexible. Trois ans après, elle mourut d'une maladie organique du cœur, vice naturel de conformation, qui n'avait été en aucune manière produit par le chagrin. Hiéronymi, le médecin de son père, chez lequel la princesse termina ses jours, le déclara officiellement, et trois autres docteurs, parmi lesquels se trouvait le médecin du roi, confirmèrent son jugement. N'importe ; quand elle eut terminé sa courte existence, on fit de sa mort une légende historique, on prétendit que les rudesses de Bonaparte et les malheurs de la Prusse avaient ruiné cette complexion trop délicate, brisé ce lys sans tache, qui n'était pas fait pour supporter la violence des orages. Il se peut qu'en mystifiant, saccageant et abaissant la France, Guillaume ait eu la sotte idée de venger sa mère (1).

C'est à la bataille de Leipsig que se rattachent les premiers incidents de sa vie publique. Le 30 octobre 1813, Frédéric-Guillaume III vint voir ses enfants à Breslau, où on les élevait, et dit tout à coup au jeune prince :

— Je vais maintenant t'emmener à la guerre, mais pour six semaines seulement, car tu es encore trop faible.

Et aussitôt il le nomma capitaine, en lui offrant les épaulettes de ce grade : il se trouvait ainsi récompensé avant d'avoir combattu, avant d'avoir donné la moindre preuve de mérite. Sous l'influence des événements, le laps de six semaines devint un espace de six mois.

Guillaume suivit son père à Berlin, puis à Leipsig, où, quinze jours auparavant, s'était livrée la plus sanglante bataille de cette affreuse lutte. Les traces n'en avaient point disparu, et de sinistres images s'offraient partout aux regards. On lui fit examiner avec attention le champ

---

(1) La lettre suivante, écrite par elle en français, montre qu'elle n'avait gardé aucune espèce de ressentiment et n'éprouvait pas le moindre chagrin :

Mon cher Père,

Je suis bien heureuse aujourd'hui, comme votre fille et comme l'épouse du meilleur des époux.

Neustrélitz, ce 28 juin 1810.

Louise.

de carnage, les odieux effets produits par l'ambition, la haine et la fureur. Quelle manière d'élever un jeune prince, pour endurcir son cœur et l'habituer à ne pas tenir compte de la vie humaine !

Le roi de Prusse se dirigeait vers Francfort sur le Mein, où l'attendaient l'empereur Alexandre et l'empereur d'Autriche. C'était là que les souverains allaient combiner leurs plans pour terrasser la France. On résolut de traverser le Rhin, d'attaquer le lion dans son antre. Le 26 décembre 1813, le feld-maréchal Blücher envoya un ordre secret à toutes les troupes placées sous son commandement, de franchir le fleuve le 1er janvier 1814. Le roi de Prusse et ses deux fils le passèrent à Mannheim, après qu'on eut emporté des retranchements français placés sur la rive gauche, lutte où deux généraux allemands, Tallesin et Sass, furent blessés. Guillaume entendit seulement de loin le bruit du canon et de la fusillade, mais il devait assister bientôt à une bataille. Des hauteurs de Trannes, il vit la lutte acharnée de Bar-sur-Aube, dans laquelle les Français jonchèrent le terrain de six mille envahisseurs, morts ou blessés.

Le lendemain, le roi de Prusse et ses enfants traversèrent le lieu sinistre pour aller à Brienne, où grondait un combat d'arrière-garde. A Leipsig, le jeune prince n'avait vu que les derniers restes d'une grande boucherie humaine ; cette fois il vit dans toute son horreur la gloire militaire, le sol couvert de morts et de mourants, de chevaux éventrés, de mares sanglantes, de boulets, de mitraille et d'armes éparses ; il vit d'affreuses blessures, il entendit et les clameurs provoquées par d'intolérables souffrances et les derniers râles de l'agonie. C'était le 2 février : il ne devait avoir qu'un mois après dix-sept ans accomplis.

Napoléon ayant battu séparément chacune des armées

étrangères, le corps prussien et russe que suivait Guillaume se retrouva, le 26 février, à Bar-sur-Aube. Le principal engagement eut lieu sur une côte plantée de vignobles, qui domine la vallée. La précieuse personne du roi ayant été un moment exposée à un feu violent de mousqueterie, le colonel Von Thile se jeta au-devant de lui et le supplia de conserver au monde sa tête sacrée : le prince goûta fort ce conseil, qui lui parut très-sage, et décampa. Mais dans sa retraite il avait pour escorte une foule de blessés, qu'on emportait du champ de bataille : cela l'intriguait fort, et il voulut savoir de quels régiments ils faisaient partie.

— Retourne donc un peu en arrière, dit-il à Guillaume, et va voir quelles sont les troupes que malmènent les Français.

Le prince piqua des deux et fit un petit temps de galop, pendant lequel des balles irrévérencieuses sifflèrent à ses oreilles, puis vint donner le renseignement que désirait son père. Il ne croyait pas avoir montré un héroïsme excessif ; pourtant il fut accueilli avec des transports d'admiration. L'empereur Alexandre, instruit de ce merveilleux exploit, lui offrit, le 5 mars, la croix de Saint-Georges de quatrième classe. Quelques jours après, au quartier général de Chaumont, le roi de Prusse lui donna solennellement la croix de fer. Un si grand mérite devait être encouragé.

Guillaume fut un mois entier sans faire de nouvelle prouesse. Mais le 25 mars, il assista, de loin, au combat de La Fère Champenoise, qui eut lieu par hasard, un corps d'armée français ayant donné, sans le vouloir, contre des bataillons alliés. Les troupes allemandes l'avaient pris d'abord pour l'armée de Silésie. Mais on eut bientôt la certitude que c'était une division ennemie, sous les ordres du général Pactod. On expédia aussitôt des officiers dans toutes les directions, et parmi eux le prince Guillaume, pour amener sur le terrain les forces qui se trouvaient à proximité : le hardi jeune homme fit derechef un temps de galop et s'acquitta de sa mission!

Des hauteurs de Romainville, Guillaume assista encore, de loin, avec son père et l'empereur Alexandre, au dernier combat livré sous les murs de Paris. La garde royale de Prusse y prit une part active. Vers quatre heures, la victoire des troupes alliées était décidée, et les souverains gagnèrent les hauteurs de Belleville, pour promener leurs regards sur l'immense capitale. Des estafettes partaient dans toutes les directions et des mouchoirs blancs s'agitaient aux fenêtres. A deux heures du matin la capitulation fut signée, et, le 31 mars, le jour naissant éclaira les députations qui venaient au quartier général des autocrates, pour leur recommander la ville. Le jeune prince, ayant si bien regardé la bataille, obtint en récompense le titre de major.

A neuf heures, la garde russe et la garde prussienne avaient terminé les préparatifs de leur entrée solennelle dans Paris, qui commença à 11 heures. Pour célébrer son triomphe et celui des alliés, Guillaume avait mis son plus beau costume, une branche de buis à son schako, un brassard blanc à son bras gauche. Avec ses deux frères, il prit place derrière le roi de Prusse et l'empereur Alexandre: ils chevauchèrent ainsi le long du faubourg Saint-Martin, suivirent les boulevards et ne s'arrêtèrent que dans les Champs-Élysées, où fit halte l'avant-garde.

Les souverains se prélassèrent deux mois dans la capitale, puis s'embarquèrent, le 6 juin, à Boulogne, pour visiter la Grande-Bretagne.

Un an se passa. Le 11 mars 1815, les plénipotentiaires du congrès de Vienne, lentement réunis, débattaient avec une lenteur plus grande encore, une foule de questions brûlantes, lorsque la nouvelle que Bonaparte venait de quitter l'île d'Elbe, venait d'aborder à Cannes, retentit comme un coup de tonnerre. Toutes les délibérations furent suspendues ; on s'occupa des mesures nécessaires pour abattre le Titan déchaîné. Le roi de Prusse et son fils Guillaume se mirent prudemment en route six jours après la bataille de Waterloo. Ils rencontrèrent à Spire l'empereur de Russie et l'empereur d'Autriche. Dans la petite ville de Boid, une estafette leur apprit que le reste du voyage ne les exposerait à aucun péril : la métropole française venait encore une fois d'ouvrir ses portes. Pour accélérer leur marche, ils laissèrent en route la garde royale prussienne avec le prince Guillaume, qui ne firent leur entrée dans la capitale soumise que le 13 juillet. Le futur empereur d'Allemagne y demeura jusqu'au premier octobre.

Il avait donc fait, à une année de distance, deux séjours assez longs dans Paris. Cette double résidence au milieu d'un peuple aimable et gai aurait pu lui inspirer quelque sympathie pour la nation. Mais la sympathie n'est guère dans sa nature, et les généraux, les diplomates prussiens qui formaient sa société habituelle, n'avaient à la bouche que des paroles de haine contre la France. Leur fureur inassouvie déclarait sans cesse qu'on la traitait avec d'absurdes ménagements. Blücher ne trouvait pas de termes assez vifs pour exprimer son indignation. En 1814, il avait installé sur les buttes Montmartre 84 mortiers de fort calibre et voulait absolument bombarder la ville : l'atroce vieillard prétendait qu'il fallait *châtier les Parisiens, parce que c'était la seule manière de les instruire.* Des ordres formels purent seuls l'empêcher d'incendier la capitale. Le pont d'Iéna surtout excitait sa colère : on eut toutes les peines du monde à lui interdire la joie de le faire sauter.

Ses amis, les principaux hommes d'État, les capitaines prussiens étaient d'accord avec lui. Dans une brochure écrite en 1815 par le général Von Carlowitz, l'auteur demandait qu'une indemnité d'un milliard fût exigée de la France. Il voulait en outre qu'on lui enlevât l'Alsace, la vallée de la Sarre et même, si la demande ne paraissait pas trop forte, la Lorraine jusqu'aux bords de la Meuse. Ces précédents sont bons à noter. Hardenberg et Humboldt soutenaient les mêmes opinions. « Si l'on veut obtenir une paix durable et solide, disait Hardenberg, si la France elle-même veut sincèrement conclure une paix de ce genre avec ses voisins de l'Est, elle doit leur rendre la ligne de défense qu'elle leur a prise : l'Alsace, les forteresses des Pays-Bas, la Meuse, la Moselle et la Saar. Alors seulement la France se trouvera réduite à sa vraie ligne de défense, les Vosges et les forteresses construites depuis la Meuse jusqu'à l'Océan. » Après avoir exposé ces haineux sophismes, Hardenberg ajoutait : « C'est une erreur dangereuse de croire qu'on s'attachera les Français par l'indulgence et la magnanimité : jamais ils n'oublieront leur défaite et leur humiliation. Il est donc nécessaire qu'on leur prenne ce qu'on a le droit et le devoir de leur prendre. On commettrait une lourde faute, en négligeant de mettre à profit l'occasion si chèrement payée de protéger à l'avenir la sécurité de la nation allemande, qui a tant souffert des Français. » Les autres chefs prussiens tenaient le même langage. « Avoir laissé à la France ses anciennes limites, disait Blücher, c'est avoir préparé une nouvelle lutte dans un laps de temps plus ou moins long. » Et Stein ajoutait : « Nous aurons dans l'avenir un nouveau compte à régler avec l'immorale et impudente nation française. »

Le bon sens des princes alliés dédaigna ces conseils frénétiques, et l'Europe centrale dut à leur sagesse quarante-quatre ans de repos. Si la France, déjà mal défendue contre l'Allemagne par les frontières de 89, avait vu briser encore cette faible protection, si elle avait vu sa porte toujours ouverte aux incursions de la haine teutonique, elle n'aurait pas quitté des yeux cette brèche menaçante et, à la première occasion, elle eût été au-devant de l'ennemi. L'occasion était belle en 1830 : les populations rhénanes, fatiguées du despotisme prussien, lui tendaient les bras, la Belgique soulevée offrait de s'unir à elle : le fusil à aiguille, le canon Krupp n'existaient pas, M. de Moltke était un jeune officier, M. de Bismarck un jeune vaurien; depuis quarante ans, les flots impétueux du Rhin protégeraient la France au nord-est. En 1815 l'inimitié de la Prusse l'aveuglait, comme elle l'aveugle encore. Elle vient, sans le savoir, de déchaîner sur l'Europe une nouvelle guerre de Trente Ans.

Quoi qu'il en soit, les discours hostiles qu'on a lus tout à l'heure, frappaient sans cesse les oreilles de Guillaume, pendant son séjour à Paris. Sur un homme si jeune, ils devaient faire une impression très-vive et, plus tard, quand il eut en main la redoutable puissance qui permet d'égarer les nations, les voix furieuses qu'il avait entendues résonnèrent de nouveau dans sa mémoire : des projets surannés lui tinrent lieu d'inspiration. Les peuples croyaient à un travail d'initiative là où il n'y avait que des réminiscences. Voilà l'origine lointaine de la guerre affreuse qui a contristé le monde. La Prusse n'en a pas moins eu l'audace de se dépeindre elle-même, avec des airs innocents, comme une pauvre ingénue, à laquelle la France cherchait noise, contre toute justice.

La gallophobie avait pour compagne dans l'esprit de Guillaume une animosité non moins violente contre la démocratie, et les deux passions haineuses se confondaient, s'attisaient l'une l'autre. Comment ne pas détester les principes modernes, le droit nouveau, la liberté, l'égalité, dans un pays où le servage régnait encore au début de l'année 1807; où les justices seigneuriales terrifiaient encore la population en 1847? La Prusse, qui a passé longtemps pour une puissance plus jeune que l'Autriche, était plus ennemie du progrès, plus brutale et plus opiniâtre. Et ces théories odieuses, fatales, subversives, elle se rappelait avec amertume que la France leur avait donné le jour, que, sans la France, elles ne seraient peut-être pas nées. Elles avaient pris leur vol de cette terre maudite, s'étaient répandues comme des fées lumineuses dans toute l'Europe, planant au-dessus des royaumes où dormait encore la nuit du moyen âge. On ne pouvait les exécrer sans avoir aussi en horreur la contrée funeste, qui avait été leur premier séjour.

Les prédilections militaires de Guillaume concordaient avec ces tendances belliqueuses. « Depuis l'année 1815, dit un auteur allemand, la biographie du roi de Prusse actuel pourrait être l'histoire des armées prussiennes. Il montrait pour l'art militaire un goût et une préférence marqués; à ces penchants correspondait une habileté naturelle, soit pour conduire les troupes, soit pour l'organisation et l'administration de l'armée. Frédéric Guillaume III suivait avec l'intérêt le plus vif et avec une joie paternelle le développement de ces facultés guerrières, et témoignait à son fils, en mainte occasion, une grande confiance, le chargea même d'inspecter plusieurs corps d'armée et plusieurs forteresses, dès les années 1817 et 1819, où la jeunesse du prince et son grade militaire auraient dû lui interdire ces fonctions (1) ».

Guillaume avait épousé, le 11 juin 1829, la princesse

---

(1) A.-H. Brandrupp : *Wilhelm I, Kœnig von Preussen, in Wort und Bild*, t. Ier, p. 220.

Augusta, née dans la famille ducale de Weimar, et il était à La Haye avec sa femme, quand la révolution de juillet culbuta en France la monarchie du droit divin. Si l'animosité du prince s'était endormie aux rayons de l'astre langoureux qu'on nomme la lune de miel, cette catastrophe la réveilla en sursaut. Le gallophage se précipita sur ses armes, pour satisfaire en même temps sa passion guerrière, sa haine de la France et de la démocratie. Frédéric-Guillaume III son père, voulant se prémunir contre tous les événements, réunit trois corps d'armée sur les bords du Rhin et en posta un quatrième dans la Thuringe. Le nouvel époux fut chargé d'inspecter deux des corps d'armée campés près du Rhin, et il s'acquitta de cette mission dans le mois de septembre : il commandait d'ailleurs lui-même le corps dirigé vers la Thuringe, que l'on nommait l'armée du Brandebourg. Pendant l'inspection, il fut contraint d'envoyer des divisions entières à Cologne et à Aix-la-Chapelle, où des troubles venaient d'éclater. En Belgique, en Suisse, dans la Hesse électorale, dans le Brunswick, en Saxe, à Hambourg fermentait une agitation libérale, qui pouvait exiger l'intervention des troupes prussiennes. Guillaume se tenait prêt, l'œil attentif, l'oreille aux écoutes, dans l'espoir de sabrer bientôt les démocrates : mais son attente fut trompée, il n'eut pas l'occasion d'abattre un seul révolutionnaire.

Le mouvement européen de 1848, qui pouvait affranchir le monde et qui accrut partout la servitude, lui offrit un ample dédommagement. Il eut d'abord des contrariétés, mais elles durèrent peu : la satisfaction de pouvoir mitrailler les démocrates les bannit bientôt de sa mémoire.

La révolution de février souleva cent trente millions d'hommes en Europe, et la Prusse ne fut point garantie de la tempête. Dès le 6 mars, des rassemblements eurent lieu à Berlin, puis de légers conflits avec les troupes qui, le

15 et le 16, finirent par tirer sur le peuple : la magistrature envoya des députations au roi. La journée du 17 néanmoins se passa tranquillement. Le 18, une délégation du conseil échevinal de Cologne présenta au souverain une adresse des provinces rhénanes, qui menaçaient de rompre avec la monarchie des Hohenzollern, si on ne procédait pas immédiatement à des réformes libérales. Une foule immense couvrait la place du château. Frédéric-Guillaume IV demanda trois heures pour réfléchir, puis annonça dans une proclamation qu'il accordait la liberté de la presse, le régime constitutionnel, l'armement de la bourgeoisie, la réorganisation de la Diète sur un nouveau plan, l'unité de la monnaie, des poids et des mesures pour toute l'Allemagne. Une acclamation enthousiaste salua cette nouvelle. Le roi voulut parler du haut du balcon, mais ne put se faire entendre ; comme il se croyait un grand orateur, capable de dominer la multitude, il parut une seconde fois. Des militaires, par malheur, occupaient toutes les portes du château, et le peuple se mit à crier, en souvenir des catastrophes du 15 et du 16 : « *Éloignez les soldats, éloignez les soldats!* » Le prince tâcha de débiter sa harangue, les mêmes cris retentirent. Il était deux heures. Tout à coup, sans qu'on ait jamais pu savoir qui avait donné l'ordre, débouchèrent par plusieurs rues des troupes d'infanterie et de cavalerie. Deux coups de feu partirent. La foule se dispersa, mais en poussant des clameurs furieuses. On prétendit qu'on avait vu le prince Guillaume donner, à une fenêtre, le signal de l'attaque en agitant un mouchoir. Le fait, bien entendu, a été nié par les historiographes de la cour, et je ne suis pas en mesure de débattre la question. Partout s'élevèrent des barricades, partout sonna le tocsin, et une lutte semblait imminente, lorsque le comte d'Arnim, ministre populaire qui venait de succéder au ministre détesté Bodelschwingh, essaya de calmer les esprits

en parcourant à cheval les rues voisines du château. C'était dans les premières ombres du soir. Une nouvelle surprise annula ses bonnes intentions; un coup de canon et une fusillade retentirent, au moment où l'on s'y attendait le moins, et la bataille s'engagea. Le drapeau de l'Allemagne démocratique, rouge, noir et or, flottait sur deux cents barricades. Toute la nuit le sang coula, les tintements lugubres des cloches d'alarme se mêlèrent au fracas de l'artillerie et de la mousqueterie; deux cents hommes du peuple furent tués, un plus grand nombre mis hors de combat; quatre cents prisonniers, que l'on dirigea immédiatement vers la forteresse de Spandau, tombèrent entre les mains des soldats. La troupe cependant n'avait pas remporté d'assez grands avantages pour rassurer complétement le roi : il fit une tentative de conciliation, puis ordonna aux militaires de quitter la ville. Les Berlinois détestaient si cordialement le prince Guillaume que son éloignement ne fut pas jugé moins nécessaire : l'ordre d'aller passer quelque temps dans la Grande-Bretagne lui fut signifié le même jour. Il partit sur-le-champ pour Londres. Je laisse à penser avec quelle fureur il maudissait et la démocratie, et la France qui avait occasionné cette émeute. Pour empêcher la foule de détruire son hôtel, pendant la nuit du 18 au 19 mars, il avait fallu écrire sur les murs en grosses lettres : *Propriété nationale*.

Guillaume ne put revenir d'exil que le 6 juin. Il rentra dans son pays en invoquant le ciel, en protestant de son affection pour le régime des trois pouvoirs et les intérêts populaires; puis il guetta une occasion de vengeance. Il n'osa pas cependant habiter Berlin, mais se tapit dans son château de Babelsberg, que l'on fut obligé de garder, car on craignait que la multitude n'y vînt traquer le futur empereur.

L'abandon funeste et impolitique, où la France républicaine laissa toutes les nations qui avaient adopté ses principes, la basse hypocrisie du Napoléon de hasard qui secondait partout la réaction, lui mirent bientôt l'épée à la main. Voyant que les manéges des cours faisaient avorter leurs espérances, les populations de la Prusse et de la Bavière rhénanes se soulevèrent, furent imitées presque aussitôt par les habitants du duché de Bade, où les soldats fraternisèrent avec le peuple, en sorte que le duc se sauva pendant la nuit, chercha un refuge à Germersheim, puis à Lauterbourg, en Alsace. Il implora le secours de la Prusse, qui allait agir pour son propre compte et pour le compte de la Bavière. Ce fut le prince Guillaume que l'on chargea de cette expédition militaire, si conforme à ses goûts et à ses opinions politiques. Le pieux capitaine bénit la Providence et agrafa la ceinture où pendait son sabre de guerre. Il entra d'abord dans le Palatinat du Rhin, qu'il soumit après une suite de combats assez vifs et assez nombreux, envahit ensuite le duché de Bade, que les insurgés ne purent longtemps défendre. La ville forte de Radstadt, où se groupèrent les derniers champions de la liberté, fut contrainte de se rendre à discrétion le 23 juillet. Les chefs des patriotes, obligés de signer la capitulation, étaient bien persuadés qu'ils signaient leur sentence de mort : ils écrivirent pourtant leur nom d'une main ferme. La garnison devait sortir le lendemain et défiler devant les troupes victorieuses, en déposant ses armes. Guillaume s'abstint de présider à la cérémonie, non par tendresse de cœur, mais par excès de haine : « Je ne veux pas voir ces gens-là ! » s'écria-t-il avec une fureur contenue. Il voulait seulement les faire fusiller. Tiedemann, gouverneur de la citadelle, Von Trützschler, membre du Parlement de Francfort, Bœning, un vétéran de la guerre hellénique, Elsenhaus, rédacteur du journal de la forteresse, tous les officiers et nombre de soldats tombèrent sous les balles : 471 cadavres ensanglantés prouvèrent la clémence, la charitable douceur du larmoyant dévot.

Après cette cruelle expédition, il rentra dans l'ombre, y couva pendant huit ans sa haine de la France et des idées françaises. Puis, une prédisposition à la démence éteignit peu à peu l'intarissable faconde, la prodigieuse tartuferie de Guillaume IV, et noya enfin dans les ténèbres son esprit subtil. Son frère le suppléa d'abord sans titre officiel, à partir du 6 octobre 1857, prit en 1858 le titre de régent, et deux années plus tard, quand le souverain, déjà mort intellectuellement, cessa de vivre tout à fait, plaça lui-même la couronne sur sa tête, dans la grande cérémonie de Kœnigsberg. Pendant la solennité, il affirma hautement son droit divin ; la première phrase de son discours eut même pour but de le proclamer : « Depuis cent soixante ans, dit-il, les rois de Prusse portent la couronne par la grâce de Dieu. » Il ne fut pas question du peuple.

Aussitôt qu'il avait pu faire usage de l'autorité souveraine, Guillaume l'avait employée à fortifier, à compléter l'organisation militaire. Le chiffre de l'armée permanente, 120 à 130 mille soldats, correspondait au nombre des habitants de la Prusse en 1815, époque où on l'avait fixée : la population, qui formait alors dix millions d'hommes, s'était accrue de sept millions. Une foule de recrues se trouvaient par suite inutiles, ne pouvaient entrer dans le contingent annuel : il fallait donc les dispenser du service, ou par omission volontaire, ou par mesure de faveur. Cette situation irrégulière ne pouvait se prolonger. L'armement exigeait aussi des améliorations, car on savait que la France s'occupait de nouveaux perfectionnements : la guerre d'Italie en montra l'importance. Mais pour exécuter ces réformes, des subsides abondants étaient indispensables, et comme la Chambre des Députés ne voulait pas les accorder, les projets de Guillaume devaient occasionner bientôt de graves conflits entre le gouvernement et l'Assemblée nationale.

Les goûts exclusivement militaires du prince causaient une sensation d'autant plus vive, que le dernier chef du cabinet, sous le roi défunt, M. de Manteuffel, avait adopté le système de la paix à tout prix, politique agréable aux puissances étrangères, mais qui flattait peu l'amour-propre excessif de la nation. La guerre d'Italie favorisa les desseins du Régent. Il mobilisa, dès le mois d'avril, les trois corps d'armée qu'il devait tenir sous les drapeaux, conformément aux statuts de la Confédération germanique; puis, les succès de la France inquiétant l'Allemagne, il mobilisa les six autres corps de l'armée prussienne. La paix subite de Villafranca rendit inutiles ces menaçants préparatifs, qui exigèrent une dépense imprévue de quarante millions de thalers (150,000,000 de francs). La Chambre vota le crédit supplémentaire à l'unanimité; mais ce fut la seule fois que les représentants du peuple et le chef du gouvernement tombèrent d'accord. La Prusse ne s'était pas seulement disposée à une lutte sur terre contre la France: elle avait en outre fait exécuter sur ses côtes, et sur toutes les côtes septentrionales de l'Allemagne, des travaux défensifs.

Le calme était rétabli; tout donnait lieu de penser que Guillaume allait concevoir des idées pacifiques et diminuer le budget de la guerre. Vain espoir! En 1861, il augmenta le crédit annuel de seize millions cinq cent mille thalers (61,875,000 francs). Après de violentes discussions, la Chambre octroya la somme, moins un million et demi de thalers, mais comme *subside extraordinaire et accidentel.* Sans tenir compte de l'annotation jointe au vote, le prince feignit de croire que cet énorme accroissement de dépenses était une mesure définitive et permanente : il employa même les fonds avant que l'assemblée populaire eût donné son avis. Les délégués de la nation protestèrent ; la question, qui était d'abord toute spéciale, franchit ces limites, fit naître un débat constitutionnel : il ne s'agissait plus des frais nécessités par l'augmentation et la réforme de l'armée prussienne, mais des lois du pays, du pacte fondamental, que le roi et les ministres foulaient aux pieds avec une insouciance musulmane. Le 23 septembre, une accablante majorité de 308 voix contre 11, blâma la conduite du gouvernement, rejeta ses propositions et, au lieu de 37,750,000 thalers qu'il demandait, lui en alloua seulement 32,000,000 pour les dépenses habituelles. Après une si éclatante déroute, le prince de Hohenlohe-Elfingen, chef du cabinet, et ses collègues devaient abandonner le terrain : il fallut leur chercher des successeurs. Le problème était difficile à résoudre, car le prince ne voulait pas modifier ses plans, diminuer le budget militaire, et la Chambre avait la ferme intention de ne pas accepter son programme.

Qui voudrait se charger des affaires publiques en de pareilles circonstances ? Où trouver un homme assez habile et assez aventureux pour entreprendre le sauvetage de la politique royale ? Guillaume en connaissait un, âpre, souple, effronté, cruel, astucieux, opiniâtre, docile et hypocrite, plein de haine pour les idées nouvelles, plein de soumission pour les pouvoirs anciennement établis, champion toujours obséquieux des vieilles doctrines, adversaire toujours furieux de la liberté, de la justice et du progrès. Depuis longtemps il le suivait d'un œil attentif, l'encourageait, le stimulait ; dans l'hiver de 1835-1836, il l'avait rencontré une première fois à un bal de la cour, et le prince avait admiré la haute taille de son futur ministre. Son zèle dynastique l'avait fait aussi remarquer de Frédéric-Guillaume IV : ses transports de dévouement pour la monarchie absolue attendrissaient, charmaient la cour. Aussi le roi l'avait-il nommé brusquement premier secrétaire de légation à l'ambassade prussienne près de la Diète germanique, puis, au bout de trois mois seulement, élevé au poste d'ambassadeur. C'était M. Otto de Bismarck, simple gentilhomme du Brandebourg, qui ne portait même pas le titre de chevalier : son père, homme infatué, enivré de sa petite noblesse, était un carabinier de la garde, lentement parvenu au rang de chef d'escadron lorsqu'il avait abandonné le service.

Après avoir pendant huit ans manœuvré, intrigué dans les salles obscures du palais de la Diète, M. de Bismarck était devenu si impopulaire, passait pour un ennemi tellement acharné de tous les principes modernes, que le premier ministère choisi par le Régent crut devoir le rappeler de Francfort. C'était un ministère pseudo-libéral, qui obéissait aux inspirations du prince Antoine de Hohenzollern-Sigmaringen. Si pâle que fût sa nuance démocratique néanmoins, elle rendait compromettante la sombre animosité avec laquelle le gentillâtre provincial bravait et injuriait les idées nouvelles. M. de Bismarck semblait perdu, ou voué à une longue impuissance. Mais Guillaume avait reconnu en lui la ténacité, l'audace, la ruse et la souplesse dont il avait besoin. Suivant l'exemple de son frère, il le nomma tout à coup internonce en Russie, et eut l'obligeance de lui dire que l'ambassade de Saint-Pétersbourg était la plus importante de la monarchie prussienne. Le 1er avril 1859, jour anniversaire de sa naissance, Bismarck entrait en fonctions dans la ville des Tsars.

Il y resta jusqu'au mois de mai 1862, où une combinaison ministérielle, qui semblait en harmonie avec son caractère et ses opinions, le fit soudainement rappeler. Mais pour y prendre place, il ne voulut point accepter le voisinage de M. Von der Heydt. Le comte de Pourtalès, ambassadeur en France, venait de mourir : Bismarck fut chargé provisoirement de ses fonctions, et partit dans les derniers jours du mois de mai, avec la certitude que son absence durerait peu de temps. Il vit alors pour la première fois un homme qu'il admirait de loin, comme un fourbe insondable, comme le modèle de la politique mensongère, tortueuse, violente et cruelle, qui était son propre idéal. Depuis qu'il l'a joué, mystifié, détrôné, il l'estime beaucoup moins, mais il s'extasiait alors devant l'énormité de ses vices, et lui était reconnaissant d'avoir étranglé la république française. Le 23 septembre, le ministère Hohenlohe-Elfingen subit la prodigieuse défaite que nous avons racontée plus haut : il se dispersa devant l'ennemi, et un intrépide champion devint nécessaire pour défendre les projets du roi, pour livrer une dernière bataille en faveur de l'autorité absolue. Guillaume avait songé d'avance à Bismarck et dépêché en toute hâte vers lui le général De Roon, son ancien ami, pour savoir à quelles conditions il accepterait un portefeuille, quel programme il formulerait. Le messager aborda la question avec toutes sortes de ménagements oratoires. Quel fut son étonnement! Bismarck ne posa pas la moindre condition, ne dressa aucun programme; il s'écria comme un vassal du moyen âge : « Mon seigneur et maître a besoin de moi : je suis prêt! » Et aussitôt, sans prendre congé de l'Empereur, il se lança en chemin de fer. Le 24 septembre, sa nomination comme chef du cabinet parut dans le journal officiel; il devenait président d'un ministère sans avoir jamais été ministre.

Dans la lutte qui allait s'engager, tout dépendait de la position et de l'attitude que M. de Bismarck prendrait devant la Chambre élective dès la première séance. Il ne commença point par la braver ; c'était un moyen qu'il réservait pour la suite. Il tenta d'abord de la jouer avec cette adresse étonnante, qui, à une époque astucieuse, fait de lui le plus astucieux des hommes. Dans un langage où chaque mot était calculé pour avoir un aspect insignifiant, il tâcha de leurrer ses auditeurs et d'escamoter le débat. « La Chambre, dit-il, ayant retranché du budget de 1862 toutes les dépenses affectées à la réorganisation de l'armée, et le roi jugeant qu'un vote semblable aurait lieu, quand on lui soumettrait le budget de 1863, il retirait la proposition du gouvernement, la laissait à l'écart, et annonçait qu'un projet de loi, maintenant les conditions essentielles de la réforme de l'armée, serait présenté au début de la session prochaine. » Quoi de plus pacifique, de plus conciliant en apparence? La couronne ne voulait point fatiguer les élus du peuple, elle retirait son programme, elle le ferait sanctionner plus tard, et voulait suspendre pour le moment toute controverse. Mais dans l'intervalle, comment se proposait-elle d'agir? M. de Bismarck ne le disait point; l'assemblée le devina sans avoir besoin d'une sagacité extraordinaire : le gouvernement dépenserait les sommes refusées, puis obtiendrait ou espérait obtenir un vote d'absolution. La Chambre protesta contre ce plan artificieux, déclara illégale toute dépense faite malgré une interdiction du parlement. Cette décision hostile fut adoptée par 251 voix contre une minorité de 36. Les principes du gouvernement constitutionnel exigeaient que M. de Bismarck donnât sa démission; il garda son portefeuille, prit audacieusement le parti de congédier les représentants du peuple et, dans un discours de clôture, le 13 octobre 1862, leur déclara qu'il se passerait de leur approbation.

Je ne puis exposer ici tous les stratagèmes par lesquels le gentilhomme du Brandebourg se maintint au pouvoir malgré la Chambre et malgré la nation : c'est une curieuse, une étrange histoire, que j'ai racontée ailleurs (1). Il me suffira de dire qu'il parvint à métamorphoser, suivant le désir du roi, une monarchie constitutionnelle en gouvernement absolu, sans détruire la forme parlementaire.

Dès qu'ils furent maîtres du terrain, Guillaume et lui s'occupèrent de réveiller en Allemagne la haine de la France. On organisa dans ce but des fêtes commémoratives. Le 24 janvier 1861, en pleine paix, le premier discours du trône, à l'ouverture de la session législative, avait déjà laissé entrevoir des résolutions énergiques et, en quelque sorte, des plans lugubres. Sous un dais de velours noir, portant le casque en tête et la chaîne du grand ordre prussien autour de la poitrine, le roi Guillaume, avec une solennité funèbre, avait prononcé les paroles suivantes :

« Mon frère est mort dans des temps difficiles. Une mission laborieuse m'est échue en partage. Avec l'aide paternelle du Seigneur, j'espère m'acquitter heureusement de ma tâche. Vous m'aiderez de votre fidèle concours. La patrie a besoin de concorde et d'un dévouement absolu.

» Ayant proclamé devant les souverains de la Confédération comme la première maxime, qui doit guider ma politique allemande et ma politique européenne, la résolution de maintenir l'intégrité de notre territoire, il faut accroître la force de notre armée, non-seulement par le nombre des troupes, mais par leur cohésion intime, par leur solidité, par leur confiance dans la nouvelle organisation. Les mesures prises à cet égard ne dépassent point les limites légales de notre constitution militaire. En examinant les projets qui vous seront soumis, vous verrez

---

(1) Voyez ma brochure intitulée : *Le comte de Bismarck, sa biographie et sa politique* (seconde édition).

qu'on a réduit les dépenses aux frais nécessaires pour l'efficacité de notre armement. Les ressources de la Prusse lui permettent de maintenir son armée dans une situation qui commande le respect. Vu les circonstances actuelles en Allemagne et en Europe, la représentation nationale de la Prusse ne refusera pas de conserver ou de développer ce qui est déjà fait; elle ne refusera pas de soutenir les dispositions, auxquelles la Prusse et l'Allemagne devront leur sécurité.

» Pénétré de la grave situation dans laquelle se trouve l'Europe, mon gouvernement travaille sans cesse à amener la révision des statuts militaires de la Confédération germanique, réforme absolument imposée par les exigences croissantes de la guerre, à notre époque. J'ai le ferme espoir que ces efforts atteindront leur but, car tous les gouvernements et toutes les populations de notre pays sentent qu'un intime accord est le plus pressant besoin de la nation entière. »

Quelles paroles de mauvais augure! Quelles prédictions inquiétantes! Où donc le roi Guillaume voyait-il ces nues pleines d'orages, qui menaçaient le repos et la sécurité de l'Allemagne? Ne criait-il pas : au secours! parce qu'il voulait lui-même engager la lutte, et l'anxiété qu'il invoquait pour demander des précautions guerrières, ne venait-elle pas de lui-même, de ses plans secrets, de sa haine invétérée contre la France? Ses manéges ultérieurs vont éclairer ses intentions.

Le 3 février 1863 tombait le cinquantième anniversaire du mémorable appel que Frédéric-Guillaume III avait adressé aux volontaires de l'Allemagne. Les vétérans des guerres de l'Indépendance, qui vivaient encore, avaient résolu de célébrer le retour semi-séculaire de ce grand jour. La ville de Berlin, décidée à voter en leur faveur des sommes importantes, voulait annoncer officiellement son dessein dans la grande salle de la maison commune. Le gouvernement profita de la circonstance pour donner au projet le caractère d'une solennité générale. Pendant que la Société des volontaires de 1813, 1814 et 1815, fondée depuis 1830, ornait son local, le roi Guillaume, pour ajouter au luxe de la décoration, envoya plusieurs tableaux de son palais, représentant des batailles de l'Empire, et le portrait de Frédéric-Guillaume III, peint à Paris, en 1814, par le fameux Gérard.

La cérémonie eut lieu. Le bourgmestre et les échevins prononcèrent des discours patriotiques, votèrent une somme annuelle de 30,000 thalers, pour pensionner les volontaires survivants de l'année 1813, et mirent au concours une Histoire des guerres de l'Indépendance, destinée aux écoles : non-seulement l'auteur recevrait cent frédérics d'or, mais la commune devait acheter dix mille exemplaires de son ouvrage. La Société des volontaires réalisa aussi son programme : trois cent cinquante membres étaient réunis dans la grande salle, quand on vit soudain entrer le roi, qui ne s'était pas fait annoncer ; il salua les vétérans et leur adressa ce discours :

« Je me réjouis cordialement de me trouver parmi vous, qui, à l'appel héroïque de mon père, avez risqué votre fortune et votre sang, il y a un demi-siècle, et bien mérité de la patrie. Mon noble père, mon noble frère et moi-même, nous avons combattu dans vos rangs (1). Puissiez-vous communiquer les sentiments qui vous animaient alors aux générations nouvelles, à vos enfants et à vos petits-enfants, afin qu'ils se dévouent pour l'Allemagne avec autant d'énergie et de zèle, quand viendra l'époque où la patrie demandera la même abnégation. Le souvenir de ces temps glorieux, je le rappelle en me servant des mots

---

(1) On sait que les trois princes n'avaient pas combattu du tout.

que nous avons criés ensemble dans les batailles : « Honneur aux mânes de nos illustres souverains, hourrah! » Je me réjouis d'être venu parmi vous. Nous nous reverrons le 17 mars ; adieu ! »

Cette parade militaire, ce coup de théâtre ne suffit point au belliqueux Guillaume. Il existait à Berlin une seconde société historique, celle des francs-tireurs et des combattants de 1813, 1814 et 1815. Ils célébraient aussi la fête commémorative, mais par un ample repas, où la bonne chère exaltait leur patriotisme, où le vin stimulait leur enthousiasme. Là encore, le roi Guillaume apparut à l'improviste et gratifia les convives d'une allocution militaire, qui avait exactement le même sens que son premier discours.

Il est impossible de méconnaître dans ces brusques visites, dans ces harangues calculées, une provocation formelle à la guerre étrangère. Et contre qui cette guerre devait-elle être dirigée? La Prusse était en paix avec la Russie et avec l'Autriche, qui faisait d'ailleurs partie de l'Allemagne et présidait la Confédération germanique ; la mort de Frédéric VII, roi de Danemarck, n'avait pas encore fourni un prétexte pour envahir le petit royaume. Et puis le Danemarck ne pouvait mettre en péril l'intégrité de la patrie allemande. Ce n'était pas la Suisse et l'Italie que menaçait Guillaume. C'était donc la France. Comme il l'avait déclaré ouvertement dans son discours du trône, il voulait condenser l'Allemagne et la grouper autour de la Prusse ; pourquoi? Pour jeter d'un seul coup la nation entière sur la voisine qu'il détestait, sauf à lui imputer des plans agressifs, en prenant l'Europe et le ciel à témoins.

La première cérémonie avait sans doute produit bon effet, car une ordonnance royale prescrivit de célébrer dans toute la monarchie, douze jours après seulement, l'anniversaire de la paix de Hubertsbourg, qui avait constaté le triomphe de la Prusse sur une formidable coalition et terminé la guerre de Sept Ans, où la France avait subi la prodigieuse défaite de Rosbach. Le 15, il devait y avoir un siècle que l'on avait signé ce pacte glorieux pour les Hohenzollern, humiliant pour les Bourbons. Le solenniser, c'était encore un moyen de ranimer des souvenirs hostiles à notre pays. Un bruyant *Te Deum* fit frémir les vitres de toutes les églises.

Deux commémorations belliqueuses ne suffirent pas encore aux projets et aux rancunes de Guillaume. Le 17 mars allait ramener, après un demi-siècle, l'anniversaire du jour où les forces prussiennes avaient été appelées sous les armes, pour engager une lutte mortelle contre la France. Ayant l'intention d'élever une statue à son père, Frédéric-Guillaume III, l'hypocrite souverain forma le projet de combiner l'inauguration de l'entreprise avec une grande démonstration nationale. Tous les vétérans des guerres de l'Indépendance qui habitaient Berlin, tous les chevaliers de la Croix de Fer qui vivaient encore, furent invités à un banquet payé par le roi. Dès le 10 mars, des mesures législatives et financières avaient amélioré leur sort et le sort des invalides. Les vieux militaires que rassembla l'invitation du prince n'étaient pas moins de quatre mille. On les enrégimenta sous leurs anciens drapeaux, et la colonne se mit en marche vers le Jardin d'agrément (*Lustgarten*). Une foule immense se pressait sur son passage, occupait les fenêtres et les balcons, s'était perchée jusque sur les toits; les dames jetaient des fleurs et des couronnes aux anciens champions de l'Allemagne. Trop affaiblis pour marcher, quelques-uns suivaient leurs compagnons en voiture.

Quand le cortége arriva devant le palais du roi, il fit halte, et le prince parut au balcon pour le saluer. Le feld-maréchal Wrangel, qui chevauchait à la tête, monta près du souverain. Guillaume leur adressa quelques paroles enthousiastés, puis le défilé recommença, aux notes triomphantes de la musique, au bruit prolongé des acclamations populaires.

Je n'ai pas besoin de décrire le reste de la cérémonie, pour en montrer l'intention et la portée : il est manifeste qu'on travaillait à ranimer contre la France tous les souvenirs de haine, dans un but qui restait caché, mais que l'on devine aisément. Au festin du soir, le roi parut encore et prononça une allocution guerrière. Des drapeaux flottaient dans toute la ville, les beaux quartiers resplendissaient d'illuminations, les faubourgs retentissaient de chants patriotiques. On aurait pu se croire au lendemain de la chute du premier empire : c'était la chute du second que la cour préparait.

Trois manifestations belliqueuses auraient dû calmer la sourde fureur de Guillaume : mais les rancunes germaniques sont insatiables. Au mois d'octobre, sur le champ de bataille de Leipsig, une nouvelle fête anniversaire, que l'on baptisa la *Fête des morts,* servit une quatrième fois à préparer l'accomplissement de ses projets. Rien n'y manqua : les discours, les chants, les poésies menaçantes abondèrent. « Les feux sont depuis longtemps éteints sur nos montagnes, s'écria un orateur ; le feu de la reconnaissance et du patriotisme a aussi besoin qu'on le rallume. Il est temps que nous évoquions l'image de notre honte et de notre misère, de nos souffrances et de nos combats, de notre délivrance et de notre salut. Il est temps que nous apprenions de nouveau à remercier, à louer et à honorer : à remercier d'abord Dieu dans le ciel, puis à louer et à glorifier les hommes qui furent les instruments de ses desseins. Les fêtes que célèbre une nation entière sont des époques de rajeunissement : malheur aux peuples qui n'ont pas de fêtes commémoratives (1)! »

Pendant que ces mesures accidentelles réveillaient en Prusse le faux patriotisme des haines internationales, des mesures permanentes l'entretenaient d'une manière continue. Depuis 1814, les bulletins des contributions portent une ligne spéciale, désignant le chiffre supplémentaire qui la termine, comme destiné au payement des frais nécessités par l'occupation française de 1806 à 1813. Le Prussien avare, en payant la somme additionnelle, soupire et maudit la France. Une invention particulière produisait dans la troupe un effet analogue : on l'exerçait à tirer sur des mannequins bleus par en haut, rouges par en bas, comme nos soldats de ligne. Chaque fois qu'une balle frappait la cible, le conscrit prussien se figurait avoir abattu un homme de notre armée.

La littérature agissait sur la masse de la nation avec une bien autre énergie. Pendant que la France tressait à l'Allemagne des couronnes de fleurs, lui souriait comme à une amie, témoignait pour elle l'enthousiasme naïf qu'elle avait montré pour l'Angleterre au dix-huitième siècle, l'Allemagne l'en récompensait par les publications les plus hostiles et les plus venimeuses. Elle fouillait avidement l'histoire, y cherchait des motifs de plaintes et d'accusations. Les malheurs de l'Allemagne, à toutes les époques, venaient de la France et des intrigues françaises. L'Allemagne, sans la France, aurait été un nouveau paradis terrestre. Je ne plaisante pas : les auteurs allemands versaient des larmes, en songeant aux infortunes dont leur patrie a été accablée par sa voisine de l'ouest.

En 1840, l'injuste et coupable fièvre prit une nouvelle

---

(1) La *Fête des morts* a inspiré deux publications historiques : *Die Todtenfeier auf der Wahlstatt bei Leipsig* (Hambourg, 1863, chez Otto Meissner); *Rede zur Feier der Leipsiger Schlacht*, par Henri Wuttke (Leipsig, 1863).

MORT DES FRANCS-TIREURS DE CHATEAUDUN, BLESSÉS ET ATTACHÉS A DES ARBRES

intensité. La quadruple Alliance, conclue pour régler le différend de la Porte Ottomane avec Méhémet-Ali, sans la participation du gouvernement de Louis-Philippe, avait blessé à juste titre la susceptibilité française; M. Thiers, président du conseil, avait fait aussitôt des préparatifs et des démonstrations militaires, pendant que les journaux entonnaient des fanfares belliqueuses, où ils demandaient les provinces rhénanes, comme complément naturel du territoire. Le poëte Becker leur lançait, en guise de réponse, l'*Hymne au Rhin*, qui provoquait la fameuse réplique d'Alfred de Musset. Le cadavre de Napoléon ramené en France, le projet de fortifier Paris, accepté par la Chambre, et jusqu'à la sotte tentative de Louis Napoléon sur la grève de Boulogne, remuaient la bile toujours très-abondante du peuple germanique, réveillaient dans sa mémoire de désagréables souvenirs. Les feuilles d'outre-Rhin tonnèrent comme des batteries de siége. On vit alors les teutomanes se dresser de toute leur hauteur et montrer le poing au peuple français. Une guerre contre cette nation belliqueuse leur semblait pouvoir servir à électriser la torpeur allemande, à réchauffer la bravoure des patriotes indigènes (1). Leur animosité se doublait d'un calcul politique. Mais bientôt l'animosité prit le dessus. Un homme

(1) Le fait se trouve constaté par le poëte Henri Heine dans un article de la *Gazette d'Augsbourg*, publié le 11 janvier 1841; en voici un fragment : « Même le parti subversif d'outre-Rhin, les soi-disant patriotes germaniques surtout, prêche une croisade contre les Français, dans l'espoir que les passions déchaînées amèneront un bouleversement, qui fera cesser la routine moutonnière et permettra d'établir un empire allemand uni et libre. Oui, la crainte de la puissance énervante et soporifique de la paix inspire à ces gens la résolution désespérée de sacrifier le peuple français, comme ils disent dans leur naïveté enfantine. Nous divulgnons, nous dénonçons publiquement cette arrière-pensée, parce qu'un tel héroïsme nous semble aussi insensé qu'ingrat. »

médiocre, un journaliste cherchant quelque sujet à exploiter (il se nommait H. Scherer) eut la fantaisie d'écrire une sorte de lamentation sur la perte des Trois Évêchés, Toul, Metz et Verdun, séparés de l'Allemagne depuis trois siècles. Frédéric de Raumer imprima le morceau dans son *Annuaire historique* de 1842. Cette complainte produisit de l'effet sans doute, puisque l'auteur trouva utile pour ses intérêts d'en psalmodier une seconde, déplorant l'annexion de l'Alsace à la France pendant la minorité de Louis XIV : elle parut dans l'Annuaire de 1843. Ce fut le début d'une longue suite de variations sur le même motif, le premier poussin d'une couvée innombrable, dont tous les petits se ressemblent. Le nouveau Jérémie ne s'était pas épuisé en recherches, avait traité l'histoire de la façon la plus cavalière, imaginé des faits, supprimé des pièces capitales (1); n'importe, ses deux ébauches s'adressaient à une passion qui n'avait besoin que d'une étincelle pour prendre feu. Elles répandirent, elles popularisèrent une expression inique et féroce, que je ne sache pas avoir été employée auparavant, le mot ERBFEIND, *ennemi héréditaire*, appliqué à la France. La France l'ennemie héréditaire de l'Allemagne! Et pourquoi, grands dieux? Parce que les deux pays ont eu des

---

(1) C'est ce que j'ai prouvé d'une manière flagrante dans une brochure qui a déjà eu cinq éditions : *Les Droits de la France sur l'Alsace et la Lorraine*. Un professeur de l'université de Bonn, M. Sybel, m'a répondu par un factum plus étendu que mon propre mémoire : *Les Droits de l'Allemagne sur l'Alsace et la Lorraine*. J'ai fait aussitôt, dans un journal de Bruxelles, une réplique provisoire, où je disais : « Je ne laisserai rien subsister, absolument rien, de ces arguties germaniques. » Mes nouvelles recherches m'ont démontré plus que jamais l'inanité des prétentions allemandes et la justice de ma cause; rentré à Paris le 19 mars, troublé, chagriné par l'insurrection de la commune, je n'ai pu mettre encore sous presse ma réfutation ; mais elle ne tardera point à paraître.

guerres ensemble? Mais c'est le fait de tous les peuples voisins. On ne se querelle pas avec ses antipodes. Nous avons signalé, au contraire, la bienveillance exagérée de la France pour l'Allemagne. L'odieuse locution n'en a pas moins fait fortune.

Acceptant les données fictives que leur présentait une main complaisante, les journaux d'outre-Rhin développèrent à l'infini le texte de M. Scherer. La France avait volé, dépouillé l'Allemagne, la crédule et innocente Allemagne : c'était une honte, un outrage, un scandale qui demandait vengeance. Puis les articles s'enflèrent en brochures. A partir de 1859, elles pullulèrent. Les victoires de la France sur l'Autriche blessaient l'orgueil teutonique. A cette époque, tous les Germains prétendaient que le Mincio leur appartenait comme ligne de démarcation et de défense, qu'il trace la limite naturelle de leur pays. Chose vraiment singulière! le même peuple qui réclame avec fureur la moindre parcelle de territoire, où l'on jargonne un patois tudesque, se fâche tout rouge, si on lui conteste le droit d'opprimer une nation entière, dont le langage diffère totalement du sien, comme les Bohêmes, les Hongrois, les Polonais, les Italiens et les Croates. La Prusse mécontente s'agitait, maugréait, demandait à entrer en ligne pour l'honneur de l'Allemagne. La paix soudaine de Villafranca put seule calmer son ardeur belliqueuse.

La digue était rompue : le flot envahit la brèche, alla grossissant. Tout devint une occasion et un prétexte. En 1864, Louis Napoléon et la reine Victoria, deux créatures aussi dépourvues de sens moral l'une que l'autre, abandonnent lâchement le Danemarck, pauvre petit royaume de 2,250,000 habitants, placé sous leur protection par des alliances et des traités solennels. Il semble que l'indigne complaisance de Bonaparte devait bien disposer l'Allemagne pour la France. On laissait la Prusse exécuter à son aise ses perfides manœuvres, duper l'Autriche et accabler une malheureuse population; de quoi pouvait-elle se plaindre? Elle n'en fulmina pas moins, parce qu'elle sentait que le gouvernement impérial aurait dû prendre une autre attitude, et que l'idée seule de cette attitude possible irritait, exaspérait la susceptibilité allemande. Voilà, convenez-en, une race d'hommes bien malaisée à satisfaire! Donc cette France humble et timide, qui ne soufflait mot, qui se tenait coi, fut jugée coupable et bombardée par une grêle d'imprécations. Un nommé Adolphe Tellkampf prit le soin de recueillir dans les annuaires et dans les livres historiques tous les morceaux haineux dirigés contre elle. A cette compilation malveillante, il donna un titre qui en indique le but : *Les Français en Allemagne* (1). L'animosité la plus violente éclate dans la préface.

L'auteur commence par signaler comme un péril capital pour une nation le manque de concorde et d'unité, réflexion antique et banale, puis il entonne sa diatribe. « Les Allemands sont dispensés d'en chercher au loin des preuves significatives : ces preuves abondent hélas! dans l'histoire de leur patrie, surtout dans les opprobres que lui a infligés la France, qui lui a fait subir, depuis plusieurs siècles, d'injustes attaques, des vexations et des larcins de toute espèce. Le souvenir de ces outrages, que les discordes de l'Allemagne ont seules rendus possibles, deviendra utile à la nation, s'il remplit nos cœurs de honte et de ressentiment, et, à cette fin, les tableaux les plus tristes de nos annales sont justement ceux qu'on doit offrir au public.

» Voilà pour quel motif j'ai groupé les scènes irritantes

---

(1) *Die Franzosen in Deutschland, historische Bilder* (Hanovre 1864).

imprimées dans ce volume. A la lourde atmosphère et au relâchement d'une longue paix semblent vouloir succéder des tempêtes, qui nous menacent encore de l'Occident. L'Allemagne a montré, en 1814 et 1815, à l'outrecuidance française ce qu'elle peut faire, quand ses forces sont réunies; au début de nouveaux combats, puissent ses princes, ses hommes d'État, ses généraux, puissent tous les fragments de la nation se le rappeler et ne jamais perdre de vue cette grande époque! »

Les menaces sont formelles, et l'on ne saurait guère parler avec plus de violence, avec moins d'équité, d'un peuple alors inoffensif, en tronquant l'histoire avec une audace méprisable. Comme si l'Autriche et la Prusse n'avaient pas attaqué la France, envahi le territoire français en 1792, n'avaient pas sans cesse formé des coalitions agressives contre l'Empire, comme si l'Autriche ne lui avait pas déclaré la guerre en 1805, la Prusse en 1806? De quoi donc l'Allemagne pouvait-elle se plaindre? D'avoir été vaincue? Mais c'est le sort qu'elle avait cherché elle-même, que justifiaient son esprit routinier, sa haine de tout droit, de toute science politique, de toute réforme sociale, de toute liberté, de toute égalité. Ce qui succombait en elle, c'était l'égoïsme, l'oppression, l'ignorance, la barbarie et la sottise. Elle subissait un châtiment vingt fois mérité.

N'importe, le livre collectionné par Tellkampf a servi de programme, de table des matières, aux rancunes furibondes et implacables des Allemands. Il a été pour eux comme un bastion avancé, d'où ils ont fait des sorties perpétuelles.

La guerre de 1866 elle-même (qui le croirait?) grossit le torrent de l'animosité prussienne. Uniquement préoccupée d'abaisser l'Autriche et de rendre à la Vénétie l'indépendance, pour résoudre enfin la question italienne, la

France laissait la cour de Berlin s'allier avec la Péninsule, préparer ses plans et marcher à son but. D'un seul geste, elle pouvait annuler les projets, paralyser les forces du roi Guillaume; elle ne fit pas ce geste. Une menace ou une interdiction adressée à Victor-Emmanuel, une armée lancée vers le Rhin, déjouait les manœuvres de Bismarck : Napoléon demeura immobile. Même après Sadowa, il était encore maître de la situation, comme l'avouent les politiques prussiens : il laissa échapper cette occasion suprême de garantir la France contre les desseins perfides de la Prusse. « Deux jours après la bataille de Sadowa, remarque Ferdinand Schmidt, Louis Bonaparte offrit pompeusement sa médiation dans le journal officiel, pour amener un armistice entre la Prusse et le cabinet autrichien. Guillaume Ier repoussa énergiquement cette offre : il voulait demeurer maître du terrain, vider seul sa querelle avec l'Autriche. Or, cette déclaration avait lieu au moment où le général Vogel de Falkenstein commençait son expédition contre le sud-ouest de l'Allemagne; non-seulement les provinces méridionales étaient alors complétement ouvertes aux soldats de la France, si elle avait promptement tiré l'épée, mais elle y aurait trouvé des auxiliaires, car le ministre d'un royaume du Sud avait déclaré que les petits États germaniques s'uniraient plutôt avec la France qu'avec la Prusse, et une des feuilles autrichiennes, les plus répandues avait proclamé sans détour : — Si la France prend les armes, elle aura en Allemagne de nombreux partisans, qui préféreront les plus dures calamités passagères au triomphe de l'ambition prussienne (1). »

L'Empire demeura sourd, demeura muet, ne prit pas les armes. Tant de condescendance, ou de faiblesse, aurait

---

(1) *Der Franzosenkrieg von* 1870, p. 40 et 41.

dû calmer l'injuste haine de l'Allemagne du Nord, flatter même son immense amour-propre ; on était en droit de penser que la littérature germanique montrerait envers la France de moins âpres dispositions. Il y eut en effet un moment de répit, mais il fut court. Les passions haineuses se remirent bientôt à fermenter : la querelle survenue à propos du Luxembourg y jeta un amer levain. La gallophobie trouva des prétextes nouveaux et des injures nouvelles. Les désastres même de Maximilien et sa mort tragique devinrent des causes de réprobation, parce que c'était un Allemand, parce que les sottes instances de Napoléon III, qui voulait distribuer des couronnes comme son oncle, avait attiré le malheureux prince dans le piége du Mexique. Une véritable fureur s'empara des esprits : journalistes, poëtes, savants, historiens, tous les hommes qui tenaient une plume se mirent sous les armes : ce fut comme une levée en masse de la littérature allemande. Elle prêchait une croisade contre la France, contre sa population ambitieuse et criminelle. Si on ne pouvait l'anéantir, il fallait au moins l'affaiblir pour jamais. Et l'exaltation alla croissant comme une fièvre chaude : les premières opérations militaires furent saluées par des cris d'enthousiasme ; les premiers succès, accueillis par des transports de joie ; les premières barbaries, encouragées par des applaudissements unanimes. Le caractère impitoyable, infâme, que les hostilités prirent dès le commencement, est dû en partie aux déclamations frénétiques, aux sanguinaires conseils des auteurs d'outre-Rhin. Voilà comment ils répondaient à l'estime, à la déférence outrées, à l'enthousiaste sympathie que leur témoignait la France (1) !

(1) Le déchaînement de la gallophobie teutonique a été si prodigieux qu'il mérite une étude spéciale ; elle est faite ; je la publierai prochainement sous ce titre : *Les Fureurs de la Presse allemande.*

Ces emportements continuels réjouissaient le cœur de Guillaume, préparaient l'exécution de ses plans. Il portait la main à ses yeux, pour essuyer une larme, et remerciait la Providence. Son ministre et lui encourageaient, secondaient ouvertement et secrètement les violences de la presse. Elles allaient transformer en guerre nationale une lutte qu'on pourrait nommer la guerre des spectres, non-seulement à cause des vieillards qui l'ont conduite, mais à cause de leurs souvenirs éraillés, de leurs opinions sépulcrales. Ouvrir les tombeaux de 1806 et 1807, pour en tirer des crânes et des tibias, pour demander vengeance de griefs surannés, inconnus aux générations actuelles! C'est l'œuvre d'un cerveau malade, c'est l'œuvre particulière de Guillaume Ier, le frère d'un fou. Il a mis dans l'accomplissement de ses projets l'obstination chronique, l'infatigable patience des monomanes. La guerre contre la France était pour lui une idée fixe, une sanglante hallucination : il l'a préparée avec le soin minutieux, avec l'adresse subtile des lunatiques, et il a trouvé sous sa main de redoutables auxiliaires; il a surtout rencontré devant lui le plus nul, le plus imprévoyant et le plus boursoufflé des souverains.

CHAPITRE II

LA DÉMENCE DE BONAPARTE.

Au moment où l'on va parler de cet homme, on pourrait éprouver un scrupule : il est tombé d'un trône qu'il avait escaladé pour la ruine de la France, il a subi un châtiment mémorable entre tous ; mais cette catastrophe, adoucie par une fortune princière, touche peu le cruel aventurier, qui n'a jamais épargné que lui-même : il se félicite encore d'avoir pu faire un si ample butin, et fume à loisir les cigarettes de Sedan. Un malheur véritable commande presque toujours le respect ; son malheur apparent n'a droit qu'à la haine et aux malédictions. Il a lâchement abusé de son immonde succès pour bâillonner la presse, dégrader les esprits, révolter la conscience humaine et souiller l'histoire, pour plonger une grande nation dans des infortunes inouïes : ce serait avilir la clémence et déshonorer le pardon que de lui témoigner le moindre égard : il y a des crimes devant lesquels la miséricorde elle-même lève la main vers le ciel pour demander justice.

Et puis trop d'hommes encore ne comprennent pas ce fléau vivant ; la nécessité la plus absolue exige qu'on ne détourne pas de lui, qu'on n'amortisse pas le moindre rayon de lumière. Napoléon Ier a fait subir à la nation qu'il opprimait les plus grands désastres de l'histoire du genre humain ; son prétendu neveu les a quintuplés. Encore un Bonaparte, et la France n'existera plus.

Pendant que l'Allemagne dressait hypocritement ses embûches, que faisait le héros de Strasbourg, le conquérant de Boulogne ? Il préparait une nouvelle folie, à laquelle on aurait dû s'attendre, car tout change, tout varie dans le monde, excepté le caractère des hommes. Un poltron ne devient pas brave, un ladre généreux, un prodigue économe, un fanfaron modeste ; les vertus persistent comme les vices, mais les vices ont peut-être plus de ténacité. L'ambitieux sans jugement, qui avait apprivoisé un aigle comme symbole de son rêve impérial, qui le promenait sur son épaule, avec un morceau de lard dans son tricorne, et pensait faciliter par cette jonglerie l'exécution d'un absurde complot, devait commettre tôt ou tard de nouvelles extravagances. L'Allemagne y comptait sans doute et le guettait. M. de Bismarck lui rendait fréquemment visite, le cajolait à Plombières, aux Tuileries, à Biarritz, épiait le moment où sa vue se troublerait, où son cerveau malsain engendrerait quelque idée saugrenue, concevrait quelque plan insensé (1). Elle vint, l'heure fatale : et la même intelligence contrefaite qui avait dressé le programme de deux équipées téméraires, précipita dans la honte et la ruine l'aveugle conspirateur ; mais il sauva prudemment sa précieuse personne, il sauva sa fortune, et c'est la France qui expie maintenant sa déraison et ses crimes.

Le mépris immense que Napoléon III inspirait à l'Allemagne a été une des causes les plus puissantes de la

---

(1) Dans l'appartement qu'il occupait à Versailles, M. de Bismarck a laissé, peut-être avec intention, une caricature allemande, où l'on voit Napoléon III, coiffé d'un bonnet de coton qui lui couvre les yeux et entouré d'une immense toile d'araignée, avec cette légende : *Finis coronat opus* (la fin couronne l'œuvre). En le flagornant, l'adroit Prussien se jouait du crédule usurpateur.

guerre. Voici comment s'exprime à cet égard un des meilleurs historiens de la Prusse : « Louis Bonaparte avait-il usurpé la couronne d'une autre manière que son oncle? Le parjure et le sang, le meurtre et la déportation d'innocentes victimes lui avaient frayé le chemin. Cet homme perdu de dettes avait rassemblé autour de lui une troupe d'hommes non moins endettés, puis, afin de duper la France, avait juré à la constitution une fidélité inébranlable. L'histoire a déjà pris la plume pour dépeindre le faux Napoléon et ses complices, comme elle a dépeint Catilina et sa bande, dont on a pu dire avec justice : — Dans une capitale si populeuse et si corrompue, Catilina n'eut point de peine à grouper autour de lui, comme autant de satellites, toutes les dépravations et tous les forfaits. Les impudiques, les adultères, les piliers de cabarets, les hommes ruinés par le jeu, par la gourmandise ou par la débauche; les gens perdus de dettes pour avoir acheté l'impunité d'une infamie ou d'un crime ; une tourbe de parricides, de sacriléges, de scélérats flétris par la justice ou menacés de condamnations ; les bouches qui trafiquaient du parjure, les mains rougies du sang des citoyens ; en un mot, tous les misérables aux prises avec l'indigence, la honte et le remords, voilà quels étaient les amis de Catilina. — Telles sont les paroles de Salluste, et pourtant Napoléon III est encore au-dessous du criminel romain. Tous deux étaient des conspirateurs, mais Catilina soutenait sa cause, l'épée à la main, tandis que Bonaparte fit envahir la Chambre, exécuter un attentat nocturne par ses mercenaires, pendant qu'il se chauffait les pieds et fumait des cigares. Quoique la société romaine, au temps de Catilina, fût déjà bien dépravée, elle possédait encore assez de force morale pour se délivrer du trameur de complots. La France ne montra point la même énergie. Un peuple honorable eût peut-être succombé à un si infâme guet-apens;

mais toutes les préoccupations, tous les efforts de ce peuple auraient dès lors tendu à l'affranchir ; il n'aurait pas fait cause commune avec un déloyal assassin.

» Voilà pourtant le spectacle que la France a donné au monde ! Les places richement payées des sénateurs, députés, fonctionnaires publics et rédacteurs de journaux officiels amorcèrent le plus grand nombre des hommes influents : ils prirent part au butin, ils glorifièrent le crime, ils couronnèrent le chef ensanglanté de la conjuration, ils se prosternèrent devant un scélérat (1). »

En 1865, à Berlin, ayant trouvé le *Kladderadatsch* sur la table d'un café, j'y lus un quatrain moqueur dirigé contre la France et contre Napoléon III, dont voici la traduction fidèle : « Un beau peuple, un beau souverain ! Je ne veux pas en dire de mal, mais je ne suis pas fâché de les voir ensemble : ils sont dignes l'un de l'autre. »

Napoléon III ne pouvait ignorer les sentiments que professait pour lui l'Allemagne entière : ils se manifestaient partout, dans les livres, dans les journaux, dans d'innombrables caricatures, que les gouvernements laissaient exposer aux vitrines des marchands d'estampes. La satire contre lui, contre son Espagnole, contre toute sa famille, contre les serviteurs et agents de sa politique, avait pleine carrière. Tant de haine accumulée devait tôt ou tard fondre sur lui comme une avalanche ; il ne le devinait pas, il ne le comprenait pas, car il n'a jamais rien prévu et rien compris.

A tous ses vices, à toutes ses folies, ce malheureux joignait la prétention d'être un grand homme de guerre. Portant un nom usurpé, n'étant à aucun égard de la famille Bonaparte, il croyait que des relations fictives avec la race d'un illustre capitaine suffisaient pour lui donner

---

(1) FERDINAND SCHMIDT, *Der Franzosenkrieg von* 1870, p. 34.

le génie des batailles. Or, non-seulement il ne possède pas le moindre talent militaire, mais la nature ne lui a pas octroyé le courage qui permet de braver la mort. A Solferino, quoique demeuré très-loin du champ de bataille, quand les premiers coups de canon retentirent, il fut pris d'un tremblement visible. Un officier français, M. De Miremonde, qui se trouvait près de lui, remarqua sa peur et en fut scandalisé. Le frissonnement continua, dura si longtemps, que le jeune capitaine finit par perdre patience et grommela entre ses dents : « Ah çà! est-ce que ce poltron ne finira pas de trembler? » Le jour où les bombes d'Orsini faillirent délivrer la France et l'Europe de ce plat conspirateur, il fallut quelque temps pour ouvrir la portière de sa voiture, que des fragments de projectile avaient faussée. Le rodomont éprouvait des transes mortelles. La portière cède enfin, il s'élance dehors en passant devant l'impératrice, qu'il laisse dans le véhicule, monte précipitamment l'escalier du théâtre, arrive essoufflé dans sa loge, tombe sur un fauteuil et respire : il n'était pas blême d'effroi, il était vert. Ayant une si faible dose de bravoure, combien son amour-propre devait être immense pour lui persuader qu'il ressemblait au héros d'Arcole et de Lodi! Jamais plus absurde fanfaron n'a essayé de conduire des armées, sans savoir même dresser un plan de campagne.

Les autres conditions de succès à la guerre, il les ignorait aussi profondément, et sa nullité, ses vaniteuses illusions le rendaient d'autant plus funeste, que les Allemands s'étaient préparés à une lutte opiniâtre, avec une intelligence supérieure et des soins extraordinaires. Tout ce que la volonté humaine peut obtenir par le travail, ils l'obtenaient. Quand on compare la situation militaire des deux pays, au moment où grondèrent les premiers coups de foudre, il semble que Louis Bonaparte se faisait un atroce plaisir de mettre en danger, non-seulement la fortune de la France, mais la vie de la nation.

Nous avons raconté tout à l'heure comment le nouveau roi de Prusse, dès qu'il eut posé le pied sur les marches du trône, avait régularisé le service militaire et accru, par suite, l'effectif de l'armée. D'autres réformes, d'autres améliorations avaient accompagné cette première mesure. L'adoption d'une nouvelle arme les complétait, et cette adoption était due à la France, bien mieux à l'action personnelle de Louis Bonaparte. L'emploi du canon rayé dans la guerre d'Italie avait contribué, pour une grande part, aux défaites des Autrichiens, avait rempli l'Europe d'inquiétude. Tous les gouvernements comprirent qu'il fallait changer leur matériel d'artillerie, sous peine de rester dans une infériorité dangereuse, qui amènerait d'inévitables désastres. Un travail immense occupa les arsenaux, et la Prusse ne fut pas la dernière à commencer l'œuvre indispensable. Mais ce progrès venu de l'étranger en détermina un second, originaire du pays même.

Il y avait alors à Magdebourg un homme très-âgé, qui possédait depuis longtemps un ingénieux secret, le moyen de faire partir un fusil, sans employer ni fragment de silex, ni capsule. Ouvrier serrurier dans sa jeunesse, le hasard l'avait conduit sur le champ de bataille d'Iéna, le soir même de la défaite. Il avait ramassé un fusil prussien, et l'avait trouvé d'une forme lourde, incommode, détestable, comparé au fusil français, notre ancien fusil de munition, qui nous paraît maintenant si grossier. Dreyse (c'était lui) jugea en artisan la lutte qui venait de finir. Préoccupé uniquement de la différence des armes, il se persuada que les Prussiens avaient été vaincus parce qu'ils étaient moins bien outillés. Comme un bon patriote, il prit la résolution de chercher à perfectionner le gauche instrument auquel il attribuait leur déroute.

Bien des années se passèrent, et le caprice du sort plaça l'ouvrier serrurier dans une manufacture de capsules, dont il devint directeur. Il avait toujours l'idée fixe de trouver pour son pays une arme redoutable. Une inspiration soudaine lui fit concevoir que l'on pouvait introduire la poudre fulminante dans la cartouche même, l'enflammer par un mécanisme intérieur, supprimer la batterie, simplifier et accélérer le tir. Le problème était résolu ; mais le travail d'esprit qu'exige une découverte ne saurait être comparé à la lutte nécessaire pour vaincre la routine. Un sourire de dédain accueille toutes les inventions, et il est peu de novateurs qu'on ne soupçonne d'avoir le cerveau dérangé. Dreyse en fit la dure épreuve, comme tant d'autres, et même eut à parcourir une voie douloureuse plus longue que d'habitude. Officiers, généraux, ministres de la guerre, journalistes, chefs d'états-majors, tout le monde le prenait pour un songe-creux, pour un utopiste et un visionnaire. Si sa forte constitution ne lui avait pas permis de vivre très-longtemps, sa découverte serait morte avec lui. Le hasard fatal, qui protége en ce moment les destructeurs de l'espèce humaine, veillait sur ce propagateur du meurtre. L'emploi des canons rayés fit réfléchir, et lui donna le courage de renouveler ses démarches. On ne l'écouta point, comme autrefois, d'un air distrait ou moqueur. On essaya, on admira enfin le secret longtemps dédaigné. Les hommes, qui ne se tuaient pas assez vite, possédèrent un moyen beaucoup plus prompt et plus commode de s'expédier : les blessures, pour comble de succès, devinrent plus dangereuses. L'ignorante et aveugle Autriche, qui avait subi les premiers effets du canon rayé, subit les premiers ravages du fusil à aiguille. Or, si l'Autriche n'avait pas été accablée en 1866, la France ne l'aurait pas été quatre ans plus tard.

Mais ces inventions mécaniques ont pour un peuple une utilité très-passagère : en quelques mois, elles sont imitées par les nations voisines, perfectionnées souvent, et les adversaires se trouvent face à face dans les mêmes conditions matérielles. Les conditions morales, l'esprit public, le système militaire, la vigilance de l'administration, le choix des hommes, la préférence donnée au mérite et le zèle qu'entretient cette équité, les habitudes stoïques, la vigueur des caractères, ont une bien autre importance. A ces différents égards, tous les avantages étaient du côté de la Prusse.

En plein dix-neuvième siècle, à une époque dite civilisée entre toutes, les Allemands ont gardé les passions des tribus primitives, le goût de la violence et le respect de la force, la sauvage poésie du meurtre, la soif du pillage et les rêves de conquêtes. Ils ont même transformé ces instincts en maximes. On a dit des Russes : « Si on leur gratte l'épiderme, on retrouve bientôt le barbare sous un vernis léger de civilisation. » Cette remarque s'applique avec une extrême justesse à la race teutonique. La civilisation, en Allemagne, est une espèce d'enduit tout à fait extérieur et superficiel, qui ne pénètre ni dans la conscience, ni dans le fond des habitudes et de l'esprit, une sorte de tatouage, qui reste à fleur de peau, comme celui des Indiens. Les savants même, barbouillés d'encre et de fragments de textes, ne révèlent aucun sentiment d'humanité, ignorent ou méprisent toutes les grandes questions modernes, exaltent la guerre et préconisent la vengeance, au lieu de prêcher la paix, la concorde et la fraternité. Mais parmi les populations germaniques, les Prussiens ont le mieux conservé les tendances et les principes des hordes barbares. Leurs ancêtres avaient opposé au christianisme une résistance opiniâtre; non-seulement ils repoussaient l'Évangile, mais allaient, au delà de leurs frontières, incendier les églises et massacrer les prêtres(1). Depuis la fin du dixième siècle jusqu'au milieu du treizième, ils égorgèrent tous les apôtres qu'on leur envoya. L'ordre teutonique et la noblesse polonaise furent obligés de s'entendre pour les soumettre et les convertir par la force. Mais c'était une entreprise difficile, car les farouches Prussiens combattaient avec une indomptable énergie. La lutte se prolongea pendant près de deux siècles. Un mémoire lu au concile de Constance, le 15 juillet 1415, par Paul Vladimir, prouve qu'à cette époque les sauvages habitants de la Prusse et du Brandebourg étaient encore idolâtres. Tels sont les hommes qui prétendent maintenant civiliser l'Europe occidentale ; cette prétention n'est qu'un acte de suffisance, comme le démontre leur attitude en Europe depuis douze ans : ils sont restés les dignes fils de leurs aïeux.

Partout les mœurs s'adoucissaient, les esprits s'éclairaient, des doctrines généreuses et compatissantes cherchaient les moyens de guérir les infirmités sociales, promettaient aux déshérités du monde un meilleur sort : un espoir immense faisait battre le cœur de l'humanité. Seuls, les Prussiens demeuraient froids, égoïstes, concentrés en eux-mêmes, devenaient plus sombres, plus malveillants, plus routiniers. Ce qui fermentait dans leur poitrine, ce n'était pas l'amour, la charité, le dévouement, la passion du bien et du beau : c'était la haine, l'ambition, la cupidité. Ailleurs on se pénétrait des sentiments de l'Évangile, on se tournait vers l'avenir et la lumière ; eux se tournaient vers la nuit et le moyen âge, dont ils regrettaient les cruelles institutions. Ailleurs, on parlait de désarmement,

---

(1) F. Voigt : *Geschichte des brandenburgisch-preussischen Staates*, t. Ier, p. 242. C'est l'histoire de Prusse la plus récente : elle a paru en 1867, à Berlin.

de justice, d'économies fraternelles ; on entrevoyait une époque de tolérance, de paix, de joie et de bien-être. La Prusse fabriquait des armes, cherchait de nouvelles méthodes meurtrières, s'exerçait avec obstination, endurait les plus fastidieux, les plus pénibles travaux, pour être en mesure de fondre à l'improviste sur les nations voisines, dans l'intention héroïque de les dévaliser.

C'était un abaissement, une décadence morale et intellectuelle ; mais c'était un avantage militaire, une force accumulée, un moyen de conquête et de rapine. Bercez-vous, peuples de l'Occident, bercez-vous de rêves affectueux ou magnanimes ; amolissez-vous dans ces nobles songes ; il y a là-bas, sous un ciel morne, sur une terre désolée, une race médiocre et sauvage, que n'atteindront pas ces idées généreuses ; elle vous guette, elle attend son heure, elle prépare un nouveau genre de lutte, où les bombes, l'assassinat des patriotes, l'incendie et le pillage occuperont la première place, feront oublier toutes les anciennes vertus chevaleresques.

L'organisation militaire de la Prusse date des années d'humiliation et d'infortune, où elle tremblait sous la main de Napoléon Ier. Le rude conquérant, après sa défaite, lui avait imposé la condition de n'avoir jamais sous les drapeaux que 42,000 hommes. C'était la mettre au rang des puissances de quatrième ou cinquième ordre. Le baron de Stein et le général Scharnhorst inventèrent alors cette ingénieuse combinaison, qui leur permit d'observer la loi du vainqueur au pied de la lettre, et d'en violer adroitement l'esprit. La cour n'entretint pas plus de 42,000 hommes, mais le service militaire fut réduit à trois ans. Aussitôt qu'on avait ainsi formé les soldats, on les renvoyait dans leurs familles, ou on les dépouillait de leur uniforme et on les employait, comme de simples ouvriers, à la construction des forteresses. Par suite de cette mesure, il devait arriver un moment où toute la nation saurait manier les armes. Pour la compléter, une ordonnance spéciale prescrivit de n'enrôler que des indigènes ; puis on rendit tous les grades accessibles, sans distinction de naissance, et on abolit l'humiliante punition de la schlague. L'ancienne méthode d'enrôlement fut supprimée : le service militaire devint obligatoire pour chaque citoyen. En attendant le jour de la délivrance, on fabriqua en secret des fusils et des canons, les ressources tolérées des arsenaux n'étant pas en rapport avec le nombre d'hommes qu'on voulait mettre sur pied.

Ainsi la Prusse trouva dans la contrainte même qui lui était imposée des moyens nouveaux de résistance. Le malheur la forçait d'abandonner ses vieilles routines, la jetait brusquement hors des traditions surannées.

Ce qu'on avait établi d'une manière provisoire en 1808, fut réglé d'une manière définitive par la loi du 3 septembre 1814, sur le service obligatoire, et par l'ordonnance du 21 novembre 1815 sur la landwehr. Ces deux arrêtés décidaient que tous les Prussiens feraient d'abord partie de l'armée active pendant trois ans, passeraient ensuite dans la réserve, où ils demeureraient deux ans ; les recrues atteignaient ainsi l'âge de vingt-cinq ans. Elles étaient alors classées dans le premier ban de la landwehr, où elles restaient sept ans, puis dans le second ban de la même landwehr, où elles restaient encore sept autres années. Avec une population de 10 millions d'habitants, on était ainsi parvenu à former un contingent militaire d'un chiffre très-élevé : 150,000 hommes pour l'armée permanente, 60,000 hommes de réserve, 150,000 pour le premier ban de la landwehr : conscrits et soldats du 1er ban de la landwehr au dépôt 50,000 ; deuxième ban de la landwehr 110,000 ; total 520,000 combattants.

Mais sauf l'armée permanente et la réserve, ces forces

étaient plutôt apparentes qu'effectives. Une fois sortis de la réserve, un grand nombre de citoyens se mariaient, prenaient des habitudes pacifiques, des goûts casaniers, devenaient pères de famille, et témoignaient pour la guerre une profonde répugnance. Lorsqu'on les appela sous les drapeaux en 1848, 1850 et 1859, ils témoignèrent un extrême mécontentement. « Les scènes les plus déplorables eurent lieu, dit le baron Stoffel, des actes de désobéissance formelle se produisirent même devant l'ennemi. Quand aux troupes de la landwehr restées fidèles à l'honneur, elles se montrèrent d'une insuffisance complète. On put voir dans ces circonstances que les créateurs de l'organisation de 1814 s'étaient trompés, en comptant qu'à toute occasion la landwehr montrerait l'enthousiasme de 1813 » (1). Bien d'autres défauts accompagnaient celui-là : le règlement associait dans les brigades un régiment de ligne à un régiment de landwehr, et ce mélange affaiblissait les troupes; les officiers et sous-officiers de la landwehr ayant une instruction, une pratique militaire insuffisantes, on était obligé de leur substituer des officiers de ligne, quand la guerre éclatait, et de les incorporer eux-mêmes dans l'armée permanente, double anomalie dont on devine les graves inconvénients; la mobilisation enfin plongeant dans la détresse les familles nécessiteuses, auxquelles on enlevait leurs soutiens, les communes étaient obligées de leur venir en aide, ce qui occasionnait d'énormes dépenses.

Voilà quels étaient les vices organiques du système prussien. Le temps y avait ajouté un défaut accessoire. En 1814 et 1815, la Prusse ne renfermait que dix millions d'habitants; le chiffre des levées annuelles et celui de l'armée entière avait été, par suite, calculés sur ce taux.

---

(1) *Note sur l'organisation militaire de la Prusse* (1866).

Mais la population s'accrut rapidement : elle monta peu à peu de dix millions à dix-huit, nombre qu'elle atteignait en 1859. L'effectif militaire et le contingent annuel étaient cependant restés les mêmes ; on ne levait que quarante mille soldats par an, et comme la classe disponible en fournissait au moins un tiers de plus (l'excédant fut de vingt-trois mille en 1859), une foule de jeunes gens se trouvaient dispensés par faveur du service obligatoire, première injustice, et des hommes de la landwehr, ayant déjà porté les armes, étaient à l'occasion appelés sous les drapeaux, quand d'autres citoyens ne portaient jamais l'uniforme, seconde injustice qui provoquait des murmures.

Avec sa passion pour l'art militaire, avec son projet inflexible d'augmenter les forces de la Prusse, dès que Guillaume Ier fut régent, il s'occupa de rétablir l'égalité entre les citoyens pour la dette du sang. On leva tout le contingent annuel et augmenta en proportion l'effectif de l'armée. Ce supplément y ajouta d'un seul coup 36 régiments d'infanterie, 10 bataillons de fusiliers, 10 régiments de cavalerie et 5 divisions d'artillerie. Le service dans l'armée permanente resta fixé à trois ans, mais les soldats passèrent quatre ans dans la réserve ; après quoi, ils appartinrent pendant quatre années au premier ban de la landwehr, pendant sept années au second. On décida que l'armée active se composerait des troupes permanentes et de la réserve, que la landwehr serait surtout employée à la défense du territoire. Les deux premières catégories formèrent un total de 480,000 hommes, qui permettait de soutenir une lutte acharnée contre n'importe quelle puissance européenne.

Les annexions de 1866 accrurent notablement ces forces. Pour son armée active, la Confédération du Nord disposa de 550,500 hommes ; 198,000 formaient le premier ban de sa landwehr; en tout, 748,500. L'alliance avec les États méridionaux y ajouta un supplément considérable, qui porta le chiffre des soldats allemands, au début de la campagne, à 1,021,000 hommes!

Si encore l'Allemagne n'avait été redoutable que par le nombre de ses combattants! Mais ces troupes étaient les mieux exercées, les mieux conduites de l'Europe. Ceux qui n'ont pas vu la précision, la rapidité des manœuvres prussiennes, ne peuvent s'en faire une idée. Les bataillons, les régiments, les brigades, les escadrons avancent, reculent, se divisent, se réunissent, tournent, pivotent, exécutent tous les mouvements imaginables avec une régularité mathématique, avec une célérité prodigieuse. Chaque homme se trouve exactement à la place qu'il doit occuper, les alignements paraissent tirés au cordeau. C'est le chef-d'œuvre de l'obéissance et de l'attention. Une armée allemande a l'air d'une vaste machine, à laquelle des ressorts habilement calculés donnent l'impulsion. Un coup de sifflet retentit : tout marche, tout s'agite, toutes les évolutions se combinent avec une exactitude géométrique; un second coup de sifflet résonne, tout devient immobile comme par enchantement. On conçoit quel avantage doit donner sur le champ de bataille un ordre si parfait, un mécanisme si ponctuel.

Dans le maniement de leurs armes, les soldats germaniques ont la même promptitude et la même régularité. La gymnastique, la course, la nage, la haute équitation assouplissent et fortifient leurs membres. On les exerce constamment à la cible, de manière que chaque troupier devient un excellent tireur. On ne ménage rien non plus pour former des artilleurs de premier ordre, qui ne manquent presque jamais leur but.

Mais dans ce jeu d'échecs qu'on nomme la guerre, où le calcul tient une si grande place, les mérites du soldat, courage, patience, docilité, adresse, perdent presque toute leur importance, si les troupes sont mal conduites. Nulle part une instruction forte, nette, précise, et la justesse du coup d'œil ne sont aussi nécessaires. Un plan défectueux, une erreur de logique entraînent les plus funestes conséquences, et, pour peu que les fautes se multiplient, les désastres deviennent irréparables. Un grand général est un grand mécanicien ; une machine mal montée ne fonctionne pas ou fonctionne d'une manière pitoyable.

Pour avoir de bons officiers supérieurs, les Allemands ont appliqué tous leurs soins à la formation et à la composition des états-majors. Par quels moyens obtient-on l'honneur d'y être admis? Par des études sévères, qui ont lieu dans une école spéciale fondée à Berlin, l'Académie de guerre (*Kriegs-Academie*). On ne peut y entrer que si l'on a passé d'abord trois ans sous les drapeaux et mérité le grade de lieutenant. Alors on a le droit de se présenter comme candidat et de subir les examens requis, examens sérieux où les deux tiers des aspirants échouent. Dans la Confédération de l'Allemagne du Nord, cent vingt prétendants les affrontent chaque année : quarante seulement parviennent au but. Entrés, le 1er octobre, dans l'école supérieure, ils y restent trois ans.

Les cours de la première et de la seconde année durent neuf mois, après lesquels les officiers retournent dans leurs régiments, où ils prennent part aux manœuvres d'automne, pour garder l'habitude du service militaire et pour que la théorie n'affaiblisse point en eux le sentiment pratique.

C'est pendant la troisième année qu'ils reçoivent l'instruction la plus haute, qu'on leur enseigne plus particulièrement les connaissances dont un officier d'état-major a besoin. Et on leur fait exécuter un premier travail d'application. Ils passent le dixième mois, avec leurs professeurs, au milieu d'un pays accidenté. Là, on met à l'épreuve leur savoir et leur intelligence, pour apprécier les avantages et les désavantages du terrain, les ressources qu'il offre au point de vue de la stratégie et de la tactique, la manière dont il faut y asseoir les campements; on leur pose des problèmes, on leur donne à exécuter des croquis militaires. Bref, on mesure par tous les moyens, leur capacité, leur force naturelle et leur force acquise.

Puis la haute école se ferme pour eux. Sans leur faire subir un examen de sortie, sans les classer d'après leurs aptitudes, sans leur dire un mot, on les renvoie dans leurs régiments. Le directeur de l'Académie de guerre et les professeurs ont avec le général de Moltke un entretien secret, où ils lui signalent ceux qu'ils ont jugés les plus capables et les plus studieux. On en choisit douze, parmi les officiers des différentes armes, et on leur impose encore un stage de six ou neuf mois dans un régiment d'une autre arme que la leur. Ceux qui montrent, pendant ce stage, un zèle et une capacité remarquables, sont enfin acceptés par M. de Moltke, qui les appelle à Berlin au grand état-major général, pour faire ce qu'on nomme *le service.*

« Le temps que ces officiers passent au grand état-major général (un an et demi ou deux ans) a une importance capitale pour leur carrière à venir, car ils sont là comme dans une école supérieure spéciale d'état-major, dont le chef est le général de Moltke lui-même. Celui-ci, en les instruisant, apprend à les connaître et à les juger. Il a soin de les familiariser successivement avec les travaux propres à chacune des six divisions qui composent le grand état-major général; il leur fait des conférences, leur donne à rédiger des mémoires sur des sujets qu'il choisit, lit et critique ces productions devant les officiers réunis, sans jamais en faire connaître l'auteur, aussi bien pour ne pas froisser les moins instruits que pour ne pas exciter la vanité des plus capables (1). »

Il semble qu'après de si longues et si laborieuses épreuves tout devrait être fini, que les initiés devraient entrer désormais en fonctions et débuter dans leur nouvelle carrière. Mais la patience allemande peut en supporter davantage. Comme au sortir de l'Académie de guerre, les officiers sont renvoyés dans leurs régiments, sans obtenir aucune distinction, aucune marque de faveur. Ils y continuent leur service pendant quelques mois : un certain nombre d'entre eux sont alors promus tout à coup au grade de capitaine et honorés du titre d'officiers d'état-major, dont ils revêtent le costume. Les autres, déchus de leurs espérances, gardent leur ancienne position.

Mais ceux qui ont un meilleur sort, qui peuvent monter vers les régions supérieures, croyez-vous qu'ils soient émancipés, qu'ils aient parcouru le cercle entier de leur noviciat? Détrompez-vous : on ne cesse pas de les tenir en tutelle. Suivant le bon plaisir du comte de Moltke, on les répartit dans les différents services ; les uns demeurent dans le grand état-major général, pour exécuter des travaux qui conviennent spécialement à leurs aptitudes ; les autres, en plus grand nombre, prennent place dans les états-majors particuliers des divisions ou des corps d'armée. Au bout de deux ans ou deux ans et demi, on les en fait sortir : ils reprennent le service ordinaire, à la tête d'une compagnie, d'un escadron ou d'une batterie. Deux ans après, terme moyen, on leur confère, au choix, le grade de chef d'escadron, et ils rentrent alors dans les états-majors spéciaux, ou dans le grand état-major, à Berlin.

(1) Rapport adressé au gouvernement français par le baron Stoffel, le 23 avril 1868.

Toujours surveillés, toujours tenus en haleine, cet organisme les force de montrer un zèle soutenu. Si leur verve, si leur amour de l'étude s'affaiblissent, si on s'aperçoit qu'on a estimé trop haut leur mérite, on leur ferme l'état-major, et on les maintient au service de leur arme. Une tranchée profonde se creuse devant leurs pas dans la route de l'avancement. Ils ne montent plus en grade, comme tous leurs compagnons d'armes, que d'après l'ancienneté. Jamais le rang d'un officier ne s'élève, sans qu'il passe du service ordinaire au grand état-major, et du grand état-major au service ordinaire.

Ne semble-t-il pas qu'il s'agisse des mystères de l'antique Égypte, des secrètes épreuves qu'on imposait aux catéchumènes? Dans ce temple de la mort, c'est un vieux despote galonné qui joue le rôle de souverain pontife. L'ombre environne toujours les initiés; ils marchent à travers la vie, comme les aspirants de Memphis dans les sombres avenues des monuments hypogées. Prône qui voudra cette organisation militaire; je suis loin de l'admirer, parce que j'en trouve le principe barbare et détestable : elle a pour but d'accaparer toute l'énergie matérielle et morale d'une nation au profit des armes, d'épuiser ses ressources physiques et intellectuelles en préparatifs belliqueux, de sorte qu'un pays devienne un camp, un peuple une grande horde, uniquement préoccupée de tueries, d'envahissements et de déprédations. L'humanité a une autre mission sur la terre et marche vers un plus noble idéal. Beau triomphe, en vérité, que de ramener notre espèce aux temps d'ignorance, où l'homme était un animal de combat, toujours sombre et préoccupé, mettant son orgueil dans le meurtre et sa joie dans la destruction (1) !

(1) « Dans les sociétés primitives et grossières, ce qui domine chez l'homme, c'est la tristesse, dit Sharon Turner ; les sombres et mena-

La servile Allemagne pouvait seule endurer tant de fatigues pour se préparer à des guerres monstrueuses : il faudra bien l'imiter, lui arracher par la force une prépondérance passagère, mais elle aura fait reculer le genre humain de plusieurs siècles.

Cette tendance funeste, qui a pris un développement énorme depuis dix ans, est due en grande partie à l'action personnelle du roi. C'est avant tout et par-dessus tout un homme de caserne. Tant que son père et son frère ont occupé le trône, on souriait de sa monomanie. En dehors des questions d'uniformes et d'armement, des exercices, des revues, il ne comprenait rien, il n'aimait rien.

Dans son rapport du 22 juillet 1868, le baron Stoffel décrit ainsi ses habitudes. « On sait combien le roi est actif et infatigable, malgré son grand âge. *Tous les jours*, et le plus souvent pendant plusieurs heures par jour, il travaille soit avec le ministre de la guerre, soit avec le général de Moltke, soit avec le général de Treskow, chef du cabinet militaire (notez bien que ce cabinet militaire est une création du roi, vivement critiquée par l'opposition). Il inspecte en plein hiver jusqu'à des compagnies isolées ; ainsi cette année, par un froid rigoureux, il s'est rendu à Potsdam pour y passer, selon sa coutume, la revue minutieuse de deux compagnies du régiment dont il est chef, ce qui porta le prince royal à me dire : — N'est-ce pas que le roi est étonnant ! Je ne sais pas si j'aurai le même courage. — Plus tard, le roi inspecte séparément les bataillons de la garde, qui en compte vingt-sept. Ensuite viennent les inspections par régiments, puis par brigades,

çantes physionomies des sauvages sont partout remarquables. Tourmentés d'habitude par le besoin ou la haine, ils sont rarement joyeux, sauf quand ils peuvent commettre des excès. Leur joie est alors violente et passagère ; et ils retombent bientôt dans leur tristesse accoutumée ». (*Histoire des Anglo-Saxons*, t. III, p. 33.)

pour les différentes armes, lesquelles ont lieu en mai. »

On le voit, ce sont les mœurs, les goûts, les habitudes d'un vieux caporal à demi fou. Cette préoccupation unique, perpétuelle, cette idée fixe que rien ne distrait de son but, sont bien connues des médecins aliénistes, qui les ont classées depuis longtemps parmi les symptômes de démence.

Mais de quelque manière que l'on juge l'infatigable prédilection du roi, elle était un danger pour la France, car elle se combinait avec sa haine furieuse de notre pays, et la prudence la plus vulgaire enjoignait au poseur impérial de se tenir sur ses gardes. Les avertissements lui arrivaient de tout côté. Ce n'était pas seulement le baron Stoffel qui jetait le cri d'alarme (1). En 1867, pendant l'Exposition universelle, pendant que Louis-Napoléon croyait séduire le roi de Prusse par son faste et ses vaines simagrées, le général Ducrot témoignait la plus vive inquiétude au général Trochu, dans une lettre maintenant imprimée. Il y annonce ouvertement les projets de l'Allemagne du Nord : « Pendant que nous délibérons pompeusement et longuement sur ce qu'il conviendrait de faire pour avoir une armée, la Prusse se propose tout simplement et très-activement d'envahir notre territoire. — De l'autre côté du Rhin, il n'est pas un Allemand qui ne croie à la guerre dans un prochain avenir. Les plus pacifiques considèrent la lutte comme inévitable et ne com-

---

(1) « Persuadé que dans une guerre prochaine l'armée de l'Allemagne du Nord tirerait de la composition de son état-major de sérieux avantages et que nous aurions à nous repentir cruellement peut-être de notre infériorité, je reviens sur cette question, selon moi, la plus grave de toutes. Je ne le dissimulerai pas : ma conviction est telle à cet égard, qu'ici je jette le cri d'alarme : *Caveant consules!* Je croirais manquer à mon devoir en agissant autrement. » *Rapport du 22 avril* 1868.

prennent rien à notre inaction. Comme il faut chercher une cause à tout, ils prétendent que notre empereur est tombé en enfance.

» A moins d'être aveugle, il n'est pas permis de douter que la guerre éclatera au premier jour. Avec notre stupide vanité, notre folle présomption, nous pouvons croire qu'il nous sera permis de choisir notre jour et notre heure, c'est-à-dire la fin de l'Exposition universelle, pour l'achèvement de notre organisation et de notre armement. En vérité, je suis de ton avis, et je commence à croire que notre gouvernement est frappé de démence. »

Une année après, le 28 octobre, le général Ducrot adressait encore au général Frossard une lettre inquiétante et prophétique, où il lui donnait les mêmes avis pour son propre compte, et rapportait un entretien frappant, qu'il venait d'avoir avec la comtesse de Pourtalès.

« J'ai vu, il y a quelques instants, Mme la comtesse de Pourtalès, qui arrive de Berlin. Jusqu'à ce jour, je l'avais trouvée d'un optimisme qui m'irritait. Prussienne par son mari, elle était en admiration perpétuelle devant tous les actes de M. de Bismarck, du roi Guillaume et de tous les Prussiens ; elle prétendait que rien ne pouvait motiver une guerre entre la France et la Prusse, que nous étions faits pour nous entendre et nous aimer. Bref, son langage était une variante poétique des discours Rouher et des circulaires La Valette. Or, voilà que cette adorable comtesse me déclare qu'elle revient de Berlin la mort dans l'âme, que la guerre est inévitable, qu'elle ne peut manquer d'éclater au premier jour, que les Prussiens sont si bien préparés, si bien dirigés, qu'ils sont assurés du succès.

» — Eh quoi, lui ai-je dit, vous embouchez la trompette de Bellone juste au moment où de tous côtés on ne parle que des intentions pacifiques de nos bons voisins, de la terreur salutaire que nous leur inspirons, du désir de Bismarck d'éviter tout prétexte de conflits; lorsque nous renvoyons tous nos soldats dans leurs foyers, et qu'il est même question d'une réduction des cadres, à tel point que je m'apprête à aller, au premier jour, planter mes choux en Nivernais!

„ — Oh! général, s'est-elle écriée, c'est ce qu'il y a d'affreux. Ces gens-là nous trompent indignement et comptent bien nous surprendre désarmés... oui, le mot d'ordre est donné : en public, on parle de paix, du désir de vivre en bonnes relations avec nous; mais lorsque, dans l'intimité, on cause avec tous ces gens de l'entourage du roi, ils prennent un air narquois, vous disent : — Est-ce que vous croyez à tout cela? Ne voyez-vous pas que les événements marchent à grands pas, que rien désormais ne saurait conjurer le dénoûment?

„ Ils se moquent indignement de notre gouvernement, de notre armée, de notre garde mobile, de nos ministres, de l'empereur, de l'impératrice, prétendent qu'avant peu la France sera une seconde Espagne! Enfin, croiriez-vous que le ministre de la maison du roi, M. de Schleinitz, a osé me dire qu'avant dix-huit mois notre Alsace serait à la Prusse? Et si vous saviez quels énormes préparatifs se font de tous côtés, avec quelle ardeur ils travaillent pour transformer et fusionner les armées des États récemment annexés, quelle confiance dans tous les rangs de la société et de l'armée! Oh! en vérité, général, je reviens l'âme navrée, pleine de trouble et de craintes. Oui, j'en suis certaine maintenant, rien, non rien, ne peut conjurer la guerre, et quelle guerre!

„ Mme de Pourtalès sera probablement à Compiègne dans quelques jours, et par conséquent vous pourrez avoir le plaisir d'entendre ses doléances et ses récits effrayants.

„ Pour faire pendant au propos de M. de Schleinitz,

relatif à l'Alsace, je citerai un mot du général de Moltke sur le même sujet. Ce grand général causait avec un Badois, qui occupe une assez haute position dans son pays ; ce personnage lui assurait que la population du Grand-Duché était généralement peu sympathique aux Prussiens et très-opposée aux projets d'annexion.

„ — En vérité, dit M. de Moltke, c'est incompréhensible, car ces gens-là devraient comprendre que leur avenir est entre nos mains, que bientôt nous pourrons leur faire beaucoup de bien ou beaucoup de mal. Lorsque nous serons en mesure de disposer de l'Alsace, et cela ne saurait tarder, en la réunissant au grand-duché de Bade, nous pourrons former une superbe province, comprise entre les Vosges et la Forêt-Noire, traversée dans toute sa longueur par un beau fleuve, et, à coup sûr, aucun pays au monde ne se trouvera dans des conditions pareilles de bien-être et de prospérité. „

Nul doute que cette lettre n'ait été communiquée au grand homme des Tuileries, car c'est dans les Tuileries même qu'on en a trouvé l'original, après le 4 septembre(1).

Toute l'Europe, au surplus, connaissait les intentions hostiles de la Prusse à l'égard de la France. En 1867, un général belge, qui assistait officiellement au mariage du comte de Flandre, eut un entretien avec le comte de Moltke. Il admira ses connaissances militaires, mais s'étonna de sa haine violente contre les Français. Pendant la conversation, le chef de l'état-major allemand lui dit entre autres choses :

— « Les Français mettent les pieds dans tous les plats, se mêlent de tout, portent le trouble partout. On

(1) Le passage suivant d'une seconde lettre prouve d'ailleurs que le général Ducrot avait l'oreille du maître : « Je vous remercie d'avoir bien voulu me communiquer les bonnes paroles de l'Empereur à mon sujet ; cela m'a fait grand plaisir. „

n'aura de paix solide en Europe que quand on les aura réduits à l'impuissance de nuire. Tôt ou tard, nous aurons la guerre avec eux et nous les battrons. Alors nous prendrons nos mesures pour assurer le repos de l'Europe. »

C'était simplement une idée du prince de Metternich que M. de Moltke répétait (1).

Avec cette profonde duplicité allemande, qui défigure toutes les questions, il ajouta :

— « La France nous ruine en nous contraignant de nous tenir perpétuellement sur nos gardes, d'avoir un effectif militaire trop élevé pour nos moyens, en nous forçant d'occuper une grande partie de notre jeunesse aux exercices fatigants et improductifs de la guerre. »

Quelle hypocrisie ! C'était justement le contre-pied de la vérité ; la France amollie, plongée dans la paresse intellectuelle, et désorganisée, n'inquiétait pas la Prusse ; mais l'ambition du roi Guillaume et de Bismarck, le système militaire de la Prusse, qui absorbait, condensait toutes les forces de l'Allemagne, inquiétait la France, aurait dû l'inquiéter davantage et rendre soucieuse l'Europe entière. La noblesse famélique du Brandebourg et de la Poméranie appelait de tous ses vœux une guerre où elle avait l'espoir de s'enrichir, où elle voyait briller au loin de larges dotations, comme celles que les généraux avaient obtenues après Sadowa (2). Le peuple même, en Alle-

---

(1) Je l'ai citée dans un autre ouvrage. « Pendant son séjour à Londres, en 1848, le prince de Metternich disait ouvertement qu'on ne verrait pas la fin des troubles de l'Europe, si on ne formait pas une seconde coalition contre la France, si on ne la domptait d'une manière définitive ou ne partageait son territoire. (*Histoire secrète du Gouvernement autrichien*, p. 442, 3me édition.)

(2) Un auteur allemand se plaint en ces termes des dons prodigués aux chefs de l'armée prussienne : « Les généraux, qui après tout n'avaient fait que leur devoir, car ils sont payés pendant la paix pour se battre pendant la guerre, ont reçu d'énormes dotations au préju-

LA SUPÉRIEURE DES SŒURS DE LA PROVIDENCE
PROTÉGEANT DE SON CORPS
UN GARDE NATIONAL QUE LES PRUSSIENS VONT FUSILLER.

magne, annonçait ouvertement une lutte prochaine (1).

Jamais ambitieux destiné à une chute tragique ne reçut donc plus d'avis que le second Bonaparte, jamais aveugle fanfaron n'entendit plus souvent répéter : « César, prends garde aux ides de mars! »

Un moment ses yeux ternes s'ouvrirent, et un éclair d'intelligence parut y briller. On nomma solennellement une commission militaire, pour procéder à une nouvelle organisation de l'armée française. Elle inventa ce beau plan, qui fut changé en loi le 1ᵉʳ février 1868 : quatre ans de service dans l'armée permanente, cinq ans dans la réserve ; une garde nationale mobile formée des jeunes gens qui ne seraient pas tombés au sort, de ceux qui auraient acheté un remplaçant, ou qui se trouveraient exemptés pour des raisons de famille. On devait obtenir ainsi une armée permanente de 400,000 hommes, une réserve de 500,000, une force supplémentaire de 550,000 ; en tout : 1,350,000 soldats. Les sénateurs gagés de l'Empire, les représentants salariés de la seconde Chambre poussèrent des cris d'admiration. La France était désormais invincible, inattaquable, maîtresse du présent et maîtresse de l'avenir. C'était le maréchal Niel qui présidait la commission militaire. Quand il mourut, le 15 août 1869, le *Journal officiel* osa publier ces lignes mensongères :

« L'histoire dira avec quelle activité, quelle persévérance, quelle force de volonté, quelle merveilleuse fécondité

---

dice des contribuables, qui n'étaient pas encore remis de leurs pertes, et dédommagés de leurs sacrifices. »

(1) Un négociant belge, qui se trouvait à Cologne au mois de mai 1868, ayant été pris pour un Français, fut menacé en mauvais jargon par un israélite du pays ; crachant a ses pieds avec une expression de dédain et de haine, le juif lui dit : « Tans un an, la Prusse à Paris, afec une armée! »

8

de ressources, le maréchal Niel, entrant profondément dans la pensée de l'Empereur, est parvenu à résoudre ce problème, jusqu'alors réputé insoluble, de doubler les forces militaires de la France, non-seulement sans augmenter ses charges en temps de paix, mais en les allégeant pour les familles et en diminuant les dépenses du Trésor.

„ Rappelons ici ce qui a été fait ; le tableau est assez grand pour pouvoir se passer de commentaires :

„ Une armée de ligne de 750,000 hommes disponibles pour la guerre, près de 600,000 hommes de garde nationale mobile, l'instruction dans toutes ses branches poussée à un degré inconnu jusqu'ici ; nos règlements militaires remaniés et mis en rapport avec les exigences nouvelles, les conditions de l'existence du soldat et de l'officier largement améliorées, l'avenir des sous-officiers qui ne veulent pas poursuivre leur carrière militaire, assuré par leur admission aux emplois civils ; 1,200,000 fusils fabriqués en moins de dix-huit mois, les places mises en état et armées, les arsenaux remplis, un matériel immense prêt à suffire à toutes les éventualités, quelles qu'elles soient ; et en face d'une telle situation, la France confiante dans sa force, garantie solide de la paix !

„ Tous ces grands résultats obtenus en deux années ! „

Qu'y avait-il de vrai dans cette pompeuse rodomontade ? Pas un mot. Le charlatan de Ham, continuant son système d'impostures, abusait la nation, mentait à la face de l'Europe. Il n'y avait pas même un commencement d'exécution.

La loi sur la garde nationale mobile était une merveille d'absurdité. Un seul de ses articles, sans parler des autres, la rendait impraticable et même comique. Avec la rare justesse de son esprit, le baron Stoffel l'a victorieusement démontré. Cet article, qu'il nomme inqualifiable, décide que les jeunes gardes seront appelés : 1° à des exercices qui doivent avoir lieu dans le canton de leur résidence et de leur domicile ; 2° à des réunions par compagnie ou par bataillon, qui doivent avoir lieu dans la circonscription de la compagnie ou du bataillon ; 3° que chaque exercice ou réunion ne pourra les occuper plus d'une journée, y compris le temps nécessaire pour l'aller et le retour. Et afin de rendre cette dernière prescription exécutable, la loi porte que le maximum du déplacement sera de 12 kilomètres, que les deux trajets, en conséquence, ne dépasseront pas 24 kilomètres.

« On reste confondu, s'écrie le baron Stoffel, quand on songe qu'une mesure aussi insensée ait pu être proposée et discutée sérieusement par les Chambres d'un grand pays, et qu'il se soit trouvé un gouvernement pour consentir à l'accepter et à l'introduire dans une loi. Comment! il ne s'est pas rencontré un seul homme dans ces assemblées pour dire à ses collègues : — Mais cette loi que vous allez voter est un leurre ; vous vous trompez vous-mêmes, sans vous en douter, et vous trompez la France. »

Le moyen effectivement de donner la moindre instruction militaire à un jeune homme qui aura fait, le matin, deux ou trois lieues, qui devra en faire autant le soir, et qui, dans la même journée, aura dû se rendre aux appels, aux distributions de costumes et d'armes? Il ne restera pas un quart d'heure pour lui enseigner ce qu'il doit savoir, l'exercice, le maniement du fusil et du sabre, la théorie et la pratique du tir, l'école du peloton et les grandes manœuvres. En Prusse les choses sont bien différentes. Les hommes de la réserve et de la landwehr y sont tenus de participer, deux fois par an, à des exercices qui ne doivent pas durer plus de quinze jours chacun. Mais ces individus ont passé trois ans sous les drapeaux, connaissent entièrement le service, et ne sont réunis que pour ne pas en perdre l'habitude et le souvenir. Eh bien! ces soldats tout formés ne sont capables de rien faire le premier jour. Ils répondent d'abord à l'appel, se transportent ensuite au magasin d'habillement, où on leur délivre leurs effets, puis au magasin d'armes, où ils reçoivent leur armement et leur équipement. Ces formalités, jointes à leur course du matin, les occupent jusqu'assez tard dans l'après-midi, et l'on pense qu'ils ont alors besoin de repos. Bien mieux, très-souvent la seconde journée est perdue pour les exercices, parce que les diverses opérations préparatoires, le groupement des hommes, les appels et les distributions de toute sorte, n'ont pu être achevées le premier jour. Ils sont d'ailleurs peu disposés au travail : les parents, les amis, les connaissances se trouvent rassemblés ; ils boivent, ils se content leurs aventures, ils chantent et se grisent. C'est une fête populaire, analogue à celles des grands marchés dans les campagnes. L'exercice ne peut commencer que le troisième jour. Donc la loi française votée majestueusement le 1er février 1868 n'est qu'une grande mystification.

Et puis, quand même on parviendrait à ébaucher pendant quelques heures, quinze fois par an, l'instruction des jeunes milices, quelle comparaison établir entre elles et les soldats de la landwehr, qui ont déjà passé trois ans sous les drapeaux, qui ne viennent pas au camp pour apprendre, mais seulement pour se rafraîchir la mémoire et s'entretenir la main?

Ce que le baron Stoffel avait prévu se réalisa de la manière la plus fâcheuse. Au bout de deux ans et cinq mois, rien n'était fait. Le 30 juin 1870, le maréchal Lebœuf prononça les paroles suivantes à la tribune du Corps législatif : « Dans son état actuel, la garde mobile n'est guère qu'une force inerte et n'existant que sur le papier. »

Mais si l'on n'organisait point la nouvelle troupe, on diminuait l'armée permanente. La caisse de la dotation militaire avait déjà contribué à l'affaiblir. Comme cette caisse, moyennant un certain prix, se chargeait du remplacement, l'esprit de dol et de fraude, qui tenait lieu d'intelligence et de patriotisme au gouvernement impérial, amenait cette conséquence pernicieuse qu'on gardait une partie des sommes versées par les conscrits et laissait leurs places vides. Et puis on ne trouvait pas toujours le nombre voulu de remplaçants; raison de plus pour détenir les fonds et abaisser l'effectif des troupes; dans une seule année, 73,000 jeunes gens se rachetèrent; on ne trouva que 42,000 substituts. Quelle bonne aubaine! Soixante-dix-sept millions cinq cent mille francs à escamoter! Si les agents de Bonaparte n'avaient pas brûlé la Cour des comptes avec tant de soin, quelles prodigieuses fourberies eussent pu être constatées, eussent émerveillé le monde!

Dans la séance du 30 juin 1870, quinze jours avant la déclaration de guerre, le maréchal Lebœuf apprit au Corps législatif que la France avait sous les armes trois cent mille hommes seulement, dont il fallait déduire vingt mille gendarmes. Quarante mille se trouvaient en Algérie, cinq mille à Civita-Vecchia. Il fallait en outre défalquer les malades, les prisonniers pour indiscipline.

On le voit : pendant que l'Allemagne développait son contingent militaire dans une proportion effrayante, la sottise de Bonaparte diminuait nos ressources avec un soin égal. Les avis si clairs, si nombreux qu'il avait reçus, n'avaient pas fait pénétrer dans sa cervelle un rayon de lumière. Quelle nuit opiniâtre, quelles ténèbres malsaines enveloppaient donc cet esprit dérouté?

Ce n'était pas seulement l'effectif des troupes, c'était encore le matériel de guerre qu'il condamnait à une infériorité dangereuse. Sans doute on avait trouvé le chassepot, on avait confectionné des mitrailleuses, mais on dédaignait les canons prussiens se chargeant par la culasse, ces canons qui devaient jouer un rôle si terrible pendant la guerre, et on croyait follement que l'Allemagne ne connaissait pas les mitrailleuses, on leur supposait la puissance d'anéantir en quelques minutes des régiments entiers. Aussi les enveloppait-on d'un rigoureux mystère : chaque pièce avait son manteau qui l'abritait comme une jeune fille pudique. Pendant les expériences, on les cachait sous des tentes, pour les dérober à tous les yeux. Même parmi les officiers, un très-petit nombre avait été mis dans le secret. Or, les Prussiens connaissaient les mitrailleuses. Ce n'était pas la France qui les avait inventées, mais l'Amérique du Nord, pendant la guerre civile. La Belgique en avait fabriqué, il en existait plusieurs systèmes ; les Prussiens les avaient étudiés, essayés. Leurs pièces rayées de quatre et de six, se chargeant par la culasse, leur avaient semblé plus redoutables. Une mitrailleuse prenant autant de place, exigeant le même attelage et portant moins loin que leurs canons, ils avaient préféré les canons.

Chose singulière pour un peuple dissimulé, ils laissaient voir à tout le monde leur artillerie nouvelle. Ils en avaient expédié de magnifiques spécimens à l'Exposition universelle de 1867. Nos officiers d'état-major et nos officiers du génie les avaient examinés avec la clairvoyance d'un Hottentot. Ils n'y avaient pas trouvé malice. Bien mieux, Louis Bonaparte avait décoré l'industriel qui les avait fondus, le célèbre Krupp, directeur d'une immense usine à Essen, près de Dusseldorf, lui avait même donné la croix d'officier. Reconnaissant de cette distinction, le fabricant lui fit adresser une lettre des plus curieuses, le 23 janvier 1868, par le chef des travaux, nommé Henri Haass. Elle avait pour but d'attirer son attention sur les canons d'acier et sur les résultats considérables que l'on venait d'en obtenir dans de récentes expériences. Deux brochures, qui l'accompagnaient, fournissaient tous les renseignements désirables (1). Louis Bonaparte renvoya la lettre et les opuscules au maréchal Lebœuf, pour qu'il donnât son avis. Le 11 mars, après de longues méditations, le maréchal répondait par ces mots laconiques : *Rien à faire.*

Cependant la Belgique avait renouvelé tout son matériel de guerre, la Prusse ayant exigé qu'elle adoptât le nouveau système, qui lui permettrait de mieux défendre sa neutralité, si on la menaçait. Bien qu'on eût dédaigné les spécimens et les brochures, on voulut voir comment fonctionnaient les pièces en acier. Le général Lebrun fut expédié en Belgique, pour assister à des exercices de tir. Le ministre de la guerre tâcha de l'éclairer, lui fit voir toutes les expériences qui pouvaient le convaincre, lui montra la justesse et la longue portée des nouvelles bouches à feu. Il croyait l'avoir persuadé, quand le général Lebrun s'écria :

— C'est très-joli, très-joli, mais ce n'est pas pratique.

— Comment ! vous ne trouvez pas, répondit le général Renard, que les canons Krupp ont de grands avantages ?

— Bah ! bah ! répliqua l'envoyé militaire de la France, nos canons de bronze, qui se chargent par la gueule, partent tout de même.

Et on ne put le faire sortir de ce beau raisonnement.

Les cartouches prussiennes subirent à leur tour son frivole dédain. On en avait plongé un paquet dans un sceau d'eau, où elles restèrent deux heures ; quand on les re-

---

(1) Voici les titres de ces importantes brochures :

I. Expériences de tir avec un canon de 9 pouces anglais, en acier fondu, se chargeant par la culasse, de Frédéric Krupp, à Essen (24 pages et 4 planches).

II. Procès-verbal d'un tir à outrance avec des canons de 4, en acier fondu, par le même (8 pages).

tira, elles prirent feu comme si elles n'avaient pas quitté le magasin. Il suffit, au contraire, d'humecter les cartouches françaises pour les rendre complétement inutiles.

— Vous voyez, dit le général Renard, que les cartouches prussiennes sont inaltérables.

Le général Lebrun prit un air de supériorité bienveillante :

— De quoi vont se préoccuper les Allemands! dit-il. Est-ce que nos soldats laisseront mouiller leurs cartouches ?

Et comme cet argument lui paraissait invincible, les choses en demeurèrent là.

Pendant que *l'homme providentiel* diminuait l'effectif de nos troupes, s'occupait de maintenir l'artillerie dans un état d'infériorité, il prenait soin de désorganiser l'administration militaire et les autres services publics. Le cardinal de Richelieu fait observer que l'intérêt le plus pressant des rois, et par suite de tous les gouvernements, consiste à bien choisir leurs serviteurs. Les employés incapables sont un fléau pour les nations, puisqu'ils ne gagnent pas leurs appointements et ne font rien qui vaille(1). Louis Bonaparte, au contraire, semblait chercher les hommes les plus nuls pour leur confier tous les postes. C'était par la bassesse, par la flatterie, par la servilité qu'on obtenait sa faveur. Dans les derniers temps de son règne,

---

(1) « Un prince, qui veut être aimé de ses sujets, doit remplir les principales charges et les premières dignités de son État de personnes si estimées de tout le monde, qu'on puisse trouver la cause de son choix dans le mérite. Tels gens doivent être recherchés dans toute l'étendue d'un État, et non reçus par importunités, ou choisis dans la foule de ceux qui font le plus de presse à la porte du cabinet des rois ou de leurs favoris. Si la faveur n'a point de lieu aux élections et que le mérite en soit le seul fondement, outre que l'État sera bien servi, les princes éviteront beaucoup d'ingratitudes. » *Mémoires* du cardinal de Richelieu.

toutes les demandes échouaient, si elles ne lui étaient pas personnellement adressées. Or, ce vaniteux paraissait craindre le voisinage du mérite ; avec la lâche inquiétude des envieux, il tremblait toujours d'être éclipsé. Il se faisait un piédestal de médiocrités rampantes. Ce qu'il demandait aux généraux, c'était surtout la haine de la démocratie, des services comme ceux que lui avaient rendus le maréchal Canrobert et le général De Goyon, avant et après le 2 décembre, et en outre un dévouement absolu aux intérêts de sa famille. Par son exemple, d'ailleurs, il les amollissait tellement, il leur inspirait un goût si funeste du luxe, de la paresse et des plaisirs mondains, que, suivant le témoignage du baron Stoffel, beaucoup d'officiers n'auraient pu soutenir pendant une heure l'exercice du cheval. Ce qu'il voulait grouper devant son trône, ce n'était pas d'habiles capitaines, mais des chefs de prétoriens. Pour les gagner, il encourageait même le vol. « On a constaté, au ministère de la guerre, disait le *Siècle* du 18 juin 1871, que, pendant les dernières années de l'Empire, un coulage de plus de cent millions par an se produisait dans ce seul département. » Le rapport présenté à l'Assemblée nationale, le 20 septembre dernier, par M. Riant, est venu confirmer l'allégation du *Siècle*. Il prouve que les fournitures de toutes sortes donnaient lieu, sous l'Empire, à de scandaleux marchés, avec pots-de-vin partagés entre les différentes autorités hiérarchiques, ou même avec les chefs politiques de l'administration ; qu'il n'y avait nul contrôle pour l'emploi du budget de la guerre, où l'Empereur, ses parents, ses complices puisaient à pleines mains ; que les adjudications même n'étaient pas vérifiées, de sorte qu'en achetant certaines complaisances, l'adjudicataire pouvait livrer sans crainte et faire accepter les produits les plus défectueux ; que les Chambres n'ont jamais eu les moyens de contrôler l'armement et l'approvisionnement. Or, les arsenaux coûtaient des centaines de millions chaque année.

Pour capter les soldats, l'homme de Strasbourg employait une autre méthode : il cherchait à les séduire par une indulgence criminelle. Voici les détails qu'un officier donne à cet égard, sous la signature A. P. « J'ai fait partie de l'armée française pendant plusieurs années, et je puis vous assurer, monsieur, que l'instruction du soldat était complétement négligée, pratiquement et théoriquement. Dans une ville de premier ordre, où nous avons tenu garnison assez longtemps, c'est à peine si l'exercice ou les manœuvres avaient lieu une fois par semaine. Quant à l'instruction dans les chambrées, on la faisait pour la forme, mais, en réalité, elle était tout à fait négligée. Dans une garnison moins importante, l'exercice avait été entièrement supprimé : le soldat passait son temps à dormir et à s'enivrer. »

Ainsi, Napoléon III ne négligeait rien pour amener lentement, progressivement la France sur le bord de l'abîme, et l'y précipiter d'un seul coup. Il avait même anéanti la dernière des forces qui peuvent sauver une nation, l'amour de la patrie : sous un gouvernement personnel, où un homme, un aventurier, masquait le pays derrière son incommensurable orgueil, tout était devenu personnel. On n'aimait que soi, on ne vivait que pour soi, et l'on ouvrait des yeux étonnés, si quelqu'un parlait du salut de la France.

Ce Chapitre est des plus intéressant[s] mieux et plus [...] parmi plusieurs [...]

Février 1939

CHAPITRE III.

LA LUTTE DIPLOMATIQUE.

Quand tous les éléments se trouvèrent préparés, chez les uns pour la défaite et la ruine, chez les autres pour la victoire et le pillage, le prologue du drame commença. Le 30 juin 1870, la France dormait dans une sécurité si profonde, que le gouvernement annonça une réduction de dix mille hommes sur la levée annuelle, et que les membres de la gauche saluèrent avec enthousiasme cette bévue. Quelques-uns voulaient une réduction plus grande de l'effectif. M. Thiers, beaucoup mieux renseigné, parla énergiquement pour le maintien du chiffre habituel. Il fit ressortir l'imprudence de cette mesure, dans la situation où se trouvait l'Europe. « Ne méconnaissez pas, dit-il, les changements opérés par les événements de 1866. Au lieu d'une Allemagne fédérale, organisée pour la paix, toute-puissante pour la défense, impuissante pour l'attaque, vous avez une puissance militaire formidable. En face de cette force, il faut une organisation militaire nouvelle, plus considérable. Sur tous les bancs de cette Chambre le patriotisme est égal, mais le patriotisme ne suffit pas. Se tromper en pareille matière serait plus funeste que de manquer de patriotisme. — Aux fautes que le gouvernement a commises dans le passé, n'ajoutons pas les fautes de l'opposition. »

Mais quand un homme voit clair tout seul, on ne l'écoute jamais qu'à demi et l'éloquence même ne triomphe pas de la prévention. Chacun, du reste, croyait la paix assurée, personne ne croyait la France débile, pas même M. Thiers. Il la voulait seulement plus forte, plus circonspecte et plus maîtresse de ses destinées (1). Le maréchal Lebœuf ne découvrait à l'horizon nul indice d'une guerre prochaine. Pour compléter l'œuvre fatale, pour répandre sur l'Assemblée un surcroît d'illusions et de ténèbres, M. Ollivier monta solennellement à la tribune.

« Le gouvernement, dit-il, n'a aucune espèce d'inquiétude : à aucune époque, le maintien de la paix en Europe n'a été plus assuré : de quelque côté qu'on regarde, on ne voit aucune question irritante engagée. De toutes parts, les cabinets ont compris que le respect des traités s'imposait à tous, notamment des deux traités les plus importants, auxquels la paix de l'Europe est plus particulièrement attachée : le traité de 1856, qui assure la paix en Orient, le traité de Prague, qui assure la paix en Allemagne, sont considérés, de l'aveu de tous, comme devant être inviolablement respectés. (*Très-bien! Très-bien!*)

» S'il en était autrement, si le gouvernement avait la moindre inquiétude, il ne vous eût pas proposé, cette année-ci, une réduction de 10,000 hommes sur le contingent; il serait venu très-nettement vous demander de vous associer à sa sollicitude et d'augmenter les forces de son armée. »

Un peu plus tard, le ministre ajoutait ces paroles mémorables : « Nous n'avons, depuis le 2 janvier, qu'une seule question grave sur laquelle il sera nécessaire que notre

---

(1) « Savez-vous pourquoi la paix est maintenue ? C'est parce que vous êtes forts. »

conduite soit expliquée à la Chambre : c'est la question du Concile. »

Ce dernier trait acheva d'inspirer aux élus de la nation la sécurité la plus profonde; ils passèrent une nuit tranquille, Bonaparte et le ministère aussi. Dans la prodigieuse séance qui venait de clore le mois de juin, le gouvernement et l'opposition, M. Thiers excepté, avaient montré la même ignorance des faits, de la politique européenne, le même aveuglement puéril et fatal. La cour et les ministres paraissaient n'avoir reçu aucun avis de ce qui se tramait dans l'ombre.

Or, pendant que les esprits se détendaient, qu'un sourire de bien-être égayait les visages, que l'on arrêtait sur l'avenir un œil confiant, voici quelles sombres machinations enveloppaient la France.

Napoléon III, cet homme sépulcral, dont toutes les actions, tous les discours, tous les vices semblaient avoir pour but la ruine de notre pays, voulant justifier en apparence l'expédition du Mexique, avait débité pendant la lutte des paroles souverainement imprudentes, qui devaient blesser l'Allemagne. Il avait osé dire que cette entreprise de forban, cette spéculation odieuse, où il jouait l'honneur et le sang de la nation, était destinée à mettre un terme au développement des races germaniques, à fortifier l'ascendant des races latines. C'était déclamer bien mal à propos, les deux pieds dans la honte, quand l'Allemagne jalouse épiait la France avec des yeux pleins de haine. Dans ses entretiens particuliers, M. de Bismarck répondit à cette fanfaronnade par les sentences qu'on va lire :

« Les races latines sont usées, leurs destinées sont finies : elles seront amoindries progressivement, *jusqu'à extinction totale.*

» C'est aux peuples du Nord qu'appartient l'avenir, et

ils ne font que débuter dans le rôle glorieux qu'ils doivent remplir au profit de l'humanité. »

Pour accélérer l'extinction des races latines, l'âpre ministre machinait la perte de la France, et pour perdre plus sûrement la France, il voulait jeter la désunion entre elle et ses sœurs, l'isoler des nations de même origine : c'était le meilleur moyen d'accomplir avec facilité sa cruelle entreprise. Par la connivence de Napoléon III, l'Italie se trouvait déjà séparée de l'ancienne Gaule, et unie à la Prusse. Si on pouvait encore étendre l'influence germanique sur le troisième peuple latin, sur les Espagnols, la France lutterait seule contre la ruse et la haine tudesques. Justement le trône d'Espagne était disponible ; présenter, soutenir, faire réussir un candidat teutonique serait un coup de maître. M. de Bismarck l'essaya. Il avait pour justifier son plan aux yeux de l'Allemagne et aux siens un argument tout prêt : « Le choix d'un prince allemand est une garantie de régénération, disait-il : c'est le meilleur moyen d'infuser à des peuples dégénérés la sève de la race germanique, jeune, vigoureuse, pleine de vertu et d'initiative. » Il se garda bien, comme on pense, de soumettre aux Espagnols cette considération.

Pour tâter le terrain et sonder l'opinion publique, la tentative fut inaugurée en plein jour. Le 27 octobre 1869, un diplomate espagnol, Salazar de Mazeredo, gagné secrètement sans doute, publia un mémoire sur les candidatures au trône d'Espagne, où il semblait n'avoir en vue que les intérêts du pays, et il adressa cette brochure à toutes les cours de l'Europe. S'il n'oublia pas la cour de France, la cour de France oublia de lire son opuscule.

« Il y a huit mois, dit l'auteur, j'ai proposé, en seconde ligne, la candidature du prince Léopold de Hohenzollern, frère de la précédente reine de Portugal, Stéphanie. Léopold et la princesse sa femme, l'infante Donna Antonia, sœur du roi régnant, transmettront à leur postérité le sang des Bragance. Des deux filles de Don Fernando, l'infante Antonia est la seule qui ait contracté un mariage agréable à la nation et à la famille royale. L'union de Léopold et d'Antonia est un modèle sous tous les rapports, et le spectacle heureux de ce jeune couple exercerait sur nos mœurs une influence salutaire. L'âge de Léopold ne pourrait être plus convenable : à trentequatre ans l'homme possède la plénitude de ses facultés, a déjà pu acquérir l'expérience nécessaire dans les conjonctures difficiles. Comme toute sa famille, le prince Léopold est catholique, fort instruit, d'un entendement lucide, et a, comme beaucoup d'Allemands, une prédilection particulière pour la littérature espagnole. Il est le frère aîné du prince qui gouverne la Roumanie. Doublement uni par son mariage avec les rois de Portugal (Pedro et Louis), parent du roi des Belges, attendu que sa sœur, la princesse Marie, a épousé le comte de Flandre, frère de Léopold II ; parent aussi de l'empereur Napoléon III, puisque sa mère était une Beauharnais, il est en outre allié à la famille de Prusse, bien qu'il n'appartienne pas à la branche aînée, la branche protestante. Sa fortune est une des plus considérables de l'Europe et, si je ne m'abuse, par la mort de son cousin, Don Frederico Valesco d'Aragon, prince d'Hechingen, comte de Castilnovo, il a l'expectative des propriétés que celui-ci possédait en Espagne, aussi bien que d'un titre fort apprécié dans la Péninsule : il deviendra comte de Villalba. J'ai lu aussi qu'en Allemagne, il doit hériter de tous les biens et de toutes les dignités de sa famille.

» Sa descendance est assurée, car il a trois fils, dont 'aîné compte déjà environ six ans. Les deux époux sont de la forme la plus gracieuse, avantage qui n'est pas à dédaigner chez les peuples du Midi, portés naturellement au sarcasme et appréciant mieux la beauté de l'esprit, quand elle est jointe à la beauté du corps. Le prince Léopold appartient aux provinces catholiques de l'Allemagne méridionale, où l'on sait mettre les devoirs de la religion en harmonie avec les aspirations des peuples. C'est de là que sont sortis les nombreux émigrés, qui ont tant contribué à rendre le catholicisme populaire dans les États-Unis d'Amérique. Les habitants avaient une grande répulsion pour les principes et les cérémonies de l'Église orthodoxe, et l'ignorance, le fanatisme des Irlandais n'étaient pas de nature à changer leurs sentiments : l'émigration allemande, bien plus civilisée, a propagé le catholicisme d'une manière étonnante. Le prince a été habitué par son éducation à la simplicité des cours septentrionales, où les souverains, sans compromettre leur dignité, se mêlent à la foule, pour connaître les besoins du peuple. Mieux que partout ailleurs, un roi peut se concilier en Espagne la faveur de la nation, parce que notre caractère est un mélange de douceur et de fierté, de franchise populaire et de sentiment aristocratique. Un *prince allemand* étendra notre perspective au delà des Pyrénées ; Léopold est de cette race germanique, qui s'est élevée au premier rang des nations dans l'art, dans la science et même dans l'industrie, comme l'a prouvé la dernière Exposition universelle. Et si l'Allemagne voyait que *nous favorisons un de ses fils*, elle contracterait avec nous des liens plus intimes et nous enverrait peut-être une partie de *cette belle population, qui porte maintenant aux États-Unis le capital, le travail et le sens pratique dont nous avons tant besoin* » (1).

Ainsi, ce n'était pas seulement par la puissance royale que l'Allemagne voulait étendre sa main avide sur la Pén-

---

(1) Tous les mots que nous avons soulignés, le sont dans l'original.

insule, mais encore par une vaste colonisation, par un flot d'émigrants dévoués à la mère-patrie. Le prospectus est complet. Le style du morceau, la nature des arguments, la manière de les grouper et de les exprimer, trahissent une origine allemande : n'ont rien d'espagnol. Aucun lecteur familiarisé avec la littérature germanique ne s'y trompera, ne conservera le moindre doute. La pièce, avec les détails minutieux qu'elle renferme, a été envoyée d'Allemagne, puis traduite. Il n'est pas invraisemblable que M. de Bismarck lui-même y ait mis la main.

La brochure signée par M. Mazaredo n'ayant fait naître aucune protestation, déterminé aucune explosion, le chancelier de l'Allemagne du Nord travailla sérieusement à exécuter son dessein. Il gagna le général Prim, et la candidature, d'abord placée au second rang, fut mise en première ligne. Soutenue ainsi, elle avait grande chance de réussir. Le maréchal Prim offrit ouvertement le trône d'Espagne à Léopold de Hohenzollern, après s'être mis d'accord avec le maréchal de Serrano, et avec la plupart des membres du gouvernement. Il fallait sans doute un vote des Cortès, mais il y avait lieu de croire que ce vote, influencé par de si hauts personnages, décernerait la couronne au prince de Hohenzollern. Le jeune aspirant, colonel dans la garde royale de Prusse, accepta la proposition. Quant à la longue intrigue qui avait préparé un si étrange dénoûment, qui datait peut-être de 1868, car on avait alors soupçonné une action secrète du comte de Bismarck dans la révolution espagnole, aucun diplomate français ne l'avait éventée. M. Mercier de Lostende, ambassadeur à Madrid, n'en avait pas la moindre connaissance. M. Benedetti, ambassadeur à Berlin (1), et M. de Gramont,

---

(1) Dans une longue lettre, adressée au *Standard* en novembre 1870, M. Benedetti a prétendu qu'il avait renseigné sur tous les points le

ministre des affaires étrangères, n'avaient aperçu aucune trace de cette grande manœuvre. Le subtil Napoléon III lui-même n'en savait rien. Tous se laissaient bercer avec insouciance par le flot des événements secondaires. M. de Benedetti ne se trouvait même pas à son poste et prenait tranquillement les eaux de Wildbad.

Or, depuis plusieurs semaines l'intrigue était mûre. Tous les acteurs se dispersèrent, comme pour témoigner de leur innocence. Guillaume vint se purger sur la frontière de la France, à Ems; Bismarck se rendit dans la ville de Karlsbad, le général de Moltke dans son château de Silésie, et le prince de Hohenzollern entreprit un voyage en Suisse. Quand chacun fut à sa place, la toile se leva. On ne fit plus mystère de la candidature au trône d'Espagne.

Quelle sensation désagréable éprouvèrent nos hommes politiques si mal informés! Bonaparte tressaillit comme à la vue d'un spectre. Il avait fiancé quelque temps auparavant la nièce d'Eugénie, la fille du duc d'Albe, au prince des Asturies, comptant les installer un jour sous le dais de leur mère Isabelle. Une note écrite de sa main et trouvée au château des Tuileries dévoile sa pensée:

« Puisque la république n'est pas possible en Espagne, tout ce qui en approche le plus nous semble ce qu'il y aurait de plus profitable. Or, le hasard a voulu qu'il y eût un jeune prince, le prince des Asturies, sur la tête duquel

---

gouvernement français, pendant un espace de six années : « Je publierai une série de pièces officielles, ayant toutes une date certaine. Cette publication démontrera jusqu'à l'évidence que je n'ai jamais suggéré la guerre, sur laquelle d'ailleurs on ne m'a jamais consulté; que j'ai, en temps opportun, éclairé le gouvernement sur les développements que la Prusse donnait à son état militaire, sur la candidature du prince de Hohenzollern, sur les véritables dispositions des États du Midi, sur les vues du cabinet de Berlin. » Les pièces annoncées n'ont pas encore paru.

reposent tous les droits monarchiques. Il est d'un âge où ses opinions personnelles ne peuvent pas compter, et peut être élevé dans les opinions du jour, loin des flatteurs et des intrigues. Son âge permet une régence, qui serait probablement exercée par les hommes qui ont donné le plus de gages à la révolution. Et ce régime ressemblerait fort, pendant sept ou huit ans, à une république, où les agents pourraient être changés par le vote des Cortès, et le prince des Asturies ne serait que l'enfant chargé d'occuper un poste auquel nul ambitieux ne peut prétendre. » Ainsi pensait l'homme retors. Et voilà qu'un Prussien se dresse devant lui, en criant : « C'est moi qui occuperai le trône de ton neveu ! » Napoléon III sortit de son engourdissement.

Le 4 juillet, en l'absence de M. Benedetti, le chargé d'affaires Lesourd se présenta au ministère des affaires étrangères, à Berlin, pour exprimer le sentiment pénible causé en France par la candidature Hohenzollern et demanda si la Prusse en était solidaire.

Comme le chancelier de l'Allemagne du Nord se trouvait aussi en villégiature, le secrétaire d'État Von Thile déclara « que cet incident fortuit n'ayant aux yeux du gouvernement prussien aucune existence officielle, il ne pouvait donner le moindre renseignement sur les circonstances qui l'avaient accompagné. » Cela voulait dire que la Prusse n'avait pas entamé de négociations politiques avec l'Espagne, au sujet de la candidature : elle s'en serait, ma foi, bien gardée ! L'affaire ne pouvait être qu'une manœuvre occulte.

« Le prince de Hohenzollern, dit un auteur berlinois, avait seulement instruit le roi Guillaume de l'offre qui lui avait été faite, et qu'il avait acceptée, après une longue résistance, dans l'espoir de rendre à la Péninsule le calme et l'unité. C'était simplement un acte de courtoisie, puisque le prince est majeur, et que la branche cadette des Hohenzollern, à laquelle il appartient, a pour chef son père, le prince Antoine. Le roi de Prusse garda le secret sur cette confidence et crut y être d'autant plus obligé que l'Espagne désirait ne point encore ébruiter l'affaire » (1). Quelle distinction habile et subtile ! Vouloir donner à une communication de cette importance un caractère purement domestique !

Le jour où le représentant de la France demandait des explications au secrétaire d'État Von Thile, avait lieu à Paris un colloque sur le même sujet, entre l'ambassadeur de la Confédération du Nord, le baron de Werther, et M. de Gramont, ministre des affaires étrangères, conférence à laquelle vint prendre part subséquemment M. Émile Ollivier. Le baron de Werther, qui avait obtenu un congé, se proposait d'aller immédiatement à Ems saluer le roi Guillaume. On le savait, et on le pria de vouloir bien informer son maître de l'impression pénible causée en France par la candidature Hohenzollern. Le duc de Gramont ajouta qu'on ignorait si la Prusse était instruite de l'affaire, mais que l'opinion publique le croirait et verrait une précaution hostile, de l'Espagne d'abord et ensuite de la Prusse, dans le mystère dont on l'avait enveloppée. Si l'élection avait lieu, elle serait de nature à compromettre la paix de l'Europe. Le diplomate allemand répondit que cette affaire lui était absolument inconnue, mais promit d'en référer au souverain qu'il allait voir, et monta en chemin de fer, le 5 juillet, pour se rendre à Ems.

Le plus simple bon sens exigeait que l'on attendît sa réponse. Or, il avait à peine ébauché sa mission auprès du roi Guillaume, le 6 juillet, et n'avait pu encore télégraphier au ministère français le résultat de son entretien,

---

(1) *Der deutsch-franzœsische Krieg*, par A. Borbstaedt, p. 15.

lorsque, le même jour, avec une impatience inexplicable, le duc de Gramont émut le Corps législatif de son belliqueux langage. Une demande d'interpellation sur la question espagnole avait été déposée le jour précédent : rien n'était plus facile que de l'éluder, ou de se borner à constater des faits, en prenant soin de ne pas envenimer le débat. Le ministre, il est vrai, commença par dire que l'on ne connaissait pas les détails de l'affaire, mais il termina par cette déclaration textuelle : « Nous ne croyons pas que le respect des droits d'un peuple voisin nous oblige à souffrir qu'une puissance étrangère, en plaçant un de ses princes sur le trône de Charles-Quint, puisse déranger à notre détriment l'équilibre actuel des forces en Europe, et mettre en péril les intérêts et l'honneur de la France.

» Cette éventualité, nous en avons le ferme espoir, ne se réalisera pas. Pour l'empêcher nous comptons à la fois sur la sagesse du peuple allemand et sur l'amitié du peuple espagnol.

» S'il en était autrement, forts de votre appui, messieurs, et de celui de la nation, nous saurions remplir notre devoir sans hésitation et sans faiblesse. »

Cette hâte inconvenante et inutile, ce ton menaçant blessèrent le roi de Prusse. Il combina, par suite, avec le baron de Werther une réponse aussi froide et aussi évasive que possible. Le 9 seulement, le substitut de l'ambassadeur prussien à Paris fut informé que la question espagnole ne concernait en aucune façon la Prusse ou l'Allemagne du Nord, mais intéressait uniquement l'Espagne même et ses candidats. C'était sec, mais c'était habile : la Prusse semblait complétement étrangère à la sournoise intrigue qu'elle avait ourdie : elle aurait bien voulu la faire réussir sans avoir l'air d'y participer.

Dans l'intervalle, M. Benedetti avait quitté Wildbad et s'était rendu à Ems, par l'ordre du gouvernement français, pour conférer directement avec le roi de Prusse. Le 9, l'ambassadeur fut reçu obligeamment par Guillaume, invité à dîner, et pendant la promenade, marchant à côté du souverain, eut plusieurs fois l'occasion de lui parler. Le prince ne voulait en aucune manière abandonner ce plan magnifique de tenir la France bloquée entre l'Allemagne au nord et à l'est, l'Italie et l'Espagne au sud, tournant contre elle et employant à sa perte deux nations latines, qui auraient dû la soutenir. L'expédient le plus adroit et le plus sûr était de paraître laisser l'affaire se développer toute seule. Mais voilà justement que M. Benedetti invoque la prudence, la sagesse, le repos de l'Europe, pour prier le roi d'enjoindre au prince Léopold d'abandonner sa candidature.

Guillaume répondit que l'inquiétude dont l'Europe était agitée ne venait point de la Prusse, mais des déclarations du gouvernement français au Corps législatif. Sa position, comme chef de famille, se trouvait en dehors de la question politique, et il refusa d'intervenir auprès du prince Antoine de Hohenzollern et de son fils, considérant toute action de ce genre comme un empiétement sur leur liberté personnelle.

Cependant la menace téméraire débitée à la tribune par le duc de Gramont, menace si peu en harmonie avec le délabrement militaire de la France, avait produit son effet sur l'imagination du roi. Au moment d'engager une lutte effroyable, il éprouva un sentiment d'inquiétude ; sa raison et son âge y contribuèrent sans doute pour une part égale, et il faut lui en tenir compte, puisque c'était l'émotion naturelle d'un esprit sensé, puisqu'il allait enchaîner le démon de la guerre, si la folie de Bonaparte n'était venue arrêter sa main.

Trois jours après l'entrevue de Guillaume et de M. Benedetti, le prince Léopold de Hohenzollern renonçait aux espérances qu'il avait conçues et rendait son initiative au peuple espagnol, soi-disant par un acte de libre détermination, pour mettre sa responsabilité à l'abri, dans la grave tournure que prenaient les affaires. Le roi prétendit n'avoir pas été consulté, bien mieux, n'avoir pas même été informé de cette résolution. Mais qui donc, en Europe, se serait laissé tromper? Qui donc n'aurait pas compris cet adroit subterfuge, au moyen duquel la Prusse apaisait la France, lui donnait satisfaction et anéantissait la cause du débat, en sauvegardant sa dignité? Elle n'avait pas l'air de céder, quoiqu'elle cédât réellement, car il eût été manifeste pour tout le monde que le prince de Hohenzollern, colonel dans la garde royale, avait reçu l'ordre secret d'abandonner sa candidature. La Prusse s'abritait même derrière le prince Antoine, qui semblait avoir exigé le désistement de son fils et qui l'annonçait à Madrid par un télégramme. De Madrid, le télégramme était immédiatement reparti pour la France.

L'affaire semblait terminée; la Bourse montait, partout on commençait à se réjouir, mais il y avait dans l'attitude de la cour et du ministère français quelque chose de louche, qui inquiétait les hommes clairvoyants. Bonaparte allait gâter une position excellente et perdre un avantage diplomatique de premier ordre.

Tout gouvernement qui recule devant un autre, dans une grave contestation et dans un moment périlleux, se condamne à un état d'infériorité, dont il sort avec peine. Son ascendant baisse, pendant que le prestige de son rival grandit. La Prusse elle-même en avait fait l'expérience vis-à-vis de l'Autriche. Pour se soustraire à la suprématie que le cabinet de Vienne exerçait au moyen de la Diète germanique, abolie par la révolution, mais près de renaître, le gouvernement prussien conclut, le 28 mai 1849, une alliance spéciale avec le Hanovre et la Saxe, nommée l'*Union des trois Rois*. Elle devait former le noyau d'une nouvelle confédération, que la Prusse aurait dominée au point de vue militaire et diplomatique. L'Autriche, bien entendu, se tint à l'écart, groupa autour d'elle la Bavière, le Wurtemberg et les moyennes principautés allemandes. La querelle s'envenimait de jour en jour; la brutalité de l'Électeur de Hesse, qui avait arbitrairement supprimé la constitution, faillit amener la guerre. L'Autriche prit parti pour l'Électeur, la Prusse pour la population; l'Autriche ordonna, au nom de la Diète, que des troupes d'exécution soumettraient les rebelles; la Prusse résolut de les défendre. L'armée du nord fut mise sur le pied de guerre, la landwehr appelée sous les drapeaux, Cassel occupé. Les forces autrichiennes et bavaroises s'approchaient de la Hesse; on allait en venir à une lutte sérieuse, quand le parti de la paix obtint la prépondérance à Berlin. Un nouveau ministère, que présidait M. de Manteuffel, rappela les troupes qui gardaient la capitale de l'Électeur, et le chef du cabinet sollicita du prince de Schwartzenberg une entrevue à Ollmütz, pour régler le différend des deux puissances. La Prusse y abandonna la cause de la Hesse, supprima l'Union des trois Rois, et consentit à ce que tous les princes allemands fussent convoqués à Dresde pour décider les questions en litige. Dans ces conférences la Diète germanique fut rétablie, et la Prusse subit de nouveau la prédominance de l'Autriche. C'était en 1851. Il lui fallut quinze ans pour sortir de la position inférieure qu'elle avait prise, et la victoire de Sadowa put seule l'en tirer.

Après avoir machiné la candidature espagnole, Guillaume avait donc tort de l'abandonner. Battre en retraite devant la mauvaise humeur de la France, c'était subir un échec, et l'influence de cet échec eût fortifié, pour longtemps peut-être, l'ascendant de la cour des Tuileries Napoléon devait profiter, avec le plus grand soin, de la faute que venait de commettre la Prusse, se déclarer hautement satisfait de son esprit pacifique et accroître ainsi le prestige de la France, qui, d'un seul mot, avait inquiété, fait céder l'Allemagne. On évitait la guerre, résultat précieux, et la nation désarmée, affaiblie, sans hommes d'État, sans généraux, ayant perdu la moitié de son intelligence, apparaissait au monde comme un peuple redoutable.

Avec une sottise prodigieuse, Napoléon III perdit d'un seul coup tous ces avantages.

Le baron de Werther avait quitté Ems le 11 et était retourné à Paris. Il y fut reçu par le duc de Gramont, le 12, et presque en même temps arriva chez le ministr l'ambassadeur espagnol, qui venait lui communiquer officiellement le télégramme du prince Antoine de Hohenzollern. Au légitime étonnement du baron de Werther, M. de Gramont déclara aussitôt que la renonciation du prétendant était une chose accessoire, attendu que la France ne lui aurait jamais permis de monter sur le trône. Le point principal, suivant lui, c'était l'injure faite à la France par le roi de Prusse, quand il avait permis au prince Léopold d'accepter la candidature, sans s'être entendu préalablement avec la cour des Tuileries. Comme réparation de cette offense, il demandait que le roi écrivît une lettre à l'Empereur, où il déclarerait qu'en autorisant l'acceptation du prince de Hohenzollern, il n'avait cru blesser ni les intérêts, ni la dignité de la France, et qu'il confirmait le désistement du jeune candidat. Le ministre ajouta en outre que la lettre ne devait renfermer aucune allusion aux liens de parenté qui existaient entre Napoléon III et le prince Léopold, vu que cette mention serait particulièrement désagréable au château. L'ambassadeur prussien répondit que le discours prononcé, le 6 juillet, devant le Corps législatif, par le duc de Gramont lui-même, rendait plus difficile le moyen de conciliation exigé, attendu son caractère menaçant, qui avait blessé le roi. Pendant cet entretien arriva de nouveau Émile Ollivier. Les deux ministres français prétendirent que la conduite de Guillaume Ier, dans l'affaire Hohenzollern, avait *beaucoup plus irrité la nation que préoccupé l'Empereur*, et en outre que ce moyen d'apaiser les esprits leur était nécessaire *pour la conservation de leurs portefeuilles*. Et comme le baron de Werther ne jugea pas devoir confier au télégraphe une communication si délicate et si importante, qu'il employa le moyen beaucoup plus lent de la poste, le duc de Gramont télégraphia sur-le-champ à M. Benedetti, avec une impatience fiévreuse, l'ordre de poursuivre énergiquement la négociation et d'insister auprès du Roi, pour qu'il écrivît une lettre dans la forme indiquée (1).

Le dernier acte de cette lugubre comédie allait donc se jouer le 13, à Ems. M. Benedetti avait été reçu de nouveau, le 11, par le roi de Prusse, et avait encore insisté auprès de lui pour qu'il ordonnât au prince Léopold d'abandonner sa candidature. Guillaume Ier avait répondu, pour la seconde fois, que le jeune prince était libre de ses actions, qu'il ne lui avait pas enjoint d'accepter les propositions de l'Espagne et ne pouvait, en conséquence, lui prescrire de se désister, que d'ailleurs il ne savait même point dans quel endroit des vingt-deux Cantons il se trouvait pour le moment.

Le 13, pendant la promenade du matin à la fontaine,

---

(1) Un seul auteur allemand, M. Borbstædt, fait mention de la lettre ainsi exigée, rapporte la conversation de l'ambassadeur prussien et des ministres français dans la journée du 12. Mais c'est l'historien le plus sérieux de la guerre franco-allemande, et son livre prouve qu'il a obtenu beaucoup de renseignements officiels. Le doute cependant est permis. *Der deutsch-franzœsische Krieg* 1870, p. 18 et 19.

le souverain du Nord présenta au diplomate français le supplément de la *Gazette de Cologne*, qu'on venait de lui remettre et qui contenait le télégramme de Sigmaringen, annonçant le désistement du prince ; il déclara qu'il n'avait reçu lui-même aucune nouvelle directe, mais qu'il attendait dans la journée une notification de cet acte ; qu'il l'approuvait du reste et autorisait M. Benedetti à le mander en France : il y donnait son acquiescement comme souverain et comme chef de la famille (1).

— Je suis informé depuis hier de la renonciation, dit l'ambassadeur.

— Alors l'affaire est terminée : il n'y a plus aucun sujet de discussion entre les deux pays.

— Sans doute, répliqua l'internonce, mais le gouvernement impérial voudrait obtenir de Votre Majesté *l'assurance positive* qu'elle ne donnera jamais son consentement, si la même candidature se trouvait remise en question.

Guillaume repoussa fermement cette exigence et maintint ses déclarations premières, malgré l'insistance et les efforts de l'ambassadeur. Il termina l'entretien en disant qu'il ne pouvait, ni *ne voulait* prendre un pareil engagement, qu'il devait, pour cette éventualité, comme pour toute autre, se réserver *la faculté de consulter les circonstances*. Ce sont les propres termes de la dépêche envoyée par M. Benedetti, communiquée deux jours plus tard au Sénat et aux représentants du peuple.

Il fallait en rester là : on avait même fait un pas de trop. D'un roi héréditaire, d'un homme de 73 ans, du vainqueur de l'Autriche, on avait obtenu une concession immense, qui le mettait dans une fausse position et témoignait, après tout, qu'il désirait actuellement la paix. Il était coupable

---

(1) Paroles mêmes de M. Benedetti, dans sa lettre adressée au *Standard*.

sans doute, et il le savait bien : il savait que, depuis sa jeunesse, il rêvait de frapper la France, que, depuis quatre ans, il lui cherchait querelle; que, dans l'affaire espagnole, il avait eu les intentions les plus perfides, et au moment de commettre une mauvaise action, de déchaîner tous les fléaux de la guerre sur un peuple ami, auquel il avait eu en 1866 des obligations capitales, il avait éprouvé une hésitation honorable et comme une espèce de remords; mais ses tardifs scrupules et sa condescendance devaient lui inspirer de la mauvaise humeur, d'autant plus que son conseiller intime, M. de Bismarck, âme sèche et dure, blâmait à n'en pas douter ce mouvement pacifique, ce retour aux principes de justice et d'humanité. Il fallait laisser parler la conscience de Guillaume, respecter l'état de trouble et de malaise moral dans lequel il se trouvait.

Mais alors l'avenir du prince des Asturies, de la jeune duchesse d'Albe, n'était pas assuré. Le prince de Hohenzollern pouvait un jour leur disputer la couronne. Eugénie n'était pas contente. Pour une affaire de famille, sous un gouvernement personnel, on ne balança point à pousser la France vers l'abîme. On avait bien entrepris l'odieuse expédition du Mexique pour participer aux gains frauduleux d'un spéculateur de haut vol (1).

Quelques heures après l'entrevue du matin, M. Benedetti, pressé par M. de Gramont, sollicita une nouvelle audience. Dans la situation *psychologique* de Guillaume Ier, cette démarche seule avait quelque chose d'irritant. Le prince de Radzivill, aide de camp du souverain, chargé

---

(1) La cause réelle de l'insistance montrée par Napoléon dans cette affaire n'a point échappé à l'Allemagne : « N'est-ce pas une arrogance sans bornes, s'écriait la *Gazette de la Croix*, que d'exiger de l'Allemagne qu'elle remplisse les fonctions de gendarme en faveur de la politique française et pour le prince des Asturies, mineur, contre un prince allemand majeur? »

de recevoir l'ambassadeur, lui demanda de quel sujet il voulait entretenir le Roi ; l'internonce répondit que, par suite d'une nouvelle dépêche du duc de Gramont, il désirait lui répéter ce qu'il lui avait dit le matin, ne fût-ce que pour entendre les mêmes déclarations, et le priait de lui accorder une audience à cinq heures et demie. L'importunité sembla trop forte. Par l'entremise de son aide de camp, Guillaume Ier refusa le colloque, attendu qu'il ne voulait en aucune manière s'engager pour l'avenir. Il avait dit le matin son dernier mot dans cette affaire. M. Benedetti répliqua que, personnellement, ces explications lui suffisaient, resta le lendemain à Ems et témoigna le désir de prendre congé du Roi, avant de partir pour Paris. Sur ce point encore il échoua : l'unique satisfaction qu'il obtint fut que Guillaume Ier, qui se rendait à Coblence, le salua en passant dans l'embarcadère, le 14 juillet.

Telles sont exactement les circonstances de cette mémorable négociation. M. Benedetti lui-même désapprouvait les sottes démarches qu'on lui faisait faire, et ne trouva pas blessante la conduite du Roi. Dans la lettre au *Standard* citée plus haut, il dit : « Ce que je puis affirmer, sans craindre d'être démenti, c'est que j'avais heureusement exécuté mes premières instructions et sauvé la paix du danger dont l'avait menacée la candidature du prince Léopold, quand nous avons élevé de nouvelles prétentions, qui nous ont conduits fatalement à la guerre. C'est ce que montreront, au surplus, les rapports que j'ai adressés d'Ems au gouvernement français et qui termineront la série des pièces que je me propose de publier. — J'ajouterai qu'il n'y a eu à Ems ni insulteur, ni insulté ; et le Roi lui-même a été fort surpris, quand il a eu connaissance des fables publiées par certains journaux, qui croyaient cependant imprimer le récit de témoins oculaires. »

N'importe ; on n'avait pas la garantie qu'on jugeait indispensable au prince des Asturies ; on se jeta, les yeux fermés, sans troupes, sans magasins, sans munitions, dans l'affreuse guerre qui devait ramener pour la France les calamités du temps de Charles VI ; l'extravagance d'un sot allait produire les mêmes catastrophes que le délire d'un fou.

Dès le 14, on donna dans toute la France l'ordre d'appeler les réserves sous les drapeaux, première mesure pour mobiliser l'armée française.

Le 15 eurent lieu au Sénat et au Corps législatif deux séances lamentables. Au Sénat, ce fut M. de Gramont lui-même qui porta la parole ; dans son discours, il faisait l'historique de la négociation ; il relevait une circonstance, qui en avait suivi la clôture et ne laissait pas d'avoir une certaine gravité : « Hier, nous avons appris que le roi de Prusse avait notifié par un aide de camp à notre ambassadeur, qu'il ne le recevrait plus, et que, pour donner à ce refus un caractère non équivoque, son gouvernement l'avait communiqué officiellement aux cabinets de l'Europe. Nous apprenions en même temps que le baron de Werther avait reçu l'ordre de prendre un congé et que des armements s'opéraient en Prusse. » L'allocution se terminait par un élan belliqueux : « Nous n'avons rien négligé pour éviter une guerre. Nous allons nous préparer à soutenir celle qu'on nous offre, en laissant à chacun la responsabilité qui lui revient. Dès hier, nous avons rappelé nos réserves et, avec votre concours, nous allons prendre immédiatement les mesures nécessaires pour sauvegarder les intérêts, la sécurité et l'honneur de la France ! »

Les sénateurs accueillirent cette déclaration fatale avec des murmures de joie et des cris d'enthousiasme, ou avec une silencieuse imbécillité. Ce fut l'affaire de quelques minutes.

Au Corps législatif, la séance dura plus longtemps et eut un caractère plus orageux. M. Émile Ollivier lut la harangue délibérée en commun par le ministère, et demanda un crédit de 50 millions pour les premières dépenses de la lutte. Presque toute la Chambre se leva ; une partie de la gauche s'étant levée à son tour, quand eut lieu la contre-épreuve, les serviteurs dociles de l'Empire s'en émurent et apostrophèrent les hommes sensés, qui voyaient plus juste et plus loin qu'eux. M. Thiers demanda la parole.

« En présence de la manifestation qui vient d'avoir lieu, je veux dire pourquoi je ne me suis pas levé avec la majorité de la Chambre. Je crois aimer mon pays. Quand la guerre sera déclarée, personne ne sera plus empressé que moi de donner au gouvernement les moyens de la rendre victorieuse. Mon patriotisme est égal à celui de tous ici. Mais s'agit-il en ce moment de donner ou de refuser au gouvernement les moyens qu'il réclame? Non, je proteste contre cette pensée. Il s'agit d'une déclaration de guerre faite à cette tribune par le ministère. Eh bien! est-ce au ministère seul à la faire? Ne devons-nous pas avoir, nous aussi, la parole? Pour la prendre, il nous faut le temps de la réflexion. L'histoire, la France, le monde nous regardent, messieurs. De la résolution que vous allez prendre peut résulter la mort de milliers d'hommes, et dépend peut-être la destinée de notre pays. Pour moi, avant cette décision redoutable, il me faut un moment de réflexion. (*Bruit, exclamations.*) Je suis très-résolu à entendre vos murmures et à les braver.

» Est-il vrai qu'au fond votre réclamation à la Prusse avait été écoutée? Est-il vrai que vous rompez sur une question de susceptibilité? Voulez-vous que l'Europe dise que, le fond vous étant accordé, pour une question de forme, vous avez fait verser des torrents de sang? (*Bruit prolongé.*)

» Je demande, à la face du pays, qu'on nous fasse connaître les dépêches qui ont inspiré une décision, qui est une déclaration de guerre. Je sais ce dont les hommes sont capables sous le coup de leurs émotions. Si j'avais eu l'honneur de gouverner mon pays, j'aurais voulu lui laisser le temps de la réflexion. Je regarde cette guerre comme une imprudence.

» Vous ne comprenez pas que je remplis le devoir le plus pénible de ma vie! Offensez-moi, si vous voulez, je souffrirai tout. J'ai été plus douloureusement affecté que personne des événements de 1866, mais je répète, malgré vos cris, que vous choisissez mal l'occasion de la réparation que je désire comme vous. Quand je vois que vous ne voulez pas prendre un moment de réflexion et demander la communication des dépêches, je dis que vous ne remplissez pas dans toute leur étendue les devoirs qui vous sont imposés. » (*Réclamations bruyantes. — Très-bien à gauche.*)

Ces nobles et sages paroles amenèrent à la tribune M. Ollivier, mirent sur ses lèvres une expression à jamais malheureuse. « Oui, de ce jour commence pour les ministres, mes collègues, et pour moi, une grande responsabilité. Nous l'acceptons d'un cœur léger. »

Quelques explications sur cette phrase ne purent en atténuer le sens déplorable. Deux ou trois minutes après, le maréchal Lebœuf, comme s'il avait oublié complétement la séance du 30 juin, où il avait déclaré que la garde nationale mobile était une fiction, demanda au Corps législatif de l'appeler sous les drapeaux par une loi. Il convoquait ainsi *une force inerte, qui,* suivant sa propre assertion, *existait seulement sur le papier.* Quels hommes d'État! Le monde n'en a jamais vu de cette espèce.

La discussion reprit ensuite, plus ardente qu'auparavant. M. Thiers soutint, développa son opinion, fit valoir des arguments nets, serrés, positifs : les élus des candidatures officielles ne voulurent rien comprendre. Les exclamations, les reproches, les paroles offensantes grondèrent comme un orage insensé autour de l'orateur. « Il faudrait beaucoup de bataillons prussiens pour faire à votre pays le mal que vous lui faites involontairement, » s'écriait M. Jérôme David. Et il se lamentait, et il se désolait, terminant ainsi sa philippique : « Je n'ai pu retenir l'expression de la douleur que me cause un langage que je crois funeste pour mon pays. »

« Je vais descendre de cette tribune, disait enfin M. Thiers, sous la fatigue que vous me faites éprouver, en refusant de m'écouter. J'aurai toutefois démontré que les intérêts de la France étaient saufs, et que vous avez fait naître des susceptibilités d'où la guerre est sortie : c'est là votre faute. »

Pour compléter la scène de déraison, il fallait encore y mêler quelque rodomontade C'es ce que fit M. de Gramont, qui prit à la tribune la place de M. Thiers. « De ce que vous venez d'entendre, il résulte, s'écria-t-il, que le gouvernement prussien a informé tous les cabinets de l'Europe du refus qu'il a fait de recevoir notre ambassadeur. C'est un outrage pour l'Empereur et pour la France. Et si, par impossible, il se trouvait dans mon pays une chambre pour le supporter et le souffrir, je ne resterais pas cinq minutes ministre des affaires étrangères (1). »

---

(1) L'impatience avec laquelle M. de Gramont a précipité son pays dans une lutte terrible, l'a fait soupçonner d'y avoir un intérêt personnel. Il avait joué si hardiment à la baisse, dit-on, que sa fortune se trouvait compromise; pour prévenir sa ruine, la guerre lui était indispensable. Ce n'est probablement qu'une légende, mais elle rend très-bien le sentiment public sur la hâte montrée dans toute cette négociation par le ministère français.

Des applaudissements prolongés saluèrent ces absurdes paroles. Deux cent quarante-six voix contre dix votèrent le crédit de cinquante millions, demandé par le gouvernement pour commencer la guerre. Le sort en était jeté : la France allait subir des malheurs inouïs, dans une lutte que la Prusse désirait et craignait en même temps, indécision que d'habiles politiques auraient su mettre à profit. En quarante-huit heures, un aveugle ministère avait perdu tous ses avantages diplomatiques, fourni un prétexte aux venimeuses rancunes de Guillaume. Les positions se trouvaient interverties. M. de Bismarck frémit de joie ; il pouvait dire à l'Europe : « Vous le voyez, ce n'est pas nous qui avons voulu faire couler le sang ! »

Quelques jours plus tard, le 19, en l'absence de M. Benedetti, un chargé d'affaires, nommé Lesourd, notifiait au gouvernement prussien la déclaration de guerre. *O cœcas hominum mentes !*

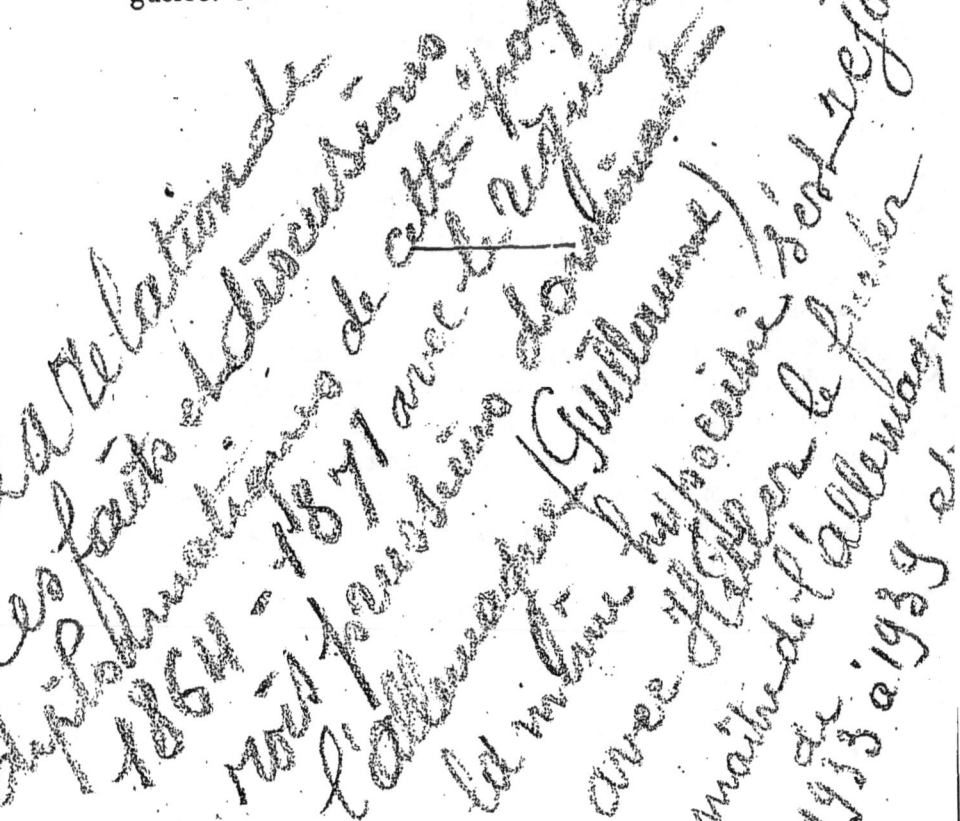

CHAPITRE IV.

DÉBUT DE LA GUERRE, MARCHE DES ARMÉES; ESCARMOUCHE DE SAARBRUCK, BATAILLE DE WISSEMBOURG.

Avant même qu'on eût fait un mouvement de part et d'autre, la campagne était perdue pour la France.

Des télégrammes, partis le 11 au soir de Berlin, avaient réuni dans la capitale le chancelier de Bismarck et le comte de Moltke au ministre de la guerre, général De Roon. Le 13, le ciel semblait si pur, toute éventualité de guerre si bien éloignée, que M. de Moltke accorda de longs congés à plusieurs officiers d'état-major, et que le prince Adalbert, amiral de la flotte cuirassée, ayant demandé s'il devait continuer son voyage d'exercices dans les mers du Sud ou revenir, on lui répondit de continuer son voyage et même de partir sur-le-champ.

Les nouvelles reçues de Paris, le 14 et le 15, montrèrent que les indices étaient trompeurs, que la tempête couvait derrière l'horizon; pour prendre les mesures commandées par les circonstances, on attendit néanmoins le retour du roi, qui devait arriver le 15. Afin de hâter la décision, le prince royal et les trois personnages que nous venons de nommer partirent par un train spécial, à trois heures, et allèrent au-devant de Guillaume jusqu'à Brandebourg.

Ce fut dans la gare de cette ville, dit M. Borbstaedt,

que le roi eut par le chancelier la première nouvelle des événements de Paris, et il ordonna aussitôt la mobilisation de toute l'armée du Nord.

Guillaume entra le soir à Berlin, où une foule enthousiaste accourut sur son passage. Malgré le long trajet qu'il venait de parcourir, il s'occupa aussitôt, avec ses conseillers, des affaires pressantes et travailla jusqu'à deux heures du matin. On avait déjà convoqué pour le 21 juillet le Parlement de l'Allemagne du Nord; il se trouva réuni le 19, le jour même où devait être notifiée au gouvernement prussien la déclaration de guerre. Dans le discours d'ouverture, très-habilement fait, nous n'avons à signaler que ce passage : « Nous avons mesuré d'un œil clairvoyant la responsabilité qui pèsera, devant Dieu et devant les hommes, sur celui qui pousse deux grandes et pacifiques nations à des guerres dévastatrices dans le centre de l'Europe. Le peuple allemand et le peuple français, possédant et appréciant tous les deux les bienfaits d'une civilisation chrétienne, d'une prospérité croissante, étaient appelés à une lutte plus salutaire que la sanglante rivalité des batailles. Les gouvernants de la France malheureusement, pour satisfaire des passions et des intérêts personnels, ont su exploiter, par une conduite artificieuse, l'amour-propre légitime, mais irritable de nos voisins. »

En quittant la Salle blanche du palais, le roi de Prusse descendit dans le tombeau de sa mère. C'était une mise en scène calculée d'avance. Les auteurs modernes de l'Allemagne prétendent qu'elle avait réuni ses trois fils, au moment de mourir, et leur avait adressé ces paroles : « Quand votre mère et votre reine ne sera plus, ne versez pas de larmes en l'honneur de sa mémoire, comme j'en verse maintenant sur les malheurs de ma patrie! Que cela ne vous suffise point; agissez, développez vos forces, peut-être l'ange gardien de la Prusse viendra-t-il se mettre à vos côtés. » Ce sont évidemment des phrases sentimentales rédigées après coup, et on n'en trouve pas un mot dans les livres contemporains. Mais il faut des récits légendaires pour impressionner la confuse imagination du peuple. La reine Louise était morte le 19 juillet, et l'on mettait à profit cet anniversaire. Guillaume parut abîmé dans de pieuses méditations; comme il sortait du monument funèbre, on lui présenta la déclaration de guerre. Admirez les voies de la Providence et les adroites combinaisons qu'elle invente!

Pour rappeler d'une autre manière un temps évanoui, des faits surannés, Guillaume rétablit l'ordre de la Croix de fer, institué jadis en haine de la France et aboli après la seconde invasion de notre territoire.

Pendant ce temps, l'Allemagne fermentait, depuis les côtes de la mer Baltique jusqu'aux frontières de la Suisse. Napoléon qui ne savait rien, qui ne se tenait au courant de rien, ou ne comprenait pas les renseignements que lui donnaient les gens bien informés, avait la folle espérance que les États du Sud lui viendraient en aide contre la Prusse. Or, la veille même du traité de Prague, ils avaient conclu avec le roi Guillaume un pacte secret d'alliance offensive et défensive. Et depuis lors ils avaient adopté en grande partie le système militaire prussien. La guerre qui s'allumait ne leur inspira pas une moindre ardeur qu'aux Teutons du Nord. Exaltés par les artifices du cabinet de Berlin, par les mensonges, les déclamations furieuses de la presse allemande, eux aussi étaient avides de sang français. Le roi de Bavière, sans avoir reçu aucune invitation de Bismarck, donna, dès le 16, l'ordre de mobiliser l'armée. Quand il quitta le château de Berg, le lendemain, pour retourner à Munich, les habitants lui firent une ovation, lui témoignèrent leur joie par des cris d'enthousiasme. Le 18 juillet, le ministère demanda aux députés un crédit de 26,700,000 florins (57,405,000 francs) pour les dépenses de la guerre, c'est-à-dire une somme plus considérable que celle votée par le Corps législatif. La séance du 19 fut très-orageuse : les catholiques, les patriotes, qui craignaient la domination prussienne, ne voulaient pas entendre parler de s'unir à Guillaume et Bismarck dans une lutte contre la France. Il y eut de violents discours, on soutint énergiquement le système de la neutralité. Mais la Chambre adopta l'opinion du roi Louis, témoigna de la répugnance que lui inspirait Bonaparte et vota, non point pour toute la durée de la guerre, mais pour le temps qui devait s'écouler jusqu'à la fin d'octobre, la moitié des fonds requis.

Dans le Wurtemberg, il n'y eut même pas de discussion; le 17 juillet, le Roi arrivait de Suisse; le jour même, il ordonna de mobiliser l'armée indigène. La Chambre des députés, qui était en vacances, fut convoquée à bref délai; le 21, on lui demandait un crédit de 5,900,000 florins (12,685,000 francs), et les paroles belliqueuses du ministre provoquaient des applaudissements unanimes : le lendemain, la somme était votée par 85 voix contre une seule.

Une sorte de fermentation putride enthousiasmait pour la Prusse le grand-duché de Bade. Dans cette région pastorale où les mœurs semblaient douces et tranquilles, où la France versait tant d'or chaque année sur les tapis des maisons de jeu, entre les mains des hôteliers, des guides, des éleveurs de bestiaux, un cri haineux sortit à la fois de toutes les bouches. La situation même du pays, le plus exposé de l'Allemagne aux invasions françaises, ne put calmer la fureur populaire. Le 16, le prince régnant ordonna de mobiliser le contingent badois, en proclamant qu'aussitôt après la déclaration de guerre, le duché se regarderait comme en état d'hostilité avec la France.

Les trois gouvernements du Sud donnèrent presque simultanément leurs passe-ports aux agents diplomatiques de Napoléon. Ces chargés d'affaires lui adressaient les notes les plus flatteuses sur les bonnes dispositions de l'Allemagne méridionale pour sa voisine de l'ouest. L'aveugle usurpateur, qui ne tenait pas compte des renseignements si graves, si positifs, du général Ducrot et du baron Stoffel, avait l'oreille ouverte à toutes les informations chimériques.

Mais ce n'était pas seulement avec l'Allemagne du Sud que la Prusse était alliée, ce n'était pas seulement avec l'Italie, dont la neutralité pendant la lutte se trouvait assurée; elle avait en outre conclu avec la Russie un pacte secret, dont voici les trois premiers articles :

1. La Russie promet son intervention armée, si les succès de la France venaient à menacer la tranquillité de la Pologne.

2. Si l'Autriche faisait une démonstration militaire contre la Prusse, la Russie ferait immédiatement une démonstration semblable, en envoyant un corps d'armée sur la frontière d'Autriche.

3. Si une puissance européenne quelconque s'allie d'une manière active à la France, la Russie, comme alliée de la Prusse, déclarera la guerre à la France.

Des engagements de cette importance ne pouvaient être gratuits; dans un article, dont on n'a pas le texte, Guillaume promettait son concours à la Russie pour annuler la clause du traité européen de 1856, qui lui interdisait de fonder des arsenaux sur les bords de la mer Noire et d'y entretenir plus de vaisseaux de guerre que la Turquie. En 1863, par une convention ténébreuse, la Prusse avait mis l'autocrate en mesure d'égorger sans inquiétude la Pologne; maintenant le Tzar la rassurait contre tout secours donné au Bonaparte. Non-seulement l'Europe entière allait garder envers la France une neutralité cruelle, mais la plupart des puissances allaient jouir en secret de ses humiliations et de ses défaites.

Le charlatan, qui gouvernait ses destinées, avait eu soin, en effet, de ne se ménager aucune alliance. Il affaiblissait la nation au dedans et l'isolait au dehors, comme s'il se faisait un devoir de la ruiner et de la perdre. La guerre de Crimée avait laissé dans le cœur du Tzar une profonde rancune ; la guerre de 1859, provoqué le ressentiment de l'Autriche, sans inspirer de gratitude à l'Italie, qu'on avait blessée par l'expédition de Rome, que l'on fatiguait par toutes sortes d'exigences, par une conduite ambiguë, par des ménagements excessifs pour les princes détrônés, par l'obstination avec laquelle on lui refusait sa capitale ; afin de détruire toutes les sympathies qui pouvaient encore nous rester au delà des Alpes, on avait ajouté à ces griefs la boucherie de Mentana. On s'était aliéné l'Espagne, en y encourageant le despotisme d'Isabelle, en la poussant dans les voies de la réaction, puis, quand ces conseils l'eurent précipitée du trône, la cour des Tuileries l'avait reçue avec des égards pleins d'affectation, qui devaient blesser le parti vainqueur. De crainte que ses ennemis ne fussent pas assez nombreux, Napoléon en avait été chercher jusque dans le Nouveau Monde : il avait bravé, outragé la grande république américaine, sans soupçonner qu'un jour son amitié, entretenue par le souvenir d'anciens services, pourrait lui être précieuse. Le Danemarck avait été abandonné aux convoitises prussiennes en 1864. Bonaparte ne ménageait que l'Angleterre ; préoccupé de cette idée fixe que le gouvernement des Trois-Royaumes avait surtout contribué à la chute de son oncle, il avait digéré toutes les avanies, fait tous les sacrifices, pour obtenir et conserver la bienveillance d'un peuple qui le raillait, d'un peuple déchu qui vit au jour le jour, sans convictions, sans énergie et sans politique. La reine d'ailleurs n'avait-elle point épousé, adoré un prince allemand? N'avait-elle point marié sa fille aînée au fils de Guillaume, souverain futur de la Prusse? N'avait-elle pas été influencée, travaillée de longue main par toute la famille? Quelle ineptie que de compter sur la Grande-Bretagne, de mettre son espoir dans ce roseau fragile! Bonaparte ne voyait pas la différence des temps, rien ne dissipait les ténèbres de son esprit; et au moment où il engageait lui-même une lutte mortelle, il se trouva seul en Europe, avec sa folie et son outrecuidance.

Le sort en était jeté, l'Allemagne entière allait fondre sur la France. Toutes les fractions de ses armées correspondent à des fractions du territoire : les hommes de la même province, du même district, du même village, forment les compagnies, les régiments, les divisions. Un ordre parti de la capitale rassemble donc en vingt-quatre heures les soldats sous les drapeaux; et la concentration des forces commence dès le lendemain. L'organisme laborieux, conventionnel, du système français gêne et ralentit, au contraire, la mobilisation. Pour accélérer encore son élan vers nos frontières, dans la lutte qu'elle préparait depuis longtemps, l'Allemagne avait étudié avec le plus grand soin le mécanisme de la circulation sur les chemins de fer, quand on veut y transporter des masses considérables de troupes, de munitions et d'approvisionnements. Elle jugeait le réseau français bien supérieur au sien. Du côté de l'est surtout, il semble avoir été tracé d'après un plan stratégique et dans un but de centralisation. Les lignes qui rayonnent autour des points essentiels, autour de Paris notamment, permettent de jeter par plusieurs voies des foules armées vers la frontière. Une ligne qui la côtoie, sous la protection de plusieurs forteresses, et les nombreuses lignes transversales, rendent faciles les communications des diverses armées, leur transport d'un lieu à un autre. Les chemins de fer allemands, au rebours, construits par chaque État suivant ses besoins, sans programme d'ensemble, tortueux, éparpillés, offrent l'image exacte de la situation politique du pays. Leurs méandres capricieux, qui surabondent en certains endroits, semblent éviter les autres. Dans les provinces rhénanes manque un chemin de fer le long de la Moselle pour unir Trèves à Coblence; celui de l'Eiffel n'est pas terminé; celui qui va de Saarbourg à Saarbrück longe de si près la frontière française, se trouve tellement exposé, qu'on ne peut y avoir grande confiance.

Les Allemands avaient donc jugé nécessaire de contrebalancer ces graves défauts par la rapidité de leurs mouvements et par un habile emploi des lignes ferrées. En attendant la lutte, une commission permanente et spéciale du grand état-major tenait un compte exact des moyens de locomotion, dressait un plan de circulation générale et demeurait constamment en rapport avec le personnel des railways, pour le connaître et en être connu, pour le mieux diriger, au premier signal du clairon. Dix chemins de fer de l'Allemagne septentrionale, trois de l'Allemagne méridionale devaient servir au transport des soldats, des munitions, de l'artillerie et des vivres. A chacune de ces lignes étaient attachés un officier d'état-major et un employé supérieur d'administration, qui avaient le droit de commander au directeur même, qui combinaient et préparaient la circulation militaire. Ils veillaient à ce qu'il y eût toujours le nombre de locomotives, de waggons et de chauffeurs indispensables pour traîner rapidement vers la France les hommes et le matériel de guerre. Quels soins! quelle prévoyance! Et l'Allemagne déclare qu'elle a été attaquée à l'improviste, qu'elle comptait sur une paix éternelle!

Le 23 juillet, toutes les forces allemandes étaient concentrées autour des gares, et le transport allait commencer : opération immense, car un seul corps d'armée, qui se compose de trente-deux mille hommes, exige 90 et même 100 trains complets de 50 waggons chacun. Les dix railways du nord fonctionnèrent aussitôt; sur les chemins à une seule voie, quatorze trains militaires furent lancés chaque jour, dix-huit sur les chemins à double voie, de trois quarts d'heure en trois quarts d'heure. Les troupes du midi, devant parcourir une moins longue route, ne commencèrent leur voyage que le 27.

D'après l'ordre de bataille, les forces germaniques devaient composer trois grandes armées, qui pouvaient se réunir ou se fractionner, suivant le besoin des circonstances. A la tête de la première fut placé le général de Steinmetz, vieux capitaine né en 1796 à Eisenach, sorti en 1813 de l'École des cadets, avec le titre d'officier; c'était un spectre aussi, animé des passions d'un autre âge et stimulé par des souvenirs décrépits, sans intérêt pour les contemporains : il avait fait les deux campagnes de 1813 et 1815, y avait mérité la Croix de fer, et il en radotait comme si ces événements s'étaient passés la veille. Chef d'un corps d'armée, pendant la guerre de 1866, il avait fait preuve de talent et de courage : aussi avait-il obtenu, après la signature de la paix, une riche dotation. Au début de la guerre contre la France, il avait sous ses ordres cinquante mille fantassins, huit mille quatre cents chevaux, deux bataillons de pionniers, deux bataillons du train, composant un effectif de 61,000 hommes, avec trente batteries de canons ou 180 bouches à feu. Il passa par Coblence et alla s'établir près de Trèves.

La seconde armée avait pour chef le prince Frédéric-Charles, neveu du roi Guillaume. Elle formait une masse imposante, puisqu'elle comprenait la garde royale, six autres corps d'armée et deux divisions supplémentaires de cavalerie, en tout 206,000 hommes, 22,000 chevaux et 534 pièces d'artillerie. Né en 1828, le prince avait montré de bonne heure un goût passionné pour l'art militaire et aussi les facultés qu'il exige. Dès l'âge de vingt ans, il prenait part à la guerre du Schleswig-Holstein (celle de 1848, bien entendu) ; l'année suivante, il accompagnait son oncle, le futur roi de Prusse, dans son expédition féroce contre les provinces rhénanes et le pays de Bade, où ils exterminaient à plaisir, avec des forces bien supérieures, les démocrates allemands. Il eut donc le malheur d'inaugurer sa carrière en teignant ses mains de sang germanique. Aux mois de juin et juillet 1866, il commandait la 1re armée, gagna les batailles de Munchengraetz et de Gitschin, puis, à Sadowa, par sa ferme contenance pendant toute la première partie de la journée, donna au prince royal le temps d'amener des troupes nouvelles, qui accablèrent les Autrichiens. Les forces énormes qu'il commandait maintenant, vinrent se poster en avant de Mayence, depuis Mannheim et Worms jusqu'à Bingen.

La troisième armée obéissait au fils du roi de Prusse. Frédéric-Guillaume, né en 1831, fit ses premières armes en 1864, dans la honteuse expédition du Schleswig-Holstein. Pendant la lutte contre l'Autriche, il décida, comme nous venons de le dire, la victoire des Prussiens à Sadowa. Depuis 1858, il est marié avec la fille aînée de la reine d'Angleterre, qui porte aussi le nom de Victoria. Il prétend ne pas aimer la guerre ; mais tous les héritiers du trône font un semblant d'opposition, affichent des tendances contraires à celles du monarque régnant. L'avenir seul montrera ses opinions vraies et ses goûts réels. Il avait sous ses ordres le 5e et le 11e corps d'armée prussiens, 6 brigades de cavalerie prussienne, le 1er et le 2e corps bavarois, les deux divisions badoise et wurtembergeoise, formant un corps mi-parti. Ces diverses troupes composaient un effectif de 180,000 hommes, qui se divisait ainsi : 135,000 soldats de ligne et chasseurs, 20,000 cavaliers, 13 bataillons de pionniers, 13 bataillons du train, avec 480 bouches à feu. Elles prirent place au midi de Spire, s'avançant même au delà de Landau.

Ces trois armées réunies, première ligne militaire de l'Allemagne, pour l'attaque ou pour la défense, donnaient un total de 447,000 hommes, 50,000 chevaux et 1,194 pièces de canon (1). Elles dessinaient un triangle obtus ou un hémicycle irrégulier, avec des avant-postes sur la frontière française. De droite ou de gauche, elles pouvaient opérer un mouvement tournant, pour cerner et accabler sous le nombre toute armée impériale, qui eût voulu attaquer l'une d'elles ou marcher vers le Rhin. Leur immense cavalerie, déployée en rideau, masquait leur position et eût barré le passage aux éclaireurs. Pas un seul individu en France, ni dans l'armée, ni dans le ministère, ne savait où elles étaient campées.

Un détachement wurtembergeois peu considérable observait les bords du Rhin, en face de Colmar.

Les forces énormes que l'Allemagne poussait vers la frontière de France et les troupes nombreuses qu'elle tenait en réserve, étaient placées sous le commandement supérieur du général Hellmuth de Moltke : c'était lui qui réglait l'ensemble de leurs mouvements. Né le 16 octobre 1800, à Parchim, ville du Mecklembourg, parmi les

---

(1) J'emprunte les renseignements qu'on vient de lire à l'ouvrage de Borbstaedt (*Der deutsch-franzœsische Krieg* 1870), l'écrivain militaire le mieux renseigné, le plus honnête de l'Allemagne actuelle; W. Rüstow, par suite d'un calcul malveillant pour la France, diminue partout les effectifs prussiens, ce qui fait qu'en additionnant ses chiffres, on ne retrouve pas le total des forces germaniques.

populations les plus sauvages de l'Allemagne septentrionale, il a conservé, dans les temps modernes, le caractère féroce des anciennes tribus qui végétaient sur ces landes ingrates. Sa famille, lorsqu'il était jeune encore, alla s'établir dans les provinces danoises. Son père était, comme celui de Bismarck, un simple hobereau, qui ne portait pas même le titre de chevalier ; il n'obtint ce titre qu'une année après la naissance d'Hellmuth, en achetant le domaine de Gnewitz, près de Tessin, auquel il était attaché. De Moltke fit ses études à Copenhague, dans l'École des cadets. Il en sortit à vingt-deux ans, pour entrer au service de la Prusse. Travailleur infatigable, protégé par une dame de sa famille, qui avait épousé le général Von der Marwick, il eut un avancement rapide et se distingua surtout comme stratégiste. De 1836 à 1839, il fut chargé avec plusieurs collègues de réorganiser l'armée ottomane, travail difficile qui ne put réussir. Depuis le 18 septembre 1858, il est chef du grand état-major prussien. La France n'a pas d'ennemi plus cruel et plus acharné. Il répétait pendant toute la guerre : « Il faut réduire chaque Français à n'avoir qu'un écu dans sa poche et qu'un bâton pour se défendre. » Son laid visage exprime ses passions viles et cruelles. Il a l'œil sanguinaire, les lèvres minces, la bouche large et avide du furet, ou le rictus du vautour.

A la terrible avant-garde des troupes allemandes, où ne figurait pas un seul bataillon de la landwehr, quelles forces pouvait opposer la France? Et quel plan de campagne avait-elle imaginé? Ah! c'est ici que l'on reste confondu devant l'ignorance, la présomption et l'incapacité d'un souverain de hasard, qui se croyait tous les mérites, devant la sottise et l'imprudence d'un état-major, qui semblait ignorer les premiers éléments de l'art militaire!

Le gouvernement impérial n'avait de disponible, pour commencer la lutte, que 344 bataillons d'infanterie, 218 escadrons, 150 batteries de canons et 26 de mitrailleuses ; ces diverses troupes auraient dû former un ensemble de 337,000 soldats. Mais les bataillons, qui attendaient leurs réserves, au lieu de compter 800 hommes, n'en renfermaient que six à sept cents. L'armée disponible de la France ne dépassait donc pas trois cent ou trois cent dix mille hommes, qui se décomposaient ainsi : 240,000 fantassins, 30,000 cavaliers, 30,000 artilleurs, desservant mille bouches à feu. On s'occupait activement de réunir sous les drapeaux et de concentrer les réserves ; mais cette opération, avec le détestable système d'administration pratiqué sous l'Empire, demandait beaucoup de temps. La totalité des troupes françaises était donc inférieure d'un tiers au premier ban des forces allemandes.

Il aurait fallu un plan de campagne admirable pour compenser un si grand désavantage. Or, voici le projet éclos dans la tête de Napoléon III : il ne l'avait confié qu'aux maréchaux Mac-Mahon et Lebœuf, comme une précieuse invention, comme un secret de haute portée. Il savait que les Prussiens avaient une grande supériorité numérique, mais il comptait l'annuler par une prompte et vigoureuse offensive ; *l'élan irrésistible* de nos troupes devait joncher la terre de morts et de mourants, comme en Crimée et en Italie. Cette qualité française lui semblait pouvoir suppléer à toutes les insuffisances de matériel, d'équipement et d'approvisionnements. Il n'ignorait pas, en effet, que les troupes manquaient de tout : la fatale expédition du Mexique avait vidé les arsenaux. Les premiers succès de nos armes, d'ailleurs, devaient lui assurer l'alliance, le concours militaire de l'Autriche et de l'Italie. Son programme donc était de réunir 150,000 hommes à Metz, 100,000 à Strasbourg et 50,000 à Châlons. Dès que ces forces auraient été concentrées, il aurait groupé sous sa main puissante l'armée de Metz et l'armée de

Strasbourg ; à la tête de 250,000 hommes, il passait le Rhin à Maxau, laissant la forteresse de Rastadt sur sa droite et celle de Germersheim sur sa gauche, forçait l'Allemagne du Midi à observer la neutralité, puis marchait au-devant des Prussiens, pour leur faire subir une déroute comme celle d'Iéna (1).

Deux obstacles empêchèrent ce beau plan de réussir : quand Napoléon III fut arrivé à Metz, il trouva l'armée *en état de formation*, si peu organisée, si mal approvisionnée, qu'il n'y avait pas moyen de tenter un grand coup, de jeter au delà des frontières deux cent cinquante mille hommes à la fois. Il ne put jamais découvrir d'ailleurs où étaient les bataillons prussiens, et se plaignit de leur malice. Au moment où il espérait encore s'interposer entre l'Allemagne du Midi et l'Allemagne septentrionale, il ne savait même pas que les contingents de la Bavière, du Wurtemberg et du pays de Bade étaient déjà dans les provinces rhénanes, sous les ordres du prince royal. Et pourtant, le 21 juillet, dans la soirée, quelques généraux lui manifestant des inquiétudes sur les résultats de la guerre, il leur répondit avec une majestueuse confiance :

— Messieurs, je signerai la paix à Kœnigsberg.

S'il avait essayé de passer le Rhin, comme il en avait d'abord l'intention, il eût rencontré devant lui une armée de 180,000 hommes, pendant que les deux autres armées, se jetant sur lui avec toutes leurs forces, par une évolution tournante, l'auraient pris comme dans un piége et réduit à merci. On aurait eu aux premiers jours d'août, un mois d'avance, la catastrophe de Sedan. Quel habile général en chef !

(1) Ces renseignements ont été publiés dans une brochure écrite par un officier de l'état-major du grand quartier général, mais inspirée, dit-on, par l'ex-empereur pour justifier sa conduite. Elle est intitulée : *Des causes qui ont amené la capitulation de Sedan.*

PAYSANS BADOIS SANS UNIFORME PILLANT L'ALSACE

Ne pouvant tenter un coup hardi et ne sachant où aller, Napoléon III prit la résolution d'échelonner un cordon de troupes le long de la frontière, comme une ligne de douanes, pour empêcher les Prussiens de passer. On divisa conséquemment les troupes françaises en huit corps d'armée.

La garde impériale, commandée par le général Bourbaki, en forma un à elle seule : elle devait occuper Metz et Nancy, pour servir de première réserve. Le 1er corps, sous les ordres du maréchal Mac-Mahon, avec un effectif de 50,000 hommes, alla se poster près de Strasbourg ; le septième, général Félix Douay, prit place aux environs de Belfort : il comptait 35,000 hommes. Le cinquième corps, ayant pour chef le général De Failly et composé de 35,000 hommes, fut cantonné à Bitche. Ces trois armées avaient l'importante mission de protéger la haute et la basse Alsace. La dernière devait aussi concourir, avec le deuxième corps, également de 35,000 hommes et placé près de Sarrebrück, sous le commandement du général Frossard, à interdire aux Prussiens l'entrée de la Lorraine. Le quatrième corps, obéissant au général de Ladmirault et formé de 35,000 hommes, alla camper, dans le même but, près de Thionville. Le troisième corps, plus nombreux que les précédents, puisqu'il avait un effectif de 50,000 hommes, fut confié au maréchal Bazaine et se dirigea vers Metz. Enfin, le sixième corps, atteignant aussi le chiffre de 50,000 hommes, fut partagé entre Châlons, Soissons et Paris.

L'Empereur se réserva la haute direction de la campagne : les ordres supérieurs, ayant pour but de faire concorder les mouvements des troupes, devaient partir de son quartier général.

Voilà le plan adopté en définitive, plan nul et misérable, qui ouvrait la France à l'invasion prussienne, qui lui permettait d'accabler sous un flot d'hommes chaque groupe isolé. Quand il fallut mettre à exécution ce pitoyable programme, les scènes les plus comiques annoncèrent de prochains désastres. Le 18 juillet, M. de Failly expédiait électriquement cette nouvelle : « Je suis arrivé à Bitche avec 17 bataillons d'infanterie. Envoyez-nous de l'argent pour faire vivre les troupes; les billets n'ont pas cours. Il n'y a point d'argent dans les caisses publiques des environs; il n'y en a pas dans celles des corps. »

Le 20, le général Ducrot télégraphiait : « Demain il y aura à peine 50 hommes pour garder la place de Neuf-Brisach; et Fort-Mortier, Schlestadt, la Petite-Pierre et Lichtenberg sont également dégarnis. C'est la conséquence des ordres que nous exécutons. »

Le 21, le général Michel disait dans une dépêche : « Je suis arrivé à Belfort : je n'y ai pas trouvé ma brigade et je n'ai pas trouvé le général de division. Que dois-je faire? Je ne sais pas où sont mes régiments. »

Le même jour, M. de Failly se plaignait de ce qu'il n'y eût pas de revolvers dans les arsenaux : il avait été contraint de donner 60 francs à chaque officier, pour en faire venir par le commerce.

Le même jour encore, le général Frossard adressait de Saint-Avold au ministère de la guerre la réclamation suivante : « Le Dépôt nous envoie d'énormes paquets de cartes inutiles pour le moment; nous n'avons pas une carte de la frontière de France. Il serait préférable d'envoyer en plus grand nombre ce qui serait utile et dont nous manquons complétement. »

Le 27, le maréchal Lebœuf, récemment encore ministre de la guerre et actuellement major général de l'armée, envoyait de Metz cette note plaintive : « Les détachements qui rejoignent l'armée, continuent à arriver sans cartouches et sans objets de campement. »

Le général Félix Douay, resté nonchalamment à Paris, recevait le même jour une dépêche que le maréchal Lebœuf lui avait expédiée de Belfort, où il le croyait en pleine activité ; de Belfort, le télégramme avait dû retourner vers Paris : « Où en êtes-vous de votre formation ? Où sont vos divisions ? L'Empereur vous commande de hâter cette formation, pour rejoindre le plus tôt possible Mac-Mahon dans le Bas-Rhin. »

Le même jour, partait de Metz cette nouvelle, adressée par l'intendant général au ministre de la guerre : « L'intendant du 1er corps m'informe qu'il n'a encore ni sous-intendant, ni soldats du train, ni ouvriers d'administration, et que, faute de personnel, il ne peut atteler aucun caisson, ni rien constituer. »

Voici une dépêche du 28, qui ne laisse pas d'être plaisante ; expédiée de Douai par le général d'artillerie, elle arrivait le soir au ministère de la guerre : « Le colonel du premier train m'informe d'un fait grave : sur 800 colliers restant à la direction de Saint-Omer, 500, destinés autrefois à l'artillerie, se trouvent trop étroits. Que faut-il faire pour parer à cette éventualité ? Il y a encore à Douai 700 colliers, dont les deux tiers se trouvent dans le même cas. »

Le 29 juillet, le maréchal Lebœuf, l'organisateur de l'armée, envoyait de Metz cet ordre lamentable : « Je manque de biscuit pour marcher en avant. Dirigez sans retard sur Strasbourg tout ce que vous avez dans les places de l'intérieur. »

Le lendemain, le général Blondeau faisait partir de la même ville ce gémissement : « Il n'y a dans Metz ni sucre, ni café, ni riz, ni eau-de-vie, ni sel ; peu de lard et de biscuit. Envoyez d'urgence au moins un million de rations sur Thionville. »

Belfort ne se trouvait pas en meilleur état ; le 4 août,

l'intendant du 7ᵉ corps suppliait à son tour : « Le 7ᵉ corps n'a pas d'infirmiers, pas d'ouvriers, pas de train. Les troupes se mettent en mouvement. Je pare autant que possible à la situation, mais il est urgent d'envoyer du personnel à Belfort. »

Le 8 août, au camp de Châlons, le maréchal Canrobert jetait aussi un cri de détresse : « Dans les vingt batteries du 6ᵉ corps d'armée, il n'y a en ce moment qu'un seul vétérinaire. Prière de combler cette lacune. »

Napoléon lui-même avait écrit de Saint-Cloud, le 26 juillet, au général Dejean, ministre de la guerre : « Je vois qu'il manque du biscuit et du pain à l'armée. Ne pourrait-on pas faire cuire du pain à la manutention de Paris et l'envoyer à Metz ? »

Voilà comment le sire de Ham partait en guerre. Cette imposante cérémonie eut lieu le 28 juillet. Un nombreux personnel accompagnait le César d'occasion ; d'immenses bagages allaient le suivre. Pour fortifier son courage, Napoléon III emmenait son vaillant cousin, Jérôme Bonaparte. A sept heures moins dix minutes du soir, ils entraient dans la ville de Metz. L'Empereur avait adressé une proclamation à la France, où il était dit : « Un grand peuple qui défend une cause juste est invincible ; » il en adressa une autre à l'armée, où il disait : « La guerre qui commence sera longue et pénible, car elle aura pour théâtre des lieux hérissés d'obstacles et de forteresses ; — soldats, que chacun de vous fasse son devoir, et le Dieu des armées sera avec nous ! »

Après avoir débité ces triomphantes paroles, il demeura immobile.

On lisait, le 30 juillet, dans la *Correspondance du Nord-Est* : « L'audace des Prussiens croît chaque jour, en raison de l'inaction de la France. Ils sont plus décidés que jamais à envahir son territoire avec des masses énormes, pour dicter la paix à Paris. » Cette inaction allait finir d'une manière théâtrale ; sous un histrion couronné, une bataille de Cirque olympique devait inaugurer la campagne.

La représentation eut lieu à Sarrebrück, le 2 août. Sarrebrück ou *Pont de la Sarre* est une petite ville industrieuse, située au fond d'une vallée, dans laquelle la rivière qui lui a donné son nom serpente de l'est à l'ouest. Sur les collines du nord verdoie et murmure une grande forêt ; au midi règne un plateau moins boisé, d'où la vue embrasse un magnifique paysage. Ce fut là qu'une armée française tout entière vint se ranger, vers dix heures du matin, sous le commandement du général Frossard et la haute surveillance de Louis Bonaparte. Les ombrages du Kœllerwald masquaient-ils une armée plus puissante ? Les capitaines français n'en savaient rien, leur préoccupation essentielle, pendant toute la guerre, ayant été de ne pas s'éclairer. Dans la ville de Sarrebrück se trouvaient seulement un bataillon du 40ᵉ régiment d'infanterie prussienne et trois escadrons de uhlans, avec deux pièces de campagne. L'ennemi envoya les deux autres bataillons du 40ᵉ pour les fortifier et, à deux milles en arrière, posta quelques troupes, qui devaient protéger leur retraite. Le plan des Prussiens était de laisser les Français remporter un faible avantage, pour les endormir dans une sécurité funeste. Leur stratagème réussit au delà de toute espérance.

A onze heures donc, les 35 mille hommes du général Frossard avaient pris place sur les hauteurs méridionales, avec cinq batteries, dont une de mitrailleuses, afin de remporter une grande victoire contre un détachement dix fois moins nombreux. Les deux bataillons de renfort occupaient, en avant de Sarrebrück, le petit village d'Arnual, et les hauteurs secondaires situées sur la route de Forbach. Plusieurs généraux français, avec leurs brigades, attaquèrent audacieusement les Prussiens. A lire le rapport du commandant en chef, on dirait une grande bataille : « Soutenu par un bataillon du 10ᵉ de ligne et par une compagnie du génie, aidé par le mouvement tournant du colonel Maugin, qui, avec le reste du 67ᵉ et avec le 66ᵉ descendait sur sa gauche, le lieutenant-colonel Thibaudin put enlever le village de Saint-Arnual et le faire occuper ; puis les bataillons du 67ᵉ abordèrent avec un grand élan les pentes du mamelon de Saint-Arnual et vinrent s'établir sur le couronnement, en face de Sarrebrück. Le 66ᵉ, avec non moins de résolution, s'emparait des hauteurs jusqu'au champ des manœuvres, chassant successivement l'ennemi de toutes ses positions. »

Suivent beaucoup d'autres hâbleries, que termine ce coup de trompette : « La batterie de 12 de la réserve vint, par mon ordre, appuyer le feu de la batterie du champ de manœuvres, et, en dernier lieu, la batterie de mitrailleuses de la 2ᵉ division jeta un désordre complet au milieu *des colonnes d'infanterie*, qui évacuèrent la ville. »

Quelle gloire ! les Français avaient eu 6 hommes tués, 67 blessés ; les Prussiens, 2 officiers et 70 hommes mis hors de combat. Cette lutte héroïque était finie à une heure. Le petit prince y avait ramassé une balle tombée près de lui.

Alors ce furent des chants de triomphe à étourdir l'Europe. Le Journal officiel annonça que l'armée française avait pris l'offensive, passé la frontière et envahi le territoire prussien. Malgré la force des troupes ennemies, quelques bataillons avaient suffi pour enlever les hauteurs qui dominent Sarrebrück. L'élan *admirable* des soldats avait rendu leurs pertes insignifiantes. L'Empereur, comme un demi-dieu, avait assisté aux opérations, et son héritier, comme un autre demi-dieu, l'avait suivi partout. Sa présence d'esprit, son sang-froid avaient été dignes du nom qu'il portait. Les deux héros étaient rentrés dans Metz à quatre heures. Napoléon le Petit écrivait à l'Impératrice :

« Louis vient de recevoir le baptême du feu : il a été admirable de sang-froid et n'a été nullement impressionné. Il a ramassé une balle qui est tombée près de lui. Il y avait des soldats qui pleuraient en le voyant si calme. »

Une telle bravoure (loin du danger) méritait bien quelques larmes, mais avouons qu'il fallait un pareil succès pour répondre à l'importance des préparatifs. La veille de l'escarmouche, on avait coupé les cheveux du petit Louis à la mode militaire, et il avait envoyé les mèches sacrifiées aux dames de l'Impératrice. Meissonnier, comme peintre officiel de batailles, était arrivé au quartier général. La Régente avait fait vœu d'entretenir une lampe perpétuelle dans l'église Notre-Dame-des-Victoires.

Quatre jours après cette parade, sur le terrain même où avait eu lieu la bouffonnerie, une sanglante bataille jonchait le sol de morts, de mourants et de blessés. Mais ce jour-là l'Empereur et son fils étaient absents.

CHAPITRE V.

BATAILLES DE WISSEMBOURG ET DE WŒRTH.

La pièce héroï-comique du 2 août n'était qu'une distraction donnée au monde et à la France. Les armées attendirent ensuite tranquillement les Prussiens sur la frontière, pour leur barrer le passage ou les prendre au collet. Mac-Mahon avait reçu l'avis que son corps ne se mettrait pas en marche avant huit jours. Mais le prince royal venait à sa rencontre : une avalanche d'hommes allait l'accabler.

Le maréchal n'avait eu jusqu'alors que du bonheur. Né le 13 juillet 1808, au château de Sully, près d'Autun, il appartient à une famille irlandaise, qui abandonna l'Angleterre avec les Stuarts, par dévouement pour la dynastie proscrite. Les Mac-Mahon s'établirent en Bourgogne, où ils contractèrent des alliances avec les plus nobles familles de la province : le magnifique château de Sully et ses amples domaines leur échurent ainsi en héritage. Destiné à l'Église, le jeune Maurice étudia d'abord dans le petit séminaire d'Autun; mais ayant une faible vocation pour la soutane, il entra bientôt à l'école de Saint-Cyr, où il resta cinq ans. Il fit ses premières campagnes en Afrique, servit au siége d'Anvers, s'empara de la tour Malakoff pendant la guerre de Crimée, prit la place de Robeccheto et sauva l'Empereur à Magenta, pendant la guerre d'Italie, fait d'armes qui lui valut le titre de maréchal de France sur le champ de bataille. A Solférino, il commanda d'une manière brillante le 2ᵉ corps. Nommé gouverneur de l'Algérie, après la mort du maréchal Pélissier, il était encore dans nos possessions d'Afrique, lorsque la guerre avec la Prusse éclata. On fondait sur lui de hautes espérances, mais il était arrivé au terme de ses prospérités. Il a, du reste, dans la physionomie, comme tous les hommes destinés à de grandes infortunes, quelque chose de triste et de fatal. Son regard inquiet semble douter de l'avenir. Ses sourcils péniblement contractés annoncent un caractère indécis, trahissent la faiblesse de la volonté ; dans les circonstances graves, le maréchal doit avoir une peine extrême à prendre un parti et souffrir de son hésitation.

Le 22 juillet 1870, il était arrivé à Strasbourg. Dès qu'il eut passé en revue son corps d'armée, il fut saisi d'un triste pressentiment. La moitié de l'effectif manquait, tous les services étaient désorganisés. Trop intelligent pour se faire illusion, le maréchal refusa de mener à la boucherie des troupes en désordre. Il fallut que l'Empereur envoyât Lebœuf exprès à Strasbourg lui enjoindre d'exercer son commandement. Il se résigna, mais quand le messager de malheur fut parti, le général, des larmes dans les yeux, dit à un de ses officiers d'ordonnance : « Mac-Mahon sera vaincu pour la première fois ! »

Cependant l'armée du prince royal approchait de la frontière ; le 25, le 26 et le 27, des cavaliers badois vinrent reconnaître les environs de Wissembourg ; une escouade de 26 hommes poussa jusqu'à Niederbronn, y fut décimée, puis capturée ; le 28, six cents Bavarois entrèrent à Lauterbourg, y burent et y mangèrent comme s'ils étaient chez eux, et se retirèrent après avoir payé leur écot. Il fallait prendre immédiatement des mesures pour protéger la frontière. Mac-Mahon porta ses régiments de Strasbourg sur Haguenau, où il vint s'établir le 3 août. Le 2, il avait détaché à Wissembourg le général Abel Douay, avec une de ses divisions : c'était là que devait avoir lieu la première affaire sanglante de la campagne.

Wissembourg est une petite ville de 5,400 âmes, située sur les bords de la Lauter, cours d'eau qui prend sa source dans le Palatinat, forme pendant un certain trajet la limite de la France, et va tomber dans le Rhin au-dessous de Lauterbourg. C'est une place de guerre de troisième classe ; elle était fortifiée au moyen âge, et l'on voit encore quelques restes de sa vieille enceinte, mais ses remparts actuels furent construits pendant les premières années du dix-huitième siècle. Aux portes de la ville commencent les fameuses lignes de Wissembourg, qui s'étendent de la montagne du Pigeonnier, sur un espace de 30 kilomètres, jusqu'à Lauterbourg. Suite d'épaulements et de parapets entremêlés de redoutes, elles furent exécutées de 1704 à 1706 par le maréchal de Villars, pour protéger la France en péril. Ces ouvrages, qu'on laisse tomber en ruines, ne sont plus considérés comme une défense ; les propriétaires du sol ont même nivelé çà et là le terrain. Presque anéantie pendant l'affreuse guerre de Trente Ans, où la race germanique montra toute sa perfidie et toute sa cruauté, Wissembourg ne renfermait plus que cent quarante habitants, lorsque le traité de Westphalie l'arracha aux fureurs teutoniques et la mit *à perpétuité* sous la protection de la France.

Au midi de la ville s'élève le plateau boisé du Geissberg ou montagne des Chèvres, qui a 250 mètres de haut et forme un bastion naturel, plus utile pour la défendre que ses remparts construits d'après l'ancienne mode, faible armure contre la puissante artillerie moderne. Il domine la route de Wissembourg à Bitche et permet au regard de saisir un vaste paysage, où se dessinent la vallée de la

Lauter, la forêt de Haguenau, la chaîne de la Forêt-Noire et spécialement les environs de Bade; on aperçoit même dans le lointain, au nord, les bastions de Rastadt et les clochers de Spire; au midi, la flèche aérienne de Strasbourg.

Sur la pente nord-est, à mi-côte, s'élève l'ancien château de Geissberg, massif bâtiment que l'on peut aisément défendre et qui domine tout le terrain situé au-dessous. Il a deux étages et se trouve protégé de trois côtés par un double rang de solides constructions, occupant des terrasses et environnées d'un grand mur, haut de quinze pieds, où s'ouvre la seule porte par laquelle on puisse pénétrer dans l'enceinte. Plus haut, derrière ce vieux manoir, est située la métairie de Schafbusch. C'est dans ces deux édifices et alentour que devait avoir lieu la principale lutte.

Parti le 2 août de Haguenau, sur l'ordre du maréchal Mac-Mahon, le général Abel Douay vint occuper le Geissberg le 3, avec une simple division. Elle ne comptait guère plus de huit mille hommes, étant formée du 50e et du 74e régiments de ligne, d'un régiment de zouaves, d'un régiment de turcos et d'un bataillon de chasseurs, qui ne devaient pas être au grand complet. Trois batteries de canons et une de mitrailleuses formaient toute son artillerie. Le commandant posta dans la ville deux bataillons, un de ligne, un de turcos, et mit un détachement dans le village d'Altenstadt, situé à l'est de Wissembourg. N'ayant pas la moindre cavalerie pour fouiller la campagne, il négligea en outre de placer des avant-postes sur la rive gauche de la Lauter. Des paysans vinrent même inutilement l'informer que des colonnes profondes arrivaient de Landau, dans l'ombre du Bienenwald, spacieuse forêt qui s'étend depuis Altenstadt jusqu'au bord du Rhin. C'était cependant un homme de mérite, qui inspirait à ses troupes la plus grande confiance. Bien fait, d'une haute stature, ayant un beau visage et une voix retentissante, il semblait avoir été formé par la nature comme un type du héros militaire. Son courage intrépide ne s'étonnait de rien, et les balles qui sifflaient à ses oreilles ne le troublaient pas plus que le bruit du vent dans les rameaux. Sincère, honnête et bienveillant, sa conduite, ses manières et ses discours lui méritaient à la fois l'estime et la sympathie. Chacun lui prédisait une glorieuse campagne : hélas ! il n'avait plus qu'un jour à vivre, et allait terminer sa carrière, à soixante et un ans, dans le désespoir d'un affreux revers.

Le même jour où il avait occupé les hauteurs du Geissberg, le prince royal de Prusse, qui avait son quartier général à Spire, donnait l'ordre de marcher sur Wissembourg. C'était des forces considérables qu'il mettait en mouvement : le 5ᵉ et le 11ᵉ corps d'armée prussiens, composant un effectif de soixante-quatre mille hommes, le 2ᵉ corps bavarois, formé de trente-deux mille, et une division mi-partie de Badois et de Wurtembergeois, commandée par le général de Werder, comprenant treize mille soldats ; en tout cent neuf mille combattants (1), avec trois cent vingt-sept pièces de canon. Les Français allaient donc avoir à lutter un contre treize. En arrière marchaient, comme réserve, le 1ᵉʳ corps d'armée bavarois, et une division de cavalerie, c'est-à-dire 32,000 fantassins et 2,500 chevaux. Le général de Werder passa par la ville française de Lauterbourg, qui n'était point occupée.

---

(1) La présence de ces trois corps d'armée sur le champ de bataille est constatée dans la première dépêche de Guillaume à la reine Augusta ; celle de la division badoise-wurtembergeoise, dans le rapport officiel du *Moniteur prussien*. Voici les paroles mêmes du roi : *Unser 5 und 11 Corps und 2. bayerisches Armeecorps fochten*. Toute discussion sur ce point est donc impossible.

Le soir même, le prince Frédéric-Guillaume établit son quartier général à Schweigen, près de Wissembourg, sur les pentes qui font face au Geissberg.

Le 3 août avait été d'une chaleur accablante; le lendemain, à quatre heures du matin, sous une averse qui rafraîchissait l'air, l'armée allemande sortit de ses lignes. Après une longue marche dans la forêt, la division bavaroise, occupant la droite, arriva la première sur les hauteurs de Schweigen. Les troupes françaises étaient paisiblement occupées à faire leur café, au sommet du Geissberg, lorsqu'on vint leur annoncer l'approche de l'ennemi. On crut d'abord que c'était une simple reconnaissance, mais on ne négligea point les mesures indispensables. Deux bataillons se déployèrent en ligne sur la pente de la montagne, et y dressèrent une batterie. Dans le château, le général Douay posta le 74ᵉ de ligne, et fit également occuper la métairie de Schafbusch. La batterie de mitrailleuses fut placée au centre des hauteurs.

Cependant le général Bothmer avait placé son avant-garde à la lisière des bois, au-dessous de Schweigen, mis ses batteries en position et commencé sur-le-champ à bombarder la ville, où éclatèrent bientôt deux incendies. La caserne notamment avait pris feu. Les coutumes invariables de la guerre prescrivaient de faire d'abord une sommation aux forces cantonnées dans Wissembourg. Mais les Allemands ne respectent pas plus les lois militaires que les lois de la morale. Le comte Bothmer jugeant la place trop forte et trop bien gardée, pour qu'un assaut immédiat pût avoir quelques chances de succès, poursuivit sa prudente et cruelle attaque, fit tomber sur Wissembourg une grêle d'obus.

Au fracas des mortiers, au grondement du canon, le 5ᵉ corps d'armée, pressant le pas dans la forêt, déboucha en face d'Altenstadt, sauf la 9ᵉ division, qui franchit la

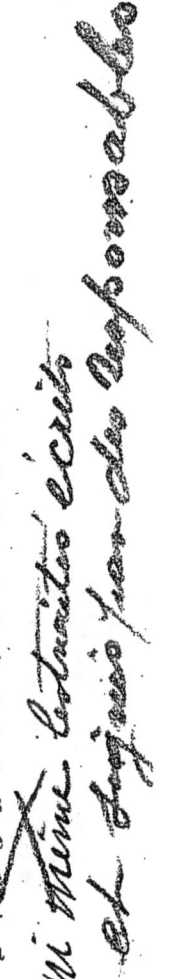

Lauter un peu plus bas, tandis que le reste des forces attaquait le village: il fut occupé à 11 heures et demie. La colonne se dédoubla ensuite : une partie s'achemina vers les pentes du Geissberg, l'autre partie alla prendre position au sud de Wissembourg, afin de l'attaquer par le midi, pendant que les Bavarois l'attaquaient par le nord. A 11 heures, on avait vu paraître à l'Est, dans la vallée de la Lauter, le 11ᵉ corps prussien, qui marchait vers le Geissberg. Quand midi sonna, les huit mille hommes de l'armée française étaient donc aux prises avec quatre-vingt-dix mille Allemands. Les Badois et les Wurtembergeois, arrivés une demi-heure plus tard, accrurent la prodigieuse inégalité des forces.

Une violente canonnade se déchaînait du nord et du sud contre Wissembourg. Après avoir éparpillé leurs boulets et leurs obus sur toute la ville, les Prussiens et les Bavarois concentrèrent leurs feux sur les portes massives de Landau et de Haguenau. Elles ne purent soutenir l'orage de fer qui les battait en brèche, et le double flot des assaillants pénétra enfin dans la place. Mais les rues étroites devinrent le champ clos d'une lutte affreuse. Voyant les soldats français accablés par le nombre, les habitants, qui avaient demandé en vain à l'administration militaire l'armement de la ville et l'organisation effective de la garde nationale, prirent bravement part au combat. Tous les engins de guerre leur parurent bons : vieux fusils de chasse, vieux fusils à silex, carabines, mousquetons, pistolets, furent jugés excellents, pourvu que la mort pût en sortir. Il y eut des maisons que les Allemands furent contraints d'assiéger comme des forteresses. Le duel atroce continua jusqu'aux premières ombres de la nuit.

Le soleil venait de dépasser le zénith, quand les Prussiens attaquèrent le Geissberg, non-seulement de front, mais à l'orient, ce qui contraignit les Français de replier leur droite, de la serrer autour du château et de la métairie. Contre le vieux manoir s'avançaient le régiment des grenadiers du roi, un bataillon de ligne et un bataillon de chasseurs ; ils furent accueillis par un feu violent, qui partait des vergers et des houblonnières, où s'étaient embusqués nos tirailleurs. Les Prussiens les délogèrent cependant et, par de rapides décharges, leur causèrent des pertes sensibles. Les assaillants s'étaient formés en deux lignes de bataille. A mesure qu'ils gagnaient du terrain, l'énergie de la résistance augmentait ; le 74e de ligne prit même l'offensive un moment et attaqua les ennemis à la baïonnette. Il fut repoussé, le mouvement d'ascension continua ; mais bientôt le feu soutenu qui partait du château arrêta les troupes allemandes. Les deux premières compagnies se dispersèrent en tirailleurs et entretinrent une fusillade nourrie, pendant que le major Von Kaisenberg, avec un demi-bataillon, marchait droit à la forteresse improvisée. Mais ses efforts pour parvenir au mur d'enceinte demeurèrent inutiles : le feu accablant qui partait de toutes les fenêtres, de toutes les lucarnes, de toutes les mansardes, rendait le courage superflu. Le détachement fondait sous les balles : trois officiers tombèrent pour ne plus se relever, le major Von Kaisenberg, qui avait saisi l'étendard d'un porte-drapeau frappé à mort, s'affaissa lui-même grièvement blessé ; tout le terrain devant le manoir était jonché de cadavres et d'hommes mis hors de combat. Les survivants durent s'abriter dans les chemins creux et les ravins, attendre l'effet produit par l'attaque du 11e corps d'armée, qui prenait le château et la métairie en flanc, qui, grâce à ses trente-deux mille hommes, allait pouvoir les envelopper.

Les autres bataillons des grenadiers du roi continuèrent leur marche, sans tirer un coup de fusil, pendant qu'une brigade d'infanterie gravissait les pentes situées entre eux et le 11ᵉ corps. Ce n'était plus une attaque, c'était une marée montante, une inondation ; partout les lignes françaises furent rompues. Deux régiments prussiens fondirent sur une poignée de soldats logés dans la métairie et, après une courte résistance, l'occupèrent définitivement. Le château de Geissberg se trouva cerné.

A l'extrême gauche des Français, un bataillon de chasseurs allemands avait escaladé la montagne et mis au sommet une batterie en position. Elle canonna une de nos batteries avec tant de succès, qu'elle tua tous les chevaux et força les artilleurs à la retraite. Comme les Français accouraient avec de nouveaux attelages, une compagnie embusquée dans une position latérale abattit plusieurs montures et plusieurs des nouveaux canonniers, se jeta à la baïonnette sur les fantassins qui les couvraient, et malgré un feu violent de mousqueterie, après un combat acharné, s'empara d'un canon qu'il fut impossible de lui reprendre. Il demeura donc entre les mains des agresseurs, qui faisaient partie d'un régiment silésien. Cette première capture excita en Allemagne des transports de joie et d'orgueil.

Au centre de leur ligne, les Français avaient installé, comme nous l'avons dit, leur batterie de mitrailleuses. Ils comptaient beaucoup sur cet engin de guerre, dont on allait mesurer la puissance. Mais l'instrument de mort ne produisit point les effets terribles qu'on avait espérés, n'eut même pas le temps de causer grand mal aux Prussiens. La batterie ne lança que trois décharges, tirées trop haut ; après la troisième, un obus allemand, qui frappa une des mitrailleuses, la brisa, et le feu concentrique de nombreux canons força les artilleurs à emmener les autres. On vit là, dès le début, le vice radical de cette machine guerrière : comme elle ne porte pas assez loin, elle peut être démontée avec précision par les boulets des pièces à long tir.

Malgré la supériorité numérique de leurs ennemis, les Français se battaient avec acharnement. Des témoins oculaires assurent que la mêlée fut aussi ardente, aussi sanglante, qu'à la fameuse tuerie de Sadowa. Les turcos faisaient d'inutiles prodiges : leurs yeux étincelants, leurs sombres figures exprimaient l'étonnement de ne pas vaincre. Mais soutenir indéfiniment la lutte contre des forces si prodigieusement inégales, dépassait toute possibilité. Vers une heure et demie, les glorieux vaincus firent encore un mouvement offensif, pour masquer et protéger leur retraite, qui allait commencer. A deux heures, repoussés au delà du plateau, les Français descendirent les pentes du midi, sur trois colonnes, dans la direction de Steinseltz, en assez bon ordre pour sauver leurs canons; ils n'abandonnaient que leurs tentes et leurs objets de campement. L'artillerie du 5ᵉ corps prussien occupa immédiatement les hauteurs, et sillonna de ses projectiles les colonnes décimées. Ce fut alors que le général Douay prit la résolution de ne pas survivre à sa déroute.

Arrêté sur un mamelon, il regardait d'un air sombre et morne défiler devant lui la moitié des soldats qu'il commandait le matin; les boulets allemands continuaient à porter la mort parmi les derniers de ses braves. Ce spectacle navrant l'accabla de douleur. Descendant de cheval et tirant son épée, il s'enfonça dans le pli de terrain qui séparait la butte du massif de la colline, puis monta la pente située en face.

— Où allez-vous? lui crient les soldats en déroute.

— A l'ennemi, répond le général.

Quelques fugitifs s'arrêtent, lui font une escorte. D'autres, qui surviennent, le prient de ne pas se sacrifier inutilement, essayent de lui barrer le chemin. Il les écarte du geste et continue de monter.

Alors ceux qui blâmaient son désespoir se rangent près

de lui, arment leurs chassepots et le suivent en combattant. Ce groupe héroïque marche à la mort, comme à une sombre fête, avançant au milieu de la fumée de leurs dernières cartouches. Un feu terrible plongeait sur eux du haut de la colline et les décimait. Calme et stoïque, le chef montait toujours. Un autre groupe, qui comprend de loin sa détermination, arrive, essaye encore de le sauver. Il leur montre du bout de son épée le sommet de la côte fatale, secoue tristement la tête et poursuit son ascension. La mitraille fauche autour de lui sans l'émouvoir. Tout à coup, il s'arrête, chancelle et tombe. Un de ses derniers compagnons se penche sur lui : le général était mort (1).

Désespoir sublime et à jamais regrettable, car la France n'avait pas trop de cœurs vaillants comme le sien, n'avait pas trop surtout de cœurs patriotiques.

Pendant que le général Douay se faisait tuer, une autre scène dramatique avait lieu dans les rangs de l'armée d'invasion. Les tirailleurs algériens avaient d'abord éclairci un bataillon de la garde royale, puis s'étaient jetés sur les chasseurs bavarois, quand on sonna la retraite. En vain le signal retentissait, les Africains ne l'entendaient pas ou ne voulaient pas l'entendre. Acharnés au combat, jouant de la baïonnette avec fureur, ils font un énorme trou dans la ligne allemande, qu'ils traversent tout entière. Mais alors comment revenir sur leurs pas? Le chef de bataillon se retourne :

— Où sont nos camarades? dit-il.

Et il les voit au loin, derrière l'armée prussienne, qui effectuent leur retraite. Ordonnant à ses turcos de faire volte-face, pour ne pas rester dans le piége où ils s'étaient précipités, il essaye de percer une seconde fois la ligne de

---

(1) L'*Industriel alsacien*, journal publié à Mulhouse.

bataille. Mais l'héroïque détachement se trouve cerné, accablé par le nombre, obligé de se rendre.

Au même moment, à deux heures de l'après-midi, les soldats de ligne enfermés dans le manoir de Geissberg, se voyant enveloppés de toutes parts, durent cesser le combat et déposer les armes, au nombre de trois cents.

Alors eurent lieu des scènes d'horreur qui suffiraient pour déshonorer l'Allemagne ; mais toute l'histoire d'Allemagne fait trembler d'indignation. Un témoin oculaire, M. Albert Duruy, les ayant très-bien décrites, nous lui céderons la parole.

« Quand nous avons commencé notre mouvement de retraite, une nuée de Bavarois, qui s'étaient jusque-là cachés dans les vignes, s'élancèrent à travers champs jusqu'aux maisons situées entre le chemin de fer et la porte sud de la ville. C'est dans ces maisons qu'avaient été transportés nos blessés, qui n'avaient pu rentrer en ville. Il y en avait partout : dans les caves, dans les chambres et jusqu'au grenier. Les brutes d'Allemagne arrivaient à travers les vergers attenant à ces maisons, fusillant tout ce qui se montrait, habitants et soldats, brisant à coups de fusil portes et fenêtres, tirant de force les femmes et les enfants des caves où ils s'étaient réfugiés, et se faisant ouvrir les portes des chambres. On avait beau leur dire qu'il n'y avait plus un homme valide, que tous les soldats et officiers qui avaient été transportés là, étaient blessés ; ils ne voulaient rien entendre. Dans une chambre que le propriétaire montre à tous les visiteurs français, et qui garde encore la trace des balles, se trouvait le lieutenant de ma compagnie, le brave Vuillemin, blessé, dès le commencement de l'action, d'une balle au-dessus du genou, qui lui avait fracassé l'os. Il était étendu sur un lit ; cinq ou six turcos, tous grièvement blessés, gisaient par terre auprès de lui. Les Bavarois entrent : dix au moins s'élancent sur ces malheureux et les achèvent, séance tenante, à coups de baïonnette. Ils prennent Vuillemin, le jettent à terre, le tirent hors de la maison, et se mettent à le traîner par sa jambe cassée, en poussant des exclamations de joie féroces, jusqu'au pied d'un arbre, où l'on s'apprêtait à le fusiller, quand, par hasard, un docteur (non pas un officier) arrive et met fin à cette boucherie. Ce récit, je le tiens du lieutenant Vuillemin, que j'ai retrouvé là-bas sur son lit de douleur, commençant à peine à marcher, malgré les soins dévoués dont il est l'objet chez ceux qui l'ont recueilli. C'est un homme d'honneur, s'il en fût : on ne le démentira pas non plus, celui-là !

» Dans une autre maison, trois turcos s'étaient réfugiés au grenier et cachés dans la paille. On les découvre, on les saisit, on ouvre la fenêtre, on les précipite sur le pavé de la cour, où ils se brisent les reins. Un seul échappe à la furie tudesque; il était parvenu à s'enfouir si profondément dans la paille qu'on ne l'avait pas aperçu; mais on le retrouva mort quatre jours après.

» A côté, dans une auberge (je pourrais vous citer le nom du propriétaire), se trouvait le capitaine Tourangin. Blessé d'une balle à la jambe et d'une autre à la poitrine, il n'avait pas une heure à vivre : ils la lui ont volée. Quand ils arrivèrent, il fit signe à la fille de l'aubergiste, qui était bravement demeurée près de lui à le soigner, et voulut lui remettre un portefeuille, qu'il destinait sans doute à sa jeune femme. Les Bavarois arrachèrent brutalement des mains de la jeune fille ce portefeuille, qui contenait peut-être un dernier adieu; puis, à coups de baïonnette, ils l'achevèrent, malgré les supplications et les cris d'horreur des gens de la maison.

» Un peu plus loin, le lieutenant Grandmont gisait dans un champ de pommes de terre. Le malheureux avait les deux bras cassés, une jambe fracturée et deux balles

— 185 —

dans la poitrine. Des soldats l'aperçoivent remuant encore et criant au secours. Ils le prennent pour cible, déchargent leurs armes sur lui et fracturent son autre jambe. Il a vécu un mois, grâce aux bons soins du docteur O..., qui le recueillit un soir ; vingt personnes l'ont entendu, à son lit de mort, raconter cet odieux attentat (1). »

La lutte en pleine campagne avait donc fait place aux assassinats autour de la ville, mais, dans la ville même, elle continuait, comme nous l'avons dit. Ce fut un carnage effroyable, que ne suspendit même pas la fin de la résistance ; pendant toute la nuit, on massacra, on fusilla les vaincus, civils ou militaires; dans quelques maisons, où les habitants s'étaient distingués par leur courage, on ne laissa pas un être vivant. Le lendemain même, pour imiter les sacrifices antiques, on mena une vingtaine de prisonniers à l'endroit où était mort le général Douay : on les fusilla ou égorgea, et on les enterra sur place. La population de Wissembourg montre leur tumulus aux voyageurs.

Le désastre aurait pu être plus horrible encore. Pendant qu'on exterminait une partie des citoyens, l'état-major allemand, trop plat pour honorer la bravoure et le patriotisme, s'indignait, s'exaspérait de la lutte qu'il avait fallu soutenir au delà des remparts. Afin de punir les habitants, il voulait réduire la ville en cendres. Mais la guerre ne faisait que commencer ; la horde victorieuse n'était pas sûre de continuer à vaincre. Si les Français, vainqueurs à leur tour, pénétraient en Allemagne, ils pouvaient appliquer aux Germains la peine du talion; par crainte, et

(1) La lettre de M. Albert Duruy, où il rapporte ces abominations, a paru dans le journal la Liberté du 24 septembre 1871 ; l'auteur ajoute : « Je n'en finirais pas, si j'entreprenais de vous redire toutes les scènes de cruauté. — Parmi toutes les dépositions que j'ai recueillies, j'ai choisi, pour vous les envoyer, celles qui sont appuyées de témoignages irrécusables. »

non par humanité, les descendants des Goths et des Vandales comprimèrent leur désir d'incendier Wissembourg (1).

Les Prussiens n'avaient pas remporté la victoire sans éprouver des pertes sensibles. Dans le régiment des grenadiers du roi, tous les officiers supérieurs étaient morts ou blessés : les Allemands avouent que 1,300 soldats et 76 officiers furent mis hors de combat. Du côté des Français, outre les hommes restés sur le champ de bataille, 800, parmi lesquels 18 officiers, tombèrent entre les mains de l'ennemi (2). On en dirigea une moitié sur Francfort, où ils arrivèrent le lendemain à 11 heures 20 minutes. Comme on voulait faire jouir Berlin de cette première capture, on achemina l'autre moitié vers la capitale prussienne. Ils descendirent à la gare du chemin de fer d'Anhalt. Les simples soldats et les caporaux étaient dans des wagons découverts, qui servent d'habitude au transport des marchandises; les officiers avaient été mis dans des voitures de seconde classe. Avec leur costume oriental et leurs sombres visages, les turcos excitaient au plus haut point la curiosité. On leur adressait la parole, comme si les enfants du désert comprenaient l'âpre idiome germanique, et on les plaisantait d'une manière bienveillante ou railleuse. Un homme du peuple, levant les bras vers un des Africains, lui dit en riant : « Prenez mes mains, ô pionnier de la civilisation, et tirez-moi jusqu'à vous. » L'homme noir, le voyant sourire, lui prit effectivement les mains et le fit monter près de lui. Le Berlinois continue à lui parler; le turco lui répond en mauvais français : ils ne s'entendent ni l'un ni l'autre. Le Prussien, qui était en bonne humeur, finit par offrir des cigares au

---

(1) Tous ces détails sont racontés par les habitants de la ville : un rédacteur du journal *la Vérité*, qui s'y trouvait le 10 août 1871, les a consignés dans le numéro du 22.
(2) Dépêches du roi de Prusse et de l'état-major bavarois.

prisonnier ; je n'ai pas besoin de dire avec quel empressement le cadeau fut reçu.

Pour héberger les captifs, on avait préparé la salle des bagages, où on leur donna du pain, de la viande et du riz.

La haine que le roi de Prusse, le comte de Bismarck et l'état-major prussien se sont étudiés si cruellement à faire naître entre les deux nations, n'obscurcissait donc pas encore l'intelligence de l'Allemagne et n'envenimait pas les cœurs. Un article de la *Gazette de Cologne*, inspiré par la réception faite aux prisonniers français à Berlin, caractérise cette première phase de la guerre, où les Allemands n'avaient pas perdu tout sentiment de générosité.

« Dans les premières émotions reconnaissantes de la victoire, n'oublions pas un point capital, l'humanité envers les captifs et les blessés. Puisse la manière douce et consolante dont on les traitera dans toutes les provinces germaniques, puissent les soins que l'on prodiguera aux malades, leur montrer le fond de l'âme allemande, agir sur eux comme une bénédiction morale et devenir après la guerre, après leur retour dans leur patrie, le germe de dispositions pacifiques entre les deux nations. Qu'ils sachent que la croix de Genève, ce symbole de charité, n'est point parmi nous l'insigne menteur d'une fausse civilisation, comme il y en avait tant dans la garde-robe du second Empire. Cette manière de célébrer les victoires déjà obtenues est la plus efficace, la plus digne préparation à celles que nous espérons obtenir encore et devons demander au ciel. »

Ainsi, malgré les excitations factices de la presse et des gouvernements, toute l'Allemagne ne détestait pas la France au début de la guerre : il y avait encore, çà et là, quelque idée généreuse, quelque sentiment d'humanité, quelque judicieuse pensée d'avenir, dernière lueur qui allait s'éteindre dans la barbarie prussienne, dans le sang des martyrs assassinés parce qu'ils défendaient leur patrie, dans le sang des victimes étrangères à la lutte, que le droit des gens aurait dû préserver d'une affreuse mort.

Le reste des troupes commandées le matin par Abel Douay prit dans sa retraite deux directions : une partie alla rejoindre l'armée de Mac-Mahon, l'autre s'achemina vers Haguenau. L'avant-garde des fugitifs n'atteignit la dernière ville qu'après huit heures du soir. Ils arrivaient épuisés de fatigue, n'ayant pas mangé depuis le matin, pleurant un chef qu'ils aimaient. Quelques blessés se traînaient en s'appuyant sur leurs fusils. Un turco montrait son bras traversé par une baïonnette; un autre portait le sabre de son capitaine tué auprès de lui. Des groupes sinistres passaient dans l'ombre, à la lueur des réverbères. Toute la population était dans les rues, demandait avec effroi des nouvelles. Comme onze heures sonnaient, arrivèrent deux voitures de blessés qu'on transporta dans les ambulances; les sœurs de charité couraient de l'une à l'autre, allaient chercher des remèdes, sollicitaient un concours patriotique. Des scènes de deuil inauguraient partout cette lutte commencée avec tant de présomption et de folles espérances.

En apprenant la mort de son mari, la veuve du général Douay accourut, le lendemain, sur le champ de bataille, pour chercher le corps de cette généreuse victime. Elle n'eut même pas la consolation de le retrouver. Après le combat, on l'avait transporté dans une ferme, où son aide de camp blessé l'avait suivi, pour veiller sur la triste dépouille. Mais les Prussiens, en guise de distraction, avaient mis le feu à la métairie, et le compagnon du général était mort au milieu des flammes.

La prise de Wissembourg assurait aux Prussiens un avantage considérable : elle leur livrait l'entrée de l'Alsace, le chemin de fer de Landau à Strasbourg par Haguenau, avec son embranchement vers Metz par Sarreguemines, toutes les routes ordinaires, celle de Bitche notamment et la chaussée la plus directe pour atteindre le défilé de Saverne, qui permet de traverser aisément les Vosges, sans gravir une seule pente. S'ils s'en rendaient maîtres, ce passage devait leur ouvrir la Lorraine et tout l'est de la France. Rien ne prouve mieux que notre pays, de ce côté, n'a pas de frontière.

Pour interdire l'accès du col de Saverne aux Prussiens, le maréchal Mac-Mahon s'était posté sur la route avec le gros de ses forces.

Derrière la petite ville de Wœrth se dresse un massif de collines, formant un angle à peu près régulier, dont une ligne court de Wœrth à Reichshoffen par Frœschwiller, dans le sens de l'orient au couchant, dont l'autre se dirige, dans le sens du nord au sud, de Wœrth à Morsbronn. Ce groupe de hauteurs compose donc une sorte de bastion naturel; leurs sommets n'ont guère que deux cents pieds d'élévation. Des vignes occupent presque toutes les déclivités, une forêt de sapins ombrage les cimes. Tel était le lieu où le maréchal attendait les Prussiens, comme sur les glacis extérieurs d'une redoute. Son armée avait deux fronts, qui se soudaient en équerre juste en face de Wœrth. Pour le battre, il fallait gravir les pentes et le déloger par un assaut, comme dans une citadelle. Beaucoup de fermes, de petits hameaux devaient gêner la marche de l'ennemi. Derrière sa ligne de bataille, dans la forêt de sapins, le maréchal avait posté ses réserves : les bois d'ailleurs protégeaient sa ligne de retraite. Devant le front des troupes coulaient un ruisseau et une petite rivière profondément encaissée, la Sauer.

La position paraissait très-forte et convenait à une armée inférieure en nombre, une armée de 40,000 hommes, attaquée par 170,000 ; mais elle était purement défensive. Elle barrait le passage aux Allemands, elle devait les arrêter, si elle était victorieuse, mais elle ne pouvait faire aucun mouvement. Les deux fronts immobiles, les deux ailes en retraite, n'avaient d'autre chance que de repousser l'ennemi. Les Allemands, au contraire, gardaient, sans avoir cherché cet avantage, une complète liberté d'allures, et la faculté précieuse de jeter sur un point des forces accablantes, de mettre une des lignes en déroute, puis d'écraser l'autre à son tour. Par suite de la configuration du terrain, les feux de l'armée française devaient être divergents, au lieu que l'armée prussienne pouvait faire converger les siens.

Voici, d'après le rapport même du maréchal, comment il avait disposé ses troupes. La 1re division avait sa droite placée en avant de Frœschwiller, sa gauche dans la direction de Reichshoffen, appuyée à un bois qui couvre ce village. La 3e division occupait, avec la 1re brigade, un contre-fort qui se détache de Frœschwiller et se termine en pente vers Gœrsdorf. La 2e brigade appuyait sa droite au village d'Elsashausen. La 4e division formait une ligne en équerre à la droite de la 3e division, sa 1re brigade faisant face à Gunstett et sa 2e au village de Morsbronn, qu'elle n'avait pu occuper, faute de forces suffisantes. La division Dumesnil qui avait rallié les combattants, le 6 de grand matin, était placée en arrière de la 4e division pour la soutenir, mais ne put, au dernier moment, repousser ou arrêter les trente-deux mille Prussiens du 11e corps.

En réserve se trouvait la 2e division ; une brigade de cavalerie légère, commandée par le général Septueil, la division de cuirassiers du général Bonnemain formaient une troisième ligne ; une brigade de cavalerie, commandée par le général Duhesme, protégeait l'aile droite de la 4ᵉ division, tout à fait au sud des lignes françaises.

L'armée n'avait que 72 pièces d'artillerie, soit canons, soit mitrailleuses.

Le commandant en chef avait établi son quartier général à Frœschwiller, dans le château du comte de Durckheim-Montmartin : le comte de Leusse, député au Corps législatif, qui habitait le village, l'avait aidé à prendre connaissance du pays et à choisir ses positions.

Dès le 4, une idée de prudence ou un sentiment d'inquiétude lui avait fait désirer du renfort : il avait demandé au général Félix Douay, frère d'Abel, qui commandait dans la haute Alsace, sa première division, alors en marche sur Colmar ; cette division, commandée par le général Conseil-Dumesnil, avait rétrogradé sur-le-champ et était arrivée, comme nous l'avons vu, le 6 au matin, dans le camp du maréchal. Le 5 au soir, à 9 heures, Mac-Mahon télégraphia au général de Failly : « Venez me rejoindre aussitôt que possible. » En recevant la dépêche, le commandant du 5ᵉ corps, au lieu d'obéir, se contenta de donner, pour le lendemain matin seulement, l'ordre de départ à la 3ᵉ division. Le général Guyot de Lespart, qui la commandait, se mit en route au petit jour, mais fut arrêté par un contre-ordre à quinze kilomètres du champ de bataille. De Failly se croyait menacé lui-même. Vers une heure, un officier expédié en toute hâte par Mac-Mahon, arrive au poste de Bitche, presse le général d'envoyer du secours. Celui-ci fait des objections, prétend que ses forces sont trop disséminées, qu'il n'a pas le temps de rappeler une brigade placée à Sarreguemines et qu'il ne peut la laisser isolée, qu'une division et demie lui est nécessaire pour protéger à Bitche sa réserve d'artillerie, allègue enfin tous les prétextes qui lui semblent justifier son inaction. Sans cette mauvaise foi, son corps d'armée, prenant l'ennemi par derrière et de côté, pendant la bataille, aurait décidé la lutte en faveur des Français. Tout ce qu'on put obtenir de lui, ce fut que le général Guyot de Lespart reçût l'ordre de continuer sa marche. Il n'arriva qu'après la défaite, mais son arrivée ne fut pas inutile.

Le 5 août, un télégramme de l'état-major allemand disait : « Le Prince royal s'est avancé au delà de Wissembourg, sans rencontrer de résistance sérieuse. Les localités françaises qu'il a traversées, étaient pleines de blessés, parmi lesquels se trouvait le colonel du 50e régiment. La profonde émotion causée par la bataille est manifeste. »

Non-seulement Frédéric-Guillaume commandait une masse de cent vingt-huit mille hommes, mais le 2e corps bavarois, composé de trente-deux mille hommes, était sur le point de le rallier. Les Français avaient en tout seize escadrons de cavalerie, les Prussiens en avaient soixante. Les bouches à feu des Allemands étaient six fois plus nombreuses que celles de leurs antagonistes.

Le 5 au soir, l'armée du prince Frédéric atteignait quelques-unes des positions où elle devait livrer bataille. Sur sa droite, en face de la 1re division française, commandée par le général Ducrot, se trouvait le 1er corps bavarois ; au centre, en face de Wœrth, le 5e corps prussien ; le 11e corps prussien, formant la gauche avec la division badoise-wurtembergeoise, approchait de Gunstett ; le 2e corps bavarois, qui devait aussi arriver le lendemain, de bonne heure, pour se poster entre le 1er corps bavarois et le 5e prussien, était en marche dans la direction de Langensulzbach. De part et d'autre, on ne croyait livrer bataille que le 7, mais le hasard en décida autrement.

Dès que les premiers rayons du jour illuminèrent le splendide paysage, quelques escarmouches d'avant-postes, au centre des lignes, éveillèrent l'ardeur militaire des deux armées. A huit heures, de violentes décharges tonnèrent sur l'aile droite des Allemands, où se trouvaient les Bavarois. Comme les Français ouvrirent aussitôt le feu contre Gœrsdorf, situé en face de Wœrth, les Prussiens portèrent toute leur artillerie à l'est du village, pour opérer une diversion en faveur des Bavarois.

Dans ce moment, le prince royal ordonna de suspendre la lutte, afin que les troupes qui étaient en retard eussent le temps d'arriver ; mais avant qu'on pût transmettre son ordre aux chefs qu'il concernait, le 2e corps bavarois et la 4e division, commandés par le général Bothmer survenaient entre le 5e prussien et le 1er corps bavarois. A dix heures et demie, on leur communiquait inopportunément l'avis de Frédéric-Guillaume, et ils reculaient vers Langensulzbach.

Ce mouvement de retraite, soulageant l'aile gauche des Français, leur inspire une nouvelle ardeur, et ils s'élancent avec intrépidité au delà de Wœrth. Ce fut le moment décisif de la bataille. Trois fois le cinquième corps prussien essaya d'emporter Wœrth et trois fois il fut repoussé. Au moment où la mêlée était le plus terrible, le 11e corps approchait de Gunstett, pour attaquer l'aile droite de Mac-Mahon ; en ce moment aussi, le prince royal se porta au centre de la lutte, accompagné du lieutenant général De Blumenthal, sur les éminences situées juste en face de Wœrth. Il y fut immédiatement rejoint par le duc de Saxe-Cobourg, par les autres princes et par l'état-major. Il était alors une heure. Dans une quatrième attaque Wœrth fut pris, et les Germains, apercevant le 11e corps prussien qui approchait de Gunstett, poursuivirent leur avantage. Ici encore, les mitrailleuses manquèrent en partie leur effet, et ne renversèrent point les hommes par centaines, comme l'avaient présumé les généraux de l'Empire. Le nombre immense de leurs bouches à feu donnait d'ailleurs aux Prussiens une accablante supériorité. Dirigeant une batterie entière contre une seule pièce, ils l'avaient bientôt démontée.

A deux heures, l'action était générale : on se battait d'une extrémité à l'autre des deux lignes, sur un espace d'une lieue et demie. Le 2e corps bavarois était revenu à la charge; et marchait même en avant des Prussiens, en deçà de Wœrth. Le 11e corps prussien ravageait la 4e division française et la 2e brigade de la 3e division, qui occupaient le village d'Elsashausen. Cent soixante-dix mille Allemands attaquaient donc à la fois moins de quarante mille Français.

Ils trouvèrent la résistance la plus opiniâtre. Les zouaves et les turcos, postés au milieu des vignes, combattaient avec fureur. A Frœschwiller, la division du général Ducrot tenait en échec deux corps d'armée, c'est-à-dire un nombre d'hommes six fois supérieur. Entre deux et trois heures, cette division et celle du général Raoult, soutenues par la réserve, prirent même l'offensive. Le champ de carnage offrait alors un spectacle majestueux et terrible. Plusieurs métairies, incendiées par les bombes, brûlaient près de Wœrth, et le vent d'est poussait la fumée, comme un sombre voile, au-dessus des combattants. L'inflexible courage du 1er corps bavarois et de la 1re brigade wurtembergeoise rendait sur ce point la bataille indécise.

Mais une batterie de soixante canons, dressée à Gunstett par les Prussiens, labourait et décontenançait l'aile droite de Mac-Mahon. De vigoureux retours offensifs, plusieurs fois répétés, l'adresse même des artilleurs français, demeurèrent inutiles, comme le maréchal le dit dans son rapport. Les Wurtembergeois, commandés par le général De Werder, les Badois, commandés par le général De Beyer, soutenaient de ce côté les efforts des Prussiens. D'innombrables projectiles, des obus, des shrapnels sillonnaient les rangs des Français; une pluie de mitraille inondait leurs régiments.

Alors les cuirassiers du général Bonnemain font une tentative désespérée. Ils s'élancent au galop vers les lignes allemandes, abritées derrière une artillerie imprenable; mais pour descendre dans le bas-fond de Morsbronn, pour escalader les pentes de Gunstett, ils passent sur le sol où venait de lutter la 4ᵉ division, et le sol était couvert de blessés; par une nécessité horrible, affreuse, inexorable, les cuirassiers foulaient, écrasaient, achevaient sous les pieds de leurs montures leurs frères mutilés, inondés de sang; eh bien! ces martyrs de la patrie se soulevaient sur leurs coudes, entre les jambes des chevaux, et mouraient en criant : « Vive la France! »

Héroïsme inutile! Foudroyés par d'innombrables tirailleurs et par les batteries prussiennes, les cavaliers tombaient comme les épis sous un vent d'orage; des escadrons s'enfoncent dans la vase, d'autres s'égarent au milieu des houblonnières, et meurent sous les coups de fantassins embusqués; les trois régiments périrent presque tout entiers, bien loin du but qu'ils voulaient atteindre. Mieux eût valu cent fois les employer à couvrir la retraite.

Quatre heures sonnaient aux églises lointaines. Le maréchal donna l'ordre de quitter le champ de bataille. Ce mouvement s'effectua par la route de Niederbronn, qui longe les montagnes. La première et la deuxième divisions, faisant encore bonne contenance, protégèrent les troupes débandées. Juste en ce moment arrivait la division Guyot de Lespart du 5ᵉ corps; elle prit position à Niederbronn et ne se retira qu'à la nuit close. L'armée allemande, épuisée de fatigue, ne tenta aucun mouvement pour l'inquiéter.

Le désastre n'en était pas moins terrible. Mac-Mahon avait eu son chef d'état-major tué près de lui, et le général

Raoult avait disparu. Le maréchal abandonnait son fourgon d'état-major, qui contenait ses papiers d'administration et sa correspondance. Les Wurtembergeois prirent, pendant la déroute, la caisse militaire, où se trouvaient encore 360,000 francs; les Badois, quelques voitures pleines d'armes et d'équipements, outre une centaine de chevaux. Quatre mille prisonniers, trente canons, deux aigles et six mitrailleuses tombèrent entre les mains des vainqueurs.

L'armée prussienne campa sur le champ de bataille; une de ses divisions prit la route de Haguenau, où elle entra le lendemain.

Si, au lieu de désobéir, le général de Failly s'était mis en route le 5 au soir, avait attaqué à revers, pendant la bataille, l'armée prussienne, il l'aurait certainement accablée, dispersée; il changeait le sort de la lutte, il sauvait l'Alsace, il sauvait la France peut-être. Mais que lui importait de sauver la France? Les généraux de Bonaparte ne tenaient pas à leur pays; ils tenaient à baiser les genoux de leur empereur.

Deux incidents pathétiques signalèrent cette douloureuse bataille. Dans la main froide et crispée d'un capitaine français, étendu sur la terre sanglante, un sous-officier prussien, chargé d'enterrer les morts, trouva une petite lettre, qu'il envoya en Silésie, à ses parents. Un journaliste l'imprima. Cette lettre naïve et tragique, la voici :

« Mon cher Papa,

» Depuis que tu es parti, je ne cesse de penser à toi. Je suis si triste de ne pouvoir te voir et t'embrasser tous les matins! Mais j'espère bien que Dieu te conservera la santé et que tu reviendras bientôt embrasser ta fille. Je suis bien sage, afin de dédommager un peu maman de ton absence.

» Adieu, bien-aimé papa, je t'embrasse bien tendrement.

» Ta fille qui t'aime,

» MARGUERITE. »

Ne semble-t-il pas voir le pauvre capitaine blessé à mort, soulevant sa main défaillante et cherchant à lire une dernière fois, de ses yeux voilés par l'agonie, la chère lettre de l'enfant bien-aimée?

Sur un volontaire d'un régiment de ligne, mort après avoir quitté le champ de bataille, ses compagnons trouvèrent une somme de 3,300 francs, quelques bijoux et, dans un portefeuille, un billet qui accuse bien des tristesses :

« Avant de partir pour l'armée du Rhin et de m'exposer aux chances de la guerre, je confie à ces lignes l'expression de ma dernière volonté : orphelin, n'ayant que des parents très-éloignés que je ne connais pas, je désire, en cas de mort, que l'argent et les bijoux trouvés sur moi, soient versés à la caisse des secours aux blessés. »

La somme et les joyaux furent remis au trésorier du régiment, qui les fit parvenir à leur destination.

Avec ces traits touchants forme le plus hideux contraste la barbarie sauvage des troupes allemandes. Elles ne foulaient que depuis trois jours le sol français, et déjà la stupide cruauté de la race teutonique se donnait pleine carrière. A Gunstett, pendant la bataille, les paysans terrifiés avaient cherché un asile dans leurs caves; le tonnerre du canon s'éteint peu à peu, et alors ils croient qu'ils sont sauvés. Mais les Allemands inondent le village, et pour faire sortir les habitants de leurs retraites, tirent des coups de fusil par les soupiraux. Les malheureux s'élancent dehors : au moment où ils franchissent le seuil

13

de leurs maisons, ils tombent sous les balles des troupiers germaniques. L'hôpital de Haguenau renferme encore aujourd'hui les orphelins de ces innocentes victimes. Quand les Allemands eurent été repoussés de Wœrth pour la seconde fois, ils prétendirent que plusieurs habitants avaient tiré sur eux pendant leur retraite. Maîtres enfin de la localité, ils prirent une douzaine de notables, les menèrent à Soulz, en leur assénant des coups de crosse, et en menaçant de les fusiller au moindre signe de résistance ou d'indignation. Puis le village fut pillé, saccagé, traité en ville prise d'assaut; là encore périrent bien des gens inoffensifs. Frœschviller, où avaient eu lieu les derniers engagements, offrait un spectacle plus douloureux encore : une partie des maisons brûlaient, tandis que les autres n'étaient déjà plus que des ruines.

L'armée française en déroute formait un tableau non moins lamentable. Toute discipline avait cessé; les hommes marchaient pêle-mêle, par groupes de quarante tout au plus. On n'avait fait aucun effort pour sauver les approvisionnements; les fourgons étaient renversés dans les fossés, les traits coupés, les chevaux absents. Tous les soldats avaient abandonné leurs sacs, un grand nombre avaient même jeté leurs armes; beaucoup étaient en bras de chemise, la plupart portaient un morceau de pain au bout de leur sabre, qu'ils appuyaient contre leur épaule. Pendant trois heures continua le défilé lugubre, de 4 à 7; à cinq heures, la cavalerie était hors de vue, l'artillerie et quelques voitures de bagage passèrent ensuite, l'infanterie plus lente terminait le sombre cortége.

Ainsi roulaient du côté de Saverne l'aile gauche et le centre; l'aile droite se dirigea vers Strasbourg. La ville écoutait depuis le matin le sourd grondement du canon. Peu à peu le bruit cesse; un triste pressentiment saisit la foule. On monte sur les remparts, et bientôt on aperçoit dans le lointain une colonne de fugitifs. Ce n'était pas encore les soldats, c'était la population des campagnes qui venait s'abriter derrière les murailles, les uns à cheval, d'autres en voiture, le plus grand nombre à pied, criant, se poussant, ayant hâte de franchir les portes. Des groupes plus sinistres allaient leur succéder. L'administration du chemin de fer avait reçu une dépêche qui lui annonçait la perte de la bataille et un train de blessés. Tout à coup, un convoi énorme, traîné par deux locomotives, entre dans la gare. Les six premières voitures sont des trucs, des chariots découverts : sur les plate-formes gisent les soldats les plus grièvement blessés, répandant leur sang par toutes leurs plaies ; le sang inonde les roues, le sang coule sur la voie ; des plaintes, des gémissements, des cris de douleur s'échappent de ces funèbres entassements. Une longue file de wagons fermés suivait, contenant des hommes moins maltraités par la bataille. Pâles, défigurés, ils sortent péniblement des voitures. La foule est saisie d'horreur. Au sentiment de la défaite, à l'inquiétude, se mêle une profonde pitié : les fronts se découvrent, et l'on pleure!

Un peu plus tard, dans un désordre sans nom, arrivèrent les soldats débandés, « les cavaliers au milieu des fantassins, les zouaves montés sur des chevaux de hussards, les lanciers à pied, les cuirassiers portant des débris de cuirasses à la main, les turcos armés de sabres de cavalerie, les artilleurs coiffés de colbacks de chasseurs à cheval, » débâcle affreuse d'une armée vaincue!

« Ils entrèrent ce soir-là, et, harassés, se traînèrent par les rues, cherchant un gîte ; ils entrèrent pendant toute la nuit, ils entrèrent pendant toute la journée du lendemain, ils entrèrent le surlendemain encore (1). » Une brigade de

---

(1) *La guerre en Alsace*, par Schneegans, 1re partie, p. 38.

cavalerie badoise, lancée à leur poursuite, avait heureusement fait halte sur la route, ne sachant pas que Strasbourg était sans défense : elle aurait pu les exterminer jusqu'au dernier.

Les soldats français pourtant s'étaient battus avec le plus grand courage, et les Allemands eux-mêmes leur rendent justice. Une preuve incontestable de leur bravoure, ce sont les pertes considérables de l'ennemi. Sa victoire lui coûtait 11,000 hommes tués, blessés ou disparus; les Français ne perdirent, ou plutôt ne laissèrent sur le champ de bataille que dix mille hommes; mais un grand nombre de fugitifs moururent bientôt après de leurs blessures.

Pendant toute la nuit du 6, les débris de l'armée française arrivèrent pêle-mêle et harassés de fatigue dans la petite ville de Saverne. Après s'être battus la plus grande partie du jour, il leur avait fallu faire un trajet de six lieues. Le 7 au matin, le commandant essaya d'organiser ces troupes en désordre. Il était resté lui-même vingt-cinq heures à cheval. Pas un seul employé de l'intendance militaire ne se trouvait présent, pour assigner des logis, pour distribuer des vivres aux soldats. Un grand nombre d'habitants leur vinrent en aide; on enleva aux autres ce qu'ils ne voulaient pas donner. La ville entière n'était qu'une scène de confusion. Le maréchal prit alors une résolution étrange, inconcevable, celle d'abandonner le col de Saverne, au lieu de le défendre. Il pouvait y arrêter sans peine et longtemps l'armée du prince royal. Un défilé dans les montagnes est une forteresse bâtie par la nature. Depuis les temps les plus anciens, et notamment depuis le combat des Thermopyles, ces étroites vallées sont la ressource des vaillants contre le nombre. Une petite avant-garde y tient en échec des forces considérables; on peut sans cesse la renouveler par des bataillons qui se détachent du gros des troupes, abrité dans les replis des éminences, où il est hors d'atteinte. Mac-Mahon avait encore une vingtaine de mille hommes. En appelant près de lui les trente-cinq mille hommes du général de Failly, c'était plus qu'il n'en fallait pour occuper indéfiniment le col de Saverne, empêcher les Prussiens de marcher vers Strasbourg, en laissant derrière eux cette masse imposante, et, avantage inappréciable, fermer aux envahisseurs le chemin de la Lorraine, leur interdire l'accès de la France gallicane. Cette belle opération militaire s'indiquait d'elle-même. Comment le général en chef renonca-t-il à un fait d'armes glorieux, salutaire, indispensable? Un profond découragement peut seul expliquer sa détermination. Elle livrait aux Allemands Strasbourg, l'Alsace, tout l'est de la France, elle compromettait au début le succès de la campagne. C'est une de ces idées fatales, qui naissent dans les heures d'abattement, qui se dressent devant l'esprit troublé comme le fantôme de César devant Brutus, la veille du désastre de Philippes.

A dix heures du soir, Mac-Mahon ordonna une marche de nuit, comme pour échapper plus sûrement aux Prussiens qui arrivaient. Toute cette armée abattue s'écoula dans les ténèbres. Le 8 au matin, elle abandonnait le précieux détroit, les Thermopyles de la Lorraine, et atteignait Sarrebourg, après avoir franchi 32 kilomètres. Au bout de deux jours, le maréchal était à Lunéville; le 14, il entrait à Neufchâteau, où une partie des troupes de ligne montait en chemin de fer pour gagner le camp de Châlons, pendant que le reste des fantassins et la cavalerie poursuivaient leur route par étapes.

CHAPITRE VI.

BATAILLE DE SPIKEREN.

Le jour même où le 1ᵉʳ corps avait éprouvé le terrible échec de Wœrth, si fatal par ses conséquences, une autre déroute et la fuite du général de Failly ouvraient aux Allemands toute la frontière du nord-est.

Nous avons décrit succinctement (page 169) la petite ville de Saarbrück et le paysage qui l'entoure. Au midi s'élève un double plateau. Le premier, entièrement nu, bordé de pentes douces, servait aux Prussiens de champ de manœuvres. Une pente plus raide, en forme de demi-lune et couverte d'arbres, mène de ce premier étage au second, où s'abrite dans un pli de terrain, entre deux éminences, le village de Spikeren. L'un et l'autre dominent la vallée de la Sarre, fort large en cet endroit. A l'est du massif, un épais taillis, le bois de Saint-Arnual, descend jusqu'à la plaine. Au couchant, près de Stiring, monte dans une gorge le chemin de Saarbrück à Forbach. Sur ces pittoresques hauteurs allait se livrer une sanglante bataille, qui eut de frappantes analogies avec celle de Wœrth, et finit, hélas! d'une manière aussi tragique.

Au lieu d'occuper solidement le premier plateau, comme une position forte, derrière laquelle on avait la ressource d'une position plus forte encore, le général Frossard, précepteur militaire de l'avorton impérial, l'abandonna entièrement et se retrancha sur la pente boisée, en même temps que sur la hauteur de Spikeren. Dans quel but? Il voulait probablement forcer les Prussiens à franchir, pour l'attaquer, l'espace découvert du champ de manœuvres ; il espérait les y accabler sous le feu de son artillerie et principalement de ses mitrailleuses. Ce n'était pas un plan déraisonnable, tant s'en faut : il était même très-logique et pouvait parfaitement réussir. Les pièces françaises pouvaient exterminer les bataillons prussiens au fur et à mesure qu'ils seraient arrivés. Le grand défaut de ce projet, son seul défaut peut-être, c'est qu'il n'a pas réussi. On commettrait une injustice en le blâmant comme une idée absurde et malheureuse.

Beaucoup d'hommes spéciaux jugent néanmoins qu'il ne fallait pas abandonner le champ de manœuvres, d'où l'artillerie eût dominé le cours de la rivière, le pont de Saarbrück et le pont du chemin de fer, situé à l'ouest du premier. Le général Frossard eût ainsi défendu les approches mêmes de sa position et rendu très-difficile tout mouvement de l'ennemi. Mais, d'un autre côté, s'il n'avait pas obtenu l'avantage du premier coup, s'il lui avait fallu battre en retraite, ses soldats auraient dû occuper à la hâte les versants de la colline et s'y établir sous le feu des Prussiens, mouvement qui aurait été dangereux.

Quoi qu'il en soit, les Français quittèrent le champ de manœuvres dans la nuit du 5 au 6. Le général avait sous ses ordres 36 bataillons de ligne, 3 bataillons de chasseurs, 16 escadrons et 15 batteries. En supposant ces divers corps au grand complet, son effectif ne pouvait guère dépasser 34,000 hommes. Il posta la division Laveaucoupet à droite, sur la pente et au bord du plateau boisés que nous avons décrits, la division Vergé à gauche, sur un point d'où elle commandait la route montante de Saarbrück à Stiring, le 10° régiment de chasseurs à pied dans une ride de terrain qui sépare les talus du champ de manœuvres, la division Bataille en réserve, derrière la division Laveaucoupet, et il attendit les Prussiens.

A trois lieues de là, vers le midi, sur la ligne de Saint-Avold à Puttelange se tenait le corps du maréchal Bazaine, pour soutenir le général Frossard, ou pour protéger sa retraite en cas de mésaventure. Une de ses divisions occupait Saint-Avold même; deux autres, Puttelange; la quatrième formait en avant, à Beningen, comme la pointe d'un triangle et se trouvait si rapprochée de Forbach, qu'elle ne devait pas en être à deux lieues. Le matin du 6, Bazaine envoya demander à son collègue s'il avait besoin de renfort : le général Frossard, croyant sa position imprenable, refusa l'aide du maréchal, qui se le tint pour dit, sottement piqué sans doute, et demeura immobile quand les circonstances, le devoir et l'honneur lui ordonnaient d'entrer en ligne.

Les Allemands ne voulaient point livrer bataille ce jour-là; leurs forces étaient encore trop éloignées de Saarbrück, et ils n'avaient fait aucune disposition dans ce but. Le matin du 6 août, le prince Frédéric-Charles, commandant de la seconde armée, venait seulement d'atteindre Hombourg, où il adressait à ses troupes la proclamation suivante :

" Soldats de la seconde armée,

" Vous allez fouler le sol de la France.

" L'empereur Napoléon a déclaré sans motif la guerre à l'Allemagne : lui et son armée sont nos ennemis. On n'a pas demandé au peuple français s'il voulait faire à ses voisins allemands une guerre sanglante; nous n'avons donc pas contre lui de cause d'inimitié.

" Souvenez-vous-en dans vos rapports avec les paisibles

habitants de la France; montrez-leur que, de nos jours, deux peuples civilisés n'oublient pas, même pendant la guerre, les préceptes de l'humanité.

» Pensez toujours à ce que ressentiraient vos parents, si un ennemi (que Dieu détourne de nous ce malheur!) envahissait nos provinces.

» Montrez aux Français que la nation allemande n'est pas seulement grande et brave, mais qu'elle est en outre policée et généreuse envers ses ennemis. »

Frédéric-Charles,
Prince du sang.

Nous allons voir comment furent pratiquées ces belles maximes.

Ce n'était point la seconde armée, c'était une fraction de la première, commandée par le général De Steinmetz, qui devait engager accidentellement la lutte contre Frossard. Partie de Trèves, elle marchait vers Saarlouis et Saarbrück, dans la seule intention de se maintenir sur la même ligne que la seconde et la troisième armées, pour attaquer et envahir de front tout le nord-est de la France. Avec ses troupes supplémentaires, elle ne comprenait pas moins de 118,800 hommes, dont 13,800 cavaliers. Mais deux de ses corps seulement, le septième et le huitième, la cinquième division de cavalerie et 31 batteries d'artillerie, en tout 70,000 combattants, devaient prendre part à la lutte, avec 186 canons.

Le matin du 6 août, le septième corps d'armée, général Von Zastrow, le huitième corps, général Von Gœben, approchaient de la Sarre, mais étaient précédés par la cinquième division de cavalerie. Sous les épais ombrages du Kœllerwald, leurs mouvements restaient un profond mystère pour le général Frossard. A dix heures, les chefs allemands reçurent la fausse nouvelle que nos troupes abandonnaient leurs positions, avaient même commencé à monter en voiture dans la gare de Forbach, et donnèrent l'ordre de hâter la marche, espérant mettre à profit ce mouvement de retraite.

Il était onze heures, quand la 5ᵉ division de cavalerie (2,500 hommes) traversa le pont de Saarbrück et lança en éclaireurs deux escadrons : aussitôt qu'ils atteignirent le champ de manœuvres, ils furent salués par une canonnade qui descendait du plateau de Spikeren, et par une fusillade sortie du berceau creusé au pied des hauteurs. Elles leur prouvèrent que les deux endroits étaient fortement occupés, mais ne les dissuadèrent pas que notre armée préparait sa retraite.

Une demi-heure après, l'avant-garde de la 14ᵉ division prussienne atteignait Saarbrück, traversait rapidement la ville et se portait au champ de manœuvres. Elle y commença aussitôt une lutte d'artillerie contre les pièces françaises, braquées sur les hauteurs de Spikeren. Le double tonnerre gronda sans péripéties nouvelles jusqu'à une heure. Le gros de la division (13,000 hommes d'infanterie) et son commandant, le lieutenant général Von Kameke, étaient arrivés dans l'intervalle. Croyant avec obstination qu'il avait seulement affaire à l'arrière-garde des Français, le capitaine prussien ne voulut pas tarder un moment à la poursuivre. Ayant rassemblé tout son monde sur la rive gauche de la Sarre, il marcha droit au champ de manœuvres, où il avança quelque peu, mais se trouva promptement arrêté. Non-seulement une canonnade et une fusillade nourries partaient des hauteurs de Spikeren, mais le général Frossard fit placer une batterie de douze canons entre Stiring et la chaussée de Forbach; elle prenait les Allemands en écharpe et leur causait de tels dommages qu'elle les fixa sur place et les paralysa. Cette immobilité dangereuse pour les assaillants ne dura pas moins de deux heures. Il est singulier que les Français, avec leur fougue habituelle, n'aient pas alors attaqué les Prussiens et ne les aient pas culbutés dans le vallon de Saarbrück. Mais le général Frossard contint sans doute leur élan, pour ne pas abandonner une position qu'il jugeait imprenable. Cette fâcheuse circonspection donna aux renforts le temps d'arriver.

Le bruit du canon agissait comme un talisman sur toutes les forces prussiennes, qui se trouvaient à portée de l'entendre : elles accoururent avec un louable empressement. Ce zèle militaire amena sur le champ de bataille l'avant-garde du 3ᵉ corps d'armée, qui se trouvait près de Sulzbach, à la droite des Français. Le commandant, nommé Von Dœring, avait sous la main deux bataillons d'infanterie et un escadron de cavalerie ; prenant aussitôt les devants, il ordonna au reste de sa brigade et à deux batteries de le suivre au pas accéléré ; ce n'était pas moins de 7,000 hommes qui accouraient pour soutenir la 14ᵉ division. Instruit de ce mouvement, le lieutenant général Von Alvensleben fit partir derrière eux, pour les soutenir à leur tour, 15,000 fantassins et 7 batteries d'artillerie.

Pendant ce temps, la 13ᵉ division d'infanterie pressait sa marche, pour passer la rivière entre Vœlklingen et Wehrden, afin d'attaquer, près de Stiring, la gauche de l'armée française. Dans l'intervalle, juste en face de nos lignes, le commandant de la 16ᵉ division d'infanterie poussait vers Saarbrück son avant-garde, composée d'un régiment de fusiliers et de 3 escadrons, avec deux batteries, ordonnant d'ailleurs à toute sa division de le suivre sans prendre haleine. C'était encore 13,000 hommes et une trentaine de bouches à feu qui se précipitaient vers les défenseurs de notre territoire. Ces forces convergentes formaient une masse de 35,000 soldats.

Le lieutenant général Von Kamecke, voyant que son

attaque de front n'avait pas réussi (et il pouvait se féliciter d'en être quitte pour un échec), voulut essayer d'entamer notre gauche, près de Stiring, avec cinq bataillons (1). Mais ils se heurtèrent contre la division Vergé, qui les repoussa; deux autres attaques dirigées contre la droite française eurent le même sort. A trois heures, toutes les troupes de la division prussienne se trouvaient engagées, sans excepter un seul homme. Les coups de fusil formaient un roulement continu, dominé par la voix du canon et le grincement des mitrailleuses. Une épaisse fumée enveloppait la montagne, comme un brouillard d'automne, et cachait la bataille aux spectateurs, sauf quand le vent déchirait ou emportait le mobile rideau.

« L'artillerie prussienne, dit un journaliste qui se trouvait au milieu du feu, nous envoyait boulets et obus avec une profusion terriblement meurtrière : les boulets cinglaient l'air, s'abattant sur tous les points où l'ennemi voyait établir une batterie, ou se former une colonne. Une petite batterie de pièces de quatre lui était spécialement désagréable, par la justesse de son tir et les ravages qu'elle faisait dans ses rangs; les projectiles prussiens arrivaient alentour, serrés et sonores, soulevant des éclaboussures de poussière. Nos artilleurs n'en continuaient pas moins de charger leurs pièces et de pointer l'ennemi, avec cette régularité calme et rapide, qui distingue les manœuvres de notre artillerie. Dans cette journée, elle a fait des prodiges; bien inférieure, comme nombre de canons, elle a compensé ce désavantage en se multipliant, pour ainsi dire, sur tous les points et en exécutant des tirs d'un merveilleux effet.

» Quant à nos mitrailleuses, elles eussent pu nous être

---

(1) Les bataillons allemands sont toujours de mille hommes et au grand complet.

du plus grand secours pour contre-balancer l'infériorité numérique de nos troupes. Par malheur, elles ne peuvent être que trop rarement employées ; d'abord, je pense qu'il leur faut prendre l'ennemi à découvert, sur un terrain sans obstacles : ici, les arbres neutralisaient complétement leur puissance de destruction. Puis les soldats français et prussiens étaient si bien mêlés, quoique toujours à une certaine distance, tantôt reculant, tantôt avançant, qu'il était difficile de frapper seulement l'ennemi (1). »

Le bruit du canon, qui ébranlait au loin la terre, devait attirer le maréchal Bazaine, s'il avait eu quelques sentiments d'honneur et de patriotisme ; une ou deux de ses divisions eussent permis au 2ᵉ corps de prendre hardiment l'offensive, de culbuter les Prussiens et de détruire ensuite l'un après l'autre les renforts qui accouraient. Le maréchal Bazaine demeura impassible et immobile : destiné à être le bourreau de la France, il commençait dès le premier jour son œuvre sinistre.

Ce furent donc les Allemands, qui arrivèrent à pas précipités. Les mamelons se couvrirent de batteries nouvelles, et le combat devint plus terrible. Le général Von Gœben, chef du 8ᵉ corps d'armée, se trouvant alors sur le champ de bataille, prit le commandement et organisa de nouveau la lutte.

Il s'agissait d'utiliser le terrain, à droite et à gauche, là où il offrait quelques avantages et de poursuivre n'importe comment, avec des efforts suprêmes, l'attaque de front. Cette dernière tâche, la plus pénible de toutes, ce fut la 14ᵉ division prussienne qui en resta chargée ; la 5ᵉ reçut l'ordre d'attaquer la droite française par le bois de Saint-Arnual, pour permettre à la 14ᵉ de gagner du terrain. L'aile gauche de cette dernière appuya dans la même

(1) L. JEZIERSKI, *Opinion nationale* du 11 août 1870.

direction : entre les deux corps s'avança un régiment de fusiliers. L'attaque générale commença.

Quatre bataillons pénétrèrent dans le bois de Saint-Arnual, mais ne purent en franchir la lisière. Au centre, le général prussien François, descendant d'une famille exilée sans doute, essaya de gravir les pentes avec six mille hommes et les trois mille hommes du régiment de fusiliers; mais sa bravoure demeura inutile, un coup de feu l'étendit raide mort. Cependant les Prussiens, en faisant des efforts prodigieux et subissant des pertes considérables, finirent par escalader un éperon de la montagne, ce qui leur permit d'assaillir le bois placé en face. Mais là ils trouvèrent une résistance de plus en plus énergique, et ce fut seulement à cinq heures que les fusiliers purent s'en rendre maîtres : ils abordèrent enfin le plateau et se retranchèrent dans le taillis.

Sur la gauche des Français, la lutte ne leur était pas plus favorable. Là, un régiment de grenadiers prussiens, venu en chemin de fer, abordait un cap très-rapide et entièrement dénudé, qu'on appelle le Montrouge. Il le gravit sous un feu meurtrier, sans se laisser décourager par les nombreux obstacles du terrain; vainement les balles françaises le décimaient, il avançait toujours; il atteignit enfin le sommet de la butte, épuisé de lassitude et à bout de forces.

A l'extrême gauche, la 28ᵉ brigade d'infanterie prussienne combattait avec la même ardeur; elle éprouvait des pertes cruelles, mais s'emparait du bois situé près du chemin de fer, entre Stiring et Drathzug, où elle se maintenait malgré tous les efforts de nos troupes.

Il était quatre heures et demie : en ce moment arriva sur le champ de bataille le général Von Zastrow, chef du 7ᵉ corps, qui prit à son tour le commandement de toutes les forces engagées. Sur deux exhaussements de terrain, nommés le Galgenberg et le Folsterhœhe, situés en face de la gauche française, on avait installé vingt-quatre bouches à feu, qui tonnaient contre la division Vergé, et atteignaient aussi la division Laveaucoupet. Derrière les mamelons et dans les plis de terrain se tenaient abrités six ou huit régiments de cavalerie prussienne, tout à fait inutiles pour le moment. Vers cinq heures, le lieutenant général Von Alvensleben survint encore, avec plusieurs régiments du 3ᵉ corps d'armée, qui furent lancés immédiatement sur le bois de Saint-Arnual. Peu de temps après, les versants rapides et le premier plateau de Spikeren étaient occupés.

Les deux armées avaient horriblement souffert. Du côté des Français, le 40ᵉ de ligne était écharpé. On emportait le colonel, atteint d'une affreuse blessure : tous les officiers étaient morts ou blessés. Une procession de malheureux soldats, pâles, sanglants, portés par leurs camarades, défilait vers l'église de Spikeren, que l'on venait de transformer en hôpital. On les étendait sur les bancs ; les sœurs de charité, les femmes du village leur donnaient les premiers soins, avec de l'eau et de la charpie effilée à la hâte. Pendant trois heures, un chef de musique remplit seul les fonctions de chirurgien, et il n'avait pour tout remède qu'un flacon de sels anglais ! Enfin arrivèrent tardivement trois docteurs de l'armée. Les balles sifflaient autour de l'église, au sommet de laquelle flottait un drapeau ; les boulets passaient en grondant par-dessus le village, lancés contre un régiment de dragons qui venait de se poster sur la rampe placée derrière ; force lui fut de s'abriter contre les maisons. Les obus tombaient jusqu'au milieu des campements, car l'attaque avait été si subite que les tentes se trouvaient encore dressées à Spikeren (1).

(1) L. Jezierski, *loc. cit.*

Mais, à côté de la mort, la vie ; à côté de ceux qui souffrent, ceux qui espèrent ; à côté de ceux qui râlent, ceux qui ont la force, l'enthousiasme, et rêvent la vengeance. Les Français avaient pris position sur le second plateau, qu'ils défendaient énergiquement. Leurs boulets et leurs balles trouaient, fauchaient les rangs prussiens. Malgré les renforts qu'elles recevaient, malgré une constance inflexible, les troupes allemandes gagnaient peu de terrain. Chose mémorable ! à cinq heures et demie, la lassitude était si grande de part et d'autre, que sans avoir fait de convention, sans avoir échangé une parole, les deux armées suspendirent le combat. Les mitrailleuses cessèrent tout à coup de grincer, les canons de tonner, la fusillade de crépiter : les bras épuisés de fatigue se reposèrent. Un silence lugubre, un silence de mort enveloppa le champ de carnage. Les dernières fumées de la poudre montèrent lentement dans le ciel.

Mais ce n'était qu'un répit, qu'une trêve momentanée. Il s'agissait maintenant pour les Prussiens de défendre avec ténacité, avec acharnement, la position conquise ; pour les Français d'en chasser l'ennemi et d'en rester maîtres. Une lutte terrible, une lutte effroyable se préparait, où les deux nations allaient combattre avec une bravoure désespérée.

Pour cet engagement suprême, le général Frossard réunit toutes ses forces, ses trois divisions et les trois armes, infanterie, cavalerie, artillerie. Les Prussiens n'avaient pu hisser aucune pièce sur le plateau où ils étaient parvenus : il fallait en profiter. Des hauteurs méridionales de Spikeren et par leur prolongation à l'occident, qui forme un terre-plein, le général fit avancer toutes ses troupes en ligne de bataille, commençant les feux de chassepot à 1,500 mètres de l'ennemi. Rangés au bord de la plate-forme, les canons, les mitrailleuses ton-

CHIRURGIEN FRANÇAIS TUÉ PAR UN PRUSSIEN
PENDANT QU'IL SOIGNE UN BLESSÉ.

naient avec fureur contre les Prussiens. L'action devint sanglante. De Sarreguemines arriva fort à propos la brigade Bastoul, mais il aurait fallu la division entière. Que faisait donc le maréchal Bazaine, pendant que nos braves soldats mouraient comme des héros? Il écoutait sans s'émouvoir le grondement lointain de la mêlée qui décimait ses compatriotes, qui allait abattre pour longtemps la fortune de la France.

« On remonta le second versant de Spikeren, dit un témoin oculaire; là, le chemin passe entre deux talus : c'était, dessus nos têtes, un concert de sifflements; le bois était en face. Sur le chemin, chevaux éventrés, soldats étendus; la colonne s'arrête. Deux officiers à cheval escaladent le talus; ils se dressent droit en face des Prussiens, et se tournant vers la troupe :

« Venez, enfants, encore un coup de fusil. Vous voyez bien qu'il n'y a pas de danger. »

» Ce magnifique appel est entendu : chacun gravit le talus sur les genoux, le feu recommence, et de nouveau nous faisons un pas en avant. Pendant trois mortelles heures, la mêlée dura : je la voyais monter et redescendre, des crêtes dans les ravins et des ravins aux crêtes (1). »

Sur les autres points de la ligne, on se battait avec le même acharnement. Tout à coup, les Français entendent gronder devant eux le canon prussien et des boulets sillonnent leurs rangs. La surprise se peint dans tous les regards. Les Allemands avaient donc traîné des bouches à feu jusque sur le sommet du plateau? Comment avaient-ils pu y parvenir? Ils avaient en effet exécuté cette entreprise, qui paraissait inexécutable. Avec des efforts inouïs, par des sentiers abrupts, ils avaient transporté sur le pla-

(1) L. JEŻIERSKI, *Opinion nationale* du 11 août 1870.

teau deux batteries de la 5ᵉ division, et, de la lisière des bois, les douze pièces avaient ouvert contre les Français un feu terrible. Les artilleurs se trouvaient dans une position dangereuse, car ils étaient à portée de fusil ; malgré des pertes énormes, ils restèrent en place jusqu'à la fin du combat. Des chemins sinueux avaient aussi amené sur les hauteurs de la cavalerie prussienne. La lutte devint donc plus meurtrière que jamais.

Étonnée, mais sans crainte, l'armée exécuta successivement trois attaques de front. Toutes trois échouèrent contre l'inébranlable résistance de l'infanterie germanique, secondée par la terrible précision des batteries nouvellement arrivées, qui prenaient en écharpe les régiments français. A 7 heures et demie, devant Stiring, nos troupes essayèrent encore un vigoureux mouvement d'offensive contre la droite prussienne ; mais il fut repoussé de nouveau par la 28ᵉ brigade d'infanterie.

Les Allemands, à leur tour, préparaient alors un assaut général, pour débusquer les Français de leur dernière position. Voulant les prévenir, nos troupes essayèrent une quatrième attaque de front. Elle échoua comme les précédentes, et l'armée du général Frossard, n'ayant pu entamer les Prussiens, regagna tristement les hauteurs méridionales de Spikeren. Mais elle ne rentra pas tout entière dans ses lignes. Attaquée par six mille hommes et deux batteries de canons, la gauche cédait devant l'impétuosité de l'ennemi, devant l'adresse de ses artilleurs, et portait le désordre au centre. Tous nos soldats étaient à bout de forces : la retraite allait commencer.

Dans ce moment douloureux et solennel, on entendit résonner à l'extrême gauche un feu de mousqueterie et l'imposante voix du canon. Était-ce Bazaine qui arrivait, qui, touché enfin d'un sentiment patriotique, venait sauver l'armée française? Le cœur lui avait battu bien tard, mais son secours était si précieux qu'on n'aurait point compté les heures. Bazaine n'avait pas quitté ses positions du matin, ou il avait rétrogradé vers Metz. C'était le général Von Zastrow, avec la 13ᵉ division d'infanterie prussienne, qui arrivait près de Forbach. Il était en route depuis le matin. A deux heures et demie seulement, il atteignait les bords de la Sarre et traversait Vœlklingen. Il n'y a pas deux lieues de cette localité à Saarbrück; mais le terrain montagneux et boisé ne permettait pas d'entendre le canon. Le général Von Zastrow n'apprit qu'à cinq heures du soir le combat terrible qui ensanglantait les plateaux de Spikeren; un officier qu'il avait envoyé à la découverte vint alors lui rendre compte de la situation. Pressant la marche de ses troupes, il atteignait à huit heures, avec son avant-garde, un bois situé devant Forbach, que les Français avaient protégé par des fossés de tirailleurs et occupaient encore avec des forces respectables. Avant la tombée de la nuit, les tirailleurs furent délogés. Puis les six bouches à feu des deux bataillons allemands canonnèrent Forbach et les troupes que les Prussiens apercevaient encore.

Les habitants effrayés de la petite ville s'enfuirent à pied, en voiture, poussant des cris, tenant leurs enfants par la main, augmentant le trouble et l'inquiétude de l'armée française. Sous la protection de leurs pièces très-bien placées, nos soldats commencèrent leur retraite, dans la direction d'Essling et de Gross-Blitterdorf. La route de Forbach était coupée : il y avait même lieu de craindre que les Prussiens, en se rabattant sur le chemin de Sarreguemines à cette dernière localité, ne rendissent inutile le long détour que les vaincus allaient faire. Pour plus de sûreté, on prit un chemin de traverse, par Hundling et Welferdin : c'est une voie mal entretenue et pleine d'ornières : à chaque cahot, les blessés ne pouvaient retenir leurs gémissements ou leurs plaintes. Cette litanie funèbre et monotone redoublait la tristesse de la nuit et la tristesse de la déroute. Personne depuis le matin n'avait mangé, tant le maréchal Lebœuf avait bien organisé l'intendance militaire. Après avoir combattu à jeun pendant dix heures, nos soldats marchèrent toute la nuit l'estomac vide. Ce fut dans la ville de Sarreguemines seulement qu'on leur distribua du pain : ils burent avidement l'eau des fontaines. Les troupes vaincues rallièrent en cet endroit la brigade Lapasset, demeurée immobile tout le jour précédent.

L'armée fut alors contrainte de revenir sur ses pas, de traverser Puttelange et Saint-Avold pour gagner Metz. Où était Bazaine, pendant cette marche périlleuse ? La retraite s'était bientôt changée en fuite et en déroute. Les Allemands auraient pu exterminer jusqu'au dernier soldat du général Frossard. Des éclaireurs les suivaient déjà et inquiétaient les traînards. Bazaine, qui était resté immobile pendant toute la lutte, avait eu le pied leste après la bataille : on le cherchait dans ses premières positions, il avait disparu (1).

Le 7 au matin, Forbach fut occupé par la 13ᵉ division prussienne : elle y trouva de grands approvisionnements militaires, et y fit cinq cents prisonniers non blessés ; les magasins étaient remplis de vivres, d'objets d'équipement

---

(1) L'odieuse conduite du maréchal ne passa point inaperçue dans l'armée : « Les uns, dit un officier d'état-major, voulurent y voir une preuve d'hostilité ou de jalousie contre le général Frossard, une suite de sa mauvaise humeur ; les autres crurent à une sorte de rancune contre le chef de l'État ; les soupçons allèrent plus loin encore, et l'on pourrait citer tel grand personnage du quartier impérial, qui s'écria devant plusieurs témoins : — C'est à croire que Bazaine trahit ! » *Metz, campagne et négociations*, p. 49.

et d'armement. Un matériel considérable de chemins de fer et un train complet de pontonniers devinrent aussi la proie des envahisseurs.

Dans cette fatale journée, les pertes des deux nations furent considérables. Les Prussiens avouent 4,000 morts et blessés, nombre qui doit être au-dessous du chiffre réel, car le 12ᵉ régiment de grenadiers eut, à lui seul, 32 officiers et 800 hommes mis hors de combat. La liste nécrologique dressée par les Français porte 4,708 hommes couchés sur le terrain. Dix-huit cents soldats, cent soixante-trois officiers de la division Laveaucoupet furent tués ou mutilés par les projectiles. Deux mille prisonniers sans blessure et les premières lignes de tentes, fixées en avant de Spikeren, tombèrent entre les mains des vainqueurs ; mais l'armée vaincue ne leur laissa ni un canon, ni un drapeau.

Dans tout le récit de la bataille, j'ai supposé que le général Frossard commandait l'armée en personne, dirigeait la lutte et combinait les mouvements des troupes. Comment supposer qu'il ne se trouvait pas à son poste, quand tout lui en faisait un devoir, comment présumer qu'il jouait avec une indifférence criminelle les destinées de son pays ? Les témoignages les plus graves affirment cependant qu'il ne parut pas sur le terrain avant trois heures, qu'il laissa jusqu'à ce moment les chefs de division, les colonels, les officiers, les simples soldats se gouverner comme ils l'entendaient (1). Les régiments, les bataillons luttaient pour leur propre compte, sans savoir ce qui se passait à cent mètres de l'endroit où ils faisaient des prodiges. « Chaque troupier, dit un témoin

---

(1) *Metz, campagne et négociations*, par un officier supérieur de l'armée du Rhin (le colonel d'Andlau), p. 46 et 47. — *Les Vaincus de Metz*, par E. J., ancien élève de l'École polytechnique, p. 69 et 33.

oculaire, finit par se battre isolément, à côté du chef qu'il connaissait. La plupart de ces luttes furent acharnées. Elles honoraient aussi bien les Français livrés à eux-mêmes, que les Allemands, dont l'attaque vigoureuse était excitée par l'idée d'une bonne direction. Quelques groupes de vieux soldats refusaient de reculer, tiraient avec la rage du désespoir contre un ennemi dont le nombre grossissait de plus en plus (1). »

Tandis qu'un sang précieux rougissait la terre, que faisait donc le chef du deuxième corps? Assis à table chez le maire de Forbach, entouré d'un luxe royal que lui avaient permis d'étaler ses fourgons, il mangeait des plats de choix, dégustait des vins fins, regardait ondoyer la fumée de son cigare, chantait peut-être quelque refrain grivois! Il fallut des avis réitérés, puis des nouvelles inquiétantes, pour l'arracher aux triviales sensualités de la gastronomie. Pendant qu'il sablait le champagne, combien de jeunes cœurs cessaient de battre, combien de pauvres paysans tombaient mutilés sur le sol que fouillaient les obus! La participation la plus importante de Frossard à la journée fut de commander la retraite. Encore la dirigea-t-il vers Sarreguemines, vers les frontières de l'Allemagne, où il semblait aller au-devant de l'ennemi, au lieu de marcher sur Puttelange, pour gagner Metz par un chemin plus direct.

« Voilà, dit un écrivain militaire, ce que valaient les généraux de cour! Voilà ce que l'Empire avait fait d'un homme qui, dans sa jeunesse, devant Sébastopol, avait une réputation incontestée de science, de bravoure et d'énergie. Le reconnaîtriez-vous dans ce vieillard voûté, qui s'appuie lourdement sur ses étriers, qui arpente au galop un chemin encombré de voitures, de sacs, d'armes

---

(1) *Les Vaincus de Metz*, p. 71 et 72.

éparses, de blessés et de morts, sur lesquels il n'a pas le temps de jeter un coup d'œil (1)? »

Les Allemands prétendent avoir remporté la victoire à nombre égal. Le soir de la bataille, ils avaient sur les hauteurs, où ils passèrent la nuit, 52,000 hommes. Mais, suivant eux, une partie seulement de cet effectif aurait été engagé, et à l'appui de leur opinion, ils donnent de grands détails, qui paraissent exacts. Mais ce qu'ils ne disent point, c'est que, pendant la bataille, ils eurent recours à d'indignes subterfuges. Le 10e régiment français de chasseurs à pied, voyant une troupe ennemie lever la crosse en l'air, comme si elle voulait se rendre, approcha sans défiance et reçut à cinquante pas une décharge meurtrière. Le commandant fut ensuite tué par un boulet. Il n'y a rien de trop vil pour la candeur allemande.

Par leur marche de nuit, Frossard et Mac-Mahon s'étaient soustraits à une poursuite immédiate. La cavalerie de la 1re et de la 3e armée prussiennes la commencèrent, le matin du 7, pendant que la seconde armée continuait, au centre, sa marche vers la frontière française, en suivant la grande route de Hombourg à Sarreguemines, pour se trouver à la même hauteur que la 1re armée, qui occupait Sarrebrück et Forbach. Le 7, au soir, le prince Frédéric-Charles établit son quartier général à Bliescastel, pendant que le roi de Prusse transportait le sien de Mayence à Hombourg.

Dans la nuit du 7 au 8, l'avant-garde de la 2e armée passa la frontière française près d'Halbkirchen, à une lieue de Sarreguemines, en sorte que, le 8, la plus grande partie des armées allemandes foulait déjà le territoire français.

Et le général De Failly, qu'était-il devenu? Que faisait

---

(1) *Les Vaincus de Metz*, p. 73.

ce grand homme? En apprenant, le soir du 6 août, le désastre de Wœrth, qui était son œuvre, il abandonnait son poste sans avoir tiré un coup de feu, sans avoir même aperçu l'ennemi. Son corps d'armée fuyait comme un amas de feuilles sèches roulées par le vent du nord. Pour faciliter sa retraite, il avait envoyé les équipages du train à Sarreguemines et laissé dans la place de Bitche une partie de ses bagages. Quittant la route qui passe au nord des Vosges, sur laquelle il se trouvait, il prit celle qui les traverse, en courant vers le sud, dans la direction de Sarrebourg. On aurait pu le croire âprement poursuivi, car il abandonnait en chemin ses canons, presque tout son matériel et la plupart des bagages qu'il avait emportés. Officiers et soldats se plaignaient hautement d'avoir pour chef un homme si incapable. Le favori de l'Empereur, quoique frappé de crainte, négligeait toutes les précautions militaires; pas d'éclaireurs ni d'avant-postes. Il allait à travers les montagnes comme sous la malédiction d'un pouvoir mystérieux. Après un jour et une nuit de marche très-pénible, le 5ᵉ corps épuisé atteignait, le 7 août, à trois heures de l'après-midi, la Petite-Pierre, d'où il se dirigeait vers Neufchâteau et la Haute-Marne (1).

(1) Dans une brochure publiée en juillet 1871 chez Dumaine (*Campagne de 1870 : opérations et marches du 5ᵉ corps jusqu'au 31 août*), M. De Failly donne des explications sur sa conduite et cherche à la justifier. Il y rapporte que, le 4 août, deux de ses divisions se trouvaient à Sarreguemines, et une seule à Bitche; le 5 au soir seulement, la division Goze arriva dans ce dernier poste. Quand Mac-Mahon envoya demander au général son concours, le chef du 5ᵉ corps lui fit transmettre ces détails. Le 6 au matin, la division Guyot de Lespart se mit en route dans un défilé, qui a huit lieues de longueur, et non-seulement elle n'arriva pas trop tard sur le champ de bataille, mais elle fut attaquée avec violence par les Prussiens, dès qu'ils l'aperçurent : la 1ʳᵉ brigade retourna en conséquence à Bitche, et la 2ᵉ prit le chemin de Saverne. M. De Failly n'aban-

A l'extrémité méridionale de l'Alsace, le 7ᵉ corps, sous les ordres du général Félix Douay, qui avait alors seulement une division et une brigade d'infanterie (1), avec lesquelles il avait occupé Mulhouse, se retirait précipitamment vers Belfort, comme si l'ennemi pouvait l'atteindre à trente lieues de distance, par une action magnétique.

Ainsi tout fuyait, tous les soldats de la France abandonnaient aux Germains le sol de la patrie. L'Alsace, la Lorraine étaient livrées; les campagnes voisines se trouvaient sans défense. Un double malheur semblait prophétiser dès l'origine un dénoûment plus malheureux encore. Et, réflexion amère, ces deux catastrophes pouvaient être changées en victoires; bien mieux, auraient dû attester une fois de plus, selon toutes les probabilités humaines, le génie militaire de la France. Si le général De Failly, comme il en avait reçu l'ordre, était arrivé sur le champ de bataille de Wœrth, au moment où l'action était dans toute sa violence, s'il avait alors attaqué les Prussiens de dos ou de flanc, nul doute qu'il ne les eût accablés, dispersés, rejetés vers la frontière. Si le maréchal Bazaine, au lieu de laisser le général Frossard combattre seul, était venu à son aide, comme le lui prescrivait impérieusement son devoir, la déroute des Allemands était plus certaine encore : ils eussent repassé la Sarre après avoir essuyé des pertes considérables (2). Les présages

---

donna lui-même le campement de Bitche que sur l'avis d'un conseil de guerre, et laissa dans la place un bataillon d'infanterie, une compagnie de douaniers, un capitaine d'artillerie avec quelques artilleurs pour en former d'autres.

(1) Une de ses divisions avait combattu à Wœrth; l'autre était encore en formation, à Lyon.

(2) Cet abandon criminel a frappé les Allemands, qui ne cachent pas leur surprise : « Mac-Mahon à Wœrth, comme Frossard à Spikeren, furent laissés dans la détresse par les corps d'armée voisins, dit Borbstaedt; le bruit du canon n'exerça aucune influence sur

funèbres étaient changés en glorieux pronostics; les divers corps, électrisés par le succès, avaient le temps d'accourir pour protéger le nord-est de la France. Les enrôlements volontaires se multipliaient, la levée nouvelle se faisait comme par enchantement. Et quel effet moral dans toute l'Europe ! Quel soulèvement contre l'ambition de la Prusse, qui débutait par des revers dans l'accomplissement de ses mauvais desseins! Comme la bassesse des gouvernements étrangers eût souri à la France victorieuse! Comme on eût, dès ce moment, courtisé sa faveur! Mais un homme patibulaire avait organisé sa perte, avait détruit dans la plupart des généraux tout sentiment moral : une histoire tragique allait se dérouler, plus frappante, plus sombre et plus lamentable que les antiques légendes des châtiments célestes.

leurs chefs, au lieu qu'il attirait les généraux prussiens, pendant ces mêmes batailles, avec une puissance irrésistible. »

CHAPITRE VII.

CHUTE DU MINISTÈRE OLLIVIER ; MARCHE DU PRINCE ROYAL ; INVESTISSEMENT DE STRASBOURG.

Le début malheureux de la guerre, trois désastres coup sur coup, devait faire crouler subitement le ministère Ollivier, comme une maison abattue par un violent orage. Le 5 août, à midi 15 minutes, une dépêche annonçait au gouvernement et aux Parisiens la défaite de Wissembourg. En même temps, l'impératrice Eugénie faisait son premier acte politique, publiait son premier décret, augmentant de 50 francs la rétribution annuelle des vicaires, pour les églises situées ailleurs que dans les grands centres de population. Au milieu d'une lutte terrible, où le sang et l'honneur militaire de la France coulaient déjà par trois blessures, voilà quelles étaient ses préoccupations ! La femme se montrait digne du mari. Quinze jours avant la guerre, Napoléon III ne pouvait dormir, si une rue de la capitale ne se trouvait point alignée à sa guise.

Trente-six heures après la réception de la première nouvelle, dans la nuit du 6 au 7, l'Empereur annonçait de Metz, par le télégraphe électrique, les déroutes de Wœrth et de Spikeren. A 6 heures du matin, la régente et le ministère convoquaient les Chambres pour le 11 août. Le soir, par un nouveau décret, l'ouverture de la session extraordinaire était avancée de deux jours. Le lendemain, une affiche collée sur tous les murs proclamait la patrie en danger. Ainsi, une semaine entière ne s'était pas écoulée depuis la bouffonnerie de Saarbrück, et déjà le mime impérial sentait le sol trembler sous lui.

Le 9 donc, les mercenaires de la Chambre et du Sénat se trouvaient rassemblés. La séance des élus du pouvoir fut nulle, comme d'habitude; mais l'orage éclata parmi les députés. M. Émile Ollivier faisant l'éloge des soldats français, M. Guyot-Montpayroux s'écria : « Des lions conduits par des ânes, comme disait Napoléon! » Le garde des sceaux continuant, prononça ces incroyables paroles : « Nous comblons avec nos forces disponibles les vides de notre armée. Et pour les combler plus complétement et réunir une nouvelle armée de 450,000 hommes, nous vous proposons d'abord d'augmenter la garde nationale mobile, en y appelant tous les hommes non mariés de 25 à 30 ans; de nous accorder la possibilité d'incorporer la garde mobile dans l'armée active et tous les hommes disponibles de la classe de 1870. »

Quelle garde mobile? Le ministre de la guerre lui-même avait déclaré à la tribune qu'elle existait seulement sur le papier. Maintenant on réunissait en toute hâte les jeunes gens qui auraient dû la composer, on leur faisait faire l'exercice pendant quelques jours, on leur mettait entre les mains une arme dont ils ne savaient pas se servir, et on les conduisait au feu, c'est-à-dire à la boucherie, à la mort, contre des troupes formidables, les mieux disciplinées, les mieux armées de l'Europe! Quel crime! Et pour combler la mesure, on demandait l'autorisation de mêler ces recrues inhabiles, ne sachant ni tirer, ni manœuvrer, aux soldats depuis longtemps instruits, afin de les affaiblir sans doute, de rendre plus certaine la victoire des Prussiens. Quelle folie! Ce crime et cette folie ont eu lieu cependant : nos plaines et nos collines ont bu le sang des malheureux conscrits, jetés au-devant des boulets et des balles sans connaître les premiers éléments de l'art militaire, victimes prédestinées qui tombaient sur le champ de bataille, huit jours après avoir quitté leurs familles !

Bientôt des exclamations, des interruptions blessantes amènent le ministre à faire cette humble déclaration : « Si vous croyez que d'autres plus que nous peuvent offrir à vous, au pays, à l'armée, à la défense nationale les garanties dont elle a besoin, ne discutez pas, ne faites pas de discours ; demandez les urnes du scrutin, déclarez que nous n'avons pas votre confiance, et qu'à l'instant même les nouveaux moyens s'organisent. Renvoyez-nous, si vous voulez, mais tout de suite et sans phrases, car ce qu'il faut avant tout, ce n'est pas pérorer, ce n'est pas discuter, c'est agir ! »

Ravie de la proposition, la Chambre prenait au mot M. Émile Ollivier, qui sortait de la salle, se rendait aux Tuileries avec ses collègues, pour y donner leur démission, et revenait, séance tenante, annoncer que le général Cousin-Montauban était chargé par l'Impératrice de composer un nouveau cabinet. Ce ministère ne montra pas beaucoup plus d'intelligence que le précédent. Le désorganisateur de la flotte française, M. Rigault de Genouilly (symptôme de mauvais augure !) ne suivait pas dans sa retraite le maréchal Lebœuf, et un renégat libéral, devenu idolâtre de l'Empire, attrapait au vol un portefeuille. Nous verrons bientôt agir cette seconde troupe d'hommes funestes ; mais nous devons retourner d'abord sur le sol envahi, pour décrire les opérations militaires.

Après avoir défait l'armée de Mac-Mahon, le prince royal campa sur le champ de bataille, dans les positions mêmes que les Français avaient occupées pendant la journée, depuis Frœschwiller jusqu'à Gunstett. Le lendemain seulement, la brigade de cavalerie wurtembergeoise (1), un régiment de hussards et de dragons prussiens commencèrent à poursuivre les débris du centre et de l'aile gauche, dans la direction de Saverne, tandis que la brigade de cavalerie badoise, commandée par le général La Roche, poursuivait les fuyards de l'aile droite, qui avaient pris la route de Haguenau. Le 8, Frédéric-Guillaume détacha de son armée la division badoise, destinée à investir Strasbourg, avec plusieurs divisions de la landwehr prussienne, sous le commandement du général De Werder. Tout le reste du 1er corps marcha sur Saverne, qu'il atteignit le même jour. Alors commença l'œuvre de rapine, le brigandage militaire qu'on appelle des réquisitions allemandes.

Saverne est une petite ville qui renferme 5,331 habitants. Lorsque les troupes germaniques y furent arrivées, cette faible population dut fournir aux envahisseurs : 10,000 pains de 3 kilogrammes, 60 bœufs de 259 kilogrammes, 8,000 kilos de riz, 1,250 kilos de café grillé, 750 kilos de sel, 500 kilos de tabac ou 180,000 cigares, 1,500 cigares fins pour les officiers, 10,000 litres de vin ordinaire, 3,000 de vin rouge de qualité supérieure, 2,000 de Bourgogne, 200 bouteilles de Champagne, 100 kilos de sucre, 25 kilos d'extrait de viande, 60,000 d'avoine, 25,000 de foin, 25,000 de paille.

C'est ainsi que les Allemands prétendaient épargner la population civile. Sous les ordres du prince royal, qui affecte ne pas aimer la guerre, qui avait autorisé les massacres de Wissembourg, de Wœrth et de Gunstett, on vit donc se révéler, dès les premiers jours, les deux traits

---

(1) Une brigade de cavalerie allemande contient 1,200 hommes.

dominants du caractère germanique, une férocité bestiale, le goût du meurtre pour le meurtre, la soif du sang, et une immense, une perpétuelle duplicité. L'hypocrisie allemande est la plus parfaite production de la nature. Ses autres ouvrages laissent tous à désirer : les fleurs, les arbres, les grands hommes ont leurs défauts : le soleil lui-même a des taches. L'hypocrisie allemande n'a pas de taches : elle est homogène, elle est complète, elle est pure comme les sources des montagnes, comme la lumière et comme le diamant. On peut l'examiner à la loupe : jamais on n'y trouve la moindre paille. Pour égaler cette merveille, ou plutôt pour en approcher, il faudrait réunir tous les artifices, toutes les simagrées, toutes les impostures, les trahisons et les bassesses de Tartufe, Basile, Rodin, Mercadet, Iago, Richard III, Patelin et autres fourbes. Encore seraient-ils éclipsés par l'imperturbable sang-froid, par l'instinct puissant, par l'audace tranquille des cafards d'Allemagne. Leur habileté est si étonnante, si prodigieuse, si naturelle, qu'ils sont parvenus à se faire dans le monde entier une réputation de bonhomie. Quelle superbe et incomparable mystification !

Ah! les honnêtes gens, ah! les bonnes gens! Comme ils pleurent, comme ils s'attendrissent sur les malheureux qu'ils ont dévalisés, torturés, assassinés! Ce n'est pas leur faute : ces victimes étaient des créatures immorales, elles avaient besoin d'une leçon; il a bien fallu les égorger, il faudra en égorger beaucoup d'autres. Mais c'est Dieu qui l'ordonne, c'est la conscience de l'Allemagne qui l'exige : il faut que justice soit faite. Et pendant qu'ils essuient leur sabre, où dégoutte le sang d'un enfant à la mamelle, ils fourrent dans leurs poches vertueuses les boucles d'oreilles de la mère qu'ils ont étranglée, les bracelets de la sœur qu'ils ont violée!

Aussi l'Allemagne est-elle devenue le grand cloaque de

la dépravation astucieuse et hypocrite, un égout central, où vont aboutir, au nord et au sud, toutes les corruptions de l'Europe. Les princes de la ruse, les symboles de la cupidité, les Juifs et les Jésuites, ont fait de l'Allemagne leur chef-lieu et leur citadelle : au nord, les Juifs pullulent, au sud les Jésuites ont dominé d'une manière absolue la monarchie des Habsbourg pendant 170 ans et la paralysent encore : entre les escobars de Loyola, entre les brocanteurs de Moïse et la race allemande, il y a une harmonie préétablie, une affinité élective, qui attire puissamment les uns vers les autres ces avides spéculateurs, les pharisiens de l'ancienne loi et les tartufes de la nouvelle. Berlin, à lui seul, renferme 30,000 israélites.

Heureusement le séjour du prince royal à Saverne ne fut pas de longue durée. Il lui tardait de franchir les Vosges pour se mettre en communication avec la grande armée du prince Frédéric-Charles. La cavalerie, lancée en avant, y parvint le 10 août. Dès ce jour-là, les escadrons des trois armées formaient depuis Les Étangs, situé près de Metz, par Foligny, Faulquemont, Grand-Tenquin, jusqu'à Saar-Union, un vaste rideau, impénétrable aux éclaireurs, qui masquait toutes les opérations des troupes allemandes.

Il ne s'agissait pas seulement de traverser les Vosges; il fallait prendre toutes les petites places, qui en défendaient les passages. Bitche, sommé de se rendre, défiait du haut de ses rochers l'artillerie germanique. Il fut investi par un détachement bavarois. La petite forteresse de Lichtenberg, ayant une imperceptible garnison de 280 hommes, fermait aussi ses portes le 9. On la bombardait aussitôt, on y allumait quelques incendies, et elle capitulait le lendemain. Les soldats chargés de défendre Lützelstein, ou Petite-Pierre, l'abandonnaient avant l'arrivée de l'ennemi. Phalsbourg, ayant une garnison suffisante et des ouvrages construits par Vauban, l'invasion laissa des troupes pour l'assiéger; le prince royal passa outre, et, le 11, atteignait Sarrebourg. L'avant-garde triomphante poursuivit son chemin. Le 12, à trois heures de l'après-midi, quatre uhlans prussiens entraient au galop dans la ville ouverte de Nancy, où il ne restait plus un soldat depuis la veille, sonnaient de la trompette, déclaraient la cité prise au nom du roi Guillaume, puis se retiraient comme ils étaient venus. Une demi-heure après, un détachement de 26 Prussiens traversait l'ancienne capitale de la Lorraine, envahissait la gare, faisait le chef prisonnier, enlevait les rails jusqu'à Manéville et les jetait dans le canal, puis abattait jusqu'à une certaine distance les poteaux télégraphiques. Pendant ce temps, le maire était sommé de se rendre auprès du commandant de l'expédition, qui avait fait halte au nord avec le gros de sa troupe, entre Saint-Max et la route d'Essey, deux villages situés tout près du chef-lieu. On lui demandait une contribution de guerre de 300,000 francs. Avec une audace bien singulière, un officier de uhlans, suivi de deux cavaliers, explorait la ville pour juger de son importance et voir ce qu'on pourrait en tirer. Le conseil municipal ne vota que 50,000 francs, somme qui fut trouvée maigre pour un chef-lieu, où l'on admirait tant de beaux édifices. Les envahisseurs pourtant n'étaient qu'au nombre de 150 : séparés en deux troupes, ils se firent servir à dîner dans les deux principaux hôtels. Mais ce premier repas fut d'une modestie exemplaire : de la soupe, du bœuf bouilli, des légumes et un litre de vin par homme suffirent aux héros teutoniques. Chacun d'eux réclama en outre une demi-douzaine de cigares. Les Prussiens sont devenus par la suite plus friands et plus gloutons. Ils commandèrent leur café pour le lendemain à quatre heures : mais quand vint le moment de déjeuner, ils avaient disparu.

Ainsi, dix jours après l'ouverture des hostilités, quatre Prussiens s'emparaient d'une grande ville, située à 138 kilomètres du Rhin, et dictaient la loi aux habitants. La France en fut indignée, l'Europe stupéfaite. Qu'était devenue la grande nation militaire? Qu'étaient devenus son courage et sa fierté? Une population de 42,000 hommes se laissait régenter comme une troupe de bambins. Cela paraissait d'autant plus étrange que le second Empire avait appuyé ses tréteaux sur des souvenirs de victoire et sur une légende guerrière. Exploiter avec tant de soin un passé glorieux, pour aboutir à une si profonde impuissance! Chanter si haut les exploits de l'oncle, pour aboutir sous le neveu à de si humiliants affronts! Mais quel autre dénoûment pouvait-on espérer? Les deux forces de l'homme, l'intelligence et la volonté, un souverain médiocre et vil s'était acharné à les affaiblir dans la nation : il y avait réussi. Vingt ans de règne avaient noyé les esprits dans les ténèbres et amolli les caractères. On ne vivait plus que pour jouir et pour briller; non point briller par son courage, par son talent, par ses vertus, par son abnégation, par ses nobles principes, mais par un vulgaire étalage de luxe. Cette préoccupation triviale ne portait pas à l'héroïsme. Le progrès de la civilisation, d'ailleurs, éteignait le goût du meurtre et de la violence. Les bourgeois, les simples citoyens n'étaient pas faits à l'idée de tuer, de répandre le sang humain : elle leur causait une répugnance toute naturelle, et ce n'était pas en dix jours qu'ils avaient pu s'y habituer. Enfin, sujet d'éternelle réprobation pour l'Allemagne, la France aimait les Allemands, les prônait, leur ouvrait les portes des villes et des maisons, les installait à son foyer, leur donnait du pain ou les enrichissait avec une bienveillance sans exemple; rien qu'à Paris, cent dix mille avaient trouvé le bien-être ou l'opulence que leur refusait leur pays. Et ce n'était pas non plus en dix jours qu'on pouvait changer de sentiments à leur égard, tirer sur eux par les fenêtres avec des fusils de chasse, comme sur des lapins et des chevreuils. Tout leur a profité, ils ont tout exploité, jusqu'à la folle prévention, jusqu'à l'attachement, jusqu'à la pitié qu'on avait pour eux.

Un historien allemand de la guerre franco-prussienne a expliqué d'une autre manière l'apathie des Français devant l'étranger. « Le césarisme, dit-il, avait corrompu à la fois l'administration civile et l'administration militaire. La bureaucratie vieillissait avec le chef de l'État. La poursuite de la faveur, et par la faveur, des jouissances de la vie, écartait les travailleurs sincères. Les hommes les mieux façonnés au moderne byzantinisme devançaient ou éloignaient les fonctionnaires laborieux. En conséquence, le nombre de ceux-ci alla toujours décroissant, et le nombre des premiers grandit toujours, sans que l'épidémie infectât la partie honorable de la nation. Mais, de plus en plus, elle se désintéressa des affaires publiques. Relativement aux choses de la guerre, on lui disait : « Que vous importe? Nous avons notre armée qui domine l'Europe. Travaillez donc sans crainte sous sa protection, et gagnez assez d'argent pour l'entretenir. » Les discordes de l'Allemagne jusqu'en 1866, les victoires des Français en Crimée et en Italie justifiaient ce déplorable système aux yeux du peuple. Le cultivateur, le petit bourgeois tombèrent dans une indifférence croissante à l'égard de la politique et ne s'occupèrent que de leurs intérêts personnels; une centralisation excessive produisait une véritable décomposition. L'année 1870 réveilla la nation assoupie, mais elle ne pouvait secouer instantanément la torpeur du sommeil (1). »

---

(1) *Der Krieg um die Rheingrenze* 1870, par W. Rustow, seconde livraison, page 105 et 106.

Où étaient allés les uhlans, qui avaient disparu de Nancy avant le jour? Ils avaient dépassé la ville, couru à Frouard, grand centre de chemins de fer, d'où rayonnent des voies dans tous les sens; ils comptaient y faire impunément les mêmes prouesses qu'à Nancy, mais l'événement déjoua leur attente. Une avant-garde composée de cinq hommes et d'un officier se précipite dans la gare, coupe les fils du télégraphe électrique et essaie d'arracher les rails. Quatre ou cinq soldats français, qui n'avaient point leurs armes, se trouvaient dans le buffet : les Prussiens dirigent de leur côté une fusillade délirante. Ils pouvaient le faire sans péril. Mais dans un cabaret voisin, deux tirailleurs algériens et un zouave, munis de chassepots, buvaient un litre. Au bruit des détonations, ils accourent. Une minute après, deux cavaliers et deux chevaux tombent morts; l'officier reçoit une blessure, deux autres chevaux, atteints de coups de feu, s'échappent dans la campagne, vers Champigneules. Pendant ce temps, un train de soldats, en route pour Metz, approche de la gare. Chefs et troupiers n'attendent point que le convoi s'arrête : ils sautent par les portières, et toutes les armes partent, pour ainsi dire, à la fois. Mais les survivants couraient déjà dans la prairie et traversaient la rivière. Le gros de la troupe jugea prudent de respecter Frouard.

Ils continuèrent leur chemin dans la direction de Toul, espérant en avoir meilleur marché. Le 14 août, vers deux heures, ils furent signalés à 1,500 mètres de la ville. Des gendarmes et des cuirassiers firent une reconnaissance, échangèrent des coups de feu avec les pillards. Un gendarme fut tué, un autre disparut; le petit corps français battit en retraite. Alors, les Teutons eurent l'audace d'envoyer un parlementaire pour sommer Toul de se rendre; mais c'est une place forte de second ordre, qui n'avait rien à craindre. On expédia l'estafette avec un refus énergique. La garde mobile et la garde nationale accouraient déjà sur les remparts.

Une tentative infructueuse à Commercy termina l'escapade.

Mais dans l'ancienne capitale de la Lorraine, l'attitude de la population n'avait pas changé. M. Podevin, préfet du département, bien digne de porter un nom si trivial, l'avait du reste engagée, par une proclamation devenue célèbre, à recevoir les Prussiens avec aménité, en lui annonçant *qu'ils se conduisaient bien*. Le maire, d'une autre part, avait exhorté la jeunesse à ne pas prendre les armes, pour ne pas mécontenter l'ennemi, et attirer sur la ville la colère du roi Guillaume. Le dimanche, 14 août, le prince héréditaire fit donc paisiblement une entrée solennelle dans la commune pacifique. Il chevauchait sans inquiétude, ayant pour escorte six mille hommes de cavalerie et six mille fantassins. Les rues offraient exactement le même aspect que trois semaines auparavant, lorsque les escadrons et les bataillons de la garde impériale y défilaient, pour se rendre à Metz. Les habitants se tenaient au seuil des portes, regardaient passer les envahisseurs, où les suivaient aux accords de la musique militaire; sur la place Stanislas, où ils se rangeaient en bataille, il y avait une foule curieuse. Le soir, même affluence que d'ordinaire sur la promenade publique, les dames regardant les officiers prussiens, qui les regardaient à leur tour. Dans les cafés, dans les divers établissements, les uniformes ennemis se mêlaient aux costumes bourgeois. C'était pousser un peu trop loin la politesse et l'affabilité. Sourire aux massacreurs qui venaient d'ensanglanter l'Alsace! ô Némésis! ô déesse des vengeances, comme tu devais frémir, en voyant ce peuple énervé par les poisons du régime impérial!

Nancy devint le quartier général de la troisième armée

prussienne. Frédéric-Guillaume adressa aux habitants une proclamation pleine d'humanité, que l'on afficha sur tous les murs ; il y disait :

« L'Allemagne fait la guerre à l'Empereur et non à la France. Les simples citoyens n'ont pas à redouter que des mesures hostiles soient prises contre eux. J'ai la ferme intention de rendre aux populations et surtout à celle de Nancy les moyens de communication détruits par l'armée française. J'espère que l'industrie et le commerce seront bientôt rétablis et que les autorités resteront à leurs postes. Je ne demande pour mon armée que le superflu de la nourriture des habitants. Les citoyens paisibles et, en particulier, ceux de Nancy, peuvent compter sur les plus grands ménagements. » Le bon prince !

Pendant qu'il entrait à Nancy, la place forte de Marsal, qui en défend les approches vers le nord, était contrainte de se rendre. Elle avait six cents hommes de garnison et soixante pièces d'artillerie, mais ne peut soutenir le moindre siége, quand ses fossés ne sont pas remplis : or, il ne s'y trouvait pas une goutte d'eau. Le général Bothmer l'ayant sommée d'ouvrir ses portes, elle n'avait pas tenu compte de la sommation, et les Allemands prétendent qu'on tira du haut des murailles sur le parlementaire qui retournait au camp : les Teutons méprisant la vérité comme le droit, le fait aurait besoin de preuves. Mais il se peut qu'une recrue ignorante ait commis cette infraction aux lois de la guerre. Les ouvrages extérieurs de Marsal ont une faible importance : les Bavarois cherchèrent à s'en emparer, leur attaque échoua contre la vaillance de la garnison ; aussitôt, avec la bassesse allemande, ils eurent recours à l'infâme moyen que les troupes germaniques ont employé pendant toute la guerre : le bombardement. Il avait commencé depuis une heure à peine, quand la poudrière sauta. Les assiégeants profitèrent de l'occasion et pénétrèrent dans quelques ouvrages extérieurs. Le commandant de la place voulut alors capituler; mais le comte Bothmer, en punition du coup de feu tiré sur son interprète, exigea qu'il se rendît à discrétion, et il fut contraint de subir cette dure nécessité.

La division badoise, que le prince royal avait détachée dans la direction de Strasbourg, ne remportait pas d'aussi faciles avantages. Le 7 août, de grand matin, la brigade de cavalerie se présentait devant les murs de Haguenau. On savait par les éclaireurs que la porte de Wissembourg était ouverte. Le général De la Roche fit mettre en batterie quelques pièces de campagne, et entra au galop dans la ville. Une centaine de prisonniers tombèrent entre ses mains. Le soir, toute la division le rejoignait, ayant à sa tête le général De Beyer, ministre de la guerre dans le grand-duché de Bade.

Le 8 au matin, après une nuit de repos, la cavalerie s'élançait sur la route de Strasbourg. Elle espérait y entrer sans coup férir. Le correspondant de la *Gazette de Carlsruhe* s'était joint aux dragons du général De la Roche, comptant bien passer la nuit dans la ville et expédier le lendemain à son journal une poétique relation de ses aventures. A six heures du soir, la brigade s'arrêtait à une lieue de la place. Un jeune officier, le major d'Amerungen, tenant un mouchoir au bout de son épée, en guise de drapeau blanc, arriva jusqu'au pied des murs et fit demander le général en chef. Le colonel Ducasse, qui se trouvait à proximité, se chargea de lui répondre. Le major l'ayant sommé de rendre la ville : « Votre proposition n'est pas sérieuse, lui répondit l'officier français; Strasbourg ne se rend pas; venez la prendre. » Le parlementaire s'éloigna et rejoignit sa brigade, qui partit au galop sur la route de Brumath. La division badoise s'occupa aussitôt de procéder à l'investissement.

Elle occupa d'abord les lignes de chemins de fer, qui relient Strasbourg à Paris et à Colmar, puis coupa les fils télégraphiques. Approchant ensuite avec une grande circonspection, elle cerna de loin la ville ; pour se prémunir à la fois contre une sortie de la garnison et contre les attaques venues du dehors, elle abattait les grands noyers sur les routes, creusait des fossés de distance en distance, devant les ponts surtout, construisait des barricades à l'entrée et à la sortie des villages. Un réseau de fortifications de campagne, une double enceinte d'ouvrages défensifs enveloppa bientôt Strasbourg : l'armée de siége campait entre ces remparts improvisés. Le commandant établit son quartier général à Mundolsheim.

Dès le premier jour, un système de pillage administratif rançonna tout le territoire envahi. « Du 11 au 17 août, les villages voisins du chef-lieu eurent à entretenir la division badoise seule, forte de 16,500 hommes et 6,500 chevaux ; du 18 au 31, ce furent 40,000 hommes, avec 12,000 chevaux, qui tombèrent à leur charge. Or, l'état-major comptait la ration d'un homme à 2 francs par jour, celle d'un cheval à 3 francs ; les communes durent payer 2,149,000 francs en espèces : telle est la somme qu'accusent les récits allemands. A ces deux millions, versés comptant, il faut ajouter les réquisitions en nature : on emmena les chevaux, les bœufs, les véhicules ; on prit les fourrages, on vida les greniers ; le tout pour le service des troupes d'invasion (1). »

Le 19 août, les trois communes de Drusenheim furent imposées de la manière suivante : 15,000 kilogrammes de pain, 21,000 kilos de viande, 5,000 de riz, 550 de sel, 700 d'avoine, 10,000 litres de vin, 180 kilos de foin, 220 de paille, denrées qui devaient être fournies avant le

---

(1) *La Guerre en Alsace*, par A. Schneegans, t. Ier, p. 75.

28 ; les maires étaient rendus personnellement responsables de ce qui manquerait.

Comme si ces déprédations régulières n'étaient pas suffisantes, on vit bientôt des troupes de paysans badois, sans uniforme et sans fusils, mais armés de sabres, piller, rançonner, saccager le département du Bas-Rhin dans toute son étendue et la lisière de celui du Haut-Rhin (1). Les Allemands, qui commettaient ou approuvaient ces rapines et ces violences d'effrontés maraudeurs, trouvèrent bientôt que l'uniforme des gardes mobiles ne leur permettait pas de défendre leur patrie, n'était pas d'une coupe assez régulière pour leur donner le droit de combattre l'invasion. Leur costume aurait dû subir préalablement l'examen et obtenir l'approbation de l'état-major allemand. Voilà les cruelles inepties que la race germanique ose débiter au dix-neuvième siècle ! Tout est faux chez ce peuple misérable, même sa conscience, car il se ment à lui-même, lorsque par hasard il ne ment pas avec connaissance de cause : il noie son sentiment moral dans une mare de subtilités, de métaphores captieuses, de vaines distinctions et de coupables sophismes, où tout scrupule s'éteint, où toute raison expire. Il n'est pas d'infamies qu'il ne se pardonne, bien mieux qu'il ne répute légitimes, quand il les trouve profitables, dont il ne finisse même par se glorifier. Il transforme en devoirs les actions les plus criminelles, se fait un mérite des plus hideuses boucheries, comme pendant la guerre de Trente Ans, la guerre de la succession d'Autriche et la lutte franco-prussienne.

Terrifiées de ces violences inattendues, qui rappelaient des époques lointaines, de ces mœurs sauvages que l'on croyait disparues à jamais, les populations de l'Alsace se

---

(1) Le fait a été dénoncé au Corps législatif dans la séance du 31 août : il est figuré sur la première planche qui orne ce volume.

sauvaient dans les bois, dans les montagnes, avec leurs enfants, leur mobilier, leurs bestiaux, campaient sous les branches des sapins, au fond des gorges silencieuses et des vallées désertes. Elles fuyaient derrière Wasselonne, derrière Wangenbourg, sur les pentes du Schneeberg, dans les majestueuses forêts de Dabo. Là elles vivaient comme des tribus nomades, en invoquant la protection du ciel, puisque Napoléon le Sauveur ne protégeait ni leurs champs, ni leurs maisons.

Les Badois, au surplus, pendant toute cette guerre où l'Allemagne a montré si peu de respect humain, se sont distingués par leur bassesse et leur cruauté. Dès la fin de juillet, un arrêté du Grand-Duc ordonnait aux Français de quitter le territoire en vingt-quatre heures, sous peine d'être enfermés dans la citadelle de Rastadt. Vingt-quatre heures! un délai si court ne permit pas à tous les proscrits d'obéir. Alors ils furent arrêtés dans leur domicile ou sur la voie publique, et, au lieu de les incarcérer, on aima mieux les expulser. Après les avoir enchaînés comme des bandits, on les mena vers la frontière, en leur faisant subir les traitements les plus indignes. La population voulait se jeter sur eux et les écharper. Il fallut, pour protéger leur vie, les faire coucher dans les prisons et garder par des troupes. Le lendemain, avec une cupidité germanique, on leur demandait vingt-quatre kreutzer pour le loyer du cachot (1). Les Allemands, au pied plat, sont toujours des Allemands. Si une province de France aurait dû être ménagée par les Badois, c'est assurément l'Alsace. Les habitants parlent le même dialecte, appartenaient dans l'origine à la même tribu, ont avec leurs voisins la plus grande ressemblance de types, de mœurs et d'habitudes.

(1) Rapport de l'état-major français, daté de Metz, 31 juillet, à 8 heures et 1/2.

La proximité des lieux mettait constamment en rapport les deux populations. Les Badois cependant ont pillé, massacré, fusillé, bombardé sans pudeur et sans miséricorde ceux qu'ils nommaient leurs frères d'Alsace !

Strasbourg étant la place forte la plus rapprochée de l'Allemagne, la première que devaient menacer les bataillons germaniques, le gouvernement militaire de Louis Bonaparte avait sans doute pris toutes ses mesures pour la mettre en état complet de défense? Le gouvernement de Louis Bonaparte songeait à se divertir, à jouer des charades, à danser des cotillons, à boire des vins de luxe, à entretenir des courtisanes. Il n'avait fait aucun préparatif dans ce poste avancé de la France. Rien ne protégeait les soldats et les batteries contre les projectiles des assaillants; pas de réduits blindés, un nombre insuffisant de casemates; à peine quelques poudrières à l'abri de la bombe et quelques parapets. Les grosses pièces de 24, placées en vedette sur le rempart, demeuraient visibles de loin, comme des points de mire disposés tout exprès. Le blocus avait déjà commencé, que la grande poudrière n'était pas encore totalement couverte de terre. Les troupes, faute d'abri, campaient comme en rase campagne. Sur la grande place, devant l'arsenal, était rangée une batterie d'énormes mortiers, que le premier feu de l'ennemi fit rouler sur le pavé et qui ne put jamais servir (1). Il n'y avait pas de canons dans les ouvrages avancés. Les maisons et les arbres situés près de la place, qu'on aurait dû abattre dès le premier jour, masquaient la vue de toutes parts. Le côté sud de la ville, garanti contre les attaques par un vaste système d'inondation, se trouvait sans une goutte d'eau.

Pour défendre une place de guerre si mal préparée

---

(1) Schneegans, *La guerre en Alsace*, p. 82.

à soutenir un siége, il n'y avait pas même une garnison normale. Un régiment d'infanterie, s'étant trompé de route, y était entré par hasard ; 40 pontonniers, une centaine de marins, quatre bataillons de gardes mobiles sans uniforme, sans armes, qui n'avaient jamais fait l'exercice et qui n'avaient pas de casernes, leur tenaient tristement compagnie. Cette troupe misérable fut augmentée des fugitifs de Wissembourg et de Wœrth : on en forma pêlemêle des bataillons, auxquels on donna des officiers qui leur étaient inconnus. On groupa ainsi les artilleurs débandés, les soldats épars des 9ᵉ et 2ᵉ régiments du train, les débris de deux régiments de chasseurs, de trois régiments de ligne, un bataillon de zouaves et de turcos ayant appartenu à divers régiments, cinq bataillons d'un régiment de marche d'infanterie. Ajoutez à cette liste une centaine de gendarmes, trois sections d'infirmiers et d'ouvriers d'administration ; quatre cents douaniers, qui s'étaient repliés sur la ville, anciens soldats, que l'on réunit en compagnie d'élite ; enfin quelques petits dépôts et un escadron de cavalerie, assemblage confus de hussards, chasseurs, lanciers et cuirassiers mis en déroute. Ces corps mal assortis composaient un ensemble de 11,000 hommes et 2,000 chevaux. En temps de paix, la garnison régulière de Strasbourg montait à 15,000 hommes. Pour comble d'absurdité, la place n'avait pas de général d'artillerie.

Un poste à la fois si dangereux et si important réclamait un chef jeune, actif, ambitieux même, rêvant la noble gloire que l'on obtient par des actions d'éclat, en défendant sa patrie. Napoléon et le maréchal Lebœuf, les deux hommes les plus stupides qui aient paru dans le cours des siècles, y envoyèrent un général presque septuagénaire, fatigué, mis à la retraite depuis six ans et d'une capacité médiocre. Ce brave et honnête capitaine a fait tout ce qu'il pouvait faire, mais il n'avait plus la verve et l'audace exigées par les grandes luttes : si la fortune aime la jeunesse, elle l'aime surtout dans la fumée des batailles ; pour braver hardiment la mort, il faut un cœur où déborde la vie. Le général Uhrich, né en 1802 à Phalsbourg, était sorti en 1820 de l'école de Saint-Cyr, avec le titre de lieutenant d'infanterie. Il prit part, souvenir lointain ! à la guerre d'Espagne en 1823, où il fut nommé lieutenant. Devenu capitaine en 1831, il alla faire, trois ans après, en Afrique, cette guerre contre des peuplades ignorantes, qui n'est d'aucune utilité pour instruire nos soldats et notre état-major. En 1852, il commandait, comme général de brigade, le département du Bas-Rhin et siégeait à Strasbourg. Sa vaillante conduite sous les murs de Sébastopol lui avait mérité le brevet de général de division. Pendant la guerre d'Italie, placé sous les ordres du prince Napoléon, ce chef timide et prudent ne lui avait pas fourni la moindre occasion de se distinguer. Il se reposait de ses fatigues militaires, quand Louis Bonaparte jeta les yeux sur lui pour défendre Strasbourg. Cet homme modeste, qui ne se croyait ni un Annibal, ni un César, accepta l'ingrate mission, la remplit avec courage et avec dignité.

La longue portée de l'artillerie nouvelle rendait à peu près inutiles les fortifications de Strasbourg. On n'avait même pas besoin de mettre le pied sur le territoire français pour bombarder, pulvériser la citadelle, construite à l'orient de la ville, le front tourné vers l'Allemagne. De la rive badoise, les bombes pouvaient y pleuvoir. Entre Kehl et Strasbourg, le grand et le petit bras du Rhin forment une île qu'on nomme l'île des Épis ; on avait le projet d'y bâtir, au nord et au sud, deux forts détachés, qui eussent lancé une grêle infernale au delà du fleuve, jusqu'à six kilomètres. Le second Empire ne l'avait point fait, parce que c'était une œuvre utile et nécessaire. Il

n'avait point non plus protégé les autres parties de la ville.
Au nord-ouest s'élève une petite chaîne de collines, qui
ont 140 pieds de haut; à leur base se dessinent les villages de Mundolsheim, Hausbergen et Oberschœffolsheim;
trois kilomètres seulement les séparent des murs de Strasbourg. Des forts construits sur ces éminences et pourvus
de canons rayés, de pièces de gros calibre, eussent rendu
la ville inattaquable dans cette direction. Comme c'était
une œuvre utile et nécessaire, la profonde intelligence de
Louis Bonaparte n'y avait point songé. On n'avait pas
même élevé de redoutes fermées par un mur à la gorge,
qui eussent permis de défendre temporairement ces points
stratégiques. Avec le personnel désordonné qu'il avait à
sa disposition, le général Uhrich ne pouvait faire une
tentative pour les occuper. Les assiégeants s'y établirent.

Ce fut d'abord la division badoise, commandée par le
général De Beyer, ministre de la guerre. Elle était, à elle
seule, beaucoup plus forte que toute la garnison, puisqu'elle
composait un effectif de 23 mille hommes, avec 6,500 chevaux. A partir du 15 août arrivèrent successivement,
pour la renforcer, une division de la landwehr de la garde
royale prussienne, une division de la réserve prussienne,
trente-sept compagnies d'artillerie de siége, appartenant
aux diverses populations de l'Allemagne, un bataillon de
pionniers prussiens et un bataillon de pionniers bavarois.
Ces troupes formèrent un ensemble de soixante mille
hommes.

Le 14 août, arriva au camp le général prussien De Werder. Son intention préconçue était de bombarder Strasbourg. Le général De Beyer, se trouvant pris d'un accès
de goutte, lui abandonna la direction du siége. Il avait
lui-même lancé, dès la veille, des obus dans les faubourgs.
Il est cependant réputé beaucoup moins féroce que le général De Werder. Celui-ci est un fanfaron de cruauté, car

les hommes se glorifient de leurs vices comme de leurs talents et de leurs vertus. Né en 1808, il entra en 1825 dans la cavalerie de la garde royale prussienne, d'où il passa, comme officier, dans le premier régiment d'infanterie de la même garde. En 1842 et 1843, il prit part aux expéditions de l'armée russe contre les montagnards du Caucase, et, à son retour, fut nommé capitaine d'état-major. Il monta ainsi de grade en grade. Au commencement de l'année 1866, il était lieutenant général, et pendant la guerre contre l'Autriche, commandait la troisième division d'infanterie, sous les ordres du prince Frédéric-Charles. La bravoure qu'il déploya pendant les sanglantes batailles de Gitschin et de Sadowa, lui fit obtenir la croix du Mérite militaire. C'est un homme de petite taille, sec, maigre, bilieux, au regard dur et pénétrant, aux gestes saccadés. Il parle haut, presque toujours sur le ton du commandement. La menace est la forme de langage qu'il préfère. Même quand il donne des ordres cruels, il en fait pressentir de plus violents encore. Son premier souci paraît être de provoquer la haine, et il y réussit merveilleusement. On l'appelle en Alsace le général *Mœrder*, et non pas Werder, c'est-à-dire le général *Assassin*. La nature paraît avoir voulu personnifier en lui la colère; aussi est-il rare qu'on le trouve calme et sensé. On dirait que les vapeurs du sang l'ont grisé pour toute la vie. Son intelligence plus raide que son uniforme ne comprend rien au delà du meurtre. Lâchement, ignominieusement, il a brûlé le tiers de Strasbourg, incendié la cathédrale et la bibliothèque, tué de loin, avec ses obus, trois cents personnes inoffensives, blessé, estropié trois mille autres individus, femmes, vieillards et enfants. Que le nom de ce misérable soit maudit!

A peine arrivé, il somma la ville de se rendre. Le général Uhrich ne pouvait répondre qu'en fermant les portes avec plus de soin. Alors la basse hypocrisie de l'Allemagne entra en scène. L'homme au cœur de bête fauve mit un masque ; il se déguisa en philanthrope, il adoucit sa voix, il prit des attitudes compatissantes. Il déclara qu'il voulait épargner la ville, mais que, puisqu'on l'y forçait, il la couvrirait de feu, que le sang versé retomberait sur la conscience du général. Ce copiste de Tilly, ce singe de Wallenstein avait eu des scrupules, et c'était la barbarie du commandant de place qui les étouffait ! La presse allemande le seconda de ses clameurs et, avec une félonie sans pareille, accusa d'inhumanité, non point le bourreau de l'Alsace, mais le défenseur de Strasbourg, qui aurait dû livrer la ville sur-le-champ, s'écriait-elle, pour épargner la population. Voilà un argument que Loyola eût admiré.

Le 15 août, de grand matin, les cloches de la cathédrale annoncèrent la fête de l'Empereur : des drapeaux tricolores furent arborés sur les quatre tourelles de la flèche. Les autorités en grand costume, le baron Pron à leur tête, comme préfet du département, se rendirent à la messe, avec des compagnies de soldats, de marins, de douaniers et de pompiers. La foule regardait passer le cortége en silence : un avis placardé sur les murailles menaçait des peines les plus sévères ceux qui se permettraient la moindre manifestation. La journée s'écoula paisiblement, et l'ombre descendit peu à peu sur la ville proscrite. Les uns pensaient que la nuit serait aussi tranquille ; une vague inquiétude faisait redouter aux autres quelque projet sournois des Allemands. Tout à coup, à onze heures et demie, un sifflement aigu passe sur les faubourgs et, avec un fracas épouvantable, un obus tombe sur la banque de France, brise la toiture en verre, éclate dans l'intérieur, dévaste du haut en bas la cage de l'escalier. Un autre arrive, puis un troisième, puis toute une bande de sinistres projectiles. Des hauteurs de Hausbergen, les messagers de mort s'envolaient et s'abattaient jusque dans le cœur de la cité. Ils frappaient les murs, crevaient les fenêtres, fouillaient le sol des rues et des places, allumaient des incendies qu'on éteignait aussitôt. Ils endommagèrent les bâtiments du Lycée, atteignirent le grand séminaire, où gisaient les victimes des derniers combats ; au sifflement des obus, on transporta les blessés dans les caves. Des femmes couchées furent mises en pièces, des vieillards blessés mortellement. La canonnade dura une demi-heure ; puis tout rentra dans le silence. Les Allemands avaient tiré vingt et un coups, pour célébrer à leur manière la fête de l'Empereur. C'était une plaisanterie du général prussien. Il la trouvait spirituelle sans doute ; mais les hommes du Nord ont un esprit lugubre, qui rappelle la sombre jovialité d'Holbein dans la *Danse des morts*.

Le lendemain matin, les rues étaient jonchées de débris, et l'on pouvait voir stationner, devant les hôpitaux et les ambulances, des brancards ensanglantés (1).

Ce prologue n'était qu'un lever de rideau. Pour commencer le drame, le général De Werder attendait ses pièces de siége, qui n'arrivèrent que le 21. Le 15, il fit occuper Schiltigheim, le 18 Kœnigshofen, sous les murailles mêmes de la ville. Une armée de secours pouvait seule préserver la population d'un affreux martyre : cette armée ne vint pas. Toutes les ressources de la France étaient concentrées autour de Metz, où Napoléon et Bazaine s'occupaient à les rendre inutiles.

(1) *Quarante jours de bombardement à Strasbourg* (Neuchâtel en Suisse ; librairie générale de Sandoz).

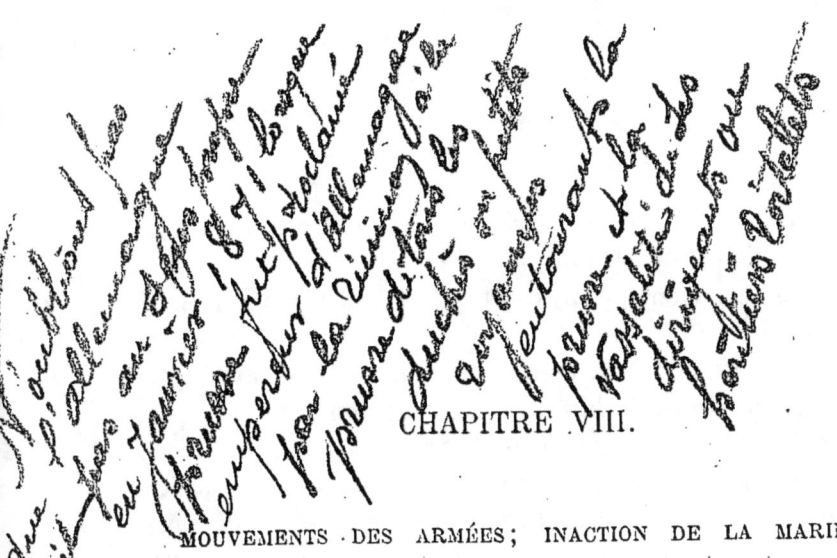

CHAPITRE VIII.

MOUVEMENTS DES ARMÉES; INACTION DE LA MARINE FRANÇAISE.

Les armées qui venaient d'envahir la France n'étaient, comme nous l'avons dit, que la première ligne des troupes allemandes, que le premier flot de cette marée humaine. Les états-majors d'outre-Rhin, grands admirateurs de Napoléon Ier, se rappelaient une maxime de l'ambitieux capitaine : « La victoire finit toujours par rester aux gros bataillons. » Ils avaient donc préparé une invasion effroyable, où le courage le plus héroïque devait succomber sous le nombre, si la nation française ou, pour mieux dire, son tout-puissant empereur, ne se tenait pas sur ses gardes. Les 447,000 hommes qui avaient quitté l'Allemagne, avaient laissé derrière eux, comme première réserve, trois corps d'armée et demi, ou sept divisions de troupes permanentes, formant un chiffre de 112,000 soldats, plus trois divisions de landwehr, composant un effectif de 76,000 hommes, en tout 188,000 combattants, avec 384 pièces d'artillerie. Ces forces, réunies sous les drapeaux, se tenaient prêtes à marcher. La seconde réserve comprenait 160,000 hommes de landwehr, qui gardaient les forteresses, les côtes de la mer Baltique et les rivages de la mer du Nord. Enfin 226,000 hommes étaient destinés à remplir les vides, qui se feraient parmi les troupes en campagne (Erfaß=referve). C'était un ensemble d'un million vingt et un mille soldats.

Voici comment on avait distribué ces légions menaçantes.

La prudence faisait une loi de se garantir contre l'Autriche, qui s'était déclarée neutre, mais dont on n'était pas complétement sûr. On pouvait craindre que les sollicitations de la France, et, dans le pays même, l'animosité d'un parti contraire à la Prusse, ne fissent d'abord changer la neutralité simple en neutralité armée, puis jeter dans la balance l'épée des Habsbourgs. On laissa donc provisoirement le 6e corps d'armée en Silésie, pour observer l'attitude de l'Autriche, puis, la confiance étant revenue, on l'installa en Saxe; on finit par l'adjoindre aux forces commandées par le Prince royal.

La grande supériorité maritime de la France exigeait aussi des précautions. Elle avait fait la menace d'employer ses navires à inquiéter les rivages de la mer Baltique et de la mer du Nord; elle comptait y jeter des troupes de débarquement, pour opérer tout à coup une importante diversion. Il était donc nécessaire de garder les côtes de l'Allemagne septentrionale. On échelonna, au début de la guerre, le 1er et le 2e corps d'armée dans la Prusse orientale, dans la Prusse occidentale et dans la Poméranie. Complétement mobilisés, ils étaient prêts à empêcher toute descente, à repousser tout effort agressif. Quand on ne craignit plus aucune tentative, ces troupes furent rassemblées autour de Berlin, puis dirigées vers la France, où le 1er corps fut réuni à l'armée du général Steinmetz; le 2e corps, à celle du prince Frédéric-Charles.

Le Schleswig-Holstein, où couvaient depuis six ans de secrètes animosités, que le Danemark, stimulé par la France, pouvait être tenté d'envahir, demandait aussi une active surveillance. Il fallait se mettre en mesure d'y contenir les troupes danoises, d'y faire échouer les tentatives de débarquement. Le 9ᵉ corps d'armée, qui avait d'abord pour destination de grossir l'armée du prince Frédéric-Charles, ne lui envoya qu'une de ses divisions d'infanterie, et gardant la division hessoise, commandée par le prince Louis de Hesse, la 17ᵉ division d'infanterie prussienne et une brigade de cavalerie, se posta dans les duchés afin de les garantir. Ces forces y restèrent jusqu'en septembre ; toute crainte d'une irruption danoise et d'une descente française ayant alors disparu, elles furent appelées sur le théâtre de la guerre.

Chaque sottise impériale et chaque revers de la France augmentaient donc progressivement le nombre des envahisseurs.

Comme on croyait la garde des côtes très-importante, le roi de Prusse la confia au général Vogel de Falkenstein, qui avait si rapidement accablé, en 1866, les États de la Confédération germanique, et, par cette boucherie fraternelle, s'était acquis dans toute l'Allemagne la plus brillante renommée.

Voilà les forces redoutables à propos desquelles M. Ollivier disait négligemment : « L'armée prussienne ? Nous soufflerons dessus (1) ! »

L'Impératrice, de son côté, ne songeant qu'aux glorieuses destinées de la duchesse d'Albe, fiancée au prince des Asturies, s'écriait avec une jactance féminine : « Cette guerre, c'est ma guerre, à moi : il me la faut (2) ! »

---

(1) Ces remarquables paroles ont été adressées à M. J.-J. Weiss : il me les a répétées. Une si aveugle présomption explique la légèreté de cœur, avec laquelle le ministre acceptait la responsabilité de la guerre.

(2) Voulant justifier les préoccupations de l'Impératrice, le journal *le Pays* disait : « Pour nous, la guerre est impérieusement réclamée par les intérêts de la France et *par les besoins de la dynastie.* »

Les réserves de la France étaient proportionnées à la faiblesse numérique de ses premières troupes disponibles. En rassemblant toutes les forces disséminées en Italie, en Afrique et au pied des Pyrénées, on n'aurait pas groupé plus de 40,000 hommes. Les quatrièmes bataillons de chaque régiment pouvaient fournir encore de 70,000 à 80,000 soldats. Mais c'était un travail lent et difficile que de les organiser, de les réunir, de les amener sur les champs de bataille, et les revers multipliés, qui signalèrent le début de la campagne, rendirent ce travail plus pénible encore. Le 31 juillet commença l'évacuation des États du Pape, et aussitôt Victor-Emmanuel fit ses préparatifs dans le but d'occuper Rome. C'était 5,000 combattants qui allaient rentrer en France.

Et la flotte, que devenait-elle? Les journaux de toutes les opinions citaient avec orgueil le nombre de ses vaisseaux, de ses bouches à feu, de ses marins, son immense matériel et les troupes d'infanterie qu'on devait y embarquer. Elle était cependant bien moins forte qu'on ne l'imaginait. Suivant le programme de 1857, la France aurait dû avoir 40 vaisseaux de haut bord à hélice, 20 frégates à hélice, 30 corvettes rapides, 60 avisos de 1re et de 2me classe, 20 batteries flottantes et gardes-côtes, 72 transports à hélice, 125 bâtiments de flottille à vapeur, 2 navires-écoles, 70 bâtiments à voiles de tout rang, ce qui eût formé un ensemble de 439 vaisseaux. Mais là aussi, on avait lésiné, pendant que l'on prodiguait l'argent ailleurs, pour un luxe inutile ou pour acheter de faux dévouements. Au lieu de 439 vaisseaux, la marine française n'en possédait que 330, dont 73 étaient hors d'usage ou inachevés. En outre, 25 vaisseaux à hélice fort âgés, 80 bâtiments à voiles de la flottille ne devaient pas être comptés parmi nos forces navales. Restaient donc 152 embarcations de toute grandeur, savoir: 15 frégates cuirassées, 8 corvettes portant aussi une armure de fer, 14 corvettes rapides non blindées, comme les bâtiments qui suivent : 10 frégates à hélice, 34 avisos *idem*, 20 canonnières en bois de 1re et de 2me classe, 18 batteries flottantes ou gardes-côtes, 52 transports à hélice; puis les navires de la flottille : 47 chaloupes canonnières en fer et 15 avisos à hélice. Mais de cette légion flottante, 15 champions seulement, frégates ou corvettes cuirassées, devaient croiser dans les mers du Nord, comme nous allons le voir. Les machines à vapeur représentaient une force de 106,241 chevaux. Notons, pour finir, que, parmi les bâtiments de guerre, beaucoup avaient des coques en bois, au lieu de coques en fer, ce qui était un grand désavantage.

Pour l'armement de la flotte, le ministère de la marine disposait, en 1867, de 6,784 bouches à feu; 291 étaient déjà installées sur les vaisseaux en construction. Le personnel comprenait 2 amiraux, 16 vice-amiraux, dix desquels étaient en activité, 130 capitaines de vaisseau, 286 capitaines de frégate, 825 lieutenants de vaisseau, 600 enseignes, 300 aspirants. Les équipages se composaient de 26,817 hommes; le génie maritime, les contre-maîtres, les ouvriers formaient un ensemble de 33,057 individus. Les troupes de marine auraient dû avoir un effectif de 28,000 soldats, mais elles se composaient tout au plus de 10,000 hommes. En additionnant ce personnel, on trouve un chiffre de 69,874 marins, militaires et employés; 1,350 chefs de tout grade exerçaient le commandement.

L'Allemagne entière, à ces moyens d'agression, ne pouvait opposer que 74 bâtiments construits d'après le système nouveau et 15 d'après l'ancienne méthode, portant les uns et les autres 563 canons. Les machines de ses navires à hélice et à aubes ne représentaient qu'une force de 9,682 chevaux, c'est-à-dire onze fois moins considérable que celle dont la France disposait (1). La malheureuse nation, vouée aux plus cruels désastres, n'avait donc pas tort de fonder sur sa marine de grandes espérances.

Mais, pour ne pas tromper l'attente publique, il aurait fallu savoir utiliser ces ressources, il aurait fallu étudier les conditions d'une attaque par mer contre l'Allemagne septentrionale. Or, ni le chef du gouvernement, ni le ministre de la marine, ni aucun de ses subordonnés n'avait pris la peine d'examiner une carte, de lire une géographie un peu détaillée, de demander quelques renseignements aux navigateurs expérimentés qui pouvaient connaître la mer du Nord et la mer Baltique; on n'y avait pas envoyé une seule gabarre à la découverte; pas un seul officier instruit n'avait reçu la mission d'explorer ces lointains parages et d'observer les côtes. Si on avait fait la moindre enquête, voici ce qu'on aurait appris.

Les rivages de l'Allemagne septentrionale, sur la mer du Nord et sur la mer Baltique, ont 200 milles d'étendue, environ 1,300 kilomètres. La péninsule danoise les sépare en deux, et ne permet point de menacer à la fois l'une et l'autre moitiés de ces grèves arides. Dans la mer du Nord, elles sont précédées presque partout d'une frange d'îles nombreuses, entre lesquelles l'eau a si peu de profondeur, que de très-petites embarcations peuvent seules y naviguer;

---

(1) Voici le détail des ressources maritimes de l'Allemagne du Nord :

Navires à hélice : 3 frégates et 1 corvette blindées, 2 vaisseaux cuirassés, 5 corvettes à pont couvert, 5 corvettes à pont ras, 8 chaloupes canonnières de 1re classe, 14 de seconde classe, 1 yacht.

Bâtiments à aubes : 1 corvette (bâtiment de surveillance), 2 avisos, 2 remorqueurs, 1 transport.

Bâtiments à voiles : 3 frégates, 3 bricks, 2 navires de petite dimension.

Bâtiments à rames : 32 chaloupes canonnières de 2me classe, à deux canons; 4 chaloupes canonnières de 2me classe, à 1 canon.

elle n'est pas plus profonde entre les îles et le continent. Devant les parties de la côte qui sont libres et devant le chapelet d'îles, le sol sous-marin a une très-faible inclinaison et s'abaisse si lentement, que nul vaisseau de guerre ne saurait en approcher à portée du canon. Pour faire un débarquement sur la plage, il faudrait par suite descendre d'abord les hommes, les chevaux, l'artillerie et tout le matériel dans des barques, puis les conduire sur la rive, sans que les caronades des navires fussent en mesure de protéger l'opération. Avec un temps magnifique, si nulle force ennemie ne venait la ralentir, elle ne pourrait exiger moins de quatre ou cinq jours. Les côtes de la mer du Nord ne sont point longées par un chemin de fer parallèle, mais en aucun endroit leur éloignement d'un railway ne dépasse deux jours de marche. Il serait donc facile d'accourir avec des troupes suffisantes pour accabler les hommes descendus à terre, sans que les soldats restés au large et les canons des vaisseaux pussent les secourir. Et à mesure que le laps de temps deviendrait plus considérable, les bataillons groupés pour la défense deviendraient plus nombreux. Une pareille tentative ne pourrait donc réussir que par l'extrême faiblesse de la résistance. Or, nous savons que l'Allemagne avait pris ses mesures, qu'elle disposait dans le nord de forces respectables.

Notez d'ailleurs que ces parages sont très-fréquentés, que des navires de transport s'y croisent dans tous les sens ; une flotte d'attaque longeant les côtes, cherchant un point de débarquement, y serait donc bientôt aperçue et immédiatement signalée aux corps indigènes.

Les embouchures des fleuves, l'Elbe et le Weser, sembleraient promettre un plus facile abordage, qui pourrait avoir lieu sous la protection de l'artillerie. Mais la mobilité de leurs vases et de leurs bancs de sable, la profondeur variable de leurs eaux, le continuel déplacement de leur chenal, y rendent la navigation très-difficile; les pilotes même du pays ne s'y orientent qu'à l'aide des balises. Qu'on les enlève, et le passage devient aussitôt périlleux. Les Allemands y avaient submergé des torpilles, qui formaient un obstacle insurmontable. Des chemins de fer d'ailleurs y aboutissent, chemins à double voie, au moyen desquels on pouvait amener rapidement des forces, pour empêcher une descente ou repousser une invasion.

D'autres obstacles protégent le littoral de la mer Baltique.

Ici le fond de l'Océan est plus escarpé, les rivages sont plus abordables. Les grèves du Schleswig et du Holstein, une partie de celles du Mecklembourg, celles de la Prusse entre Memel et Kranz, offrent un accès relativement facile. La longue côte de la Poméranie, depuis l'embouchure de l'Oder, est défendue au contraire par un triple rang de bas-fonds, et celle de la Prusse par des bancs de sable. Un chemin de fer suit d'ailleurs tout ce rivage, de Flensbourg à Kœnigsberg, s'en éloigne au plus d'un mille ou deux et projette des ramifications dans l'intérieur du pays. Sur chaque point de la grève, on peut donc réunir en quelques jours une force imposante, et quand même un débarquement aurait lieu, on contiendrait sans peine les envahisseurs.

La mobilité du climat, la véhémence des tempêtes ajoutent aux périls et aux difficultés de la navigation. « Les sables que les vents poussent et repoussent sans cesse, près des côtes de la Poméranie, ferment souvent l'entrée des ports, dont l'entretien exige des travaux dispendieux. Le mouvement de la mer est si violent dans ces parages, que les digues les plus fortes, les môles les plus solides sont enlevés ou détruits en quelques heures, et les efforts qu'on a faits, pendant plus de vingt ans, pour mettre à l'abri de ces dévastations le port de Swinemünde, n'ont réussi que d'une manière imparfaite (1). » Ajoutons que, du mois de décembre au mois d'avril, des glaces infranchissables protégent les côtes inhospitalières de la Prusse.

Une ligne de forteresses puissantes y domine d'ailleurs les vagues ou les banquises. Sonderbourg et Kiel dans le Schleswig-Holstein, Stralsund, Swinemünde, Stettin et Kolberg dans la Poméranie, Dantzig et Kœnigsberg dans la Prusse, réduisent à un très-petit nombre de points les endroits où l'ennemi pourrait tenter une descente. Les baies nombreuses et profondes du Schleswig sont seules d'un abord plus commode, les plaines fertiles du Mecklembourg, quand on a dépassé les landes sablonneuses, fourniraient seules des ressources matérielles à une armée ennemie. Mais ces côtes sont justement placées entre les deux fractions du littoral germanique, au centre même de la défense, position qui permettrait de repousser aisément une attaque. Avec les forces que la Prusse avait réunies dans ces parages, trente mille hommes auraient été un bien faible corps d'invasion. Il n'aurait descendu à terre que pour subir une catastrophe.

Peut-être les Français avaient-ils compté sur l'appui, sur la coopération militaire du Danemark. Si profondes néanmoins que fussent les rancunes de la population, depuis la guerre de 1864, le gouvernement danois n'aurait point osé unir ses troupes à celles de la France, si les armées impériales n'avaient remporté de grands avantages au bord du Rhin. De graves défaites essuyées par l'Allemagne pouvaient seules protéger une nation si petite contre le ressentiment de son énorme voisine. Et elle doit savoir que les Teutons ne pardonnent jamais. Or, dès le

---

(1) *Tableau de la mer Baltique*, par Catteau Calleville, t. Ier, p. 50.

début de la campagne, la France éprouva de sanglantes déroutes (1).

Pour tenter, avec quelques chances de réussite, une expédition maritime contre l'Allemagne, il eût fallu non-seulement réunir à Brest et à Cherbourg des forces imposantes, mais avoir construit d'avance une flottille de bateaux plats ; il aurait fallu avoir en outre des pilotes expérimentés, qui connussent très-bien les eaux périlleuses et les plages des deux mers. La flottille de débarquement n'avait pas été construite, et l'ignorance de nos marins était si profonde que pas un seul n'aurait pu guider le pavillon de la France. Les télégrammes suivants donnent à cet égard une certitude complète. Le 17 juillet 1870, le chef du port de Dunkerque adressait une note ainsi conçue au ministre de la marine : « Les paquebots de Dunkerque ne vont qu'à Saint-Pétersbourg, en passant par le Sund et le nord des îles Bornholm et Gottland ; leurs capitaines et officiers ne connaissent pas la Baltique, ni les côtes allemandes, en dehors de cette route, et ne se sentent pas capables de piloter les bâtiments de guerre dans ces parages. » Le 21, on écrivait de Cherbourg au même ministre : « Les documents spéciaux, danois et autres, demandés à Paris par le vice-amiral Bouët ne sont pas arrivés. Prière de les envoyer d'urgence, s'ils ne sont déjà expédiés. » Six jours plus tard, une plainte analogue partait de Brest : « La majorité de Brest est dépourvue de cartes des mers du Nord et de la Baltique. Il en faudrait envoyer onze séries à l'escadre actuelle. » Le 12, un renseignement curieux était arrivé de Boulogne-sur-Mer : « Il n'existe en ce moment à Boulogne ni capitaine

---

(1) *Militärische Gedanken und Betrachtungen über den deutsch-franzœsischen Krieg der Jahre* 1870 *und* 1871, ch. IV (sans nom d'auteur).

ni maîtres au cabotage pouvant piloter dans les mers du Nord ou dans la Baltique. Je n'ai à présenter qu'un ancien matelot, déjà signalé au chef maritime à Dunkerque, capable de piloter dans la Baltique. »

Voilà comment on s'était préparé, depuis quatre ans, à porter la crainte et la défaite sur les plages de l'Allemagne du Nord. Avec une telle ignorance, une telle imprévoyance, la flotte se trouvait annulée, comme frappée d'un sortilége. Pour compenser tant de paresse et d'ineptie, l'homme de décembre envoya l'Impératrice à Cherbourg. On eût dit qu'en se montrant aux matelots, elle allait tout réparer. Ni l'un ni l'autre ne voulait perdre l'occasion d'une cérémonie théâtrale. Le 24 juillet, la souveraine espagnole télégraphiait à Saint-Cloud : « A bord de *La Savoie*. Je suis arrivée en bonne santé, j'ai été reçue avec enthousiasme ; la proclamation a été accueillie aux cris de *Vive l'Empereur !* J'accompagnerai l'escadre un peu en mer et reviendrai à l'heure convenue ; je vous embrasse tous deux. » Quelques heures plus tard, l'Impératrice expédiait cette autre note : « Nous avons vu appareiller l'escadre. Je l'ai accompagnée au large. Elle est pleine d'entrain. Grand enthousiasme. C'était superbe. Je rentre pour partir. Beau temps. » Il n'en fallait pas davantage au César de tréteaux. On avait pavoisé des bâtiments de guerre, tiré du canon à poudre, fait retentir l'air d'acclamations : la France était sauvée.

Le public cependant attendait avec impatience des nouvelles de la flotte : on avait tant compté sur son aide ! Son immense supériorité justifiait si bien les espérances de la nation ! Il était si utile de seconder les efforts des armées de terre par une expédition maritime contre l'Allemagne, et l'on croyait pouvoir s'en promettre de si importants résultats ! Comme on ne recevait aucune nouvelle de cette puissante diversion, l'impatience allait grandissant tous les jours ; les esprits étaient déroutés, on criait à la trahison ! Il n'y avait aucune trahison, il y avait un prodige d'incapacité. Les chefs de la marine française étaient aussi instruits que les habitants des steppes mongoles.

L'Empereur n'avait aucune idée des obstacles qui allaient paralyser la flotte ; aussi adressa-t-il aux marins une proclamation pleine d'espérances, où il leur annonçait de glorieuses victoires. Puis, sans avoir fait la moindre convention, sans avoir échangé la moindre note avec le Danemark, il donnait au prince Napoléon l'ordre de s'embarquer pour ce petit royaume, d'y prendre le commandement des troupes indigènes et de les conduire dans le nord de la Prusse, où il seconderait les opérations de l'armée française (1).

Ne pouvant rien tenter contre les ports et les côtes de l'Allemagne septentrionale, nos vaisseaux furent réduits à pourchasser les navires de guerre ou de commerce, qui promenaient le pavillon germanique sur des mers lointaines, ou regagnaient tardivement leur patrie.

Le 11 août cependant, l'amiral Rigault de Genouilly, ministre de la marine, osait dire à la tribune : « Nos flottes occupent la Baltique et la mer d'Allemagne. Les équipages, rappelés récemment des quartiers de l'inscription maritime, sont dans les meilleures conditions. Grâce aux spécialités que possède la flotte, l'instruction a été menée avec une rapidité foudroyante ; et aujourd'hui, partout on est prêt pour le combat. » Toujours des mots à la place des réalités, même dans les circonstances les plus tragiques ! Le lendemain, les ports de l'Allemagne

(1) Un ordre aussi absurde dépasse toute croyance ; mais le fait est vrai, quoique invraisemblable. C'est le prince Napoléon lui-même qui le raconte dans une brochure justificative, publiée au mois de septembre dernier.

étaient déclarés en état de blocus. On avait donc fait quelque chose? Une partie de notre flotte avait donc pris la mer? Voici ce qui avait eu lieu.

« La guerre était déclarée déjà depuis plusieurs jours, que l'on ignorait encore quel officier général serait mis à la tête de l'expédition importante, qui devait se diriger vers le littoral prussien. On prétendait que l'amiral Rigault de Genouilly, ministre de la marine, désirait prendre lui-même ce commandement. En effet, on hâtait à Cherbourg l'armement de la frégate *L'Océan*, destinée à devenir son bâtiment amiral. Plusieurs jours se passèrent dans cette incertitude, puis, le 22 juillet, le vice-amiral comte Bouët-Willaumez apprit tout à coup que l'Empereur l'avait choisi pour commander en chef l'escadre de la Baltique (1). » On l'informait, en outre, qu'il allait conduire loin de nos ports 14 frégates cuirassées, un grand nombre d'avisos et d'autres bâtiments militaires. Une seconde flotte, commandée par le vice-amiral La Roncière le Noury, composée de grands transports à vapeur, de chaloupes canonnières et de batteries flottantes, devait le rejoindre sans délai, avec trente mille hommes de débarquement, sous les ordres du général Bourbaki.

Dans une brochure publiée par le comte Bouët-Willaumez, peu de temps avant sa mort (2), il affirme qu'il avait combiné, dès le 8 avril 1867, à propos de l'affaire du Luxembourg, le plan d'une expédition dans la Baltique. Il faudrait alors l'exempter du reproche d'ignorance, qui plane comme une ombre sur tout le corps de la marine française. Mais ses études n'avaient pas été bien profondes, surtout au point de vue hydrographique, attendu qu'il éprouva de continuelles surprises.

(1) *Les escadres françaises dans la mer du Nord et la Baltique*, par René de Pont-Jest, p. 10.
(2) *Questions et réponses au sujet de nos forces navales* (juin 1871).

Le lendemain de sa nomination, il courut à Cherbourg, et hissa son pavillon au grand mât de la *Surveillante*, frégate cuirassée qui se trouvait à peine en état de prendre la mer, nonobstant les efforts du vice-amiral Roze, préfet maritime. L'arsenal était presque entièrement au dépourvu, Brest et Toulon ayant été depuis longtemps favorisés au préjudice de Cherbourg. Le personnel manquait aussi bien que les armes et les provisions. Les quartiers-maîtres, les marins spéciaux, tels que gabiers, timoniers, etc., et les chauffeurs, ayant reçu un congé avec un à-propos sans pareil, avaient pris la clef des champs dans toutes les directions; des matelots appartenant à l'inscription maritime, c'est-à-dire obligés de servir sur la flotte, un grand nombre pêchait au banc de Terre-Neuve ou dans les parages de l'Écosse, sans soupçonner l'orage qui menaçait la France. Comment les rappeler de leurs stations lointaines? On n'avait ni le temps ni les moyens. L'ordre du ministère, suivant l'expression de M. Bouët lui-même, causa donc un effarement général. N'importe, il fallut s'embarquer au plus vite. De quatorze frégates et de nombreux avisos, l'escadre se trouvait déjà réduite, il est vrai, par des instructions nouvelles, à sept frégates cuirassées et un seul aviso. On y rassembla des matelots en toute hâte, sans même leur fournir un sac complet, c'est-à-dire les vêtements de rechange nécessaires dans une expédition maritime. Le vice-amiral n'eut pas le loisir d'attendre les cartes danoises qu'il avait demandées, mais qui n'arrivaient pas, bien qu'elles lui eussent été du plus grand secours. L'approvisionnement de charbon était incomplet sur tous les navires et insuffisant sur quelques-uns.

Ces obstacles n'arrêtèrent pas le comte Bouët-Willaumez. Le 24 juillet, il sortit du port de Cherbourg, à cinq heures du soir, devant la population entière de la ville, groupée sur les jetées et sur la terrasse du Casino pour considérer cet imposant départ, saluer la flotte de ses acclamations et l'escorter de ses vœux. « L'Impératrice, qui était venue elle-même apporter à l'amiral Bouët *ses dernières instructions*, dit gravement M. René de Pont-Jest, s'était embarquée sur l'aviso *le Coligny*, et elle suivit l'escadre pendant plusieurs milles. » Aussitôt après son départ, le commandant de la flotte mit ses frégates en ordre de bataille et fit tout préparer pour le branle-bas.

Au moment où l'on avait déclaré la guerre, l'escadre prussienne était dans le port de Plymouth, juste en face de Cherbourg. Le prince Adalbert avait sous ses ordres trois frégates cuirassées, un monitor, et montait un vaisseau baptisé le *Roi Guillaume*, supérieur en vitesse et en artillerie aux plus forts bâtiments parés des trois couleurs, citadelle flottante dont l'armure invulnérable défiait tous les projectiles. Construit en Angleterre, il ne portait que des pièces de 24 centimètres. Un seul vaisseau français aurait pu se mesurer contre lui, le *Rochambeau*, monstre américain d'une taille colossale, qui avait coûté à la France une douzaine de millions. Mais son origine étrangère offusquait les ingénieurs de notre marine; par esprit de rivalité nationale, ils lui trouvaient toutes sortes de défauts chimériques et le tenaient immobile, dans l'ombre et le mystère, sous prétexte de le réparer. N'ayant pas ce puissant engin de destruction, l'amiral Willaumez avait résolu d'attaquer par le choc le redoutable navire prussien, et de lui plonger dans les flancs l'éperon de la *Surveillante*, comme un dard gigantesque. En somme, la flotte allemande pouvait combattre la flotte française à force égale. M. Bouët la chercha inutilement : elle avait pris la fuite. Le 25, le feu flottant de la côte anglaise, le *Galoper*, signala le passage de notre escadre, pour avertir les Prussiens de hâter leur marche, s'ils n'avaient pas encore assez d'avance. Le prince Adalbert, peu soucieux de la gloire, se réfugia dans la baie de Jahde, petit golfe situé près des embouchures du Weser, auquel on n'arrive que par un étroit chenal, entre les bancs de sable, en sorte qu'il suffit de quelques torpilles pour le rendre inabordable. Retirée au fond de cette crique, à trente portées de canon, la flotte allemande resta immobile pendant toute la guerre, sans profiter des occasions les plus séduisantes.

L'escadre aux trois couleurs navigua donc péniblement dans la mer du Nord, parut devant la baie de Jahde, où les fiers Prussiens demeurèrent humblement tapis, et, le 28 juillet, doubla la pointe de Skagen, extrémité nord du Danemark. Là elle fit une rencontre importante. Un capitaine de navire, M. De Champeaux, avait été envoyé en Danemark pour y prendre des mesures favorables à l'expédition française, et il avait obtenu de précieux résultats. Les pilotes du pays étaient prêts à seconder nos flottes, les phares du littoral devaient correspondre avec nous au moyen de signaux convenus, et la baie de Kioje, qui échancre au sud l'île où est bâtie Copenhague, avait été choisie comme lieu secret de ravitaillement. L'émissaire cherchait donc notre escadre, afin de l'avertir, quand il l'aperçut au loin sur les flots du Skaggerak. Mais il apportait des nouvelles plus favorables encore. Bien que la cour, attachée à la Prusse et à la Russie par des liens de famille, ne montrât aucune sympathie pour la France, qui l'avait d'ailleurs abandonnée en 1864, le peuple ne partageait ni son indifférence ni ses ressentiments. La déclaration de guerre à la Prusse l'avait fait tressaillir de joie. Les femmes de toutes les classes ne portaient plus que les couleurs françaises; dans les rues, dans les salons, dans les théâtres, on chantait la *Marseillaise* et le *Rhin allemand*; une souscription ouverte pour les blessés français était accueillie avec enthousiasme, pendant que la souscription pour les blessés germaniques subissait une défaveur marquée (celle-ci ne devait produire que 1,800 fr., tandis que l'autre en recueillait 80,000). Une sorte de fièvre exaltait la nation ; la presse danoise, sauf quelques journaux du parti allemand, prêchait la guerre et la vengeance. Le Danemark était prêt à se soulever ; la première compagnie française qui débarquerait sur la plage, donnerait le signal d'un mouvement populaire, que ne pourrait dominer la cour. Presque tous les indigènes croyaient que l'heure de la revanche allait enfin sonner. Or, comme le Danemark pouvait mettre immédiatement sous les drapeaux une quarantaine de mille hommes, si l'on y joignait 30,000 auxiliaires, on formerait ainsi en quelques jours une armée de 70,000 soldats, qui inquiéterait, menacerait la Prusse, pendant que la marine danoise, appropriée à la navigation de ces parages, seconderait nos flottes. Une si redoutable expédition immobiliserait 150,000 combattants au nord de l'Allemagne, faciliterait la défense de notre sol, assurerait probablement la victoire à nos armées. L'ambassadeur de France à Copenhague pressait en conséquence l'amiral Bouët d'entrer dans la Baltique, pour ouvrir le flanc de la Prusse, pendant que l'armée du Rhin la frapperait à la poitrine.

Amère déception ! l'amiral Willaumez n'avait reçu qu'un ordre, celui de tenir fermée la baie de Jahde, et savait que les troupes de débarquement n'étaient pas prêtes ; il télégraphia donc sur-le-champ à Paris, pour demander des instructions. La dépêche volait à peine sur les fils de fer, qu'un ordre prodigieux lui arrivait par la même voie. Après quelques avis concernant le service, M. Rigault de Genouilly prescrivait au chef maritime de choisir *un poste d'observation*, qui lui permît à la fois de respecter *la neutralité danoise*, de *surveiller les côtes ennemies* et de *ravitailler ses bâtiments*. Il n'était plus question d'envoyer une seconde flotte, il n'était plus question surtout d'expédier un corps de débarquement. La préoccupation dominante de la marine française devait être d'annuler la sympathie du Danemark, quand la nation était prête à se lever en faveur de la France, comme un champion intrépide ! Elle devait examiner de loin une côte déserte! Voilà le programme que les titans du ministère avaient tiré de leur cervelle ! Et comment, je vous prie, surveiller à la fois, avec une seule escadre, les plages de la mer Baltique et les plages de la mer du Nord, séparées par la longue presqu'île du Jutland? Si l'on passait à l'ouest, on dégageait l'est, et réciproquement. Il semble, en vérité, que le ministre de la marine n'avait jamais jeté les yeux sur une carte de l'Europe septentrionale, ne connaissait pas mieux la géographie qu'un paysan de la Beauce (1).

L'amiral fut consterné. En lisant cette dépêche absurde, le vétéran, habitué au grondement du canon et aux menaces des flots, ne pouvait en croire ses yeux.

Pour surveiller la baie de Jahde, il lui fallait rester dans les eaux de la mer du Nord; il fit donc répondre à l'ambassadeur de France qu'il ne pouvait pénétrer dans la Baltique sans instructions nouvelles, et il attendit. La présence de notre escadre n'aurait pas suffi pour provoquer un soulèvement national en Danemark : il fallait une armée de débarquement.

Le télégraphe ne répondit point, mais, le 1er août, un envoyé du ministre, M. De Cadore, rejoignit la flotte sur le *Coligny*. On avait enfin, tardivement, chargé ce diplomate de négocier avec le Danemark, la Suède et la Norwége, une alliance utile à nos armes. Le cabinet de Copenhague avait reçu très-froidement ses avances, et il venait prier l'amiral de franchir le Sund. M. Bouët lui ré-

(1) Il y a cependant au ministère d'excellentes cartes de la mer du Nord et de la Baltique, dessinées, gravées en France, comme celle de Robiquet, publiée à Paris et à Dunkerque en 1851 et 1859.

pondit comme à M. De Champeaux, et il attendit encore.

Pendant qu'il se morfondait, il apprit qu'un monitor prussien, l'*Arminius*, cherchait à remonter le Grand-Belt avec le vaisseau l'*Élisabeth*. Il envoya aussitôt, pour leur barrer le passage, quatre de ses navires : ce premier essai lui démontra que sa lourde flotte ne pouvait opérer, sans de grands désavantages, dans ces mers peu profondes (1). L'*Arminius* se réfugia d'abord dans une baie du Jutland, c'est-à-dire dans des eaux neutres, puis, le lendemain, masqué par la brume, il poursuivit sa route le long de la côte. C'était un petit monitor, calant à peine huit ou dix pieds, mais armé d'une façon redoutable ; quelques-unes de nos frégates, l'*Océan*, par exemple, calaient vingt-huit pieds. Elles ne pouvaient, en conséquence, donner la chasse au léger bâtiment prussien, qui glissait rapidement sur les bas-fonds. Notre aviso, le *Cassard*, était seul en mesure de le suivre ; mais il avait, pour tout moyen agressif, quatre pièces de douze et un canon à pivot, dont les projectiles eussent rebondi, comme des grêlons, sur les flancs de son adversaire. L'*Arminius* gagna donc sans péril la mer du Nord et alla se cacher dans la baie de Jahde, où il sommeilla tranquillement, loin des boulets. Quant à l'*Élisabeth*, averti par des espions allemands postés le long des côtes, il atteignit le port de Kiel et n'en sortit plus.

Le 2 août enfin, M. De Champeaux apporte au vice-amiral un ordre du ministre, qui lui ordonnait de franchir les détroits de la Baltique. La dépêche n'en disait pas plus long. C'était trop laconique, mais le chef de l'escadre obéit.

Des trois passages qui donnent accès dans la Baltique,

---

(1) Il aurait dû le savoir, puisque la carte de Robiquet donne tous les sondages. Sur quels points avaient donc porté ses études ?

un seul, le Grand-Belt, avait assez d'eau pour porter nos massives frégates ; seulement il est parsemé de rescifs dangereux et battus des vents, où il faut serpenter avec adresse entre les rocs. L'expérience et l'habileté des pilotes danois, les précautions minutieuses que leur imposa le vice-amiral, préservèrent notre flotte de tout accident. Mais le trajet n'eut pas lieu sans inquiétude : à un certain endroit, l'*Océan* n'eut que 50 centimètres d'eau sous sa quille. Le 7 août enfin, l'escadre française déboucha dans la baie de Marstal, passa devant Kiel et Fehmern, visita successivement Neustadt, Wismar, Rostock, pour étudier les points les plus abordables de la côte, se ravitailla dans la baie de Kioje, parut devant Swinemünde et bientôt devant Kolberg. Un temps superbe favorisait ces courses ; seulement nos vaisseaux étaient contraints de prendre le large pendant la nuit, nul phare n'étoilant l'obscurité des grèves. Animé encore par un vague espoir que la France enverrait des troupes de débarquement, le comte Bouët examina pendant plusieurs jours la rade d'Also, qu'il jugeait pouvoir faciliter une descente et l'invasion du Schleswig.

Il terminait ses opérations, quand il reçut une dépêche datée du 7 août, qui lui en montra l'inutilité. Le ministre lui faisait connaître les premiers revers de nos troupes, annonçait que le vice-amiral Fourrichon partait le jour même avec une seconde escadre, pour aller bloquer la baie de Jahde, et terminait ainsi : « Je vous recommande toujours *le respect le plus absolu pour les villes ouvertes*, car, à moins d'opérations *non prévues*, c'est dans un blocus strict des ports de commerce allemands que résident surtout les moyens d'action de l'escadre. » Au moment même où M. Rigault de Genouilly constatait nos premiers désastres, il semblait n'avoir d'autre souci que de ménager la Prusse ; il ne parlait ni du corps expéditionnaire, ni de bâtiments propres à faciliter le blocus des ports et l'attaque des places fortes. Quelles troupes aurait-on pu envoyer d'ailleurs, puisqu'on n'avait pas assez d'hommes pour défendre le territoire? Ainsi, notre marine allait croupir dans l'inaction, quand nos soldats vaincus inondaient de leur sang la frontière. Quel triste effet produisit cette lamentable dépêche! Avec quel pénible désappointement les braves embarqués sur la flotte baissèrent la tête, en apprenant l'ordre qui les paralysait!

Pour se rendre utile autant que possible, l'amiral Bouët vint stationner devant le port de Kiel, examiner s'il n'abritait point des navires de guerre. Quelques petits bâtiments, des canonnières et l'*Élisabeth* y dormaient seuls à l'ancre. Un autre vaisseau, mouillé plus avant, à Fredericksort, attendait le moment où on le coulerait dans la passe, déjà défendue par trois estacades en bois, plusieurs lignes de torpilles et de solides filets. Même embossée près de ces obstacles infranchissables, notre flotte n'aurait pu atteindre de ses boulets ni la ville, ni le port militaire. En voulant forcer le passage, on aurait subi les feux plongeants des forts construits sur les dunes, à trente mètres et plus de hauteur. La flotte aurait tout bravé, si elle avait eu des chaloupes canonnières, des batteries flottantes et des troupes suffisantes pour occuper les points réduits. Mais comment agir sans moyens d'action? Pourquoi lancer nos bâtiments contre des rescifs et des bas-fonds, où ils se seraient perdus sans espoir de succès? Chose merveilleuse! pendant toute cette campagne, le ministère n'envoya pas dans la mer du Nord et dans la Baltique un seul navire de la flottille, une seule de nos chaloupes armées, qui eussent rendu les plus grands services, sous la protection des robustes frégates.

L'amiral Bouët prit le large, contourna l'île de Fehmern et allait poursuivre sa route vers l'île de Rügen, lorsqu'il fut rejoint par le *Coligny*, dont le capitaine lui remit deux dépêches du gouvernement impérial : l'une, datée du 6 août, lui prescrivait de rentrer immédiatement en France avec la flotte; l'autre, datée du lendemain, lui ordonnait, au contraire, de rester (1).

Napoléon III, Lebœuf, Rigault de Genouilly, groupe d'incapacités prodigieuses, trinité grotesque, dont l'histoire saluera les noms par des rires et des huées! Dans le choix d'un ministre de la marine, Bonaparte avait montré le même discernement que dans le choix d'un ministre de la guerre, et nul doute qu'il ne fût en admiration devant sa propre clairvoyance.

Poussé à bout par tant de contradictions et d'incertitudes, l'amiral Willaumez forma une commission pour s'éclairer, pour voir quel parti l'on pourrait prendre. Suivant l'habitude invariable de ces réunions, elle déclara qu'il n'y avait rien à faire. On délibéra sur toutes les villes du littoral, on examina s'il y avait moyen de les attaquer avec succès, et la réponse fut toujours négative. Kolberg et Dantzig parurent seuls offrir aux assaillants des chances favorables, « mais le peu d'effet, dirent les opinants, qui résulterait de ces deux tentatives, exposerait l'escadre française à perdre le prestige de sa force. » Étrange méthode pour garder son prestige que de rester immobile et inutile !

Cependant l'amiral Fourichon avait fini par prendre la mer, avec sept frégates cuirassées; le 12 août, il parut devant la baie de Jahde, où la flotte prussienne se tint plus que jamais soigneusement blottie. Délivré de toute inquiétude, M. Bouët-Willaumez procéda au blocus des ports de la Baltique et le notifia dans le *Moniteur* de Copenhague.

(1) René de Pont-Jest, p. 29.

Pour le rendre aussi effectif que possible, le comte divisa ses forces navales en deux groupes, et partagea la surveillance des côtes; le 16, il en donnait avis au ministère.

Ce jour-là, une bataille sanglante, où le maréchal Bazaine pouvait écraser les Prussiens, où il se bornait à les contenir, par suite d'un plan perfide, jonchait de morts les hauteurs situées au couchant de Metz; détournons nos yeux d'une expédition folle et stérile, pour assister à un drame effroyable.

CHAPITRE IX.

DESCRIPTION DE METZ; NAPOLÉON ET LE MARÉCHAL BAZAINE;
SOUVENIRS DU MEXIQUE.

L'ignorance seule suffisait pour immobiliser la flotte; une trahison inouïe, monstrueuse, se joignit à l'incapacité pour rendre inutile la bravoure des armées de terre. Il faut raconter cette lugubre histoire, qui égaie par contraste et orne de teintes douces les plus sombres visions des poëtes. Macbeth, l'ombre de Banquo, la forêt de Dunsinane sont éclipsés.

Les troupes allemandes, qui venaient de mettre en déroute le général Frossard, avaient campé sur le champ de bataille dans la nuit du 6 au 7 août. La cavalerie seule avait poursuivi les fuyards et cherché à en venir aux mains avec l'arrière-garde, mais ne l'avait pas atteinte. Après le départ de l'armée française, le 17ᵉ régiment des hussards prussiens occupa Sarreguemines sans coup férir, et y trouva des approvisionnements énormes, une grande quantité de sel, d'avoine, d'équipements et de vivres, qu'on y avait expédiés quelques jours auparavant pour l'usage du 5ᵉ corps, et que le général Frossard, comme la brigade Lapasset, venaient d'abandonner sans faire aucun effort pour sauver ces richesses. L'armée du général Steinmetz demeura plusieurs jours à Saarbrück, Forbach et Vœlklingen, où non-seulement elle groupa ses bataillons, mais reçut les compléments qu'elle attendait, le 1ᵉʳ corps d'armée, et deux divisions de cavalerie, ce qui porta ses forces à 102,000 hommes. Plus tard on lui expédia de nouveaux renforts, qui lui donnèrent un effectif de 118,000 combattants.

Le général Steinmetz aurait pu sans doute opérer contre les troupes postées entre lui et la place forte, dont il était seulement éloigné de quinze lieues. Mais le plan du comte de Moltke exigeait que les trois grandes armées prussiennes agissent de concert, comme le centre et les deux ailes d'une seule armée. Le général attendait, en conséquence, que le prince Frédéric-Charles et le prince héréditaire eussent exécuté leur mouvement tournant vers la Meurthe et la Moselle. Dans la nuit du 7 au 8, l'avantgarde de la 2ᵉ armée traversa la frontière près d'Halbkirchen. Le lendemain, le roi transporta son quartier général de Mayence à Hombourg, où il adressa aux troupes la proclamation suivante :

« Soldats,

» La poursuite de l'ennemi, refoulé après de sanglantes batailles, a déjà conduit au delà des frontières une grande partie de nos armées. Plusieurs autres corps vont envahir à leur tour, aujourd'hui et demain, le sol de la France. Je compte que vous observerez d'une manière toute spéciale, sur le territoire ennemi, la discipline par laquelle vous vous êtes jusqu'à présent distingués. Nous ne faisons pas la guerre aux paisibles habitants du pays ; bien loin de là, tout soldat qui tient à son honneur, doit regarder comme un devoir de respecter la propriété individuelle et ne pas permettre qu'un seul excès porte préjudice à la renommée de nos troupes. J'ai confiance dans le bon esprit qui vous anime, mais j'espère qu'il sera fortifié par la vigilance et la sévérité des chefs. »

Trois jours après, en quittant Saarbrück, le roi Guillaume adressa au peuple français même une proclamation analogue :

« Nous Guillaume, roi de Prusse, faisons savoir ce qui suit aux habitants des territoires français occupés par les armées allemandes :

» L'empereur Napoléon ayant attaqué par terre et par mer la nation allemande, qui désirait et désire encore vivre en paix avec le peuple français, j'ai pris le commandement des armées allemandes pour repousser cette agression, et j'ai été amené par les événements militaires à passer les frontières de la France.

» *Je fais la guerre aux soldats, et non aux citoyens français.* Ceux-ci continueront, par conséquent, à jouir d'une entière sécurité pour leurs personnes et leurs biens, aussi longtemps qu'ils ne me priveront pas eux-mêmes, par des entreprises hostiles contre les troupes allemandes, du droit de leur accorder ma protection.

» Les généraux commandant les différents corps détermineront par des dispositions spéciales, dont il sera donné connaissance au public, les mesures à prendre envers les communes ou les personnes qui contreviendraient aux usages de la guerre. Ils régleront de la même manière tout ce qui concerne les réquisitions jugées nécessaires aux besoins des troupes, et fixeront la différence du cours entre les valeurs allemandes et les valeurs françaises, pour faciliter les transactions individuelles entre les soldats et les habitants. »

A cette époque, les journaux allemands parlaient dans le même sens, avec une louable modération et des apparences d'humanité : ils continuèrent, pendant quelques jours encore, à tenir le même langage. La correspondance de

Berlin, publiée le 14 août, par la *Gazette nationale* (1), renfermait un passage qui correspondait au sentiment général exprimé par le roi : « Le peuple allemand, disait-elle, ne combat point la nation française, mais seulement le bonapartisme; il veut mettre un terme à ce fléau(2). »

Y avait-il de la sincérité dans ces protestations? Faut-il seulement y voir un calcul pour prévenir une levée en masse, pour empêcher une guerre populaire, et aussi pour abuser l'Europe? Les Allemands, comme tous les hypocrites, tiennent beaucoup à ménager l'opinion. Au moment où ils semblaient vouloir rassurer les habitants de la France, les massacres de Wissembourg, de Wœrth et de Gunstett avaient déjà eu lieu. Et puis, dans leurs bagages se trouvaient des sondes pour fouiller les jardins, des trousseaux de fausses clefs pour ouvrir les meubles précieux qu'on attendait en Allemagne, des brosses à pétrole pour mettre le feu aux maisons, tout un attirail de voleurs et d'incendiaires, qui prouvait leurs desseins. S'il y avait quelque franchise et quelque honnêteté dans les déclarations des journaux, il n'y avait que fourberie dans les proclamations du roi. Elles contenaient des phrases insidieuses, calculées de manière à justifier par anticipation les barbaries des troupes allemandes, si les populations françaises ne se montraient pas dociles, ne méritaient point la haute protection du roi. Mériter la protection d'un envahisseur, quelle exigence et quelle astuce! La presse germanique a fait de ces expressions l'usage le plus perfide et le plus cruel, pour exciter au carnage, pour endurcir contre la pitié les hordes teutoniques.

L'armée du prince royal devait parcourir un trajet rela-

---

(1) *Nationale Zeitung*, n° 377, supplément.
(2) « Das deutsche Volk bekriegt nicht das franzœsische Volk, sondern nur den Napoleonismus : es will dieser Geissel ein Ende machen. »

tivement énorme, dans le but de rejoindre, à la hauteur de Metz, les deux autres armées. Nous avons vu que, dès le 14, elle occupait Nancy, tout près du confluent de la Meurthe et de la Moselle; le plan de campagne tracé par le général De Moltke la retint quelques jours dans la ville et dans son district : elle fouilla tout le pays voisin.

C'était autour de Metz et dans le nord de la Champagne que le sort de la France allait se décider. Le 12 au soir, l'armée du général Steinmetz et celle du prince Frédéric-Charles, qui avançaient de conserve, étaient seulement à une journée de la grande place forte. Si les Allemands avaient fait des préparatifs considérables, le gouvernement impérial, de son côté, ne restait pas inactif. Le général Cousin-Montauban ne négligeait rien pour accroître les ressources militaires de la France. Une loi votée par la Chambre appelait sous les drapeaux tout le contingent de 1870, les anciens soldats libérés du service, qui étaient encore célibataires, et même les veufs sans enfants; elle autorisait à s'enrôler pour la durée de la guerre les hommes valides de tout âge. On réunissait enfin, on exerçait avec des bâtons ou de vieux fusils la garde nationale mobile. Ayant rassemblé, armé en toute hâte les réserves, le ministre de la guerre disait à la tribune : « Dans quarante-huit heures, j'envoie à la frontière deux nouveaux corps d'armée, de trente-cinq mille hommes chacun : au lieu de me retenir ici à vous parler, laissez-moi retourner faire de meilleure besogne au ministère. » Ces nouvelles troupes furent réunies au camp de Châlons. M. Cousin-Montauban dirigeait sur Metz par les voies ferrées, des vivres, des munitions, les farines accumulées à Cherbourg pour l'approvisionnement de la flotte, et aussi quelques renforts. A Paris, on complétait l'armement des forts détachés, on garnissait de canons l'enceinte continue, on étudiait un système de défense; des farines, des grains, des conserves alimentaires, des fourrages entraient par toutes les portes ; on préparait des abris, des campements pour les troupeaux, qui défilaient sur les anciens boulevards extérieurs, allaient occuper les fraîches pelouses du bois de Boulogne et du bois de Vincennes. On avait comme le pressentiment des malheurs que l'implacable destin réservait à la France. La guerre n'avait pas inspiré un seul chant patriotique; elle avait commencé dans une muette et sombre attente, où la convention de Genève, les préparatifs pour les blessés absorbaient presque toute l'attention publique, où de vaines rodomontades inspiraient une molle confiance.

D'autres efforts, dans la ville lorraine, essayaient de conjurer la tempête qui amassait à l'horizon ses nuages et ses tonnerres. La faute énorme que l'on avait commise, en disséminant les troupes sur la frontière, était devenue évidente par ses funestes résultats. On prit donc le parti de concentrer autour de Metz, et au camp de Châlons, toutes les forces disponibles. Depuis le 8, le troisième corps, sous les ordres du maréchal Bazaine, s'était retiré en avant de Metz, derrière la Nied française ; le quatrième corps, ayant pour chef le général Ladmirault, avait quitté Thionville pour exécuter le même mouvement, et pris place, le 8 aussi, à la gauche du quatrième. Ce qui restait des troupes du général Frossard ne put rétrograder aussi aisément. Pour ne pas rencontrer les Prussiens, il avait incliné vers le sud, passé par Grand-Tenquin et Baronville; le 9, il atteignait Han-sur-Nied ; le 10 seulement il se portait à Mercy-lez-Metz, protégé en arrière par le fort Queuleu, en avant par le troisième et le quatrième corps. La 3me division de cavalerie, placée d'abord à Nancy comme troupe de réserve, était arrivée le 8 et campait à Montigny, sous les murs de la place, pendant que la 1re division de cavalerie, appartenant aussi à la réserve, occupait l'île Chambière. La garde impériale, qui avait accompagné Napoléon III, était groupée, avec le 3me et le 4me corps, près de la Nied française, à Silly et Maizery. Les bataillons du 6me corps, qui arrivaient successivement de Châlons, furent postés à Montigny. Les forces ainsi rassemblées comprenaient 188 bataillons d'infanterie de ligne, 13 bataillons de chasseurs, 126 escadrons, 63 batteries de canons, 13 batteries de mitrailleuses, 17 compagnies et demie du génie et du train, ce qui formait un total de 178,877 combattants; à savoir 150,400 soldats de ligne, 10,400 chasseurs, 15,750 cavaliers, 2,327 hommes du génie et du train, et 456 bouches à feu, qui n'équivalaient point tout à fait aux deux cinquièmes de l'artillerie traînée sur le sol de la France par le premier ban des troupes germaniques. C'est contre cette masse que vint d'abord se heurter la première armée allemande, puis que luttèrent avec obstination les forces réunies du général Steinmetz et du prince Frédéric-Charles.

Pour comprendre les opérations militaires sur le point de s'accomplir, les étranges incidents qui allaient paralyser les forces principales de la France, nous devons, avant tout, examiner les lieux ensanglantés par cette lutte, où la trahison a joué un si grand rôle.

Le site de la ville de Metz, la campagne des environs à une grande distance de ses murs, ont un attrait pittoresque, et charmaient le voyageur dans les époques tranquilles, dont l'Europe attendra longtemps le retour. Des hauteurs de Spikeřen, maintenant à jamais célèbres, le terrain s'abaisse en pente douce, jusque dans le voisinage immédiat de la place. Le sol forme un plateau onduleux, entrecoupé de vallons, que sillonnent des torrents ou de petites rivières; la plus importante est la Nied, qui va grossir les flots de la Sarre et doit sa naissance à la réunion de deux cours d'eau, la Nied allemande, la Nied française, coulant du sud-est au nord-ouest. Des bois de sapins, de hêtres et de chênes couronnent en partie les hauteurs. À douze kilomètres de la ville, ces forêts tracent un grand demi-cercle, dont la ligne passe par Cheny, Courcelles, Pange, Les Étangs, Hayes, Saury-lez-Vigy : la Nied française côtoie du sud au nord la lisière extérieure de ce vaste hémicycle. Ses arbres touffus suspendent à leurs branches un vert rideau, derrière lequel allait se poster l'armée allemande, que nos éclaireurs se gardèrent bien de découvrir.

Metz occupe le fond de la vallée où roule la Moselle. Depuis des siècles elle passe pour imprenable, et elle n'a pas été prise en 1870, puisque la ruse et la famine en ont seules ouvert les portes aux prudents héros de l'Allemagne.

A 1,500 mètres au-dessus de la ville, la Moselle se divise en deux bras, qui se réunissent à la même distance en aval; deux autres bras coupent transversalement le terrain que cernent les premiers, le fractionnent ainsi en trois îles, dont la plus septentrionale se nomme l'île Chambière. Construite en grande partie sur la rive droite de la Moselle, entre son bras oriental et la Seille, la ville se prolonge dans l'île Chambière. Outre son enceinte fortifiée par Cormontaigne, imitateur et digne successeur de Vauban, elle possède deux forts contigus à la ville même : celui de Bellecroix, ouvrage à double couronne situé au nord-est, a son front tourné vers Saint-Julien, Vallières et Borny; le fort Moselle, bâti sur la rive gauche, dans la direction du nord-ouest, ouvrage à double couronne aussi, regarde Plappeville, Woippy et Saint-Éloi; c'est une puissante tête de pont qui défend les approches des deux îles Chambière et Saulay. Au sud, Metz est protégé par la lunette d'Arcon et la redoute du Pâté. Elles remplacent, comme moyen de défense, la vieille citadelle, commencée en 1556 par le maréchal de Vieilleville et terminée en 1564, mais rasée en 1791 : ses terrassements portent la caserne du génie et ont été transformés en promenade publique, la seule que possède la ville guerrière.

Elle se trouve encaissée entre deux massifs de hauteurs inégales. Celles de la rive gauche s'élèvent brusquement jusqu'à 186 et 195 mètres au-dessus du niveau de la vallée, qui serpente elle-même à 170 mètres au-dessus du niveau de la mer; celles de la rive droite, bien moins escarpées, ne dominent, en avant de Borny, la surface de la rivière que de 55 mètres. Jusqu'en 1868, ces deux groupes d'éminences n'étaient pas fortifiées; de leurs plateaux, on aurait donc facilement écrasé la place sous les boulets et les obus des pièces à longue portée. Comme les relations avec l'Allemagne devenaient inquiétantes, le gouvernement impérial résolut d'y construire des forts détachés, non-seulement pour défendre Metz contre l'artillerie nouvelle, mais pour former alentour un camp retranché, où deux cent mille hommes pourraient trouver un abri et prendre à leur gré l'offensive.

Les travaux furent commencés au printemps. On éleva sur la rive droite, à 2,500 et à 2,100 mètres de l'enceinte, les forts Queuleu et Saint-Julien; sur la rive gauche, à 3,200 et 3,100 mètres, les forts de Plappeville et de Saint-Quentin. On voulait en faire des ouvrages modèles, et l'on y serait parvenu, si l'on n'avait point limité les dépenses par motif d'économie. La forme de ces constructions militaires est celle d'un carré ou d'un pentagone bastionné, suivant l'importance qu'on leur assignait.

Au mois de mai 1870, on commença un nouveau fort, celui de Saint-Privat, ayant pour but de protéger les chemins de fer ou plutôt leurs extrémités, qui viennent toutes aboutir dans une seule gare, à la porte Serpenoise. Il fut provisoirement érigé en terre, sans casemates, d'après un ordre subitement expédié par un homme en grande faveur aux Tuileries. D'autres ouvrages devaient compléter le système de défense.

Tous ces travaux n'étaient pas terminés au début de la guerre : le fort Saint-Julien demanda un labeur de jour et de nuit, pour n'avoir pas à craindre un assaut. Le 14 août, on n'y avait pas encore mis la dernière main. Le fort de Saint-Privat était à peine commencé. Pendant ce temps, on fortifiait avec une ardeur inquiète les points les plus avancés des lignes de défense : on métamorphosait la levée du chemin de fer, devant Montigny, en une formidable contre-approche ; on élevait une redoute à Grange-Mercier, on protégeait par des constructions militaires, au pied du fort Saint-Julien, le hameau de Châtillon et le château de Grimont ; la redoute dite Les Bordes se dressait à l'est, pour commander la route de Sarrelouis et de Sarrebrück ; au nord, sur la rive gauche, la redoute de Saint-Éloi gardait l'embouchure du vallon.

Abrité par cette solide armure, Metz pouvait défier l'arrogance germanique. Mais il y avait derrière ses remparts un souverain obtus, qui se croyait un génie, et deux hommes perfides, dont les manœuvres allaient garrotter la France, pour la livrer comme une victime, à d'impitoyables ennemis.

S'il est un individu marqué d'une empreinte fatale par la nature, pour avertir ceux qui l'approchent de se tenir sur leurs gardes, c'est assurément Napoléon III. Aucun physionomiste ne s'y tromperait. Ses yeux seuls sont un programme funeste, un indice de malheur et de crime. Il a, pour les voiler, des paupières flasques, blanchâtres et trop longues, comme celles des vautours. Quand elles se lèvent, on pense voir un œil menaçant, terrible, un œil d'oiseau de proie. Quel étonnement ! on aperçoit une prunelle grise, si pâle, si pâle, qu'elle est presque blanche. Aucune expression, aucun regard même : l'œil d'un spectre ! Nul rayon d'intelligence ne l'éclaire, nulle trace de sentiment n'y apparaît. Il vous glace, il vous donne le frisson, comme une nuit froide et humide dans un carrefour sans réverbères. J'en éprouvai l'affreux magnétisme avant que le personnage fût président de la République. J'étais assis au coin d'une cheminée, le dos tourné à la fenêtre : l'homme lugubre occupait un fauteuil en face de moi ; la lumière tombait sur sa figure. Quand il me regarda, ou, pour mieux dire, quand il eut l'air de me regarder, car il n'a pas de rayon visuel, j'éprouvai une sorte de malaise, une émotion étrange, horrible, que mon imagination traduisit à l'instant même par une phrase qui se formula toute seule, qui n'est pas absolument correcte, mais que nulle autre expression ne peut remplacer : « Tiens, cet homme a dans les yeux un cimetière ! » C'était un juste pressentiment : l'impitoyable fossoyeur a couvert la France de tombeaux, et a creusé un vaste sépulcre, où sont venus s'engloutir le génie, la moralité, le patriotisme, l'honneur militaire de la nation, tous ses glorieux souvenirs, toutes ses nobles espérances ! Elle est maintenant la vassale de la Prusse ; elle travaille ainsi qu'une esclave, pour payer une effroyable rançon, qu'un peuple avide et sordide a eu l'impudeur d'exiger.

Ce forban, qui s'était emparé de la France comme d'un vaisseau pris à l'abordage, rassemblait autour de lui l'écume de la nation, Morny, son frère adultérin, Magnan, le boucher, Saint-Arnaud, le filou (1), Espinasse, l'agent

---

(1) Saint-Arnaud, jouant à la Bourse après le 2 décembre, avait donné des ordres à un agent de change. Au commencement du mois suivant, le financier lui écrit une lettre, où il lui disait : « Acheté pour vous tant, vendu tant, différence trente mille francs, que je vous prie de m'envoyer. » L'ancien acteur lui répondit : « Vous êtes

nocturne, Billault, Rouher, Fialin, dit De Persigny, orgueilleux laquais, étalant sur son écusson usurpé cette plate devise : *Je sers*, et tant d'autres chenapans que nous avons vu trôner autour de leur maître, sous le dais sépulcral d'où aurait dû tomber une pluie de sang, le sang des victimes égorgées par la troupe infâme ! Or, le châtiment sort presque toujours du crime même. Dans le nombre de ceux que choisissait sa faveur, qu'élevait sa main déloyale, Bonaparte avait enfin rencontré un homme de sa taille, un homme sans scrupules, sans remords, qui a machiné sa perte, qui l'a en effet culbuté du pouvoir, mais n'a pas craint de terrasser en même temps la France, de livrer sa patrie à l'invasion, au carnage, à la ruine, à la honte, aux souvenirs amers, au tourment des rancunes impuissantes, aux appréhensions d'un funèbre avenir. Cet homme, c'est le maréchal Bazaine.

Né dans une classe inférieure, à Versailles, en 1811, et n'ayant pas reçu d'éducation littéraire, il avait atteint par des routes ténébreuses la position élevée qu'il occupait. Les détails sur sa vie n'abondent pas, et il est vraisemblable qu'il n'a pas tenu à renseigner lui-même les biographes. Il avait vingt ans, lorsqu'il s'engagea comme volontaire et fut incorporé au 37me régiment de ligne. Peu de temps après, il passa dans la légion étrangère en Afrique, où il remplit les fonctions de fourrier. C'est un incident qui ne laisse pas d'avoir son importance. Les soldats, Français d'origine, qu'on envoie à la légion étrangère, ne sont point la fleur de l'armée : ou ils ont montré peu de goût pour la discipline, ou ils n'ont pas fait preuve d'une grande délicatesse morale ; pour qu'ils ne continuent

---

bien simple de croire que je joue pour perdre. Vous comptiez recevoir trente mille francs, vous ne recevrez pas un centime : voilà la différence. » Comme Saint-Arnaud venait de massacrer les Parisiens, l'agent de change dut se résigner à perdre la somme.

point à donner le mauvais exemple, ou pour leur épargner les rigueurs des tribunaux militaires, on les déverse sur un continent à moitié sauvage, loin de la mère-patrie. Leur qualité de Français néanmoins leur assure toujours une certaine faveur : il ne fallut que deux ans au jeune Bazaine pour obtenir les épaulettes de lieutenant. Deux années se passèrent encore, et il fut promu au grade d'officier, il reçut la croix de la Légion d'honneur. Qu'avait-il fait ? L'histoire jusqu'à présent ne le dit pas.

Une lutte acharnée, depuis 1833, avait lieu en Espagne entre les partisans de Don Carlos, frère de Ferdinand VII, et Marie-Christine, sa veuve. Pour soutenir la galante princesse, Louis-Philippe lui envoya, au bout de deux ans, toute la légion étrangère, que suivit naturellement Bazaine. Il apprit dans la Péninsule la langue espagnole, qui devait lui servir plus tard au Mexique, mais là encore une ombre épaisse enveloppe sa vie. Après trois années d'absence, il reparut en Afrique, non plus dans la légion étrangère, mais dans le 4e régiment de ligne, avec le même titre qu'il portait avant son départ. Il se consacra dès ce moment à l'administration ; en 1841, il était chef d'un bureau arabe, dans la province d'Oran, avec le grade de chef de bataillon. Les administrateurs des bureaux arabes exerçaient la même autorité que les proconsuls de l'ancienne Rome, maltraitant, opprimant, rançonnant à leur guise les indigènes. Il remplit longtemps ces fonctions arbitraires, où il développa son talent naturel pour l'intrigue ; quand on avait besoin de traiter avec la population primitive, c'était lui, l'homme habile, l'homme dissimulé, qu'on employait. Nommé lieutenant-colonel après la soumission d'Abd-el-Kader, il devint colonel du 55e régiment de ligne en 1850, et fut alors rappelé en France.

Mais la vie tranquille et régulière qu'il fallait y mener, ne lui convenait pas. Il aimait mieux cent fois la liberté d'action que permettait une colonie soumise au régime militaire. Il y retourna comme chef du 1ᵉʳ régiment étranger, qu'il conduisit à Sébastopol en 1854. Il se distingua par une valeur brillante et calme aux batailles de l'Alma et d'Inkermann, ce qui le fit nommer général de brigade, et peu de temps après, en 1855, général de division. Il fut alors chargé de conduire les troupes qui enlevèrent la petite forteresse de Kinburn. Il montra la même bravoure à l'attaque du bastion central de Sébastopol. Aussi, quand la ville fut prise, lui en donna-t-on le commandement.

Son sang-froid, son intrépidité ne se démentirent pas dans la guerre d'Italie : sa belle conduite fut remarquée à Melegnano et dans la lutte qui débusqua les Autrichiens du cimetière de Solferino.

Les débuts de l'expédition du Mexique devaient augmenter encore ses titres d'honneur. Lorsque les troupes françaises, au mois de février 1862, parurent devant Puebla et en commencèrent le siége, le général Bazaine attaqua un grand ouvrage situé près de la ville, nommé le Pénitencier; il lui suffit de quelques heures pour s'en rendre maître, et dès lors commença la guerre des rues, où les Français perdirent tant de monde. Neuf semaines plus tard, le général mexicain Comonfort s'étant avancé jusqu'au bourg de San-Lorenzo et s'y retranchant, presque sous les yeux de nos troupes, ce fut le général Bazaine qu'on envoya le déloger. Il arriva au point du jour, enleva la position et mit l'armée de Comonfort en pleine déroute. Ce fait d'armes entraîna la capitulation de Puebla. Il s'agissait alors de marcher sur Mexico : le général Forey chargea encore Bazaine d'en prendre possession. Juarez et le gouvernement national se retirèrent à son approche, sans coup férir.

Voilà quels états de service pouvait invoquer le général Bazaine, lorsque Forey, nommé maréchal, fut rappelé en

France; le 1ᵉʳ octobre 1863, il remit ses pouvoirs au vainqueur de San-Lorenzo, qui devenait chef de l'expédition. Jusqu'alors il n'avait fait qu'exécuter les ordres de ses supérieurs; il s'était comporté comme un brillant soldat, comme un habile général de division. Il n'avait eu à former aucun plan, il avait pu se passer d'initiative et de talent stratégique. A peine investi de l'autorité suprême, il lui fallut entreprendre une campagne dans l'intérieur du Mexique, et aussitôt son incapacité devint manifeste. Jamais il ne put combiner un ensemble d'opérations, qui eût un peu de suite et d'harmonie. Ce grand homme avorté donnait les ordres les plus contradictoires, épuisait le soldat en marches et contre-marches inutiles, ne prévoyait rien, n'organisait rien. Sournoisement jaloux, quand un de ses lieutenants allait remporter un avantage, il suspendait son expédition, arrivait sur le terrain et lui dérobait l'honneur du succès. Au talent de général en chef, qui lui manquait, il substituait les ressources de l'intrigue; il séduisait les troupiers par sa fausse bonhomie, par la licence effrénée qu'il leur permettait. « Abandonnée à elle-même dans un pays aussi éloigné de nous, l'armée prit des habitudes de sans-gêne, qui donnèrent un rude coup à la discipline. Là-bas, tout était permis, et ce n'était pas la conduite du maréchal Bazaine qui pouvait relever la moralité. Le sans-façon, la facilité industrieuse avec laquelle le soldat français pourvoit à son existence, au lieu d'être sévèrement contrôlés, finirent par faire de droit une partie de la vie au camp. L'action hiérarchique du chef s'amoindrit devant l'initiative personnelle (1). »

L'arrivée de Maximilien, le 28 mai 1864, fut désagréable au général Bazaine, qui avait déjà pris des habitudes de dictateur et se complaisait dans certains rêves

---

(1) *Les vaincus de Metz*, p. 23.

ambitieux, que troublait la présence d'un souverain. Napoléon III, suivant un dicton de l'armée, changeait en *béquille d'aveugle* le bâton de maréchal de France : il devait, par suite, en gratifier le général Bazaine, qui n'infirma point l'adage railleur des soldats. Maximilien eut beau le féliciter de l'honneur qu'il venait d'obtenir, la lutte s'engagea entre eux, lutte dans laquelle le général portait au prince des coups perfides et habilement calculés. Non-seulement il n'organisait pas pour le soutenir une armée indigène, mais il renvoyait en France, dès l'année 1865, la brigade du général L'Hériller et l'artillerie de la garde. L'empereur du Mexique envoya son aide de camp en Europe pour solliciter le rappel du maréchal Bazaine. La demande fut renouvelée plusieurs fois, elle fut réitérée par l'impératrice Charlotte. Bonaparte repoussa toujours la prière de sa royale victime. Bazaine dominait si bien son protégé qu'il le forçait à destituer les plus hauts fonctionnaires et même à changer ses ministres. Le passage suivant d'un journal français, publié à Mexico, fera entrevoir les secrètes intentions du maréchal : selon cette feuille, « l'empire n'existait plus de fait, l'intervention française était devenue maîtresse du Mexique ; il fallait une dictature pour attendre les événements futurs, et jamais dictature ne pouvait tomber en mains plus dignes que celles auxquelles elle revenait naturellement. »

Convoitant la main d'une jeune fille très-riche, dont il avait quatre fois l'âge, et dont la famille s'était énergiquement déclarée contre l'expédition française, le soldat de fortune employait à les séduire ces espérances déloyales. Il donnait lieu de croire qu'il serait bientôt ou président de la république mexicaine, ou chef de l'empire. Éblouis de cette brillante perspective, les parents allaient tous ébruitant les songes du maréchal. Ils acceptèrent le vieux prétendant et le mariage eut lieu. A ce propos, Bazaine fit un tour de son métier, qui rappelle ses débuts dans le service militaire, ses exploits subtils au détriment des Arabes.

Le pauvre Maximilien crut devoir lui faire un présent de noces. Il ne lui offrit rien moins que le palais de *Buena-Vista*, somptueusement meublé par le corps municipal de Mexico pour l'usage du maréchal Forey. Bazaine minauda, prétendit avoir des scrupules, ne point oser accepter un don si magnifique : sa femme seule aurait pu agréer le présent, s'il lui avait été destiné. Maximilien écrivit donc une lettre, où il attribuait le cadeau à la maréchale, *y compris le jardin et le mobilier*, avec cette clause agréable que si les nouveaux mariés quittaient le Mexique, le gouvernement leur payerait en échange de l'immeuble, qui redeviendrait propriété nationale, une somme de cent mille piastres, ou cinq cent mille francs. Bazaine loua fort ce procédé courtois, mais il lui vint une réflexion. La municipalité de Mexico devait le loger ; or, le palais étant devenu la propriété de sa femme, s'il l'habitait, ce serait sa femme qui le logerait et non point la ville. Était-ce convenable? Était-ce décent? Pour demeurer avec sa jeune épouse, le chef militaire exigea qu'elle fût désintéressée par le collége échevinal et reçût un loyer annuel de soixante mille francs ; la ville le paya en effet jusqu'au dernier jour (1).

Bazaine aurait dû s'en tenir à de pareils stratagèmes, et ne point machiner des plans politiques. C'est un ambitieux indécis, n'ayant pas l'audace et l'intelligence nécessaires pour exécuter ses desseins, rêvant une haute position qu'il n'osait prendre de vive force, louvoyant autour du crime et attendant l'occasion, au lieu de la préparer. Wallenstein, quoique d'une trempe plus solide, avait le même caractère et donna le temps à Ferdinand II de le

---

(I) *L'Intervention française au Mexique*, par Léonce Détroyat, p. 232.

faire assassiner. Et puis le maréchal n'avait pas les moyens d'action, la puissante influence, qui lui eussent permis d'usurper : il aurait dû le voir. Les circonstances enfin ne le secondaient pas ; comment fonder un avenir durable sur une expédition précaire, établir un trône sur les disgrâces d'une entreprise mal conçue, mal conduite, et penchant déjà vers sa ruine ?

Justement inquiété par ses allures ambiguës, par les avis qu'il recevait, Napoléon envoya au Mexique le général Castelnau, avec de pleins pouvoirs, qui lui donnaient le droit de commander même à Bazaine. Il s'agissait d'ailleurs de hâter le retour en France du corps expéditionnaire, l'attitude menaçante et les dispositions hargneuses de la Prusse exigeant que toutes les forces de la nation fussent rassemblées. Quand le projet de départ fut irrévocable, le maréchal brusqua, malmena, querella le pauvre empereur du Mexique. Et lorsqu'il fut près de s'embarquer, lorsqu'il abandonna la capitale, pour rendre infaillible la perte de Maximilien, il fit noyer quatorze millions de cartouches, briser les obus à coup de pioche, enclouer les canons ; l'outillage de guerre qui avait coûté des sommes énormes, le plomb, la poudre, les effets d'hôpital et de campement, les chevaux de troupe furent vendus à la criée ou pour des prix dérisoires. Au souverain trahi, au rival qu'il ne pouvait supplanter, il laissa la ruine, le dénûment, l'incapacité de se défendre, la perspective d'une mort tragique. Il livrait même à la rapacité des bandits les bagages de l'Empereur sur le chemin de la Vera-Cruz ! Puis, tranquille, joyeux, sans remords, il partait pour la France avec sa nouvelle famille, le 12 mars 1867.

CHAPITRE X.

BATAILLES AUTOUR DE METZ : BORNY, REZONVILLE.

Mal accueilli par le gouvernement impérial, quand il revint du Mexique, en butte à des soupçons graves, à des imputations blessantes, le maréchal Bazaine tomba dans une espèce de disgrâce jusqu'au début de la guerre. Ceux qui le connaissent disent qu'il ne pardonne jamais : aussi garda-t-il au souverain une profonde rancune. Chose étrange! pendant que la cour le traitait avec froideur, il devenait ou restait populaire. Lui et Mac-Mahon passaient pour les deux capitaines les plus habiles de l'armée. D'où venait l'illusion publique à son égard? Sa fausse bonhomie, sa coupable indulgence l'avaient-elles fait aimer du soldat, et les troupiers avaient-ils rapporté d'outre-mer, propagé une opinion beaucoup trop favorable sur son compte? Sa brillante valeur masquait-elle son impuissance comme général en chef, comme administrateur, et empêchait-elle de voir les défauts de son caractère? Ces deux causes d'erreur ont dû agir simultanément. Je n'ai jamais eu l'occasion de voir le maréchal Bazaine, d'étudier son regard, sa physionomie et ses allures. A en juger d'après ses photographies, la nature ne l'a pas marqué d'une empreinte lugubre, comme Napoléon III. Son type commun se rehausse d'une expression assez distinguée. Il a la tête forte, large et trapue, un grand front bien dessiné, le visage charnu, les yeux petits, fins, rusés, les paupières épaisses, l'orbite plein de chair. Ses cheveux blancs, coupés très-ras, sont peu abondants ; il ne porte point sa barbe, mais seulement de petites moustaches élégantes. Son aspect général est celui d'un négociant qui a fait fortune. On le verrait dans une maison de haut commerce, brassant des affaires, qu'on le trouverait à sa place. Rien en lui ne dénote une intelligence supérieure ou des sentiments élevés. C'est l'homme de trafic, guettant une proie, cherchant partout son avantage et son profit, tenant le reste pour peu de chose.

Quand la guerre fut déclarée, la faveur populaire força l'Empereur à mettre Bazaine en première ligne. Mais il le fit de mauvaise grâce, et accrut le ressentiment déjà très-vif du maréchal. Mieux renseigné que la foule et que les journaux, c'était lui, cette fois, qui avait raison. Le maréchal Niel avait tracé un plan de campagne, d'après lequel « deux armées de force variable étaient destinées à l'offensive, en s'appuyant l'une sur l'autre, pendant qu'une troisième, leur servant de réserve, protégerait les points vulnérables de notre frontière. (1) » Jusqu'au dernier moment, ce programme parut sur le point d'être exécuté. Mac-Mahon et Bazaine devaient commander les deux grands corps d'attaque : le dernier y comptait pour sa part, et avait reçu de Napoléon III une promesse positive. Lorsque l'Empereur déclara subitement vouloir réunir toutes les forces militaires de la France, pour en composer une seule armée, dite *armée du Rhin*, dont il serait exclusivement le chef, Bazaine éprouva un étonnement pénible et ne cacha point son dépit. L'homme de décembre n'y prit pas garde, choisit Lebœuf pour major général, Lebrun et Jarras pour aides-majors généraux.

(1) *Metz, campagne et négociations*, p. 7.

Dans cette combinaison, le maréchal Lebœuf avait seul une position supérieure à celle de ses collègues : les autres maréchaux perdaient les commandements d'armée qu'on leur avait promis, descendaient au rôle de commandants de corps. Bazaine, comme nous l'avons dit, fut vivement affecté de cette déception imprévue : « C'était une blessure cuisante pour son amour-propre et une atteinte à son importance politique. Froissé de l'oubli de la promesse qui lui avait été faite, il put y voir une suite des rancunes qu'on lui avait gardées à son retour du Mexique ; il n'avait pas oublié le mauvais accueil qu'il avait reçu, ni l'espèce d'ostracisme dont on l'avait frappé à la cour. Sa nomination à Nancy d'abord, à la garde ensuite, n'avaient pas effacé les tristes impressions qui lui étaient restées de cette époque ; la substitution d'un commandement moins important à celui d'une armée, sur lequel il comptait, constitua à ses yeux un véritable grief, dont il fit remonter la responsabilité jusqu'à l'Empereur. Ce sentiment exerça sur sa conduite et ses actes, dès le début de la guerre, une profonde influence, dont se ressentirent les opérations militaires, jusqu'à la nouvelle de la catastrophe de Sedan (1). » Telle est l'opinion d'un officier de l'armée du Rhin, qui, depuis le commencement des hostilités, n'a pas un moment perdu de vue le maréchal Bazaine.

Il quitta Paris le 21 juillet, en proie au plus sombre mécontentement, pour se rendre à Metz et y prendre le commandement du 3ᵉ corps. Voulant peut-être le flatter, le dédommager, on lui avait attribué une espèce d'autorité supérieure sur toutes les troupes placées entre les Vosges et la Moselle ; mais une instruction qu'il reçut bientôt, détruisit l'effet de cette mesure consolante : on le prévint qu'elle ne lui donnait aucune initiative et avait seulement

(1) *Metz, campagne et négociations*, p. 9 et 10.

pour but *d'obtenir une transmission plus rapide des ordres de Paris.* L'unique soin dont on le chargeait, c'était de se procurer des renseignements sur la position de l'ennemi et de les faire parvenir au major général. Décidément on le raillait et le mystifiait.

Eh! quoi, on ne lui laissait le droit de prendre aucune disposition! Son autorité nominale, les autres chefs de corps la dédaignaient, n'en tenaient pas le moindre compte : ils prétendaient ne relever que de l'Empereur et correspondaient avec lui, sans se soucier du maréchal Bazaine. On ne demanda même point son avis, quand on ordonna le premier mouvement de troupes, qui eut lieu le 23 juillet ; les commandants reçurent directement leurs instructions, et Bonaparte jugea suffisant de les lui communiquer. Ne l'avait-on mis en vue que pour l'annuler, pour lui faire affront devant l'armée tout entière ?

S'il avait hésité à le croire, il ne lui resta aucun doute, le lendemain 24 juillet. Il apprit alors, *par le télégraphe,* que Napoléon envoyait à Metz pour le représenter, pour agir en son lieu et place, en attendant son arrivée, le maréchal Lebœuf, qui devait partir le soir même, avec le général Lebrun et une partie de l'état-major général. Quelle autorité conservait le maréchal Bazaine ? Quel rôle pouvait-il jouer désormais ? N'allait-il pas figurer comme un comparse, derrière un chef militaire placé en première ligne ? Son orgueil se révolta, et on ne peut certes l'en blâmer, car il y avait là une question de dignité personnelle ; bien loin d'attendre le maréchal Lebœuf, comme c'était son devoir, il quitta la ville au moment où son rival y entrait, « pour n'avoir ni explication à donner, ni ordre à recevoir (1). »

L'aveugle empereur, qui venait de se faire un implacable

---

(1) *Metz, campagne et négociations,* p. 11.

ennemi, arriva le 28 juillet et prit, le lendemain, le commandement de toutes les forces. Son œil terne et vitreux ne lut pas sur le front, dans les regards du chef outragé, sa mortelle rancune. Homme à jamais fatal! comme si son imprévoyance, comme si toutes ses fautes et tous ses crimes ne suffisaient pas pour le rendre funeste, il venait d'allumer une haine sans bornes, qui devait le perdre en même temps que la France, qui allait culbuter dans des flots de sang français l'Empire et l'Empereur.

La première vengeance du maréchal fut de laisser écraser le général Frossard à Spikeren, de ne point protéger sa retraite, pendant laquelle les Prussiens auraient pu anéantir les débris de son armée vaincue. C'était un favori de Napoléon, qui devait obtenir après une bataille gagnée la plus haute dignité militaire, et Bazaine saisit avec empressement l'occasion de l'humilier, en contrariant son maître. Le 5 août, on l'avait encore blessé : à la nouvelle du malheureux combat de Wissembourg, Napoléon terrifié, cherchant dans sa tête vide une idée et une résolution qu'il ne trouvait pas, sentit qu'il devait abandonner, partiellement au moins, une autorité dont il ne pouvait faire usage. Il décréta donc que Bazaine prendrait le commandement des 2e, 3e et 4e corps, Mac-Mahon celui des 1er, 5e et 7e, mais n'en resteraient pas moins tous les deux sous ses ordres directs; pour Mac-Mahon, affranchi d'une sotte tutelle par son éloignement, cette restriction était sans importance; pour Bazaine, qu'elle continuait d'annuler, elle était insupportable. On adjoignit bien la garde à ses autres corps d'armée, mais en le prévenant que son action se trouvait limitée aux opérations militaires, condition qui elle-même ne fut pas respectée. Dans la nuit du 5 au 6, on arrêta sans le consulter les mouvements de toutes les troupes placées sous ses ordres. La suffisance de l'Empereur conservait donc l'autorité dont il semblait avoir fait le sacrifice. Bazaine ne dissimula point sa colère, et son entourage exprima ouvertement la même irritation. Ce fut avec ces sentiments de mauvaise humeur que, le 6 août, il écouta gronder au loin la canonnade de Spikeren.

La déroute de Frossard causa une terreur profonde à l'*Hôtel de l'Europe*, qu'habitait l'Empereur. L'héritier du grand Napoléon tremblait comme une feuille et perdait la tête. Au rapport d'un témoin oculaire, le spectacle de son abattement, de son ahurissement, eût suffi pour démoraliser à jamais les troupes de Metz, si elles eussent été composées d'éléments moins solides (1). Son premier sentiment fut de s'évader, de fuir à toute vapeur. Le 7 au matin, l'armée entière reçut l'ordre de se retirer sur Châlons, le ministre de la guerre en fut prévenu; Bonaparte y expédia le parc de campagne, les équipages de ponts, ses bagages et ses chevaux. Le soir, un peu revenu de son effarement, il arrête les départs, il veut livrer bataille le lendemain, à Saint-Avold; il porte toutes les troupes dans cette direction. Le 8, à quatre heures du matin, il monte en chemin de fer pour aller voir la localité : avant que le sifflet retentisse, il apprend que l'ennemi ne se dispose nullement à livrer bataille, qu'il poursuit ses mouvements stratégiques. Un peu rassuré, il descend de waggon, rentre à la préfecture, ne sait plus quel parti prendre. Il était manifeste cependant que l'ennemi tournait l'armée française pour l'isoler dans le Nord, pour lui barrer le chemin de la capitale. C'était le moment de se jeter sur elle avec les cent cinquante mille hommes de choix qu'on avait sous la main, de troubler ses opérations, de la couper et de la disperser. Les corps du prince Frédéric-Charles exécutaient une marche de flanc qui était dangereuse : il fallait en profiter.

---

(1) *Metz, campagne et négociations*, p. 50.

LES ALLEMANDS DÉPOUILLAIENT TOUS LES CADAVRES, MÊME CEUX DE LEURS OFFICIERS

Mais Napoléon ne savait rien, ne comprenait rien ; son cerveau détraqué ne fonctionnait plus.

Son armée, comme il disait pompeusement dans ses proclamations, était alors campée en avant de la Nied française ; le 9, on la replia sur la Nied même, où on lui fit prendre de fortes positions ; le 10, on lui commanda de les abandonner, et on l'abrita sous le canon de la place. Au lieu d'agir, de lutter, de contrarier les plans de l'ennemi, on tremblait : au lieu du génie militaire, qui planait autrefois, comme un dieu menaçant, au-dessus des légions françaises, trois pâles divinités, l'inquiétude, la sottise et la peur, glissaient entre les rangs des soldats, qu'elles consternaient de leurs mornes regards.

On appela en toute hâte le 6e corps, sous les ordres du maréchal Canrobert, qui était à Châlons, la réserve générale d'artillerie, la division de cavalerie d'Afrique. Pourquoi faire ?.... on ne le savait pas.

Tant d'impuissance et de contradictions fatiguaient, abattaient, mécontentaient l'armée. Napoléon III s'en aperçut, malgré son outrecuidance. Bazaine, toujours tenu dans l'ombre, n'avait pas été une seule fois consulté : il assistait, comme un figurant, à l'absurde intermède qui se jouait devant lui. Bonaparte se résigna enfin à lui laisser quelque pouvoir et quelque influence. Le 9 août, il lui donna le commandement effectif des troupes, dont il semblait moins le chef que le tambour-major : le général Decaen prit la direction du corps spécial (le 3e) placé jusqu'alors sous ses ordres ; on lui constitua un état-major général aux dépens de celui de l'armée du Rhin. Mais cette mesure était encore une feinte ; Napoléon III n'en conservait pas moins l'autorité supérieure. L'opiniâtre vaniteux, au lieu de s'abîmer dans son néant, gardait une puissance, qui demeurait inutile entre ses mains. Le 10 août, il eut des velléités guerrières : le maréchal Lebœuf envoya au ministre de la guerre la dépêche suivante:

« L'Empereur vous prie de diriger sur Metz le plus que vous pourrez de biscuit, havre-sacs, marmites et autres ustensiles de campement. Sa Majesté compte prendre l'offensive sous peu de jours. »

Le lendemain, changement de perspective : où aller attaquer l'ennemi, dont on ne connaissait ni la force, ni les positions? Ce jour-là d'ailleurs, le Corps législatif censura indirectement l'obstination avec laquelle Napoléon III se cramponnait à une autorité qui lui échappait. M. De Kératry demanda que le maréchal Lebœuf fût cité devant une commission d'enquête, en même temps que les fonctionnaires de l'intendance et de l'administration militaire. M. Guyot-Montpayroux s'écriait ensuite : « Le maréchal Lebœuf est-il encore, oui ou non, à l'heure actuelle, major général? Sa présence à l'armée, en cette qualité, est un scandale et un danger pour le pays. » Un peu plus tard, il reprenait, en s'adressant au ministre de la guerre : « Le maréchal Lebœuf est-il encore major général? Ou le maréchal Bazaine dirige-t-il l'armée? Voilà une question. » Et M. Cousin-Montauban répondait : « Le maréchal Bazaine commande en chef l'armée du Rhin. » (*Vive approbation*). N'osant frapper le souverain absolu, on frappait à côté de lui son instrument docile.

Devant cette manifestation publique, l'Empereur fit encore mine d'abandonner la haute direction de la guerre : le 12 août le maréchal Lebœuf donna sa démission, et le général Lebrun suivit son exemple, pour reprendre ses fonctions d'aide de camp auprès de Napoléon III. Bazaine semblait maître de la situation : mais, cette fois encore, il était joué. Le fourbe de Ham ne pouvait se résigner à faire le sacrifice de ses impérieuses habitudes. Le 13, le maréchal Bazaine prit possession de son commandement, et, le jour même, on lui imposa comme chef d'état-major un homme qu'il détestait, auquel il n'adressa pas une fois la parole pendant toute la durée de l'investissement. Le lendemain, un officier lui annonçant que le prince désirait voir hâter le passage des troupes sur la rive gauche de la Moselle, il répondit : « Ah! oui, hier c'était un ordre, aujourd'hui c'est un désir ; je connais cela, c'est la même volonté sous des mots différents. »

Le 12, l'armée française occupait sur la rive droite un grand arc de cercle, comme nous l'avons dit. Mais les troupes allemandes n'ayant laissé entrevoir aucun désir de lui livrer une grande bataille sur ce point, il paraissait inutile de les attendre. Le prince Frédéric-Charles, d'ailleurs, avec des forces considérables, exécutait un mouvement des plus dangereux pour notre système défensif. Laissant le général Steinmetz prendre position à l'est de la cité lorraine, il courait sur son flanc gauche vers la Moselle, pour s'emparer du cours de la rivière, puis la franchir et aller cerner Metz au couchant. Le 11 déjà un officier du quartier général, le premier lieutenant Neumeister, avait atteint Dieulouard avec un détachement du 10e hussards, et interrompu les communications télégraphiques entre Metz et Nancy. Le 12, plusieurs autres détachements de cavalerie poussaient jusque dans le voisinage de l'eau. Le 13, la 5e division de cavalerie prussienne occupait de bonne heure Pont-à-Mousson et allait reconnaître Thiaucourt ; la 19e division d'infanterie venait s'y installer dans l'après-midi, en sorte que le prince Frédéric-Charles put, le soir même, y établir son quartier général, pendant que le roi transportait le sien à Herny. Les Prussiens dominaient dès lors le cours de la Moselle et se trouvaient en mesure de la traverser comme bon leur semblerait.

Il n'y avait pas un moment à perdre, si on ne voulait pas que l'armée du Rhin fût isolée de Paris, séquestrée dans le nord de la France. Un conseil de guerre tenu chez l'Empereur examina la situation : elle était périlleuse. On décida que l'armée tout entière prendrait la route de la Champagne, traverserait l'Argonne et se retirerait à Châlons, laissant à Metz une garnison suffisante pour défendre la place. Deux jours auparavant, les chemins de fer étaient encore libres, on aurait pu exécuter rapidement cette manœuvre stratégique; maintenant il fallait passer par Verdun, aller à pied, marcher en ordre militaire, afin de pouvoir au besoin se déployer et combattre. La retraite devant commencer le lendemain, tous les ordres nécessaires furent donnés. L'Empereur annonça qu'il précèderait les troupes. Pourquoi?... pour se mettre plus vite en sûreté.

L'impatience de fuir que laissait voir Bonaparte, semble avoir réglé toute la conduite de Bazaine : il ne songea plus qu'à se débarrasser de l'insupportable fanfaron. Puisqu'on voulait traverser l'Argonne, il fallait hâter, presser le départ, agir sans délai ni trêve. Une armée qui se retire et qui n'a point de railways à sa disposition, est forcée de traîner avec elle ses parcs, ses munitions, ses bagages et ses vivres, et si elle a un effectif de 150 ou 170,000 hommes, ce convoi immense occupe un terrain énorme : « Il ne la gêne pas dans une marche en avant, dit le colonel D'Andlau, parce qu'il la suit à distance; mais, dans une retraite, il faut le placer au milieu même des troupes pour pouvoir le défendre, et il en résulte un allongement fâcheux des colonnes. » On aurait pu expédier d'avance, sous une forte escorte, ce volumineux matériel pendant la journée du 13, ou même, au besoin, pendant la nuit suivante. Les premiers régiments ne partirent que le 14 août, à onze heures du matin.

Ce retard, qui semble prémédité, coïncide avec un autre calcul. Trois routes conduisent de Metz à Verdun : la première, au sud, par Mars-la-Tour; la deuxième, au centre, par Étain; la troisième, au nord, un peu plus longue, mais meilleure, par Briey. Pour faire avancer tant d'hommes et de matériel, on aurait dû les employer toutes trois; Bazaine ne voulut point se servir de la dernière, sous prétexte que des corps prussiens, venus de Thionville, occupaient fortement les environs de Briey, assertion entièrement fausse, comme le savait très-bien le maréchal (1). Il exigea qu'on s'en tînt aux deux autres routes, qui n'en forment qu'une seule de Metz jusqu'à Gravelotte, où a lieu la bifurcation, inconvénient des plus graves puisqu'il augmentait l'encombrement au départ.

L'imprévoyance, disons mieux, l'incapacité du maréchal Lebœuf augmenta les conséquences fâcheuses de ce plan perfide. Il aurait voulu faciliter la marche des Prussiens et entraver, ralentir celle des Français qu'il n'aurait pas agi autrement. On l'avait prié de faire sauter les ponts de la Moselle, au-dessus de Metz; l'un d'eux, celui de Novéant, entre Metz et Pont-à-Mousson, venait à peine d'être achevé. Dans plusieurs, les trous de bourrage étaient pratiqués, attendaient la poudre : en quelques minutes on aurait pu les détruire. Le maréchal Lebœuf s'y refusa obstinément. Ils servirent au passage des bataillons germaniques.

D'un autre côté, les rues étroites de Metz, les deux ponts que protége le fort Moselle, les seuls qui enjambent la rivière, avaient déjà occasionné des embarras de circulation énormes, du 25 au 28 juillet. Les officiers du génie avaient depuis longtemps étudié les emplacements favorables pour jeter à la hâte des ponts de bois. Le général Coffinières de Nordeck, commandant de la place, avait reçu, le 12 août, l'ordre d'en établir le plus qu'il pourrait. Il ne tint pas compte de cet avis. On se cor-

(1) Voyez la preuve dans l'ouvrage intitulé : *Metz, campagne et négociations*, p. 57 et 58.

tenta d'un maigre pont de bateaux, près du polygone. Bien mieux, on poussa la démence jusqu'à faire sauter, le 15, le pont du chemin de fer de Montigny, protégé par le canon de la place, où dix hommes pouvaient passer de front. C'était le comble de la stupidité.

La retraite de l'armée française commença donc à 11 heures, le 14 août. La plupart de nos troupes avaient passé la nuit sur la rive droite de la Moselle : le 6me corps, placé derrière la Seille, sous les ordres du maréchal Canrobert, formait la droite ; le 2me corps, général Frossard, et le 3me corps, général Decaen, se trouvaient au centre ; le 4me corps, général Ladmirault, occupait la gauche et s'étendait jusqu'à la Moselle, au-dessous de Metz. La garde impériale campait en retraite à Borny ; la 3me division de cavalerie de réserve, commandée par le général Forton, près de Montigny, et la 1re division de cavalerie de réserve, commandée par le général Du Barrail, dans l'île Chambière. Devant notre front se déployait, comme un immense rideau, le cercle de forêts que nous avons décrit. Le matin, des reconnaissances dirigées vers ces bois, dit une dépêche de l'Empereur, n'avaient signalé la présence d'aucune division ennemie. Les éclaireurs, suivant toute probabilité, avaient fait halte sur la lisière : s'ils avaient traversé les massifs, ils auraient aperçu l'avant-garde du général Steinmetz. Deux divisions de cavalerie s'étaient hasardées, la veille, auprès de Sainte-Barbe et d'Orny, sur la droite et sur la gauche de nos troupes. Bien mieux, l'avant-garde, commandée par le général-major Von Goltz, avait paru ce jour-là devant Laquenexy, dans le but d'établir un peu plus loin ses avant-postes, entre Jury et Marsilly. Mais elle s'était heurtée contre les troupes françaises, massées en grand nombre sur ce point, et avait aperçu dans l'éloignement un fouillis de tentes. Ayant eu l'audace de vouloir faire des réquisitions tout près de Metz, à Ars-Laquenexy, on l'avait accueillie par une fusillade, et elle avait soutenu un petit combat, avant de se retirer. Une dépêche de Napoléon III constate le fait. De pareils indices étaient suffisants, et l'on aurait dû se tenir sur ses gardes. Mais on commença la retraite en toute sécurité, avec la prévoyance des Caffres et des Hottentots.

Les corps du maréchal Canrobert et du général Frossard défilèrent péniblement dans les rues étroites de la ville, et franchirent les vieux ponts. A deux heures, Louis Bonaparte quitta Metz, après avoir annoncé aux habitants qu'il prenait le large pour mieux les défendre, et alla se poster à Longeville, hameau ou faubourg situé sur la route de Gravelotte. Le prince Napoléon, qui n'aime pas le danger, lui tint prudemment compagnie. Restaient sur la rive droite la division Grenier, formant l'arrière-garde du général Ladmirault, le 3me corps et la garde impériale, qui devait les suivre : ils s'étaient déjà mis en marche, lorsque des colonnes prussiennes, à trois heures et demie, attaquèrent leurs divisions d'arrière-garde.

Vers deux heures et demie, les avant-postes prussiens et les patrouilles de cavalerie étaient venus annoncer au général-major de Goltz que les troupes françaises abandonnaient leurs positions et semblaient en pleine retraite. Le major, qui avait appris, le matin, le passage de la deuxième armée à Pont-à-Mousson, jugea que nos forces, craignant d'être tournées, isolées de Paris, voulaient se dérober par Verdun, en franchissant la Moselle. Les retenir sur la rive droite lui parut un moyen assuré de contrarier leur plan. Aussitôt, avec une louable hardiesse, il prit la résolution de les attaquer, puis informa de sa décision le 1er corps d'armée, les deux divisions du VIIme corps et la 1re division de cavalerie, auxquels il servait d'avant-garde, et la 25me division du IXme corps, appartenant à l'armée du prince Frédéric-Charles, dont elle formait l'extrême droite. Sans attendre la réponse, il lança ses colonnes sur l'arrière-garde française ; la bataille était engagée, quand lui arrivèrent les promesses de secours.

Telle est la version allemande ; mais des officiers français déclarent que les Prussiens avaient été informés de la retraite par leurs espions et par des signaux convenus. Le 13 août au soir, quand les ordres venaient d'être donnés pour la marche sur Verdun, trois fusées montèrent dans le ciel des pentes du Saint-Quentin ; les personnes qui les virent s'écrièrent aussitôt : « Nous sommes trahis, notre mouvement de demain est annoncé à l'ennemi! » D'après cette version, si les Allemands n'attaquèrent pas plus tôt, c'est qu'ils n'étaient pas en forces suffisantes à proximité du camp français, ou voulaient attendre que la majeure partie de nos troupes fussent éloignées du champ de bataille (1). La manière dont la lutte commença prouve que l'attaque, bien loin d'être soudaine, avait été préparée d'avance. « L'ennemi est invisible, dit le rapport officiel, masqué dans les bois qui le dérobent à notre vue ; mais sa présence se révèle par un feu très-vif d'infanterie et d'artillerie ; l'intensité qu'il lui donne en face des divisions Castagny et Metman, ne laisse aucun doute sur son intention de percer le centre du 3ᵉ corps. Il voulait occuper la route qui, en se bifurquant, mène à Sarrelouis et à Sarrebrück. » Ce plan très-bien conçu ne pouvait être une improvisation ; l'ennemi connaissait exactement la position de nos troupes et avait arrêté son projet en conséquence.

Le maréchal Bazaine qui se trouvait encore sur la rive droite et allait abandonner son quartier général de Borny,

(1) La première opinion est celle du colonel d'Andlau ; la seconde, celle du maréchal Bazaine : voyez son rapport officiel.

quand retentirent les premiers coups de feu, accourut au milieu de l'action et donna des ordres avec le sang-froid qui le caractérise.

A peine le VIIme corps d'armée venait-il d'attaquer notre centre, que le 1er corps assaillit l'extrême gauche, le point le plus dégarni, car il n'y restait que la division Grenier : les Allemands devaient le savoir. En culbutant cette division, ils seraient parvenus à l'endroit où a lieu la bifurcation des routes de Sarrelouis et Sarrebrück, et auraient pu couper la retraite de nos forces sur Metz. Partout ils furent accueillis avec une intrépidité qui leur coûta cher. Ce fut la seule fois, pendant la campagne, que les mitrailleuses jouèrent un rôle important. On laissait approcher les colonnes allemandes, et on les criblait de projectiles.

La division Grenier fut celle qui eut à subir la plus rude épreuve. Elle soutenait seule une lutte acharnée contre la 1re et la 2e division du 1er corps. Toute l'artillerie de ces deux divisions, c'est-à-dire 14 batteries formant 84 canons, s'était rangée en fer à cheval près de Montoy, dans une position avantageuse, qui coupait la route de Sarrelouis; elle lançait sur nos troupes une grêle de boulets et d'obus. Les Allemands prétendent qu'elle aurait encore fait plus de ravages, si les artilleurs n'avaient pas eu en pleine figure un soleil éblouissant, et si l'épaisse fumée, qui couvrait tout le champ de bataille, n'avait pas gêné leur tir. La division Grenier recula insensiblement jusqu'à Mey, sous la protection du fort Saint-Julien. Mais le général Ladmirault, qui présidait au passage de ses deux autres divisions sur la Moselle, leur ayant fait mettre sac à terre, les ramenait au pas de course, avec son artillerie de réserve : les batteries divisionnaires les précédaient. Le commandant se hâta de mettre ses pièces en position, spécialement les mitrailleuses. La division Cissey, arrivée la première, fut bientôt soutenue par la division Lorencey. Devant ces forces, les Allemands reculèrent à leur tour.

Au bruit du canon, la garde impériale avait pris les armes et attendait l'ordre de seconder les autres corps : placée en arrière de la route qui se dessine entre les villages de Borny et de Vantoux, elle était à une lieue du champ de bataille.

Mais la lutte la plus opiniâtre avait lieu au centre, près de Colombey. L'avant-garde allemande s'y était heurtée contre des masses très-supérieures en nombre : postées dans des fossés de tirailleurs, derrière des abattis et des retranchements improvisés, nos troupes dirigeaient contre les Prussiens une fusillade terrible ; bientôt, l'artillerie française étant arrivée, une cannonade meurtrière se joignit aux feux de mousqueterie. Les assaillants ne gagnaient pas un pouce de terrain, mais ils ne reculaient pas non plus : tout le VIIe corps prussien finit par se trouver engagé. Vers six heures, une batterie allemande, appartenant à la 13e division d'infanterie, osa s'avancer, près de Colombey, jusqu'à 1,200 pas de la division Castagny ; mais elle éprouva un feu si violent, qu'après avoir perdu beaucoup d'hommes et de chevaux, elle fut contrainte de se retirer en désordre.

Pendant ce temps, la 1re division de cavalerie prussienne et le 36e régiment de fusiliers, quittant l'armée du prince Frédéric-Charles, attaquaient la division Montaudon, placée, près de Grigy, à l'extrême droite de l'armée française.

Ce qu'il y a de singulier, c'est que nos soldats se tenaient toujours sur la défensive, que le maréchal Bazaine n'ordonnait aucun mouvement. Chose plus étrange encore, il laissait la garde impériale à une lieue du champ de bataille, quand elle aurait pu abréger la lutte, balayer devant elle les troupes allemandes déjà fatiguées.

Il la ménageait comme réserve peut-être, quand elle aurait pu lui assurer une brillante victoire (1). Aucune inspiration ne lui venait. La tactique, cette reine des combats, semblait inconnue à son esprit borné (2). Entre 4 et 6 heures, suivant les Prussiens eux-mêmes, il aurait pu leur faire éprouver un sanglant échec. Ses quatre divisions qui étaient au feu, n'avaient devant elles que 7 bataillons, 4 escadrons et 2 batteries ; par un grand effort en avant de Colombey, il lui eût été facile de les accabler, de les poursuivre, et de mettre en déroute successivement toutes les forces qui arrivaient (3). Le prince Frédéric-Charles eût été contraint de suspendre sa marche. Bazaine ne savait rien et ne comprit rien.

Pendant qu'on tiraillait et se canonnait sur place, le soleil penchait vers l'horizon ; le beau jour, qui avait éclairé le carnage, tirait à sa fin. Les troupes de la 1re ligne française avaient dû être relevées par celles de la 2e ; « ce fut devant leur résistance, dit le maréchal, que s'arrêtèrent les derniers efforts de l'ennemi ; en même temps qu'il les renouvelait au centre, il essayait deux mouvements tournants sur nos ailes. A droite, la division Montaudon était menacée par de fortes colonnes, qui s'arrêtèrent devant le feu de ses batteries et de celles du général Brincourt. A la gauche une masse compacte d'infanterie essaya de nous déborder ; le général Ladmirault

---

(1) Dès qu'il fut attaqué, il perdit de vue les fonctions d'un général en chef, pour n'obéir qu'aux inspirations d'un subordonné : il s'appliqua seulement à résister à l'attaque, en conservant une bonne réserve en cas d'insuccès. *Les vaincus de Metz*, p. 97.

(2) Nous n'hésitons pas à dire que la tâche qui incombait au maréchal dépassait de beaucoup ses moyens et ses forces, et qu'il n'était à la hauteur de ses fonctions, ni par son activité physique, ni par ses talents, ni par son énergie morale. *Armée de Metz, par le général Deligny*, p. 5.

(3) *Der deutsch-französische Krieg* 1870, par Borbstaedt p. 284

la fit charger à la baïonnette, et elle se retira en désordre. » Les Allemands prétendent, au contraire, que les soldats de Ladmirault, après avoir éprouvé des pertes sensibles, furent contraints de se retirer devant le général Manteuffel.

A 8 heures et 1/2, l'ombre qui s'épaississait arrêta les efforts des combattants; la nuit majestueuse répandit sur les deux armées le calme et le silence, en les aveuglant de ses ténèbres. Le VIIe corps allemand resta jusqu'au jour, l'arme au bras, dans les positions qu'il occupait. De part et d'autre, on employa les heures lugubres à enlever les blessés, qui étaient nombreux. Le maréchal Bazaine déclare, dans son rapport officiel, que 3,608 Français avaient reçu des coups de feu, parmi lesquels se trouvaient 200 officiers de tout grade et 3 officiers généraux; l'un d'eux, le général Decaen, avait été grièvement frappé à la jambe. Les pertes des Prussiens durent être beaucoup plus considérables. La seule brigade du général Goltz eut 1,200 hommes tués. Les auteurs allemands, qui donnent ce chiffre, ne donnent point celui de la perte totale.

Dès que les Français eurent relevé leurs morts, ils quittèrent le champ de bataille et rentrèrent dans la ville, où eurent lieu des scènes dignes de Rembrandt. Le tonnerre et les fulgurations de l'artillerie, qui s'éloignaient ou se rapprochaient, le feu roulant des chassepots et des fusils Dreyse, avaient répandu la terreur parmi les habitants. La retraite des bataillons, des escadrons français, le lugubre convoi des mourants et des blessés, ne tranquillisèrent point les esprits. Sous la lueur des réverbères, les hommes, les chevaux, les voitures, les brancards se pressaient, se foulaient, se heurtaient dans les rues tortueuses, dans les carrefours irréguliers, sur les ponts étroits. Les encombrements, qui avaient lieu de minute en minute, arrêtaient la marche. Les cris, les reproches, les disputes augmentaient alors le bruit de l'immense défilé. Çà et là une figure sombre, tachée de sang, aux traits ridés par la fatigue, se détachait à la clarté du gaz. Bientôt la lune, dont l'orbe s'échancrait à peine, plongea entre les pignons, sur ce fourmillement tragique, sa douce et rêveuse lumière.

Au lever de l'aube, les Prussiens rentrèrent dans les positions qu'ils occupaient la veille. Si la bataille leur avait coûté cher, elle eut pour eux un avantage décisif : elle retarda, non pas seulement d'un jour, mais de deux jours, la marche des corps français. Au lieu d'être terminé le 14 au soir, le passage de la Moselle ne le fut même pas le 15. On employa toute cette journée à remettre en ordre les divisions qui s'étaient battues, à faire de nouveaux préparatifs. Si le mouvement des deux colonnes, qui devaient traverser Mars-la-Tour et Jarny, pour gagner Verdun, n'avait pas été ralenti, l'armée française aurait eu, sans le moindre doute, une avance importante sur la seconde armée prussienne. Celle-ci n'aurait pu atteindre que son arrière-garde, le 16, entre Gravelotte et Mars-la-Tour, avec son 3ᵉ corps, et attaquer de flanc la colonne méridionale, avec le 10ᵉ corps, venant de Thiaucourt. Nos généraux, ayant sur ces points des forces supérieures, eussent facilement repoussé les avant-gardes germaniques. La retraite sur Verdun aurait eu lieu, et toute la campagne se serait trouvée modifiée.

Les Allemands mirent à profit la lenteur de notre marche avec une promptitude, avec une ardeur toutes nouvelles dans leur histoire. On eût dit que la race française avait échangé contre la lourdeur germanique sa vivacité proverbiale, tandis qu'une puissance inconnue électrisait la torpeur du sang tudesque. Pendant toute la soirée du 14, la journée du 15 et la matinée du 16, les bataillons allemands défilèrent sans obstacle sur les routes et les ponts que Bonaparte et le maréchal Lebœuf avaient eu soin de leur conserver; le long détour qu'ils firent, ne les empêcha point de nous barrer le passage, le 16, avec plus de soixante-dix mille hommes. Dès le 15, des engagements de cavalerie eurent lieu près de Chambley et de Mars-la-Tour, l'un desquels dura une heure. Le plan de l'ennemi était donc manifeste.

Le 15 août, époque des grandes cérémonies impériales, fut pour Louis-Napoléon une journée de douleur et d'anxiété. Il tremblait qu'un obstacle quelconque ne vînt l'empêcher de fuir. De la rive droite, les Prussiens lui adressèrent, en guise de compliments, des obus et de la mitraille. Un colonel, un commandant, plusieurs officiers furent tués. Des chasseurs d'Afrique et des grenadiers allèrent déloger l'ennemi. Ce coup de main ne rassura pas le fils d'Hortense. Abandonnant Longeville aussitôt, il courut se poster dans une auberge de Gravelotte, endroit d'où partent les deux routes de Verdun, où il pouvait choisir celle qu'il croirait la plus sûre : il attendait la cavalerie de la garde, dont il voulait se faire un mobile rempart : la garde ne venait pas. Quelle désolation! Assis sur une mauvaise chaise, devant l'hôtellerie, entouré d'un état-major silencieux et morne, Napoléon interrogeait sans cesse du regard le chemin de Metz, pour voir si l'heure de la délivrance approchait. Retardé par mille obstacles, le corps d'élite n'arriva que le soir. Mais les chevaux fatigués avaient besoin de repos; quelques heures de délai étaient encore nécessaires. L'Empereur se lamentait, et son cousin gémissait avec lui. Pour gagner du temps, ils firent partir d'avance leurs bagages et leurs chevaux, sous l'escorte des cent-gardes. Eux-mêmes devaient prendre leur course au petit jour.

En attendant les premiers rayons du crépuscule, les

deux princes passèrent une nuit d'angoisse. Sachant que l'inquiétude les empêcherait de dormir, ils ne se couchèrent point. Le cruel usurpateur, qui avait fait périr sur l'échafaud, par la main des troupiers, dans le bagne homicide de Cayenne et les régions insalubres de l'Afrique, plus de quarante mille innocents, qui avait réduit au désespoir d'innombrables familles, qui, en 1858, après la tentative d'Orsini, avait renouvelé ces proscriptions, ce fourbe sans cœur et sans pitié, maintenant qu'il se voyait exposé lui-même au péril, ne pouvait dominer son chagrin et contenir ses larmes. Il ne pleurait pas ses crimes, il ne pleurait point les désastres de la France : il avait peur! Comme cette funèbre veillée approchait de son terme, il envoya la brigade des chasseurs d'Afrique battre les environs jusque auprès de Mars-la-Tour ; ils formèrent ensuite une avant-garde sur la route d'Étain ; les lanciers et les dragons de la garde s'échelonnèrent à droite et à gauche de la chaussée. Alors, dans la grise lumière du matin, l'homme aux yeux de fantôme sort du bouge où il vient d'abriter sa terreur. « Son visage porte l'empreinte du chagrin et de l'inquiétude, dit un officier qui était présent, les larmes semblent y avoir tracé de profonds sillons, son regard est encore plus voilé que d'habitude, sa démarche trahit l'affaissement moral qui l'accable ; dans son entourage, on voit la tristesse sur tous les visages, la désillusion dans toutes les pensées. Ce fut là un triste spectacle, qu'il n'est guère possible d'oublier, quand on en a été témoin : il y avait dans cette scène nous ne savons quoi de lugubre, qui serrait le cœur (1). » Napoléon, comme le remarque le même écrivain, prenait la fuite au moment où l'armée française allait livrer de sanglantes batailles ; et le prince Jérôme, si grassement payé pen-

(1) *Metz, campagne et négociations*, p. 65 et 66.

dant vingt ans pour ne rien faire, montrait une impatience égale de se mettre en sûreté.

Le maréchal Bazaine arriva, s'entretint quelques minutes avec l'Empereur et avec son fils, puis l'homme de décembre monta dans une voiture attelée en poste, un omnibus de famille, avec le prince Napoléon, le général Lebrun et d'autres officiers supérieurs. Le véhicule partit au galop, comblant de joie la troupe héroïque. Bazaine les regarda quelque temps s'éloigner; quand ils disparurent dans la poussière, il exprima sans détour la satisfaction qu'il éprouvait à rester seul, à être délivré du prétentieux et incapable souverain. C'était l'aube de la vengeance qui se levait pour lui.

Vers deux heures, Napoléon III atteignit Verdun, et prit aussitôt le chemin de fer. La gare était au dépourvu : on ne put mettre à la disposition du fugitif qu'un wagon de troisième classe; le cortège se logea dans les fourgons. Par bonheur, il y avait deux locomotives : l'une fut expédiée en avant, pour éclairer la voie; l'autre, celle de la poste, emmena le César timide et son escorte. Ils arrivèrent le soir à Châlons.

Le prince dérouté envoya aussitôt à Belfort, par le télégraphe électrique, un avis qui dépasse en absurdité toutes les extravagances et toutes les sottises qu'on a lues jusqu'ici. Avant la fin du jour, Félix Douay, commandant du 7e corps, reçut l'ordre d'embarquer ses troupes sur le chemin de fer et de les diriger vers Châlons. La haute Alsace, depuis Strasbourg, était encore libre; le siège méthodique de la vieille cité républicaine ne devait commencer que le 21. Au lieu de rappeler Félix Douay, le plus simple bon sens prescrivait de lui expédier des renforts et l'injonction absolue de se maintenir dans la province, d'appeler à lui les volontaires, de harceler les troupes prussiennes campées devant Strasbourg. L'éloigner du Rhin, c'était livrer sans retour l'Alsace au général De Werder et à ses lieutenants. Il n'avait que soixante mille hommes sous ses ordres : la place en renfermait une quinzaine de mille; on pouvait donc troubler les opérations de l'ennemi, dégager même la commune. La ville et les deux départements furent sacrifiés avec un manque absolu d'intelligence, qui ravit l'Allemagne. Le 1er août commença le trajet du VIIe corps.

Dans la soirée du 16 août, le maréchal Bazaine avait prévenu les généraux que l'ennemi approchait en force, qu'ils trouveraient le lendemain devant eux une trentaine de mille hommes, prêts à leur disputer le passage (hypothèse complétement fausse); il les pressait de rallier leurs troupes qui étaient en arrière, et de commencer leur marche dès le point du jour. Sur la rive gauche de la Moselle campaient déjà le VIe corps, sous les ordres du maréchal Canrobert, le IIe corps, sous les ordres du général Frossard, et la garde impériale commandée par le général Bourbaki. Ces 85,000 hommes étaient postés en travers de la route qui mène à Verdun par Mars-la-Tour. En avant d'eux, près de Vionville, stationnaient trois divisions de cavalerie, ayant à leur tête le général Forton, et une autre division de cavalerie, obéissant au général Valabrègue. Les IIIe et IVe corps n'avaient point effectué leur passage, fatigués sans doute du combat de la veille. Le maréchal Lebœuf remplaçait, comme chef du IIIe, le général Decaen blessé. Le matin du 16, l'un et l'autre devaient s'établir sur la droite de nos forces, en travers de la route de Verdun, qui passe par Étain et Conflans.

C'était une admirable position, d'où la vue embrasse un magnifique paysage. Nous avons brièvement décrit les hauteurs qui bordent, à l'ouest, la vallée de la Moselle. Couronnées sur leurs points culminants par les forts de Saint-Quentin et de Plappeville, elles s'abaissent vers le couchant d'une manière presque insensible, à partir de ces deux ouvrages, formant un plateau incliné, dont les pentes tournées vers la rivière sont partout sillonnées de cols et de ravins, où bondissent des ruisseaux. Le plus important de ces couloirs, pour les opérations militaires qui allaient avoir lieu, commence près d'Amanvillers, abrite dans son berceau les villages de Chatel-Saint-Germain et de Lessy, débouche dans la vallée de la Moselle en face de Moulin-lez-Metz. Il passe juste au-dessous du mont et du fort de Saint-Quentin, qui le domine de ses batteries. Une autre rigole, située au nord-ouest des forts, encadre de ses talus le chemin par lequel on descend de Privat-la-Montagne à Woippy et à Metz.

En avant de ces défilés, que tapissent des bois, les localités suivantes, devenues maintenant célèbres, Mars-la-Tour, Vionville, Rezonville, Gravelotte, Vernéville, Amanvilliers, Saint-Privat-la-Montagne et Roncourt, dessinent un grand arc de cercle, qui a juste vingt kilomètres de développement et s'adosse à la vallée de la Moselle. Large seulement de douze kilomètres près des forts, le plateau s'épanouit dans la direction de l'ouest. Des bouquets de bois peu étendus ombragent çà et là le terrain. La surface inclinée du sol est très-avantageuse pour la défense, car les troupes d'attaque sont dominées par les troupes qui résistent; celles-ci peuvent étager leurs feux, s'abriter derrière des obstacles naturels ou factices.

La route que les premiers corps avaient suivie, que les autres allaient prendre, traverse Longeville, Moulin-lez-Metz, puis monte vers Gravelotte, en quittant presqu'à l'origine le défilé de Chatel-Saint-Germain. Depuis deux jours les fourgons, les prolonges, les trains d'artillerie, les charrettes et les voitures bourgeoises s'y pressaient dans un désordre sans nom, retardant et gênant la marche des troupes. Nos officiers supérieurs traînaient derrière eux des bagages immenses, comme les généraux de Darius. Vingt-six mulets de charge suivaient le maréchal Mac-Mahon, avant la bataille de Wœrth, et les Prussiens furent stupéfaits de trouver dans les cantines jusqu'à des moules à pâtisserie.

L'ordre du jour adressé aux chefs de corps, le 5 août, disait textuellement : « La soupe sera mangée demain matin à quatre heures ; on se tiendra prêt à se mettre en route à quatre heures et demie, en ayant les chevaux sellés et les tentes abattues. » On croyait donc que l'armée française commencerait à défiler de grand matin ; dès que l'Empereur se fut éclipsé, tout changea. Le maréchal fit de nouveau dresser les tentes et former les bivouacs, avec défense de s'absenter. *On devait attendre, pour se mettre en marche, les ordres ultérieurs qui seraient envoyés dans l'après-midi, lorsque tous les corps seraient arrivés à la même hauteur.* Quelle nécessité de faire marcher tous les corps de front dans une retraite? C'est juste le contraire de l'ordre naturel. En suspendant la marche de ses troupes, en la ralentissant, par un ordre absurde, Bazaine voulait-il donner aux Prussiens le temps de réunir leurs forces, secondait-il le jeu de ses adversaires?

Indubitablement. Les dieux farouches qui l'inspiraient alors, étaient la haine, le ressentiment, la vengeance et l'ambition, une ambition vague, mais opiniâtre et terrible, comme celle dont il avait fait preuve au Mexique. Voilées sous le calme extérieur, sous les manières polies, sous la tenue distinguée de l'homme moderne, elles fermentaient dans une ombre impénétrable. La profonde dissimulation qui avait perdu Maximilien, complotait la perte de Bonaparte. Et ce dessein, Bazaine paraît l'avoir conçu au moment même où Napoléon lui cédait de mauvaise grâce le commandement supérieur. Dès ce jour, en effet, il s'isola de l'armée, il s'enveloppa de mystère. Il ne passa aucune revue pour se faire connaître des troupes, ne leur adressa aucune proclamation pour électriser leur courage, ne se mit en relation immédiate ni avec son chef d'état-major, qu'il détestait, le général Jarras, ni avec les officiers de son quartier général, qu'il semblait fuir. Toujours seul, toujours livré à de secrètes préoccupations, comme Wallenstein dans son camp de Bohême, il ne recherchait point l'affection du soldat, ne lui montrait même pas son visage (1).

Commandant en chef de l'armée du Rhin, Bazaine pouvait adopter deux plans de conduite. L'un avait été exposé par Coffinières devant l'Empereur : le général soutenait que l'armée française, en restant à Metz, trouverait dans cette position des avantages considérables. « Protégée par les forts, défendue par le canon de la place, elle pourrait rayonner au loin, battre en détail les colonnes ennemies qui seraient à sa portée, prendre ensuite du repos afin de mieux poursuivre la lutte. Éprouvait-elle une défaite ? Le camp retranché devenait pour elle un asile inexpugnable. » Bazaine ne semblait point avoir choisi ce projet : sinon, il aurait fondu le 15, par les hauteurs si propices de la rive droite, sur le général Steinmetz, l'aurait culbuté, mis en pleine déroute avec des forces presque doubles, puis aurait attaqué le prince Frédéric-Charles, qui exécutait une marche de flanc très-dangereuse pour lui, dont les troupes disséminées, à cheval sur une rivière, occupaient un vaste espace, et lui aurait infligé un échec mémorable. Quelles belles opérations à faire pour un homme de talent et pour un cœur patriotique !

Si Bazaine avait adopté l'autre plan, il serait parti le 13, ou, ayant tardé jusqu'au lendemain, et ayant été arrêté pendant cinq heures sur la rive droite, bien loin de rester immobile pendant toute la journée du 15, il se serait mis

(1) *Armée de Metz, réponse au rapport sommaire du maréchal Bazaine*, par un officier d'état-major.

en marche dès le matin, et aurait eu encore deux jours d'avance sur le gros des troupes ennemies. A peine les Allemands auraient-ils pu attaquer son arrière-garde avec de la cavalerie légère, tenter une lutte insignifiante.

Il part le 16 cependant, beaucoup trop tard; mais, dans cette hypothèse encore, il pouvait accabler, disperser les premières colonnes allemandes qui seraient venues se placer devant lui, ne pas se soucier de leur résistance; il pouvait même les devancer de quatre heures.. La bataille de Rezonville ne laisse aucun doute à cet égard.

Mais le maréchal ne voulait obtenir aucun avantage décisif, le 14 et le 15; il ne voulait pas quitter Metz, le 16, et rejoindre l'Empereur à Châlons. Il avait un dessein perfide, cruel, inouï, que sa conduite va nous révéler.

Le 16 au matin, la division de cavalerie Du Barrail surveillait la route de Conflans, à l'extrême droite de l'armée française ; à l'extrême gauche ou, pour mieux dire, en avant du corps de bataille, près de Vionville, campaient les trois divisions de cavalerie commandées par le général Forton, et celle du général Valabrègue, qui avaient déjà eu, la veille, une escarmouche d'une heure avec l'ennemi. C'était un effectif de 4,250 cavaliers, soutenus par quatre batteries. L'armée française n'avait pas d'autre avant-poste, point de grand'garde, rien qui pût l'éclairer sur la marche de l'ennemi. Derrière les escadrons, un peu en avant de Rezonville, étaient postés le IIme et le IVme corps, depuis les hauteurs qui dominent le hameau de Flavigny, jusqu'au village de Saint-Marcel, couvrant les deux routes de Metz à Verdun. La garde impériale, placée à l'embranchement de ces routes, devant Gravelotte, formait la réserve. Ces 85,000 hommes auraient suffi, comme on va le voir, pour infliger aux Prussiens une sanglante défaite, qui en eût préparé d'autres, car les forces ennemies ne pouvaient arriver que successivement. Il aurait fallu le savoir et en profiter; mais le maréchal Bazaine ne savait rien, et ses généraux n'étaient pas mieux informés que lui (1).

Deux corps d'armée prussiens, le IIIme et le Xme, et deux divisions de cavalerie, la 5me et la 6me, avaient seuls franchi la Moselle dans la journée du 15, furent seuls en mesure de prendre part à la lutte, pendant la plus grande partie de la bataille. Le IIIme corps se trouvait groupé autour d'Onville, Pagny et Arnaville, tout près de la rivière. Le Xme corps avait passé la nuit à Thiaucourt, d'où il devait marcher en partie sur Mars-la-Tour : une brigade d'infanterie, une brigade de cavalerie et deux batteries avaient ordre de se porter vers Saint-Hilaire, beaucoup plus loin de Metz, sur la route de Verdun. Le front de ces troupes s'étendait sur un espace d'environ six lieues. Pour atteindre le champ de bataille, toutes les divisions prussiennes avaient à faire un trajet considérable, qui variait entre 16 et 30 kilomètres; une chaleur accablante augmentait encore ce désavantage. Le soleil avait à peine montré son orbe radieux, que la température devint étouffante. Ne se trouvant pas à la même distance du but, elles n'y arrivèrent que l'une après l'autre, comme nous venons de le dire, circonstance bizarre qui s'était déjà produite à Wœrth, à Spikeren et à Borny. Le prince Frédéric-Charles ne croyait pouvoir prendre l'offensive

---

(1) « Malheureusement pour le maréchal, et fatalement pour l'armée, l'insuffisance du chef se compliquait de celle de quelques-uns de ses lieutenants, et Bazaine, dont le caractère ne fut jamais élevé à la hauteur des nécessités du moment, ne sut point s'affranchir des considérations de personnes et placer chacun au rang que lui assignait, non pas sa valeur nominale, mais sa valeur réelle. » *Armée de Metz*, par le général Deligny.

que le 17 août. Ce fut la quatrième bataille livrée sans préméditation, c'est-à-dire sans plan et sans combinaisons tactiques. L'ardeur et l'opiniâtreté des soldats prussiens remplacèrent, une fois encore, le calcul et la volonté du général en chef.

Le commandant du IIIe corps, le général Von Alvensleben II, ayant appris pendant sa marche que l'on apercevait au bord du plateau, près de Tronville et de Vionville, des avant-postes français et, un peu plus loin, de nombreuses tentes, résolut d'attaquer sur-le-champ. La 6me division de cavalerie, commandée par le duc de Mecklembourg-Schwérin, reçut l'ordre d'engager la lutte quand même, tandis que la 6me division d'infanterie, commandée par le lieutenant-général Von Buddenbrock, s'avancerait pour la soutenir et attendrait derrière les bois l'effet de cette première charge. A 9 heures, les 2,500 cavaliers prussiens atteignaient le plateau : la 5me division de hussards, qui venait de Puxieux, les rallia peu de temps après. Une brigade fut chargée d'éclairer le terrain, de reconnaître la position de l'ennemi et de le harceler avec quatre batteries ; les canonniers précédèrent audacieusement la brigade, mirent leurs pièces en position, et ouvrirent le feu à 9 heures et demie. L'armée française avait si peu hâte de commencer sa retraite que les soldats mangeaient la soupe, qu'un grand nombre de chevaux étaient à l'abreuvoir et que le général Forton déjeunait tranquillement, lorsque les obus prussiens tombèrent autour de lui sur les tentes. Presque aussitôt les hussards exécutèrent une charge impétueuse. Notre cavalerie surprise et déconcertée n'eut pas le temps de se former en escadrons, ne vit de salut que dans la fuite : elle courut à travers les rangs du IIme corps, où elle jeta un certain désordre, et ne s'arrêta que derrière l'infanterie, à Rezonville. Une partie des dragons se sauvèrent même beaucoup plus loin, jusqu'à la maison de poste. Les troupes du général Frossard, un moment ébranlées, se mirent sous les armes, et le VIme corps suivit leur exemple. Les deux corps avaient le front tourné vers l'ouest : pour commencer la retraite sur Verdun, elles attendaient patiemment que le IIIe et le IVe corps, suivant l'ordre du maréchal, fussent parvenus à la même hauteur. De là leur quiétude. Au bruit du canon prussien, la garde impériale se porte en avant de Gravelotte, avec la réserve d'artillerie.

Comme éveillé en sursaut, Bazaine fait prescrire au maréchal Lebœuf de hâter son mouvement, de gagner la droite du maréchal Canrobert, au général Ladmirault de presser le pas et de soutenir la droite du maréchal Lebœuf. Puis il monte à cheval, avec son état-major, accourt sur le champ de bataille et prend toutes les dispositions nécessaires pour contenir l'ennemi de face et de flanc, pour lui interdire le passage des ravins, par où il pourrait venir surprendre nos troupes. Deux divisions d'infanterie prussienne étaient arrivées à Vionville, s'y étaient établies et, ayant placé entre elles toutes leurs pièces de canon, tonnaient contre les soldats de Frossard avec cent vingt bouches à feu. Pour leur répondre, le maréchal appelle les batteries de 12 de la réserve générale ; et une grêle de projectiles sillonne les rangs des deux armées. En ce moment, le général Bataille est blessé ; sa division fléchit, se retire, entraîne avec elle une partie de la division Vergé. Pour contenir l'ennemi, le maréchal fait avancer le 3me lanciers et les cuirassiers de la garde. « Ce fut un beau spectacle que celui de ces magnifiques escadrons, s'ébranlant comme une muraille de fer, à la voix tonnante de leur gigantesque colonel ; mais le cœur se serrait à la pensée qu'on les envoyait à une mort aussi certaine qu'inutile. Foudroyés par les carrés ennemis, avant de les atteindre, ils jonchèrent la plaine de leurs cadavres, et de tant d'héroïques soldats, il n'en revint qu'un tiers » (1). Pour préparer leur attaque, le maréchal avait fait braquer, il est vrai, une batterie de la garde, mais, dans leur impatience militaire, les cuirassiers n'avaient même pas attendu qu'elle ouvrît son feu. C'était une vieille méthode de combattre appliquée mal à propos.

Dès que les survivants de nos lanciers et cuirassiers eurent fait demi-tour, une brigade de hussards prussiens, commandée par le général Redern, s'élança derrière eux; la tête de colonne pénétra jusque dans la batterie de la garde, où se trouvait Bazaine, et s'empara de six canons; le maréchal et son escorte furent obligés de mettre l'épée à la main; lui-même chevaucha un moment côte à côte avec un officier ennemi, qui ne le connaissait pas. Il y eut une véritable mêlée entre l'état-major français et l'avant-garde prussienne. Un escadron du 5me de hussards, formant la garde du maréchal, mais laissé jusque-là un peu en arrière, voit le danger, se précipite sur les intrus, les sabre avec fureur, reprend les six pièces, et met en fuite les Prussiens qu'elle ne tue pas. Des forces considérables de cavalerie allemande s'étaient avancées pendant cette escarmouche : toute la division du duc de Mecklembourg-Schwerin (2,500 hommes), la 14me brigade, composée de uhlans et de cuirassiers (1,200 hommes), et les hussards de la 15me brigade (même nombre). Ces escadrons ouvrent leurs rangs aux hussards de Redern qui fuient, anéantissent les cavaliers lancés à leur poursuite. Ils s'étaient ainsi avancés jusqu'à 500 pas du corps de Frossard. Là, ils furent accueillis par une tempête de boulets, d'obus et de balles, que vomissaient à la fois les canons, les mitrailleuses et les chassepots; elle fit dans leurs rangs un carnage effroyable, les contraignit de prendre la fuite à leur tour, en laissant la terre jonchée de cadavres.

(1) *Metz, campagne et négociations*, p. 466.

Après cette mêlée sanglante, les adversaires trempés de sueur reprirent haleine, sous les feux d'un soleil implacable. Le maréchal mit à profit ce moment de repos pour fortifier le IIme corps, en lui adjoignant toute une division des grenadiers de la garde, qui, sous le commandement du général Bourbaki, vint prendre la place des divisions Bataille et Vergé. En même temps, il dirigea les voltigeurs de la garde, que commandait le général Deligny, vers le bois des Ognons, avec ordre de faire occuper ce bois par un bataillon de chasseurs, de surveiller les ravins d'Ars et de Gorze. Il mit en ligne la brigade Lapasset, conservée jusque-là comme réserve du 6me corps, en sorte que les deux divisions en retraite du corps de Frossard composèrent, à partir de ce moment, la seule réserve de l'aile gauche.

Les troupes du maréchal Canrobert n'avaient encore fait aucun mouvement. Elles pivotèrent alors sur leur aile gauche, obliquant vers les bois et la chaussée romaine, qui les séparaient de Vionville. Le général Buddenbrock, menacé par cette manœuvre, prit l'avance et occupa les bois. Mais un feu si violent de chassepots y atteignit ses fantassins qu'ils éprouvèrent des pertes considérables. Une batterie française, braquée près de la chaussée romaine, les décimait d'ailleurs sous les verts feuillages, où ils s'étaient crus d'abord en sûreté. Force leur fut de quitter la place. Le général Buddenbrock dirigea plusieurs mouvements offensifs contre la batterie meurtrière et parvint momentanément à lui imposer silence.

Mais une autre batterie, postée plus à l'est, ravageait son aile droite, au moment même où l'on apercevait, dans la direction de Bruville, le corps du maréchal Lebœuf qui arrivait et allait mettre en danger l'aile gauche prussienne. Buddenbrock voyait aussi approcher les renforts que lui envoyait le Xme corps d'armée. Il fallait tenir jusqu'au moment où ils pourraient entrer en ligne, et comment tenir sous une averse de projectiles? Un effort suprême était indispensable; la brigade de cavalerie Bredow reçut, en conséquence, l'ordre d'attaquer le centre de la position ennemie et la rangée de bouches à feu qui vomissaient la mort sur la division prussienne; c'était une tentative désespérée que de fondre sur des lignes d'infanterie encore intactes et sur de puissantes batteries, sans que la charge eût été préparée par une violente canonnade, mais la situation commandait d'arrêter à tout prix la marche dangereuse du VIme corps. Ainsi, dans un moment critique, les Prussiens eux-mêmes étaient obligés de recourir à une ancienne manœuvre, qui avait été, deux fois déjà, si pernicieuse pour les Français.

Au moment où le général Bredow reçut l'ordre d'attaquer, il n'avait sous la main que six escadrons, trois des cuirassiers blancs de Bismarck et trois du 16me de uhlans, neuf cents hommes en tout, un escadron de chaque régiment étant occupé ailleurs. Ils marchèrent vers le nord, les cuirassiers à la tête, en rangs serrés, puis tournèrent du côté de l'est, se déployèrent sous le feu de l'ennemi, les uhlans un peu en retraite, poussèrent des hourras frénétiques et s'élancèrent sur les batteries françaises, dont deux pièces seulement étaient chargées. Ils sabrèrent les artilleurs, puis toute la brigade, formant un seul front, se précipita vers la première ligne de l'infanterie française, qui les reçut avec une décharge terrible. Les cavaliers prussiens la traversèrent si rapidement que peu de soldats eurent le temps de tirer un second coup de feu; le sabre et la lance éclaircirent les troupes rompues. La manœuvre, dans son but principal, avait réussi contre tout espoir. Mais une sorte d'ivresse belliqueuse exaltait et aveuglait les assaillants : leurs officiers n'en étaient plus maîtres. Loin de pouvoir les contenir, ils furent entraînés avec eux dans leur course effrénée, sur une batterie de mitrailleuses placée derrière la première ligne d'infanterie. La grêle de projectiles qu'elle vomissait ne les arrêta pas. Ils venaient d'atteindre les pièces, ils abattaient déjà les artilleurs et, sans plus de souci, retournaient les bouches à feu pour les emmener, lorsque la scène changea. La division de cavalerie Forton, qui avait fléchi le matin devant une attaque subite, avait été postée dans un bois, près de l'ancienne voie romaine : un régiment de cuirassiers français, le 7me, prit sa course au triple galop, attaqua par le flanc gauche les cuirassiers de Bismarck ; l'escadron qui formait la tête se jeta dans les escadrons prussiens, le reste de la troupe le suivit de près, et une brigade de dragons vint les soutenir. En même temps la seconde ligne de bataille s'ouvrait, des chasseurs et des hussards placés derrière, apparaissant tout à coup, fondaient sur les uhlans, qui formaient la droite. Assaillis de tous côtés par des forces supérieures, les cuirassiers blancs de Bismarck et les uhlans furent contraints de tourner le dos. Mais, après leur passage, la première ligne de bataille s'était reformée : âprement poursuivis par la cavalerie française, ils durent encore une fois s'ouvrir un chemin à travers l'infanterie, sur des chevaux haletants et couverts d'écume. Le cercle de mort qui les entourait, ne leur laissait aucune alternative. Un très-petit nombre franchirent le mur de baïonnettes dressé devant eux. Des cuirassiers blancs de Bismarck, 7 officiers et 70 hommes seulement échappèrent au sabre et au feu : 373 avaient péri ; des trois escadrons de uhlans, il ne revint que 6 officiers et 80 hommes. En quelques minutes, la brigade avait perdu 737 cavaliers sur neuf cents (1).

(1) Le général Cousin-Montauban ayant dit à la tribune : — « Le corps des cuirassiers blancs de Bismarck a été anéanti ; anéanti est le mot, il n'en reste pas un ! » — la presse allemande a

Si l'on en croit les récits de la presse allemande, la charge héroïque des six escadrons ne fut pas inutile : elle arrêta le mouvement dirigé contre la gauche de la division prussienne, l'arrêta même si bien qu'il ne fut pas renouvelé.

Cependant le maréchal Lebœuf continuait sa marche vers la droite de l'armée française, pour aller se placer près du VIme corps : il atteignit son poste de bataille à 2 heures ; le général Ladmirault entra en ligne une heure plus tard. Près de quatre-vingt-dix mille hommes s'avançaient donc vers le bord du plateau, pour culbuter et envelopper l'armée prussienne.

A ces forces menaçantes, le général Von Alvensleben ne pouvait alors opposer que deux divisions du IIIme corps, une brigade d'infanterie du Xme et deux divisions de cavalerie, en tout trente-sept mille hommes. Ce fut à 4 heures seulement qu'il reçut d'importants renforts, que l'artillerie entière et une division du Xme corps, bientôt suivie par les autres, atteignirent le champ de bataille. Il serait injuste de ne pas reconnaître que les Prussiens luttaient avec une bravoure opiniâtre et un dévouement absolu. Mais ce courage et cette abnégation ne les auraient pas sauvés, s'ils avaient eu en face d'eux un capitaine habile ou seulement décidé à vaincre. Il eût certainement accablé le premier ban des forces allemandes, l'eût précipité sans peine dans les ravins, et en le poursuivant, en le dispersant, aurait eu ensuite bon marché des troupes qui arrivaient, surtout s'il avait fait usage des 40,000 hommes que Bazaine tenait immobiles derrière lui, près de Metz, pour garder ses communications avec la ville. Mais le maréchal ne voulait remporter sur les Prussiens aucun

---

exploité cette déclaration pour accuser les Français de forfanterie. « Le régiment, dit-elle, n'a pas été anéanti, puisque 77 hommes sont revenus. » Quelle importante remarque ! Était-ce bien la peine de soulever une discussion ?

avantage décisif, qui lui eût ouvert la route de Châlons et qui, par suite, l'eût forcé de rejoindre l'Empereur. Voici du reste comment ses allures suspectes, pendant toute la bataille, sont jugées par un témoin oculaire :

« Ou le maréchal Bazaine ne comprit pas cette situation, puisqu'il n'essaya pas d'en profiter, ou il ne voulut pas la comprendre, parce qu'il avait d'autre projets. On le voit, en effet, ne plus quitter l'extrême gauche de l'armée, observer les différents chemins qui conduisent de la vallée sur le plateau de Gravelotte, y appeler sans cesse de nouvelles troupes et les masser successivement à la tête des ravins qui vont à Ars et à Gorze ; toutes ses craintes sont pour un mouvement tournant de l'ennemi de ce côté, et il semble que sa seule pensée soit de rester en communication avec cette ville de Metz, dont il ne devrait plus se préoccuper. Quant aux corps de la droite, il paraît les oublier entièrement et ne songer à utiliser ni leur concours, ni les résultats déjà obtenus (1). »

Et c'était là, sur la droite, que se trouvait justement le nœud, le point décisif de la bataille : le commandant en chef n'y parut même pas !... bien mieux, n'y envoya aucun ordre ! La lutte s'y déchaînait cependant terrible, implacable, et les troupes du général Ladmirault accomplissaient des prodiges.

Les forces prussiennes étaient graduellement arrivées sur le champ de bataille. Vers midi, le prince Frédéric-Charles reçut, dans son quartier de Pont-à-Mousson, les premières nouvelles de la lutte engagée par le III° corps. Il donna des ordres au commandant du IX°, le général Von Mannstein, qui fit partir aussitôt le prince Louis de Hesse, avec la 49° brigade de la division hessoise, 3 batteries et un régiment de cavalerie, par le ravin de Gorze.

(1) *Metz, campagne et négociations*, p. 74.

Courant ensuite à toute bride, il atteignit lui-même les pentes de Rezonville un peu après trois heures. De trois à quatre heures vinrent se poster sur la gauche prussienne les détachements les plus avancés du X⁰ corps, parti le matin de Thiaucourt. Ce fut d'abord l'artillerie tout entière qui arriva près de Mars-la-Tour, au nord de la route de Verdun, et ouvrit immédiatement son feu contre les bataillons du général Ladmirault, descendant de Bruville; puis la 20ᵉ division d'infanterie, la brigade Wedell, les dragons de la garde royale, dont les pièces s'installèrent à côté de Mars-la-Tour. A quatre heures, tout le Xᵉ corps prenait part au combat, ce qui portait les forces prussiennes à 71,000 hommes. Mais d'autres régiments étaient en marche, appartenant aux VIIIᵉ et IXᵉ corps. A trois heures et demie, le général Barnekow, du VIIIᵉ corps, atteignait avec la 16ᵉ division le bourg de Gorze, situé à quatre kilomètres du champ de bataille, et comme il avait été rallié par le 11ᵉ régiment du IXᵉ, c'était un supplément de 16,000 fantassins, qui venait soutenir l'armée allemande. Elle comptait alors 87,000 hommes, et se trouvait numériquement égale aux troupes françaises engagées. La division Metman du IIIᵉ corps français et la division Lorencez du IVᵉ corps arrivèrent trop tard pour se mettre en ligne (1). Le prince Louis de Hesse, au contraire, amena fort à propos sur la droite prussienne les sept mille hommes qu'il conduisait, l'artillerie de la 5ᵉ division germanique ayant épuisé ses munitions. Les Prussiens formaient alors une masse de 94,000 hommes, c'est-à-dire supérieure de quatre ou cinq mille aux colonnes françaises, déduction faite, bien entendu, des combattants déjà morts ou blessés de part et d'autre (2).

(1) *Journal d'un officier de l'armée du Rhin*, par Charles Fay, p. 89. — Borbstaedt, p. 314.

(2) J'ai emprunté toutes les indications des forces allemandes et

L'arrivée du X⁰ corps sur la gauche prussienne fut signalée par une des luttes les plus sanglantes de la journée. Les troupes de Ladmirault étaient parvenues à Gréyère, et le général, ne connaissant pas l'effectif des soldats qui lui faisaient face, avait pris une forte position au nord de Mars-la-Tour, afin de laisser au III⁰ corps le temps de le rejoindre. Les Prussiens, ne connaissant pas non plus le chiffre de leurs antagonistes, résolurent de les attaquer avec un nombre d'hommes insuffisant. La brigade Wedell fut lancée de Mars-la-Tour contre la division Grenier, pour lui interdire la route de Verdun : l'artillerie tout entière du X⁰ corps, prenant les Français en écharpe, la soutenait d'ailleurs de son feu terrible. Comme la brigade sortait du village, elle fut saluée par une canonnade meurtrière, qui ne suspendit point sa marche; mais à 1,200 pas des lignes françaises, les balles des mitrailleuses et des chassepots l'assaillirent comme une tempête de fer. Les deux bataillons du 57⁰ régiment et deux compagnies de pionniers accoururent : le même ouragan de mitraille et de mousqueterie les balaya. Décimés, décontenancés, ils se retirèrent précipitamment.

Comme l'infanterie prussienne lâchait pied, trois escadrons du 1ᵉʳ régiment des dragons de la garde royale s'élancèrent pour couvrir sa retraite, lui permirent d'aller

---

les dates de leur arrivée sur le champ de bataille à l'ouvrage de Borbstaedt; j'ai seulement additionné les nombres d'hommes contenus dans chaque corps. L'auteur prussien cependant, après avoir donné lui-même ces détails, ose conclure de la sorte : « Il n'y eut de la seconde armée que 60,000 hommes engagés, et encore dans les derniers moments de la lutte, tandis que le chiffre de nos adversaires montait au moins à 120,000 hommes, c'est-à-dire au double de nos combattants. » Il paraît que les Prussiens ont inventé une nouvelle arithmétique, comme une nouvelle morale et un nouveau droit des gens. Rüstow, plus honnête cette fois, déclare que les champions étaient à peu près en nombre égal (p. 125).

s'abriter loin du champ de bataille, derrière Tronville. Mais l'infanterie française marchait à son tour, la baïonnette en avant : le choc fut si rude que les deux tiers des cavaliers prussiens jonchèrent le sol avec leurs montures ; le colonel lui-même fut mortellement blessé. Un officier d'état-major, six officiers et un capitaine tombèrent morts autour de lui.

Le second régiment des dragons de la garde, à la vue de cette déroute, fondit, ventre à terre, sur les bataillons français ; il éprouva le même sort. En quelques minutes, les hommes et les chevaux nagèrent dans leur sang. Le colonel du régiment, comte de Finkenstein, qui s'était illustré pendant la guerre de 1866, tomba percé de coups : ses blessures l'avaient tellement défiguré qu'on fut longtemps à reconnaître son cadavre.

Les Allemands prétendent qu'ils vengèrent cet échec le jour même, à six heures, près de Ville-sur-Yron. Le corps de Ladmirault menaçait de déborder la gauche prussienne : un nouveau sacrifice fut jugé nécessaire. Le général teuton De Barby se précipita, avec les six régiments de cavalerie placés sous ses ordres, soit 3,600 hommes, sur les 5,000 hommes commandés par le général Clérambault, dans le nombre desquels se trouvaient deux régiments de la garde impériale et un régiment de chasseurs d'Afrique. La rencontre fut terrible ; les carabines françaises éclaircirent les rangs des Prussiens, puis une mêlée effroyable succéda au premier choc. Huit mille six cents cavaliers entre-heurtant leurs bêtes puissantes, luttant corps à corps, ou s'abattant à coups de sabre et de pistolet, quel affreux spectacle! Si l'on en croyait les Allemands, ils auraient obtenu l'avantage, et refoulé la cavalerie française, grâce à leur habileté supérieure dans l'équitation. Le rapport officiel de Bazaine dit justement le contraire :

« Le général Ladmirault fait attaquer par la nombreuse

cavalerie qu'il a lui-même sous la main, et, après des charges successives, où des deux côtés on se bat avec acharnement, l'ennemi se retire. La division Cissey protége notre ralliement, et par sa belle contenance, en impose à l'aile gauche prussienne, qui se met définitivement en retraite. »

Cette version mérite seule confiance, puisque les Allemands étaient repoussés au delà de Mars-la-Tour, quand les derniers coups de feu retentirent.

Il y eut, comme on voit, peu de batailles dans notre siècle, où la cavalerie joua un si grand rôle, malgré les calculs des théoriciens, qui croyaient son utilité fort réduite par les nouvelles armes.

A sept heures et demie, le feu avait cessé de toutes parts et la lutte semblait terminée, lorsque tout à coup l'artillerie gronda de nouveau ; elle continua ses ravages une heure encore, puis l'ombre enveloppa le champ de carnage et paralysa les combattants. C'était le prince Frédéric-Charles qui avait commandé une attaque de hussards, entre Flavigny et Rezonville. Une fusillade meurtrière l'assaillant de tous côtés, à deux cents pas, la contraignit bientôt de regagner son premier poste ; mais elle avait déchaîné la fureur des canons.

Dix-sept mille Prussiens, morts ou blessés, trempaient la terre de leur sang ; un nombre à peu près égal de Français (1), atteints aussi de coups de feu, dormaient déjà du sommeil éternel, se débattaient dans les spasmes de l'agonie, ou gisaient mutilés sur le sol. La bataille avait duré onze heures. Trente-quatre mille victimes dans un seul jour ! C'était la population entière d'une grande ville.

Les Prussiens n'avaient pu conquérir le plateau ; les

(1) 16,954.

Français en étaient partout restés maîtres, depuis Mars-la-Tour jusqu'à Gravelotte. L'armée prussienne passa la nuit dans les bas-fonds (1). Un travail immense fut nécessaire pour enlever les malheureux qui attendaient du secours : les hôpitaux, les maisons particulières de Metz en furent encombrés. Depuis le 14, la population de cette noble ville, qu'on allait bientôt séparer de la France sous d'absurdes prétextes, faisait preuve d'un touchant patriotisme. Les femmes de toutes les conditions se transformèrent en sœurs de charité. La grande dame et la simple ouvrière luttaient de courage et d'abnégation. Les soins les plus pénibles, les plus rebutants même ne lassaient point leur pitié. Leur généreuse constance montrait par des signes manifestes qu'elles étaient du pays de Jeanne d'Arc. Deux mille blessés furent recueillis chez les habitants. Pour les secourir, les pauvres familles s'imposaient des privations. A l'implacable maréchal, qui faisait tuer inutilement les soldats, les femmes donnaient des leçons d'humanité, de dévouement, d'honneur et de patriotisme.

(1) Les dépêches suivantes du maréchal Bazaine mettent le fait hors de doute et ne sont pas contredites par les Prussiens : « Quartier général, 16 août. — Nous avons partout maintenu nos positions et infligé à l'ennemi des pertes considérables. — A huit heures du soir, l'ennemi a été refoulé sur toute la ligne. »

« 17 août, 4 h. du soir. — Hier, pendant toute la journée, j'ai livré bataille à l'armée prussienne entre Doncourt et Vionville. L'ennemi a été repoussé, et *nous avons passé la nuit sur les positions conquises.* »

Cette dernière assertion est une imposture : on va voir comment le maréchal abandonnait pendant la nuit ces excellentes positions.

CHAPITRE XI.

BATAILLE DE SAINT-PRIVAT, PERDUE EXPRÈS PAR BAZAINE.

La manière dont les troupes allemandes arrivèrent graduellement aux abords du plateau de Rezonville, pendant toute la journée du 16 août, met hors de doute que l'armée française pouvait leur échapper, même ce jour-là, et marcher sans obstacles dans la direction de Verdun. Si, comme le portait l'ordre du 15, on était parti à quatre heures et demie du matin, on aurait eu quatre heures et demie d'avance sur la 6me division de cavalerie prussienne, qui déboucha seulement à neuf heures du ravin de Vionville, cinq heures trois quarts sur la 6me division d'infanterie, commandée par le général Buddenbrock, et sur la division Stülpnagel. L'arrivée des autres forces ayant été beaucoup plus tardive, l'intervalle entre elles et nos régiments eût été plus considérable. Les Allemands n'auraient donc pu livrer même un combat d'arrière-garde aux IIme et VIme corps français. Pour les IIIme et IVme corps, un peu attardés, on leur eût assuré le même avantage en leur faisant prendre la route de Briey, qui passe à douze kilomètres au nord de Rezonville, à dix-sept de Mars-la-Tour, espace supplémentaire que les premiers corps germaniques auraient dû franchir pour les atteindre. Une demi-journée de marche, au moins, aurait donc séparé constamment les dernières troupes françaises de l'avant-garde teutonique.

Or, il ne faut pas oublier que Verdun est à quinze lieues de Metz par les routes de Mars-la-Tour et d'Étain, à dix-sept par Briey. Deux jours ou deux jours et demi de marche eussent conduit l'armée française auprès de la place forte, où elle aurait trouvé des vivres et des munitions en abondance, où elle aurait eu un chemin de fer à sa disposition. Elle n'avait donc besoin pour partir que d'approvisionnements peu considérables. On pouvait marcher lestement et hardiment, laisser les Prussiens faire le siége de Metz, gagner Châlons, réunir toutes les forces de la France, opposer trois cent mille hommes de troupes régulières aux troupes d'invasion, leur disputer pas à pas notre sol et protéger la capitale. Derrière ce premier rempart se serait organisée une puissante résistance. Le sort de la campagne était changé. Bazaine ne le voulut pas.

Même dans la nuit du 16 au 17, on pouvait commencer la retraite sur Verdun. Les Allemands étaient à bout de forces, épuisés par une longue marche et par une lutte acharnée : si on avait voulu les poursuivre, ils eussent, selon toute apparence, éprouvé un désastre; si on avait pris l'avance sur eux, leur extrême lassitude les eût empêchés de faire un pas. Dans un ciel éclatant, la lune, comme un bon génie, semblait convier l'armée à sauver la France. Bazaine ne le permit pas.

Le général Changarnier, le seul homme qui ait exprimé des sentiments un peu favorables pour le maréchal, partage complétement cette opinion. « Je suis de ceux, a-t-il dit devant l'Assemblée nationale, qui crurent alors et qui croient encore aujourd'hui que nous aurions dû continuer notre marche sur Châlons. D'autres conseils prévalurent.

» On représenta à notre général en chef que nous n'étions pas suffisamment pourvus de munitions; c'était une erreur : certains corps, fortement engagés, avaient fait une grande consommation de munitions; la plupart des autres avaient leur approvisionnement intact ou peu diminué; une égale répartition entre tous les corps nous aurait donné des munitions pour deux batailles et demie. C'était beaucoup plus qu'il n'en fallait pour gagner Châlons; nous avions l'avance sur l'ennemi, qui, même en s'imposant de grandes fatigues, n'aurait pu nous faire que des affaires d'arrière-garde sans importance, et en nous laissant la faculté de profiter d'une bonne occasion pour nous retourner vigoureusement contre lui. »

Quelle résolution adopta le maréchal Bazaine? Un autre témoin oculaire va nous le dire : « Au moment où la nuit mit fin au combat, le maréchal était en avant de Rezonville, au milieu de notre première ligne de tirailleurs; il dirigeait lui-même les bataillons de la garde qu'il avait sous la main, pour repousser le dernier effort que l'ennemi avait voulu tenter. Le canon se tait, la fusillade s'arrête, nous sommes partout maîtres du champ de bataille, et tous nous attendons avec anxiété les mesures qui vont être prises pour poursuivre l'ennemi et compléter le succès. Mais le maréchal se contente de faire dire aux troupes qui l'entourent de rentrer dans les bivouacs du matin, puis il reprend silencieusement la route de Gravelotte et installe son quartier général dans l'auberge où avait couché l'Empereur. Il fait appeler l'intendant en chef de l'armée, et lui prescrit de se rendre à Metz sur-le-champ, avec une partie de son personnel, pour y chercher un convoi de vivres et l'en ramener à la pointe du jour (1). »

Pourquoi ce mouvement fatal, opéré en arrière si mal à propos? Pour un motif bien évident. Bazaine, qui ne voulait pas rejoindre l'Empereur à Châlons, livrait ainsi aux Allemands, depuis Vionville et Doncourt, les deux routes

---

(1) *Metz, campagne et négociations*, p. 76 et 77.

de Verdun qui partent de Gravelotte. Il comptait bien qu'ils s'en empareraient le plus tôt possible et lui fermeraient ces deux issues.

Mais alors pourquoi l'ordre d'aller chercher un convoi de vivres et de l'amener dans les positions que l'armée française venait de reprendre ? Pour abuser les troupes, déguiser l'intention du maréchal, faire croire encore à la marche sur l'Argonne.

Livrer aux Prussiens les chaussées de Conflans et de Mars-la-Tour, ce n'était pas assez : restait l'excellente route de Briey, par laquelle aurait pu s'effectuer la retraite. Bazaine devait donc en faciliter l'occupation aux troupes allemandes. Il le fit à dix heures du soir, par un ordre nouveau, par un ordre inattendu, qui prescrivait un second mouvement de retraite. Les chefs des divers corps en reçurent immédiatement communication par l'entremise du général Jarras. D'après ce plan subit, les troupes françaises devaient reculer jusqu'à l'extrémité du plateau, jusque dans le voisinage des ravins, qui forment une grande ligne depuis Rozérieulles jusqu'à Saint-Privat, par Montigny-la-Grange et Amanvillers, le VIme corps placé un peu en flèche, à Verneville.

Pendant la journée du 16, le maréchal Bazaine, en concentrant ses forces sur sa gauche, qui était solidement appuyée à des talus inabordables, en laissant combattre, avec deux divisions seulement, le corps de Ladmirault à son extrême droite, sans jamais s'y porter de sa personne, et même sans y envoyer d'instructions, avait espéré que le général serait brusquement repoussé par des forces supérieures, que l'ennemi s'établirait sur la route de Verdun, près de Mars-la-Tour, et lui fournirait un prétexte pour se retirer vers la place (1). Mais les Prussiens n'avaient

---

(1) Les Allemands s'étonnent avec raison de l'attitude équivoque

pas à leur gauche des forces menaçantes, comme il le présumait, et la bravoure des divisions Grenier et Cissey ayant déjoué son calcul, il lui fallait exécuter son dessein en alléguant d'autres motifs. Il se rejeta sur un prétendu manque de munitions, imposture que réfutent tous les témoignages, depuis celui du général Changarnier jusqu'à celui du colonel D'Andlau : « La réserve des corps, dit le dernier auteur, la réserve générale de l'armée était là pour remplir les gibernes et compléter les coffres des caissons : on pouvait y puiser sur les lieux mêmes, aussi bien qu'à une lieue en arrière ou sur le plateau de Plappeville. Si l'on devait recourir aux ressources de l'arsenal de Metz, il était facile de les lui demander pendant la nuit, comme on avait si bien su le faire pour les approvisionnements. Et d'ailleurs cette consommation avait-elle été si grande?... Dans l'artillerie, c'était des batteries de la réserve générale, qui avaient été engagées le plus longtemps, et les pièces qui avaient le plus tiré n'avaient dépensé que cinquante-trois coups (1). »

L'injonction d'abandonner le terrain conquis, de rétrograder jusque sur les crêtes qui bordent la vallée de la Moselle, frappa l'armée de consternation. Le mouvement de retraite devait commencer à quatre heures du matin. « Dire la stupeur qui s'empara de tous, en apprenant un pareil ordre, est impossible. A Borny, on avait argué de

et singulière du maréchal Bazaine pendant l'affaire du 16. « Il manifesta une crainte perpétuelle d'être séparé de Metz, et resta constamment à son aile gauche, se tenant toujours sur la défensive, au lieu de prendre hardiment l'offensive, pour culbuter dans les ravins et défilés de Gorze les deux divisions prussiennes du IIIme corps d'armée, qu'il eut seules devant lui jusqu'au moment où sonnèrent quatre heures. » (BORBSTAEDT, p. 325.)

(1) *Metz, campagne et négociations*, p. 79. Voyez aussi *les Vaincus de Metz*, p. 107 et suivantes.

la nécessité de continuer sans retard le mouvement de concentration sur Verdun, pour ne pas poursuivre l'ennemi, ni profiter du premier échec qu'on lui infligeait. Aujourd'hui, c'est après une bataille gagnée, au moment où l'armée prussienne est en retraite sur tous les points, où le passage peut nous être ouvert, qu'on vient alléguer d'autres motifs pour se retirer encore ; on n'ose même affirmer son succès, en s'avançant sur cette route qui est devenue libre (1) ! »

Comme une suite naturelle de l'ordre que Bazaine venait de donner, l'intendant en chef reçut un contre-ordre, par lequel le maréchal l'avertissait de ne pas diriger sur Gravelotte le convoi de vivres demandé deux heures auparavant ; puis Bazaine écrivit au commandant supérieur de Metz, pour le prévenir qu'une partie de son armée rentrerait le lendemain dans l'intérieur du camp retranché, pendant qu'il irait lui-même habiter le village de Plappeville, où il établirait son quartier général, sous la protection des forts de la rive gauche.

Le 17, aux premières clartés du matin, les divers corps s'acheminèrent vers les emplacements qui leur avaient été assignés. L'étonnement, la tristesse et l'inquiétude assombrissaient tous les visages, ceux des officiers comme ceux des soldats. On obéissait à contre-cœur, on ne s'expliquait pas le mouvement ordonné, on sentait la trahison dans l'air. « Est-ce la conséquence naturelle de notre victoire, disaient les uns, qu'on nous fasse battre en retraite ?... C'était bien la peine de nous faire tuer, disaient les autres, pour nous ramener où nous étions auparavant !... Pourquoi cette fuite ? ajoutait-on encore. Nous avons battu hier les Prussiens, et nous les battrons aujourd'hui, s'il le faut (2). »

(1) *Metz, campagne et négociations*, p. 78.
(2) Paroles textuelles. *Metz, campagne et négociations*, p. 82 et 83.

Pendant que nos troupes se retiraient, les Allemands ne restaient pas inactifs. Le soir du 16 août, après la fin de la lutte, le prince Frédéric-Charles était allé passer la nuit à Gorze. Il revint sur le champ de bataille, dès quatre heures du matin. De leurs campements, les Prussiens apercevaient une ligne de tirailleurs jusqu'au delà de Rezonville et entendaient la voix des chefs qui donnaient des ordres. Un peu après six heures, le roi Guillaume arriva de Pont-à-Mousson, où il avait transporté son quartier général, et chevaucha dans les rangs de ses troupes, accompagné du prince Frédéric-Charles. Ils ignoraient encore si les Français avaient conservé leurs positions de la veille, s'ils allaient prendre l'offensive, pour mettre à profit leur supériorité numérique et l'avantage du terrain. Toute l'armée prussienne était persuadée que nous pouvions encore gagner Châlons. « Si le maréchal Bazaine s'était avancé sur la route de Briey, le matin du 17, ou même dans la nuit du 17 au 18, dit Borbstaedt, les Allemands n'auraient pu lui faire obstacle, et il n'aurait plus été question que de savoir si la deuxième armée parviendrait, les jours suivants, à diriger contre ses bataillons une attaque de flanc et à le détourner de Verdun. Son immobilité près de Metz, pendant toute la journée du 17, permit à ses adversaires de réunir devant lui des forces supérieures, pour couper entièrement sa ligne de retraite sur Châlons (1). »

Le mouvement considérable qu'on apercevait au loin dans les camps français, entre Rezonville et Gravelotte, intrigua fortement les princes. Des uhlans furent envoyés en éclaireurs : ils apportèrent bientôt l'étrange nouvelle que l'ennemi se retirait, disparaissait ; d'autres escouades vinrent confirmer leur témoignage, annoncer que les Fran-

---

(1) *Der deutsch-französische Krieg*, p. 327.

çais avaient abandonné Rezonville. Guillaume et Frédéric-Charles ne pouvaient en croire leurs oreilles. De nouvelles reconnaissances eurent lieu, avec de plus forts détachements : elles montèrent sur le plateau, s'approchèrent de Gravelotte par les ravins et les bois. Alors, dans cette retraite insensée, que rien n'exigeait et n'excusait, le maréchal fit un sacrifice immense et inutile.

On avait parqué la veille autour du village les charrettes, les prolonges et autres voitures, qui contenaient des vivres et des approvisionnements de toute sorte. La route de Metz était encombrée par les troupes en marche, leurs transports de blessés, leurs pièces et leurs caissons d'artillerie. Pour protéger le village, il ne restait plus que la division Metman, qui surveillait le défilé d'Ars avec un soin tout particulier. Bazaine ne s'imagine-t-il pas que les Prussiens vont attaquer la division Metman, la culbuter et faire main basse sur les richesses accumulées derrière elle? Les Allemands n'y songeaient même pas. N'importe, il faut détruire d'abord, détruire avant tout. Le maréchal commande de brûler ces précieuses ressources d'alimentation et d'équipement. Un vaste brasier s'allume : on y jette pêle-mêle les caisses de biscuit, les vivres de campagne, les effets de campement, le linge, les chaussures. L'énorme bûcher flamboya jusqu'au soir, dénonçant à l'ennemi l'incomparable sottise du général en chef.

Une faute plus grave, une faute cruelle, attesta son manque de cœur. Nos ambulances, pleines de blessés que torturaient à la fois la douleur et l'inquiétude, furent abandonnées lâchement à Rezonville. Les malheureux, qui avaient acheté de leur sang la victoire du 16 août, se trouvèrent prisonniers, quand les Allemands occupèrent le plateau. Les envahisseurs commirent sur-le-champ un crime horrible. Le major Burdy pansait un blessé, lorsqu'il voit un cavalier prussien arriver, le sabre nu. Le docteur montre le brassard qu'il porte au bras, le barbare lui répond par deux coups de sabre qui l'étendent raide mort (1).

Ce fut assez tard dans la journée que les Prussiens se hasardèrent ainsi à monter sur le plateau. Pendant que Bazaine livrait aux flammes les denrées alimentaires, dont il prétendait manquer, Guillaume passait tranquillement en revue les nombreux escadrons qu'il avait amenés et ceux qui avaient combattu la veille; ensuite, il visitait les fantassins dans leurs cantonnements. Piétons et cavaliers le saluaient par d'interminables cris de joie. Malgré les pertes considérables et les fatigues extrêmes du jour précédent, toutes les troupes étaient animées du meilleur esprit. Comme nulle attaque ne paraissait à craindre, on leur permit de faire la soupe. Les princes ne pouvaient avoir l'intention de livrer bataille avec les régiments affaiblis du 16 : ils voulaient employer exclusivement toute la journée du 17 à concentrer devant Metz la plus grande partie de la première et de la deuxième armée, pour frapper le lendemain, avec ces forces réunies, un coup décisif. Le plan d'attaque fut combiné sur les lieux mêmes, avant midi. On décida que cinq corps de la seconde armée, deux de la première et la garde royale seraient groupés sur les plateaux; le belliqueux Guillaume se réserva le commandement en chef, assigna l'aile gauche au prince Frédéric-Charles, l'aile droite au général Steinmetz. Les généraux De Moltke et De Stiehle assistaient au conseil. Après la décision, Frédéric-Charles eut avec De Moltke un entretien particulier qui dura deux heures, pendant lequel on fixa en détail les opérations de la seconde armée.

Quand toutes ces mesures pour le lendemain eurent été prises, Guillaume retourna dans l'après-midi à Pont-à-

(1) *Le drame de Metz*, par le père Maréchal, AUMÔNIER DE LA GARDE IMPÉRIALE, p. 15.

Mousson, et Frédéric-Charles s'établit à Buxières, où il avait transporté son quartier général.

Dès le 16, à onze heures du soir, il avait expédié des ordres pour activer la marche des troupes. Le 17, à partir de six heures du matin, arrivèrent graduellement deux divisions du IXme corps d'armée, le XIIme, commandé par le prince héréditaire de Saxe, la garde royale, commandée par le prince de Wurtemberg. Comme on ne voyait plus d'ennemis sur la rive droite de la Moselle, la première armée y laissa un seul corps et trois divisions de cavalerie; le général Steinmetz amena le VIIme et le VIIIme, avec la 1re division de cavalerie du IXme : à une heure, ils occupaient le ravin d'Ars, entre le bois de Vaux et le bois des Ognons. Une reconnaissance que le général fit personnellement, au sud de Gravelotte, lui permit de découvrir les troupes françaises campées au midi. Un soleil splendide éclairait leurs tentes. Près de la route de Gravelotte, sur les hauteurs qui dominent le ravin, là où se trouvent l'auberge de Saint-Hubert et la ferme nommée le Point-du-Jour, il aperçut des lignes d'infanterie et des mitrailleuses, qui gardaient le sommet du couloir; dès qu'une patrouille allemande se montrait quelque part, elles lui adressaient une volée de projectiles. Les nouvelles forces germaniques s'échelonnèrent au bas des plateaux, dans les positions occupées la veille au soir par les régiments qui avaient combattu. Pendant toute la journée, en conséquence, les troupes de Bazaine auraient pu défiler sur la route de Briey.

L'armée française, dans la matinée du 18, occupait les mêmes positions, où elle s'était installée la veille. Seulement le VIme corps, placé en flèche à Verneville, avait changé son campement. Le maréchal Canrobert ayant objecté que cette situation l'isolait au milieu de grands bois, dans lesquels pouvait se glisser l'ennemi, avait obtenu de se porter sur l'extrême droite, entre le village de Saint-Privat et celui de Roncourt. Les IIme, IIIme, IVme et VIme corps étaient donc placés à la suite les uns des autres, depuis Rozérieulles jusqu'au dernier endroit que nous venons de nommer. Ils occupaient un espace de dix kilomètres (1). La garde, postée beaucoup trop loin du champ de bataille, au pied des forts de Plappeville et de Saint-Quentin, dans l'intérieur du camp retranché, sous prétexte qu'elle devait former la réserve, était à deux lieues et demie de l'aile droite. « La réserve d'artillerie, disait l'ordre du jour, suivra la garde et s'établira sur le plateau de Plappeville, entre le fort Saint-Quentin et le col de Lessy... C'est là que l'artillerie des corps d'armée devra venir compléter ses munitions. » Les pièces et les munitions de réserve se trouvaient ainsi un peu plus loin encore de l'aile droite que la garde elle-même! Le point de ralliement était aussi indiqué à l'extrême gauche, entre l'auberge de Saint-Hubert et le Point-du-Jour. La division de cavalerie Forton se trouvait reléguée à une distance

(1) Voici une indication plus détaillée des positions, faite par un des combattants : « Le VIme corps occupait à droite Roncourt, Saint-Privat-la-Montagne, et s'étendait à gauche jusqu'à la Mare, en face de Saint-Ail et d'Habonville; le IVme corps, avec deux divisions en première ligne, celle du général Lorencez en deuxième, tenait Amanvillers, Montigny-la-Grange, et avait des avant-postes à Champenois; le IIIme, à sa gauche, avait son front couvert par les fermes de la Folie, Leipsig, Moscou (noms de lugubre présage) et s'étendait dans la direction de l'auberge du Point-du-Jour; il avait établi un poste avancé dans le bois de Genivaux; enfin, plus à gauche encore, le IIme corps couronnait la hauteur jusqu'à Rozérieulles et occupait, avec un bataillon du 97me, le village de Sainte-Ruffine. La division De Forton était en arrière dans la vallée, au moulin de Longeau; la garde en réserve sur les hauteurs de Saint-Quentin et de Plappeville. » *Journal d'un Officier de l'Armée du Rhin*, par Charles Fay, p. 102.

énorme, à Longeville. La division de cavalerie Du Barrail pouvait seule rendre des services, étant postée à Saint-Privat, sur la route de Briey. Cet ordre, qui serait incompréhensible sans les secrètes intentions de Bazaine, étonna, contrista les hommes intelligents de l'armée. Une circonstance le rendait plus absurde et plus dangereux. Le VIme corps, placé à l'extrême droite, non-seulement n'avait pas tout son effectif, mais il lui manquait une partie de son armement et toute la cavalerie. « Formé à Châlons, puis envoyé à Nancy le 5 août, renvoyé à Châlons le 7, il avait été appelé à Metz en toute hâte le 9. Trois de ses divisions étaient seules arrivées avec leurs batteries; l'interruption des lignes ferrées avait fait rester en arrière une partie de sa deuxième division, ainsi que son parc et son artillerie de réserve (1). » Dans ces conditions, Bazaine aurait dû envoyer au maréchal Canrobert un supplément considérable de bouches à feu. C'est un axiome, une règle sans exception en fait d'art militaire, que chaque aile d'une armée doit avoir pour protection un obstacle naturel, comme un bois, un marais, un cours d'eau, un ravin, ou être défendue par une artillerie puissante qui en tienne lieu. Le maréchal Bazaine le sait bien, et s'il laissa Canrobert au dépourvu, ce n'était pas sans intention. Tous les hommes clairvoyants s'étonnaient, s'inquiétaient de *cette faute*. Il n'y avait pas de faute : il y avait un calcul pour faire accabler notre droite, livrer définitivement aux Prussiens la route de Briey, puis rentrer dans Metz et y rester immobile, en feignant d'être bloqué. Une autre négligence volontaire facilita l'œuvre des Allemands. L'extrémité de la droite française n'atteignait que le village de Roncourt : un peu au delà serpente la rivière d'Orne, qui va se jeter dans la Moselle.

(1) *Metz, campagne et négociations*, p. 80.

On aurait dû en occuper les bords, s'en former un rempart ; Bazaine ne vint même pas inspecter les lieux. Les Saxons profitèrent de son *oubli*, pour tourner et déloger le VIme corps vers la fin du jour.

Quand l'armée française eut pris, par ordre supérieur, ces positions funestes, on vit se produire dans ses rangs un phénomène moral, qui est la dernière protection des êtres malheureux et abandonnés. Sentant qu'elle ne pouvait compter sur l'appui de son général en chef, qu'une volonté fatale l'enveloppait comme un noir réseau, elle fit ses préparatifs de défense avec l'instinct puissant de la conservation. Partout les soldats creusèrent des fossés de tirailleurs, dressèrent des épaulements, mirent à profit les accidents du terrain. Des tranchées-abris relièrent les fermes et les villages situés sur le front des troupes. Les issues des bois furent obstruées par des abattis. C'était comme une tribu de castors menacés d'une destruction prochaine. Juste au centre de la ligne qu'elle occupait, un bois de hêtres, de chênes et de sapins, le bois de Genivaux, touffu, obscur, enchevêtré, dressait hardiment ses troncs antiques et ses épais feuillages. On eût dit une espèce de citadelle construite par la nature. Quatre bataillons du IIIme corps s'y embusquèrent et attendirent l'ennemi, contraint de passer à droite et à gauche pour venir attaquer notre front. Sur la droite de l'armée française, le village de Saint-Privat offrait aussi une position excellente. Ses maisons solides et massives, les murs de pierre qui entouraient les jardins et les vergers, la pente du sol qui étageait les constructions l'une au-dessus de l'autre, lui donnaient l'air d'une place forte. Nos soldats y ouvrirent des meurtrières, y firent toutes sortes de préparatifs ingénieux, et sur le front et sur les côtés. Devant la bourgade, un terrain nu et incliné se déploie jusqu'à Sainte-Marie-aux-Chênes, où rien ne devait faire obstacle au vol terrible des boulets et des balles. Pour arriver à portée de fusil, les troupes prussiennes allaient être obligées de parcourir les deux tiers de ce terrain, sans aucun abri naturel ou factice. Derrière le village, de brusques talus, descendant vers la Moselle, permettent d'abriter les réserves, jusqu'au moment où elles peuvent être utiles. Comme toutes les nobles créatures qui se sentent en danger de mort, cette armée trahie était résolue à se défendre avec un indomptable courage.

Il se leva enfin, le jour fatal qui aurait pu éclairer une victoire de la France, et qui éclaira un désastre. De cinq à six heures, suivant la place où elles avaient bivouaqué, les forces germaniques se mirent en mouvement. Les troupes françaises ayant pivoté sur leur gauche, pour former une ligne au sommet du plateau, les corps allemands pivotèrent sur leur droite pour venir se déployer devant elles. C'était la première bataille où allaient figurer des contingents de presque toute l'Allemagne. Les bannières qui flottaient au-dessus des régiments indiquaient leur nationalité. Ici l'on voyait le drapeau blanc et noir de la Prusse, blanc comme un linceul et noir comme la nuit, ou le drapeau de la Confédération du Nord, noir, blanc et rouge, mêlant aux funèbres couleurs prussiennes la couleur du sang ; là, ondulaient la banderole blanche et verte de la Saxe, le pennon blanc et rouge de la Hesse, puis les enseignes variées du Mecklembourg, du Brunswick, du grand-duché d'Oldenbourg et des villes hanséatiques. Les sons majestueux d'une musique lente et grave marquaient le pas de ces bataillons, sur lesquels planaient les sombres dieux de la guerre. Cinq corps d'armée et deux divisions de cavalerie devaient former les lignes de bataille ; les IIIme et Xme corps et deux divisions de cavalerie, décimés dans l'affaire du 16, avaient reçu l'ordre de se tenir en arrière, comme troupes de réserve. Le IIme corps pressait le pas pour venir appuyer, au sud, les IIIme et Xme. C'était une masse de 230,000 hommes qui s'ébranlait, traînant avec elle 822 pièces d'artillerie (1).

A six heures, le roi Guillaume arriva de Pont-à-Mousson sur les buttes de Flavigny, pour prendre le commandement général de l'armée.

Contre la droite française se dirigèrent d'abord la garde royale et le IXme corps d'armée; ils étaient suivis par les Saxons formant le XIIme corps, puis par le IIIme et le Xme. La longue marche que toutes ces colonnes avaient à faire et les dispositions qu'exigeait une lutte immense, ne permirent pas aux Prussiens d'attaquer avant midi. Ce fut de Verneville que partirent les premiers coups. Les Français ayant, dès la veille, abandonné ce hameau, l'avant-garde du IXme corps y entra sans coup férir. Elle aperçut alors devant elle une partie de notre camp, sur les hauteurs d'Amanvillers et de Montigny-la-Grange. Aussitôt l'artillerie de la 18me division avança jusqu'à une butte, qui domine la ferme de Champenois et ouvrit le feu. En même temps les Prussiens occupèrent le bois de la Cusse, à gauche de Verneville, puis toute l'artillerie du corps alla se ranger près des canons déjà pointés. Mais avant qu'elle fût en place, les pièces françaises tonnèrent de Montigny et d'Amanvillers, puis le feu s'étendit comme une traînée jusqu'à Saint-Privat, faisant ainsi connaître aux Allemands que notre droite s'étendait bien au delà d'Amanvillers. Leur ignorance leur coûta cher. L'artillerie du IXme corps ayant pris une position oblique pour canonner le dernier endroit, reçut des boulets de face et de flanc. Elle éprouva, par suite, des pertes considérables : la

(1) Ces divers corps auraient dû former un ensemble de 260,000 hommes, mais 30,000 envahisseurs avaient été tués ou blessés dans les combats précédents : 8,000 à Spikeren, 5,000 à Borny, 17,000 à Rezonville.

9ᵐᵉ batterie, à elle seule, eut cent chevaux de tués. L'artillerie française continua ce feu meurtrier pendant deux heures, jusqu'à ce que les batteries de la garde royale vinssent se poster en face de Saint-Privat et couvrir ainsi le flanc gauche des batteries du IXᵐᵉ corps.

Cependant les divisions prussiennes arrivaient graduellement, s'établissaient à droite et à gauche des premières. Bientôt la garde royale se déploya tout entière en face de Saint-Privat et de Sainte-Marie-aux-Chênes, village qui précédait nos lignes et que nos troupes occupaient comme un poste avancé. Le Xᵐᵉ et le XIIᵐᵉ corps étaient déjà en vue. Une masse de 117,000 hommes allait assaillir notre droite, principalement le VIᵐᵉ corps, le moins complet et le moins pourvu d'artillerie (1).

Au bruit du canon qui retentissait, le général Steinmetz fit avancer le VIIIᵐᵉ corps par Rezonville et Gravelotte contre la gauche française. Il occupa la dernière localité, où nous n'avions plus aucune troupe, puis développa son artillerie sur les hauteurs qui l'avoisinent, à l'est et au sud. Mais avant que les pièces fussent placées, l'artillerie française, cachée près de Rozérieulles dans des positions excellentes, couvrit les assaillants de projectiles, pendant que l'infanterie, embusquée, près de Saint-Hubert et de la ferme nommée le Point-du-Jour, dans des fossés de tirailleurs, mêlait aux obus et aux boulets une grêle de balles, que lançaient à la fois les chassepots et les mitrailleuses. Quoique décimés, les artilleurs prussiens continuèrent leur feu. Pendant ce temps, le VIIᵐᵉ corps arrivait sur le pla-

---

(1) Chaque corps d'armée allemand se compose de 32,000 hommes, mais la garde royale en comprend 36,255, à savoir : 27 bataillons de ligne, 1 bataillon de chasseurs, 1 bataillon de tirailleurs, 32 escadrons, 1 bataillon de pionniers, 1 bataillon du train ; ses bouches à feu sont au nombre de 90 Je retranche les morts et les blessés des jours précédents.

teau qui domine le ravin de Mance et porte à son extrémité méridionale le bois des Ognons ; il y braquait son artillerie, pour détourner du VIIIme la rafale meurtrière, ou au moins pour la diviser ; peu à peu le général Von Zastrow aligna sur ce point 48 pièces, et un duel d'artillerie ébranla toutes les collines d'alentour.

Les trois bataillons que le maréchal Lebœuf avait postés dans le bois de Genivaux, entre les masses teutoniques, dirigeaient de là un feu terrible contre la droite et la gauche des Allemands. Force fut aux Prussiens de les attaquer. Les Français n'étaient guère plus de deux mille. Contre cette poignée de braves s'élancèrent quatre brigades d'infanterie, c'est-à-dire 24,000 hommes, près de douze soldats contre un. Mais leur immense supériorité numérique leur fut longtemps inutile. Masqués derrière les arbres, nos troupiers les abattaient par centaines : chacun de leurs pas sur la lisière et dans la première zone du bois fut marqué de leur sang. C'est un trait caractéristique de cette bataille que l'armée tudesque n'avait pas de centre : un habile général en chef eût tiré le plus grand avantage de ce fait exceptionnel, eût posté de nombreuses troupes dans les taillis, d'où elles auraient non-seulement porté le ravage parmi les Prussiens, mais troublé toutes leurs opérations. L'armée française, par malheur, n'avait pas de général en chef.

Le 17 août, après avoir indiqué aux troupes les emplacements qu'elles devaient occuper, le maréchal Bazaine s'était enfermé, à Plappeville, dans une maison de campagne, où il ne parut avoir d'autre souci que de goûter les plaisirs de la villégiature. Il ne donna aucun ordre, né prit aucune disposition, laissa les chefs de corps s'arranger comme ils l'entendaient. Les officiers en observation au fort de Saint-Quentin et sur les hautes tours de la cathédrale, les paysans qui fuyaient devant l'invasion, signalaient le passage de masses profondes au sud de Metz. Bazaine n'en tint pas compte, ne prit pas la peine de visiter sa ligne de bataille. Dans la matinée du 18, même silence, même indifférence. Il ne donne pas aux chefs de corps une seule instruction sur la manière dont ils doivent agir, s'appuyer, mettre à profit un succès. Il ne leur laisse d'autre expectative que de se défendre sur place, sans pouvoir tenter un mouvement agressif pour culbuter l'ennemi.

Enfin la bataille s'allume comme un immense brasier; cinq cents pièces, qui tonnent à la fois, ébranlent tout le massif du plateau, déchaînent sur la campagne une tempête de bruit, dont les dernières ondulations parviennent à quinze lieues de Metz. Bazaine entend l'effroyable canonnade, voit l'horizon en feu, et demeure immobile; des officiers accourent, le préviennent de ce qui se passe, lui demandent des ordres : « C'est bien, se contente-t-il de répondre : votre général a de très-fortes positions, qu'il les défende..... » Et pendant toute la journée, on ne peut tirer de sa bouche que cet oracle.

L'état-major l'a suivi à Plappeville; ardent, ému d'anxiétés patriotiques, chacun attend les instructions de Bazaine pour les porter aux généraux, ou s'apprête à l'accompagner sur le champ de bataille. Les chevaux sont sellés, bridés, impatients comme leurs maîtres. Le temps se passe, les heures s'écoulent dans une cruelle inaction. Vers deux heures enfin, le général Jarras commande à cinq officiers de monter à cheval... pour porter au milieu de la mêlée des ordres pressants? non, pour rejoindre le maréchal, qui s'est éloigné encore un peu plus de son aile droite, qui a gagné furtivement le Saint-Quentin. Les autres officiers, retenus à Plappeville, s'occuperont d'un travail de bureau, noirciront des paperasses!

Les cinq privilégiés s'élancent vers le fort. Ils gagnent

au plus vite les hauteurs, craignant de ne plus y trouver le maréchal, qui sera sans doute parti, bride abattue, pour aller où il doit être, au milieu du combat. Ils arrivent... quel sujet d'étonnement! Bazaine a mis pied à terre; il oublie son armée, il oublie son aile droite en péril, et fait pointer lui-même dans une direction opposée, vers le midi, deux ou trois pièces de 12 contre la 26me division prussienne qui attaque, dans la vallée, le poste insignifiant de Vaux! Ces pièces, il les a fait amener à bras; il en désigne l'emplacement, observe le tir, constate les effets, donne lieu de croire qu'il est devenu insensé. Une heure entière, il s'amuse à cet enfantillage, tandis que le sang français abreuve la terre, que les destinées de son pays sont en jeu! Rien ne bat dans sa poitrine; son implacable félonie reste aveugle et sourde.

Au moment où il allait quitter Plappeville, le général Bourbaki était venu le trouver : il lui avait demandé l'autorisation de porter deux divisions d'infanterie vers la droite et vers le centre, de manière à pouvoir agir en cas de besoin; le maréchal le lui avait permis, mais *à condition qu'il ne s'engagerait pas*. Le brave commandant de la garde posta ses grenadiers sur la lisière du bois de Saulny, une brigade de voltigeurs dans le village de Chatel-Saint-Germain, l'autre brigade au col de Lessy. Ces vingt mille hommes, qui auraient pu être si précieux, écoutèrent sans bouger le grondement furieux de la canonnade. Pour la cavalerie et la réserve d'artillerie de la garde, on les laissa immobiles dans leurs bivouacs.

La bataille, pendant ce temps, devenait de plus en plus acharnée, de plus en plus terrible. A deux heures, les Prussiens avaient déjà mis en ligne 246 pièces, dont les rapides décharges eussent noyé dans leur fracas le bruit de vingt tonnerres. Mais l'artillerie française ne leur laissait aucun avantage; elle démonta sur la gauche allemande quinze canons, et harcela, fatigua les batteries du IXme corps, au point que vers quatre heures elles avaient vidé leurs caissons et leurs prolonges : il fallut courir en toute hâte chercher les munitions de la réserve. Les Français essayèrent même plusieurs fois de les capturer, avec de fortes lignes de tirailleurs que suivaient des colonnes d'attaque. Mais les gueules embrasées, mais les bataillons hessois chargés spécialement de les défendre, suspendaient chaque fois, puis repoussaient les mouvements agressifs, criblant de projectiles nos soldats en retraite. Après une de ces tentatives infructueuses, le 1er bataillon hessois, posté sur la droite, fit une démonstration rapide contre la ferme nommée L'Envie, et, courant vers la ferme de Champenois, à laquelle les obus prussiens venaient de mettre le feu, s'y établit malgré l'opiniâtre résistance de nos troupes. Il se maintint dans ce poste avancé jusqu'à la fin de la lutte, et protégea contre de nouvelles irruptions l'aile droite de l'artillerie du IXme corps.

En entendant le fracas de la bataille vers le nord, un des officiers qui accompagnaient Bazaine lui fait observer combien la violence du feu augmente, combien la situation doit être grave de ce côté. Le maréchal lui répond sans s'émouvoir : « Ils sont dans de bonnes positions, qu'ils les défendent ; je vais du reste envoyer deux batteries de réserve au débouché de la route de Briey, pour le garder, s'il y a lieu. » Puis il remonte à cheval, traverse les bivouacs de cette réserve d'artillerie, dont les pièces sont au parc, dont les chevaux ne sont pas même harnachés ; un peu au delà, il trouve les batteries de réserve de la garde, qui ne sont pas attelées non plus, qui dorment immobiles, pendant que nos soldats, un contre deux, soutiennent une lutte de géants. De quel inappréciable secours seraient pour nos bataillons de droite ces cent vingt bouches à feu de gros calibre ! Comme elles arrêteraient devant leurs cratères fumants les légions prussiennes, comme elles refouleraient et puniraient les envahisseurs! Le maréchal le sait bien : il regarde cette puissante phalange aux côtes de bronze, et la laisse inutile sur ses affûts.

Juste en ce moment, les Prussiens amenaient de nouvelles bouches à feu. Après avoir amorti sous les boulets de la garde le tir des canons français et des mitrailleuses, le prince de Hohenlohe, colonel des uhlans du Roi, ayant groupé 14 batteries en face de Saint-Privat, les conduisit par échelons jusqu'à la portée des chassepots ; et alors cette ligne volcanique et l'artillerie tout entière du IXme corps, tonnant à la fois de leurs 162 pièces, réduisirent au silence les batteries françaises de Saint-Privat, d'Amanvillers et de Montigny-la-Grange.

Mais si les canons prussiens remportaient des avantages, l'infanterie était obligée de se tenir sur la défensive, battue par l'averse continuelle de plomb que lançaient les chassepots. Dans le bois de la Cusse, la division hessoise ne se maintenait qu'en subissant la mort avec une stoïque résignation. Exaspérée enfin, elle s'élance, elle veut traverser la ligne du chemin de fer, mais elle éprouve de telles pertes qu'elle recule ensanglantée.

Un grand effort était nécessaire pour triompher de nos inébranlables soldats. Les Français occupaient toujours Sainte-Marie-aux-Chênes, où le maréchal Canrobert avait logé trois bataillons du 94ᵉ de ligne, en avant de ses positions. La 1ʳᵉ division de la garde prussienne marcha donc vers le village, tandis que le prince héréditaire de Saxe lançait contre le même endroit la 24ᵉ division d'infanterie. C'était vingt-quatre mille Prussiens et Saxons, qui allaient attaquer un détachement français, composé tout au plus de 2,200 hommes, c'est-à-dire lutter dix contre un. A trois heures et demie commença le duel inégal : les Français ne purent contenir longtemps ce flot militaire, cette marée envahissante ; mais ils n'abandonnèrent la place qu'après avoir fait des Allemands un carnage effroyable. Le colonel Von Erkert, qui marchait en tête de la garde royale, tomba mort le premier. Le sol est entièrement découvert, autour de Sainte-Marie-aux-Chênes, et n'offre aucun de ces abris derrière lesquels la valeur germanique aime à s'embusquer. Pour approcher du village, les chasseurs de la garde n'eurent d'autre ressource que de courir environ l'espace de cent cinquante mètres, de décharger leurs fusils et de se jeter à plat ventre, pour recharger leurs armes et faire un nouveau trajet. La petite troupe française n'attendit point leur dernier élan. La garde royale prit sa place, et l'artillerie saxonne aligna ses batteries au nord de la bourgade, les canons tournés vers Saint-Privat. Puis les assaillants demeurent immobiles, pour combiner leurs efforts ultérieurs avec une manœuvre capitale exécutée en ce moment par les Saxons. Ils entretenaient seulement leur pluie de boulets et d'obus. L'artillerie saxonne, à elle seule, vomissait des projectiles par 96 bouches à feu.

La position de Saint-Privat, situé sur une butte, rend très-difficile une attaque de front. Le prince royal de Saxe, en conséquence, mena le XIIme corps tout entier (32,000 hommes) dans la direction d'Auboué et de Montois, pour assaillir Roncourt par la gauche et s'élancer ensuite vers Saint-Privat. Un peu après cinq heures, il dépassait Auboué. Les deux corps de réserve, le Xme et le IIIme, marchaient également vers la droite française : le Xme atteignait Batilly à deux heures, le IIIme Verneville à trois heures. Quand les Saxons effectuèrent leur manœuvre tournante, l'un et l'autre étaient en ligne. Sur l'ordre du prince Frédéric-Charles, l'artillerie du IIIme corps prit place au nord du bois de Genivaux, pointa ses 90 pièces contre Amanvillers, pour écraser en même temps Canrobert et Ladmirault.

A cinq heures, les Prussiens crurent observer dans nos positions des mouvements, qui semblaient indiquer une retraite partielle. Des bataillons serrés marchaient de Roncourt vers Saint-Privat. Ils se dérobaient au feu meurtrier de l'artillerie saxonne et obéissaient aux ordres du maréchal Canrobert, qui, voyant la garde royale s'ébranler, groupait toutes ses forces autour de lui.

La garde royale s'ébranlait effectivement : depuis cinq heures, elle luttait contre les forces minimes de Canrobert, sans avoir obtenu aucun avantage. Impatienté de cette longue et inflexible résistance, le prince Auguste de Wurtemberg résolut de prendre l'offensive, sans même attendre la diversion de l'armée saxonne. Derrière une ligne de tirailleurs, les colonnes s'avancèrent donc par demi-bataillons. Mais des feux rasants d'une violence extrême les accueillirent dès les premiers pas et semèrent la destruction dans leurs rangs. Les canons, les mitrailleuses, les chassepots abattaient les hommes par centaines, et plus les régiments approchaient, plus ils fondaient sous cette éruption volcanique. Le sol était couvert de morts et trempé de sang. Avec une intrépide bravoure, à laquelle nous ne devons point marchander nos éloges, la garde avançait toujours. Les généraux, les officiers d'état-major et les adjudants étaient restés à cheval pour mieux guider leurs troupes ; en quelques minutes, presque tous furent démontés ; un grand nombre, frappés en même temps que leurs quadrupèdes, ne se relevèrent plus. Ainsi tombèrent le colonel Rœder, du 1er régiment, le major Von Notz, du 3me, le prince de Salm, major du régiment de la reine Augusta ; deux généraux de brigade, quatre colonels et beaucoup d'officiers supérieurs reçurent en outre des coups de feu. Les survivants marchaient dans le sang de leurs camarades, passaient sur les morts et les blessés, à travers un ouragan de projectiles, avec la ferme résolution de vaincre ou de périr.

Vains efforts! sacrifices inutiles! Le carnage continuait, la garde royale foudroyée gagnait à peine quelques mètres de terrain. Ne voulant pas faire exterminer son corps d'élite, le prince de Wurtemberg ordonna de suspendre la marche; il fallait bien attendre maintenant l'effet produit par la diversion des troupes saxonnes. Le chef n'osa pas commander la retraite cependant : elle eût été humiliante pour l'orgueil teutonique, dangereuse peut-être; la garde eût couru le risque de perdre ses positions, d'être poursuivie, refoulée dans la campagne. Ses rangs se trouvaient déjà en désordre. Le prince doubla la ligne de tirailleurs, la fit avancer à 400 pas du village (1), puis coucher à terre. Dans cette humble attitude, elle entretint un feu violent contre nos bataillons, pendant que la garde se remettait en ordre.

Mais le VIme corps français, abandonné, livré à lui-même, battu par 174 bouches à feu, n'ayant que 72 canons pour se défendre, épuisant d'ailleurs ses munitions, ne pouvait soutenir indéfiniment cette lutte héroïque. N'ayant plus une gargousse, l'artillerie dut enfin quitter la place qu'elle occupait à l'ouest et au nord du village; elle se retira même du champ de bataille, derrière des roches situées à l'est de Saint-Privat, où elle fut complétement abritée. Le maréchal Canrobert allait donc, sans un canon, sans une mitrailleuse, soutenir l'attaque de trois corps germaniques, formant une masse d'au moins cent mille hommes. Il ne songea pas un moment à la retraite. Comme un vaillant capitaine, debout sur le pont de son navire, tient tête à l'orage avec ses matelots intrépides et

---

(1) Le pas allemand est une mesure de deux pieds ou 66 centimètres.

attend la lame furieuse qui doit enlever tout l'équipage, le maréchal ne voulait céder qu'à une force irrésistible et combattre jusqu'au dernier soupir pour l'honneur et le salut de la France.

Dans l'instant même où l'artillerie du VIme corps se retirait parmi les rochers, la position de nos soldats devint plus périlleuse. Libres désormais de leurs mouvements, les artilleurs de la garde prussienne et du IXme corps purent rapprocher leurs pièces de Saint-Privat, pour accabler plus sûrement ses défenseurs. Les batteries du Xme corps vinrent les seconder avec 60 bouches à feu (1). Les obus incendièrent la moitié du village, qui flamboya bientôt comme une torche funèbre. L'infanterie de la garde attendait toujours, immobile, la diversion de l'armée saxonne, qui apparaissait déjà dans le lointain. Avant que ce dernier flot pût l'assaillir, Canrobert voulut tenter un effort suprême. La division de cavalerie Du Barrail, formée de quatre régiments, soit deux mille hommes, reçut l'ordre de charger à fond de train les bataillons les plus avancés de la garde royale : une brigade d'infanterie devait soutenir l'attaque. C'était encore une imprudence héroïque, un acte de dévouement inutile. Nos cavaliers atteignirent à peine les premiers rangs de leurs adversaires ; foudroyés par les feux roulants des carrés prussiens, la plupart tombèrent morts ou grièvement blessés ; le reste fut contraint de tourner bride, d'aller se reformer derrière les hauteurs, sur les premières pentes de la vallée.

Pendant que le maréchal Canrobert, le général Cissey et leurs vaillantes troupes s'immortalisaient par une lutte sublime, que faisait le maréchal Bazaine, à quoi employait-il son temps et occupait-il sa précieuse personne ?

---

(1) RUSTOW, p. 148. — BORBSTAEDT, p. 362.

Il ne quittait point les hauteurs de Plappeville, où il était retourné ; « après avoir exploré au sud le plateau, il l'explorait au nord, et cherchait un emplacement pour les deux batteries avec lesquelles il comptait, disait-il, garder le débouché de la route de Briey, comme s'il ne pouvait avoir d'autre préoccupation que d'assurer sa ligne de retraite et ses communications avec la ville. Il rencontre cependant quelques officiers qui lui donnent des nouvelles ; les uns passent au galop avec leurs caissons, ils vont chercher des munitions au grand parc pour les batteries du VIme corps, qui n'en ont plus depuis une heure ; les autres sont envoyés par le général Bourbaki, qui demande en toute hâte sa réserve d'artillerie : rien n'émeut Bazaine. Le feu augmente d'intensité et paraît se rapprocher, il ne semble pas s'en apercevoir ; la garde est près de lui, à quelques centaines de mètres, il ne songe point à l'utiliser, à donner au général Bourbaki la moindre instruction ; il atteint un des points dominants du plateau, d'où l'on découvre la route de Briey, qui, par Woippy, descend vers Metz, et là il se trouve en présence d'un triste spectacle. » Les Saxons, la garde, le IXme corps prussien et une division entière du Xme, commandée par le général Von Kraatz, en tout 110,000 hommes, venait d'attaquer le village de Saint-Privat. « Les voitures civiles, les équipages du train, les cavaliers qui les escortent, tous fuient pêle-mêle dans la direction de Metz. La poussière empêche le maréchal de distinguer les formes qui passent au milieu de ces épais nuages ; on peut croire à un désastre, à la déroute de notre artillerie ; il ne témoigne pas d'inquiétude et pense sans doute avoir tout prévu ou tout réparé, quand il voit arriver ses deux batteries et qu'il en a déterminé l'emplacement. Puis il revient sur ses pas, s'assure au col de Lessy de la présence des voltigeurs chargés de garder cet autre débouché, et il rentre paisiblement à son quartier général de Plappeville, à l'heure où l'ennemi renouvelait son attaque avec toutes ses forces réunies (1). »

Nos soldats n'avaient plus qu'à mourir. A six heures et demie, les Saxons avaient atteint le village abandonné de Roncourt et immédiatement mis en ligne leurs batteries, en se disposant à fondre sur Saint-Privat. Trois cent cinquante-quatre pièces de canon, qui en valaient mille, puisqu'elles se chargeaient par la culasse et tiraient trois fois plus vite que les anciennes bouches à feu, tonnaient en même temps contre nos positions. L'effet devait en être rapide. Au bout d'un quart d'heure, les cent dix mille Prussiens et Saxons abordaient le village par le nord, par l'ouest et par le sud : le général Von Kraushaar, qui commandait une des avant-gardes, tombait mort, puis la marée tudesque entrait dans les rues.

Alors eut lieu une scène d'horreur, que la plume ne peut décrire et qu'un artiste de génie ne pourrait peindre. La moitié du village flamboyait, comme nous l'avons dit ; le VIme corps n'en défendait pas moins chaque rue, chaque maison, chaque parcelle de terrain avec une bravoure désespérée. On se battit corps à corps, dans la fumée des incendies et à la clarté des flammes, que l'approche de la nuit rendait de plus en plus vive. La voix grave du canon, le sifflement des obus se mêlaient aux craquements des poutres embrasées, au fracas des maisons qui croulaient, aux détonations des chassepots et des fusils prussiens, aux clameurs des combattants, aux plaintes et au râle des blessés. Les morts s'entassaient, formaient de sinistres barricades. Jamais peut-être bicoque ne fut si âprement disputée, ne fut rougie de tant de sang. L'épée à la main, le premier en ligne, à la tête de ses troupes, le maréchal soutenait les courages, donnait

(1) *Metz, campagne et négociations*, p. 91 et 92.

l'exemple de l'intrépidité (1). Mais le torrent germanique affluait sans relâche, envahissait toutes les rues. Une plus longue résistance devenait impossible. Les Français durent quitter le village par les issues restées libres du côté de l'est ; seul, le maréchal voulait tenir encore, ses aides de camp furent obligés de l'entraîner. Nos soldats s'éloignèrent en désordre, sur la route de Woippy. Les Prussiens n'eurent même pas l'idée de les poursuivre. Le 100ᵉ régiment de ligne, posté au bord des talus, sur la lisière du bois des Fèves et du bois de Saulny, les restes de la division Du Barrail et les pièces embusquées au milieu des roches, qui avaient enfin reçu des munitions, eussent, dans tous les cas, protégé leur retraite. La nuit, d'ailleurs, commençait à les envelopper de ses ombres.

Pendant que le VIᵐᵉ corps luttait avec tant d'énergie contre des forces accablantes, le IVᵐᵉ, sous les ordres du général Ladmirault, ne montrait pas moins de bravoure. Il était placé à la gauche du VIᵐᵉ, formant deux lignes de bataille, en avant et en arrière d'Amanvillers. Ses projectiles sillonnaient la division hessoise et le bois de la Cusse, ravageaient la 3ᵉ brigade d'infanterie de la garde royale et une partie du IXᵉ corps. Depuis les premiers coups de feu, les Allemands essayaient d'aborder nos troupes en cet endroit, mais étaient constamment repoussés, avec de grandes pertes. Vainement le prince Frédéric-Charles commandait en personne les manœuvres, les assaillants étaient toujours contraints de reculer.

Quand la garde royale commença son second mouvement offensif contre Saint-Privat, le général Von Manstein fit exécuter une tentative analogue contre Amanvillers par deux brigades d'infanterie (12,000 hommes). Mais pour

---

(1) *Les Vaincus de Metz*, p. 124. « Rachetant ainsi noblement, ajoute l'auteur, les fautes et les ridicules de toute sa vie. »

attaquer cette position, comme pour atteindre Sainte-Marie-aux-Chênes et Saint-Privat, il fallait gravir un espace découvert, qui n'offrait pas le moindre abri. Les Français d'ailleurs se trouvaient là en forces supérieures. Les deux brigades furent donc horriblement maltraitées par notre artillerie et notre mousqueterie. Un bataillon de chasseurs eut son commandant tué, le major De Fabeck, et perdit cinq officiers; pas un seul chef ne revint sans blessure, et la moitié de l'effectif, à peu près, demeura étendu sur le sol. La 49me brigade pénétra dans la gare du chemin de fer de Reims, qui n'était pas encore en exploitation (1), et la 3me occupa une éminence à l'ouest d'Amanvillers, mais ni l'une ni l'autre ne put avancer au delà.

A sept heures du soir, malgré des efforts continus, malgré l'arrivée du IIIme corps, le prince Frédéric-Charles n'avait fait aucun progrès.

La retraite de Canrobert put seule ébranler les soldats de Ladmirault. Elle découvrit leur droite. Le général, craignant une attaque de flanc, que l'énorme disproportion de forces eût rendu terrible, abandonna ses positions et se retira vers Plappeville par le bois de Saulny, laissant à la lisière le 1er régiment de ligne et le 6e, qui restèrent l'arme au pied toute la nuit. Ce départ eut lieu avec tant de précipitation que nos troupes abandonnèrent sur place un grand nombre de tentes, avec toutes sortes d'effets militaires, avec les sacs que les fantassins avaient mis bas, avec des armes et des papiers, qui tombèrent entre les mains de l'ennemi le jour suivant. Elles auraient pu se retirer sans inquiétude : les Prussiens et les Saxons, harassés, mitraillés, décimés par les baïonnettes et les chas-

---

(1) Quelle folie de n'avoir pas terminé plus tôt ce chemin de fer, d'une importance capitale pour la défense de Metz!

FEMMES DE BAZEILLES QUE L'ON GAROTTE, AVANT DE LES FUSILLER

sepots, n'avaient aucune envie de les poursuivre. Un bataillon que le général laissa dans la ferme retranchée de Montigny-la-Grange, sur la gauche de ses positions, ne fut pas même inquiété.

Dans ce moment suprême, quand il ne restait aucun espoir de sauver notre aile droite, le maréchal Bazaine donne enfin aux grenadiers de la garde impériale l'ordre d'aller à son secours. Ils arrivèrent beaucoup trop tard : quand ils débouchèrent sur Montigny-la-Grange, il n'y avait plus moyen de renouveler le combat dans l'ombre croissante. L'artillerie, lancée en avant, braqua les gueules de ses canons vers Saint-Privat, garantie elle-même par le bataillon resté sur place. Les grenadiers, arrivant au pas de charge, se déployèrent à gauche et à droite des batteries, précaution tardive et superflue, car les vainqueurs n'osèrent point dépasser les dernières maisons de Saint-Privat.

Une consolation pour les vaincus, c'était l'effroyable carnage qu'ils avaient fait de leurs ennemis. La garde royale notamment avait éprouvé des pertes affreuses : elle laissait étendus sur le sol 315 officiers, 7,785 hommes. Du bataillon des chasseurs, 17 officiers, 442 soldats étaient morts ou blessés ; le 3me régiment avait perdu 39 officiers, 1,052 hommes, plus du tiers de son effectif ; le 2me régiment, 40 officiers, 1,032 soldats ; le 1er régiment, 41 officiers, 1,022 fantassins ; le régiment des grenadiers, dit régiment de l'empereur François, 39 officiers, 1,018 simples militaires.

Le IXme corps avait été moins rudement éprouvé : il lui manquait pourtant 120 officiers, 2,341 soldats. Quant aux Saxons, qui avaient aussi attaqué le maréchal Canrobert, leur intervention leur coûtait 89 officiers, 1,862 militaires sans grade. Ce n'était pas moins de 13,502 Allemands couchés devant les positions que les Français avaient occupées, ou dans les rues de Saint-Privat (514 officiers, 12,988 simples militaires). Jamais troupes abandonnées de leur général en chef, laissées sans ordres, sans secours, pendant une longue bataille, ne s'étaient mieux défendues. Si la garde impériale tout entière, si les 120 canons de 12 restés immobiles dans leur parc, étaient venus les soutenir, les Prussiens n'auraient obtenu aucun avantage; ils eussent, au contraire, éprouvé une mémorable défaite. Notre position dans le bois de Genivaux, pendant presque toute la journée, permettait d'ailleurs de couper en deux l'armée allemande.

Nous avons raconté sans interruption toute la lutte de la droite française, à partir de deux heures, parce que c'était là que se décidait le sort de l'armée du Rhin et de la nation. Mais les deux corps de l'aile gauche, le IIIme, commandé par le maréchal Lebœuf, et le IIme, commandé par le général Frossard, ne s'étaient pas moins bravement conduits. Exposer en détail tous leurs faits d'armes serait un travail long et pénible, dont la complication fatiguerait le lecteur. Dans les fourrés presque impénétrables du bois de Genivaux, la lutte ondoyait avec des fortunes diverses. Les quatre brigades d'infanterie prussienne en faisaient, pour ainsi dire, le siége. Elles finirent par y pénétrer, mais éprouvèrent une si forte résistance qu'une véritable mêlée s'ensuivit, où les troupes des deux nations s'enchevêtraient. Dans quelques endroits, les assaillants gagnaient peu de terrain; dans quelques autres, leurs détachements traversaient le bois de part en part. Étant dix contre un, les agresseurs devaient à la longue rester maîtres du terrain; aussitôt qu'ils furent établis sous les verts ombrages, le 67me régiment d'infanterie et le 9me bataillon de chasseurs s'élancèrent au delà du ravin de Mance, peu profond en cet endroit, pour attaquer la ferme de Saint-Hubert. Mais un feu concentrique, si rapide et si bien entretenu, les accueillit, qu'ils furent obligés de rétrograder vers le bois, où le 28me régiment prit la tête et renouvela le mouvement offensif. Les nouveaux champions ne trouvèrent pas la lutte plus facile. Le 2me bataillon du 80me de ligne, qui occupait la métairie, déployait une bravoure intrépide. Il fallut des attaques sans cesse réitérées, avec un acharnement mortel, pour enlever la position et s'y maintenir. Les Français n'abandonnèrent la ferme qu'après avoir perdu 300 hommes sur 700. Mais les Prussiens essayèrent vainement de la dépasser. Un feu exterminateur, qui partait des fossés-abris étagés l'un au-dessus de l'autre, les arrêta tout court.

Avec aussi peu de succès, la 30me brigade d'infanterie attaqua la ferme de Moscou. Les assaillants éprouvèrent de telles pertes qu'ils suspendirent leur feu; l'artillerie française en profita pour éteindre momentanément le sien; une pause produite par la fatigue amena un silence, qui fit croire au général Steinmetz que les Français battaient en retraite. Il lança donc par le défilé de Gravelotte le 4me régiment de uhlans, avec deux batteries à cheval. Mais cette nouvelle attaque éprouva le même sort que les précédentes. Une trombe de projectiles fracassa les agresseurs, les contraignit de s'arrêter. Les deux batteries perdirent la moitié de leurs artilleurs et de leurs chevaux.

Cet incident se reproduisit pendant toute la journée sur notre aile gauche, preuve certaine que notre aile droite fût demeurée inébranlable, sans les combinaisons perfides du maréchal Bazaine.

L'engagement le plus terrible eut lieu autour de la ferme nommée le Point-du-Jour. A deux heures et demie, le VIIme corps d'armée prussien avait reçu du Roi même l'ordre de ne poursuivre la lutte que par un combat d'artillerie, de maintenir l'infanterie dans le bois de Vaux et de ne pas attaquer. Mais quand ses batteries furent parvenues sur la hauteur de Gravelotte, le général Von Zastrow pensa devoir les protéger : la 25me brigade fut envoyée à leur droite, la 27me à leur gauche. Aucune ligne française ne se montre ; seulement les tirailleurs embusqués dans les tranchées-abris lancent une grêle de balles. Cette attitude passive persuade au général Von Zastrow qu'il a devant lui de faibles détachements, que Bazaine a porté la plus grande partie de ses forces au secours de son aile droite, tant la situation exigeait impérieusement cette mesure! Pour en interrompre l'exécution, il lance deux brigades contre le Point-du-Jour, résolu à enlever quand même cette position stratégique, d'où il pourra couper aux Français la retraite directe sur Metz. Contre son attente, un feu violent de chassepots arrête ses douze mille hommes à moitié route ; puis, par un mouvement très-habile, les Français démasquent tout à coup des masses d'infanterie tenues cachées jusque-là, et les fusils, les canons, les mitrailleuses, se déchaînant à la fois, enveloppent les Prussiens dans une nuée de projectiles, démontent plusieurs pièces et mettent en fuite un régiment de uhlans qui venait au secours. Cinq batteries germaniques, postées près de Saint-Hubert, conservèrent néanmoins leurs positions. Mais bientôt l'inutilité de la canonnade la fit cesser ; les VIIme et VIIIme corps, ne parvenant pas à gagner un pouce de terrain, suspendirent leurs efforts.

De nouveaux combattants arrivaient. Le IIme corps, parti directement de Berlin en chemin de fer, qui se trouvait encore près de Buxières à midi, venait de gravir les pentes du plateau, amenait 32,000 hommes de renfort pour assaillir notre aile gauche. L'effectif des Prussiens réunis au couchant de Metz atteignait donc en ce moment le chiffre de 230,000 hommes. Il était cinq heures et demie. Le chef du IIme corps, général Fransecky, reçut directement de Guillaume l'ordre d'enlever le terrain où se trouvent les fermes tant disputées. Il prescrivit par suite au colonel Pelzel d'adjoindre aux batteries de Saint-Hubert autant de batteries nouvelles qu'il pourrait en braquer; le 5me régiment de dragons fut chargé de les défendre; on avertit les fantassins de déposer leurs sacs, puis les trois divisions marchèrent contre le général Frossard. Si grande était l'importance de cette nouvelle lutte, que le roi Guillaume se rapprocha du champ de bataille, pour en connaître plus tôt le résultat. Il vint se placer sur la butte de Gravelotte, escorté du ministre de la guerre Von Roon et d'autres personnages. Les correspondants des journaux anglais et allemands leur tinrent compagnie. Le général De Moltke grimpa sur la hauteur la plus voisine du défilé de Gravelotte, que devait traverser une partie du IIme corps, pour voir l'action de ses propres yeux et instruire immédiatement le Roi, quand elle serait décidée.

Auprès des cinq batteries allemandes, qui tonnaient déjà du midi de Saint-Hubert, deux nouvelles batteries seulement purent être pointées. La 3e division marcha vers le défilé de Gravelotte, les deux autres passèrent au nord et au sud du couloir. Mais à peine arrivaient-elles à un kilomètre des premiers postes français, qu'une pluie de balles fondit sur elles. La 6e brigade descendit dans le ravin de Mance, puis escalada le talus oriental, suivie bientôt par plusieurs régiments. Alors les trois divisions formèrent une seule ligne pour attaquer ensemble les positions du général Frossard. « Serrons nos rangs », criaient les soldats. Les tambours battaient la charge, les clairons sonnaient à pleine poitrine; des clameurs enthousiastes faisaient retentir l'air.

Les chassepots, les canons, les mitrailleuses leur répondirent. Les projectiles ne labouraient pas seulement les troupes du front d'attaque : ils allaient au delà du ravin de Mance, au delà du défilé de Gravelotte, décimer, trouer les masses qui accouraient pour soutenir la première ligne ; les soldats placés en avant des colonnes pouvaient seuls faire usage de leurs armes. Les batteries prussiennes tiraient par-dessus leur tête. Mais les pertes que subissaient les Allemands étaient énormes. « Je vis une brigade prussienne, dit le correspondant du *Daily-News*, quitter le bois des Ognons. Elle s'élançait au pas de course, dans le champ du tir des batteries françaises. Derrière ce corps en marche, j'apercevais une longue traînée noire, dont j'avais peine à me rendre compte ; ma lunette d'approche finit par me l'expliquer : c'était une file de morts et de blessés que la brigade laissait sur sa route ; quelques malheureux se relevaient, essayaient de suivre leurs compagnons d'armes, puis tombaient la face contre terre, dans l'immobilité du repos éternel. »

Ardeur, bravoure, obstination, rien ne servit aux Allemands. Ils tombaient comme les moissons couchées par un vent d'orage. Bientôt même la confusion se mit dans leurs rangs. Quelques bouches à feu, que l'on emmenait parce qu'elles avaient perdu la plus grande partie de leurs artilleurs et de leurs chevaux, accrurent le désordre. Ce reflux, dans des chemins étroits, produisit des scènes de tumulte. Persuadés qu'on avait donné l'ordre de la retraite, plusieurs détachements commencèrent à reculer. On se pressait, on se poussait : des officiers à cheval et d'assez nombreux soldats furent précipités du haut des rochers dans les gorges. Encouragés par ce spectacle, les Français prennent l'offensive, chassent devant eux l'ennemi, arrivent au bord du détroit de Mance ; mais là, le feu des redoutables batteries allemandes, qui grondent sur le plateau situé en face, les arrête à leur tour. L'effet produit par cette charge soudaine fut si grand néanmoins, que les voitures d'ambulance reculèrent et que le mouvement de retraite se fit sentir jusqu'auprès de Gravelotte. Le général De Fransecky eut besoin d'une fermeté extraordinaire pour empêcher une panique de se produire, qui eût amené une complète déroute.

Cependant le soleil était couché, les premières ombres de la nuit descendaient sur le champ de bataille. Le roi de Prusse, qui avait fait aussi un mouvement rétrograde, était avec sa suite près du mur d'un jardin, entre Gravelotte et Rezonville. A côté de lui brûlait une grande filature de laine, éclairant le voisinage d'une sinistre lumière. Avec la ridelle d'une charrette, on lui avait fait un siége, en appuyant un des bouts sur le dossier d'une bascule de pesage et l'autre sur le cadavre d'un cheval français, à la robe grise, qui venait de crever. Autour du souverain se tenaient le prince Frédéric-Charles, le duc de Weimar, le grand-duc de Mecklembourg, le comte de Bismarck, le général De Roon et le comte Dœnhoff, qui seul était à cheval. Le comte de Bismarck lisait, aux clartés de l'incendie, des lettres françaises qu'on lui avait remises..... peut-être pensait-il à autre chose. On était silencieux, et chacun sentait, comme le Roi, qu'en ce moment critique le sort de la bataille se décidait. Tout à coup arrive en sueur le comte De Moltke : « Sire, dit-il, nous avons remporté la victoire : l'ennemi est rejeté hors de toutes ses positions. » Une clameur joyeuse accueille cette bonne nouvelle (1).

Était-ce un artifice de courtisan, pour flatter le Roi, ou le comte venait-il d'apprendre la retraite du maréchal Canrobert? Son assertion, dans tous les cas, n'était vraie qu'à moitié ; deux de nos corps fléchissaient devant le nombre, mais les deux autres bravaient l'acharnement de l'aile

---

(1) Détails publiés par la *Gazette de Voss*, journal semi-officiel de Berlin.

droite prussienne et lui infligeaient de dures épreuves. Non-seulement elle était battue de front par d'interminables décharges, mais elle recevait sur le flanc gauche des feux de mousqueterie, dont elle ne pouvait s'expliquer l'origine. Les auteurs allemands supposent qu'ils provenaient de soldats germaniques, postés de ce côté au sommet des rocs et trompés par les illusions de la brune. L'armée prussienne ondoyait, tourbillonnait, comme la mer sous l'impulsion furieuse d'un cyclone. Pressé dans les flots de cette tourmente, ne sachant plus comment guider ses troupes ahuries, le général en chef prit une résolution suprême. Il fit sonner par les trompettes le signal qui commande un arrêt subit. Grâce à la discipline allemande, les soldats obéirent à l'instant même. Le silence et l'immobilité remplacèrent, comme par enchantement, le bruit et l'agitation. Les Français, par lassitude peut-être, suspendirent également leur feu, et cent cinquante mille hommes prirent à la fois un moment de repos, les pieds dans le sang et des nuages de fumée sur la tête.

Bientôt les colonnes prussiennes recommencent leur marche et atteignent Saint-Hubert. Jusque-là tout va bien pour elles. Mais quand elles essayent de dépasser la ferme, les chassepots, les canons, les mitrailleuses allument devant leur front une si ardente fournaise, qu'elle dissipe l'ombre croissante et illumine le champ de bataille comme en plein jour. Les décharges de mousqueterie se renouvellent sur leur gauche; il est donc probable qu'elles venaient d'un corps français, resté dans la partie méridionale du bois de Genivaux, d'où les Prussiens ne l'avaient pas délogé. Trois fois encore, le général Fransecky fit donner par les trompettes l'ordre de suspendre la lutte, et chaque fois nos troupes suivirent l'exemple des Allemands. La ferme du Point-du-Jour, incendiée par les obus, brillait seule pendant ces intervalles, rougissant la terre et le ciel d'une lugubre clarté.

Cependant la nuit grave et taciturne, épaississant de plus en plus ses ténèbres, conseillait aux hommes le repos, enlevait aux Prussiens tout espoir d'obtenir le moindre avantage sur notre aile gauche. Les Allemands étaient harassés de fatigue. Entre neuf et dix heures, le général Fransecky abandonna définitivement la lutte. Les soldats prussiens mirent l'arme au pied, se tenant prêts à repousser une attaque. Aux lueurs du croissant, qui brillait dans le ciel comme une lampe des morts, à la clarté de lanternes sourdes, les porteurs de blessés cherchaient, ramassaient les victimes de la guerre. Tout à coup, vers dix heures et demie, le camp français se réveille : les chassepots, les canons, les mitrailleuses forment une ligne étincelante, vomissent la mort sur le camp germanique. Puis, au bout de quelques minutes, l'immense feu s'éteint, le bruit des dernières salves roule d'écho en écho; l'ombre et le silence enveloppent pour le reste de la nuit les adversaires épuisés. Les Allemands prétendent ne pouvoir expliquer ce transport subit de fureur guerrière; un des assistants donne le mot de l'énigme. Il assure que les clairons prussiens avaient étudié les sonneries françaises : çà et là, pour épuiser les munitions de nos troupes, ils donnaient par une fanfare le signal du feu. Le stratagème heureusement fut découvert à propos.

Avant la fin de la journée, un coup de main, tenté par les Allemands loin du champ de bataille, leur réussit encore. Le prince royal de Saxe, pendant sa marche sur Roncourt, avait fait filer sur les bords de l'Orne, à quatre heures et demie, deux escadrons de grosse cavalerie, chargés de pénétrer dans la vallée de la Moselle, pour couper le chemin de fer de Metz à Thionville. Ces escadrons traversèrent des bois, où ils marchaient avec peine, les Français ayant obstrué toutes routes au moyen d'abattis. Ils exécutèrent pourtant leur consigne. Arrivés à la brune près de Maizières, à deux lieues au nord de Metz, non-seulement ils détruisirent partiellement la voie ferrée, mais les lourds émissaires interrompirent aussi les communications télégraphiques.

« Pendant toute la soirée, on ne vit que généraux et officiers cherchant leur corps ou demandant leur chemin ; les officiers d'état-major accouraient effarés au quartier général et venaient implorer des ordres. Les uns racontaient les malheurs de la fin de la journée, les autres se plaignaient du manque absolu de direction et d'instructions, et on leur répondait à tous : « Vous aviez des positions, vous deviez y rester ; c'est votre faute, si vous êtes maintenant dans l'embarras. » Le maréchal n'avait plus quitté sa résidence : c'est là que les nouvelles lui sont apportées, c'est là qu'il apprend peu à peu les événements qui viennent de se passer et dont il semble avoir voulu méconnaître la gravité. (1) » Je le crois bien, cette dissimulation faisait partie de son rôle. Il avait voulu livrer aux Prussiens la troisième route de Verdun, en sacrifiant son aile droite ; il avait réussi. Quand il fut seul, un éclair de joie perfide dut briller dans ses yeux et un sourire cruel effleurer ses lèvres (2).

Ses projets ambitieux coûtaient à la France 11,705 soldats, 609 officiers de tout grade, morts ou blessés, 12,314 victimes atteintes de coups de feu, sans avantage

---

(1) *Metz, campagne et négociations*, p. 97.

(2) Il importe de rappeler ici que le maréchal Bazaine avait d'abord voulu laisser la route de Briey entièrement inoccupée ; dans son ordre de bataille, il avait placé le VIme corps en flèche à Verneville. Sur les observations de Canrobert seulement, il lui permit de s'établir à Saint-Privat et de le défendre. Mais il prit ses mesures pour faire accabler le maréchal et ses troupes.

pour leur patrie. Les pertes officiellement constatées des troupes germaniques attestent la bravoure des nôtres et l'usage qu'on aurait pu faire de leur intrépidité (1) : 19,058 soldats allemands, 904 officiers, avaient péri ou été frappés de blessures plus ou moins graves. Dans ce nombre, les Prussiens avaient perdu, à eux seuls, 15,475 soldats, 738 officiers; les Saxons, 89 officiers, 1,862 simples militaires; le contingent de la Hesse, 77 officiers, 1,721 soldats. Total : 19,962 hommes. A la fin de cette journée terrible, 32,276 morts ou blessés trempaient donc la terre de leur sang. Les batailles de Rezonville et de Saint-Privat sont au nombre des plus meurtrières, non-seulement de notre époque, mais de tous les temps (2). Depuis le commencement du XVIIIme siècle, on ne peut mettre en comparaison, suivant les hommes du métier, que Zorndorf, Eylau, Leipzig, la Moskowa et Waterloo.

(1) Le prince Frédéric-Charles leur rend justice : « Après un combat aussi acharné, car les Français, dit-il dans son rapport, s'étaient battus avec une bravoure digne de leur ancienne renommée, les pertes furent terribles de part et d'autre. »

(2) Nous avons donné pour les Français le chiffre de la première évaluation, mais un capitaine d'état-major assure qu'il faut le réduire. « Dans ce chiffre, dit-il, furent comptés 2 à 3,000 hommes des VIme et IVme corps, que la déroute de la soirée entraîna jusqu'à Metz, où ils restèrent trois ou quatre jours sans qu'on pût les retrouver. Peu à peu ces hommes rejoignirent leurs drapeaux et recomptèrent à l'effectif, de sorte qu'on doit évaluer à 10,500 environ le total de nos pertes. » *Histoire de la guerre de 1870*, par V. Derrécagais, p. 196.

CHAPITRE XII.

INVESTISSEMENT DE METZ; PLAN SECRET DU MARÉCHAL BAZAINE; CRÉDULITÉ, INCAPACITÉ DU NOUVEAU MINISTRE DE LA GUERRE.

Le maréchal Bazaine avait réussi à livrer aux Allemands les trois routes de Verdun : il était maintenant séparé de Briey, comme de Mars-la-Tour et de Conflans. Ce résultat ne lui parut pas suffisant : il voulut y joindre une précaution nouvelle.

Tout le monde s'était bien conduit pendant cette glorieuse et fatale journée de Saint-Privat : Canrobert, Cissey, Du Barrail, le VIme corps avaient été sublimes; Ladmirault n'avait fléchi qu'au dernier moment; Lebœuf était demeuré inébranlable; Frossard avait broyé les bandes germaniques, et le IIme corps, battu à Spikeren, avait pris sa revanche; ceux même que j'ai dû blâmer précédemment, avaient relevé la tête, montré à l'Allemagne un front sans peur, un œil illuminé d'éclairs patriotiques. Un seul homme n'avait pas fait son devoir, et cet homme, c'était le général en chef. Il mit le comble à ses torts, quand les canons prussiens eurent terminé leur œuvre homicide.

« Deux corps avaient heureusement gardé intactes les positions formidables, qui dominent à l'ouest le cours de la Moselle; on était en droit d'espérer qu'avec leur énergie, avec l'appui qu'on leur donnerait, on pourrait se maintenir sur ces hauteurs, et en repartir bientôt pour reprendre ce terrain si malencontreusement perdu, et jugé aussi indispensable à notre sécurité qu'à notre action militaire. M. le maréchal Bazaine ne le comprit pas ainsi; *complétant lui-même le résultat que les Prussiens avaient en vue*, il fit retirer les corps du général Frossard et du maréchal Lebœuf, et abandonna toute la ligne des hauteurs à l'ennemi; son armée vint s'établir dans l'intérieur du camp retanché, d'où elle ne devait sortir, dix semaines plus tard, que désarmée et prisonnière. » (1)

Bazaine voulait être bloqué, ou paraître bloqué dans Metz : il ne devait donc pas conserver un poste avantageux, d'où il pourrait continuer la lutte au dehors.

Assez tard dans la nuit, cet artisan de manœuvres ténébreuses communiqua aux troupes ses ordres absolus; la discipline militaire ne lui servait qu'à perdre son armée. Il lui fut enjoint de venir s'abriter derrière les forts, livrant toute la campagne aux Prussiens. Le paragraphe qui termine cette prescription semble inspiré par la peur, trahit dans tous les cas l'humilité d'une mauvaise conscience :
« Les troupes se mettront en mouvement à quatre heures et demie du matin, *sans sonneries et sans bruit, pour ne pas éveiller l'attention de l'ennemi*. » N'était-ce pas abandonner furtivement, honteusement des positions défendues avec tant de bravoure pendant une lutte acharnée? On devait marcher en silence, retenir son souffle, ne pas éveiller l'attention des Prussiens! Les soldats furent consternés de ces ordres qu'ils ne pouvaient comprendre : « Qu'on nous parle, disaient la plupart, que se passe-t-il? Notre régiment a repoussé l'ennemi, et nous recu-

(1) *Metz, campagne et négociations*, p. 101.

lons (1) ! » Oui, par la volonté de Bazaine, les champions de la France allaient reculer jusqu'au déshonneur, jusqu'à la captivité, jusqu'à la mort!

Dans les dernières ombres de la nuit, les corps de l'armée française, qui avaient si vaillamment repoussé les 96,000 hommes du général Steinmetz, abandonnèrent furtivement leurs positions, se retirèrent en silence, comme des vaincus. Le IIme quitta les bords du ravin de Mance et descendit par Rozérieulles dans le couloir de Chatel ; le IIIme longea le front du champ de bataille jusqu'auprès d'Amanvillers et suivit lentement la même gorge par la route du fond. Tous les régiments furent groupés à l'ouest de la ville, serrés les uns contre les autres dans l'intervalle des forts et de l'enceinte. Le IIme prit place entre Longeville et les pentes du Saint-Quentin ; le IIIme dans le col de Lessy ; le IVme entre les hameaux de Tignomont et du Sansonnet ; le VIme entre le Sansonnet et le saillant nord du fort Moselle ; la garde impériale entre le village Devant-les-Ponts et l'extrémité d'un autre village nommé le Ban-Saint-Martin ; la réserve d'artillerie se logea au Ban-Saint-Martin même ; la réserve de cavalerie alla s'établir dans l'île Chambière. Ces campements étaient un piége où nos malheureuses troupes venaient de se laisser enfermer, où une sournoise ambition allait engourdir leur courage, étouffer leur zèle patriotique, pour laisser aux Prussiens le temps de culbuter l'Empire et de ruiner la France.

Le plan de Bazaine, entrevu par presque tous ceux qui ont observé le funeste maréchal, avant et pendant le siége, avait un double but : renverser Napoléon, s'emparer de la dictature après sa chute. Le moyen d'exécution était très-

---

(1) Paroles textuelles. *Journal d'un officier de l'armée du Rhin*, par Charles Fay, p. 114.

simple : il consistait à rester immobile autant que possible, à paralyser les forces qu'il commandait. Il avait sous ses ordres l'élite de l'armée française, les troupes les mieux disciplinées, les mieux instruites, les plus aguerries. Leur intrépide bravoure, dans les circonstances désavantageuses où il prenait soin de les placer, venait d'en donner une preuve éclatante : elle avait contrarié ses projets, retardé son investissement. Les autres corps, ayant subi de graves échecs, étaient démoralisés en partie et composaient d'ailleurs un effectif peu considérable. Les réserves qu'on appellerait sous les drapeaux, amollies déjà par la vie domestique, formeraient, avec les recrues sans instruction militaire qu'on pourrait leur adjoindre, un contingent très-inférieur. L'amoindrissement volontaire de l'armée française, calculé dans un but de rapine par le gouvernement, permettrait tout au plus de réunir 120 ou 140,000 hommes, d'une valeur secondaire. Leur destruction était infaillible, et même devait avoir lieu très-rapidement, si on laissait les Prussiens libres d'agir, de lancer des masses irrésistibles contre les derniers bataillons de la France. L'Allemagne avait commencé la guerre avec 447,000 hommes ; deux nouveaux corps d'armée, renfermant 64,000 hommes, et deux divisions de cavalerie (5,000 hommes) avaient depuis lors passé notre frontière. Ils ne faisaient que combler les vides, car, depuis le 4 août, les envahisseurs avaient eu précisément 69,000 champions hors de combat. Il leur restait donc sur notre territoire 450,000 hommes valides. Une fois bloqué dans Metz avec la fleur de nos ressources militaires, moins Bazaine donnerait d'occupation aux ennemis, plus il leur laisserait de forces disponibles pour écraser Mac-Mahon et l'Empereur. Napoléon III serait vaincu, sans le moindre doute ; peut-être même serait-il tué ou fait prisonnier. Dans tous les cas, il devenait un homme impossible ; son règne était fini, l'opinion publique le contraignait d'abdiquer ; Bazaine tenait sa vengeance.

La défaite de Bonaparte et de nos derniers soldats terminait la campagne ; on signait la paix avec la Prusse. L'Impératrice conservait la régence, gouvernait pendant quelques années au nom de son fils. Une seule force militaire restait en France, l'armée que Bazaine paraîtrait lui avoir conservée ; à la tête de ses régiments, il faisait une entrée solennelle dans la capitale ; comme César revenant des Gaules, comme Napoléon Ier revenant d'Égypte, il s'emparait du pouvoir. Jusqu'à la fin de la minorité, il tenait sous sa dépendance la mère et l'enfant ; il bâillonnait la presse, étouffait l'opposition ou la dupait avec toutes sortes d'adroits subterfuges : il était dictateur ! Après la minorité... qui connaît l'avenir ? qui pouvait prévoir ce que les circonstances lui permettraient de faire ? *Audaces fortuna juvat*, la fortune aide les audacieux.

Après la déroute de Napoléon III, Paris essayerait peut-être de résister : mais avec un théoricien, un général de salon comme Trochu, n'ayant pas d'armée régulière, commandant à de simples milices, la tentative échouerait ; ces efforts impuissants dureraient quelques jours. Les Prussiens en auraient bientôt raison ; la paix serait ensuite conclue, le maréchal Bazaine deviendrait maître de la situation : il règnerait sans porter la couronne.

Voilà les espérances folles qu'avait osé concevoir un général de division, capable seulement de commander une division, un homme médiocre, un ambitieux à courte vue, nommé maréchal de France contre toute logique. Le succès de Bonaparte, d'un aventurier sans patrie comme sans état civil, métis de Hollandais et de créole, lui avait peut-être inspiré ce plan déloyal, pouvait l'encourager dans tous les cas et le faire paraître exécutable. C'est ainsi que le mal produit le mal, que des rameaux funestes poussent sur le tronc empoisonné du crime.

Deux circonstances imprévues, deux chiffres que Bazaine n'avait pas fait entrer dans ses calculs, renversèrent l'édifice de ses coupables desseins : la proclamation de la République, la longue résistance de Paris. Heureuses ténèbres du sort! la bravoure d'une foule qu'il méprisait annula ses odieux stratagèmes, sauva la France d'un nouveau régime impérial; la puissance mystérieuse de l'inconnu déjoua le conspirateur, mit hors de sa portée la domination qu'il croyait saisir. Mais, hélas! elle n'a point préservé la nation de défaites sans exemple dans l'histoire du genre humain, d'une paix atroce, d'innombrables humiliations et de la pauvreté que lui inflige la rapace Allemagne! Suivons maintenant d'un œil attentif les manœuvres insidieuses qui vont détrôner Bonaparte.

Le 18 août, à 8 heures 20 minutes du soir, le maréchal Bazaine écrit à l'Empereur :

« J'ignore l'importance de l'approvisionnement de Verdun; je crois qu'il est nécessaire de n'y laisser que ce dont a besoin la place.

» J'arrive du plateau (quel mensonge!); *l'attaque* a été très-vive (une des plus grandes batailles livrées depuis deux siècles!). En ce moment, sept heures, le feu cesse. Nos troupes constamment restées sur leurs positions (nouveau mensonge). Un régiment, le 60me, a beaucoup souffert en défendant la ferme de Saint-Hubert. »

Voilà tout. Un régiment, un seul, a éprouvé des pertes graves. Il n'est pas question des autres, il n'est pas question de l'immense lutte que cent mille Français ont soutenue contre deux cent trente mille Germains. O profondeurs de la duplicité humaine!

Un seul passage de cette dépêche trahit quelque sentiment moral, un dernier scrupule qui palpite encore dans l'agonie de l'honneur. Le maréchal, après avoir sacrifié les énormes approvisionnements de Verdun, éprouve un faible remords, conseille d'enlever tout ce qui n'est pas indispensable au service de la place.

Le lendemain, nouvelle dépêche de Bazaine, où se trouve un passage qui fait frissonner :

« Tout indique que les Prussiens veulent entreprendre quelque chose contre Metz (en vérité!).

» *Je compte toujours prendre la direction du nord et me jeter par Montmédy sur la grande route de Sainte-Ménéhould à Châlons, si celle-ci n'est pas trop fortement occupée. Dans ce dernier cas, je marcherai par* SEDAN *et même par Mézières pour gagner Châlons.* »

Ainsi Bazaine, qui vient de prendre toutes ses mesures pour se faire investir, qui pouvait gagner hardiment la Champagne, couvrir Paris, protéger la France, s'il l'avait voulu, appelle à son secours une armée beaucoup plus faible que la sienne. Est-ce pour le débloquer? Nullement, puisqu'il a voulu être enfermé ou le paraître, qu'il se maintiendra soigneusement captif derrière les forts de la ville lorraine. Ici perce une affreuse intention. En réclamant une aide inutile, en appelant à son secours la dernière armée de France, il l'amène au-devant de l'ennemi, sous les boulets des canons prussiens; il épargne aux Allemands la peine de l'aller chercher, il assure la réussite de son projet, il en hâte l'accomplissement. Pour perdre nos malheureuses troupes, il semble avoir choisi le traquenard de Sedan; et il le signale, il indique le piège où doit être enveloppée, capturée cette réserve suprême de son malheureux pays. On ne saurait pousser plus loin la prévoyance.

Le 20 août, au matin, Bazaine reçoit une dépêche de Mac-Mahon, datée du 16 et expédiée de Châlons. Le pauvre général destiné à être sa victime, lui faisait part de sa perplexité : « Si, comme je le crois, vous êtes forcé de battre en retraite très-prochainement, je ne sais, à la distance où je suis de vous, comment vous venir en aide sans découvrir Paris. Si vous en jugez autrement, faites-le-moi savoir. »

A ces inquiètes demandes, que répond Bazaine? — « J'ai dû prendre position sous Metz, pour faire reposer les soldats et les pourvoir de munitions et de vivres. L'ennemi autour de moi devient de plus en plus fort. Pour opérer ma jonction avec vous, je prendrai probablement la direction du nord; je vous ferai savoir quand je pourrai me mettre en marche, sans compromettre l'armée. »

Bazaine n'ayant pas la moindre intention de se dégager, pouvait indiquer le midi aussi bien que le nord. C'était même par le midi, par les plateaux de la rive droite, que, suivant les hommes du métier, il aurait dû se mettre en marche (1). Mais si l'Empereur et Mac-Mahon se dirigeaient vers Metz par le sud, ils couvraient Paris, avaient derrière eux un terrain libre pour effectuer leur retraite, en cas de péril. Les attirer dans le nord, au contraire, c'était laisser la métropole sans défense, attirer les derniers bataillons français entre les corps du prince Frédéric-Charles et du général Steinmetz, déjà passés au couchant de Metz, et les forces du prince royal, qui s'avançait par Nancy, Commercy, Saint-Dizier, avec la certitude que nos troupes seraient broyées dans cette puissante tenaille, que le chemin de Paris demeurerait ouvert aux Prussiens. Mac-Mahon vit le danger de cet absurde mouvement stratégique; mais il ne soupçonna point la bonne foi du maréchal. Il balança, il tergiversa, et finalement vint tomber dans la chausse-trape. Pour épaissir l'ombre autour de lui, le héros du Mexique ne lui disait même

(1) *Metz, campagne et négociations*, p. 111 et 112.

point quel jour il partirait. Dans cet affreux complot, nulle précaution n'était omise.

Le maréchal Bazaine avait si peu l'intention de quitter Metz, que le blocus matériel ne lui suffit pas; il voulut être séparé intellectuellement de la France et prit ses mesures pour y parvenir. Nous avons vu que deux détachements de grosse cavalerie saxonne avaient coupé les fils électriques et détruit partiellement le chemin de fer de Thionville, dans la soirée du 18. Ils s'étaient ensuite retirés. Les employés du réseau de l'Est ayant fait des reconnaissances, le lendemain, avec leurs locomotives, constatèrent que les Allemands ne s'étaient pas encore établis dans la vallée, que les dégâts étaient peu considérables et faciles à réparer, ce qu'on fit sur-le-champ. La courageuse administration offrit de reprendre immédiatement le service, d'entretenir les communications de la place forte avec le nord, pourvu que la ligne fût protégée contre les attaques de l'ennemi. Quel usage plus précieux pouvait-on faire des 26 régiments de cavalerie que possédait Bazaine? Treize mille cavaliers, c'est une force considérable. En plaçant quelques fantassins bien commandés sur les convois, on entretiendrait la circulation jusqu'au moment où les troupes germaniques descendraient dans la vallée avec des masses imposantes. Il y avait une raison particulière pour protéger la voie aussi longtemps que possible. Le maréchal savait que deux convois, l'un de vivres, l'autre de munitions, destinés aux troupes de Metz, avaient été dirigés par les lignes du Nord, puis arrêtés à Longwy, quand on avait annoncé la prétendue marche sur Verdun. « Les faire arriver à Metz devait donc être pour Bazaine tout à la fois une nécessité et un acte de prévoyance; or, ce résultat ne pouvait être obtenu qu'en assurant la marche des trains. Mais il se contenta de prévenir du fait la Compagnie de l'Est, en l'invitant à se mettre en mesure de ramener ces convois, dès que la voie serait rétablie. Le chef de l'exploitation fit de son mieux, et il parvint à faire entrer le convoi de vivres : l'autre était attendu dans la journée du 20, mais on dut le retenir à Thionville, quand on y apprit la nouvelle rupture de la ligne (1). » Ce jour-là, en effet, quelques détachements prussiens avaient reparu dans la vallée de la Moselle, et force avait été d'interrompre la circulation. La dixième partie peut-être de la cavalerie tenue immobile dans le camp retranché, la cinquième en tous cas, eût suffi pour entretenir les communications, pour assurer le passage du train. Le maréchal Bazaine ne voulut pas qu'un seul homme se mît en selle. Et il avait l'audace de télégraphier, de crier à tue-tête qu'il manquait de munitions!

Un hasard prodigieux répara sa faute. Le trouble et l'agitation, qui régnaient à Metz depuis plusieurs semaines, avaient fait ranger dans les gares aux marchandises des trains tout entiers, sans savoir ce qu'ils contenaient. L'approche de l'ennemi força les employés de vider enfin ces gares, situées hors du cercle des fortifications. Pendant que le travail s'opère, le 20 août même, on découvre un convoi de munitions, chargement précieux dont personne n'avait connaissance, ni le maréchal, ni le commandant de l'artillerie, ni le chef des transports! Déplorable étourderie française, augmentée par l'insouciance, l'égoïsme et la paresse intellectuelle, qu'un empereur fainéant avait propagés autour de lui!

A partir du 20 août donc, le maréchal Bazaine fut séquestré de la France. Durant deux jours encore, il expédia par des émissaires quelques dépêches qu'on allait porter à des bureaux télégraphiques et qui tombèrent

(1) *Metz, campagne et négociations*, p. 106 et 107.

presque toutes, on ne sait pourquoi, entre les mains des Allemands ; elles ont été publiées par les feuilles prussiennes. Puis, le maréchal n'essaya plus de communiquer avec l'armée de secours et avec Bonaparte. C'est un travail que de déguiser sa pensée, de masquer ses projets, et l'imposture fatigue l'imposteur. Le général en chef va désormais garder le silence : il n'aura même plus besoin de mentir.

Une circonstance doit augmenter l'estime et la commisération dues à nos malheureux soldats, si braves, si résignés, si cruellement trahis : c'est la manière dont on les faisait combattre. Les Prussiens avaient judicieusement calculé que l'emploi des nouvelles armes réclamait d'importantes modifications dans l'ordonnance des troupes et la tactique. On devait, autant que possible, les préserver de l'action meurtrière des projectiles, exposer seulement un petit nombre de soldats et rendre leur agencement assez mobile pour leur permettre de se dérober promptement aux coups de l'ennemi. On chercha, par suite, des combinaisons nouvelles et on adopta des mesures conformes au but que l'on voulait atteindre. Sur le front des troupes on disposa des lignes de tirailleurs, formées d'une seule compagnie ; on disposa l'armée en profondeur plutôt qu'en largeur, pour augmenter la force de résistance des flancs, accroître le chiffre des réserves et la facilité des évolutions tournantes ; la formation en escalier des grosses masses, dans l'attaque et dans la défense, ce qui est encore un moyen de soustraire graduellement les lignes au feu de l'ennemi, à mesure qu'elles s'éloignent du premier échelon ; enfin, on distança les bataillons de manière à préserver de l'artillerie ceux qui n'étaient pas engagés, en sorte qu'ils conservaient toute leur vigueur pour le moment où ils prenaient part au combat (1). Le

---

(1) *L'Art de combattre l'armée française*, par le prince Frédéric-

comité français chargé d'examiner ces innovations, ne voulut en admettre aucune. Les traditions du premier Empire furent conservées pour l'attaque : on offrit à la puissance destructive du canon prussien des masses compactes, où les boulets et les obus causaient d'affreux ravages ; au lieu d'espacer fortement les lignes de bataille, on eut l'idée absurde et pernicieuse de faire coucher à terre les seconds rangs, pour les soustraire au vol des projectiles. « Mais les obus ne les en atteignaient pas moins, les pertes n'étaient pas diminuées, et elles étaient d'autant plus regrettables qu'elles ne pouvaient produire aucun résultat. Nous pourrions citer telle brigade qui resta en seconde ligne pendant toute la bataille de Rezonville, qui ne tira pas un coup de fusil, et qui n'en eut pas moins trente officiers hors de combat dans chacun de ses régiments (1). »

Conçoit-on l'effet moral et même l'engourdissement matériel produits par cette position humiliante, où l'on maintenait souvent les chefs et les soldats pendant de longues heures et qui ne les préservait pas de la mort? « Leur esprit s'affectait sous la menace permanente d'une pluie de projectiles, dont le sifflement et l'éclatement impressionnaient vivement leurs nerfs ; au moment où il fallait les faire relever et agir, elles avaient perdu inévitablement une partie de leur vigueur et de leur confiance. Il aurait certes mieux valu les porter résolûment en avant, dès le début, soit en tirailleurs, soit en lignes minces et largement espacées ; l'effet des obus leur eût été moins nuisible, le tir de l'ennemi eût perdu de sa justesse devant un but constamment variable, et l'entrain de la marche eût

---

Charles, p. 33. — Ordonnance de 1868 concernant l'infanterie prussienne.

(1) *Metz, campagne et négociations*, p. 455.

augmenté leur énergie, qu'une longue immobilité dans de pareilles conditions était faite pour affaiblir (1). »

Voilà tout ce que l'état-major français avait découvert pour lutter contre une tactique nouvelle. Dans ces intelligences déformées, pas une idée ne pouvait naître qui ne fût tortueuse, absurde et fatale. Pauvres malheureux soldats, condamnés à mourir sans lutter, sans se défendre, comme des animaux enchaînés dans un abattoir (2)!

Dès le matin du 19, les Allemands mirent à profit l'inaction de Bazaine avec une promptitude et une ardeur extraordinaires. Sur les hauteurs de la rive gauche, si indignement abandonnées, qui allaient maintenant se dresser devant lui comme une fortification naturelle et un obstacle infranchissable, sur tous les autres points de l'horizon

---

(1) *Metz, campagne et négociations*, p. 457. — *Les Vaincus de Metz*, p. 175.

(2) Dans un livre publié à Londres par un impérialiste, le comte de la Chapelle, correspondant militaire du *Standard*, je trouve des détails qui expliquent admirablement l'impuissance de notre état-major : « Plongés dans une confiance qui devait leur être si fatale, les commandants français passaient leur temps dans les salles de café de la ville de Metz. Après quelques paroles à la hâte sur la guerre et sur les glorieuses conquêtes en perspective, après la discussion importante du menu du soir, mêlée aux intrigues de l'entourage de l'Empereur, les questions de préséance et d'une ambition avide étaient des sujets beaucoup plus à l'ordre du jour que la marche des Prussiens ou de leurs éclaireurs. Ces questions militaires étaient considérées comme insignifiantes en comparaison du bien-être présent et futur de ces messieurs. Quelques généraux s'étaient fait suivre par toute leur famille ; d'autres se faisaient remarquer par le luxe et l'importance de leurs équipages. Leurs noms et les grades qu'ils occupaient dans l'armée du Rhin étaient inscrits en lettres tellement gigantesques sur leurs bagages, qu'elles auraient pu exciter l'envie du directeur de théâtre le plus audacieux en matière de réclame. — Il était pénible d'entendre avec quel dédain même des officiers intelligents parlaient des forces et de l'organisation de l'ennemi. » Vanité, paresse, ambition, cupidité, gourmandise et paillardise, voilà les vertus militaires que Napoléon III avait inspirées à l'état-major français !

qu'il pouvait découvrir, le maréchal vit se dresser les baïonnettes des sentinelles prussiennes; au bord de tous les plateaux et à l'extrémité supérieure de tous les cols, il vit apparaître la gueule menaçante des canons ennemis. Le blocus s'organisait avec une régularité mathématique. Derrière une couronne de vedettes à pied et à cheval, un cercle plus étendu de grand'gardes, campées dans les bouquets de bois, dans les plis de terrain, dans les édifices abandonnés, où l'on perçait des meurtrières; plus loin encore, sur une troisième ligne, la hache et la pelle formaient des retranchements pour protéger une zone d'avant-postes. Les Allemands dressaient des batteries, coupaient des arbres sur la lisière des forêts pour obstruer les chemins; dans les espaces nus, ils élevaient des retranchements; les villages se changeaient en forteresses, tous les murs, toutes les constructions devenaient des moyens de défense. Les Prussiens firent sauter les ponts de l'Orne, détruisirent la ligne du chemin de fer qui mène à Thionville. Le maréchal Bazaine laissa l'ennemi travailler à sa guise, sans le gêner et l'inquiéter par la plus faible démonstration. Pendant huit jours entiers, il demeura immobile : c'était son plan qui se réalisait.

Plan funeste, odieuse conspiration, d'où allaient sortir, comme une nichée de serpents, toutes les infortunes de la France. Non-seulement Bazaine emprisonnait dans un piége la plus grande armée du pays, non-seulement il attirait la seconde armée dans un autre piége, pour la faire détruire ou capturer, mais il annulait du même coup la forteresse où il abritait sa perfidie. Metz était jugée imprenable : il avait trouvé moyen de la désarmer. « Cette place est si forte par elle-même, dit un écrivain militaire allemand, qu'elle aurait pu faire une résistance indéfinie avec une garnison de 20,000 hommes et une quantité suffisante d'approvisionnements (1). " Cet avantage considérable de laisser un dard dans le flanc ou dans les reins de l'ennemi, Bazaine, le grand homme de guerre, s'arrangeait pour le supprimer; il combinait toutes ses mesures pour que la cité vierge tombât entre les mains des envahisseurs. Les deux cent mille hommes qu'il y enfermait allaient dévorer toutes les ressources alimentaires de la ville, la condamner à une famine plus ou moins prompte, en sorte que, dans un avenir peu éloigné, il aurait la gloire de livrer aux Prussiens non-seulement notre armée la plus aguerrie et la plus nombreuse, mais notre forteresse la plus puissante. Jamais affreux complot n'a eu d'aussi lamentables effets.

Le lendemain même de la bataille de Saint-Privat, les forces considérables que les Allemands avaient réunies autour de Metz, furent séparées en deux groupes. On forma une nouvelle armée, dite armée de la Meuse, qui eut pour chef le prince royal de Saxe. On la composa de la garde royale, du IVme et du XIIme corps, des 5me et 6me divisions de cavalerie. Elle aurait eu un effectif de 105,000 hommes, sans les pertes que ses trois sections avaient éprouvées dans les dernières luttes. On ne peut guère en estimer le chiffre au delà de 90,000 combattants. Elle avait pour programme d'agir contre Mac-Mahon, de le chercher partout où elle pourrait le rencontrer, en coordonnant ses opérations avec celles du prince royal de Prusse, afin de l'écraser sous des masses irrésistibles. Le prince royal de Saxe en ayant pris le commandement, le XIIme corps, qui lui obéissait depuis le début des hostilités, passa sous les ordres de son frère Georges.

Devant Metz, pour bloquer le maréchal Bazaine, restè-

---

(1) *Der franzœsische Feldzug* 1870-1871, *militœrische Beschreibung*, par A. Niemann, p. 178.

rent sept corps, le I*er*, le VII*e* et le VIII*e*, composant l'armée du général Steinmetz, les II*e*, III*e*, IX*e* et X*e*, appartenant à l'armée du prince Frédéric-Charles, la 1*re* et la 3*me* divisions de cavalerie; à ces forces déjà imposantes, on ajouta une division des troupes de réserve, commandée par le général Kummer, et la 3*e* brigade de cavalerie de réserve. Tous ces corps réunis auraient dû composer un effectif de 243,000 soldats; mais trente-cinq mille au moins avaient été tués ou blessés dans les récentes batailles; en y ajoutant les malades, il ne faut pas évaluer les assiégeants à plus de deux cent ou deux cent cinq mille soldats. Un nouveau corps d'armée, sous les ordres du grand-duc de Mecklembourg-Schwerin, était en marche pour venir les renforcer, mais il n'arriva que dans le mois de septembre. Les troupes déjà sur le terrain formèrent autour de Metz un vaste cercle, qui avait cinquante kilomètres de développement. Le siége fut commandé par le prince Frédéric-Charles.

Le 22 août l'armée de la Meuse quitta ses campements pour traverser l'Argonne et se diriger vers Châlons. Elle suivit les routes dont Bazaine aurait dû faire usage et qu'il avait mieux aimé lui livrer. Cette chaîne de hauteurs, qui, grâce à Dumouriez, étaient devenues en 1792 le rempart de la France, le maréchal en avait, pour ainsi dire, ouvert les passages aux bandes prussiennes. La place forte de Verdun, que l'armée française aurait dû traverser huit jours auparavant, était un obstacle sur leur chemin. Dès le 23, les Allemands essayèrent d'y pénétrer par un coup hardi; mais leur tentative échoua complétement. La 23*me* division saxonne attaqua la ville par la route d'Étain, la 24*me* division par la route de Mars-la-Tour et de Fresnel, et l'artillerie entière du corps les seconda de ses 90 canons. Un régiment de chasseurs, formant l'avant-garde de la 23*me* division, pénétra dans un des faubourgs et s'y maintint malgré le feu violent des remparts, tandis que les pièces allemandes criblaient d'obus les fortifications et la ville. Mais Verdun était protégée par des batteries d'un fort calibre, qui répondaient avec avantage aux batteries prussiennes. Un parlementaire ayant sommé la place de se rendre, la sommation fut énergiquement repoussée. L'armée de la Meuse laissa en observation devant ses murs la 47me brigade d'infanterie et passa outre. Ayant franchi la rivière au-dessous et au-dessus de Verdun, elle atteignait Clermont en Argonne dans la journée du 25 août.

Nous ne pouvons suivre maintenant ses opérations ultérieures : force nous est de quitter le nord de la France, de nous transporter au milieu de la capitale, pour voir l'effet produit par les nouvelles des combats livrés autour de Metz.

Napoléon III, l'empéreur des sots, ne traitait guère avec faveur que les incapacités. Il aimait à voir sa propre ineptie se réfléchir sur le visage de ceux qui l'approchaient. Pendant longtemps on a cru qu'il était silencieux à la manière de Guillaume le Taciturne, qu'il réfléchissait, qu'il méditait : illusion par trop bienveillante! Il ne disait rien... parce qu'il n'avait rien à dire. Des personnes qui l'ont fréquenté, n'ont jamais pu en tirer deux phrases intéressantes. Nous venons de voir la perfidie et la sottise opérer de concert ; nous allons voir maintenant la sottise travailler toute seule à la ruine de la France. Quand Bonaparte n'était plus là pour commettre des extravagances et des absurdités, ses favoris le suppléaient et rivalisaient avec lui. Pendant son ministère de vingt-quatre jours, M. Cousin-Montauban, affublé d'un titre chinois qui provoque le sourire, étala au grand jour la même capacité, la même force de jugement que son maître, que le maréchal Lebœuf et l'amiral Rigault de Genouilly. La

France, à vrai dire, semblait tombée en quenouille, semblait descendue plus bas encore : un groupe de vieilles servantes, animées par l'amour de la patrie, eût montré plus de discernement que Napoléon III, la Régente, le Sénat, le Corps législatif et le ministère.

Né en 1796, le général Cousin de Montauban avait 74 ans, lorsque la Régente et Ollivier l'appelèrent de Lyon par un télégramme pour lui confier la suprême direction des affaires. Son âge ne convenait pas à un moment de crise terrible, qui demandait une activité soutenue, et rien dans son passé ne le désignait comme un homme capable de sauver la patrie. Enrôlé en 1814 parmi les gardes du corps, nommé lieutenant au deuxième régiment des cuirassiers en 1822, il prit part à l'expédition d'Espagne en 1823, puis à la conquête d'Alger. Il fit lentement son chemin, comme un homme d'un mérite secondaire, car il ne devenait général de brigade qu'à l'âge de 55 ans; il était nommé, quatre ans plus tard, général de division et gouverneur de Constantine. Rappelé pour commander à Limoges la 21° division militaire, il n'obtint une certaine renommée que par l'expédition de Chine, où il montra quelque talent, disent les connaisseurs, pilla et laissa piller d'une manière triomphante le palais du souverain. Cet exploit lui valut un fauteuil de sénateur et un titre burlesque, celui de comte de Palikao. Napoléon ayant demandé pour lui une dotation de 30,000 francs par an au Sénat, eut la mortification d'essuyer un refus, ce qui le fâcha tout rouge. Il accusa hautement les Français d'ingratitude. Le général Cousin exerçait depuis cinq ans à Lyon un des sept grands commandements militaires de la France, lorsqu'il se vit tout à coup chargé de former un ministère et de le présider. Ses états de service n'autorisaient point à fonder sur lui de grandes espérances. Il passait pour un bon administrateur et a peut-être justifié cette réputation pendant son passage au pouvoir. Mais comme militaire et comme stratégiste, il s'est montré le digne successeur du maréchal Lebœuf.

A la manière mystérieuse dont il entrait au Corps législatif, dont il parlait aux députés, on aurait pu croire qu'il avait des informations étendues sur la marche et les opérations des armées. Il priait la Chambre de ne pas violenter sa discrétion, de ne pas lui extorquer des renseignements qui compromettraient le succès de la campagne. Or, il ne savait rien; il n'avait pas, ni à Metz, ni ailleurs, un seul correspondant chargé de l'instruire, de lui raconter les événements de la guerre. Quand les chefs supérieurs négligeaient de lui écrire, par lassitude, par négligence ou par calcul, toutes les informations lui manquaient à la fois. Il ignorait également les forces, les projets, les mouvements de l'ennemi. Et c'était au milieu de ces profondes ténèbres qu'il prenait avec la Régente, avec ses collègues et avec M. Rouher, les plus graves décisions!

Le 18 août, le général Cousin montait à la tribune du Corps législatif et débitait des nouvelles non-seulement fausses, mais d'une prodigieuse absurdité : « Sans vous apporter des nouvelles extraordinaires, j'en ai de bonnes. Ainsi, il est constant que le corps du général Steinmetz a éprouvé des pertes telles qu'il a été obligé de demander un armistice, pour pouvoir enterrer ses morts et enlever ses blessés. Il voulait gagner du temps. Ce corps s'est retiré à Saint-Mihiel pour opérer sa jonction avec le corps du prince royal, qui se dirige sur Bar-le-Duc. Mais il est tellement abîmé, que toutes les nouvelles que j'ai reçues de Saint-Mihiel, du préfet, des paysans, de tout le monde, constatent qu'il est obligé de s'arrêter et ne pourra pas faire sa jonction, comme il l'espérait, à Bar-le-Duc; ce fait prouve à quel point il a été sérieusement frappé. »

Quelle incroyable histoire! D'abord, le général Steinmetz n'avait pas demandé d'armistice. Secondement, il n'aurait jamais pu se trouver dans la position de battre en retraite, puisqu'il avait pour appui l'armée du prince Frédéric-Charles, qui ne comptait pas moins de 200,000 hommes. Troisièmement, s'il avait demandé un armistice le 17, pour enterrer ses morts et enlever ses blessés, il n'aurait pu atteindre le jour même Saint-Mihiel, situé à douze lieues de Metz, ni dans la matinée du 18 (il était deux heures quand le ministre prit la parole). Quatrièmement, le général Steinmetz n'ayant pas paru à Saint-Mihiel, M. Cousin-Montauban n'avait pas dû être averti de son arrivée *par le préfet, par les paysans, par tout le monde*, ni informé du délabrement de ses troupes. Au moment même où le ministre contait à la tribune cette fable insensée, le général Steinmetz combattait notre aile gauche sur les hauteurs de Gravelotte. Il eût donc été impossible d'altérer plus complétement la vérité.

Deux jours après, M. Cousin-Montauban mystifiait la Chambre avec une fiction plus étrange encore et plus invraisemblable : « Messieurs les Députés, les Prussiens ont répandu des bruits, qui tendraient à faire croire qu'ils ont remporté, le 18, un très-grand avantage sur nos troupes. Je viens ici rétablir les faits. Je ne puis entrer dans les détails, vous comprendrez ma réserve (Oui! oui! — Très-bien! très-bien!) J'ai fait voir à plusieurs membres de la Chambre les dépêches qui constatent qu'au lieu d'obtenir un avantage le 18, trois corps d'armée, qui s'étaient réunis contre le maréchal Bazaine, ont été, d'après différents renseignements qui paraissent dignes de foi, rejetés dans les carrières de Jaumont. »

Ainsi, le 20 août, le ministre de la guerre n'avait aucune idée nette sur la bataille du 18, sur son fatal dénoûment! Il n'avait pas compris la dépêche de Bazaine, expédiée le 19, où le maréchal disait : « Ce matin, j'ai fait descendre le IIIme et le IVme corps de leurs positions, » ce qui signifie, dans un langage obscur : « J'ai livré tout le plateau de l'ouest aux Prussiens, je suis battu. » Et il narrait à la Chambre cette merveilleuse sornette des carrières de Jaumont, où *trois* corps d'armée allemands auraient été engloutis. Un corps d'armée allemand se compose de trente-deux mille hommes; trois fois trente-deux mille font quatre-vingt-seize mille. A ce compte, le maréchal Bazaine aurait précipité d'un seul coup, dans une sorte de précipice, quatre-vingt-seize mille Prussiens! C'est vraiment par trop fort, et de telles inventions dépassent toutes les bornes jusqu'ici connues de l'extravagance et de la crédulité. Qui avait écrit les dépêches où se trouvait consignée une pareille folie? Quels étaient les renseignements *dignes de foi* auxquels le ministre fait allusion? Nul incident de la bataille n'a pu donner lieu à ce conte fantastique : ni les Allemands, ni les Français n'ont approché des carrières de Jaumont, qui sont d'ailleurs très-petites et pourraient tout au plus engloutir un troupeau d'oies.

Ce qui n'est pas moins comique, c'est l'imperturbable sérénité de la Chambre, c'est la confiance absolue que la grotesque nouvelle rencontra sur tous les bancs. Personne ne fit une observation, personne n'émit un doute. Dans la presse, ce fut bien mieux encore : on expliqua, développa, commenta les paroles du ministre. Les journaux racontèrent que le maréchal avait fait enlever les piliers de pierre laissés debout pour soutenir le terrain, les avait remplacés par des poutres, avait ensuite attiré les Prussiens au-dessus des excavations, puis abattu à coups de canon les supports en bois; on avait vu alors s'engouffrer dans l'abîme des avalanches de corps humains. Tous ceux qui étaient tombés avaient péri, catastrophe immense, improbable et unique.

Le 22 août, paraissait dans le *Journal officiel* la note suivante : « Le gouvernement n'ayant pas reçu de dépêches de l'armée du Rhin depuis deux jours, a lieu de penser que le plan arrêté par le maréchal Bazaine n'a pas encore abouti. La conduite héroïque de nos soldats à différentes reprises, en présence d'un ennemi très-supérieur en nombre, permet d'espérer la réussite d'opérations ultérieures. »

Ces renseignements si peu explicites avaient produit une grande sensation dans Paris et causé une vive inquiétude. Le jour même, à trois heures, le ministre de la guerre fit au Corps législatif une déclaration qui rassura le public : « Messieurs les Députés, vous avez pu lire ce matin au *Journal officiel* une note que le gouvernement y a fait insérer. Cette note était l'expression de la vérité, ce matin ; nous avions pris l'engagement de la dire toujours, nous l'avons dite, quelque émotion qu'elle pût produire. (*Très-bien!*) Des nouvelles sont venues depuis : j'en ai reçu du maréchal Bazaine, et ces nouvelles sont bonnes. Je ne puis pas vous les faire connaître ; vous comprendrez pourquoi. » (*Oui, oui! — Très-bien.*)

Les esprits se rassuraient, les poitrines se dilataient. « Les déclarations de M. le ministre de la guerre, disait l'*Opinion nationale*, ont ramené la confiance et la sécurité. Nos affaires vont bien, et le grand effort de la Prusse n'ayant pas abouti au succès décisif, le danger est passé ; peu à peu la situation se retourne. Telle est à présent la conviction unanime de la Chambre. »

Or, le général Cousin-Montauban n'avait reçu, le 22, aucune dépêche de nature à inspirer la plus faible espérance. Ce jour-là, dans une missive adressée d'abord au camp de Châlons par Mézières, le maréchal Bazaine lui écrivait : « Nous sommes sous Metz ; nous nous pourvoyons de munitions et de vivres. L'ennemi devient de plus en plus fort et paraît commencer notre investissement. » Cette dépêche pouvait-elle donner au ministre de la guerre la moindre confiance dans l'avenir ? Elle le rassurait si peu qu'il télégraphiait immédiatement au souverain ces lignes pleines de trouble : « Ne pas secourir Bazaine, aurait à Paris les plus déplorables conséquences. En présence de ce désastre, il faudrait craindre que la capitale ne se défendît pas. Votre dépêche à l'Impératrice nous donne la conviction que notre opinion est partagée » (22 août, 1 h. 5 m. du soir). Quant aux nouvelles du 19, que citait le ministre, elles ne justifiaient nullement ces expressions : « Elles montrent chez le maréchal une confiance que je partage, connaissant sa valeur et son énergie. »

Le général Cousin-Montauban mystifiait donc la Chambre et la nation avec une pernicieuse audace. Il ne savait rien, quand il aurait dû être renseigné : quatre jours après la bataille de Saint-Privat, il n'avait aucune idée nette sur cette lutte fatale, et, pour comble de malheur, aux informations précieuses qui lui manquaient, il substituait des inventions funestes (1). Aussi, M. De Kératry ayant

(1) Je ne mentionne pas le fameux propos : « Si l'on connaissait les nouvelles que j'ai reçues, tout Paris illuminerait, » car M. Montauban le renie dans son livre intitulé : *Un ministère de vingt-quatre jours* (p. 75). « J'avais toujours dit que nous devions accueillir l'annonce d'un succès avec modération, et celle d'un revers avec fermeté ; j'ajoutai en causant avec quelques députés : — Si nous obtenions le plus léger avantage, je me garderais bien de le proclamer, car Paris serait illuminé le même soir, comme cela a eu lieu à la fausse nouvelle de la prise de Sébastopol. — C'est donc précisément le contraire de ce qu'on a voulu me faire dire. » Reste à savoir quelle importance ont les dénégations de M. Cousin-Montauban. Un graveur, domicilié à Paris et connaissant très-bien les carrières de Jaumont,

fait la proposition que neuf députés fussent adjoints au comité de défense, le Corps législatif, pleinement rassuré, approuvait ces paroles du ministre : « Ayant la responsabilité, nous la voulons tout entière. » Et on laissait les destinées de la nation entre les mains de cet aveugle, qui ne pouvait la conduire qu'à sa ruine.

On va le voir préparer avec un soin extraordinaire, avec une infatigable obstination, la catastrophe de Sedan.

fut si étonné, scandalisé, bouleversé de l'énorme fable débitée par lui à la tribune, qu'il se dit avec effroi : « Des hommes assez futiles pour imaginer de pareilles sornettes ne méritent pas la moindre confiance et ne peuvent obtenir aucun succès »; — il fit immédiatement ses préparatifs de voyage, alla d'un trait à Vichy, et y resta pendant toute la guerre.

CHAPITRE XIII.

ABANDON DE L'ALSACE, PLAN DE CAMPAGNE ABSURDE, BOMBARDEMENT DE STRASBOURG.

Le ministère Cousin-Montauban ne dura que vingt-quatre jours : ce laps de temps lui suffit pour compléter l'œuvre de Napoléon III, du maréchal Lebœuf, de l'amiral Rigault de Genouilly et de Bazaine, l'abaissement et la ruine de la nation : le chef du nouveau cabinet fut le cinquième bourreau de la France, qui devait en avoir d'autres encore. Dans ce meurtre d'un grand peuple, voici sa part de responsabilité :

Abandon de l'Alsace.

Crédulité puérile envers Bazaine.

Plan de campagne absurde imposé à Mac-Mahon.

Catastrophe de Sedan.

Fatale négligence dans les constructions militaires de Châtillon, de Sèvres et de Montretout.

J'ai cité l'ordre expédié le 16 août au général Félix Douay de quitter Belfort et de se diriger vers le camp de Châlons. Il émanait de l'Empereur, mais il avait passé par le cabinet du ministre, puisqu'il était daté de Paris; on verra d'ailleurs que M. Montauban l'avait pleinement accepté. Cet ordre pernicieux ne commandait rien moins que l'abandon de l'Alsace. Elle était encore libre tout entière, depuis Strasbourg jusqu'à la Franche-Comté. Les Prussiens n'avaient même pas fini d'investir la grande ville rhénane. On pouvait harceler les assiégeants, troubler toutes leurs opérations, leur disputer la province pas à pas. Bien mieux, tout le midi de l'Allemagne se trouvait sans défense. Un habile général eût traversé le Rhin, fût-ce avec trente mille hommes; Turenne ne tenait pas au nombre des soldats et combattait presque toujours un contre deux. Le général de Werder et les Badois auraient été contraints d'abandonner Strasbourg, d'aller défendre le grand-duché, le Wurtemberg. Quelle admirable campagne à faire! quelle précieuse diversion! quelle brillante perspective militaire pour un homme, qui aurait aimé son pays, sa profession et la gloire! Cette idée ne vint à personne. On livra Strasbourg au sort affreux qui la menaçait; la population eut beau se tordre les mains de désespoir, eut beau appeler au secours et le ciel et la France. On la laissa périr sous un linceul de feu, et le général qui pouvait la sauver, alla lui-même s'engloutir dans le désastre et la honte de Sedan.

Le ministre de la Régente a si bien compris l'énormité de la faute, qu'il la passe adroitement sous silence et la renie même d'une façon indirecte. Le volume consacré à sa justification (*Un ministère de vingt-quatre jours*) renferme ce passage : « J'avais formé un 14me corps d'armée, sous les ordres d'un général capable d'exécuter un coup de main hardi, du brave général Renault, tué depuis à la bataille de Champigny. Ce corps, de 30,000 hommes, devait être transporté par les voies rapides à Belfort, où j'avais, sous la condition du plus grand secret, déjà réuni une partie des troupes, et où j'avais envoyé un officier d'ordonnance pour me tenir au courant de la situation.

» Le général Renault, le général Appert, son chef d'état-major général, et l'intendant Blondeau, chargé de l'organisation des transports de la guerre, étaient seuls dans la confidence de mon projet de lancer ces 30,000 hommes sur le duché de Bade, pour y jeter l'épouvante et opérer une diversion; ce corps se serait ensuite replié sur le camp de Belfort. — Qu'on se rappelle l'effet produit, de l'autre côté du Rhin, par les 300 volontaires qui le traversèrent à cette époque et le repassèrent presque immédiatement. Toute l'Allemagne retentit de cette nouvelle que les Français marchaient sur Berlin! La terreur régnait dans le duché de Bade.

» Ce bruit tomba bientôt, quand on connut le petit nombre des envahisseurs; mais il eût persisté, il eût produit un bien autre effet, s'il avait eu pour cause une armée de 30,000 hommes. »

Peut-on mieux se condamner soi-même? Puisque la présence d'un corps d'armée dans la haute Alsace avait une si grande importance, pourquoi M. Cousin-Montauban a-t-il rappelé celui du général Douay? Pourquoi ne souffle-t-il mot de ce rappel? Ne devait-on pas laisser le VIIme corps sur le terrain où sa présence était nécessaire? Et le ministre déchu, dans sa vaniteuse justification, oublie l'intérêt capital qu'on avait à garder une province qui a cinquante lieues de long.

Plusieurs faits d'une haute importance prouvent combien on aurait pu aisément la défendre et y entretenir une guerre acharnée, en groupant autour du général Douay toutes les levées, tous les renforts volontaires de nos provinces orientales. Strasbourg résista jusqu'au 28 septembre, Schlestadt jusqu'au 25 octobre, Neubrisach jusqu'au 10 novembre; Phalsbourg l'héroïque n'ouvrit ses portes que le 14 décembre. Et ces nobles villes étaient abandonnées à elles-mêmes depuis le 6 août! On peut affirmer hautement que, si elles avaient été secourues, pas une n'aurait succombé.

L'abandon de l'Alsace encouragea si bien l'effronterie allemande que, dans la seconde quinzaine d'août, Guillaume nomma pour en prendre possession un gouverneur militaire et un gouverneur civil, qui s'installèrent dans la ville d'Hagenau. Le gouverneur militaire fut le général de Bismarck-Bohlen, cousin du chancelier; le gouverneur civil, le président de cercle Von Kühlwetter. On appliqua la même mesure outrageuse à la Lorraine, en désignant comme siége des nouvelles autorités la ville de Nancy; le général De Bonin y fut envoyé comme gouverneur militaire, le comte Villers comme gouverneur civil. C'était une occasion et un prétexte pour distribuer d'agréables sinécures, dont tous les frais devaient être payés par les habitants des deux provinces : un nombreux état-major accompagna chacun des deux généraux, une tourbe d'employés chacun des deux administrateurs : quelques-uns avaient une tâche à exécuter, mais la plupart de ces intrus allaient, sans rien faire, s'engraisser aux dépens de la population, comme l'avoue un auteur prussien (1). Cette manière de narguer la France combla de joie la stupidité germanique : la revendication frauduleuse de l'Alsace et de la Lorraine était le moyen que l'on employait depuis trente ans pour l'exaspérer contre nous; en lui donnant satisfaction dès le début de la guerre, on lui promettait que les deux territoires resteraient unis à l'Allemagne, on encourageait sa haine atroce et insensée.

La retraite même sur Belfort était déjà une faute grave que les Allemands jugent avec sévérité (2). Le général Douay apprit à Mulhouse, le soir du 6 août, que sa première division (général Conseil-Dumesnil) avait été écrasée à Wœrth, et reçut en même temps de faux avis, d'après lesquels les troupes germaniques auraient traversé le Rhin, non pas seulement à Markolsheim, mais aussi à

(1) *Geschichte des Krieges von Deutschland gegen Frankreich*, par Julius von Wickede, capitaine de cavalerie, p. 221.
(2) A. Borbstaedt, *Der deutsch-franzœsische Krieg*. 1870, p. 245.

Huningue. De tout son corps d'armée, le général n'avait sous la main que la division Liébert, la brigade de cavalerie Cambriel et sa réserve d'artillerie. La division Dumont et la brigade de cavalerie Ducoulombier, malgré toutes ses réclamations, avaient été retenues à Lyon. Belfort n'était défendu que par 500 gardes mobiles, qu'on venait seulement de réunir. Terrifié par les nouvelles imaginaires qui lui arrivaient, le général ne crut pas pouvoir rester à Mulhouse avec 12,000 hommes et prit d'autant plus vite la résolution d'abandonner l'Alsace, qu'il reçut de Napoléon III la dépêche suivante : — « Jetez, s'il est possible, une division dans Strasbourg, et, avec les deux autres, couvrez Belfort. » Ainsi, l'Empereur ne savait pas qu'une division du VIIme corps avait rejoint Mac-Mahon, et qu'une autre se trouvait encore attardée à Lyon! Et il donnait des ordres avec son assurance imperturbable! Le 7 au matin, le général Félix Douay commença donc une retraite précipitée vers Belfort. Les soldats qui, pendant leur marche sur Mulhouse, étaient persuadés qu'on les menait au combat, montrèrent un dépit d'autant plus vif que, pour ne point retarder leur marche, on ne leur avait pas laissé le temps de faire la soupe. Arrivés le 9 dans l'enceinte de Belfort, leur sentiment de honte et de regret prit une nouvelle intensité : il devint manifeste que le général avait cédé à un mouvement de panique. Des nouvelles *certaines* annoncèrent que les Allemands n'avaient pas franchi le Rhin à Markolsheim et que pas un seul Prussien ne se trouvait à Lœrrach. Mais ces détails rassurants ne modifièrent pas les intentions de Félix Douay. Il se préoccupa surtout de compléter les fortifications de Belfort, qu'il croyait devoir lui servir longtemps d'abri. Le 14 août, enfin, arriva sa troisième division tant réclamée; mais on n'avait pas laissé partir la brigade de cavalerie Ducoulombier, en sorte qu'il n'eut guère sous son commandement que 25,000 hommes. Puis survint l'ordre de s'acheminer vers le camp de Châlons; le départ commença le 17, en wagons, et fut terminé le 19. Belfort resta sans garnison.

L'Alsace était indignement et follement sacrifiée. A partir de ce jour, le ministère Palikao ne fit aucun effort pour secourir cette généreuse province, pour détourner de Strasbourg la cruauté prussienne. On eût dit qu'un vaste désert les séparait de la France. La bassesse germanique eut toute liberté d'action pour piller, incendier, massacrer autour du chef-lieu, pour attaquer et brûler le chef-lieu lui-même. Il faut conter cette horrible histoire.

Nous avons décrit le bombardement nocturne du 15 août. On voulait ainsi frapper de terreur la population et abattre son courage. Mais ce qui épouvante les lâches, fortifie et bronze les gens de cœur. Après les émotions de cette nuit affreuse, ce qui resta dans l'âme des habitants, ce fut l'indignation. « L'ennemi commençait à se montrer en force au midi de la place, le long du canal du Rhône au Rhin, dans le bois du Neuhof, entre le Petit-Rhin et le village de Neudorf. On résolut de l'en chasser et de balayer les environs. Deux colonnes devaient sortir de la ville, l'une par la citadelle, l'autre par la porte de l'Hôpital, exécuter un mouvement convergent vers le bois du Neuhof, prendre les Badois entre deux feux et les rejeter sur la rive gauche du canal (1). » Ce qu'il y a de singulier, c'est que cette première sortie ne fut organisée par le général Uhrich ni avec soin, ni avec zèle, ni avec talent, comme si tous les capitaines du second Empire étaient paralysés, quand il fallait prendre l'initiative. Une seule des colonnes se mit en marche, dans l'après-midi du 16. Un escadron formé à la hâte de hussards, cuirassiers

---

(1) *La guerre en Alsace*, par Schneegans, t. 1ᵉʳ, p. 103.

et lanciers, qui avaient pris la fuite après la bataille de Wœrth, formaient l'avant-garde ; puis venaient quatre canons, suivis par plusieurs compagnies de zouaves, de tirailleurs et de soldats de ligne. Le colonel Fiévée dirigeait l'expédition.

La colonne s'avança vers le pont du canal, fit halte à peu de distance et mit ses canons en batterie. Les Badois, qui s'étaient embusqués derrière les berges du canal et dans les taillis en avant du Neuhof, ouvrirent aussitôt le feu. Un des premiers coups atteignit le colonel Fiévée à la jambe ; un autre blessa son cheval, un troisième brisa le fourreau de son sabre (1). Pendant qu'il tombait, ses cavaliers prenaient la fuite, passaient à travers l'infanterie et se précipitaient dans la ville, en poussant des cris d'effroi, en semant partout l'épouvante. Les piétons, un peu moins timides, ripostaient par quelques décharges, puis se débandaient à leur tour, laissant trois canons sur la place et emportant le colonel Fiévée. Une compagnie de zouaves, reformée à la hâte par le capitaine Gaillard, s'abrita dans une ferme pour les défendre, mais ne les défendit pas.

Les Allemands n'étaient pas beaucoup plus rassurés que les champions de Strasbourg. Ils regardaient de loin les canons, appréhendaient un piège et n'osaient s'avancer. Pendant une demi-heure, les bouches à feu restèrent sans maîtres. Enfin les Badois s'enhardirent, marchèrent sur les pièces et en prirent possession. Glorieux d'avoir conquis un pareil trophée, ils s'esquivèrent aussitôt.

Un détachement de nos piétons s'était arrêté près du polygone, pendant qu'on envoyait annoncer au général Uhrich que la colonne avait besoin de renfort. Chose incroyable ! il n'avait pris aucune disposition pour leur

---

(1) *La guerre en Alsace*, par Schneegans, t. 1er, p. 103.

porter secours : toute la garnison était dispersée. Le commandant ordonne de réunir les hommes disponibles du 87me de ligne et de les diriger vers la porte d'Austerlitz. Lui-même les y devance et les attend. Les 4me et 5me compagnies du 3me bataillon arrivent : le général leur prescrit de se porter au Neuhof, pour y soutenir les braves qui ont besoin d'appui. Elles pressent le pas, rencontrent tout étonnées le groupe qui stationne près du polygone : le chef croit qu'un autre détachement combat plus loin, poursuit sa route vers le Neuhof, le trouve silencieux et désert. Les Badois, charmés d'avoir pris trois canons, avaient fait place nette. Les divers pelotons sortis de la ville rentrèrent à cinq heures, sans demander qu'on leur tressât des couronnes.

Avec un général si peu entreprenant, avec des troupes si peu hardies, les assiégeants pouvaient dormir sans inquiétude dans leurs lignes. Les soldats et les milices de Strasbourg ne tardèrent point à s'aguerrir, mais cernés par soixante mille hommes, leur attitude, sauf en de rares occasions, dut être purement défensive. La garnison fut contrainte de se borner presque toujours à une lutte d'artillerie, du haut des remparts, avec une accablante infériorité dans l'outillage. Heureusement un habile général de cette arme commandait la résistance. Guidé par quelques habitants du pays, en suivant des chemins peu connus, il avait passé entre les colonnes et les postes ennemis : arrivé dans la citadelle, le soir du 13 août, il s'était fait reconnaître et avait aussitôt pris la direction de l'artillerie. C'était le général De Barral.

Les nuits du 16 et du 17 août n'ayant pas été troublées par le vol sinistre et le lugubre éclat des bombes, la population essayait de se persuader que la funèbre plaisanterie du 15 était un pur caprice, qui ne se renouvellerait pas. L'illusion devait être courte. Pendant qu'on s'abandonnait à ce rêve consolant, le général De Werder faisait établir autour de la ville et dans le grand-duché des batteries permanentes. Près de Kehl, un peu au nord et en arrière du bourg, les Badois alignaient leurs pièces. Le chef de l'armée assiégeante notifiait au général Uhrich qu'il allait bombarder la place : bombarder une ville forte sans l'avoir attaquée, c'est une de ces infamies où se complaît la nation allemande ! Le commandant de Strasbourg écrivit au féroce Prussien, pour le prier de laisser sortir les femmes et les enfants. Voici la réponse textuelle qui lui fut adressée :

« Je regrette de ne pouvoir vous accorder votre demande. Vous vous trouvez dans une ville de 80,000 âmes, et vous n'avez ni casemates, ni refuges. La présence dans votre ville des femmes et des enfants est pour vous un élément de faiblesse, dont je ne puis pas vous priver. Ce qui fait votre faiblesse fait ma force. »

C'est le raisonnement de l'assassin, qui, par une nuit sombre, dans une campagne déserte, attend avec des armes un passant désarmé. L'ombre, la solitude, le couteau et le pistolet que tient le meurtrier, sont pour lui des éléments de force, pour sa victime des éléments de faiblesse; et le lâche en profite, égorge sans pitié un homme sans défense. Le général de Werder était plus lâche encore, et l'Allemagne, qui l'approuvait, plus ignoble cent fois, car c'était des femmes, des enfants qu'il allait tuer de loin, dans l'obscurité, à l'abri de toute résistance, à l'abri même des efforts que le désespoir peut inspirer aux plus faibles créatures.

Le 18 août, à 9 heures du soir, un bruit terrible fait tressaillir la population de Strasbourg. Un obus venait de tomber au centre de la ville, près de la place Guttenberg. Puis les projectiles pleuvent sans interruption : du nord, de l'est, de l'ouest, de Hausbergen, de Schiltigheim, de l'Elsau, des batteries de Kehl, l'ennemi avait ouvert le feu. Les toitures s'effondrent, les murs s'écroulent, des sifflements perpétuels se croisent dans l'air. Les bombes semblent converger vers la cathédrale, frappent l'antique chef-d'œuvre, en détachent des blocs de pierre sculptée qui se brisent sur le pavé de la place (1). A minuit, une vive clarté illumine le faubourg National : un obus tombé, rue Sainte-Aurélie, dans une grange pleine de foin, venait de l'incendier. Le feu se communique, gagne une dizaine de bâtiments, forme un vaste brasier, dont la flamme ondoie au-dessus des constructions voisines. La garde mobile, plusieurs détachements de troupes, une partie de la population accourent afin de lutter contre le fléau. Les habitants des maisons qui brûlent essayent de sauver leur mobilier ; on en transporte une partie dans la rue ; mais l'incendie, plus rapide que l'activité humaine, enveloppe le reste : des bestiaux périssent, des provisions abondantes, des objets précieux, des marchandises de toute espèce sont anéanties. Les maisons s'écroulent devant les spectateurs consternés.

Pendant ce temps, l'affreuse averse saccageait les autres parties de la ville, trouait les murs, crevait les fenêtres, démolissait les toits, perçait les plafonds, détruisait les mobiliers, fouillait le sol des rues, frappait mortellement ou mutilait des citoyens inoffensifs.

Rue de l'Arc-en-ciel, dans un pensionnat tenu par les sœurs, les petites filles épouvantées de cette horrible exécution s'étaient mises à genoux et imploraient le ciel. Tout à coup, un obus tombe, éclate au milieu d'elles : cinq sont tuées sur le coup, six autres grièvement blessées, l'une desquelles était mourante. On les transporte à l'ambulance du Petit-Séminaire ; M. Herrgott, médecin en chef,

(1) *Quarante jours de bombardement à Strasbourg*, p. 19.

leur donne les premiers soins. Quand il arriva, elles tremblaient déjà de la fièvre, et leur pâle visage eût fait pleurer des statues. A trois d'entre elles, il fallut couper une jambe au-dessous du genou, à une quatrième il fallut amputer la cuisse. Le docteur s'approcha d'une cinquième victime, moins gravement frappée : « Oh! monsieur, s'écrie la pauvre enfant, ô monsieur, ne me coupez pas les jambes! » L'opération, par bonheur, n'était pas nécessaire, et le médecin eut la joie de la rassurer. Quant à la sixième, la pauvre petite fille mourut quelques heures après, comme une jeune martyre. Et au milieu de la scène navrante produite par la bravoure germanique, on apportait un ouvrier qu'un obus venait d'atteindre dans la rue, et qui expira bientôt.

La ville tout entière était ainsi ravagée, l'enfer semblait descendre du ciel sur les malheureux habitants.

La citadelle avait plus à souffrir encore. Les canons et les mortiers badois tiraient de Kehl avec une sorte de rage. « Les obus et les bombes, dit un historien du siége, y tombaient comme la grêle, blessaient, tuaient, brûlaient, brisaient et dévastaient. Un turco eut les jambes coupées ; des soldats de toutes armes, des gardes mobiles, furent atteints par des éclats. Des femmes, des enfants, des militaires s'étaient réfugiés dans une casemate; les femmes, les enfants priaient, pleuraient, accroupis dans le souterrain, qui lui-même n'était pas à l'abri des projectiles, car deux obus y entrèrent. Tout à coup un artilleur se précipite dans la casemate : « Vous êtes sous une poudrière, cria-t-il, et l'ennemi semble viser cet endroit (1)! » Quoique la poudrière fût bien garantie, une bombe aurait pu, à toute force, y pénétrer. Les malheureux qui avaient

---

(1) *Le siége et le bombardement de Strasbourg*, par Gustave Fischbach, p. 60.

cherché un refuge au-dessous profitèrent d'un moment de répit pour courir s'abriter ailleurs. Quelle horrible catastrophe, si la poudre avait pris feu!

Dans la citadelle seule, la tour de l'église, l'habitation des officiers supérieurs, les casernes, l'arsenal avaient subi de graves dommages.

Aux premiers rayons du jour, ce crime nocturne s'arrêta; les habitants de la ville proscrite purent examiner avec tristesse les dégâts commis par la cruauté allemande, les taches de sang qui rougissaient les pavés et les murs. Mais cette noble population ne se laissa pas atterrer par l'odieux spectacle : elle devait surpasser en courage, en patience, en abnégation héroïque, tous les traits sublimes que raconte l'histoire. Carthage, Numance, Saragosse n'ont pas offert au monde un exemple plus admirable de constance et de résignation. Sous l'abjecte barbarie de la Prusse, lui infligeant des tortures imméritées, un supplice autrefois inconnu, elle demeura fière, vaillante, inébranlable; elle ne laissa pas échapper un murmure, ne donna pas un signe de faiblesse; étanchant ses plaies, essuyant ses larmes, ensevelissant les morts, elle souffrit avec la bravoure inspirée des martyrs, avec une confiance absolue dans le ciel et dans la France qui l'abandonnaient! Elle ne poussa même point le cri de douleur qu'arrachait au Christ l'agonie de la croix!

Après cette nuit d'horreur, les citadins et les soldats furent transportés d'une juste indignation. On n'avait pas attaqué militairement la ville, on avait foudroyé par-dessus les remparts des habitants inoffensifs, et les artilleurs badois avaient montré une fureur implacable. Or, il se trouvait au delà du Rhin une bourgade, ouverte du côté de l'est, mais protégée du côté de la France par deux forts blindés et par un ouvrage central. Quoi de plus naturel que de la bombarder à son tour? La population aurait encore l'avantage de pouvoir s'échapper dans la campagne, tandis que les habitants de Strasbourg se trouvaient incarcérés sous la pluie de feu. On lança donc des obus sur les maisons de Kehl, et peu à peu on les disloqua, on les réduisit en cendres. Alors le général de Werder lui-même et le gouvernement badois protestèrent contre ces faibles représailles, poussèrent des cris d'indignation, traitèrent de barbarie une équitable revanche, un acte nécessaire, car les édifices de Kehl servaient d'habitation et de refuge aux troupes badoises. L'Allemagne a deux poids et deux mesures : elle approuve tout ce qu'elle fait, elle blâme tout ce qui peut lui porter préjudice. Elle a eu l'audace d'ériger en crime la défense de la patrie !

Cette race sans foi ni loi, qui se permet tout, qui ne permet rien à ses adversaires, allait dépasser la sournoise violence, les meurtres faciles du 18. Le 21 était arrivée l'artillerie de siége : ces pièces de fort calibre pouvaient exercer de bien autres ravages que les pièces de campagne. Le général prussien les fit aussitôt braquer, enferma la ville dans un cercle de mort, puis, le lendemain, somma le gouverneur de se rendre. Le 23, le général Uhrich adressa aux habitants une noble proclamation, où il leur annonçait de nouveaux dangers, où il en appelait à leur patriotisme, à leur vieille énergie, pour défendre la capitale de l'Alsace, la sentinelle avancée de la France. « Amis, courage ! disait-il. La patrie a les yeux sur nous ! » On demanda des armes, et l'on attendit les nouvelles preuves de sympathie fraternelle que l'Allemagne allait donner aux Strasbourgeois, pour leur faire maudire le peu de sang tudesque qui coule dans leurs veines, mêlé à beaucoup de sang romain et celtique.

La journée du 23 s'écoula paisiblement, car les Germains aiment la complicité de l'ombre. A neuf heures moins un quart, la redoutable voix du canon se fit entendre : deux cent quarante et une pièces allaient gronder à la fois. Sur la rive badoise seulement, huit mortiers et trente-deux canons ouvraient leurs gueules menaçantes, derrière un fort blindage et des épaulements à l'épreuve du boulet. Il faisait une nuit sombre, il pleuvait, et les artilleurs de la place avaient peine à diriger leur tir. Les obus s'élevèrent à des hauteurs prodigieuses, traçant leur ligne enflammée dans le ciel obscur, passant au-dessus des bastions, au-dessus du mur d'enceinte, et s'abattant avec un bruit terrible sur la courageuse cité. On eût dit un continuel roulement de tonnerre, mêlé au sifflement de l'orage ; les toits que crevaient les bombes, les cheminées qui tombaient, les murs qui s'écroulaient, le pétillement des incendies augmentaient le fracas ; puis, tout à coup, on entendait un cri d'atroce douleur ou des gémissements plaintifs.

Déjà éprouvés deux fois, les habitants avaient organisé les secours. Des troupes de pompiers volontaires et de veilleurs s'étaient formées dans chaque quartier. Tout le monde, du reste, s'apprêtait à lutter contre l'incendie. Les femmes, les enfants cherchèrent un abri sous les voûtes des caves. Des guetteurs, échelonnés de distance en distance derrière les portes entre-bâillées, criaient aux passants : « Garde à vous ! » Dès qu'un obus plongeait sur une maison, vingt hommes se précipitaient avec une pompe ; les voisins accouraient, armés de haches, portant des linges mouillés, des seaux pleins d'eau. « Que de fois ces courageux citoyens ne tombèrent-ils pas massacrés par les boîtes à mitraille ! L'artillerie prussienne — on s'en aperçut trop tard ! — lançait volontiers, à deux ou trois minutes d'intervalle, deux projectiles sur le même point : un obus incendiaire, auquel succédait un shrapnel, contenant plusieurs centaines de balles (1). » Les Allemands avaient

---

(1) *La guerre en Alsace*, par A. Schneegans, t. Ier, p. 122.

calculé qu'ils tueraient ainsi un grand nombre de ceux qui venaient en aide à leurs concitoyens. C'est une belle chose que la réflexion dans une tête germanique!

Les Prussiens avaient fait un autre calcul, aussi honorable pour eux. Tous les bâtiments où l'on avait établi des ambulances, portaient sur leur point le plus élevé le philanthropique drapeau de Genève, où ondoyait la croix rouge : on voyait de loin flotter les blancs pennons de l'hôpital civil, du Gymnase, du séminaire protestant, de l'hôpital militaire, du Château et du Lycée. Les prenant pour but, les Allemands pointèrent leurs canons de manière à frapper surtout ces charitables refuges. Ils brûlèrent le Gymnase dès la première nuit ; le Lycée reçut des bombes le 24 ; l'église de l'hôpital civil fut incendiée ; des projectiles pénétrèrent dans les salles de la Maternité ; le séminaire protestant fut dévasté par d'autres obus. « Dans le Château impérial, on pouvait admirer, le lendemain de la capitulation, 250 kilos d'obus et de bombes, débris des projectiles que l'ennemi avait lancés sur cette ambulance (1). »

Le général Uhrich ayant protesté contre un si barbare acharnement, le chef prussien, avec cette mauvaise foi et cette impudence germaniques dont rien n'approche, lui fit répondre : « Nous ne distinguons pas vos drapeaux. Vous connaissez nos lignes de tir. Éloignez vos ambulances de ces lignes. » Mensonge effronté ! Le général De Werder distinguait très-bien les drapeaux des ambulances, et c'était justement pour cette raison qu'il démolissait les bâtiments situés au-dessous. Et puis quelle lâche dérision ! prescrire de déplacer des monuments pour ne pas déplacer des bouches à feu, exiger un miracle ! Pendant la nuit même du 23, plusieurs obus étant tombés sur le petit

(1) *La guerre en Alsace*, par A. Schneegans, t. Ier, p. 135.

séminaire, on fit tout ce que les circonstances permettaient : on descendit les blessés dans les caves et on les y installa. Rue Saint-Louis, à l'ambulance de Petites-Sœurs, une bombe tua un zouave malade, atteint précédemment d'un coup de feu.

Rue des Balayeurs, une femme eut l'épaule fracassée; au faubourg National, une autre malheureuse eut les deux bras enlevés ; dans la rue des Maisons-Rouges, un obus mit en pièces deux pauvres enfants.

Et ce massacre à distance dura onze heures, jusqu'au moment où les rayons du soleil firent pâlir la clarté des flammes!

Le 24, une petite sortie assez heureuse permit de faire prisonniers neuf soldats poméraniens.

Les horreurs de la veille n'étaient qu'un prélude. On voulait absolument, par la terreur, forcer la population à ouvrir elle-même les portes : les Strasbourgeois endurèrent le supplice atroce que leur infligeait l'Allemagne et demeurèrent inflexibles. Il était un peu plus de huit heures, quand toutes les gueules de bronze et d'acier vomirent à la fois sur la ville une grêle infernale. Jamais pareille trombe n'avait encore dévasté des habitations humaines. Les Prussiens ont eu la naïve infamie de compter leurs projectiles, et ils ont trouvé qu'en moyenne, chaque fois qu'ils mirent Strasbourg à la torture, ils lui lancèrent 6,249 obus, 269 par heure, près de 5 par minute. Et cet assassinat en masse fut renouvelé 31 fois! Pas un instant de trêve ni de silence : on entendait à la fois et le sifflement des obus qui passaient par-dessus les maisons, et le fracas horrible de ceux qui éclataient, et le ronflement sinistre de leurs débris anguleux, qui fendaient l'air en éparpillant la mort. Dans les caves, les femmes, les enfants pleuraient et priaient; une affreuse angoisse étreignait le cœur des hommes, dont le courage n'était soutenu que par le devoir de protéger leurs familles, par le désir de sauver leur bien, par une haine immortelle contre les bourreaux d'Allemagne ; les blessés, les malades souffraient horriblement du bruit épouvantable et continuel qui les assourdissait : à la clarté des flammes dansant le long des vitres, les malheureux auraient pu se croire descendus tout vivants dans l'enfer.

A dix heures, malgré ce hideux vacarme, on distingua des cris terribles que les gardiens de la cathédrale poussaient du haut de la plate-forme : « Au feu ! au feu ! le Temple-Neuf est incendié ! » un peu plus tard : « Au feu ! la rue du Dôme brûle tout entière. » Une demi-heure après : « Au feu ! au feu ! le quartier du Breuil flamboie ! » Puis encore : « Au feu ! rue de la Mésange ; au feu ! place Kléber ; au feu ! quai Finckmatt ; au feu ! rue du Bouclier. » Pendant toute la nuit résonnèrent ces clameurs funèbres, et une immense lueur rouge se déploya sur la ville, comme un suaire ensanglanté (1).

Parmi les monuments voués à la destruction, trois furent pour la ville des pertes irréparables. Le Temple-Neuf, construit en 1260, la plus vaste église luthérienne de Strasbourg, où les curieux admiraient de riches tombeaux, une vieille *Danse des morts*, peinte à fresque, et un orgue magnifique d'André Silbermann, s'alluma comme une fournaise depuis le pavé jusqu'au sommet, puis la toiture, les constructions intérieures s'écroulèrent, et il ne resta debout que les quatre murs enfumés, dessinant sur la rouge tenture de l'incendie leur noire silhouette.

Le musée flamboya ensuite. La barbare Allemagne, qui affecte d'aimer la peinture, se donna la noble satisfaction de détruire les panneaux de Memlinc et de Martin

---

(1) *Le siége et le bombardement de Strasbourg*, par Gustave Fischbach, p. 85.

Schœn, les toiles du Corrège, du Guide, du Tintoret, de Jordaens, d'Adrien van Ostade, de Claude Lorrain, et bien d'autres encore, anciennes ou modernes, qui formaient la collection municipale. Il fallait bien que les hordes teutoniques imitassent leurs aïeux, les Goths et les Vandales, fournissant au monde la preuve éclatante que leur race maudite n'a pas forligné, qu'elle aime toujours la destruction pour la destruction, le sang pour le sang, et le mal pour lui-même.

Après l'amour des beaux-arts, l'enthousiasme de la science. Ah! oui les lourds compilateurs d'Allemagne, sans goût et sans scrupules, veulent qu'on les croie épris de la science! Et comme leurs faux historiques, leurs manuels menteurs, auraient pu en faire douter, ils ont prouvé à Strasbourg leur respect de l'étude. Ils ont incendié la bibliothèque publique, trois cent mille volumes, 1,600 manuscrits, plusieurs milliers d'incunables; un *Hortus deliciarum*, ouvrage du douzième siècle, orné de miniatures charmantes par l'abbesse Herrade de Landsberg; un recueil des lois canoniques, fait par Rachio, évêque de Strasbourg, en 788; un missel aux armes de Louis XII, signé par l'évêque François de Lyon, au seizième siècle; un exemplaire précieux des lois alémanniques et des capitulaires des rois de France; un Horace, un Virgile, un Ovide du dixième siècle; les poëmes des vieux minnesænger, et bien d'autres richesses, qu'il m'est impossible d'énumérer. Tout brûla, tout flamba : tant de précieux écrits devinrent un peu de cendre et de fumée. Il ne resta que des feuillets noircis que le vent promena dans les airs, porta jusqu'aux bandes stupides, chez lesquelles l'amour même du savoir est une hypocrisie (1).

(1) En 1867, la ville de Strasbourg avait refusé d'envoyer un de ses manuscrits à l'Exposition universelle, contre une garantie de 300,000 francs, tant la valeur lui en paraissait inappréciable.

Et une foule de maisons, d'hôtels, de riches établissements partageaient le sort des trois nobles édifices. La flamme ondoyait comme une mer, courait sur les toits, passait d'un bâtiment à l'autre, dévorait des fortunes, appauvrissait pour toujours des milliers d'habitants. La chaleur seule, que dégageaient les constructions atteintes, suffisait, avec les tourbillons d'étincelles, pour propager le fléau. Les obus d'ailleurs continuaient leur œuvre infâme, blessant, tuant ceux qui voulaient porter secours, trouant les façades, renversant les murailles, ensevelissant sous les débris de pauvres créatures effrayées. On emportait avec peine les vieillards et les malades; des femmes tenant des enfants dans leurs bras, se sauvaient éperdues, folles de terreur, cherchant un abri sûr qu'elles ne trouvaient point; ici un blessé gémissait, là un agonisant râlait; quelquefois, aux fenêtres, des cris déchirants, des appels et des prières, toutes les clameurs du désespoir; puis les tuiles qui tombaient, les cheminées qui s'abattaient, des pans de murs qui s'écroulaient, des habitants effarés qui sortaient des caves, qui passaient comme des apparitions à travers la fumée, horreur, épouvante, spectacle sans nom, supplice abominable infligé par la scélératesse prussienne à une population innocente et désarmée !

L'artillerie de la place ne restait pas inactive : elle canonnait de son mieux les positions allemandes, que trahissaient les éclairs des perpétuelles décharges. Mais les tireurs ennemis et leurs pièces, protégés par d'habiles épaulements, souffraient peu de ces ripostes.

Et le soleil avait depuis longtemps montré sa face lumineuse, quand les batteries allemandes calmèrent leur fureur. Des flammes pâlissantes léchaient les murs noircis, une épaisse fumée roulait ses nuages sur la ville; une âcre odeur d'incendie régnait partout, saisissait à la gorge, non-seulement dans les rues, mais dans le fond des appartements.

Alors, sans s'être donné rendez-vous, les principaux citoyens arrivèrent sur la grande place, dite le Breuil. Leurs visages pâlis et fatigués attestaient les profondes émotions de la nuit. Encore deux ou trois nuits pareilles, et la moitié de la ville serait détruite. On se demandait avec effroi s'il n'y avait aucun moyen d'éviter une si grande catastrophe. Il y en avait un, c'était de se rendre : mais personne, dans la brave cité, ne prononça le mot. Les habitants avaient la foi la plus touchante, la plus invincible dans la générosité de la France ; on ne croyait pas qu'une grande nation pût abandonner à tout jamais, sans remords, sans pitié, une population qui se sacrifiait pour elle ; quoique presque toute la ville détestât l'Empire, on ne le croyait pas non plus si près de sa fin ; on ne croyait pas que cette machine insidieuse et meurtrière ne dût tuer, ruiner que des Français, et devenir impuissante, se briser comme une arme inutile, quand il fallait repousser l'invasion étrangère.

Peu à peu une foule considérable se massa devant la mairie et devant le quartier général : on demandait une sortie, on criait *vengeance!* Des gardes nationaux, des membres du conseil municipal se rendirent auprès du gouverneur militaire, afin de lui demander si la garnison ne pourrait point châtier, refouler les troupes assiégeantes, si les femmes, les enfants et les vieillards ne pourraient pas sortir de la place. Le commandant répondit que la garnison était capable de soutenir une lutte défensive pendant plusieurs mois, mais qu'elle était trop faible, trop incohérente, trop peu exercée, pour aller au-devant de forces bien supérieures, qui l'écraseraient d'un seul coup. Relativement aux femmes, enfants et vieillards, il lut aux délégués la réponse du général De

Werder : elle les transporta d'indignation. Comme ils la témoignaient par leurs discours, leur attitude et leurs gestes, on annonça l'évêque de Strasbourg, Mgr Raess : il venait demander un sauf-conduit et un parlementaire, pour se rendre au quartier général des bombardeurs, et représenter au grand-duc que la justice, l'honneur, la religion, le droit des gens, les lois même de la guerre, lui prescrivaient de tirer sur les remparts, non sur les demeures des citoyens inoffensifs. La députation approuva hautement le dessein de l'évêque, et le général lui accorda sur-le-champ l'autorisation qui lui était nécessaire. Le digne prélat connaissait personnellement le grand-duc et avait entretenu avec son père des relations amicales. Il monta en voiture et sortit de la ville, précédé du drapeau blanc. Son équipage dut s'arrêter près du cimetière, à côté d'une tuilerie, où les Badois venaient de commencer une tranchée. « Il y resta pendant une heure et un quart. Le feu de la place avait cessé. Du haut des remparts, on voyait au loin le carrosse épiscopal. Du haut des remparts aussi, on aperçut bientôt les soldats badois, qui accouraient en foule au cimetière et à la tuilerie, et, protégés par la présence de l'évêque, se mirent à exécuter avec une hâte fiévreuse les travaux de terrassement : ils apportaient du fumier, ils creusaient des chemins couverts. Ce fut de cet endroit même, que, la nuit suivante, une batterie incendia la cathédrale (1). » O profondeurs sans limites de la bassesse allemande !

Cependant Mgr Raess avait traversé les avant-postes : il fut conduit au quartier général du commandant prussien. Les soldats catholiques se découvraient sur son passage et recevaient sa bénédiction. Il demanda le grand-duc ; on lui répondit qu'il était absent. Il voulut parler au

(1) *La guerre en Alsace*, par A. Schneegans, t. Ier, p. 117.

général De Werder, il n'obtint pas cet honneur. Son chef d'état-major, le colonel De Leczinsky, parut suffisant pour écouter les doléances d'un prélat français. Voici la réponse du général, qu'il transmit à l'évêque : « On ne m'a pas donné le temps de faire un siége ; on m'a commandé de prendre Strasbourg par la terreur, j'obéis (1). »

Au moment où le roi de Prusse et son fils, où le prince Frédéric-Charles débitaient, affichaient sur les murs des proclamations philanthropiques, où Guillaume disait à son armée : — « Nous ne faisons pas la guerre aux paisibles habitants du pays ; bien loin de là, tout soldat qui tient à son honneur, doit regarder comme un devoir de respecter la propriété individuelle et ne pas permettre qu'un seul excès porte préjudice à la renommée de nos troupes ; » — dans ce moment-là même, on avait depuis longtemps résolu d'assassiner, au moyen des bombes, tous les citoyens des villes que ne protégeaient pas des forts détachés. Les hordes teutoniques n'en épargnèrent pas une seule : cette boucherie systématique avait été arrêtée par le souverain et ses conseillers intimes avant l'ouverture de la guerre. Les anciens disaient *la foi punique*, pour désigner un manque absolu de conscience ; pour exprimer la même dégradation morale, l'Europe devra dire maintenant *la foi germanique*.

L'évêque rentra donc dans la ville sans avoir rien obtenu, agité d'une émotion douloureuse, qui le fit tomber malade et fut bien près de causer sa mort.

Pour le narguer, pour montrer combien sa démarche avait été inutile, les Prussiens hâtèrent le bombardement : à sept heures juste, les canons et les mortiers commencèrent à rugir. « Si l'on brûlait pendant la nuit la cathédrale ? Ce serait une insulte directe au prélat. » L'idée parut

(1) A. MARCHAND, *Le siége de Strasbourg*, p. 56.

spirituelle aux Teutons, qui l'adoptèrent sur-le-champ.
« Ah! l'évêque est venu nous implorer, dirent les soudards; c'est bien, nous allons détruire l'église où il officie! »
Le prétexte fut que dans les premiers jours de l'investissement, les Strasbourgeois avaient établi un poste d'observation sur la flèche : le poste n'existait plus ; mais qu'importe? Il pouvait servir encore de prétexte. Une grêle de projectiles incendiaires monta donc dans le ciel et s'abattit sur la ville. Le plus grand nombre frappaient la cathédrale, déchiraient la dentelle de ses colonnettes, fracassaient, émiettaient les vitraux peints, brisaient l'orgue, allumaient les boiseries du chœur et les poutres de la toiture. Bientôt les combles formèrent un vaste brasier, au milieu duquel se tordaient les plaques de cuivre fixées à l'extérieur. Le métal fondait et, par les voûtes lézardées, tombait en pluie de feu verdâtre. Une immense clarté verdâtre illuminait aussi toute la flèche. Le bruit des obus qui éclataient dans l'église, se prolongeait en grondements sinistres sous les ogives, répondait aux clameurs des gardiens ; du haut de la plate-forme, ils criaient sans relâche : « Au secours ! la cathédrale brûle ! » Et au risque d'appeler la destruction sur eux-mêmes, en devenant le but des artilleurs ennemis, les braves guetteurs dirigeaient contre la fournaise le jet trop faible de leurs pompes. Dans la crypte de la cathédrale, on avait installé l'ambulance du Grand Séminaire, parce que, la veille même, de nombreux obus avaient troué ce bâtiment. Qu'on se figure la terreur des blessés et des malades au-dessus desquels grondait un océan de flammes, qui craignaient avec raison que l'édifice tout entier ne les ensevelît sous ses ruines ! Et ils ne l'échappèrent que de bien peu, car la toiture s'effondra ; les voûtes de l'église souterraine tremblèrent sur leurs piliers (1).

(1) En 1815, dans son *Mercure du Rhin*, Gœrres s'écriait :

Plus malheureux encore furent les blessés et les malades de l'hôpital civil. Les obus attaquaient sans relâche le monument et pénétraient dans les salles. La chapelle avait pris feu. Les bombes tuaient, mettaient en pièces les infortunés qui espéraient encore guérir. Les autres poussaient des cris lamentables, éprouvaient d'affreuses terreurs. Il fallut un courage, une persévérance inouïs pour préserver les bâtiments d'un incendie général. Le monument lui-même aurait pu servir de bûcher aux victimes déjà couchées sur un lit de douleur !

Assez d'autres innocents mouraient d'une mort qui ferait plaindre des criminels. Une bombe, après avoir traversé trois étages, tuait dans une cave toute une famille (1); un obus noyait une autre famille, en perçant un bateau où elle s'était réfugiée; une boîte à mitraille tombait au milieu d'une petite chambre, coupait le bras d'une mère qui allaitait son enfant, coupait la tête du nourrisson lui-même, et lançait par la fenêtre ses débris sanglants.

Et la belle gare du chemin de fer brûlait; et les bâtiments de la citadelle vomissaient des torrents de flammes; et le Gymnase était incendié pour la seconde fois depuis quarante-huit heures ! Partout le feu, la mort, les ruines, la désolation (2)!

Un officier prussien, qui coopérait au siége, décrit de la manière suivante l'aspect que la ville offrait du dehors :

« Ce fut dans la nuit du 25 au 26 que le bombardement fut le plus terrible. De longues rues flamboyaient d'un

---

« Brûlez Strasbourg, en ne laissant debout que sa flèche, pour l'éternelle vengeance des peuples allemands! » Ce vœu d'un pédant forcené, les Prussiens et les Badois l'ont accompli en 1870.

(1) Une gravure de la prochaine livraison représentera cette catastrophe. Elle est relatée dans l'ouvrage de M. A. Schneegans, *La guerre en Alsace*, t. Ier, p. 123.

(2) *Le siége et le bombardement de Strasbourg*, par Gustave Fischbach, p. 98.

bout à l'autre : leur rouge clarté illuminait tout le ciel. Je me trouvais dans une batterie, près du village d'Hausbergen, et fus par suite témoin oculaire de ce spectacle affreusement beau. Les obus avec leurs mèches traversaient l'air comme des comètes, les bombes, répandant autour d'elles une petite lueur assez vive, décrivaient de grands arcs de cercle, puis tombaient lourdement sur le pavé ou sur les toitures : une détonation particulière nous annonçait que les instruments de mort venaient d'éclater. Toutes les batteries prussiennes et badoises dressées autour de la ville tonnaient à la fois, et le fracas était si horrible que la terre tremblait positivement sous nos pieds. De tous les murs de la place, on répondait énergiquement à notre feu; une couronne d'éclairs environnait Strasbourg; nous les voyions sortir de l'orifice des canons, et bientôt le ronflement des boulets, le sifflement des obus nous annonçaient le passage des projectiles qui nous étaient destinés. Au point de vue purement militaire, c'était une nuit extrêmement intéressante; seulement il fallait oublier que nos pièces attaquaient la vie et les demeures de paisibles citoyens, dont nous voulions gagner l'affection à l'Allemagne, que nos décharges ne causaient pas le moindre préjudice aux remparts et aux casemates, mais anéantissaient par millions le bien et les ressources de nos futurs compatriotes. Quant au but spécial du siége, ce bombardement ne nous servit en aucune manière à l'atteindre, comme la suite des événements le démontra (1). »

Le même auteur fait ces réflexions qui l'honorent :
« Lancer volontairement des obus et des bombes dans l'intérieur d'une ville, au lieu de les diriger sur les rem-

---

(1) *Geschichte des Krieges von Deutschland gegen Frankreich*, par Julius von Wickede, capitaine de cavalerie en retraite, p. 297.

parts, est une des nombreuses cruautés, des inutiles destructions, que nous avons, hélas! commises dans cette guerre. Nous n'avons pas fait ainsi des conquêtes morales, nous n'avons pas accru la sympathie de l'Alsace pour l'Allemagne; bien au contraire. Puisque nous voulions recouvrer à jamais cette province, nous n'aurions pas dû commencer par exaspérer contre nous la population. Mais il y a des militaires qui, dans leur zèle aveugle et sans scrupules, n'arrêtent jamais leur esprit sur ces considérations (1). »

Un autre écrivain allemand, colonel au service de la Suisse, ne réprouve pas moins nettement l'atroce imbécillité du roi de Prusse et du général De Werder. « Si la population de Strasbourg, dit-il, brûlait de se jeter dans les bras de l'Allemagne, comme on le prétendait, quelques bombes eussent suffi pour la déterminer à mettre le commandant de la place en demeure de se rendre. Mais comme l'hypothèse se trouva fausse, comme les Strasbourgeois manifestaient plus d'attachement patriotique envers la France que les habitants même de l'intérieur du pays, le bombardement ne pouvait que les irriter contre l'Allemagne.

» Il avait été résolu d'avance que, si l'on remportait la victoire, on garderait l'Alsace comme une *province-sœur*, comme un pays *essentiellement germanique*, et Strasbourg comme *une ville toute allemande*. Je ne puis comprendre que bombarder la capitale fût un moyen de prouver à la population une tendresse fraternelle.

» L'excellence de l'artillerie prussienne et la sûreté de ses coups ordonnaient d'assiéger militairement la place et d'épargner les citadins, puisqu'on avait la certitude de réduire à merci, en très-peu de temps, l'insuffisante gar-

(1) *Geschichte des Krieges von Deutschland gegen Frankreich*, par Julius von Wickede, p. 296.

nison. Pourquoi, dès lors, tuer en masse ceux qu'on appelait des frères ? Quelle preuve de sympathie ! (1) »

Le lendemain, 26 août, dans la population surexcitée de la ville se répandit, on ne sait comment, le bruit d'une prochaine délivrance. « On pensa devenir fou de joie vers le soir de cette journée, rapporte un des habitants. Cette fois, disait-on, la chose est certaine, on n'en peut plus douter ; du haut de la cathédrale, on les a vus, on les a annoncés, ils sont au moins quarante mille. En effet, ô puissance de l'imagination ! chacun se figure entendre le canon dans le lointain... il y a une bataille entre les assiégeants et le corps de délivrance ; le bruit du canon se rapproche, l'ennemi est repoussé contre les murs et se trouve entre deux feux. Victoire ! nous sommes sauvés ! Et on courait dans les rues, et on était rayonnant, et on s'élançait l'un vers l'autre : « Vous savez la nouvelle ? — Oui. — Ah ! il était temps ! mais j'avais toujours dit qu'ils arriveraient... (2) »

Déception affreuse ! Ils n'arrivèrent point, ils ne devaient jamais arriver ! Ce qui arriva, ce fut la nuit sombre, ce furent de nouveaux désastres, ce furent de nouvelles preuves de la rage tudesque. Tout un quartier populaire, le faubourg National, résidence des maraîchers, des jar-

---

(1) *Der Krieg um die Rheingrenze*, par W. Rüstow, p. 149. Ces aveux sont d'autant plus nécessaires à enregistrer, que la plupart des auteurs allemands falsifient l'histoire de la récente guerre avec une effronterie sans bornes. Un certain Niemann, par exemple, dont on a beaucoup loué l'ouvrage au delà du Rhin, défigure de la manière la plus audacieuse, pour flatter le roi de Prusse et la nation allemande, tous les événements du siége de Strasbourg. (*Der franzœsische Feldzug*, p. 284 et suivantes). On reconnaît là le peuple astucieux, chez lequel on instruit *partout* la jeunesse avec des manuels historiques, où les faits sont invariablement dénaturés. La science allemande consiste à publier et à croire des fables absurdes et pernicieuses.

(2) *Le siége et le bombardement de Strasbourg*, par Gustave Fischbach, p. 99.

diniers, d'autres petits travailleurs, ne forma bientôt qu'une nappe de feu.

Mais nous ne pouvons continuer à décrire des scènes toujours pareilles. La plume se lasse de raconter ce que les Strasbourgeois, dans leur dévouement sublime, ne se lassaient point de souffrir !

Voyant leur courage et leur abnégation, voyant qu'ils se laissaient tuer comme les martyrs de la primitive Église, le général De Werder comprit enfin qu'il fallait commencer le siége méthodique, par les voies militaires. Le 29 août, les Allemands ouvrirent la première parallèle, près du village de Schiltigheim. Les travaux furent conduits avec une telle activité que le lendemain, 30, dix batteries étaient déjà braquées à cent pas derrière cette parallèle, à huit cents pas du mur d'enceinte : leurs 44 pièces rayées ouvrirent immédiatement le feu, et imposèrent silence aux canons de la place, en les démontant les uns après les autres. Le massacre de la garnison commençait. Les projectiles ennemis, passant par-dessus la ville entière, venaient, sur les remparts, tuer par derrière ceux qui les défendaient. « Il n'y avait pas sur toute la ligne des fortifications une seule batterie couverte, et chaque obus faisait des victimes. A partir de ce moment jusqu'à la fin du siége, on vit jusqu'à dix, quinze, vingt fois par jour des brancards sur lesquels grelottaient des blessés, ou bien des cacolets sinistres qui transportaient les morts. Les braves défenseurs de Strasbourg allaient avec résignation et courage occuper leurs postes si dangereux ; nul ne savait s'il reviendrait, et chaque fois que les détachements quittaient les casernes, ceux qui partaient et ceux qui restaient se disaient adieu, se serraient avec effusion les mains (1), » car ils n'étaient pas sûrs de se revoir.

(1) *Le siége et le bombardement de Strasbourg*, par Fischbach, p. 114.

Dans ces jours de cruelles épreuves, quelques malheureux habitants, égarés par le désespoir, s'écrièrent : « C'est le général qui est cause de tous nos maux ! A mort le général ! » On prévint le commandant, on lui donna le conseil de se faire garder. « C'est cela, répondit-il, j'irais pour ma sûreté personnelle enlever aux remparts des hommes déjà trop peu nombreux ! Ils en veulent à ma vie, qu'ils la prennent ; il n'y a que mon honneur auquel je leur défends de toucher ; je saurai bien, avant de mourir, leur prouver qu'il n'a souffert aucune atteinte. »

Et pour montrer à tous qu'il était sans peur, comme sans reproche, il ordonna d'ouvrir les portes toutes grandes ; il défendit, quoi qu'il pût arriver, qu'on fît un geste pour protéger sa vie : « Pas un coup de feu, dit-il, pas un coup de baïonnette. » Pour l'honneur de Strasbourg et de l'humanité, aucun mécontent ne franchit le seuil du quartier général.

Et cet homme, si impassible pour lui-même, était plein de charité, de commisération, de dévouement pour les victimes du siège. Voici des lignes écrites tout entières de sa main à M. Gustave Fischbach : « Tant que je vivrai, je verrai ces femmes sans asile, portant leurs pauvres petits enfants dans leurs bras ; je verrai ces figures hâves, ces yeux égarés, ces physionomies où le désespoir, la terreur et la misère étaient empreints. Mon devoir le plus strict était de les laisser tuer, de laisser brûler leurs demeures ; mais en leur présence, comme mon cœur battait avec force ! Oh ! comme le soldat s'effaçait devant l'homme ! »

Ainsi, même parmi les généraux de l'Empire, il y avait encore de nobles cœurs. La France donc n'en manquera jamais.

Ce fut ainsi que la population de Strasbourg atteignit le 4 septembre, sans rien savoir de ce qui se passait au dehors.

SOLDAT PRUSSIEN COUPANT LES OREILLES D'UNE FEMME
POUR LUI ENLEVER
PLUS TOT LES BOUCLES QUI LES ORNENT.

CHAPITRE XIV.

MARCHE INSENSÉE VERS LE NORD; PREMIERS ENGAGEMENTS.

Cependant Bazaine attendait toujours sa proie, attendait la ruine des dernières troupes de la France. Le ministère Montauban les réunissait avec un infatigable zèle, pour les livrer à la mort et à la captivité. Nos forces principales ayant l'air d'être bloquées à Metz, il fallait bien grouper sur un point quelconque du territoire des forces nouvelles. Le lieu choisi était le camp de Châlons, auquel beaucoup de personnes attribuent l'importance d'un camp retranché. C'est une grave erreur. Aucun fort ne protége le vaste espace où l'on exerçait nos militaires pendant l'automne. L'immense terrain ne forme qu'un champ de manœuvres. On avait bien songé à en faire une place d'armes, qui eût barré le passage entre Metz et Paris, et pouvait, dans la dernière guerre, changer le sort de la campagne; avec ce que coûtait le percement d'une nouvelle rue dans la capitale, on aurait élevé ce solide rempart contre l'invasion. Mais Bonaparte aimait mieux percer une rue nouvelle.

Le camp de Châlons, situé au nord de la ville, entre les villages de Mourmelon, Grand Saint-Hilaire, Suippes et La Cheppe, a une superficie de 12,000 hectares, acquise en 1857 par le gouvernement français, au prix de 80 francs l'hectare. Elle égale trois cents fois celle du Champ de

Mars. Son étendue la rend précieuse pour l'exercice du tir avec les armes nouvelles, dont la portée est considérable. Un chemin de fer spécial relie cette plaine poudreuse à la ville de Châlons, qui renferme 20,000 habitants. Les troupes qu'on y réunissait chaque année, jetaient quelque animation dans les steppes crayeuses de la Champagne. Elles logeaient sous la tente, et les chevaux passaient la nuit en plein air. Leur retour périodique força d'élever un assez grand nombre de constructions : il fallut des magasins d'armes, d'équipements et de vivres, une manutention et des hôpitaux ; un certain corps d'administration y passait l'hiver. Pour l'Empereur et pour l'état-major, on éleva sur une butte un groupe de maisons en bois ; puis des baraques furent dressées, où une division d'infanterie pouvait s'abriter pendant les chaleurs, où la brigade qui surveillait le camp habitait pendant la saison pluvieuse.

Formé d'une douzaine de cabanes en 1857, le hameau de Mourmelon prit un développement rapide. Une foule de maisons s'y élevèrent comme par enchantement : on y ouvrit des boutiques, des restaurants, des gargottes et des cafés, pour les besoins des chefs et des soldats. On y meubla même des logements, dans lesquels les officiers trouvaient un certain confortable, quand l'hiver assombrissait la Champagne pouilleuse et la rendait plus triste encore. On finit par bâtir un théâtre impérial, où Napoléon faisait quelquefois venir des acteurs de Paris, où les troupiers jouaient souvent eux-mêmes des pièces comiques. La maison Dreher et les brasseries indigènes versaient des flots de bière aux consommateurs. Mourmelon, pour tout dire, avait pris l'aspect d'une petite ville militaire, dans laquelle ne manquaient ni les provisions de bouche, ni les distractions, ni le tapage, ni la fumée des cigares et des pipes.

On n'avait d'abord expédié au camp de Châlons dans les derniers temps du ministère Ollivier, que le VIme corps, sous les ordres du maréchal Canrobert. Il avait même laissé provisoirement à Paris, pour y maintenir l'ordre, comme disent les journaux officiels, une division d'infanterie et une brigade de cavalerie. Au VIme corps furent bientôt adjoints les 18 bataillons des gardes mobiles de la Seine, qui devaient recevoir dans la Champagne leur instruction militaire; mais on ne put leur apprendre l'exercice, faute d'armes et de sergents instructeurs : l'essai fut presque dérisoire. Et comme on eut l'idée de leur faire creuser une enceinte, élever des terrassements, comme on leur mit en main des pelles et des pioches au lieu de fusils, leur mécontentement s'exprima sans détour par des cris, des huées, des chansons, des quolibets; l'indiscipline croissante fut près d'aboutir à l'émeute. Le 9 août, le maréchal Canrobert partit précipitamment pour Metz; la plus grande partie de la division Bisson, qui avait pris le chemin de Frouard et l'avait trouvé occupé par les troupes allemandes, fut néanmoins obligée de revenir, aussi bien que deux brigades de cavalerie commandées par le général Fénélon.

Les choses en étaient là, quand l'Impératrice chargea M. Cousin-Montauban de sauver la France. Napoléon expédia de Metz au général, le 12 et le 13 août, l'ordre de former un nouveau corps d'armée, le *neuvième*; l'homme de guerre s'en occupa sur-le-champ, mais avec l'esprit d'astuce malheureuse et maladroite, qu'il a montré pendant tout son ministère, il lui donna la qualification de *douzième* corps. Où étaient les IXme, Xme et XIme? Dans la pensée de ce grand administrateur. Il voulait faire illusion au public, aux journaux, et atteignit son but. La France, la pauvre France, crut avoir douze corps d'armée, quand elle en avait seulement neuf. Subtilité misérable et indigne d'une grande nation.

A la tête de ce XIIme corps naissant fut mis le général Trochu. Des éléments disparates devaient le composer. La première division était formée de régiments nouveaux, mais appartenant à la ligne et pouvant inspirer la confiance ; la 2me comprenait aussi des régiments de ligne et deux régiments de marche, créés avec des quatrièmes bataillons ; la 3me renfermait quatre régiments d'infanterie de marine, solides comme le fer de leurs ancres, mais n'ayant pas l'habitude des longs trajets à pied.

Trois autres corps allaient entrer dans l'armée de Châlons, le Ier, le Vme et le VIIme. Le premier corps, venant de l'Alsace, était en route depuis le 7 août. La défaite de Wœrth semble avoir déconcerté, ahuri le maréchal Mac-Mahon. Dans sa retraite, l'idée ne lui vint pas de faire sauter les longs tunnels des Vosges ; quelques éboulements un peu considérables eussent été pour lui et pour la nation un avantage immense : ils eussent arrêté la marche du Prince royal et enlevé aux Prussiens, pendant toute la guerre, l'usage du chemin ferré de Strasbourg, qui leur a sans cesse amené des hommes, des vivres et des munitions. Vivement impressionnées par les déroutes de Wissembourg et de Wœrth, les troupes étaient en proie à un abattement moral que des fatigues extrêmes et des privations matérielles ne diminuèrent pas. « Le 1er corps ne parvenait point à se rétablir. Ses éléments étaient en partie débandés. Tout en suivant à peu près la direction indiquée par l'état-major général, beaucoup d'hommes continuaient à marcher sans ordre. Un assez grand nombre mendiaient pour vivre, ne recevant pas de distributions régulières. Pour comble de malheur, le temps devint affreux, et, pendant quelques jours, les malheureux soldats, privés de leurs sacs, de leur linge et de leurs chaussures, abandonnés sur le champ de bataille, eurent à subir une pluie torrentielle. — C'est ainsi que les débris d'un de nos plus vaillants corps d'armée, commandé par un de nos plus vaillants généraux, gagna successivement Bayon le 12, Vichery le 13, Neufchâteau le 14, Joinville le 15 (1). »

« Si nos soldats ne vivent depuis quatre jours que des aumônes des habitants, écrivait, le 10 août, au général Montauban un officier de Mac-Mahon, si nos routes sont semées de traînards mourant de faim, c'est à l'intendance qu'il faut en faire remonter la responsabilité (2). »

(1) *Sedan*, par le général Wimpfen, p. 94.
(2) Fragment d'une lettre citée par l'ex-ministre de la guerre, dans son volume récemment publié (p. 58). L'auteur ajoute cette note terrible : « Les fautes partaient de plus haut, et j'affirme qu'à Lyon, par exemple, longtemps avant la guerre, l'intendance avait prévenu que rien n'existait dans les magasins. *Sous prétexte d'économie*, aucune suite ne fut donnée aux demandes de l'intendance. » Ainsi, c'est un ministre de l'Empire, qui accuse publiquement l'Empereur d'ineptie et de fraude. Le désordre et l'incurie dataient de très-loin, au surplus. En 1859 déjà, la sottise et la paresse de l'administration avaient désorganisé le service médical. Napoléon l'Hébété modelait à son image le peuple français. Le docteur Chenu, dans son livre sur la santé des armées en campagne, donne à cet égard de navrants détails. Il y eut, pendant toute la guerre d'Italie, un peu moins d'un médecin pour mille hommes, 132 pour 160,000. Après les batailles, la pénurie de chirurgiens était affreuse : des milliers de blessés attendaient les soins d'une poignée d'opérateurs ; après la victoire de Solferino, neuf médecins seulement eurent à secourir huit mille blessés. Pas d'infirmiers, ou à peine quelques-uns. Il fallut employer à leur place des hommes du corps de musique, sans la moindre expérience. Peu ou point de couvertures ; si peu de linge, que les médecins, d'après leur propre témoignage, durent en certains cas demander aux habitants des provisions de mousse ! Ce n'était pas les médicaments seuls qui faisaient défaut : on manquait des instruments de chirurgie les plus indispensables. On ne trouvait pas une boite à résection, quand on devait amputer des milliers de malheureux. A Novare, on eut la chance d'en pouvoir emprunter une à un médecin des environs.

Circonstance horrible, qui peint tout d'un mot, des blessés restèrent cinq jours sur le champ de bataille de Solferino sans être

A Neufchâteau, le 14, le maréchal s'embarqua sur le chemin de fer avec une partie de ses troupes, et arriva le lendemain à Châlons ; le reste de ses forces continuèrent leur marche, notamment la cavalerie, et n'usèrent de la voie ferrée qu'à partir du village de Manois ; elles rejoignirent leur chef le 17 (1).

Le Vme corps, général De Failly, avait incliné un peu vers le Sud, passé par Charmes, Mirecourt, Chaumont. Dans cette dernière ville, la division Guyot de Lespart montait en chemin de fer avec son artillerie. Le bien-aimé de l'Empereur continuait à montrer la même imprévoyance. Le 19 août, le ministre de la guerre écrivait au maréchal Mac-Mahon : « J'ai su que le corps De Failly, à Chaumont et à Brennes, n'était ni gardé ni éclairé ; ce manque de vigilance permet à des partis isolés et sans importance de couper les chemins de fer. Cette opération a été exécutée déjà avec hardiesse et bonheur par quelques cavaliers, qu'il eût été facile de chasser à coups de fusil, si l'on s'était gardé. Veuillez donner des ordres pour qu'on redouble de vigilance en ce moment. » Le chef du Vme corps n'atteignit Châlons que le 20 ; ses troupes y arrivèrent le jour suivant.

Ce fut ce jour-là aussi que le VIIme corps parvint au champ de manœuvres (2). Il avait fallu 52 trains et près de 2,000 wagons pour l'emporter ; la crainte d'être surpris en route le força de marcher directement sur Paris.

ramassés, et huit cents autres ne furent nourris, pendant quatre jours, que par la pitié publique !

(1) *Journal du commandant David*, publié par M. Charles Fay dans son *Journal d'un officier de l'armée du Rhin*.

(2) Une faute d'impression, qui m'a échappé, me fait dire, page 309, qu'il partit de Belfort le 1er *août* ; à la page 311, ligne 6, on a mis 5 *août*, au lieu de 15 *août*, erreur très-grave à cause de la place où elle se trouve ; il s'agit d'un artifice de Bazaine. Je prie instamment le lecteur de corriger ces fautes typographiques.

A Châlons, il ne trouva plus l'armée, qui venait de partir pour Reims; les soldats remontèrent en wagons et ne rallièrent le gros des troupes que le 22. Il avait fallu vingt-quatre heures pour leur faire franchir une distance minime. « On mourait littéralement de faim : les chevaux n'avaient ni bu ni mangé depuis trois jours, et les pauvres bêtes ne pouvaient plus se tenir debout (1). »

Pendant que cette concentration avait lieu, de graves décisions, qui devaient influer sur toute la campagne, étaient prises au camp. Le 16 août au soir, le général Trochu y arrivait, à la même heure et à la même minute que le train impérial venant de Metz. Le lendemain, il y eut une conférence chez l'Empereur, à laquelle il fut appelé. Outre Napoléon et lui, assistaient à cette conférence le prince Jérôme Bonaparte, le maréchal Mac-Mahon, le général Bertault, commandant des mobiles de la Seine, le général Schmitz, chef de l'état-major du XIIe corps. Pendant le colloque, le général de Courson, préfet du palais, vint y prendre part.

A ce petit conseil de guerre, l'Empereur demanda ce qu'il pensait de la situation et quelle ligne de conduite on devait adopter. L'avis unanime fut résumé de la manière suivante :

« L'Empereur a abandonné le gouvernement en allant prendre au loin le commandement de son armée; il vient d'abandonner son commandement et de le remettre aux mains du maréchal Bazaine. Il est seul au camp de Châlons, sans armée. En fait, il a abdiqué le gouvernement et le commandement. S'il ne veut pas abdiquer tout à fait, il faut qu'il reprenne, ou le gouvernement, ou le commandement (2). »

---

(1) *Histoire de l'armée de Châlons*, par un volontaire de l'armée du Rhin, p. 75.

(2) Discours du général Trochu à l'Assemblée nationale, le 13 juin 1871.

Bonaparte accepta cette opinion peu flatteuse sur la grotesque position où il s'était embourbé. Le conseil ajouta qu'il ne pouvait reprendre le commandement et, par suite, n'avait plus qu'à ressaisir d'une main ferme le gouvernement. L'Empereur y consentit. Mais la chose, facile à dire, n'était pas facile à faire. Le cousin de l'Empereur, avec sa prudence habituelle, offrit un moyen d'exécution : c'était d'envoyer dans la capitale un émissaire qui préparerait l'auguste retour *moralement et militairement*. Ou je me trompe fort, ou cela veut dire : qui exalterait et prônerait l'usurpateur dévoyé, en même temps qu'il prendrait des mesures pour contenir, *au moins*, la population. Et le prince désigna comme le personnage le plus capable de remplir cette mission difficile, le général Trochu.

Napoléon III, se tournant vers le général, lui demanda si le rôle lui convenait. M. Trochu répondit en propres termes : « Sire, dans la situation pleine de périls où est le pays, une révolution le précipiterait dans l'abîme. Tout ce qui pourra être fait pour éviter une révolution, je le ferai. Vous me demandez d'aller à Paris, de vous y annoncer, de prendre le commandement en chef, je ferai tout cela ; mais il est bien entendu que l'armée de Mac-Mahon va devenir l'armée de secours de Paris, car un siége est imminent. »

Bonaparte acquiesça ; le maréchal Mac-Mahon avait déjà déclaré que c'était la véritable destination de ses troupes. Avant de clore la séance, qui fut levée à onze heures et demie, on rédigea en peu de mots le plan adopté : « Le général Trochu, nommé gouverneur de Paris et commandant en chef, partira immédiatement pour Paris ; il y précédera l'Empereur de quelques heures. Le maréchal Mac-Mahon se dirigera avec son armée sur Paris. »

Napoléon III écrivit aussitôt une lettre à sa femme,

pour l'instruire de la résolution qui venait d'être prise.

Le comte de Palikao (employons ce terme ridicule) a nié audacieusement sa participation au plan de campagne, dont Mac-Mahon, ses soldats et la France ont été victimes (1). Des preuves indiscutables vont montrer que ce plan est son œuvre, qu'il l'a imposé à Mac-Mahon et à l'Empereur lui-même, de concert avec l'Impératrice. Après avoir fait déclarer la guerre dans l'intérêt de sa nièce, la Régente commandait les armées.

Aussitôt qu'elle eut reçu la lettre qui annonçait le retour de Napoléon, elle la communiqua au chef du ministère. Tous deux furent bouleversés. Ils expédièrent immédiatement au souverain cette dépêche fatale : « Paris, 17 août 1870, 10 h. 27 m. du soir. — L'Impératrice me communique la lettre par laquelle l'Empereur annonce qu'il veut ramener l'armée de Châlons sur Paris. *Je supplie l'Empereur de renoncer à cette idée*, qui paraîtrait l'abandon de l'armée de Metz, qui ne peut faire en ce moment sa jonction à Verdun. L'armée de Châlons sera avant trois jours de 85,000 hommes, sans compter le corps de Douay, qui rejoindra dans trois jours et qui est de 18,000 hommes. Ne peut-on pas faire une puissante diversion sur les corps prussiens, *déjà épuisés par plusieurs combats?* L'Impératrice partage mon opinion. »

Ce billet consterna le maréchal, qui non-seulement tenait pour la retraite sur Paris, mais croyait un repos de quelques jours indispensable aux troupes, exténuées, affamées et démoralisées. Elles ne lui semblaient pouvoir combattre sérieusement que sous les murs de la capitale, après avoir réparé leurs forces matérielles et recouvré leur énergie. Mais l'Empereur insista : hébété, indécis, ne comprenant plus rien, il n'osait pas se mettre en oppo-

---

(1) *Un ministère de 24 jours*, p. 113.

sition avec sa femme et avec son ministre. Le 18 août, à 9 heures du matin, il répondit au chef du cabinet : « Je me rends à votre opinion. Ne retardez pas le mouvement de la cavalerie. Bazaine demande avec instance des munitions. Je vous envoie par Béville les dépêches du maréchal, qui ne contiennent rien de nouveau. » Mac-Mahon télégraphiait de son côté, le 19 : « Veuillez dire au conseil des ministres qu'il peut compter sur moi et que je ferai tout pour rejoindre Bazaine. »

Quand il expédiait ces lignes pleines de résignation, le maréchal était-il convaincu, avait-il décidément pris son parti? Pas le moins du monde. Le même jour, à 3 heures 35 minutes du soir, il écrivait à Bazaine : « Si, comme je le crois, vous êtes forcé de battre en retraite très-prochainement, je ne sais, à la distance où je me trouve, *comment vous venir en aide sans découvrir Paris*. Si vous en jugez autrement, faites-le-moi connaître. » Sa répugnance pour un ordre insensé devenant plus forte le lendemain, il adressait au ministre la note suivante : « Je ne sais quelle direction prendra le maréchal Bazaine ; je reste donc dans mon camp, bien que je sois prêt à marcher, jusqu'à ce que je sache s'il va au nord ou au sud. »

Après avoir fait cette déclaration positive, qui semblait terminer la controverse, Mac-Mahon réfléchit et, d'accord sans doute avec l'Empereur, adopta une résolution fatale et singulière : ce plan funeste consistait à ne pas attendre l'ennemi dans les plaines de Châlons, à ne pas marcher sur Metz et à ne pas se retirer devant Paris. Le 20 août, à 4 heures 45 minutes du soir, il télégraphia au général Cousin-Montauban : « Je partirai demain pour Reims. Si Bazaine perce par le nord, je serai plus à même de lui venir en aide ; s'il perce par le sud, ce sera à une telle distance que je ne pourrai dans aucun cas lui être utile. Je laisse ici une division de cavalerie pour permettre d'enlever tout ce qui est possible. Donnez des ordres pour que la ligne de communication soit établie par Soissons ou par Epernay. »

Si, après avoir lu cette dépêche, on jette les yeux sur une carte, on demeure confondu. Reims est à dix lieues au nord-ouest de Châlons; Sainte-Menehould juste à la même distance vers le nord-est, Verdun à huit lieues de Sainte-Menehould. En partant de Châlons le 19, comme il l'avait d'abord annoncé, ou même le 21 de bonne heure, le maréchal pouvait dans la journée du 22 occuper les défilés de l'Argonne, après avoir traversé le champ de bataille de Valmy, arriver sous les murs de Verdun le 23, en même temps que le prince royal de Saxe ou avant lui, secourir la place, sauver ses immenses approvisionnements, et arrêter la marche de la IVme armée d'invasion. Les troupes qui le rejoignirent à Reims, l'eussent rallié à Sainte-Menehould ou à Clermont-en-Argonne. Le prince de Saxe avait tout au plus 90,000 hommes; Mac-Mahon disposait de forces supérieures; une victoire préservait la place forte, ouvrait à nos soldats la route de Metz.

Bazaine peut-être n'eût pas secondé ses efforts par une grande sortie; mais le chef de nos dernières troupes ne connaissait pas les plans du maréchal, ne savait pas qu'il voulait attendre, immobile, la chute de l'Empire et de l'Empereur. Tout au plus avait-il quelques vagues soupçons.

Quel avantage offrait la position de Reims? Un seul, la faculté de se rabattre sur Paris, en évitant une rencontre avec les forces germaniques, dont ce mouvement éloignait nos troupes. Ce fut cette considération qui l'emporta.

Le 21 donc, nos soldats, qu'on avait fait lever à 4 heures, se mettaient en marche pour Reims à 7 heures et demie, et atteignaient la ville le lendemain dans la journée. Avant d'abandonner le camp de Châlons, l'Empereur avait résolu de faire un grand sacrifice ; c'était de détruire tout ce qu'il ne pourrait emporter. Au moment où les dernières troupes quittaient le champ de manœuvres, une grande flamme s'éleva derrière elles. On venait de mettre le feu aux tentes, chariots, meubles, vivres, fourrages, équipements, dont les Prussiens auraient pu s'emparer. L'incendie roulait sur la plaine, dégageant des tourbillons de fumée. Dans cette circonstance même, si grands furent l'irréflexion et le désordre, qu'on brûla dix mille paires de chaussures qui arrivaient de Châlons. Des régiments entiers marchèrent sur leurs vieilles semelles... ou pieds nus. Le service de l'intendance continuant à être aussi mal fait que d'habitude, les soldats restèrent sans nourriture pendant toute la première journée de marche : le pain fut distribué à onze heures du soir (1). Les intrigants, les fripons et les sots avaient envahi toutes les administrations. A Reims, le désordre était complet; personne ne prenait la peine d'indiquer aux troupes leurs lieux de campement. Elles erraient sans savoir quels emplacements choisir. « L'artillerie était d'un côté, la cavalerie de l'autre, l'infanterie un peu partout, chacun ayant perdu son chef de file (2). » L'Empereur avait établi son quartier général à Courcelles, à une lieue et demie de Reims, vers le couchant. Là encore, Mac-Mahon et lui résolurent de ne pas aller plus loin, de se rabattre sur Paris.

Cependant la lenteur et les indécisions qui engourdissaient l'armée, causaient aux Tuileries des frémissements d'impatience. La Régente, le conseil des ministres, auquel s'étaient adjoints M. Rouher, M. Schneider, M. Fialin, dit De Persigny (3), avaient hâte de précipiter dans l'abîme

(1) *Journal du commandant David*, p. 345.
(2) *Histoire de l'armée de Châlons*, par un volontaire de l'armée du Rhin, p. 75.
(3) Ce Fialin, fils d'un notaire de Roanne, qui avait dû fermer son

la seconde armée française. Le soir du 20 août, le président du Sénat n'y put tenir. Il s'élança vers Châlons par un train de grande vitesse. Il trouva le camp levé, les troupes en marche dans la direction de Reims ; poursuivant sa route, il atteignit le quartier général à Courcelles. Avec cet émissaire, il fallut discuter. Les trois personnages se réunirent, et le souverain exprima de nouveau son intention de retourner à Paris. Le voyageur insista pour la marche vers Bazaine, déclarant qu'on blesserait l'opinion publique, si on ne lui portait pas secours. Son éloquence produisit peu d'effet. Le maréchal, jugeant la question au point de vue militaire, persista dans l'opinion qu'il fallait rallier Paris. Suivant M. Cousin-Montauban, il croyait Bazaine enfermé dans un cercle infranchissable et disait qu'en tout cas, il ne pourrait, faute de vivres, tenir la campagne plus de quatre ou cinq jours (1). M. Rouher eut beau discourir, le maréchal fut inflexible. L'Empereur et Mac-Mahon étaient si bien décidés qu'ils rédigèrent une proclamation au peuple, et que le souverain signa plusieurs décrets : ils n'en firent pas mystère à M. Rouher. Le président du Sénat partit donc pendant la nuit du 21 au 22 ; à neuf heures du matin, il apprenait au conseil des ministres que ses efforts n'avaient produit aucun résultat. M. Montauban fut transporté de colère. « Il se rendit chez l'Impératrice, dit le général de Wimpfen, pour lui signifier que si l'ordre donné au maréchal de se porter sur Metz n'était pas exécuté immédiatement, il afficherait dans toute la France que l'Empereur était la cause des désastres qu'il prévoyait devoir résulter

étude, avait approuvé hautement la guerre. Le 6 juillet 1870, il écrivait au chef de l'État : « Recevez mes félicitations les plus ardentes, La France entière vous suivra. L'enthousiasme est unanime. »

(1) *Un ministère de 24 jours*, p. 115.

forcément des retards apportés à la réunion des deux armées (1). »

L'Impératrice n'avait pas besoin d'être gourmandée ; quand le général Trochu était arrivé à Paris, le soir du 18, avec une partie des mobiles de la Seine, elle lui avait fait une algarade ! Ah ! le pauvre homme ! quelle tempête furieuse il eut à subir ! Il l'a décrite lui-même devant l'Assemblée nationale, le 13 juin 1870. La Régente débuta par ces mots, qui me dispensent de citer le reste : « Général, les ennemis seuls de l'Empereur ont pu lui conseiller ce retour. Il ne rentrerait pas vivant aux Tuileries. »

Mais toutes ces colères, toutes ces indignations, tous ces avis, tous ces efforts n'eussent produit aucun résultat, sans une coïncidence bizarre, comme celles qu'inventent les dramaturges et les romanciers.

Le 19 août, le maréchal Bazaine, craignant que les fils électriques ne fussent coupés dans le voisinage de Metz, demanda un homme de bonne volonté pour porter un message. Un garde forestier, brave et agile, offrit de traverser les lignes prussiennes, et promit qu'il remettrait la dépêche en mains propres. Le maréchal lui confia donc une lettre. Le garde tint fidèlement sa parole, mais n'atteignit Reims que le 22 août, au matin. La missive contenait ce passage terrible, dont nous avons déjà donné connaissance : « Je compte toujours prendre la direction du nord et me jeter par Montmédy sur la grande route de Sainte-Menehould à Châlons, si celle-ci n'est pas trop fortement occupée. Dans ce dernier cas, je marcherai par Sedan, et même par Mézières, pour gagner Châlons. »

Cette note parut décisive à Napoléon III, et le maréchal lui-même n'osa plus témoigner sa répugnance. A

(1) *Sedan*, p. 106.

10 heures 45 minutes du matin, il télégraphia au ministre de la guerre : « Le maréchal Bazaine a écrit le 19 qu'il comptait toujours opérer son mouvement de retraite par Montmédy.. Par suite, je vais prendre mes dispositions pour me porter sur l'Aisne. Prévenez le conseil des ministres, et accusez-moi réception de cette dépêche. »

A 1 heure 5 minutes, le même jour, M. Cousin-Montauban lui expédiait une réponse catégorique : « Le sentiment du conseil, en présence des nouvelles du maréchal Bazaine, est plus énergique que jamais. Les résolutions prises hier soir devaient être abandonnées; ni décret, ni lettre, ni proclamation ne doivent être publiés. Un aide de camp du ministre part pour Reims, avec toutes les instructions nécessaires.

» Ne pas secourir Bazaine aurait à Paris les plus déplorables conséquences. En présence de ce désastre, il faudrait craindre que la capitale ne se défendît pas. — Votre dépêche à l'Impératrice nous donne la conviction que notre opinion est partagée (1). »

Ainsi, le billet perfide écrit le 19 par Bazaine, pour attirer la seconde armée française dans le piége de Sedan, arrivait au quartier général avec un à-propos funeste, juste à l'heure où il pouvait exercer l'action la plus fatale. Les contes orientaux parlent de génies malfaisants, qui

(1) Le ministre avait si bien le projet de pousser Mac-Mahon vers Metz, que son livre contient ce passage : — « La réunion des deux armées françaises donnait à celle de Metz la confiance dans le nombre, et à celle de Châlons l'énergie qui devait résulter de l'émulation qui se serait établie entre elles : à mon avis, les résultats obtenus par cette jonction eussent été incalculables ! — Metz était débloqué, et le prince royal de Prusse était obligé de battre en retraite avec son armée, fatiguée par les marches forcées qu'elle venait d'opérer. » Peut-on rien lire de plus absurde? Un capitaine abandonnant une lutte immense, parce que ses troupes ont les jambes lasses ! Et le plan secret de Bazaine, son immobilité volontaire, le ministre ne les devinait pas !

possèdent des formules pernicieuses, des talismans de ruine et de mort. La lettre du maréchal fut comme un de ces talismans. Elle décida la chute de l'Empire, la défaite et la captivité de nos dernières troupes. Elle aurait pu arriver trop tard, ou ne pas arriver du tout ; mais il y a des époques où le malheur s'acharne sur les nations comme sur les individus : la France était dans une de ces époques. Sans la dépêche de Bazaine, Mac-Mahon eût rétrogradé vers Paris ; et alors le plan de campagne le plus logique, celui qu'il aurait dû adopter, se serait peut-être offert à son esprit. Ce n'était pas de marcher vers Metz ou d'entrer dans la capitale, mais d'en barrer le chemin aux troupes d'invasion, en la conservant derrière soi comme lieu de refuge, pour en sortir avec des forces nouvelles.

La dépêche du général Montauban coupa court aux indécisions de Bonaparte : il fit appeler Mac-Mahon, et obtint qu'il signerait, pour le lendemain, l'ordre de marcher vers l'Argonne. Le maréchal prit la plume avec une émotion douloureuse. Comme il sortait de chez l'Empereur, il rencontra un de ses vieux compagnons d'armes, le général Forgeot, lui serra la main et s'écria : « J'aurais mieux aimé me voir couper le bras droit que d'être forcé de signer un ordre pareil, qui est la perte de notre dernière armée (1) ! » Homme vraiment à plaindre, qu'on empêchait de suivre les conseils de son intelligence ; à Reims comme en Alsace, il voyait clair, il apercevait le gouffre que des sots creusaient devant lui, et il y tombait faute de résolution ; il n'avait pas le courage de dire : « Vous ne mènerez point mes troupes à la mort, vous ne me mènerez point à la défaite, malgré mes convictions ! »

(1) *Histoire de l'armée de Châlons*, par un volontaire de l'armée du Rhin, p. 84.

Comme pour lui donner le coup de grâce, à 4 heures 50 minutes arriva une seconde dépêche de Bazaine, écrite le 20, qu'un homme courageux avait portée à Longwy : — « J'ai dû prendre position près de Metz, pour donner du repos aux soldats, et les ravitailler en vivres et munitions. L'ennemi grossit toujours autour de moi ; je suivrai probablement pour vous joindre la ligne du nord, et vous préviendrai si la marche peut être entreprise saus compromettre l'armée. »

Quoique cette dépêche fût moins affirmative que la précédente, elle forçait encore la main au maréchal : il ne pouvait courir la chance de laisser Bazaine faire seul des efforts pour se dégager, pour amener à la défense nationale le concours de nos meilleures troupes.

Le 23 au matin commença donc la marche funèbre, dans la direction de Rethel. Un peu avant le départ, une pluie froide, pénétrante, continue, enveloppa l'armée. Elle tomba sans relâche jusqu'à onze heures : l'eau du ciel, l'artillerie, les voitures du train et les charrettes de vivres eurent bientôt changé le macadam des routes en boue liquide et blanchâtre, où les hommes et les chevaux piétinaient laborieusement. On eût dit que le ciel même voulait persécuter nos malheureux soldats. Enfin le soleil perça les nuages, comme un bienfaiteur et un consolateur. L'armée alors, suivant le rapport d'un témoin, offrit un spectacle imposant. Ce n'était pas moins de cent trente mille hommes, qui traversaient les campagnes désertes. « Ces masses de chevaux, ces canons, cette foule grise, rouge, sombre, serpentant sur ces plaines sans fin, ondulées d'un horizon à l'autre et parsemées de bois touffus, quelle scène grandiose ! En voyant ces escadrons et ces régiments, les uns graves et silencieux comme des hommes qui marchent à la mort, les autres gais et chantant des couplets patriotiques, comme des hommes qui courent à la victoire, nous étions loin de nous douter qu'une suite de fautes inimaginables allaient jeter, vivante et prisonnière, cette armée dans les mains des envahisseurs (1). » Ainsi le lugubre empereur menait le deuil de notre gloire militaire, sombre, affaissé, traînant après lui d'immenses équipages, plus préoccupé de ses besoins et de son faste que de la nation qui lui avait imprudemment confié ses destinées. C'était l'armée de Sennachérib, sur laquelle planait un esprit vengeur. L'arbitraire est, comme l'anarchie, un dissolvant, mais plus terrible encore : de l'anarchie, on revient à l'ordre; de l'arbitraire, on tombe dans la décomposition et dans la mort.

Le prince Napoléon ne soutenait pas le courage abattu de l'impérieux autocrate. Aussitôt qu'il avait été question de marcher à l'ennemi, Son Altesse avait décampé. Ce Vitellius au cou trapu, aux yeux féroces, a dans la poitrine un cœur de lièvre. De Châlons, il avait pris la direction du sud. Il traversa Paris, où il laissa courageusement sa femme, qui s'esquiva toute seule, le 4 septembre, et il détala, il détala... où courait-il? En Italie, hors de France. Son cousin l'avait chargé d'une mission... loin du péril. Quand il fut bien en sûreté, il écrivit au général Trochu, le 23 août : « Je suis envoyé ici par l'Empereur et le maréchal Mac-Mahon, pour décider l'Italie et l'Autriche à faire la guerre... Mon opinion est que l'Italie pourrait donner cinquante mille hommes dans huit jours, portés à cent mille dans quinze jours, à cent cinquante mille dans un mois. Dites-moi quelle est notre situation militaire, et donnez-moi votre avis sur la direction des soldats italiens, si je pouvais les obtenir. Faut-il les diriger par le mont Cenis sur Belfort, ou par les Alpes sur Munich? Dans ce cas, la permission de l'Autriche est

(1) *La Campagne de* 1870-1871, par l'abbé Domenech, p. 155.

nécessaire, puisqu'on passe sur son territoire... Réponse urgente ; prière de garder le secret sur ma note. »

Quelle incroyable puérilité! Voyez-vous cet homme, qui, sans négociations préalables, va en Italie chercher cent cinquante mille soldats, et compte si bien les obtenir, qu'il demande où il doit les mener ? Et encore pense-t-il à traverser le territoire de l'Autriche ! Mais alors que signifiait l'alliance offensive et défensive entre la Prusse et Victor-Emmanuel ? A quelle époque de l'histoire un souverain a-t-il donné des troupes, comme on donne des fruits ou des bonbons ? Et les principes du régime constitutionnel, l'obligation de demander aux Chambres italiennes leur consentement ? L'évadé de Châlons n'y pensait pas, tant cette race d'oppresseurs avait fini par perdre toute clairvoyance politique.

L'armée française continua donc sans espoir de secours son douloureux voyage. Les habitudes d'indiscipline que Napoléon et ses généraux avaient laissé prendre aux soldats, pour capter leurs bonnes grâces, pour les changer en prétoriens, augmentaient les difficultés de la marche. Des traînards, échelonnés en grand nombre, buvaient, perdaient la raison dans les cabarets, puis tiraient au hasard des coups de fusil ; d'autres chassaient comme de simples amateurs, sans calculer la portée des armes nouvelles. Leurs compagnons recevaient des balles perdues, tombaient mortellement frappés dans les rangs, jusqu'à dix et douze en une seule matinée ; on fut contraint d'employer la gendarmerie et un bataillon de tirailleurs, pour mettre un terme à ces récréations meurtrières (1). Les conscrits, les vétérans, fatigués ou ivres, se couchaient, dormaient sur la terre humide, refusaient absolument de marcher (2).

(1) *Campagne de* 1870-1871, par l'abbé Domenech, p. 154 et 155.
(2) On trouvera des détails navrants sur l'indiscipline et l'ivrognerie

Il était bien difficile, au surplus, de dominer des hommes qu'on laissait sans nourriture. Pendant toute la campagne de Sedan, l'armée ne reçut pas trois distributions complètes et régulières (1). L'incapacité absolue de l'intendance provoquait le désordre et lui servait d'excuse. La maxime de l'Empire : *Tout à la faveur, rien au mérite*, produisait ses conséquences naturelles. Fatiguées d'attendre, avec la famine dans les entrailles, des aliments qui n'arrivaient jamais, nos soldats se livraient au pillage. Dès qu'ils avaient dressé leurs tentes, ils saccageaient les champs de pommes de terre, se procuraient des vivres par tous les moyens. Les officiers étaient contraints de fermer les yeux, car ils ne pouvaient laisser mourir les troupes d'inanition. L'instinct du vol une fois réveillé, il y eut parmi les jeunes et les vieux militaires une sorte d'émulation dans le mal, et les défenseurs de la France ravageaient ses campagnes avant l'ennemi. Voilà ce que le César de tréteaux nommait *l'ordre*, ce que sa troupe foraine prônait avec enthousiasme ; qu'aurait donc été le *désordre* ?

De Reims à Rethel, il y a 58 kilomètres : on mit deux jours à faire ce trajet. Le soir, en arrivant au chef-lieu de sous-préfecture, Mac-Mahon éprouva encore un sentiment de tristesse et de regret : à 9 heures 45 minutes, il écrivit par le télégraphe au ministre de la guerre : « Je crains de rencontrer dans les Ardennes de grandes difficultés pour nourrir l'armée par le pays, difficultés qui seront insurmontables, si nous parvenons à joindre Bazaine. Je demande donc qu'il soit dirigé sur Mézières des envois

---

de l'armée de Châlons dans l'ouvrage très-bien fait de M. Emile Delmas : *De Frœschviller à Paris*, p. 144 et ss. Un soldat, sur la route de Verdun, coupa d'une balle un fil télégraphique, d'où pouvait dépendre le salut de toute l'armée : il ne fut pas même puni.

(1) *Histoire de l'armée de Châlons*, p. 89.

considérables de biscuit, soit près de deux millions de rations.

Le 25 août, la plus grande partie de l'armée demeura immobile; on perdit un jour tout entier ! Suivant à contre-cœur un plan qu'il désapprouvait, le général en chef n'activait pas la marche; il avançait dans l'inconnu, vers la ruine et le malheur. Et puis l'on peut sans injustice supposer que Napoléon ne le pressait pas; il avait eu l'agilité d'une gazelle, quand il fuyait de Metz; il avait la lenteur d'un tardigrade, maintenant qu'on allait au-devant de l'ennemi. Les hommes intelligents de l'armée sentaient les indécisions du commandement. « On disait déjà que notre marche sur Montmédy n'était sans doute qu'une fausse démonstration. — que ce voyage en zigzag nous ramènerait fatalement sur Mézières, pour de là descendre vers Paris (1). »

Le soir du 25, le Ier et le VIIme corps, qui précédaient les autres, campèrent au pied de l'Argonne, le Ier à Attigny, le VIIe à Vouziers. Le 26, l'armée française pivota sur son aile droite : le Ier corps avait reçu l'ordre de se porter à Voncq, le XIIe à Tourteron, le Vme corps au Chêne-Populeux; nos forces allaient traverser presque de front cette chaîne de hauteurs, qui avaient sauvé la France en 1792, et qui, en 1870, sous des chefs incertains ou perfides, allaient servir d'occasion et de prétexte aux plus grands désastres militaires, non-seulement de notre histoire, mais de l'histoire du genre humain. Bazaine n'avait pas voulu la traverser, pour ne pas rejoindre l'Empereur et sauver l'Empire ; Mac-Mahon et l'homme de décembre ne voulaient point la traverser, parce qu'ils marchaient à l'aventure et doutaient du résultat qu'ils semblaient poursuivre.

(1) *Histoire de l'armée de Châlons*, par un volontaire de l'armée du Rhin, p. 105.

Dans le mouvement de conversion qui s'opérait, le VIIme corps devait franchir la première ligne montagneuse et occuper Grand-Pré. On avait détaché en avant la brigade Bordas, quand une estafette vint annoncer que les Prussiens arrivaient en masse sur la petite ville. C'était une fausse nouvelle, qui eut pour conséquence de faire épuiser le VIIme corps en marches et en contre-marches pendant vingt-quatre heures, sous une pluie glaciale et torrentielle. Pendant ces vingt-quatre heures, les soldats ne firent qu'avancer, reculer, avancer de nouveau, tourner et piétiner, sans repos, sans sommeil et sans nourriture. Comme on doit leur tenir compte de leur patience, de leur abnégation et de leur courage! Pauvres martyrs d'un gouvernement stupide et criminel, qui ne savait pas même les conduire à la mort!

Pendant qu'ils jeûnaient, la table de l'Empereur était aussi bien pourvue, aussi soignée qu'aux Tuileries. Un de ses fourgons portait écrit en grosses lettres : *Homards frais* (1). Dans des circonstances pareilles, il fallait des homards frais à cette majesté de carrefour! « A sept heures, dit un témoin, nous vîmes défiler l'Empereur et toute sa maison; le convoi était long, trop long; les soldats murmuraient, pestaient contre le maître et la valetaille; triste présage (2). » Quand on approchait du quartier général, toutes sortes de parfums gastronomiques irritaient l'appétit des estomacs vides. Les gigots, les filets de bœuf, les poulets rôtis, les pâtés, le vin de Bordeaux, qu'on portait au souverain, crispaient les nerfs des soldats

---

(1) *Le Drame de Metz*, par le P. Marchal, aumônier de la garde impériale, p. 13. — « On dirait l'armée de Darius, m'écriai-je, en m'adressant à un officier de mes amis. — Rien n'y manque, pas même Darius, me répondit-il, et de tous nos bagages, c'est sans contredit le plus embarrassant. »

(2) *La Campagne de* 1870, par l'abbé Domenech, p. 170.

affamés (1). S'ils avaient eu seulement un peu de pain humecté par la pluie !

A Tourteron, pendant la journée du 26, l'anxiété croissante de l'Empereur, les dangers que pouvait courir son auguste rejeton, firent prendre le parti de l'expédier à Mézières.

C'était le lendemain, 27 août, que le général De Failly, le héros de Mentana, devait se heurter contre les premières troupes prussiennes. Les chefs de l'armée française n'avaient aucun renseignement sur les forces et les mouvements de l'ennemi. Cent trente-cinq mille hommes marchaient comme dans un rêve. Or, pendant qu'ils se traînaient sur les plaines boueuses de la Champagne, le prince de Saxe les guettait, les attendait ; le fils du roi de Prusse accourait à marches forcées, pour les surprendre et les envelopper.

(1) *La campagne de* 1870, par l'abbé Domenech, p. 173.

CHAPITRE XV.

POURSUITE DE L'ARMÉE DE CHALONS PAR LES TROUPES AL-LEMANDES. — ESCARMOUCHE DE BUZANCY, COMBAT DE NOUART.

Le prince Frédéric-Guillaume de Prusse était resté à Nancy jusqu'au 20 août. Un renfort considérable lui était arrivé pendant son séjour dans la capitale lorraine, le VI⁰ corps d'armée, général Von Tümpling, cantonné d'abord dans la Silésie pour observer l'Autriche, puis amené en chemin de fer, quand le cabinet de Vienne eût rassuré la Prusse. C'était un supplément de trente-deux mille hommes, qui comblait les vides formés par les combats de Wissembourg et de Wœrth, par l'éloignement du corps badois, détaché vers Strasbourg, et par l'obligation de laisser des troupes, soit dans les petites forteresses qu'on avait prises, soit devant celles qui résistaient. Avec cette addition de nouveaux régiments, l'effectif très-diminué remontait au chiffre d'environ 160,000 hommes.

Un obstacle important sur la route de la 3ᵐᵉ armée prussienne était la place forte de Toul. Elle commandait le chemin de fer de Paris à Strasbourg, et interrompait toute communication directe entre les deux villes par le moyen de la vapeur. Si on ne s'en rendait pas maître, il faudrait, pour avancer plus loin, faire un détour à pied ; les trains venant d'Allemagne, inconvénient plus grave encore, se trouveraient arrêtés dans leur parcours. Toul avait encore pour les Français une autre importance : elle protégeait à une de ses extrémités la ligne de la Moselle, que Metz défendait au milieu et Thionville dans le nord. Le gouvernement, par suite, aurait dû y mettre une garnison respectable et armer ses remparts d'une artillerie puissante. Napoléon, son état-major et le ministre de la guerre n'y avaient point songé. La place ne renfermait pas mille hommes de troupes régulières, commandés par un jeune chef d'escadron d'artillerie, nommé Huc. A peine arrivés sous les murs de Nancy, les Prussiens avaient lancé dans la direction de Toul un escadron de uhlans, qui avaient d'abord essayé de surprendre la ville, puis l'avaient sommée de se rendre. On s'était gaussé d'eux, et on faisait des préparatifs pour leur donner la chasse, quand ils avaient lestement déguerpi. Mais le roi de Prusse et M. De Moltke envoyèrent l'ordre de réduire la place. Le 16 août apparurent les colonnes prussiennes. Deux régiments d'infanterie, un bataillon de chasseurs à pied, deux batteries d'artillerie et un régiment d'artillerie, en tout huit mille hommes, avec douze canons, venaient l'attaquer. Dès qu'on les aperçut, le commandant de la ville déploya en avant des glacis une partie de sa faible troupe. Les assaillants ouvrent contre elle le feu de leurs pièces : la place y répond. Mais nos fantassins, exposés sans abri à un tir d'une grande justesse, ne pouvaient tenir dans l'endroit où ils s'étaient postés; force leur fut de reculer vers les faubourgs. Les Allemands essayent de les suivre ; une fois protégés par des murs, nos conscrits tiennent bon, canardent les Prussiens, en abattent des centaines. Pendant trois heures, les Germains s'obstinent ; pendant trois heures, nos jeunes soldats éclaircissent leurs rangs. Les Prussiens sont alors obligés de battre en retraite; les boulets de la place les accompagnent jusqu'à ce qu'ils soient hors de portée (1). De l'aveu même des auteurs allemands, leurs pertes étaient sensibles.

Il fallut donc cerner la place; l'ennemi commença le siége avec des pièces de campagne, qui ne produisirent aucun effet. On amena les canons pris à Marsal; mais le bombardement avec ces armes non rayées ne causa que d'insignifiants dommages. Les Prussiens se contentèrent donc provisoirement d'un blocus, et l'armée tout entière fit un détour par le sud, pour continuer sa marche vers l'intérieur de la France. La route qu'elle allait prendre n'était pas celle de Paris, comme on l'a cru dans la métropole, mais celle de Châlons : le roi de Prusse voulait y accabler nos réserves (2). Son fils et lui eurent une entrevue à Pont-à-Mousson, dans la matinée du 20 août, pendant que l'armée quittait Nancy pour gagner Vaucouleurs, où le prince la rejoignit le soir. L'itinéraire indiqué aux troupes allemandes du sud était de passer par Ligny, Bar-le-Duc et Vitry-le-Français. La quatrième division de cavalerie formait l'avant-garde. Le soir du 24 août, ses éclaireurs parurent devant la place forte de Vitry, point important de communication entre Nancy et Paris, attendu que la citadelle commande le passage de la Marne et la ligne du chemin de fer. Le 25, quand la plus grande partie de la division fut arrivée, elle somma la ville de se rendre. Une demi-heure après, la place capitula, sans faire même un simulacre de résistance, et fut occupée par un escadron du 5ᵐᵉ régiment de dragons prussiens. Dans la citadelle se trouvaient encore 300 gardes mobiles non équipés. Le fort contenait en

---

(1) *Histoire de la guerre de* 1870, par V. Derrécagais, p. 541.
(2) *Von der dritten Armee, Skizzen aus dem Feldzuge* 1870-1871, par Paul Hassel, professeur d'histoire à l'université de Berlin, qui accompagnait le quartier général de Frédéric-Guillaume, p. 174.

outre 5,000 fusils, 3,000 armes blanches, 16 bouches à feu.

Deux bataillons de gardes mobiles, qui formaient la majeure partie de la garnison, s'étaient retirés à l'approche des Allemands; les pauvres conscrits voulaient retourner chez eux. Comme ils se dirigeaient vers Sainte-Menehould, ils sont rencontrés par la 6me division de cavalerie prussienne. Aussitôt les ennemis leur lancent quelques obus; le 15me régiment de uhlans les attaque, les disperse, en fusille, massacre un grand nombre, et fait le reste prisonnier. Les auteurs germaniques disent que ces gardes mobiles voulaient se rendre, mais ne savaient pas comment manifester leur intention : ils auraient dû, à ce qu'il paraît, jeter ostensiblement leurs armes. Leur inexpérience sembla un prétexte suffisant pour les égorger. Les Prussiens s'acharnent sur ceux qui sont déjà couverts de blessures, les hachent à coups de sabre : quelques-uns n'en reçurent pas moins de douze (1). Voici le télégramme que les vainqueurs expédièrent le lendemain de Bar-le-Duc : — « Officiel. La petite forteresse de Vitry s'est rendue. Seize canons sont tombés entre nos mains. Deux bataillons de gardes mobiles ont été *taillés en pièces* par notre cavalerie; 17 officiers et 850 hommes ont été faits prisonniers. Nous avons eu *trois blessés* : le major Freisen l'est grièvement. »

Ce chiffre de trois blessés prouve combien les malheureux, que l'on avait *taillés en pièces*, s'étaient peu défendus. Un écrivain allemand, qui eut occasion de les voir, en fait la description la plus émouvante : « Ils racontaient eux-mêmes leurs souffrances, dit-il, depuis qu'on les avait enrôlés dans l'armée française. La plupart étaient à peine sortis de l'adolescence, n'avaient guère que 18 ou

---

(1) *Journal de la Marne*, 2 septembre 1870.

19 ans; beaucoup avaient de 16 à 17 ans. On les avait appelés de leurs villages dans la capitale, où ils avaient été casernés, puis expédiés au camp de Châlons. La plupart déclaraient n'avoir jamais tenu une arme avant le début des hostilités. Leur mauvaise mine, leur habillement incomplet et leur maigreur prouvaient la justesse de leurs plaintes (1). »

Si jamais créatures humaines ont eu des droits à la pitié, c'était bien ces malheureux enfants que la cavalerie prussienne avait foulés aux pieds de ses chevaux. On pourrait donc croire que Guillaume le Pieux, Guillaume le Larmoyant, après avoir fait de si nobles proclamations, blâmerait hautement cette affreuse et inutile boucherie? Mais quand Tartuffe est las de porter son masque, il montre son visage et lève le front dans l'impudeur. Le 28 août, de son quartier général, établi alors à Clermont-en-Argonne, le roi de Prusse lança, comme un dieu auquel tout doit obéir, le décret suivant contre les populations françaises :

« Le commandant en chef des armées allemandes porte à la connaissance des habitants de la province que tout captif, qui veut être traité comme un prisonnier de guerre, doit prouver sa qualité de soldat par un ordre émanant des autorités régulières et adressé à sa personne, constatant qu'il a été appelé sous les drapeaux et inscrit sur les listes d'un corps militairement organisé par le gouvernement français. En outre, la position qu'il occupe dans l'armée doit être indiquée par des signes militaires et uniformes, inséparables de son costume et visibles à l'œil nu, à portée de fusil. Les individus qui porteront les armes sans avoir rempli ces conditions préalables, ne seront point considérés comme prisonniers de guerre. Ils

---

(1) *Von der dritten Armee*, p. 208.

seront jugés par une cour martiale et, s'ils ne méritent point un châtiment plus rigoureux, condamnés à dix ans de travaux forcés, peine qu'ils subiront en Allemagne. »

Voilà ce qu'un barbare du Nord, un faux dévot qui n'est pas même un chrétien, a osé publier sur le sol de la France, au dix-neuvième siècle! L'auteur allemand, auquel j'emprunte le texte original du décret, y joint ces réflexions caractéristiques : « Un ordre écrit, une commission, aurait eu l'inconvénient de pouvoir être facilement perdu. Il aurait été plus agréable aux gardes mobiles et d'un meilleur effet, qu'ils portassent l'uniforme de drap prescrit par le règlement, au lieu d'un misérable costume. Mais les autorités françaises mirent dans l'exécution de cette mesure une négligence, une lenteur impardonnables, dont les conséquences se manifestaient encore à la fin du mois d'octobre (1). »

Ainsi, pour préserver d'un lâche assassinat par les conseils de guerre les nobles citoyens, les hommes généreux qui défendaient leur patrie, avec moins de ressources, avec une organisation moins avantageuse que celle des troupes de ligne, il fallait *un habit de drap!* Sans habit de drap, plus de justice, plus d'honneur et de pitié! La mort froidement donnée, la mort des criminels, la mort des bandits! O race ignoble d'Allemagne, de quelle boue t'a donc pétrie la nature? Oser prétendre que les citoyens d'une contrée envahie n'ont pas le droit de défendre leurs champs, leurs maisons, leur famille et leur patrie, à moins de porter un certain uniforme et pas un autre, faire de cette distinction absurde un prétexte pour fusiller, pendre, massacrer des prisonniers de guerre, pour commander à la nation d'assister en spectatrice indifférente aux crimes et dévastations de l'étranger, quelle escobarderie sangui-

(1) Rüstow, t. II, p. 24.

naire ! Cette immorale subtilité, cette fourberie homicide révoltait déjà la conscience. Les Allemands ont poussé plus loin le mépris de toute logique et de toute bonne foi.

Pendant qu'ils ordonnaient à la population civile de rester inerte et impassible devant leurs fureurs, ils l'ont rendue responsable des actes d'hostilité individuelle que pouvaient faire des patriotes ulcérés : ils ont tué *quatre innocents* pour un seul acte d'agression, brûlé des villages, massacré tous les habitants d'un bourg ou d'un hameau, pour un seul coup de feu tiré sur les lansquenets tudesques. Ils impliquaient donc officiellement dans la lutte les citoyens non militaires, après les en avoir exclus, après leur avoir interdit sous peine de mort d'y prendre part.

Mais cette contradiction féroce, cette odieuse inconséquence ne leur suffisait pas. Ils ont voulu plonger plus avant dans le crime et la déraison. En même temps qu'ils défendaient aux indigènes sans uniforme, non-seulement de prendre les armes, mais d'aider leurs compatriotes, ne fût-ce que par un simple renseignement, ils s'acharnaient avec une barbarie atroce, avec une cruauté impitoyable, contre cette même population civile. Dans chacun des siéges qu'ils ont entrepris, au lieu d'attaquer les fortifications, les citadelles, au lieu de bombarder les constructions militaires et de lutter contre les garnisons, au lieu d'épargner les simples citoyens, dont ils exigeaient une abstention rigoureuse, c'est contre ces infortunés, c'est contre leurs demeures, contre leurs mobiliers, qu'ils dirigeaient tous leurs moyens de destruction. Ils ménageaient les forts et les remparts, derrière lesquels ils voulaient s'abriter quand ils seraient maîtres de la place ; ils incendiaient, ils écrasaient, ils renversaient les demeures particulières ; détournant leurs coups des soldats-logés dans les casemates, ils décimaient ou ruinaient les habitants. C'est par milliers que ces malheureux ont péri sous les décombres de leurs logis embrasés. Dans les villes ouvertes et les villes prises, au moindre obstacle que rencontraient leurs exigences, au moindre retard dans l'accomplissement de leurs ordres, ils les rouaient de coups, les faisaient mourir sous le bâton, comme à Reims, ou les emprisonnaient, les déportaient, les emmenaient comme otages, les forçaient de payer des rançons énormes. De sorte qu'après avoir exclu de la guerre la population civile, après lui avoir commandé de se tenir à l'écart, ils lui ont fait de préférence supporter les horreurs de la lutte, ils l'ont accablée de réquisitions, pillée, brutalisée, assassinée lâchement, de loin, sans péril, au moyen d'obus et, chose plus affreuse encore, au moyen de bombes incendiaires, de peur que la destruction ne fût pas assez rapide et la mort assez sûre.

Et l'on a fusillé, pendu, brûlé vifs des gardes mobiles, des gardes nationaux, parce qu'ils combattaient pour le salut de leur pays! Et l'Allemagne ne s'est pas rappelé, ou a feint de ne pas se rappeler ces articles d'une ordonnance concernant la landsturm, publiée par Frédéric-Guillaume III, le père du roi de Prusse actuel. — « La landsturm est appelée à agir dans le cas d'une guerre défensive, où *tous les moyens sont permis et légaux, de sorte que les extrêmes sont à préférer*, parce qu'ils conduisent plus rapidement et plus efficacement au but. *La landsturm n'a ni uniformes, ni signes particuliers, car ces uniformes et ces signes serviraient à la faire reconnaître par l'ennemi et l'exposeraient à des persécutions.*

» Article 8. La landsturm doit arrêter la marche de l'ennemi, lui barrer la retraite, le harceler incessamment, capturer ses munitions, ses courriers, ses recrues, le surprendre la nuit, *détruire ses hôpitaux*, en un mot le harasser, le troubler, le molester de toutes les façons imaginables, et le détruire isolément ou par groupes, partout et toutes les fois qu'il sera possible. »

Ainsi, ce que la race teutonique a trouvé utile, nécessaire et juste pour sa propre défense, elle le proclame injuste, coupable et digne de mort quand on l'emploie, même avec des atténuations, pour se défendre contre elle ! Il faut que la conscience humaine périsse, ou que l'Allemagne soit châtiée, par elle-même d'abord, ce qui arrivera bientôt, puis par les nations voisines, ce qui viendra un peu plus tard. Ce sera un beau jour que celui où se lèvera la justice, où la déesse immortelle percera de ses flèches d'or les noirs démons de la Germanie !

Le roi de Prusse suivait l'armée de son fils, non point par derrière, mais à la distance de quelques lieues sur son flanc droit. De Pont-à-Mousson, il avait gagné Commercy, de Commercy Bar-le-Duc, où il séjournait le 25, pendant que Frédéric-Guillaume occupait Ligny. Or, le 24 août, la division de cavalerie du prince Albert, qui formait l'avant-garde de la IIIme armée, était arrivée au camp de Châlons et avait envoyé de là des éclaireurs, pour prendre connaissance du pays jusqu'à Epernay. Le lendemain 25, elle occupait la ville même de Châlons, s'établissait à la préfecture et affichait une proclamation menaçant de mort quiconque désobéirait aux autorités prussiennes. Cette mesure était suivie d'un ordre, qui enjoignait aux habitants d'apporter sans délai toutes les armes de guerre et de chasse, sous peine d'encourir dix mille francs d'amende : les unes furent brûlées dans la cour de l'hôtel de ville, les autres enfermées. Pendant la nuit, les Prussiens partirent dans la direction de Suippes. Le prince Albert avait reçu les dépêches les plus pressantes. Voici pour quel motif.

Le prince royal ayant rendu visite à son père dans la soirée du 25, des estafettes leur apportèrent la nouvelle que le camp de Châlons était abandonné, que les Français avaient passé par Reims et continué leur marche ; mais on ne savait pas quelle direction ils avaient prise. On supposait néanmoins qu'ils s'étaient acheminés vers le nord (1). Dans cette guerre, où tout devait être malheureux, un journal français, qui arriva en ce moment, donna aux princes les renseignements dont ils avaient besoin. Il leur apprit que nos troupes marchaient vers Stenay et Montmédy : l'auteur de l'article supputait déjà tous les avantages qu'elles pouvaient tirer d'une avance de trois jours sur les Prussiens. Par esprit de spéculation, pour faire la chasse aux abonnés, le publiciste compromettait le salut de la France (2). M. de Moltke et les chefs de l'état-major sont aussitôt convoqués ; on délibère. Le roi de Prusse manifeste l'intention irrévocable de poursuivre l'armée française avec les corps réunis sous les ordres du prince de Saxe, qui se trouvent à Clermont-en-Argonne, juste au nord de Bar-le-Duc ; mais il laisse son fils décider pour son compte s'il marchera vers Paris, ou secondera les opérations militaires contre Mac-Mahon. Le prince royal choisit aussitôt le second plan, « car il s'agit avant tout, dit-il, de frapper et d'anéantir les dernières troupes régulières de la France, dans un moment où les Prussiens ont à leur disposition autant de soldats qu'ils peuvent en grouper. La route de Paris sera ensuite ouverte, et on s'y avancera en toute confiance, parce qu'on sera sûr de ne laisser derrière soi aucune force armée. » La question se trouvant ainsi résolue, on expédia aussitôt des ordres pour faire exécuter aux troupes un changement de front : la troisième armée germanique devait partir, le lendemain, de Vitry-le-Français, gagner Sainte-Menehould avec son aile droite, Suippes avec son aile gauche ; l'armée du

(1) *Von der dritten Armee*, p. 202.
(2) *Histoire de l'armée de Châlons*, p. 105.

prince de Saxe descendre la vallée de l'Aire, en appuyant sa droite sur le cours de la Meuse, que l'on fit même traverser au XIIme corps, pour aller occuper Dun et Stenay, afin de barrer le passage à toute force venant de l'ouest. Envisageant la possibilité que Mac-Mahon côtoyât la frontière belge, on envoya un détachement de cavalerie chargé de détruire le chemin de fer entre Mézières et Thionville. Toute la nuit du 25 au 26 fut employée à prendre les dispositions nécessaires, et quand le jour se leva, les 240,000 envahisseurs commencèrent leur marche vers le nord.

C'était comme deux bandes de loups, qui, ayant espéré surprendre dans un carrefour un voyageur dérouté, mais n'ayant pu le saisir, allaient le poursuivre obstinément et l'acculer dans une impasse des montagnes ; du carrefour de Châlons, l'armée française était poussée vers l'impasse de Sedan.

Le 27, les troupes qui cernaient Metz, firent un mouvement en concordance avec celui des autres forces germaniques : le IIIme et le IXme corps prirent position sur le plateau occidental, le front tourné vers le nord-ouest, pour refouler Mac-Mahon, s'il échappait aux masses supérieures qui le suivaient à la piste. Le XIIme corps gagna Dun et bivouaqua ainsi sur le terrain choisi pour une lutte défensive.

Dans la journée, une première escarmouche fit voir que l'armée française et l'armée du prince de Saxe approchaient l'une de l'autre. Notre Vme corps s'était porté du Chêne-Populeux sur Buzancy, d'après l'ordre formel du maréchal : arrivé à Bar, à 1,500 mètres du dernier endroit, il reçut un ordre contraire, celui de rétrograder sur Châtillon et Brieulles. Avant d'obéir, le général De Failly envoya plusieurs escadrons faire une reconnaissance ; mais ils rencontrèrent, en avant de Buzancy, des forces bien supérieures et de cavalerie et d'infanterie. Le corps tout entier du général Goltz était devant eux. Les Français furent canonnés, vivement ramenés; le lieutenant-colonel De la Porte tomba entre les mains des Allemands (1).

Le maréchal Mac-Mahon était alors au Chêne-Populeux. La nouvelle de cette rencontre le fit tout à coup changer d'avis : au lieu de continuer sa route vers Metz, il prit la décision de reculer. Aussitôt il expédia au général De Failly le contre-ordre que nous venons de mentionner; puis, à 3 heures 25 minutes du soir, il télégraphiait au commandant supérieur de Sedan : — « Je vous prie d'employer tous les moyens possibles pour faire parvenir au maréchal Bazaine la dépêche suivante :

« Le maréchal Mac-Mahon prévient le maréchal Bazaine que l'arrivée du prince royal à Châlons le force à opérer, le 29, sa retraite sur Mézières, et de là à l'ouest, s'il n'apprend pas que le mouvement de retraite du maréchal Bazaine soit commencé. »

On voit comment le général en chef de l'armée française était renseigné : il croyait à Châlons le prince royal, qui était à quelques lieues de lui.

Le soir du 27, à 8 heures 30 minutes, il adressait au ministre de la guerre un autre télégramme, d'une extrême importance :

« Les Ire et IIme armées, plus de 200,000 hommes, bloquent Metz, principalement sur la rive gauche; une force évaluée à 50,000 hommes serait établie sur la rive droite de la Meuse, pour gêner ma marche vers Metz. Des renseignements annoncent que l'armée du prince royal de Prusse se dirige aujourd'hui sur les Ardennes avec 50,000 hommes : elle serait déjà à Ardeuil. Je suis au

(1) *Opérations et marches du Vme corps*, par le général De Failly, p. 36. — *Von der dritten Armée*, p. 209.

Chêne avec un peu plus de 100,000 hommes. Depuis le 19, je n'ai aucune nouvelle de Bazaine; si je me porte à sa rencontre, je serai attaqué de front par une partie des Ire et IIme armées, qui, à la faveur des bois, peuvent dérober une force supérieure à la mienne, et attaqué en même temps par l'armée du prince royal, me coupant toute ligne de retraite. Je me rapproche demain de Mézières, d'où je continuerai ma retraite, selon les événements, vers l'ouest. »

Dans l'intervalle des deux notes, le maréchal avait donc obtenu quelques renseignements fidèles, et croyait maintenant Frédéric-Guillaume tout près de lui. Mais cette prodigieuse dépêche renferme deux erreurs capitales : il estimait à 50,000 hommes chacune des armées qui le cherchaient. Pourquoi les fuir alors, puisqu'il en avait, au Chêne-Populeux et dans les environs, 135,000 ? Ne devait-il pas, cette persuasion étant donnée, marcher sur la plus voisine, l'accabler sous des forces supérieures, se retourner contre la seconde et l'accabler, la disperser à son tour, opération militaire qui a illustré la dernière campagne de Jean Ziska, celle du prince Eugène pour recouvrer Belgrade, celle de Napoléon entre la Seine et la Marne, contre Blücher et Schwartzenberg, en 1814? Même en considérant le chiffre réel des forces qui le poursuivaient, ce plan eût encore été le meilleur : le prince de Saxe n'avait pas sous ses ordres plus de 90,000 soldats; Mac-Mahon pouvait courir à lui et le défaire, puis attaquer Frédéric-Guillaume et suppléer au nombre par la bravoure et l'opiniâtreté. Quoi qu'il arrivât, les conséquences de cette double lutte n'auraient pu être aussi désastreuses que la catastrophe de Sedan. L'idée fixe d'éviter l'ennemi ne se comprend pas, ou plutôt ne se comprend que trop bien : Napoléon, qui commandait toujours, *avait peur*. Comme les enfants, il croyait qu'une fois abrité derrière des murailles, il serait en sûreté. Paris, avec sa ceinture de forts, avec la citadelle du Mont-Valérien, séduisait son esprit comme une vision lointaine de repos, de bien-être et de sécurité. Là au moins, il ne tremblerait pas nuit et jour. Eh bien, si funestes étaient les chances qui planaient alors sur la nation, que cette fuite même eût été préférable aux indécisions perpétuelles où flottait le commandement, pour aboutir à une calamité sans nom. Se retirer devant Paris était d'ailleurs le projet invariable de Mac-Mahon.

Mais la Régente, le ministre de la guerre et le conseil des Tuileries veillaient à la ruine de la France. La dépêche annonçant la retraite sur Mézières les mit hors d'eux-mêmes. Dans la nuit du 27 au 28, M. Cousin-Montauban répondait à Mac-Mahon, de son autorité privée :
— « Si vous abandonnez Bazaine, la révolution est dans Paris, et vous serez attaqué vous-même par toutes les forces de l'ennemi. » — Le lendemain, après une séance orageuse des chefs du gouvernement, le ministre expédiait ce télégramme officiel, dont chaque mot condamnait à mort dix mille hommes et devait coûter au pays cent millions :

« Au nom du conseil des ministres et du conseil privé, je vous demande de porter secours à Bazaine, en profitant des trente heures que vous avez d'avance sur le prince royal de Prusse. Je fais porter le corps de Vinoy sur Reims. »

Ainsi tout le troupeau était d'accord pour fourvoyer l'Empereur et son dernier général. D'où leur venait ce faux renseignement que le maréchal avait trente-six heures d'avance sur la troisième armée prussienne? De leur imagination peut-être. Le 28, Frédéric-Guillaume avait son quartier général à Sainte-Menehould ; ses forces étaient en marche sur Grand-Pré, où son aile droite allait, le jour même, se souder à l'aile gauche du prince de Saxe, au moyen de la cavalerie saxonne fermant l'intervalle. La quatrième armée allemande, dite de la Meuse, formait alors un grand demi-cercle, de Nouart à Dun et à Montfaucon d'Argonne. Les troupes germaniques, 240,000 hommes au moins, barraient à nos soldats la route de Metz et allongeaient leurs bras énormes pour les envelopper.

N'importe, il fallut obéir aux impérieux conseils envoyés de Paris. Le Vme corps, le plus rapproché des Allemands, était venu bivouaquer, le 27 au soir, comme il en avait reçu l'ordre, à Châtillon et à Brieulles-sur-Bar; il devait, le lendemain, continuer sa retraite. Dans la nuit, après le télégramme de M. Cousin-Montauban, il reçut un contre-ordre : le maréchal lui enjoignait de se porter une seconde fois vers Buzancy et d'aller au delà, jusqu'au village de Nouart. Le 28 donc, par un temps affreux, dit le rapport officiel, les troupes reprirent leur marche, sous une pluie torrentielle qui avait détrempé les routes ou, pour mieux dire, les chemins étroits qu'elles devaient parcourir. Comme elles arrivaient à Boult-aux-Bois, sur le chemin de Vouziers à Buzancy, le général reçut de Mac-Mahon ce billet péremptoire :

Le Chêne, 28 août. — « Il est de la plus haute importance que nous traversions la Meuse le plus tôt possible; poussez donc, ce soir, dans la direction de Stenay, aussi loin que vous le pourrez. Le général Douay, qui vous suit, a été invité à suivre votre dernière colonne; il campera au delà de Bar. Si l'ennemi vous force à quitter momentanément la grand'route, faites-le connaître au général Douay, pour que sa tête de colonne prenne la même direction. *Nous marchons sur Montmédy, pour délivrer le maréchal Bazaine.* Attendez-vous à rencontrer demain une vive résistance pour enlever Stenay. Faites interroger tous les gens qui viennent de ce côté, pour savoir si l'ennemi n'a pas fait sauter les ponts. Dans le cas où il les aurait fait sauter, prévenez-moi. Je pars pour Stonne. »

En dirigeant deux de ses corps, c'est-à-dire la moitié de l'armée française, sur Stenay, le maréchal accusait hautement l'intention d'y franchir la Meuse.

Le Vme corps poursuivit donc sa route. Mais la cavalerie d'avant-garde ayant annoncé que les Saxons occupaient en force Bar, Buzancy, et les hauteurs de Chaumont, le général fit incliner les troupes vers le nord, pour gagner Stenay par Beauclair et Beaufort; ne s'étant mises en marche que vers trois heures, il leur fallut camper à mi-chemin, sur un plateau nommé Bois-les-Dames. Le lendemain, à dix heures seulement, elles continuèrent leur marche, la droite se dirigeant vers Beauclair, la gauche vers Beaufort. Mais à peine la droite avait-elle descendu les premières pentes, que ses escadrons d'avant-garde furent vigoureusement attaqués; par de la cavalerie d'abord, puis par de l'infanterie. En même temps, des batteries placées sur les hauteurs de Nouart, à plus de 3,000 mètres, lançaient contre le flanc droit de la division une âpre canonnade, pendant que des troupes de pied, blotties jusque-là sous les feuillages, débouchaient dans le vallon. Notre cavalerie dut se replier; l'infanterie repoussa les attaques des lignes saxonnes, mais recula et prit position sur le plateau de Bois-les-Dames, où elle fut canonnée, assaillie de flanc, où elle soutint une lutte défensive tout le jour.

Pendant le combat survint un officier du quartier général, apportant l'ordre de reculer une seconde fois et de s'acheminer vers Beaumont. Le maréchal et Bonaparte ne voulaient plus passer le fleuve à Stenay. Le Vme corps, épuisé de fatigue, n'ayant reçu depuis le matin qu'une nourriture insuffisante, marcha toute la nuit sans manger, à travers d'épaisses forêts, dans des chemins boueux et dans une obscurité profonde. L'arrière-garde n'atteignit Beaumont qu'à cinq heures du matin.

CHAPITRE XVI.

LA JOURNÉE DES DUPES, A METZ ; COMBAT DE BEAUMONT.

Tandis que la France épuisait toutes ses ressources dans l'espoir de dégager Bazaine, qui s'était fait bloquer volontairement et n'avait nulle intention de quitter son repaire, tandis qu'un ministre incapable, un gouvernement inepte poussaient Mac-Mahon et l'Empereur vers le gouffre de Sedan, que faisait à Metz le conspirateur obstiné ? Il attendait les événements, et continuait à mystifier ses troupes avec une audace et une perfidie sans pareilles. Cent quatre-vingt mille hommes joués comme des enfants par le capitaine chargé de leur salut et du salut de la France !

Le 22 août, après avoir reçu la lettre fatale qui décidait sa marche vers le Nord, le chef de l'armée de Châlons expédiait ces télégrammes :

Le maréchal Mac-Mahon au général commandant à Verdun,

Au commandant supérieur de Montmédy,

Au maire de Longuyon,

« Envoyez au maréchal Bazaine la dépêche très-importante que voici ; faites-la lui porter par cinq ou six courriers, auxquels vous payerez, pour remplir cette mission, les sommes nécessaires, quelque élevées qu'elles puissent être :

» *Mac-Mahon à Bazaine.*

» Reçu votre dépêche du 19. Je suis à Reims, je marche dans la direction de Montmédy. Je serai après-demain sur l'Aisne, d'où j'opérerai, suivant les circonstances, pour venir à votre secours. »

Le lendemain, 23, un agent de police de Thionville, homme leste, adroit et intelligent, qui avait déjà offert plusieurs fois de traverser les lignes prussiennes, pénétra en effet dans la place cernée par les hordes allemandes et remit la dépêche au maréchal lui-même, devant un officier de l'état-major général, qui se trouvait alors près de lui pour affaires de service : Bazaine la lui montra.

— « Mais, monsieur le maréchal, s'écria l'officier, dès qu'il en eut pris connaissance, il n'y a pas de temps à perdre : il faut partir tout de suite. »

— « De suite, de suite! répliqua le général, c'est bien tôt! mais après-demain nous verrons. »

— « Le plus tôt sera le mieux, croyez-moi, » reprit son interlocuteur.

Et il sortit, joyeux de la bonne nouvelle qu'il venait d'apprendre. C'était un honnête homme, qui avait le cœur français (1).

Après-demain nous verrons! Quelle parole! Le maréchal mandait : « Je serai après-demain sur l'Aisne, » c'est-à-dire le 25, la dépêche ayant été reçue le 23. Mac-Mahon, ce jour-là, comptait sans doute camper à la brune autour de Vouziers ou d'Attigny, et il occupa effectivement le soir les deux endroits. Ils sont situés à douze lieues de Montmédy, ce qui veut dire à deux fortes étapes,

(1) *Metz, campagne et négociations,* p. 121.

en admettant que l'armée pût suivre le chemin le plus court. Alors, Mac-Mahon aurait atteint Montmédy le 27, lieu de rendez-vous indiqué par le maréchal Bazaine lui-même, dans sa missive du 19. Voilà ce que le raisonnement, la logique pure indiquait, les lenteurs de Mac-Mahon depuis le 25 échappant au calcul des probabilités. Donc, il fallait faire de suprêmes efforts pour parvenir à Montmédy en même temps que l'armée de secours. Sinon, elle se trouverait bloquée entre les bandes du prince de Saxe, de Frédéric-Guillaume et de Frédéric-Charles, sans aucun espoir de salut. Bazaine le comprenait bien, et il s'en réjouissait, puisque son plan exigeait l'anéantissement de nos dernières forces régulières. Et l'on va voir quels artifices il combina pour rendre leur perte infaillible.

En songeant à quitter Metz tout au plus le 26, il ne pouvait ignorer que le premier jour serait occupé par une sanglante bataille, qui retiendrait ses troupes sur place, de sorte que leur marche commencerait seulement le lendemain. Il leur faudrait ensuite franchir vingt-cinq lieues, huit de Metz à Thionville, dix-sept de Thionville à Montmédy, en tout quatre étapes ; avec les chances les plus favorables, elles n'atteindraient donc le lieu de rendez-vous que le 30, tandis que Mac-Mahon y serait parvenu le 27 ou le 28. Et alors, Bazaine n'eût trouvé à Montmédy que les restes de l'armée de Châlons, des cadavres et des blessés. Peut-être même ne serait-elle pas arrivée jusque-là, ayant été détruite auparavant. Alors, pourquoi chercher à la rejoindre ? Il fallait sans doute ménager l'opinion, abuser l'armée du Rhin ; mais, pour obtenir ce résultat, un vain simulacre de départ suffisait. Le maréchal prit ses mesures en conséquence.

Le 22 août, le général Soleille, commandant de l'artillerie, annonçait dans un rapport que, par suite du convoi de munitions trouvé en gare, les approvisionnements étaient au grand complet. L'armée avait à sa disposition, pour l'attaque et pour la défense, 103 canons de 24, 145 de 12, 103 de calibres inférieurs et 189 mortiers ; une immense réserve de projectiles, 400,000 kilogrammes de poudre ; 20,000 fusils, modèle de 1866, 3,226, modèle 1867, 37,889 fusils à percussion, indépendamment de ceux que les soldats avaient entre les mains, et sept millions de cartouches. Après les journées du 16 et du 18, les troupes ayant pu croire un moment que les munitions leur manqueraient, le général conseillait à Bazaine de leur faire connaître l'état des choses, *pour relever leur moral.*

L'indigne capitaine s'en garda bien : cette bonne nouvelle eût stimulé leur courage, exalté leur patriotisme, accru leur impatience de combattre, et il voulait engourdir leur cœur, étouffer leur zèle généreux. Non-seulement il leur cacha les faits qui eussent augmenté leur confiance, mais les commandants mêmes des corps n'en furent pas informés.

Dans les trois batailles de Borny, Rezonville et Saint-Privat-la-Montagne, l'armée du Rhin, mal conduite, mal agencée, trahie par son chef, avait sauvé l'honneur militaire de la France par sa bravoure intrépide et son mépris de la mort. Ceux qui s'étaient le plus distingués avaient droit à des récompenses publiques, à voir leurs noms cités suivant l'usage ; ceux qui étaient morts glorieusement, avaient droit à quelques éloges posthumes. Le maréchal devait haranguer ses troupes et leur témoigner sa haute satisfaction. Mais en agissant avec droiture, il eût fortifié l'énergie, bronzé le courage des soldats, et il voulait au contraire les attiédir, les énerver. Il ne parut pas devant ses régiments, ne leur adressa pas un mot de félicitation, et quand il signa l'acte honteux qui les livrait aux Prussiens, pas un de nos combattants n'avait reçu les louanges, obtenu les décorations ou l'avancement qu'il méritait. Sous sa main obstinée, le louche ambitieux comprimait toute émulation.

Mais quels que fussent ses plans cachés, il ne pouvait rester complétement immobile, étaler un désir absolu d'inaction. Il affecta en conséquence des velléités mensongères. Le 23, aussitôt après avoir reçu la dépêche de Mac-Mahon, il donna des ordres pour que les bagages fussent réduits en cas de marche. Le 24, il prescrivit au général Coffinières « de jeter deux ponts sur chacun des bras de la Moselle formant l'île Chambière, en aval de la ville, et avec les ressources locales, afin de ménager le matériel de l'armée. Le 25, la division de cavalerie de réserve commandée par le général Forton et celle de la garde sont réunies sous les ordres du général Desvaux, pour former un corps de cavalerie, indice certain de grandes opérations de guerre ; en même temps, l'artillerie du VIme corps était réorganisée comme elle aurait dû l'être depuis longtemps, avec un parc et des batteries de réserve..... Ces mesures préparatoires avaient surexcité les esprits ; on comprenait qu'on était à la veille de grands événements ; les souvenirs de Borny et de Rezonville donnaient à tous une confiance absolue. On attendait l'ordre de mouvement, l'heure du départ ; chacun cherchait à deviner les dispositions qui seraient prises pour le combat, ou les moyens qui seraient employés pour l'éviter (1). »

Mais toutes ces apparences de préliminaires belliqueux étaient une feinte, une ruse et un mensonge : ils devaient aboutir, le lendemain même, à la plus coupable mystification.

Puisque le maréchal semblait résolu à briser par un violent effort le cercle militaire qui l'investissait, la pre-

(1) *Metz, campagne et négociations*, p. 122.

mière question était de savoir sur quel point il s'ouvrirait un passage. La voie directe, le chemin logique, pour aller au secours de Mac-Mahon, c'était les hauteurs de la rive gauche qu'il avait si perfidement livrées, les trois routes de Verdun où il avait laissé les Allemands s'établir. Il savait bien qu'il ne pouvait pas les escalader sous le feu de leurs batteries... et il n'y tenait guère, puisqu'il ne voulait pas réussir. Après avoir délibéré avec quelques chefs, il décida que l'attaque aurait lieu sur la rive droite, au nord-est, entre le cours de la Moselle et le chemin de Sarrebrück. Cinq routes, dans cette direction, pouvaient servir à marcher vers Thionville; l'une qui suit la rivière, traverse Argancy et Illange; l'autre qui passe par Bouzonville; le chemin de Sainte-Barbe et enfin les grandes chaussées de Sarrelouis et de Sarrebrück. « Les quatre premières, dit le colonel d'Andlau, pouvaient être destinées à l'infanterie, la cinquième réservée à la cavalerie. »

La position la plus forte de l'ennemi était au village de Sainte-Barbe, situé sur une hauteur, que les Prussiens occupaient solidement, que protégeaient en arrière de grands bois et en avant d'autres bourgades. Il fallait l'attaquer de front avec un effectif considérable, et tourner les Allemands par leur flanc gauche avec de l'infanterie et de la cavalerie, pendant qu'une division ou deux se porteraient sur le village d'Ars-Laquenexy et au delà, pour couvrir les derrières de nos troupes, barrer le passage aux colonnes prussiennes, qui voudraient secourir les défenseurs de Sainte-Barbe. Ce dernier point enlevé, on marchait hardiment vers Thionville. L'opération exigeait, comme mesure préparatoire, une démonstration énergique, faite le 25, dans une direction opposée à celle que l'armée française devait suivre. On aurait ainsi donné le change aux Prussiens, on les aurait troublés, déconcertés. La garnison de Metz, jusque-là immobile et inutile, pouvait exécuter cette diversion.

La diversion n'eut pas lieu; le plan logique et habile que nous venons de décrire, ne fut point adopté par le maréchal Bazaine, au moins dans son ensemble; il l'étriqua de manière à en détruire les avantages. Il serait oiseux de décrire ce programme mesquin et artificieux, puisqu'il ne devait même pas recevoir un commencement d'exécution : un trait suffira pour le juger : le maréchal paralysait la cavalerie, en la reléguant derrière les troupes qui devaient engager la lutte. Que pourrait-elle faire dans cette position? Rien. C'était ce que voulait Bazaine. Quoi qu'il en soit, il fut arrêté qu'on sortirait le lendemain de l'inaction où l'armée languissait depuis huit jours. Huit jours de torpeur en de si graves circonstances!

Mais dans l'après-midi du 25 eut lieu une scène bizarre, qui éveille de tristes soupçons et inspire toutes sortes de conjectures. Deux officiers supérieurs, le général Soleille, commandant de l'artillerie, et le général Coffinières, commandant du génie et gouverneur militaire de la place, se présentèrent chez le maréchal, après s'être concertés ensemble. Ils venaient protester contre le dessein d'abandonner Metz. On ne sait pas quels arguments ils firent valoir dans cet entretien, mais comme ils les reproduisirent le 26, dans un conseil de guerre, on peut avec certitude les indiquer. Le général Coffinières dut répéter l'opinion qu'il avait déjà émise devant l'Empereur, soutenir de nouveau qu'il fallait rester dans Metz et opérer alentour, en prenant la place pour point d'appui. Ce système aurait eu quelques avantages, si on l'avait *mis en pratique*, si on avait harcelé nuit et jour les Prussiens; mais rester dans la ville sans rien faire, engourdir et endormir les troupes, de quelle utilité cela pouvait-il être? M. Coffinières de Nordeck avait été nommé gouverneur de Metz :

on avait mis sous ses ordres la division Laveaucoupet ; en y adjoignant d'autres forces, quatre mille gardes nationaux, on lui avait constitué une garnison de 23,000 hommes. Contrairement à l'évidence et à l'opinion des auteurs germaniques, il prétendait ne pouvoir ni terminer les fortifications, qui n'avaient besoin que de travaux complémentaires, ni défendre la place, s'il n'était aidé, soutenu par toute l'armée du Rhin. Le général Soleille lui donna la réplique : oubliant son rapport du 22, où il avait fait une description si rassurante de l'armement et de l'état des munitions, il affectait de trembler pour le sort de nos troupes, si elles abandonnaient le camp retranché ; il feignait de croire que deux batailles videraient les caissons, épuiseraient tous les approvisionnements, et qu'alors, nos soldats, ayant entre les mains des armes inutiles, se trouveraient à la merci des Prussiens. Et il omettait de rappeler le convoi de munitions, qui les attendait à Thionville, qui remplacerait largement celles dont on aurait fait usage.

Était-ce une simple comédie ou un jeu en partie double ? Les idées soutenues par Soleille et Coffinières concordaient admirablement avec les projets de Bazaine. Il sembla ne point les adopter cependant ; il conserva en apparence les mêmes intentions que le matin, fit copier et expédier aux chefs de corps, à dix heures du soir, les ordres nécessaires pour l'exécution du plan arrêté. Les troupes devaient se mettre en marche aux premières lueurs du jour.

Autre circonstance singulière. Le matin du 26, les deux généraux présentent au maréchal une note signée par eux et par une troisième personne, où ils protestaient d'avance contre toute résolution d'abandonner Metz. S'il persistait dans son opinion, ils déclaraient lui laisser toute la responsabilité des malheurs qui pourraient survenir. Étrange

HABITANTS DE BAZEILLES REPOUSSÉS DANS LES FLAMMES DE LEURS MAISONS INCENDIÉES

démarche, puisque, en réalité, ils étaient d'accord. Elle ne parut pas suffisante, et, un peu plus tard, quand toutes les troupes marchaient déjà vers l'ennemi, le général Coffinières se présenta encore une fois devant le maréchal Bazaine et réitéra ses objurgations de la veille. Bien que le maréchal eût formé, depuis le 16, au plus tard, le projet de ne pas quitter la ville et n'eût même pas le désir de combattre ce jour-là, il parut céder enfin aux arguments de son prétendu contradicteur. Il décida qu'il en appellerait à un conseil de guerre, qui examinerait la question, et certain d'avance que son opinion prévaudra, « il contremande dès huit heures du matin les mesures qui lui sont personnelles, maintient la garde de son quartier général, fait abandonner le chargement de ses bagages et annonce à son entourage qu'il reviendra au ban Saint-Martin (1). »

Si Bazaine avait eu vraiment l'intention de culbuter les Prussiens, pour s'ouvrir un passage, il eût mis ses corps en route pendant la nuit, afin de surprendre les Allemands aux premiers rayons du jour ; les attaquer subitement et à l'improviste était d'une importance capitale, puisqu'on les empêchait ainsi de concentrer leurs forces, éparpillées sur une ligne circulaire de cinquante kilomètres. Ne voulant à aucun prix abandonner la ville et secourir l'armée de Châlons, le rusé capitaine avait prescrit seulement de partir le matin. Ses braves soldats, qui ne connaissaient point les arrière-pensées de leur chef, éprouvaient la joie la plus vive : enfin, ils allaient affronter ces Prussiens qui se permettaient de les investir, dont pas un seul d'entre eux n'avait peur. « La nuit se passe dans l'attente des événements du lendemain ; la diane se fait entendre avant le lever du soleil, les tentes sont pliées, les sacs chargés, et nous voyons au petit jour nos colonnes se diri-

---

(1) *Metz, campagne et négociations*, p. 133 et 134.

ger sur les points de passage qui leur sont indiqués. Certes, si jamais armée crut marcher au combat, ce fut bien celle de Metz dans la matinée du 26 août. Et cependant toute cette mise en scène ne devait aboutir qu'au plus triste désappointement (1). »

« La journée paraissait devoir être brumeuse, dit un autre témoin oculaire ; le troupier n'en bouclait pas moins son sac avec joie, sifflant entre ses dents et regardant d'un air narquois les groupes d'officiers discutant des plans d'attaque (2). »

Quoique déterminé à ne rien faire, à ne pas même paraître au milieu des soldats, le maréchal laissa exécuter le mouvement. Bientôt se produisit une circonstance fâcheuse, qui montre l'incapacité presque absolue des généraux de l'Empire. Coffinières avait reçu, le 24 août, l'ordre de jeter deux ponts sur la Moselle, pour le passage des troupes : il était évidemment nécessaire qu'ils fussent capables de supporter les régiments, les chevaux, les canons, tout l'attirail de guerre. Celui d'amont fut construit en effet avec la solidité requise ; pour l'autre, on employa de vieux chevalets, *afin de ménager le matériel neuf de l'arsenal.* Pourquoi ménager ce matériel ? Dans quelle circonstance plus importante pouvait-on en faire usage ? Ce sont-là de ces idées folles, maladives, que conçoivent les intelligences affaiblies. Le IVme corps arrive au premier pont et s'y engage ; le VIme corps se présente devant celui d'aval, on lui annonce que le tablier ne peut supporter ni les chevaux, ni l'artillerie ; les fantassins passent : les canons, les caissons, les prolonges et la cavalerie sont obligés de faire un détour considérable, pour aller franchir l'autre pont. De là un retard fâcheux, que la moindre surveillance eût prévenu.

(1) *Metz, campagne et négociations,* p. 130.
(2) *Les Vaincus de Metz,* p. 130.

Pour monter des ponts sur le plateau de Saint-Julien, où devait gronder la bataille, on aurait pu suivre plusieurs routes ; une seule fut indiquée aux soldats : ils s'y pressent, ils s'y foulent, un encombrement énorme se produit ; la marche devient tellement lente que les troupes n'arrivent pas en position avant dix heures du matin. Jamais les défenseurs d'un grand peuple n'ont été mystifiés avec tant d'audace.

« Les divisions étaient enfin déployées, raconte un ancien élève de l'École polytechnique, et pouvaient ouvrir le feu en poussant quelque peu leurs avant-postes. Notre ligne de bataille était alors très-visible à l'ennemi, qui, de l'autre côté du ravin de Lauvallières, pouvait très-bien se rendre compte de notre position. Nous étions en face de Servigny, derrière lequel on apercevait de temps à autre le clocher de Sainte-Barbe, à travers les éclaircies du brouillard.

» Enfin arrive l'ordre de se porter en avant ; après quelques coups de fusil échangés entre les grand'gardes, le mouvement s'exécute avec décision. Quelques coups de canon partirent de Servigny ; on crut voir là le prélude d'une action générale ; puis tout rentra dans le silence. Nous pûmes juger, à ce propos, combien les chefs allemands mettaient de soin dans leur service : leurs pièces étaient si bien pointées, que les obus arrivaient juste aux points difficiles à traverser, même quand ces points étaient cachés par des maisons et des plis de terrain ; c'était matière à réflexion, *pour nous qui n'avions pas de cartes*.

» Les avant-postes de l'ennemi s'étaient retirés dans les villages et derrière leurs batteries ; ils venaient de donner l'éveil, les Allemands se préparaient à l'attaque. Mais nous, que faisions-nous ? Dès que la ligne de bataille fut avancée sur les premières positions des troupes germaniques, le mouvement s'arrêta brusquement. Chaque général déroba ses colonnes à la vue des artilleurs prussiens, *et attendit* (1). »

Une heure se passe : aucun ordre, aucune nouvelle du maréchal. Pour faire prendre patience aux troupiers, qui s'ennuient et murmurent, on les autorise à faire le café. Les soldats posent à terre leurs sacs et leurs fusils, vont chercher du bois et de l'eau. Un bon nombre allument leurs pipes, mettent leurs mains dans leurs poches et flânent tranquillement. L'armée tout entière n'offre bientôt plus qu'une scène de désordre. Certains amateurs cherchent des reliques du combat livré le 14. Puis d'énormes feux pétillent, la fumée du bois vert monte dans le ciel en larges panaches, qui ne laissent aucun doute à l'ennemi sur la position de nos divers corps. Tel était au milieu d'une guerre périlleuse, acharnée, le maintien de l'armée française devant d'implacables ennemis !

Cependant Bazaine se livrait à une douce nonchalance dans sa villa du Ban Saint-Martin. Il regardait les nuages qu'un vent de sud-ouest amenait en masses obscures. Enfin la pluie tombe, augmente, inonde la campagne : c'est une averse, une bourrasque, une tempête. Le maréchal va donc avoir un prétexte pour ne pas se battre : le soldat français ne se bat pas, quand il est mouillé. A onze heures et demie, le commandant de l'armée du Rhin monte à cheval. Au moment où il passe la Moselle avec son cortége, des torrents d'eau fondent sur la troupe galonnée ; elle monte lentement vers les hauteurs de Saint-Julien. Que va-t-elle y faire? Elle les traverse, pour se rendre, au pied du fort, dans le château de Grimont, où le maréchal avait convoqué un grand conseil de guerre. Le général Bourbaki présidant alors au passage de la garde et se trouvant en retard, on ouvrit la séance sans l'attendre.

(1) *Les Vaincus de Metz*, p. 181 et 182.

Le maréchal exposa la situation, le projet qu'il avait eu de rompre les lignes d'investissement et les graves motifs qui le décidaient à y renoncer; il ne dit pas un mot du rapport que le général Soleille lui avait adressé le 22, pour constater l'abondance des munitions, il ne dit pas un mot de la dépêche reçue par lui le 23 (1). Ainsi, quand la France s'épuisait dans le but de le secourir, de le dégager, quand il avait provoqué lui-même ce périlleux et suprême effort, en annonçant au maréchal Mac-Mahon un dessein fictif, quand il avait la certitude que le second ban de nos troupes marchait vers le nord, poursuivi par deux grandes armées, c'est-à-dire se traînait vers la ruine, la défaite et la captivité, uniquement afin de lui venir en aide, quand la nation haletante et frémissante cherchait à prévoir si enfin on lui rendrait une liberté dont il ne voulait pas, il annonçait tranquillement son projet de rester immobile, et cachait à ses subordonnés la position tragique, où sa duplicité engouffrait l'armée de Châlons! Les généraux qui l'entouraient ne pouvaient saisir la portée de ses paroles, mais voici quel en était le sens réel : « J'attends que le dernier espoir de la France soit anéanti. Quant aux forces placées sous mon commandement, elles ne serviront à rien. »

Après le maréchal Bazaine, les généraux Coffinières et Soleille exprimèrent complaisamment leur avis. L'un et l'autre soutinrent l'opinion du maréchal, firent valoir ce prodigieux argument que l'armée du Rhin, par son inaction, « retenait autour de Metz deux cent mille ennemis, donnait le temps à la France d'organiser la résistance, aux armées en formation le temps de se constituer, et qu'en cas de retraite de l'ennemi, elle le harcèlerait, si elle

(1) « Ces omissions paraissent si étranges, qu'on aurait peine à y croire, sans les assurances données depuis par plusieurs membres du conseil. » *Metz, campagne et négociations*, p. 135.

ne pouvait lui infliger une défaite décisive (1). » Merveilleuse logique, prétexte insensé! Maintenir deux cent mille hommes en ne faisant rien! Est-ce que, par hasard, on n'aurait pas contenu ces mêmes forces, n'importe où, en les combattant? Est-ce qu'on ne les aurait pas contenues bien mieux encore, en les décimant, refoulant et poursuivant? La meilleure manière de *contenir* un ennemi, c'est de le chasser et de le détruire. De quelle impatience, de quel dégoût eussent été saisis tous les grands capitaines, depuis Annibal jusqu'à Napoléon Ier, si on leur avait proposé de rendre inutiles 180,000 hommes, pour en immobiliser 200,000! Mais il n'y a donc plus d'art militaire, il n'y a donc plus de stratégie, de courage, de hasard même, car le hasard seconde parfois la bravoure? Il n'y a donc plus de gloire pour les nobles cœurs, pour les généraux hardis et intelligents, il n'y a donc plus de patriotisme? Le sentiment de l'honneur professionnel n'existe donc plus? Les chefs de nos armées doivent donc surtout se préserver de la lutte, se dérober à leurs adversaires, comme les lièvres se blotissent dans un sillon pour dépister les chiens? Ah! Turenne, ah! Condé, ah! Bayard, ah! Du Guesclin, ô vieux champions de la France menacée, envahie ou seulement offensée, de quelle indignation, de quels rires sarcastiques vous auriez châtié la mollesse,

---

(1) Expressions mêmes du maréchal dans son *Rapport officiel*, p. 12. « En admettant la justesse problématique de ces observations, dit un écrivain allemand, le conseil aurait dû avouer qu'une sortie heureuse, une victoire remportée sur l'armée assiégeante, aurait eu pour la défense du territoire français, dans des proportions infiniment plus grandes, les mêmes conséquences favorables qu'on alléguait, et comme les troupes d'investissement ne montaient pas à plus de 200,000 hommes, une question se pose d'elle-même : — Les forces des assiégés étaient-elles si inférieures que le conseil de guerre dût renoncer d'avance à tout espoir de succès? » *Der französische Feldzug* 1870-1871, par A. Niemann, p. 254. Quelle condamnation!

l'indifférence et l'apathie de vos successeurs efféminés !

Quand on ne veut pas se battre, dit le colonel Charras, on réunit un conseil de guerre, et la majorité vote toujours pour la prudence. Cette triste observation fut confirmée par les généraux qui délibéraient dans le manoir de Grimont. Les uns en connaissance de cause, les autres sans le savoir, car on leur avait caché la situation militaire de la France, décidèrent que notre principale armée laisserait 240,000 Germains envelopper, massacrer et faire prisonnières les troupes de Mac-Mahon. C'était pour cela qu'on avait concentré à Metz l'élite de nos régiments. L'odieux programme venait d'être adopté, quand le général Bourbaki entra; on craignait son ardeur chevaleresque, et les meneurs de l'intrigue avaient été charmés de son absence; il fallut bien pourtant lui demander son avis; selon son propre témoignage, il déclara qu'on devait sortir au plus vite, sortir quand même et à tout prix. On lui fit alors connaître *le vote unanime* de ses collègues et les prétendues raisons sur lesquelles il s'appuyait. Le brave général ne répondit pas un mot : baissant la tête et quittant la salle avec une expression de dépit bien manifeste, il appela son aide de camp et lui dit d'un ton qui trahissait sa mauvaise humeur : « Que la garde rentre tout de suite dans ses bivouacs du matin. » Après son départ, le maréchal consulta de nouveau l'assemblée : il lui demanda si l'on ne devait pas, au moins, profiter de la réunion des troupes pour tenter un coup de main sur les positions de l'ennemi. On lui montra le sombre aspect du ciel, qui continuait à épancher des torrents d'eau : on jugea qu'il valait mieux camper dans la fange des bivouacs de Metz que dans la boue des terrains qu'on pouvait enlever aux assiégeants. Trois mots semblaient devoir répondre à toutes les questions : *Ne rien faire*. Mais si l'on avait commencé la lutte au point du jour, elle aurait pu être terminée avant la pluie.

L'armée reçut donc l'ordre de quitter le plateau de Saint-Julien ; quelques troupes venaient seulement d'y arriver ; l'artillerie de réserve en gravissait les pentes. Toutes étaient fouettées depuis trois heures par une pluie diluvienne. Le mouvement de retraite ne fut pas mieux dirigé que la marche en avant. Mille embarras se produisirent. Les caissons et les pièces, qui faisaient demi-tour, immobilisaient les colonnes d'infanterie et le matériel traîné un peu plus loin, sous des rafales continuelles, dans des lacs de fange. Les soldats trempés, ruisselants, mouillés jusqu'aux os, avançaient avec une lenteur désespérante : les dernières troupes du IVme corps n'atteignirent leur campement primitif que le 27, à six heures du matin, après être restés vingt-six heures sous les armes et avoir reçu dix-huit heures l'averse infernale.

Cette folle tentative, combinée astucieusement par le maréchal, pour obtenir un vote qui sanctionnait son plan de conduite, fut baptisée dans le camp : *La journée des dupes*. Le dupeur ayant atteint son but, les troupes demeurèrent immobiles pendant quatre jours.

Et l'armée de Châlons poursuivait sa route vers le nord, marchait à la délivrance de Bazaine ! Pendant qu'on la trahissait d'un côté, on la poussait de l'autre dans le piège que lui avait tendu le héros du Mexique. On a lu le télégramme impératif adressé à Mac-Mahon, le 28 août, par le général Cousin-Montauban, *au nom du conseil des ministres et du conseil privé*. Le secrétaire d'État prenait d'autres mesures, qui devaient assurer la perte de Napoléon, du maréchal et de leurs soldats. Une des plus étranges est le rôle assigné par lui au général De Wimpffen. Gouverneur militaire de la province d'Oran, cet officier supérieur, aussitôt après la déclaration de guerre à la Prusse, demanda un service actif dans les corps d'armée qui allaient combattre. Plusieurs lettres ayant provoqué des réponses froides et banales, le solliciteur se résignait, lorsqu'une dépêche télégraphique, arrivée le soir du 22 août, lui prescrivit de s'embarquer sans délai, de venir à Paris, pour rejoindre ensuite l'armée de Châlons, où il devait remplacer le général De Failly, dont l'incapacité devenait par trop manifeste. Né le 13 septembre 1811, le général De Wimpffen allait bientôt avoir cinquante-neuf ans. La nature l'a doué d'une haute taille, d'une force peu commune. « Sa personne, dit un de ses camarades d'école, semble accuser, comme son nom, une origine allemande. Sa tête large, carrée, ses yeux petits et vifs, sa bouche légèrement moqueuse, indiquent un homme un peu absolu dans ses résolutions, mais plein de finesse et trempé aussi vigoureusement au moral qu'au physique (1). » C'est à lui qu'on doit l'organisation définitive des turcos et la résolution de les employer hors d'Afrique. Il les commandait au siége de Sébastopol, où ils firent des prodiges, notamment à la bataille d'Inkermann. Leur vaillante conduite, ce jour-là, et sa bravoure personnelle le firent nommer général de brigade. Sa constante préoccupation n'était point de les stimuler, mais de les retenir, la sombre milice bondissant comme une troupe de panthères sur les rangs ennemis. A la prise de la tour Malakoff, huit cents hommes du régiment furent mis hors de combat, tandis que le lieutenant-colonel tombait mort, en défendant contre un retour furieux des Russes la gorge du célèbre ouvrage. Ayant enlevé, pendant la bataille de Magenta, la redoute du chemin de fer, avec une brigade de grenadiers de la garde, qu'il commandait alors, succès d'une grande importance pour le salut de l'armée, M. De Wimpffen obtint le commandement d'une division, puis fut chargé de conduire les troupes qui devaient attaquer Venise et les

(1) *Le général De Wimpffen, réponse au général Ducrot,* par un Officier supérieur, p. 3.

lagunes. La paix subite de Villafranca prévint l'opération. De 1859 à 1870, M. De Wimpffen n'eut qu'une seule occasion d'agir et de montrer ses talents militaires : ce fut l'expédition de l'Oued-Guir, en 1869, dirigée vers les confins du Maroc, pour châtier les riches et puissantes tribus des hauts plateaux, nommées les Ouled-sidi-Cheik, dont les goums venaient sans cesse piller les tribus soumises de l'Algérie. Habilement conçue et heureusement achevée, elle terrifia les déprédateurs. Voilà quels étaient au commencement de la guerre, les états de service du général De Wimpffen : à aucune époque, il n'avait exercé un grand commandement, conduit au feu même une seule division, puisque la paix de Villafranca l'en avait empêché.

M. De Wimpffen arrive à Paris le 28, à huit heures du matin, et ne peut voir le ministre de la guerre avant midi. Le général Cousin-Montauban le retient à déjeuner : avant et après le repas, ils ont une conversation des plus curieuses, que M. De Wimpffen rapporte, en garantissant la fidélité de sa mémoire. Le ministre se plaignit des indécisions du maréchal Mac-Mahon, de la faiblesse avec laquelle il se laissait influencer par l'Empereur et par son entourage. « Ses dépêches après Wœrth, dit-il, révélaient un trouble extrême. »

Son interlocuteur lui ayant demandé pourquoi on n'avait pas laissé quarante mille hommes à Belfort, d'où on pouvait si aisément arrêter la marche des ennemis, gêner et menacer leurs communications avec l'Allemagne :

— « Je ne sais, répondit le ministre, qui a ordonné le mouvement de retraite du 7me corps, mais je n'ai rien prescrit à cet égard, et le mouvement a eu lieu sans ma participation (1). »

(1) J'ai moi-même attribué l'initiative de cet ordre fatal au souverain déchu, mais il partit du ministère de la guerre. Peut-on croire que M. Cousin-Montauban n'en eut pas connaissance ?

Le reste de l'entretien roula sur l'action détestable de l'Empereur, qui engourdissait, comme une torpille, l'état-major de l'armée de Châlons, qui l'empêchait de voler au secours de Bazaine, puis sur le général Trochu, dont le gouvernement suspectait la loyauté.

— « Il est possible, dit le général Cousin-Montauban, qu'il cherche trop à grandir sa personnalité, qu'il agisse au détriment de l'ordre établi. Il est possible qu'il devienne un homme embarrassant; dans ce cas, votre valeur nous permettrait de vous confier sa place. » (Paroles textuelles.)

Et le ministre offrit à son interlocuteur d'abandonner le commandement du Vme corps, pour prendre celui du XIVme, en formation à Paris. Le général ne voulut pas entrer en lutte de compétition avec un officier supérieur, avec un de ses camarades, et insista pour rejoindre l'armée du Nord. M. Montauban lui donna son acte de nomination et son ordre de service. Le lendemain, 29, comme il allait monter en wagon, un aide de camp lui remit cette lettre du ministre de la guerre :

« Mon cher général,

» Dans le cas où il arriverait malheur au maréchal Mac-Mahon, vous prendrez le commandement des troupes placées actuellement sous ses ordres. Je vous enverrai une lettre de service régularisant cette situation et dont vous ferez usage au besoin. »

Quelle lettre, quelle mesure insensées! Comment, voilà un général de division, qui n'a jamais fait manœuvrer dix mille hommes sur un champ de bataille, qui part subitement pour rallier une grande armée de cent trente mille, qui ne la connaît pas, qui n'est pas connu d'elle, qui ne sait même pas où elle se trouve, qui n'a pu conséquemment étudier ni le terrain, ni les mouvements des troupes ennemies, se renseigner en un mot sur les conditions de la lutte, et on l'autorise du premier coup à gouverner des forces énormes, à improviser la ruine et la mort de nos derniers champions ! Ainsi, tout près du dénoûment sinistre, le général Cousin-Montauban, qui avait exercé, depuis le début de la campagne, l'influence la plus désastreuse, semblait craindre de ne pas avoir accumulé sur Mac-Mahon et ses régiments assez de causes fatales, de ne pas avoir assez bien préparé leur défaite et leur humiliation. Au dernier moment, il leur envoyait un messager de mort ; et cet envoyé lugubre arrivait juste à l'heure où il pouvait faire le plus de mal. Il ne parut à Sedan que pour troubler la lutte et organiser la déroute.

Vers midi, le général De Wimpffen atteint la gare de Reims. Il y avise un détachement de vingt-cinq hussards, qui allaient prendre le train de Paris et leur commande de le suivre. Bientôt après, il part pour Rethel, où il abandonne la voie ferrée et monte à cheval. Quelle direction prend-il ? Celle de Mézières. Dans son volume, il nous explique naïvement cette course elliptique. « Si j'avais pu connaître alors la position de l'armée et surtout celle du corps que j'allais commander et qui n'était pas à plus de 25 kilomètres de moi, je l'aurais rejoint à cheval. *Malheureusement j'ignorais complétement où se trouvaient les diverses fractions de l'armée et le quartier général* (1). » Et quarante-huit heures après, ce même capitaine dévoyé, qui cherchait son corps à dix lieues au nord-ouest, quand il était à six lieues au nord-est, suivant son propre témoignage, réclamait hautement la direction suprême de l'armée ! « Les aveugles choiront dans la fosse, » dit un vieux proverbe européen.

Le général se mit en route le soir du 29 août, avec

---

(1) *Sedan*, p. 127.

son escorte, pour éviter plus sûrement les batteurs d'estrade, à la faveur des ténèbres. Mais sa précaution faillit tourner contre lui. La petite troupe venait de s'engager dans un bois sombre, quand elle fut saluée par une double décharge de coups de fusil. Des braconniers français, les prenant pour des Prussiens, avaient cherché à les abattre. Les hussards d'avant-garde tournent bride, arrivent à fond de train sur leur chef, le culbutent dans le fossé qui borde la route, et le laissent là étendu avec son cheval, sans s'occuper de lui. Le futur généralissime se dépètre comme il peut, se remet sur ses jambes, hèle sa troupe, la réunit, adresse une harangue aux braconniers, puis continue son chemin vers Mézières, où il fait une entrée des plus modestes, le 30 août, à huit heures du matin. Nous allons bientôt le voir au milieu de la bataille, secondant sans le vouloir les mesures des Prussiens pour accabler nos troupes.

Si l'armée offrait une déplorable image de confusion, d'ignorance et d'incertitude, Paris, la Cour, les Chambres, les ministères n'offraient pas un spectacle moins lamentable. La France était divisée en deux régions, l'une que sillonnaient les envahisseurs, l'autre où la population inquiète prêtait l'oreille aux bruits lointains dont elle cherchait à se rendre compte, aux fausses nouvelles qui dénaturaient tous les événements. Les Prussiens voyaient clair dans leur jeu, marchaient, combattaient en plein soleil, frappaient à coup sûr; les Français, tâtonnant au milieu des ténèbres, cherchaient à la fois leur route et leurs ennemis, s'escrimaient dans le vide ou portaient des coups mal assurés. L'habile usage que les Prussiens firent de leur nombreuse cavalerie, pendant toute la guerre, contribua pour une grande part à ce double résultat. Elle les précédait comme un voile mobile, cachait les mouvements des troupes germaniques, observait et signalait la position des nôtres. Outre la cavalerie ordinaire de chaque corps, on avait formé des divisions spéciales, qui manœuvraient isolément ; au lieu de suivre les armées ou les corps d'armée, pour rendre des services éventuels un jour de bataille, elles les précédaient, rôdaient partout, frappaient de réquisitions les villages ou les pillaient sans vergogne, emmenaient des prisonniers, portaient au loin la terreur, préparaient et facilitaient la marche des colonnes d'invasion. Par la hardiesse, par la rapidité de leurs mouvements, elles faisaient croire à une occupation générale du pays. Le trouble d'esprit et l'anxiété, qui en résultaient, devinrent si grands que vingt cavaliers audacieux purent terrifier toute une ville et en prendre possession. Les uhlans furent d'abord chargés de cette opération militaire ; mais peu à peu on y employa les divers corps de cavalerie. Les Français leur appliquèrent le même nom à tous, bien que la lance et la casquette polonaises fussent pour les premiers des signes dictinctifs bien reconnaissables.

Sur les flancs des armées en marche, la cavalerie prussienne rend d'autres services : elle fouille les bois, les localités voisines, éclaire le terrain, empêche les surprises, et, si elle obtient quelque renseignement précieux, le communique sur-le-champ au gros des forces (1).

On ne trouverait sans doute aucun fait plus tragique dans l'histoire que la profonde ignorance, au milieu de laquelle s'agitait et déclamait la nation française, pendant que la clarté des villes et des villages en flammes marquait au loin le passage des hordes teutoniques. La Régente, le ministre de la guerre et ses collègues, le

---

(1) *Von der dritten Armee*, p. 209. Une modification analogue eut lieu dans l'usage de l'artillerie. Les Prussiens ne la traînèrent plus parmi les bagages, mais la firent marcher après la première ligne de piétons ; ils la groupèrent en masse dans les batailles, pour préparer les attaques de l'infanterie, que la longue portée des chassepots inquiétait.

Sénat, le Corps législatif, ne savaient rien, absolument rien; et la presse n'était pas mieux informée qu'eux. De peur que l'obscurité ne fût pas complète, le général Cousin, sans respect pour ses cheveux blancs, amassait sur la nation des nuages d'impostures. Chaque fois que les députés exprimaient le désir de connaître la situation militaire de la France, les ministres et leurs souteneurs demandaient la clôture de la discussion ou l'ordre du jour. Fatigué de ce perpétuel mystère, M. Gambetta eut un mouvement d'indignation. « Depuis huit jours, dit-il dans la séance du 23, on monte journellement à cette tribune pour nous donner des nouvelles avec une discrétion, une mesure que l'on comprend, mais aussi avec un caractère particulier, qui a quelque chose d'alarmant. (*Interruption*.) Nous sommes dans un moment où il ne faut plus se payer de mots : le patriotisme ne consiste pas à endormir les populations, à les nourrir d'illusions; le patriotisme consiste à les préparer à recevoir l'ennemi, à le repousser ou à s'ensevelir sous les décombres...

Voix nombreuses. Nous sommes prêts.

M. Quesné. Il y en a parmi nous qui ont quatre fils à la frontière.

M. Gambetta. Oui! vous êtes des patriotes, je le dis dans la sincérité de mon âme. Il n'y a donc pas de contradiction entre nous. Mais il y a des moyens différents d'atteindre et de réaliser le salut de la patrie. Eh bien! j'estime que nous avons fait assez de concessions, qu'assez longtemps nous nous sommes tus : ce silence a jeté un voile sur les événements qui se précipitent... (*Interruptions*.) Je suis convaincu que le pays roule, sans le voir, vers l'abîme... (*Bruyantes exclamations. — L'ordre du jour! l'ordre du jour!*)

M. le président De Talhouet. Des questions ont été adressées au gouvernement : le gouvernement a répondu.

Quelle solution y aurait-il maintenant à une discussion sans but précis? Je demande donc que la Chambre reprenne le plus tôt possible son ordre du jour (*Oui! oui!*), et je demande à M. Gambetta de ne pas soulever de discussions sans motifs et sans conclusion possible. (*Très-bien! très-bien!*)

M. Gambetta. Il ne peut y avoir de discussion plus utile que celle qui consisterait à se rendre virilement compte de la situation.

M. Jérome de Champagny. Et à la faire connaître aux ennemis?

M. Gambetta. Il y a longtemps que nos ennemis la connaissent, c'est nous qui ne la connaissons pas. (*Bruit. — La clôture! la clôture!*)

M. Arago. On demande des armes; vous envoyez dans les départements des conseillers d'État!

M. Gambetta. Il n'est pas possible qu'un malentendu irritant plane sur cette discussion. Quant à moi, Messieurs, j'ai le sentiment de ma responsabilité; ma conscience me dit que la population de Paris a besoin d'être éclairée sur la situation; et ce que je veux, c'est l'éclairer. (*L'ordre du jour! l'ordre du jour!*)

M. le président De Talhouet. Je crois que l'incident est vidé. (*Oui! oui! — Non!*) Est-il possible, je le demande, d'interpeller le gouvernement sur la situation générale, quand la plupart des ministres sont absents?

Voix nombreuses. La clôture! la clôture!

M. Gambetta. Mais le gouvernement est ici, et c'est entre nous qu'il faut répondre.

M. le président De Talhouet. Je consulte la Chambre.

La clôture est prononcée. (*Agitation.*)

Quelle incroyable scène! Dans toutes les paroles prononcées à la tribune par l'orateur de la gauche, il n'y avait pas un mot qui ne fût juste et vrai : on eût dit la sagesse aux prises avec l'ignorance et la folie. Comme il arrive d'habitude, l'ignorance et la folie l'emportèrent : les aveugles contraignirent l'observateur lucide à garder le silence. Ce passage qui résumait toute la situation : *La France roule, sans le voir, vers l'abîme,* ce cri d'alarme si frappant d'exactitude, ne rencontra point dans toute la Chambre, quelques démocrates exceptés, l'oreille d'un seul homme intelligent. Et l'ombre que M. Gambetta voulait dissiper, devint plus épaisse, plus sinistre, plus dangereuse : ce fut la plaie des ténèbres. Jamais grande nation n'a été enveloppée d'une nuit pareille (1).

Voyons maintenant le rôle du mensonge.

Le 31 août, la veille même de la catastrophe de Sedan, le ministre de la guerre montait à la tribune : « Messieurs, dit-il, je commence par déclarer que je m'associe aux éloges qui ont été donnés à la malheureuse population de Strasbourg. Elle a subi dans ses murs les rigueurs de la guerre, comme nos armées les ont subies à côté d'elle. Aussi vous prierai-je de comprendre dans nos éloges les soldats qui composent la garnison de Strasbourg et le commandant qui est à leur tête. Quelques personnes auraient fait auprès du général Uhrich une démarche et on lui attribue cette réponse : « Je garderai la place jusqu'à la dernière pierre, dussé-je me retirer dans le fort et brûler la ville moi-même, si elle gêne la défense. » (*Bruyants applaudissements.*) Messieurs, vous voyez que tout en prenant les intérêts d'une ville aussi importante et de ses habitants, le commandant de Strasbourg a fait

---

(1) Le lendemain, 24 août, le ministère envoya la note suivante aux feuilles périodiques : « Pas de nouvelles depuis deux jours, parce que les fils télégraphiques sont coupés. » On n'avait pas prévu cette chance, et l'on n'avait point organisé un autre système d'information.

passer l'honneur français avant tout. » (*Très-bien! très-bien!*)

Ces discours insensés produisent l'effet d'un mauvais rêve. La citadelle de Strasbourg occupe l'extrémité orientale de la ville : on peut la canonner, la foudroyer, la pulvériser de la rive badoise, sans mettre le pied sur notre territoire, et c'était précisément ce que le général De Werder avait fait. Bien loin d'offrir un asile sûr, un dernier retranchement, elle semble attendre les projectiles ennemis, comme ces Gaulois qui bravaient les coups, en s'élançant tout nus au milieu des batailles. Jamais l'idée ne serait venue à un commandant de place d'y prolonger sa défense, et les paroles du ministre de la guerre prouvent qu'il ne savait point dans quelle partie de la ville se trouvait la citadelle, qu'il ne comprenait même pas la terrible position de Strasbourg devant l'artillerie à longue portée ; les applaudissements unanimes de la Chambre prouvent qu'elle n'était pas mieux renseignée, qu'elle ignorait absolument la géographie de l'Alsace. Et que dites-vous de ce capitaine qui brûlerait une ville de 80,000 âmes, si elle gênait ses opérations militaires? Je suis autorisé par le général Uhrich à démentir le propos; mais j'étais sûr d'avance qu'il ne l'avait pas tenu : il a l'esprit trop droit et le cœur trop noble pour concevoir une féroce extravagance.

Quelques moments après, interrogé sur ses travaux et ses préparatifs militaires, M. Cousin-Montauban s'écriait : « M. Keller a parlé d'organiser des troupes pour aller couper les routes... mais c'est fait, tout cela... seulement croyez bien que je n'irai pas le dire tout haut. (*Très-bien! très-bien!*) En voulez-vous une preuve?... (*Non! non!*) Je reçois à l'instant... (*Non! non! ne lisez pas!*) Je peux vous lire cela; soyez tranquilles, je ne lirai que ce que je voudrai; ne vous tourmentez pas. (*Mouvements divers.*)

Personne ne me fera dire ce que je ne veux pas dire.

Un membre du centre. Laissez-vous attaquer.

M. le ministre. J'ai subi d'autres attaques, et de plus sérieuses. (*Applaudissements et rires.*) Messieurs, ce que je vais vous lire est la contre-partie de ce que vous a dit l'honorable M. Keller. Voici une dépêche télégraphique que je reçois à l'instant; je n'ai pas besoin de dire d'où elle vient : « Corps franc, *composé de quelques volontaires*, a pénétré sur le territoire badois ; trains badois manquent aujourd'hui... (1) » (*Nouveaux applaudissements.*)

« Voulez-vous savoir maintenant, Messieurs, ce qu'ont produit les travaux du ministère actuel ? Le voici : depuis que les Prussiens ont pénétré en France, ils ont perdu au moins deux cent mille hommes, qui ont été mis hors de combat dans les différentes batailles. Aussi les frais de guerre auxquels la Prusse doit faire face aujourd'hui sont-ils estimés à 2,800,000 thalers, soit dix millions cinq cent mille francs par jour ! Entendez-vous cela ? » (*Rires suivis de bruyants applaudissements*).

Aristophane n'aurait pu écrire une scène plus grotesque, et les exclamations de la Chambre n'étaient pas moins bouffonnes que les discours du ministre. Voilà où en étaient les représentants de la France, pendant la lugubre année 1870 ! Deux cent mille Prussiens mis hors de combat, dans cinq batailles, dont trois avaient fini à leur avantage, dont les deux autres étaient restées indécises, cela fait quarante mille hommes par bataille, chiffre prodigieux, anormal, impossible... Et tous les députés ont applaudi cette fable ridicule, et tous l'ont accueillie avec une foi imperturbable ! (2)

---

(1) *Quelques volontaires* arrêtant *tous les trains badois !* Peut-on offenser plus cruellement la logique ?

(2) M. Palikao faisait circuler par télégrammes dans toute la France de bien autres nouvelles ! Il annonçait, le 29 août, que Bazaine occu-

A force de mentir, les généraux, administrateurs et employés de Napoléon III se faisaient illusion à eux-mêmes : l'odieux régime a sombré sous le poids de ses impostures.

Un acte exécuté en commun par le général Montauban et le général Trochu, qui mérite une approbation illimitée, c'est l'expulsion des Allemands domiciliés à Paris. La métropole n'en renfermait pas moins de cent dix mille ; soixante mille habitaient le faubourg Saint-Antoine, où ils avaient transporté les mœurs, les coutumes, les fêtes, la cuisine de leur patrie, en sorte que le quartier finissait par prendre un aspect germanique. Il y avait là des brasseries dans lesquelles on pouvait se croire en Bavière, en Saxe et en Prusse. Au delà du Rhin, ces drôles nous insultaient, nous calomniaient et nous menaçaient ; chez nous, ils étaient insinuants, rampants, humbles et flatteurs, masquaient, travestissaient leur injuste haine, leur envie et leur basse rancune. Exploitant une nation beaucoup trop généreuse, ils se glissaient partout, s'emparaient de tout, espionnaient tout. Les ateliers, la Bourse, le haut commerce en regorgeaient. Par une de ces folles préventions auxquelles les Français sont enclins, on les traitait avec plus de faveur que les indigènes, on leur attribuait des qualités chimériques. L'ordre d'expulsion fut signé seulement le 29 août, exécuté avec une lenteur et une indulgence qui firent crier plusieurs journaux quotidiens. Nos villes, nos provinces fourmillaient de mouchards allemands. On en avait arrêté un grand nombre et, pour

---

pait Metz et Verdun avec des forces considérables, qu'il avait détruit l'armée du général Steinmetz, composée de 150 mille hommes, et pris cent canons ; que 30 mille blessés et prisonniers allemands se trouvaient à Pont-à-Mousson, que Failly et Douay avaient 100 mille hommes sous leurs ordres, que Mac-Mahon en commandait 200 mille. J'ai copié ces détails sur la transcription officielle d'une dépêche.

faire un exemple, on venait d'en exécuter un à Paris même. C'était un jeune homme de haute taille, né à Berlin le 14 mai 1843. Surpris dans la ville de Gien, pendant qu'il explorait les bords de la Loire, il avait annoncé hautement la ruine prochaine de la France et l'inutilité de ses efforts pour lutter contre l'Allemagne. Le 22 août, devant le conseil de guerre qui le jugeait, il déclara s'appeler Charles Harth, nom qui parut un pseudonyme, et être officier dans le 64e régiment prussien, 3me corps. On avait trouvé sur lui, au moment de son arrestation, deux photographies de femmes, l'une desquelles portait cette inscription mystérieuse, en français : « Ne vous donnez pas la peine de rechercher mon identité ; j'ai assez vécu. » Son pourvoi ayant été rejeté le 27, on le fusilla le 28 à l'École militaire.

« Jamais l'espionnage et les espions, disait à ce propos l'*Étoile belge*, n'ont joué un rôle aussi considérable que dans l'armée actuelle de la Prusse. C'est une vaste organisation qui prend ses instruments partout où elle peut les trouver, qui s'adresse à toutes les passions, au sentiment national des troupes alliées, comme aux instincts les plus vils de la conscience humaine. Sans doute un chef d'armée doit se garder autant qu'il peut, éclairer sa marche en avant, se tenir à l'abri des surprises. Mais il est un autre genre d'espionnage que j'ai plus de peine à comprendre et que l'honneur ne me semble guère autoriser : c'est celui qu'on a vu pratiquer, depuis le début de la guerre, par un certain nombre d'officiers allemands, qui, abandonnant leur uniforme, leurs épaulettes et leur épée, ont pris toutes sortes de déguisements pour explorer les forteresses et même pour pénétrer, sous des costumes parfois ignobles, dans les quartiers de l'armée française. On en a signalé à Forbach travestis en dames voilées. Un autre a été surpris à Lille levant le plan des fortifications, affublé d'une robe de prêtre, le tricorne sur la tête et le bréviaire à la main. Dans la ville de Metz, quelques-uns ont été arrêtés, qui, vêtus en domestiques et servant dans un hôtel, nettoyaient les bottes, faisaient le lit de certains officiers français, dont ils cherchaient à surprendre les correspondances et à dérober les plans. On pourrait citer une multitude de faits analogues. Or, je demande si de pareils stratagèmes sont licites et honorent ceux qui les pratiquent. L'officier qu'on a vu explorant les gués de la Loire, sous le pseudonyme de Hardt, semble avoir pensé le contraire, sans quoi il ne se serait pas abrité derrière un faux nom. »

Ce rôle bas et perfide sied admirablement à l'hypocrisie germanique. La dissimulation qu'il exige ne coûte pas aux tartufes d'Allemagne et ne les fatigue jamais. Les plus grands personnages, d'ailleurs, font le métier. Le roi de Prusse lui-même et le chancelier Bismarck n'y trouvent rien qui leur répugne. Avant chacune de leurs grandes entreprises, ils vont eux-mêmes flairer et observer leurs ennemis. Le 6 octobre 1861, Guillaume Ier, qui devait être couronné à Kœnigsberg le 18 du même mois, arrivait à Compiègne pour dîner, baisait la main de l'Impératrice et, lui offrant son bras, la conduisait dans la salle du festin. Il passait avec Napoléon toute la journée du 7, et ne partait que le 8, à midi et demi, après avoir prodigué au souverain de contrebande les témoignages de la plus cordiale affection. En 1863, avant la guerre du Schleswig-Holstein, le roi de Prusse se rend en Bohême, y cause amicalement avec l'empereur d'Autriche, le sonde, l'examine, le fait parler. En 1865, avant la campagne de Sadowa, grande et solennelle visite du prince Frédéric-Charles à Vienne, où l'accompagne un autre fourbe, le général De Moltke : ils y restent six jours, comblés d'honneurs et d'attentions, achètent toutes sortes de dévouements infâmes, préparent les grandes trahisons de l'année suivante. Au mois de juillet, pour compléter leur œuvre, Guillaume retourne en Bohême, avec un autre limier politique, le comte de Bismarck : ils posent à Carlsbad, à Gastein, à Salzbourg, ils accompagnent François-Joseph à Ischl. Quand la guerre éclate, ils avaient, jusque dans le conseil de l'Empereur, des hommes vendus, qui leur faisaient part de toutes les délibérations et de toutes les décisions. En 1867, le Roi et ses acolytes fonctionnaient à Paris, étudiaient, questionnaient, prenaient des notes, sondaient l'incapacité de Napoléon, pour mesurer avec exactitude le profit qu'ils en pouvaient tirer. Aussitôt après son retour à Berlin, Guillaume lui adressait une lettre des plus amicales. Mais ce grand voyage de découverte ne suffisait pas. Au moindre prétexte, M. de Bismarck, le prince des aigrefins, accourait en France, visitait l'Empereur aux Tuileries, à Plombières, à Biarritz, avait de longs entretiens avec lui, endormait ses inquiétudes, l'aveuglait, le mystifiait et, par d'habiles stratagèmes, le faisait parler, lui soutirait de précieuses indiscrétions. Et il obtenait ailleurs d'autres renseignements. Avec les escobards et les patelins germaniques, ce qu'on peut faire de mieux, c'est de les éviter, de s'en tenir aux relations absolument indispensables. Et Bonaparte se croyait plus fin qu'eux !

L'expulsion des Allemands provoqua, dans toute la presse teutonique, des cris de fureur. Elle déclara que c'était une honte, un forfait, un crime de lèse-humanité. A cette mesure équitable et nécessaire, elle opposa l'indulgence, la tolérance prétendues des gouvernements teutoniques. Elle oubliait la cruauté du grand-duc de Bade, qui avait fait reconduire à la frontière, comme des voleurs, avec des menottes aux mains, les Français établis sur son territoire, avant même que les hostilités fussent ouvertes. Elle oubliait de dire que pas un seul n'était domicilié dans le reste de l'Allemagne. En 1865, je me trouvais à Cassel; ayant eu besoin de protection pour visiter la galerie électorale, qu'un prince à demi-fou tenait toujours fermée, le vicomte de Fontenay, secrétaire de l'ambassade française, eut l'obligeance de m'y conduire, et me fit accorder la permission d'étudier les tableaux à mon aise. En causant de choses et d'autres, il m'apprit que la France venait de signer avec la Hesse un traité commercial, qui nous assurait dans le grand-duché les mêmes avantages qu'aux nations les plus favorisées. « Mais c'est un leurre, ajouta-t-il; aucun Français ne peut s'établir en Allemagne; s'il ouvre une boutique, s'il essaye de fonder une entreprise quelconque, les indigènes font le vide autour de lui : au bout de quelques mois, il a épuisé inutilement ses ressources; il est contraint de partir, pauvre, triste et découragé. » Voilà les mœurs hospitalières de l'Allemagne. Tandis qu'en France les maisons, les comptoirs, les manufactures, les cœurs même leur étaient ouverts, cette race sournoise et lâche répondait à notre folle générosité par la haine, la perfidie et l'ingratitude.

Ah! oui, l'on a eu tort d'en purger la capitale : si l'on avait pu prévoir que Guillaume le Tartufe, que Bismarck le duelliste, que De Moltke et De Roon, ces implacables ennemis de la France, rétabliraient au milieu de leurs triomphes, sans nécessité aucune, la loi barbare des otages, il aurait fallu chasser les femmes, les enfants, garder le reste. C'était des otages qu'on avait sous la main. A chaque bourg incendié, à chaque ville bombardée contre les lois de la guerre, à chaque troupe de prisonniers massacrée, à chaque supplice de francs-tireurs pendus ou brûlés vifs, on aurait tiré au sort parmi les pieds-plats enfermés dans Paris, on en aurait fusillé une centaine au Champ-de-Mars, et il aurait bien fallu que l'Allemagne respectât les principes de l'humanité. Avec un peuple sans honneur, sans pudeur, sans miséricorde, il faut proportionner ses moyens à la bassesse et à la cruauté de l'ennemi. Agir autrement, ce n'est rien moins que sacrifier ses propres milices et la population inoffensive aux atroces calculs des envahisseurs, appeler la mort sur des innocents. L'extravagance et la folie pourraient seules épargner des scélérats qui n'épargnent personne. L'histoire d'Allemagne nous fournit à cet égard de précieuses indications. En 1676, pendant la lutte de la maison d'Autriche contre les Hongrois, le général Kopp, chef des troupes impériales, faisait traîner à la queue des chevaux, empaler, mourir sur la roue, tenailler, écorcher, rôtir vivants les prisonniers de guerre. Les Magyars et les Turcs, leurs alliés, furent contraints d'imiter cet exemple. Le pacha de Bude prescrivit aux beys des frontières de ne plus emmener captif un seul Autrichien, mais de massacrer et d'empaler tous les vaincus. L'excès du mal en abrégea la durée : les sanglantes représailles des Hongrois et des Islamites effrayèrent les Allemands : les soldats, les officiers tremblaient de tomber entre les mains de leurs adversaires, et le général Kopp était battu dans toutes les rencontres. L'empereur voyait le moment où personne ne voudrait s'exposer aux chances d'une si horrible guerre. Il fut contraint de rappeler son lieutenant et de lui substituer le comte de Würben, en prescrivant de respecter désormais la vie des prisonniers. La leçon est-elle assez claire ? (1)

---

(1) On trouvera d'affreux détails sur cet épisode dans mon *Histoire secrète du gouvernement autrichien*, p. 182 et suivantes (troisième édition.) Pendant toute la guerre, les Allemands expulsés de Paris ont poussé des cris de fureur contre la France, excité les troupes à la barbarie, demandé que la capitale fût réduite en cendres. Ils ne réclamaient pas moins d'un milliard comme indemnité de leurs pertes. Le 22 février 1872, la France leur payait encore, à titre de

L'approvisionnement et l'armement de Paris, sous le ministère Palikao, méritent encore des éloges sans restrictions : ils furent conduits avec une activité infatigable. Mais ce qui doit être énergiquement désapprouvé, c'est une idée malheureuse conçue par le ministre de la guerre. La longue portée des armes nouvelles commandait de fortifier la butte de Châtillon, les hauteurs qui dominent l'embouchure de la vallée de Sèvres, et le plateau de Montretout : ces points culminants permettaient de canonner à distance et de bombarder Paris. Des travaux furent commencés à Châtillon et sur la côte méridionale de Sèvres ; mais, par une économie mal entendue, on ne paya aux ouvriers que la moitié de leur salaire quotidien, deux francs au lieu de quatre, et on leur donna des bons pour le reste. La dépravation impériale ayant substitué l'égoïsme au sentiment de la patrie, les maçons et terrassiers ne mirent aucun zèle, aucune probité même, dans l'accomplissement de leur tâche. Ne regardant comme positive que la somme reçue, ils ne travaillèrent que la moitié du jour, avec lenteur, avec paresse, avec négligence, et lorsque les Prussiens arrivèrent, le 18 sep-

---

dommages-intérêts, 14,700,000 francs. Douze mille de ces gredins étaient déjà revenus. Depuis lors le flot de l'immigration a continué de nous envahir. Le 2 avril dernier, on lisait dans le *Moniteur de l'Empire allemand* une note circulaire du ministre de l'intérieur, invitant les autorités germaniques à informer la plèbe nationale, qui afflue vers nous, que la métropole française ne peut pas en nourrir davantage. Ils y sont accourus dans de si énormes proportions, dit l'acte officiel, qu'il n'y a pas de travail et de moyens d'existence pour un plus grand nombre. Ainsi ces misérables, qui demandaient, qui espéraient l'anéantissement de notre capitale, bien mieux de la nation même, viennent gueuser leur pitance chez nous ! Aucun sentiment de pudeur, aucun sentiment de dignité, aucune prudence même : tout pour le ventre ! Ils sont là, nous espionnant de nouveau, prêts à nous trahir encore.

tembre, les nouveaux forts, n'étant pas terminés, se trouvèrent à leur merci (1).

Retournons maintenant vers le nord de la France, où allait avoir lieu un des plus horribles drames de l'histoire.

Les armées allemandes, qui dessinaient d'abord un arc de cercle, l'ouverture tournée au nord-ouest, fermant l'Argonne et couvrant la route de Metz, avaient fait une évolution en continuant leur marche. Le soir du 29 août, grâce à leur effectif considérable, elles formaient un vaste rideau qui avait huit lieues d'étendue, depuis Stenay, occupé par les Saxons, jusqu'au Chêne-Populeux, où campaient le XIme corps prussien et les Wurtembergeois. Une nombreuse cavalerie fouillait en outre les bois et sillonnait la campagne sur la gauche du Chêne, de Semuy à Tourteron et de Tourteron à Bouvellemont. Elle surveillait la route de Mézières, dont les bandes teutoniques voulaient couper nos troupes, commençait l'évolution tournante qui devait bloquer Sedan. Cette première ligne de bataille passait par Sommauthe et Pierremont; la seconde occupait Authe, Châtillon, Quatrechamps, Voncq et Vouziers : c'était comme une double file de tra-

---

(1) *Le Temps* et d'autres journaux français ont publié, le 7 avril 1872, cette note importante : « On vient de mettre la main sur une série de mémoires bonapartistes des plus édifiants. On a retrouvé les comptes des dépenses faites par la présidence du Corps législatif, par celle du Sénat et par quelques ministères, preuves authentiques du gaspillage le plus effréné qui fut jamais. On a trouvé aussi les notes relatives à l'emploi de l'indemnité de guerre payée par le gouvernement chinois. Sur ces notes, M. Montauban, qui se dit volontiers sans fortune et réduit à son traitement de général en disponibilité, figure pour une somme de 580,000 francs, qui lui a été payée de la main à la main et sans le moindre décret à l'appui. — Toutes ces pièces ont été mises à la disposition de l'Assemblée nationale. » C'est pendant le ministère de M. Montauban que le nommé Chollet a bénéficié de 2,800,000 francs sur une seule fourniture.

queurs, poussant l'armée française vers le nord. Toutes deux s'allongeaient de l'est à l'ouest, interdisant aux troupes qu'elles chassaient devant elles, non-seulement la route de Paris, mais l'accès de la France entière, sauf l'étroite bande de territoire située, entre elles et la frontière belge. Dans la nuit du 29 au 30, le quartier général du roi de Prusse était à Grand-Pré, celui de son fils à Cenuc. Comment le maréchal Mac-Mahon n'a-t-il pas compris la situation dangereuse où le mettait cet habile mouvement stratégique? Pourquoi voulait-il de nouveau traverser la Meuse, gagner Carignan et Montmédy, talonné par deux cent quarante mille hommes, qui ne cherchaient qu'à l'envelopper, qui, dans tous les cas, l'eussent écrasé entre leurs phalanges et les troupes de Metz? Un précieux libérateur, en vérité, qu'un général qui n'avait pas assez de forces, pas assez de coup d'œil militaire pour se protéger lui-même! Le 29 et le 30, une marche rapide vers Mézières, cette marche qu'il avait annoncée lui-même dans un télégramme destiné au maréchal Bazaine, pouvait encore sauver ses régiments d'un affreux désastre. Mais l'homme sinistre était là; le lugubre conspirateur de décembre donnait d'impérieux conseils, précipitait nos légions dans la ruine. Pourquoi le général en chef n'eut-il pas le courage de secouer le haillon impérial, de le jeter au bord de la route, de mépriser les folles dépêches du comte de Palikao, bien digne de porter un nom chinois! La résolution et la fermeté sont des vertus militaires. Il y allait du salut de la France.

Le 30 août donc, le maréchal Mac-Mahon, qui se trouvait à Raucourt, était décidé ou en avait l'air. Le XIIme corps ayant, la veille, passé le fleuve à Mouzon, occupait déjà les hauteurs de Moulins, sur la route de Stenay. Le 1er corps, descendant de Raucourt, jeta un pont à Remilly et traversa la Meuse de bonne heure.

L'armée fut alors coupée en deux, le VIIme corps et le Vme n'ayant pas quitté la rive gauche. Le Vme se trouvait à Beaumont, comme on l'a vu plus haut; le VIIme, très-attardé, n'occupa l'éminence de Stonne qu'à onze heures. Là, il fut assailli par les uhlans, qui depuis quelque temps déjà se montraient sur les hauteurs, et amenaient cette fois deux batteries. Une vive canonnade les força de se mettre à l'abri derrière la grange de Haut-Mont (1). Le VIIme corps descendait les pentes rapides qui mènent de Stonne vers La Besace, Yonck et le fleuve, quand un grondement terrible annonça qu'une lutte s'engageait sur la droite, dans la direction de Beaumont, à quatre kilomètres. C'était le général De Failly que l'armée du prince de Saxe tout entière venait de surprendre.

Elle était partie à dix heures du matin, le IVme corps formant la gauche, le XIIme, composé uniquement de Saxons, occupant la droite; la garde royale était demeurée en réserve près de Nouart. Les deux premiers corps marchèrent sur quatre colonnes, chacune formée d'une division, éclairée en tête et sur les flancs par de la cavalerie (2). Un soleil radieux séchait la campagne.

Autour de Beaumont étaient campées les troupes du général De Failly, dans une position facile à défendre, les hauteurs nues qui dominent la vallée de la Meuse, la route de Stenay et les grands bois dont elle est flanquée. Vers sept heures du matin, Mac-Mahon était venu lui-même leur donner l'ordre de gagner Mouzon (3); mais le général comptait l'exécuter à sa guise. A huit heures, il fit annoncer une distribution de pain pour une heure de

(1) *Histoire de l'armée de Châlons*, p. 121.
(2) NIEMANN: *Der franzœsische Feldzug* 1870-1871, p. 196.
(3) *Opérations et marches du Vme corps*, par le général De Failly, p. 45.

l'après-midi (1). Deux divisions occupaient un grand espace libre entre le village et les forêts, la troisième avait pris place derrière le village. Malgré le combat qu'elles avaient soutenu la veille à Bois-les-Dames, leur commandant n'éprouvait pas la plus légère inquiétude, n'avait pas placé un seul avant-poste : aucun peloton de cavalerie ne fouillait les bois d'alentour. Poursuivi par les Prussiens et les Saxons pendant toute la nuit précédente, M. De Failly se livrait à une douce quiétude et savourait chez M. Boquillon, maire du village, un copieux déjeuner (2); les soldats et les officiers mangeaient, dormaient ou nettoyaient leurs armes : tous étaient exténués de lassitude, de faim et de sommeil.

Les éclaireurs de la quatrième armée annoncèrent au général en chef l'imprévoyance de nos troupes. Le prince fit donc marcher ses bataillons en silence, à travers les bois, et quand ils atteignirent la lisière, cinq batteries furent aussitôt dressées : une pluie d'obus réveilla les Français sous leurs tentes. Les chevaux étaient encore au piquet : on attela en toute hâte et on rallia quelques troupes pour occuper avec l'artillerie les éminences situées derrière le village. Mais deux divisions allemandes se ruèrent, en avant de Beaumont, sur nos soldats, qui n'avaient point formé leurs lignes; beaucoup étaient en manches de chemise. Ils abandonnèrent leurs tentes, leurs marmites, leurs effets de campement, tout ce qui pouvait retarder leur marche et prirent la fuite dans le

---

(1) *Sedan*, par le général De Wimpffen, p. 132.
(2) M. De Failly a imprimé dans sa brochure : « Aucun détail n'avait pu faire supposer que là marche du Vme corps eût été suivie par l'ennemi. » Et il n'avait pas pris la peine de s'en assurer! Il ajoute : « Les grand'gardes n'avaient pas signalé sa présence. » Où étaient donc ces grand'gardes, qui ne voyaient rien, qui n'apercevaient pas une masse de 64,000 hommes?

plus grand désordre. Cependant l'artillerie saxonne et prussienne avançait tout entière, inondant nos positions de boulets et d'obus. Le 5me régiment de cuirassiers, du XIIme corps, étant survenu, fit une charge héroïque, dans le but d'arrêter le flot : mais là encore, ce fut, comme à Wœrth, comme à Saint-Privat, un sacrifice inutile. Nos braves cavaliers subirent d'effroyables pertes sans obtenir aucun résultat. Le colonel De Contensón, le lieutenant-colonel Assans et le commandant de Brincourt tombèrent morts (1).

Cependant les 11me et 46me régiments de ligne (brigade Grenier), le 68me, de la brigade Fontanges, et le 4me bataillon de chasseurs à pied, avaient fini par se mettre en ordre devant Beaumont : ils arrêtèrent les Allemands. Une lutte terrible s'engage. Le 11me de ligne laisse sur le champ de bataille trente-cinq officiers tués ou blessés, le 68me vingt-six. Le 46me et le bataillon de chasseurs éprouvent aussi des pertes considérables. A gauche de ces vaillantes cohortes, plusieurs bataillons, qui s'étaient formés à leur tour, se précipitent courageusement sur l'ennemi, dans l'espoir de le culbuter avec l'arme française, la baïonnette autrefois si redoutée. Là aussi nos braves champions devaient inutilement périr : foudroyés par l'artillerie et la mousqueterie saxonnes, ils n'arrivent même pas jusqu'aux lignes allemandes et tombent sans avoir combattu.

Notre gauche se trouvant dégarnie, nos adversaires en profitent, s'élancent dans la direction de Létanne, pour envelopper tout le cinquième corps et lui couper la retraite. Les trois divisions du général De Failly sont contraintes d'abandonner le village, que les Saxons occupent aussitôt, de marcher en tumulte vers Mouzon.

(1) *Histoire de l'armée de Châlons*, p. 127. — *Opérations et marches du Vme corps*, par le général de Failly, p. 47.

Quelques régiments luttent encore derrière le village; le colonel Berthe et le lieutenant-colonel De Moncetz, avec une bravoure calme et opiniâtre, tiennent tête aux Prussiens, ne leur cèdent qu'après avoir perdu six cents hommes, sur les onze cents qu'ils commandaient.

Nos troupes se heurtent alors contre le bois de Giraudeau, impénétrable même à l'infanterie; la gauche et l'artillerie de réserve suivent la chaussée, la droite contourne l'épais massif et arrive sur les hauteurs de Villemontry. Les Allemands poursuivent, chassent devant eux les deux bandes, qui finissent par se rallier au mont de Brune, près de Pouron, éminence qui domine de 80 mètres la plaine d'alentour. On y concentre l'artillerie, et la lutte se renouvelle. Le feu pendant quelque temps fut d'une extrême violence.

Mais que pouvait faire contre soixante-quatre mille hommes un corps déjà décimé? Les régiments prussiens et saxons arrivaient en masses profondes : des batteries nombreuses prenaient place sur les hauteurs voisines. Nos boulets n'atteignaient pas l'ennemi; les canons allemands, d'une plus longue portée que les nôtres, lançaient une grêle d'obus dans les rangs de nos soldats. On apercevait dans le lointain le corps du général Douay, qui aurait pu secourir nos troupes; mais vigoureusement poursuivi lui-même, il était en pleine retraite. Le 1er corps bavarois et le Vme prussien le talonnaient, le poussaient devant eux. Bien loin de marcher vers Pouron, il s'enfonçait dans la vallée de Raucourt et gagnait à la hâte Remilly, où il traversa la Meuse à sept heures du soir, pendant qu'une partie de ses convois la franchissait sur le pont de Villers (1). Le Vme corps eût donc été abandonné à lui-même,

---

(1) *Histoire de la guerre de* 1870, par V. Derrécagais, officier d'état-major, p. 280 et 281.

si le général Lebrun, qui se trouvait déjà sur la rive droite de la Meuse, ne lui avait envoyé du renfort. Il expédia le général Grandchamp, avec sa deuxièmè brigade et trois batteries de l'artillerie de réserve. Ces troupes fraîches engageaient la lutte vers trois heures.

Le bruit de la bataille devenant plus terrible et emplissant toute la vallée, le général Lebrun, d'accord avec le maréchal Mac-Mahon qui se trouvait près de lui, porta sur la rive gauche deux nouvelles brigades, l'une commandée par le général Cambriels, l'autre appartenant à la division Vassoignes. Mais elles ne purent escalader les plateaux qui forment un hémicycle devant Mouzon : ce furent les Prussiens, les Saxons et une brigade bavaroise du corps Von der Tann, qui les occupèrent successivement. De là leurs projectiles labouraient à coup sûr les rangs de l'armée française, enfilaient le pont de Mouzon et atteignaient la ville même, que les obus ne tardèrent pas à incendier en plusieurs endroits. La canonnade et la fusillade continuèrent de part et d'autre jusqu'à la nuit tombante. Mais c'était seulement quelques bataillons acharnés qui soutenaient la lutte. Le reste fuyait, se pressait sur le pont, déjà encombré de cadavres, y recevait une pluie de boulets et de bombes, qui exhaussait les monceaux de morts. Les voitures, les canons, les chevaux écrasaient les blessés. Beaucoup de soldats passaient le fleuve à la nage. L'ombre, en devenant plus opaque, mit seule un terme au sinistre épilogue.

Mais dans toutes les défaites, il y a des cœurs généreux qui n'acceptent point les décrets du sort. Le lieutenant-colonel Demange et le commandant Escarfail, du 88me de ligne, ne voulurent pas fléchir, se retirer devant les masses allemandes. Avec une obstination magnanime, ils occupèrent une ferme, s'y maintinrent pendant toute la nuit et, le lendemain matin, s'ouvrirent un passage de vive force, à travers les rangs pressés des troupes germaniques. C'est M. De Failly lui-même qui le raconte.

Les pertes du Vme corps n'en étaient pas moins cruelles : un tiers de son effectif devait joncher la terre ou avoir mis bas les armes : 3,000 prisonniers, 19 canons, 8 mitrailleuses et un important matériel de guerre, dans lequel se trouvaient beaucoup de chariots, étaient tombés entre les mains des Allemands. Les vainqueurs, du reste, payaient assez cher leur victoire : le IVme corps avait eu 3,000 hommes tués ou blessés, le corps saxon de quatre à cinq cents ; les Bavarois, survenus très-tard, perdirent peu de monde.

La cathédrale de Mouzon, pleine de blessés, offrait à minuit un spectacle fantastique. Les lueurs de l'incendie, tamisées par les vitraux, la peignaient de teintes lugubres ; le sang rougissait toutes les dalles ; la voix du canon et le bruit de fusillades soudaines faisaient par moments gronder les échos. « Sur la table de communion, dit l'abbé Domenech, trois cierges aux flammes vacillantes éclairaient les opérations des chirurgiens. » Les hommes gravement blessés remplissaient la grande nef, ayant pour couche de la paille, la tête appuyée contre des chaises renversées. Sur les bancs, sous les bancs des autres nefs, et dans les chapelles, on avait étendu les moins meurtris ; dans les stalles, sur les marches de la chaire, dans la chaire même, se tenaient assis les vaincus dont les blessures offraient peu de gravité. Les infirmiers, les prêtres et les sœurs apportaient des bottes de paille, de la charpie, des objets de pansement, de la soupe pour ceux qui n'avaient pas la fièvre. Sauf les bruits de guerre, survenant du dehors, on n'entendait que la voix grave des médecins et les gémissements des pauvres mutilés, qui se perdaient dans l'ombre des hautes arcades.

La défaite de Beaumont fut le prologue, ou, pour

mieux dire, le premier acte du drame horrible de Sedan. Notre armée, qui, le soir du 29 août, était isolée de la capitale et de la France entière par un rideau mobile de 240 à 250,000 hommes, avec 800 pièces de canon, se trouva séquestrée, le soir du 30, par les mêmes forces et par le cours de la Meuse. Le chemin de Mézières, qui longe la rive gauche du fleuve et suit la vallée, le seul aisément praticable, était au pouvoir des Allemands. Après tant d'hésitations funestes, on avait perdu ce moyen suprême d'échapper à l'ennemi. La rive droite, montueuse, hérissée de forêts, entrecoupée de vallons et de ravines, n'aurait permis d'avancer que très-péniblement. Les prescriptions folles de la Régente, de M. Cousin-Montauban et de ses collègues, venaient de pousser Mac-Mahon et ses troupes dans la situation la plus périlleuse où on pouvait les acculer. Le soir même, toutes les divisions germaniques s'étaient rapprochées de la Meuse; leur première ligne s'étendait de Villemontry à Raucourt; Stonne était occupé. Le roi de Prusse dicta pour le lendemain cet ordre du jour plein de sinistres présages :

« L'armée de la Meuse (commandée par le prince Albert de Saxe) empêchera la gauche française de se dérober vers l'est, entre le fleuve et le territoire belge.

» La IIIme armée (commandée par le prince royal de Prusse) continuera sa marche vers le nord, attaquera les Français, s'il en reste sur la rive gauche, opérera en somme contre leur front et leur flanc droit, de manière à les presser entre la Meuse et la frontière belge. »

Pour échapper aux conséquences désastreuses de cet ordre du jour, il aurait fallu beaucoup d'intelligence, de résolution, de jugement et d'activité. Napoléon III et Mac-Mahon se laissèrent tomber dans l'abîme comme des masses inertes.

CHAPITRE XVII.

BATAILLE DE SEDAN.

La ville de Sedan occupe sur la rive droite de la Meuse une situation pittoresque. Trois rangs de collines, étagés l'un au-dessus de l'autre, forment alentour comme un vaste amphithéâtre. La première ligne monte à 240 mètres, la seconde à 290, la dernière à 340 ; devant les murs de la place, le fleuve domine de 160 mètres le niveau de la mer. Toutes les hauteurs sont boisées, même les plus rapprochées de la ville, car les massifs verdoyants de la Garenne touchent presque ses murailles. Des vallons, des ravins, des eaux torrentueuses sillonnent ces terres accidentées. Les gorges les plus importantes sont celle des Clairs-Chênes, qui vient aboutir à Saint-Menges, au nord de la presqu'île d'Iges, et celle de Givonne, creusée du nord-ouest au sud-est, qui forme avec la première un triangle irrégulier ; elles encadrent le sol montueux auquel s'adosse la ville. Après avoir baigné les murs de Sedan, la Meuse tourne au nord-ouest, descend vers la Belgique, ne laisse entre son cours et la frontière qu'un espace de cinq kilomètres, fait un coude, dessine une péninsule, qui a également cinq kilomètres, et se rabat sur Donchery. Dans la péninsule, à laquelle le hameau d'Iges prête son nom, s'élèvent des coteaux de 213 et 192 mètres : ils ont forcé la Meuse au détour qui les cerne.

Au midi de la presqu'île, vis-à-vis de Sedan, sur la rive gauche du fleuve, d'autres éminences font face aux monticules de la rive droite. Leurs sommets principaux égalent en hauteur la seconde chaîne rangée derrière la ville. A leur base sont construits les villages de Frénois et de Wadelincourt. De leurs plateaux, comme des mamelons correspondants, on peut, avec l'artillerie moderne, foudroyer la ville, que ne protége pas une ceinture de forts détachés. Il fallait donc ou les armer, comme l'exigent les progrès de l'art militaire, ou ne plus compter Sedan parmi les remparts de la France. L'Empire ne fit ni l'un ni l'autre. Des fortifications qui n'étaient plus qu'un piége, un traquenard dangereux pour les habitants et pour la garnison, furent entretenues comme un moyen de défense. La place, cependant, par une de ces contradictions qui pullulent dans les esprits déroutés, n'avait pas un nombre suffisant de bouches à feu et ne contenait pas le moindre approvisionnement.

Si l'on sort de la ville par la porte de Montmédy et qu'on suive le chemin parallèle à la Meuse, on rencontre d'abord le faubourg de Balan, puis le village de Bazeilles, situé dans un fond qui domine d'un mètre ou deux seulement le niveau du fleuve; en continuant sa marche, on arrive à Douzy, sur la Chiers, tout prêt de l'endroit où cet affluent s'unit avec la Meuse; on côtoie ensuite Mairy, on traverse Amblimont, et on atteint, après avoir franchi treize kilomètres, la petite ville de Mouzon. A sept kilomètres de Mouzon, vers le nord-est, se trouve Carignan, d'où une grande route sinueuse mène à Montmédy (1). Un chemin de fer longe les bords du fleuve.

---

(1) Toutes les descriptions de terrains et de batailles que renferme ce volume, ont été faites d'après les cartes de l'état-major français, au quatre-vingt millième. Ces cartes ont servi de modèles aux géo-

qu'il traverse sur un pont, en face de Bazeilles, et sur un autre pont près de Donchery. Voilà le théâtre où allait avoir lieu la plus grande catastrophe militaire de l'histoire du genre humain. C'était *le couronnement de l'édifice.*

Autour de Sedan sont éparpillés de nombreux villages, Floing, Saint-Menges, Fleigneux, Illy, à l'ouest et au nord ; — Givonne, Daigny, La Moncelle, Bazeilles, formant à l'est un premier cordon ; — Villers-Cernay, Francheval, Douzy, seconde ligne du même côté ; — Pouru-aux-Bois, Pouru-Saint-Remy, Brévilly, Mairy enfin, qui dessinent un troisième rang de localités. Ces bourgades tranquilles, nichées dans les vallons et les bassins, ou postées sur les collines, devaient servir d'étapes aux troupes germaniques, poussant leurs flots vers Sedan.

Parti le matin de Raucourt, avec une interminable file d'équipages, Napoléon III était arrivé de bonne heure à Mouzon, le 30. Des hauteurs qui forment un hémicycle derrière la ville, le prince hébété considérait flegmatiquement la déroute de ses soldats. Puis il partait pour Carignan, où il arrivait à quatre heures du soir. Là, ayant rencontré sur la voie publique le général Forgeot, son imperturbable égoïsme contait les incidents de la lutte au vieux capitaine d'un air si calme et si désintéressé, que les auditeurs croyaient presque à une bonne nouvelle (1). Napoléon expédiait ensuite à Eugénie un télégramme non moins apathique :

30 août, 5 heures 30 minutes.

« Il y a encore eu un engagement aujourd'hui, sans grande importance, et je suis resté à cheval assez longtemps. »

graphes allemands. J'y renvoie le lecteur, les réductions étant insuffisantes, parce qu'on y a supprimé une foule de détails.

(1) *Histoire de l'armée de Châlons*, p. 133.

Voilà tout : le sanglant Robert Macaire apprenait à sa femme et au monde qu'il était resté quelque temps en selle. Huit mille hommes morts, blessés ou captifs, lui paraissaient un détail sans importance.

Les chefs prussiens, cependant, adoptaient le programme le plus énergique : leur plan était d'envelopper l'armée française, de la contraindre à se rendre prisonnière, ou à fuir sur le territoire belge. Traversait-elle la frontière, on ne voulait lui laisser aucun répit, aucun espoir : le roi de Prusse avait ordonné de la poursuivre infatigablement, si les autorités belges ne la désarmaient aussitôt (1).

Pour commencer l'exécution de ce projet, la garde royale de Prusse et la cavalerie saxonne franchirent la Meuse à Pouilly, le 31 au matin, puis marchèrent à la hâte vers Carignan et Mouzon par la rive droite ; le XIIme corps traversa le fleuve près de Létanne, tandis que le IVme s'avançait jusqu'en face de Mouzon. La troisième armée, qui occupait la gauche, exécuta des mouvements combinés avec ceux de l'armée saxonne. Le 1er corps bavarois termina sa marche de Raucourt sur Remilly, le IIme prit sa place à Raucourt ; le XIme corps avança de Stonne à Chémery et Cheveuge : il devait aller se poster devant Donchery ; le Vme corps le suivait, pour le remplacer à Chémery. Les Wurtembergeois cheminaient par Vendresse et Boutencourt vers Dom-le-Mesnil, à l'ouest de Donchery. Ces mouvements stratégiques préparaient la grande évolution du lendemain, où les deux ailes germaniques, s'avançant comme des pinces, devaient enfermer et broyer nos troupes.

Pour prévenir ce désastre, que fit le maréchal Mac-Mahon ? Rien.

(1) NIEMANN, p. 201.

La garde royale prussienne et la cavalerie saxonne, ayant franchi la Meuse, se trouvaient complétement séparées des autres corps allemands, qui tous étaient demeurés sur la rive gauche. On pouvait faire sauter le pont de Mouzon, garnir fortement les hauteurs situées en face, rendre le passage sur ce point absolument impossible, isoler par suite la garde royale et la cavalerie saxonne, qui avaient fait un mouvement téméraire, puis les envelopper avec des forces supérieures et les écraser. C'était trente mille hommes dont on se débarrassait (trente mille seulement, parce que la garde avait perdu plus du tiers de son effectif à Saint-Privat). En même temps, il fallait détruire tous les autres ponts de la Meuse, en face de Bazeilles, à Donchery et à Flize, occuper fortement Donchery, où l'on pouvait arriver en quelques minutes par le chemin de fer, et poster un corps d'observation à Dom-le-Mesnil. Le cours de la Meuse étant devenu infranchissable, l'armée française marchait sans inquiétude vers Mézières, en suivant la route de Charleville (Charleville est un faubourg de Mézières) : elle n'aurait eu que 22 kilomètres à parcourir, en tenant compte des sinuosités du chemin. C'était justement la position du maréchal Bazaine sur le plateau occidental de Metz ; les chances de succès étaient pareilles, plus grandes encore : à Metz, la trahison perdit notre principale armée ; à Sedan, une incapacité sans exemple anéantit ou livra la seconde..

A Mézières, Mac-Mahon eût trouvé un secours important, le XIIIme corps, sous les ordres du général Vinoy. Ce corps était en formation à Paris et à Reims, lorsque le 28 août, au moment où le général Cousin-Montauban expédiait à l'armée de Châlons le télégramme fatal, qui la pressait de marcher vers Bazaine, il reçut l'ordre d'aller se grouper à Mézières. Sa 1re division se trouvait à Reims, les deux autres étaient à Paris ; deux régiments de cavalerie seulement purent l'accompagner : il avait douze batteries de canons. Son programme consistait à soutenir les deux maréchaux, après leur jonction (1). Le départ des troupes de la capitale devait avoir lieu le jour même : il ne commença que le 29 août, à dix heures du soir ; le quartier général monta en wagon le 30, après onze heures du matin. Les convois firent un long détour par la frontière du nord, par Avesnes et Hirson. Dans le dernier endroit, ils croisèrent l'escorte et les bagages du prince impérial qu'on évacuait sur Avesnes, pour y attendre les événements. Cette rencontre fâcheuse retarda de quelques heures la marche du XIIIme corps (2). Son avant-garde n'atteignit qu'à la nuit close la station de Charleville. Presque en même temps y arrivait un intendant délégué par le quartier général de l'Empereur, avec ordre de diriger sur Montmédy un million deux cent mille rations ; et le lendemain toutes nos forces devaient se rabattre sur Sedan ! Le convoi n'atteignit point sa destination, et après la défaite, on brûla, pour le soustraire à l'ennemi, cet approvisionnement énorme, avec les voitures du chemin de fer qui le contenaient ! L'entrée en gare de tous les régiments ne fut terminée que dans la nuit du 31.

Plus intelligent que les chefs de l'armée de Châlons, le général Vinoy comprit aussitôt qu'il fallait observer l'ennemi et faire sauter le pont de Flize : pendant la journée du 31, il envoya le colonel La Mariouze, avec deux

---

(1) Cette jonction fantastique inspire au comte de Palikao, dans son livre intitulé : *Un Ministère de 24 jours*, les remarques les plus folles : « A mon avis, dit-il, les résultats obtenus par cette jonction eussent été incalculables ! » — « Je n'ai pas besoin de dire quelle fut ma douleur en apprenant la catastrophe de Sedan et *la ruine d'un projet auquel mon patriotisme m'avait fait travailler avec tant d'ardeur*. Lorsque ce désastre fut connu, je ne pouvais y croire, tant le succès me paraissait assuré. »

(2) *La Retraite de Mézières*, par Ch. Yriarte, p. 14.

bataillons et un escadron de hussards, sur la route de Sedan : les Wurtembergeois étaient arrivés à Dom-le-Mesnil. Des habitants de Flize, ouvriers serruriers, forgerons et autres, secondent les troupes du colonel, taillent, liment, hachent les fils de fer du pont suspendu. Les Allemands du sud lancent deux escadrons pour empêcher le travail ; on les reçoit à coups de fusil et on les met en déroute. Le tablier tombe dans l'eau. Quelques instants après, les Wurtembergeois reviennent en force avec du canon, essayent de tourner nos soldats ; le colonel exécute sa retraite.

Pendant que cette opération avait lieu, M. De Sesmaisons, aide de camp du général Vinoy, se rendait à Sedan pour y conduire un détachement de zouaves et prendre les ordres du maréchal. Nous le verrons bientôt en sa présence.

Si l'on examine la conduite de l'Empereur et de Mac-Mahon, pendant la journée du 31, on acquiert la certitude qu'ils n'avaient aucun renseignement sur les forces et les positions de l'ennemi, aucun plan militaire, aucun programme d'initiative ou de défense pour eux-mêmes. La nuit et le vide s'étaient faits dans leurs cerveaux. Le 30, ils marchaient sur Montmédy, passaient la Meuse avec toutes leurs forces, mouvement insensé qui les bloquait entre le fleuve et le territoire belge : ils portaient à Carignan le 1er corps. Au milieu de la nuit, tout change : Bonaparte est saisi de frayeur, il veut s'abriter derrière des murailles, et, avec la sagacité d'un aveugle, il choisit Sedan pour refuge. A 1 heure 15 minutes du matin, le maréchal expédie cette dépêche laconique : « Mac-Mahon fait savoir au ministre de la guerre qu'il est forcé de se porter sur Sedan. » A 9 heures 40 minutes, le général Montauban lui répond : « Votre dépêche de ce matin ne me signale pas la cause de votre marche en arrière, qui va causer la plus vive émotion. Vous avez donc éprouvé un revers? »

Quand ce télégramme arriva, Napoléon était parti; à huit heures du matin, il avait pris la route de Sedan, toujours suivi de ses nombreux équipages, comme un entrepreneur de spectacles. L'armée se réjouissait, croyant être enfin délivrée du sinistre personnage, qui engourdissait et paralysait les bataillons de son regard atone; on pensait qu'on allait défendre l'inexpugnable terrain de Mouzon, où était posté le XIIme corps. Vain espoir! A dix heures, toutes les troupes se dirigeaient vers Sedan. Bien loin d'être inquiétées, la garde royale de Prusse et la cavalerie saxonne poursuivaient tranquillement leur chemin. Au nord du bois de Vaux, la cavalerie, qui formait l'avant-garde, aperçut un train rempli de soldats prêt à partir et des colonnes françaises en marche vers Sedan. La batterie volante leur adressa des obus qui les atteignirent. Les Saxons continuèrent leur route, parvinrent sans obstacle à Douzy, à sept kilomètres de Sedan! Là une infanterie nombreuse suspendit leur course. La cavalerie de la garde royale avait passé la Chiers à Brevilly, pour attaquer l'arrière-garde de notre 1er corps, mais elle ne put avancer plus loin que Pouru-Saint-Remy, qu'elle trouva fortement occupé. L'infanterie s'était portée sur Carignan. Une seconde tentative des uhlans saxons leur permit de s'établir à Douzy, où ils capturèrent un train de quarante wagons, escorté par deux compagnies du 24me de ligne, et firent de nombreux prisonniers. Le IVme corps prussien occupait les abords de Mouzon, de manière à pouvoir y franchir la Meuse le lendemain. Les Bavarois, chose prodigieuse, la traversèrent, sans rencontrer le moindre obstacle, sur le pont du chemin de fer situé en face de Bazeilles. « Toutes les dispositions avaient été prises pour le faire sauter, dit le général Wimpffen, mais on l'avait laissé intact. » Le général Lebrun, dans son rapport, confirme cette assertion, et le capitaine du 3me régiment de zouaves nous fournit un détail curieux : « Les Bavarois, *après beaucoup d'hésitations, après avoir vérifié si le pont n'était pas miné et s'être assurés qu'il n'y avait aucun piége, passèrent la Meuse sans difficulté* (1). » Ils prirent position sur la rive droite, mais comme le gros du corps était demeuré sur la rive gauche, près de Remilly, les auxiliaires des Prussiens jetèrent deux ponts, pour faciliter le passage des troupes et du matériel. L'Empereur, le duc de Magenta laissaient tout faire avec une imprévoyance enfantine. De Remilly, les Bavarois canonnaient à leur aise les convois engagés sur la route de Carignan à Sedan (2).

Les autres corps germaniques prenaient les positions qui devaient, le lendemain, assurer la défaite et l'investissement de notre armée. L'infanterie saxonne, ayant traversé Mouzon, s'établissait à Mairy : la garde royale occupait déjà Carignan. Leurs avant-postes dessinaient un cordon entre Pouru-aux-Bois, Pouru-Saint-Remy et Douzy ; leurs patrouilles allaient jusqu'à Francheval. Le IVme corps prussien était campé autour de Mouzon. Le IIme corps bavarois se trouvait à Raucourt, le Vme corps prussien à Chéhery, le XIme devant Donchery ; les Wurtembergeois formaient une ligne entre Boutencourt et Dom-le-Mesnil, la face tournée vers Mézières ; le VIme corps, espèce d'arrière-garde, occupait le soir Attigny et Semuy, prêt à marcher vers l'ouest, si les Français tâchaient de gagner Mézières. Les alliés traçaient déjà un grand arc de cercle, devant la place et à l'orient, où la Meuse était franchie ; pour continuer l'évolution, il leur

---

(1) *Sedan*, par le général De Wimpffen, p. 335.
(2) Rapport du général Abbatuci sur la division Guyot de Lespart, Vme corps (*Sedan*, p. 372).

fallait encore la traverser à l'ouest : ils s'y préparèrent pendant la nuit, en jetant trois ponts sur le fleuve, deux à Donchery et un autre à Dom-le-Mesnil.

« Le maréchal Mac-Mahon laissa passer toute la journée du 31 sans donner d'ordres. Il inspectait avec le général Dejean les fortifications inutiles de Sedan et semblait ignorer que l'ennemi fût devant nous, se préparant à nous envelopper de toutes parts. A deux heures, le général Douay lui fit savoir qu'un détachement de la IIIme armée prussienne arrivait à Donchery, qu'un autre se préparait à jeter des ponts à Dom-le-Ménil. A trois heures, une canonnade très-vive, éclatant sur les hauteurs de Wadelincourt, annonça que les Allemands venaient d'y établir des batteries. Aucune mesure ne fut prise : la direction suprême manquait (1). » Le duc de Magenta ne soupçonnait même point quelle était la force réelle de l'ennemi. « Dans un entretien que j'eus à Stonne avec le commandant en chef, dit le général Lebrun, il croyait pouvoir porter de soixante à soixante-dix mille hommes la masse totale des forces ennemies, qui pouvaient lui être opposées de ce côté-ci de la Meuse (2). » Vers dix heures du matin, M. de Sesmaisons, aide de camp du général Vinoy, était arrivé à Sedan avec sa troupe de zouaves, après avoir été canonné en face de Donchery par les pièces prussiennes, qui se trouvaient déjà en position. Napoléon III le reçut dans une petite chambre, triste et démeublée, de la sous-préfecture. Debout devant une table, toujours calme, froid, énigmatique, souriant comme un idiot, ne paraissant avoir conscience ni de sa position, ni des malheurs qui fondaient sur le pays, le faux Bonaparte écouta sans sourciller les paroles de l'aide de camp et envoya aussitôt une dépêche télégraphique au général Vinoy : elle se ter-

(1) *Histoire de l'armée de Châlons*, p. 137.
(2) *Rapport sur les opérations du XIIme corps.*

minait par ces mots : — « Concentrez toutes vos forces dans Mézières. » Le mouvement stratégique des Prussiens, qui avait pour but d'envelopper et de bloquer nos troupes, lui échappait complétement : *Il annonça son intention de gagner Mézières le lendemain* (1). Puis il adressa l'aide de camp au maréchal, lui seul ayant en apparence le droit de commander. « Mac-Mahon était surexcité : il déclarait n'avoir dans toute sa vie militaire aucun souvenir aussi sombre que celui de la veille. Il fut d'avis que le XIIIme corps devait l'attendre à Mézières : lui-même annonça son intention d'y aller le lendemain, il ignorait aussi la marche de l'ennemi, et croyait pouvoir dire que ses communications entre les deux places resteraient libres, puisqu'il était sûr de conserver la rive droite du fleuve (2). » Dès ce moment, on le voit, la bataille du lendemain était perdue. L'armée encombrait Sedan ou bivouaquait pêle-mêle autour de la place. Elle allait dormir dans son tombeau.

La nuit du 31 août au 1er septembre fut une nuit froide et claire. Toutes les étoiles illuminaient la voûte du ciel, que les feux des deux armées empourpraient d'une lueur rougeâtre. Ces innombrables feux constellaient, à droite et à gauche de la Meuse, les hauteurs et les bas-fonds. C'était un spectacle magnifique, préparant une lugubre catastrophe.

La fraîcheur de la nuit ayant condensé les vapeurs, la lumière grise du matin éclaira un épais brouillard, qui, depuis les terres basses jusqu'au sommet des collines, enveloppait et masquait entièrement le paysage. Il tomba lentement des cimes dans les vallons, dégageant le faîte des coteaux, où la rosée scintilla en diamants aux rayons du soleil. Puis la brume s'éclaircit, devint transparente,

(1) *La retraite de Mézières*, par Charles Yriarte, p. 22.
(2) *Ibid.*, p. 24.

ondoya sur la campagne avec la fumée de la poudre ; vers midi enfin, elle avait disparu. La douce et bienfaisante lumière d'un beau jour d'automne éclairait une scène de carnage, de ruine et de douleur.

L'armée française était rangée autour de Sedan de la façon la plus étrange, comme si elle voulait mourir autour de cette bicoque, absolument inutile pour sa défense et ne pouvant influer en aucune manière sur le sort de la campagne. Un ruisseau, descendant des plus hautes collines, roule, comme nous l'avons dit, dans une gorge nommée le col de Givonne, et côtoie Bazeilles avant de s'unir à la Meuse. Un autre couloir, plus rapproché de la ville que celui des Claires-Fontaines, part des environs d'Illy, abrite Floing, et s'arrête au bord du fleuve, où il verse un filet d'eau. Ces deux ravins assez profonds dessinent un triangle, dont le sommet regarde le nord. L'armée française était échelonnée sur le bord de l'un et de l'autre, occupant les berges les plus voisines de la place. Le XIIme corps, sous les ordres du général Lebrun, se déployait, à l'orient, depuis Bazeilles jusqu'en face du village de La Moncelle. Le 1er corps, sous les ordres du général Ducrot, garnissait tout le reste de la crête, en se repliant jusqu'à Illy. Le VIIme corps, sous les ordres du général Félix Douay, avait pris position au bord du col de Floing, détaché une brigade à Saint-Menges. Nos troupes occupaient tous les villages situés devant elles. Dans l'intérieur de ce cordon, sur l'éminence appelé le *Vieux Camp*, terrain enclos de murs qui domine la ville, et sous les rameaux du bois de la Garenne, étaient postés les débris du Vme corps, dont le général De Wimpffen avait pris le commandement. Arrivé le 30, de bonne heure, à Mézières, il s'était fait conduire à Bazeilles par un train spécial ; là, il avait cherché le maréchal pendant presque toute la journée : enfin on lui dit qu'il était probablement à Mouzon. Comme il s'y dirigeait, à la hauteur d'Amblimont, vers quatre heures, il vit arriver des bandes de fuyards, qui marchaient ou couraient dans le plus grand désordre. Il essaya d'abord inutilement de les arrêter. Devant Mairy enfin, il réussit à grouper trois régiments de ligne et quelques régiments de cavalerie. Mais alors ces hommes qui mouraient de faim, aucune distribution n'ayant été faite, lui demandèrent du pain à grands cris : on arrêta quelques chariots de l'intendance, qui contenaient du biscuit, et on le distribua. Les corps mêmes qui ne s'étaient pas battus, avaient l'air d'être en déroute. La cavalerie, l'infanterie, l'artillerie se mêlaient, erraient à l'aventure, ne connaissant pas le chemin de la ville. Des groupes considérables se fourvoyèrent : la division de cavalerie Brahaut entra en Belgique (2,500 hommes), la brigade de cavalerie Septeuil s'y égara sur un autre point (1,000 hommes) ; de nombreux détachements de fantassins y arrivèrent aussi. On évalue le nombre de ces éperdus à environ dix mille hommes, qui ne soutinrent pas leurs compagnons dans la lutte du 1er septembre. Vers neuf heures, on apporta au général De Wimpffen l'ordre de battre en retraite sur Sedan : il n'entra dans la ville qu'à une heure du matin.

Le 31 août, il prit le commandement du Vme corps, au grand dépit du chef révoqué, puis se présenta chez Napoléon, à 4 heures du soir.

Quand Bonaparte le vit entrer, balançant son long buste sur ses courtes jambes, pendant que des larmes lustraient ses yeux morts, il lui dit avec une émotion bien rare chez lui : « Mais, général, expliquez-moi donc pourquoi nous sommes toujours battus, et ce qui a pu amener la désastreuse affaire de Beaumont?

— » Sire, je suppose que les corps d'armée, en présence de l'ennemi, étaient trop éloignés les uns des autres pour se prêter un mutuel appui, que les ordres ont été mal donnés ou mal exécutés.

— » Hélas! nous sommes bien malheureux (1)! »

Il avait perdu son flegme du matin. Le général De Wimpffen, chose étrange et au moins irrégulière, ne dit pas un mot de la lettre fatale que lui avait envoyée le ministre de la guerre, qui l'autorisait à réclamer tout à coup, sans préparation, le commandement supérieur. Dans sa visite au maréchal Mac-Mahon, il garda la même réserve. Quoi qu'il en soit, le matin du 1er septembre, il commandait le Vme corps, sur les hauteurs du Vieux Camp, d'où il dominait de 82 mètres le niveau de la Meuse et découvrait un large horizon : il apercevait notamment le village de Bazeilles, qui devait le lendemain fixer son attention pour le malheur de l'armée française. Dans cette position uniquement défensive, nos troupes ne pouvaient faire aucun mouvement, ne pouvaient contrarier ceux de l'ennemi, empêcher l'exécution de ses projets. Les tranchées naturelles creusées sur leur front semblaient les protéger ; mais c'était une apparence illusoire. Avec une artillerie écrasante, elles auraient gardé leurs positions, mais c'était justement les Prussiens qui avaient une artillerie supérieure. Battues, il ne leur restait pas une langue de terre pour effectuer leur retraite. Qu'un homme ayant la moindre expérience de la guerre se soit enfermé dans cette lugubre impasse, les siècles les plus lointains s'en étonneront comme d'une merveille. On faisait vraiment trop beau jeu à l'ennemi.

Ce furent les Allemands qui livrèrent bataille : c'est donc leurs mouvements surtout qu'il faut étudier et comprendre.

Le soir du 31 août, le roi Guillaume n'avait qu'une préoccupation. Des hauteurs de la rive gauche, on avait

(1) *Sedan*, p. 142.

vu plusieurs colonnes françaises en pleine déroute, marchant pêle-mêle et abandonnant leurs bagages. Les Prussiens craignirent par suite que nos troupes ne fissent une marche de nuit, pour gagner Mézières, preuve indubitable qu'elles pouvaient encore y parvenir. Le XIme corps et la moitié du Vme reçurent en conséquence l'ordre de franchir la Meuse à Donchery, au milieu des ténèbres, pendant que la division wurtembergeoise, forte de 23,000 hommes, la passerait à Dom-le-Mesnil. Ce n'était pas moins de 71,000 ennemis, qui allaient se trouver sur la rive droite près de Vrigne-aux-Bois, dès les premières lueurs du matin, suivis bientôt par la seconde moitié du Vme corps et par une division de cavalerie, c'est-à-dire par 18,500 hommes, formant ainsi une masse de 89,500 combattants, pour fermer à nos soldats la route de Mézières. Tous ces mouvements eurent lieu dans le plus profond silence; l'obscurité, le brouillard naissant ne permirent pas d'en rien découvrir. L'armée française dormait comme ces condamnés à mort qu'on réveille pour les mener à l'échafaud (1).

Pendant que le Ier corps bavarois se préparait à traverser la Meuse, sur le pont de Bazeilles, que le général Lebrun avait laissé occuper (2), le IIme corps marchait

(1) « La nuit du 31 août au 1er septembre fut tranquille dans tous les bivouacs, aux grand'gardes et aux avant-postes. Sur toute la ligne des sentinelles, rien absolument ne vint donner l'éveil sur les mouvements que fit alors l'ennemi. » *Rapport du général Lebrun.*

(2) Le maréchal Mac-Mahon avait ordonné de le faire sauter. Le général Lebrun dit dans son rapport : « A l'heure qu'il est, j'ignore encore par suite de quelles circonstances cette opération n'a pas eu lieu. » Il n'avait donc pas pris la peine de la surveiller, il n'en avait même pas demandé de nouvelles, puisqu'il n'a aucun renseignement à donner. Les Caffres et les Hottentots doivent faire la guerre avec plus d'intelligence. M. Wimpffen, dans son livre, dit en parlant de cette négligence fatale : « Est-ce que ce n'était pas au général Lebrun, prenant position à Bazeilles, la veille de la bataille, et craignant une attaque sérieuse, à faire sauter le pont? »

vers Frénois et Wadelincourt, en face de Sedan, sur la rive gauche du fleuve : il y pointa des batteries, dont l'effet, pendant toute la journée, fut désastreux. Derrière ces batteries, en avant du bois de la Marfée, le roi de Prusse, qui avait passé la nuit à Vendresse, prenait place dès le commencement du jour. Il dominait de là Sedan, les hauteurs voisines, Donchery, la presqu'île d'Iges, tout le champ de bataille et même toutes ses approches, où allaient manœuvrer les troupes germaniques. Le prince royal de Prusse se posta dans une situation analogue, près de Donchery, sur une éminence d'où il apercevait, comme le roi, le splendide paysage, couronné au loin par la forêt des Ardennes. Au-dessous de lui les XIme et Vme corps défilaient rapidement vers le nord pour aller fermer la route de Mézières, entre la boucle de la Meuse et le territoire belge. A l'est, le corps saxon et la garde royale marchaient de Douzy, de Pouru-Saint-Remy et de Pouru-aux-Bois contre la droite française, de La Moncelle à Givonne. Le monstre qui devait étouffer nos soldats et broyer l'Empire du même coup, allongeait ses énormes tentacules. La brume cachait tous ces mouvements aux chefs de nos troupes : elle n'empêchait pas nos cruels ennemis de manœuvrer en silence, avec une régularité parfaite.

Mac-Mahon avait ordonné de laisser dormir tranquillement les soldats, pour les reposer de leurs fatigues (1). Inquiet sans doute de la faute qu'il avait commise, en ne faisant pas sauter le pont du chemin de fer, en laissant les Bavarois jeter deux autres ponts à côté, le général Lebrun fit lever ses troupes à quatre heures. Bien lui en prit, car les Allemands méridionaux s'avançaient dans l'ombre et, à quatre heures et demie, commençaient la lutte par une

---

(1) Rapport du général Lebrun (*Sedan*, p. 209).

vive fusillade, aux premières lueurs du crépuscule. Chose étonnante, prodigieuse, qui étonnerait un enfant de dix ans, s'il avait lu quelques récits militaires, le général Lebrun, après avoir commis, en fait de tactique, le barbarisme de ne point occuper le pont de Bazeilles, n'avait même pas songé à réparer sa bévue en disputant aux Bavarois le passage de la Meuse! Ses généraux de division, ses colonels ne lui avaient pas conseillé cette opération élémentaire, n'avaient pas insisté sur une mesure indispensable pour garantir leurs troupes et affaiblir l'ennemi! Les cours d'eau sont une barrière naturelle, dont on a fait usage dans tous les temps contre les envahisseurs. Les franchir étant un acte périlleux, on cherche à le rendre plus périlleux encore. La lutte qu'Alexandre soutint sur les bords du Granique, 334 ans avant l'ère chrétienne, occupe l'esprit des bambins dès leur entrée au collège. N'importe, le général Lebrun laissa 35,000 Bavarois passer commodément la Meuse, avec leur cavalerie, leurs pièces de campagne et leurs munitions, pour venir l'accabler. Pas un détachement d'infanterie ne surveillait le pont de pierre et les ponts de bois jetés la veille ; pas une bouche à feu n'était braquée en face.

Les Allemands, au contraire, avaient établi sur la rive gauche du fleuve, juste devant les positions occupées par le XIIme corps, de puissantes batteries. A peine leur première ligne venait-elle de commencer la fusillade, que ces pièces grondèrent, couvrirent nos régiments d'obus; en même temps, les canons du IIme corps bavarois pointés près de Wadelincourt, sur les hauteurs de la Marfée, envoyèrent une grêle de projectiles. La 8me division du IVme corps prussien et toute la réserve d'artillerie de ce corps, ayant traversé la Chiers par le pont de Douzy, qu'on n'avait pas fait sauter non plus, marchaient vers les troupes du général Lebrun pour attaquer leur gauche. C'était

53,000 hommes, qui allaient en combattre 35,000 et braquer sur eux environ 200 pièces de canon (1). Le village de Bazeilles, avec ses maisons solidement construites, son château et les murailles du parc, formait une position assez avantageuse.

Mais sa défense principale, c'était le courage de nos malheureux soldats. On avait composé les deux premières divisions de régiments nouveaux et de régiments de marche, formés avec des quatrièmes bataillons; la troisième ne comprenait que des troupes de marine, quatre régiments, de trois mille hommes chacun, sous les ordres du général Vassoignes. On connaissait peu, avant la guerre, cette infanterie destinée aux expéditions lointaines. De Cherbourg, de Brest, de Rochefort, de Toulon, elle partait pour nos colonies, luttant d'abord contre les périls de la mer, puis contre l'influence des climats extrêmes et des régions insalubres, enfin contre les populations sauvages qui menacent nos établissements. La mort lui apparaît donc sous toutes les formes, et elle prend l'habitude de la braver : l'abnégation et le dévouement sont, en quelque sorte, l'atmosphère qu'elle respire. L'Allemagne tout entière ne lui eût pas fait éprouver un moment de crainte : bronzée au sacrifice, elle meurt pour la patrie et pour le devoir, comme les apôtres mouraient pour leur croyance, les vieux Romains pour le salut de Rome. Égarée loin de ses vaisseaux par la stupidité du ministre de la marine, on eût dit qu'elle voulait protester contre une si fatale ineptie, montrer sur terre ce qu'elle aurait pu faire sur les flots. Sa valeur intrépide allait électriser les jeunes soldats qui se trouvaient près d'elle, qui ne connaissaient point l'horrible aspect de la guerre et le sublime élan des cœurs héroïques. Unies dans une pensée magnanime, ces trois

(1) Le 1er corps bavarois, au début de la guerre, avait un effectif de 38,000 soldats et officiers; le second, 32,000.

divisions repoussèrent pendant treize heures la soldatesque allemande. Là encore les innocents devaient périr pour les coupables, les hommes d'intelligence pour les faibles d'esprit, les hommes de conscience pour les scélérats. Ainsi un pouvoir mystérieux et lugubre a ordonné les affaires de ce monde. L'âpre destin l'exige : ce sont des victimes jeunes et pures qui lavent de leur sang l'honneur des nations et réparent leurs fautes.

Les premières colonnes germaniques arrivées près de Bazeilles rencontrèrent justement devant elles notre infanterie de marine. Aux décharges des Bavarois, elle répondit par un feu terrible : la lutte, dès le début, prit un caractère grandiose et formidable. Pendant toute la matinée, les Allemands ne purent dépasser la station du chemin de fer : nos soldats abrités dans les maisons, la grêle de balles que lançaient les mitrailleuses, arrêtaient tout court leurs efforts. Stimulé par un si noble exemple, les habitants de Bazeilles voulurent défendre eux-mêmes leurs logis et leurs familles; la garde nationale prit les armes et combattit avec la troupe. Les cinquante-trois mille hommes poussés contre le village ne parurent pas suffisants : la division Walter, du IIme corps bavarois, fut envoyée sur la rive droite de la Meuse, dit le rapport allemand, pour soutenir leur aile gauche : c'était un renfort de treize mille hommes, qui se mettait en ligne.

Cependant le maréchal Mac-Mahon était venu inspecter le champ de bataille. Il avait fait prévenir l'Empereur que le canon tonnait à l'est de Sedan, précaution qui semble inutile, car Bonaparte devait l'entendre. Le prince fit mettre sur pied tout son état-major, attendu qu'il ne pouvait faire un pas sans une nombreuse escorte, monta enfin à cheval et se dirigea vers Bazeilles. A six heures juste, le maréchal, qui se trouvait à l'aile droite du 1er corps, non loin de Bazeilles, reçut dans le haut de la jambe un éclat des obus lancés par les Bavarois sur le XIIme corps. Il lui devenait impossible de continuer ses fonctions : aussi envoya-t-il dire au général Ducrot qu'il lui remettait le commandement. Puis, comme on le transportait à Sedan, il rencontra près de la porte le héros de Strasbourg. Ils échangèrent quelques paroles, et Napoléon poursuivit sa route. Tous les témoignages concordent pour affirmer que le maréchal, en transmettant ses pouvoirs au général Ducrot, ne lui donna pas une seule instruction. Il paraît n'avoir eu aucun autre projet que de rester sur la défensive, évaluant les corps ennemis à *soixante ou soixante-dix mille hommes*, et croyant qu'après les avoir battus, il pourrait librement gagner Mézières (1). Voilà comment le chef de nos troupes était renseigné.

Dès le 30 août, le général Ducrot avait la persuasion que l'armée française devait marcher par Illy et Saint-Menges sur Mézières, ou par Fleigneux sur Rocroy, échapper ainsi du côté de l'ouest aux forces menaçantes des alliés. Il espérait, en conséquence, que l'on prendrait position, le 31, dans ces hautes localités et à Floing, d'où l'on aurait dominé la rive droite de la Meuse, Sedan, la presqu'île d'Iges, les routes et les chemins vicinaux qui se dirigent vers le couchant. Libre d'agir à sa guise, le 1er septembre, il prit aussitôt la résolution d'abandonner Sedan et les villages occupés par nos troupes, de réunir toutes les divisions françaises sur les plateaux et les croupes montagneuses, puis de marcher dans la direction de Mézières. Il ignorait complétement, et il ne sait pas encore, à l'heure où j'écris ces lignes (2), que des forces prussiennes considérables, 89,500 hommes, avec trois

---

(1) Rapport du général Lebrun (*Sedan*, page 209); lettre du général De Wimpffen (*Ibid.* p. 292). — *Histoire de l'armée de Châlons*, p. 141 et 150.

(2) Voyez son ouvrage, qui a pour titre : *La Journée de Sedan*.

cents canons, étaient sur le point de fermer le passage. Or, au même instant, des masses presque aussi formidables attaquaient nos lignes tournées vers l'orient. A six heures et demie, le prince royal de Saxe ouvrait le feu contre notre Ier corps, lequel occupait fortement Monvillé, La Moncelle, Daigny et les hauteurs situées en avant de ces endroits : il menait au combat non-seulement toute l'armée saxonne, mais une division du IVme corps prussien, destinée à soutenir les Bavarois. Dès le premier choc, la 24me division saxonne repoussa nos troupes assez loin pour qu'il lui fût possible de se déployer entre La Moncelle et Daigny.

Pendant ce temps, la garde royale de Prusse, venant de Pouru-Saint-Remy et de Pouru-aux-Bois, marchait sur Givonne. Après avoir enlevé la position de Daigny à Givonne, elle devait remonter vers Fleigneux, pour couper aux Français le chemin de la Belgique. A huit heures, ses régiments atteignirent Villers-Cernay ; à neuf heures, ses batteries commencèrent à gronder sur sa droite et sur sa gauche. Cent vingt-mille Prussiens, Saxons et Bavarois formaient alors un cordon depuis Bazeilles jusqu'à Givonne, déduction faite des lacunes produites par les batailles de Saint-Privat et de Beaumont ; une division du IVme corps était en outre postée, comme réserve, entre Lamécourt et Douzy.

Voilà quelles dispositions avaient prises, quels mouvements opéraient les forces ennemies, quand le général Ducrot essaya de réaliser son projet. Il était infiniment supérieur au plan détestable du maréchal Mac-Mahon, mais il aurait fallu en commencer l'exécution dès la veille. Si, en effet, notre armée avait occupé au point du jour la seconde ligne de plateaux, ayant derrière elle la forêt des Ardennes pour opérer sa retraite, elle pouvait livrer un combat terrible aux Prussiens et n'eût jamais été cernée.

Mais à l'heure où le général Ducrot prit le commandement, il était tard. Faire abandonner à nos troupes leurs positions défensives, non-seulement en présence de l'ennemi, mais quand la lutte était déjà commencée, quelle imprudence! Ce n'était rien moins qu'une retraite. Les colonnes germaniques allaient nous suivre pas à pas, fondre sur nos troupes en marche, les mettre en désordre, les pousser vers les quatre-vingt-dix mille Prussiens et Wurtembergeois qui arrivaient de l'ouest, les écraser entre deux masses, comme dans un laminoir. Cette opération fatale n'aurait pu être utile que si on avait renoncé au combat, si on avait eu l'intention bien arrêtée de chercher à la hâte un asile en Belgique. Autrement, c'était perdre, sans la moindre compensation, les avantages d'un plan défensif. Le général Ducrot, ignorant et les forces et les combinaisons stratégiques des Prussiens, tenta, les yeux fermés, cette dangereuse aventure. Il comprenait pourtant que les circonstances n'étaient pas favorables. Quand M. Faure, chef d'état-major général de l'armée, vint se mettre à sa disposition, il lui avait dit en propres termes :
— « Il est bien tard ; la responsabilité est bien lourde. N'importe ! nous la supporterons avec résolution (1). »

Et il envoie aussitôt l'ordre aux différents corps de se retirer par échelons vers les hauteurs d'Illy. Craignant que le général Lebrun n'obéisse pas assez vite, il part au galop et court vers Bazeilles. — « A-t-on commencé le mouvement? lui dit-il.

— » Mais nous avons l'avantage, répond le général Lebrun ; les Bavarois reculent ; nos soldats vont bien, ce serait dommage de ne pas en profiter. Je crains qu'un mouvement de retraite ne les décourage et ne se change bientôt en déroute.

(1) *La Journée de Sedan*, p. 20.

— « Il n'y a point à hésiter, reprend le général Ducrot. La véritable bataille sera bientôt derrière nous, du côté d'Illy. Vous voyez bien ce grand plateau, d'Illy à Floing; il faut concentrer notre armée dans cette direction. »

Là, suivant son propre témoignage, il voulait tourner le front de ses troupes *vers l'est*, sa gauche appuyée à Illy, sa droite à Sedan, et si les Prussiens l'attaquaient de face, les précipiter dans le ravin de Givonne (1). Il ne savait donc pas que 89,500 hommes l'auraient assailli en même temps par derrière. Son plan néanmoins lui assurait l'usage des chemins vicinaux et des sentiers qui courent à travers bois entre la route de Floing et la frontière; enfin, ressource *in extremis*, il y avait derrière lui la Belgique (2).

Le XIIme corps, avec l'infanterie de marine, se prépare donc à abandonner ce village de Bazeilles qu'il défend avec une telle énergie.

Le nouveau commandant lui avait prescrit de traverser le fond de Givonne et le bois de la Garenne, pour se joindre au VIIe corps; le Ier et le Vme devaient graduellement et par échelons suivre ce mouvement (3). Le général Lebrun hésitait cependant à quitter une position où ses troupes faisaient déjà plier les Bavarois. Le général Ducrot revient vers neuf heures, le presse d'exécuter son ordre. Les divisions Vassoignes et Grandchamp commencent leur retraite. Mais alors se passait, à notre gauche, un fait capital, qui eût déjoué tous les efforts et toutes les combinaisons du général en chef, quand même le commandement ne lui eût pas été enlevé.

A 9 heures moins un quart, l'avant-garde du XIme corps prussien, parti de Vrigne-aux-Bois dès le point du jour, atteignait Saint-Menges, au sommet du coude formé par

---

(1) *La Journée de Sedan*, p. 23.
(2) Paroles très-sensées de M. Ducrot lui-même; *ibid*, p. 26.
(3) *Rapport du général Lebrun.*

la Meuse, et heurtait les avant-postes de notre VIIme corps, la brigade du général Guiomar. Après un combat violent, mais très-court, nos soldats abandonnaient le village et se repliaient sur les fortes positions occupées par le général Douay, entre Floing et Illy. C'est un plateau d'une faible largeur, long de 3 à 4 kilomètres, « se reliant vers la droite au bois de la Garenne, s'abaissant sur la gauche vers la Meuse, qu'il domine, mais à longue portée. Les abords en sont découverts et favorables à la défense » (1). Mais cet éperon du massif des Ardennes a plusieurs désavantages : la gauche en est dominée, de 22 mètres, par un gros mamelon, couronné de bois, qui s'élève entre Saint-Menges et Floing, à quinze ou dix-huit cent mètres ; la droite, par les plateaux de Fleigneux et d'Illy, bien plus à craindre, parce qu'ils ont plus de hauteur et plus de développement. Le contrefort, en outre, a ses derrières coupés par des ravins, des chemins creux descendant vers la place, des bois, des maisons, des clôtures enchevêtrées d'une telle manière, qu'ils ne permettraient point d'y former une seconde ligne de bataille. Il fallait se défendre à outrance, sur l'esplanade, car on ne pouvait la quitter qu'en désordre.

Le général Douay, comme il l'avoue lui-même, aurait dû faire occuper le mamelon dressé en face de sa gauche, mais la faiblesse numérique de ses troupes l'en empêcha. Le XIme corps prussien y établit ses canons ; il pointa d'autres batteries au nord de Saint-Menges, sur les arêtes qui endiguent le ruisseau des Clairs-Chênes, pendant que le Vme corps, passait derrière lui, montait vers le plateau d'Illy et de Fleigneux. A une si faible distance, les ennemis ouvrirent un feu terrible contre nos régiments, s'étudièrent à démonter nos pièces et à tuer nos artilleurs.

(1) *Rapport du général Félix Douay.*

Au moment où cette évolution dangereuse, où cette formidable attaque rendaient presque certaine la déroute et la capture de notre armée, le général De Wimpffen eut une idée malheureuse, qui devait nous enlever notre dernier espoir, l'avantage d'une concentration sur les plateaux et la ressource de s'éparpiller dans la forêt des Ardennes, pour gagner la Belgique, ou échapper aux vainqueurs par la dispersion.

L'infanterie de marine et la division Grandchamp avaient quitté Bazeilles, mais la division Lacretelle luttait encore et maintenait énergiquement l'ennemi. Du haut du vieux camp, situation dominante où étaient postées ses troupes, M. De Wimpffen voyait les éclairs, les lignes de flamme et les torrents de fumée, qui attestaient la bravoure du XIIme corps; il voyait faiblir l'attaque des Bavarois. Il juge que ce commencement de succès va se changer en victoire, et aussitôt, par vanité, pour obtenir l'honneur d'un triomphe, ou par une déplorable confiance en lui-même, il réclame le commandement supérieur, en vertu de la lettre qu'il portait sur lui, lettre dont il n'avait point fait usage, quand le maréchal Mac-Mahon avait été blessé. Il envoie au général Ducrot un billet, où il lui annonce qu'il prend la direction de la bataille. M. Ducrot avait rencontré un peu auparavant Napoléon III, qui avait accepté son projet d'occuper les hauteurs et confirmé les pouvoirs qu'il tenait de Mac-Mahon. Dans un pareil état de choses, le général ne devait pas tenir compte de la lettre écrite par M. De Wimpffen, ne pas même s'en préoccuper. Mais chez une nation où les cerveaux languissent, la volonté chancelle comme la raison et l'intelligence. Ne voilà-t-il pas que le général Ducrot abandonne ses fonctions, court à la recherche du général De Wimpffen! Il le découvre et lui dit qu'il ne veut pas contester ses droits, engager une lutte de rivalité, mais lui soumettre des observations. Depuis près d'un mois il tient tête aux Allemands, il connaît leurs procédés militaires; il a en outre étudié le terrain, la position de l'armée française. Le maire de Villers-Cernay vient de lui faire annoncer par un paysan que de nombreuses colonnes passent près de son village et près de Francheval. Les Prussiens manœuvrent sans contredit pour envelopper nos troupes. « Au nom du salut de l'armée, dit-il, je vous adjure de laisser continuer le mouvement de retraite. Dans deux heures, il ne sera plus temps.

— » Mais pourquoi voulez-vous battre en retraite, puisque Lebrun a l'avantage?

Et comme le chef du XIIme corps était survenu :

— » N'est-il pas vrai, Lebrun, que vous avez l'avantage?

M. Lebrun répondit qu'effectivement il traitait assez mal les Bavarois et qu'on *pouvait attendre*, pour commencer la retraite, *des circonstances qui la rendraient nécessaire*.

— » Sans doute, reprit M. De Wimpffen; les Prussiens envoient seulement de la cavalerie derrière nous : le général Douay la maintiendra. Quant à nous, réunissons tous nos efforts pour écraser ce qui est devant Lebrun.

— » Mais, répartit le général Ducrot, où pensez-vous donc que puisse aller l'infanterie allemande, qui passe depuis ce matin à Villers-Cernay et à Francheval, si ce n'est à Illy?

— » Illy? qu'est-ce c'est qu'Illy? demanda ingénument le nouveau venu.

— » Ah! vous ne savez pas ce que c'est qu'Illy, s'écria son interlocuteur. Eh bien! regardez. »

Déployant aussitôt une carte sur l'arçon de sa selle, M. Ducrot ajouta : — « Voyez ce coude de la Meuse qui descend vers le nord, et ne laisse qu'un étroit espace entre le fleuve et la frontière belge. Il n'y a là qu'un seul point de passage, c'est Illy! Si les Prussiens s'en emparent, nous sommes perdus. »

Daignant à peine jeter un coup d'œil sur la carte, M. De Wimpffen répondit comme un homme qui ne comprend pas les discours de son adversaire : — « Oui, oui, tout cela est très-bien; mais pour le moment Lebrun a l'avantage, il faut en profiter. Ce n'est pas une retraite qu'il nous faut, c'est une victoire.

— » Ah! il vous faut une victoire! s'écria le général Ducrot. Eh bien! nous serons trop heureux, si nous avons une retraite ce soir. »

Et consterné de voir un homme si indifférent à la géographie et à l'art de gouverner une bataille, il partit au galop (1). Le dernier expédient imaginé par le ministre de la guerre pour perdre l'armée de Châlons, allait réussir : un général qui n'avait pas encore mené au feu une seule division, allait conduire à la mort et à la captivité 120,000 hommes.

(1) *La journée de Sedan*, p. 29 et ss. M. de Wimpffen, de son côté, indique si nettement les dangers d'une retraite, que, pour être impartial, nous devons citer son argumentation : « La retraite sur Mézières était praticable avant le passage de la Meuse à Dom-le-Mesnil et à Donchery par les 80,000 hommes qui avaient traversé le fleuve ; elle était absolument impossible à exécuter après le mouvement des corps ennemis sur la rive droite. Si l'on eût persisté à abandonner les positions qu'occupait notre armée pour suivre les routes conduisant à Illy, elle se fût brusquement arrêtée devant les Wurtembergeois, les Vme et XIme corps prussiens, la 4me division de cavalerie ; sur son flanc droit, le XIIme corps, ainsi que la garde royale; en queue, les corps bavarois, d'autant plus ardents à la poursuite qu'ils auraient eu le droit de se considérer comme victorieux. Les troupes françaises en retraite ne pouvaient qu'opérer lentement dans un terrain difficile, ou tomber presque aussitôt dans un complet désordre. » *Sedan*, p. 159 et 160. Ces idées nettes et justes, M. De Wimpffen ne les avait certainement point sur le champ de bataille. Elles lui sont venues après coup.

Cependant Napoléon III, qui rôdait pour se montrer, sans prendre aucune part à l'action, éprouvait une certaine inquiétude, en voyant qu'on changeait encore une fois l'ordre de bataille. Comme il descendait dans le fond de Givonne, un officier de chasseurs à pied s'approche de lui :
— « Sire, lui dit-il, je suis du pays, je le connais parfaitement : si on laisse tourner le bois de la Garenne, l'armée sera enveloppée et se trouvera dans une position des plus critiques. »

Bonaparte allait envoyer porter ce renseignement au général De Wimpffen par un officier de son état-major, quand il rencontre dans le chemin creux le général lui-même : il lui répète l'observation importante qu'on vient de lui faire.

— « Ne vous inquiétez pas, lui répond le commandant : nous allons d'abord nous occuper de jeter les Bavarois à la Meuse, puis avec toutes nos troupes nous ferons face à notre nouvel ennemi (1). »

Le général Castelnau prit la main du général Pajol, aide de camp de l'Empereur, et lui dit : « Plaise à Dieu que ce ne soit pas nous qu'on jette dans la Meuse ! »

Et Napoléon III, rassuré par une simple affirmation, espérant un succès pour l'exploiter et s'en faire honneur, laissa changer tout à coup le plan d'une bataille dont il ne comprenait point l'affreuse gravité.

Cependant l'infanterie de marine et la division Grandchamp, après avoir fait une évolution inutile et dangereuse, descendaient vers Bazeilles et reprenaient, en perdant beaucoup de monde, une partie de leurs anciennes positions. Leur commencement de retraite n'en avait pas

---

(1) Paroles textuelles, imprimées par le général lui-même dans son livre de *Sedan*, p. 316. En ce moment donc, il ne connaissait ni les forces ni les mouvements des Prussiens.

moins été des plus pernicieux. A dix heures, rassurés par l'avantage qu'ils avaient ainsi obtenu, les Bavarois attaquent Bazeilles, comme une place de guerre à laquelle on donne l'assaut. Pendant deux heures, une lutte acharnée embrasa et ensanglanta le village. Le 15me régiment bavarois et le 1er régiment de marine en vinrent directement aux mains, déployèrent une égale intrépidité. Les obus pleuvaient, les maisons s'écroulaient, les flammes et la fumée des nombreux incendies, mêlés au reste du brouillard, voilaient à moitié les champions de la France et de l'Allemagne. « On se battait par groupes. Chaque maison soutenait un véritable siége. La résistance durait tant qu'il y avait des munitions. Quand les munitions manquaient, les soldats assaillis, cernés, sentant bien qu'il était inutile de se rendre et de demander quartier, s'élançaient à la baïonnette. C'était alors un carnage hideux. Les officiers bavarois ne pouvaient empêcher leurs hommes de massacrer les nôtres (1). »

A l'est aussi la bataille faisait rage. Le VIIme corps avait dressé des épaulements, creusé deux étages de tranchées-abris sur le front de sa première ligne. Mais ces moyens défensifs devaient peu lui servir. L'infanterie prussienne ne l'attaquait pas : l'artillerie combattait seule, presque sans danger. Ses obus à percussion frappaient, éclataient avec un bruit terrible juste à l'endroit voulu ; nos projectiles, munis d'antiques fusées réglementaires, faisaient explosion bien avant d'atteindre leur but, produisant une gerbe d'éclats inoffensifs, qui auraient pu distraire l'ennemi comme les raquettes d'un feu d'artifice.

« Les premières batteries françaises, dit le capitaine d'artillerie Achard, furent balayées et *littéralement pulvérisées en quelques minutes.* » On les remplaça, on abrita

---

(1) *La bataille de Sedan*, p. 35 (sans nom d'auteur).

LE CURÉ D'AUBIGNY, DANS LES ARDENNES, MASSACRÉ PAR LES PRUSSIENS.

mieux les canons, et, à force de courage, les pointeurs français purent soutenir pendant quelque temps la lutte. Mais nos pauvres soldats mouraient sans toucher leurs armes, dans les conditions les plus navrantes. Couchés sur la terre, démoralisés par la vue des affreuses blessures que recevaient près d'eux leurs camarades, ou par le voisinage de leurs corps mutilés, ils perdaient peu à peu toute énergie. Quelques-uns se couvraient la tête, pour échapper aux tortures morales de ce hideux spectacle (1). Et l'artillerie prussienne continuait ses ravages, les atteignait à loisir par-dessus nos batteries impuissantes. Pourtant, deux heures après, quand l'infanterie germanique aborda leurs positions, quand il leur fut permis de se relever, le sentiment de l'honneur ranima leurs corps engourdis, la bravoure française alluma leur regard, et ils défendirent avec acharnement le plateau de Floing (2). Mais le moment n'était pas encore venu, où les hommes devaient remplacer les canons; les Prussiens, au contraire, multipliaient leurs batteries et finirent par mettre en ligne plus de trois cents bouches à feu.

Le fracas de cette tempête meurtrière attire le général Ducrot, toujours préoccupé avec raison, comme le général Douay, du plateau d'Illy et de Fleigneux, d'où les Allemands, s'ils l'atteignent, domineront l'armée française. M. De Wimpffen, par malheur, faisait sans cesse demander des renforts au général Félix Douay, qui lui envoya successivement la brigade Labadie, la brigade Bittard des Portes, et enfin le général Dumont avec sa dernière bri-

---

(1) *Histoire de l'armée de Châlons*, p. 157 et 158.

(2) *Von der dritten Armee*, par Paul Hassel, p. 229. « L'ennemi se défendit avec le courage du désespoir, mais, malgré ses efforts, l'infanterie, soutenue très-vigoureusement par ses batteries, réussit à occuper la zone de terrain située devant Floing. » *Rapport allemand.*

gade (1). Sur un point si dangereux de la bataille, le commandant en chef diminuait constamment nos moyens d'action, dans l'espoir chimérique de jeter à la Meuse les Bavarois, qui ne se laissaient pas faire. Comme le général Ducrot traversait le bois de la Garenne, il est heurté par un torrent d'hommes et de chevaux, suivant son expression : « infanterie, cavalerie, artillerie, tout se précipite pêle-mêle ; en vain cherche-t-il à arrêter ce débordement. Personne ne l'écoute. Tout fuit. » Au même instant, il aperçoit le long du bois de la Garenne, un régiment de cuirassiers, qui se dérobait à la lutte, en bon ordre. Il court, adjure le chef de ne pas aller plus loin, lui annonce qu'il va lui envoyer du renfort. C'était le moment, où toute l'infanterie du XIme corps et une brigade du Vme, environ trente-cinq mille hommes, montaient à l'assaut contre les trois brigades qui restaient du VIIme corps, et même envahissaient déjà les plateaux de Fleigneux et d'Illy. M. Ducrot voit le péril, commande au général Forgeot d'amener tout ce qui reste d'artillerie disponible, rappelle les divisions Pellé et Lheriller, s'adresse au général Margueritte, qui, avec la 1re division de cavalerie de réserve, stationnait près du calvaire d'Illy, le guide lui-même et lui dit : « Vous allez charger par échelons sur notre gauche. Après avoir balayé ce qui est devant vous, vous vous rabattrez à droite et prendrez en flanc toute la ligne ennemie. » Le général Margueritte se porte en avant, avec son état-major, pour reconnaître la position et reçoit une blessure mortelle ; plusieurs de ses officiers tombent autour de lui. *Les obus pleuvaient de tous les points de l'horizon.* Le général De Galiffet

(1) *Rapport du général Félix Douay.* « Pendant toute cette journée, dit l'auteur, le VIIme corps, réduit à environ trois brigades par les renforts qu'il avait envoyés sur d'autres points, a dû lutter contre deux corps d'armée. »

prend le commandement de la division qui se trouve sans chef. Aux hussards et aux chasseurs, les généraux Bonnemain et De Salignac-Fénélon joignent sept régiments de cuirassiers. Toute l'artillerie voisine accourt : deux batteries de la réserve sont anéanties en quelques minutes par le feu de cinquante pièces ennemies. D'autres les remplacent, prennent de meilleures dispositions, luttent avec opiniâtreté contre l'ouragan d'obus qui les enveloppe, attirent pendant quelque temps sur elles tous les efforts de l'artillerie prussienne. Les six mille cavaliers français peuvent tenter une charge héroïque.

Ils partent, généraux et officiers en tête, s'élançant de toute la vitesse de leurs chevaux. Malgré une pluie de balles et de mitraille, la première ligne ennemie est sabrée et dispersée. La seconde ligne est abordée avec la même ardeur, mais elle reste inébranlable. Déployés au centre, formés en carrés sur les ailes, les bataillons prussiens, par un feu calme, bien dirigé, abattent les hommes et les chevaux. Les escadrons retournent en arrière, se reforment et se précipitent de nouveau, faisant ainsi une charge continue. Le roi Guillaume, qui, avec une lorgnette, examine ce spectacle des buttes de Frénois, admire tant de courage et s'écrie : « Oh! les braves gens! »

Au moment où la cavalerie s'élançait, faisant trembler la terre sous les pieds de ses montures, le général Ducrot s'était placé, l'épée à la main, avec son état-major, devant l'infanterie et s'était écrié : « En avant, en avant, mes enfants!... A la baïonnette! » Mais les troupes, découragées par le massacre à distance qu'elles subissent depuis trois heures, ne font pas mine de le suivre. Quelques hommes seulement viennent se ranger près de lui. A la seconde charge, il renouvelle ses efforts : ils demeurent impuissants comme à la première.

Enfin, la cavalerie décimée, ensanglantée, court une

dernière fois à la mort, avec l'enthousiasme d'un jour de victoire. Mais les pertes sont effroyables : le général Tillard est tué, le colonel Cliquot, du 1er chasseurs d'Afrique, les lieutenants-colonels De Gantès, De Linières sont tués ; le lieutenant-colonel Ramond est blessé grièvement. Du 1er hussards, huit officiers tombent morts, quatorze sont mis hors de combat. Le colonel De Beauffremont a deux chevaux tués sous lui ; le général De Salignac-Fénelon reçoit une blessure grave. Le général De Galiffet, calme, impassible dans la tourmente, échappe aux atteintes par un merveilleux hasard. La dernière charge, à elle seule, couche sur la terre 800 cavaliers sans grade et 80 officiers. Ce qui reste ne peut plus continuer une lutte inutile ; mais quelques soldats furieux, dans un accès d'exaltation guerrière, lancent leurs chevaux, bride abattue, parmi les Prussiens et reçoivent la mort en essayant de la donner. Deux escadrons traversèrent néanmoins toutes les lignes ennemies et parvinrent jusqu'à Floing ; mais là ils se heurtèrent contre un détachement du 46me, embusqué dans le cimetière, qui les accueillit avec une fusillade si rapide et si bien ajustée que presque tous les cavaliers tombèrent ou furent pris : un petit nombre seulement purent s'échapper.

C'était le dernier effort du patriotisme et de la bravoure. Non-seulement la cavalerie se retire en désordre, mais des bandes de chevaux sans maître, effarés, couverts de sueur et de sang, terribles dans leur épouvante, se précipitent à travers l'infanterie, culbutent tout devant eux : une division entière, celle du général Lhériller, se trouve mise en déroute sans avoir combattu (1). L'artillerie ne peut plus tenir ; ses coups sont divergents, ceux des Prussiens convergent de toutes parts sur nos batteries ; les artilleurs

---

(1) *La Journée de Sedan*, p. 40.

tombent morts ou agonisent près de leurs chevaux éventrés; les canons roulent de leurs affûts mis en pièces, plusieurs caissons de gargousses sautent à la fois. Tous les pointeurs qui survivent abandonnent le terrain bouleversé, où ils laissent une partie de leur matériel.

La retraite du VIIme corps était devenue nécessaire. Le général Douay a la présence d'esprit de la faire exécuter en bon ordre : les bataillons mettent près de deux heures pour se replier en échelons sur les glacis de la place, « dont l'intérieur, les abords et les fossés sont déjà encombrés de troupes de toutes armes, infanterie, cavalerie et artillerie. » Quelques détachements plus braves, plus animés que le reste, s'embusquent dans les bois, dans les clôtures, dans les habitations, poursuivent la lutte et, par un feu bien nourri, tiennent jusqu'au soir l'ennemi à distance. Alors seulement ils rejoignent leurs compagnons d'infortune. Aux différents endroits où il avait combattu, le VIIme corps laissait couchés sur la terre plusieurs milliers de soldats sans grades et trois cents officiers. Quarante coffres d'artillerie avaient sauté sous le feu des pièces allemandes.

Si, dès le commencement de la bataille, le général Vinoy, qui était à quatre lieues, avec trente mille hommes et douze batteries de canons, avait attaqué les Prussiens par derrière, il aurait pu ouvrir un passage à l'armée française; mais l'Empereur, qui affectait de ne pas commander, lui avait expédié la veille l'ordre de se concentrer à Mezières et d'y rester immobile. Le fatal despote n'écrivait ou ne prononçait pas un mot qui ne fût une malédiction pour la France.

Le Ier corps français, occupant la ligne du nord et du nord-est, entre le général Douay et le général Lebrun, n'éprouvait pas un sort moins désastreux que le VIIme. La veille, les troupes avaient fait abstinence : leurs chefs ou les administrateurs militaires avaient perdu un troupeau de bœufs tout entier, qui devait les nourrir (1). Les soldats s'étaient donc battus avec la faim dans les entrailles. A neuf heures, ainsi que nous l'avons vu, la garde royale, abritée en partie sous les bois de Villers-Cernay, comme les Saxons dans le bois Chevalier, ouvrait le feu contre la gauche de notre Ier corps, dont le prince de Saxe combattait la droite depuis six heures et demie du matin. Un peu plus tard, la garde marchait contre Givonne, Daigny et Hoybes, hameau situé entre les deux villages. Nos troupes soutiennent vaillamment la lutte, bien qu'un grand nombre de jeunes conscrits n'eussent jamais vu le feu. Un seul obus, qui éclatait parmi eux, en tuait ou blessait de huit à dix. Le feu prenait aux vêtements de quelques-uns. Il fallait se jeter sur eux, les rouler dans des couvertures, arracher de leurs corps leurs uniformes brûlants, à demi-consumés, qui tombaient en miettes. Et d'autres obus arrivaient au milieu des groupes où se tordaient les victimes.

A midi, comme la résistance de nos soldats se prolongeait, la 2me division de la garde et les Saxons attaquèrent en même temps Daigny et l'enlevèrent, pendant que la 1re division du corps d'élite prenait Givonne. Alors les deux troupes mirent 100 pièces de canon en batterie sur les hauteurs conquises, au delà du ruisseau et du couloir de Givonne, puis montèrent dans la direction d'Illy, pour

---

(1) « On ne peut retrouver le troupeau de bœufs qui nous suit, et nos troupes ne reçoivent rien encore (31 août). » *Souvenirs du colonel d'Andigné, chef d'état-major de la 4me division du 1er corps.* — « Les derniers corps arrivèrent sur leurs emplacements seulement à 11 heures du soir et ne purent recevoir aucune distribution, notamment la 4me division, qui formait l'arrière-garde et dont le troupeau s'égara dans l'obscurité. » *Journal du commandant Corbin*, sous-chef d'état-major général au 1er corps.

cerner l'armée française par la droite ; cette marche dégarnissant un espace trop considérable entre les derniers régiments saxons et les colonnes bavaroises, la 8me division du IVme corps prussien occupa l'intervalle. Rejetées hors de leurs positions, mourant de faim, nos malheureuses troupes descendaient comme une avalanche à travers les bois, sur la pente des coteaux, pour aller s'abriter derrière les remparts de la ville. Une centaine de chevaux sans maîtres, se ruant au milieu d'elles, augmentaient leur trouble et leur désordre. Quelques soldats luttaient avec la fureur du désespoir ; blessés, désarmés, ils saisissaient les Teutons corps à corps et mouraient dans une lutte suprême. Mais beaucoup n'essayaient pas de se défendre : poursuivis par les vainqueurs, ils se rendaient, jetaient leurs armes ; quelques soldats prussiens ou saxons emmenaient des compagnies entières. Onze mille des nôtres furent capturés dans les bois de Givonne et de la Garenne : les Allemands les dirigeaient vers les hauteurs d'Illy et de Feigneux. Depuis le lever du jour, on ne leur avait pas distribué un atome de nourriture : ils avaient supporté, l'estomac vide, sans boire et sans manger, les fatigues extrêmes d'une grande bataille (1). Sept mitrailleuses, vingt-cinq canons, deux fanions et une aigle tombèrent entre les mains de l'ennemi.

Composé le matin de 30,769 combattants, dont 942 étaient officiers, le Ier corps perdit dans cette affreuse lutte 248 officiers, 10,737 soldats, tout près de onze mille hommes, tués, blessés ou disparus ; sept généraux avaient péri ou reçu des coups de feu (2).

Pendant ce temps, les XIme et Vme corps prussiens fai-

---

(1) C'est le général De Wimpffen qui l'atteste (*Sedan*, p. 235).

(2) *Journal du commandant Corbin*, sous-chef d'état-major général au Ier corps (*La Journée de Sedan*, p. 109).

saient plus de dix mille prisonniers ; une partie du Vme poursuivait sa marche sur Illy. Le drame touchait à sa fin. Vers trois heures, les premiers bataillons de la garde royale et du Vme corps s'aperçurent mutuellement et poussèrent des cris joyeux ; quelques minutes après, l'armée française était bloquée sur tous les points par 240,000 hommes. Derrière la première ligne d'investissement, au nord, la cavalerie du prince Albert et celle de la garde royale formèrent un nouveau cordon, pour intercepter les routes de la Belgique.

Toutes les positions occupées, le matin par nos troupes étaient au pouvoir des Allemands : ils y braquèrent 500 pièces de canon, la gueule tournée vers Sedan, qu'elles pouvaient réduire en poussière. De nombreux bataillons chassaient devant eux les fuyards. Les débris du Vme corps français, postés sur l'éminence du Vieux Camp et dans le bois de la Garenne, étaient entraînés par la déroute générale.

Après une lutte acharnée, horrible, les 50,000 Bavarois et Prussiens qui attaquaient Bazeilles depuis le point du jour, y avaient enfin pénétré. Mais l'infanterie de marine leur en disputa opiniâtrément la possession : une seule compagnie de cette arme, retranchée dans une maison, y lutta pendant trois heures contre toute une brigade allemande et ne céda qu'à l'approche d'une batterie amenée pour démolir le bâtiment ; trois rues, qui aboutissaient à la demeure inexpugnable, étaient jonchées de cadavres bavarois. Expulsée de Bazeilles, l'infanterie de marine en chassa trois fois les envahisseurs, mais fut contrainte à la longue de se retirer dans le faubourg de Balan. Il était deux heures et demie. La rage teutonique alors ne connut plus de bornes. Toute la population fut exterminée. Jeune ou vieux, femme ou enfant, quiconque sortait des habitations ou des caves, était fusillé, assommé, lardé à coups de baïonnettes. Les vainqueurs alléguaient pour motif que la garde nationale avait combattu, comme si la garde nationale n'était pas une troupe régulière, comme si, dans tous les cas, chaque citoyen n'avait pas le droit de défendre sa patrie.

Un coup de feu ayant été tiré d'une fenêtre et une maison vaguement signalée, les Bavarois y entrèrent, saisirent une femme âgée de cinquante ans et un homme âgé de soixante, les attachèrent ensemble, les traînèrent par le bourg et les fusillèrent à la limite. Le curé tomba de même sous les balles, parce qu'on s'était défendu dans l'église (1). Le lendemain, l'abbé Domenech vit son cadavre : dans ses froides mains, il tenait encore son livre de messe, ouvert à l'office des agonisants. Une jeune personne fut violée et massacrée ensuite (2). Une autre, une malheureuse enfant de quinze ans, subit les mêmes outrages sous les yeux de sa mère, après qu'on eut tué son père. Une dame Henri, que plus de dix Prussiens avaient violentée, en mourut au bout de quatre jours. Chose étrange et hideuse, l'âge le plus avancé ne protégeait point contre la licence bestiale des grands civilisateurs : une dame Poncin, octogénaire, fut traînée dans la rue et servit publiquement à leur luxure (3). Les Bavarois prenaient les petits enfants par les pieds et leur brisaient la tête contre les murailles (4), ou les jetaient au fond des puits (5). M. Robert, brasseur, fut conduit avec son domestique et sa servante, à quelques pas de sa maison, sur un herbage, et mis à mort avec eux. Le fils du tonnelier Remy, jeune

---

(1) *Pall Mall Gazette*, lettre du 13 septembre 1870.
(2) *Histoire de la Guerre de* 1870, par Derrécagais, p. 295.
(3) Lettre écrite de Bruxelles par un témoin oculaire, le 26 septembre 1870, et publiée à Lille par l'*Écho du Nord*.
(4) DERRÉCAGAIS, *ibid*.
(5) Lettre écrite de Bruxelles.

homme de vingt-six ans, était malade, couché : un *officier* bavarois entre, lui tire deux coups de fusil ; une balle lui brise le poignet, une autre lui traverse le crâne. Le maire et sa femme périrent sur la grande place. Puis la fureur des brutes d'Allemagne croissant de minute en minute, leurs barbaries les enivrant eux-mêmes comme une satisfaction exquise et rare, ils mettent le feu aux habitations, y jettent des boules incendiaires, y versent du pétrole, y lancent des fusées. Six cents maisons s'allument. Les malheureux locataires veulent sortir, on les repousse dans les flammes ; ceux qui s'échappent, on les tue à coups de fusil, même les femmes (1). Les remises du château de M. Thomas, où est né Turenne, abritaient plus de trente blessés. La femme du bedeau de la paroisse, voyant les Germains promener l'incendie de maison en maison, les supplie d'épargner au moins ce bâtiment, où souffrent des malheureux qui ne sont pas à craindre. Au lieu d'écouter sa prière, ils s'acharnent sur la construction ; elle flamboie, elle s'écroule ; tous les blessés périssent d'une mort affreuse. La compatissante personne, qui implorait les Bavarois et les Prussiens, échappe avec peine à leur fureur : on tue son mari et on viole sa fille. L'ébriété du sang, de la ruine et du carnage se développant toujours, monte jusqu'au délire : les pourceaux, les chiens, les moutons et les chevaux, enfermés dans les bâtiments, périssent avec leurs maîtres, en poussant des cris effroyables. Une multitude de personnes ont vu leurs corps rôtis, les cadavres brûlés des hommes, des femmes et des enfants (2). « J'ai vu, de mes yeux vu les ruines fumantes

---

(1) Lettre du duc de Fitz-James. — *Écho du Nord*, lettre du 26 septembre. — Édouard Fournier : *Les Prussiens chez nous*, p. 61 et 64. Une de nos gravures représente ce fait incontestable.

(2) *Pall Mall Gazette*, lettre du 13 septembre 1870, écrite par un correspondant particulier du journal, Azamat Batuk. L'auteur dit

de ce malheureux village, dit le duc de Fitz-James. Une odeur de chair humaine brûlée vous prenait à la gorge. J'ai vu les corps des habitants calcinés sur leur porte. » Des femmes maltraitées par les catholiques du midi, ayant pu leur échapper, avortèrent dans les bois, périrent en mettant au monde des enfants morts.

Comme si tant d'horreurs ne suffisaient pas pour assouvir la frénésie allemande, les Bavarois et les Prussiens arrêtèrent un grand nombre d'habitants, qu'ils voulaient détruire avec méthode, afin de prolonger leur fête sanguinaire. Le lendemain, quand la lutte avait cessé depuis vingt-quatre heures, ils tuaient leurs prisonniers par groupes successifs. « Au moment où nous entrions dans ces champs piétinés, dix minutes avant d'arriver au centre du campement bavarois, nous vîmes une file de prisonniers, en tête desquels marchaient douze habitants de Bazeilles et une femme qu'on allait fusiller. A midi, les Allemands fusillèrent un autre groupe, dans lequel on comptait six femmes; dans la commune, au coin d'une rue, se trouvait un troisième groupe de cinq femmes, attachées par les mains et fusillées (1). Si nous n'avions pas *vu ces faits*, nous ne les aurions pas crus (2) ». Ainsi les bandes germaniques mettaient à mort non-seulement les villageois de Bazeilles, mais des captifs pris ailleurs pendant la lutte. Une rue avait échappé aux flammes : le 3 septembre, les vainqueurs la brûlèrent (3). Le 31 août, la florissante bourgade contenait plus de deux mille métiers à fabriquer le drap, des fouleries prospères,

qu'un grand nombre d'Anglais ont vu comme lui l'abominable spectacle.
(1) Une gravure de ce volume les représente, au moment où on leur attache les mains.
(2) *Histoire de la deuxième ambulance*, par l'abbé Domenech, p. 220.
(3) *Écho du Nord*, lettre déjà citée.

des forges considérables : trois jours après, de 647 maisons, une seule restait debout, la plus chétive. « Elle ne valait pas la peine d'être incendiée, dit un officier belge ; d'une grande ferme située en face, on ne voyait plus que les quatre murs noircis, que les poutres fumantes. » On retira d'une cave une famille de quatre personnes, toutes carbonisées. Dix-sept cents créatures inoffensives étaient mortes. Les soldats allemands dormaient, prenaient leurs repas auprès des ruines et des cadavres, « *aussi tranquillement* que s'ils étaient rangés autour d'un feu de bivouac (1). » Les reîtres et les lansquenets du moyen âge ne faisaient pas mieux.

Nous avons voulu décrire cet affreux tableau dans son ensemble, pour n'avoir pas besoin d'y revenir. Pendant que l'horrible scène avait lieu, pendant que les Bavarois et les Prussiens torturaient et assassinaient au moyen des flammes, comme autant de démons, une partie de leurs forces attaquaient le faubourg de Balan. Ce n'était pas une lutte en règle, une opération militaire proprement dite : le général Lebrun, comme il le déclare lui-même dans son rapport, se bornait à repousser les tirailleurs, qui avançaient toujours et canardaient nos bataillons en retraite sur Sedan. Mais là encore, les obus qui arrivaient de tous les points de l'horizon décimaient nos troupes. Ce fut alors qu'un chirurgien de l'armée française écrivit cette lettre à jamais touchante, trouvée le lendemain sur son cadavre :

« Sedan, 1er septembre.

» Au milieu de la bataille, entouré par les balles, je t'adresse mes adieux. Les balles et les boulets, qui

---

(1) « Beaucoup d'écrivains anglais l'ont attesté dans les journaux, » dit le correspondant de la *Pall Mall Gazette*.

m'épargnent depuis quatre heures, ne me ménageront pas plus longtemps.

» Adieu, ma femme bien-aimée ; j'espère qu'une âme charitable te fera parvenir cet adieu. Je me suis comporté bravement, et je meurs pour n'avoir pas voulu abandonner nos blessés. Un baiser.

» H. V. »

Le calepin qui renfermait ce billet tracé au crayon, renfermait aussi une croix d'officier de la Légion d'Honneur et une médaille du Mexique. Le calepin et la lettre étaient tous les deux percés d'une balle : la balle avait sans doute traversé le cœur du pauvre martyr (1).

Ainsi la lutte gigantesque, où 350,000 hommes s'étaient trouvés en présence, agonisait à l'extrémité d'un faubourg dans une lutte de tirailleurs. Le drame qui mourait sur ce point, renaissait ailleurs sous une autre forme. La ville offrait un spectacle sans nom. Les rues, les places, les portes étaient encombrées de voitures, de chariots, de canons ; les blessés, les fuyards s'y pressaient : des bandes de troupiers sans armes, ayant même perdu leurs sacs, arrivaient à tout moment, se jetaient dans les maisons, s'élançaient dans les églises. Devant les portes, on s'écrasait, dit le général Ducrot : plusieurs soldats moururent piétinés. A travers cette foule, des cavaliers se précipitaient, bride abattue, des caissons passaient au galop, se taillant une route au milieu des chairs vivantes, faisant jaillir le sang, comme le pressoir fait jaillir le vin des grappes mûres. « Nous sommes trahis, s'écriait la foule exaspérée, vendus par des lâches et des traîtres ! » Des

(1) « Ces objets furent remis sur les lieux mêmes, dit M. Furley, chirurgien de l'ambulance anglaise, à un de mes collègues. Le nom et l'adresse de la veuve se trouvaient épargnés, de sorte qu'on put lui expédier sur-le-champ le précieux souvenir. »

soldats ahuris descendaient dans les fossés, escaladaient les murs ; leurs compagnons leur tendaient de l'intérieur des cordes et des échelles. On vit même des cavaliers, que la terreur aveuglait, s'élancer du haut des contrescarpes avec leurs montures, rouler sur l'herbe des tranchées ; beaucoup périssaient ou se brisaient les membres ; les chevaux tombés à la renverse, les jambes en l'air, se débattaient dans les convulsions de l'agonie (1).

Cinquante mille hommes s'étaient déjà entassés derrière les murs de la ville. Guillaume le Pieux qui examinait la bataille, une lunette à la main, du haut de son observatoire, donna l'ordre de tourner les pièces contre la place. Les batteries de Frénois commencèrent, puis l'orage forma un cercle autour de la cité maudite, la couvrant d'une pluie de bombes et de fusées incendiaires (2). Une batterie étant parvenue à enfiler la principale rue, y massacrait de loin les soldats ; ses obus arrivaient jusque sur la grande place, où se dresse l'image en bronze de Turenne, éclaboussaient la glorieuse statue de sang et de débris humains (3). Les toits s'effondraient, les maisons prenaient feu, des pans de maçonnerie s'abattaient avec fracas sur le pavé des rues ; l'éclatement des projectiles et le grondement de 600 bouches à feu déchaînaient dans l'air un si horrible vacarme, que, suivant le général Ducrot, il fut entendu jusque devant Metz par le prince Frédéric-Charles.

Napoléon, le matin du 1ᵉʳ septembre, avait compris que dans cette lutte terrible, dans cette journée suprême, il lui était impossible de se cacher sans perdre les bénéfices de la victoire, qui lui était follement promise. Soucieux et

---

(1) *Von der dritten Armee*, par Paul Hassel, p. 231.
(2) *Geschichte des Krieges von Deutschland gegen Frankreich in* 1870 *und* 1871, par Julius von Wickede, p. 268.
(3) *Histoire de la guerre de* 1870, par Derrécagais, p. 301.

morne, il avait promené son inquiétude et sa terreur sur les emplacements du XIIme et du 1er corps. Il y paraissait quelques minutes, rentrait dans la ville, faisait provision de courage et allait se montrer de nouveau (1). A onze heures, il pensa qu'il avait joué son rôle assez longtemps et reprit pour la dernière fois le chemin de la place, où il arriva une demi-heure après. Il rendit visite au maréchal blessé, avec lequel *tout l'état-major général*, sauf deux capitaines, *était rentré à Sedan* (2), ce qui fut un grand obstacle pour MM. Ducrot et Wimpffen, puis déjeûna comme un satrape (3). N'ayant pas vu le succès venir pendant sa tournée du matin, il n'avait plus qu'une préoccupation, en finir aussitôt que possible avec cette lutte désagréable et sauver sa précieuse personne. Toutes les nouvelles qui lui arrivaient depuis son repas, troublaient son indifférence et galvanisaient son apathie. Bientôt une sommation belliqueuse vint ajouter à sa mauvaise humeur.

A une heure, en quittant le plateau de Floing, où il venait de voir les terribles effets produits par les canons

(1) Le récit impartial d'un ambulancier ne laisse aucun doute à cet égard. « A soixante pas de notre ambulance était la sous-préfecture, quartier général de l'Empereur. De nos fenêtres, je voyais tout ce qui se passait sur la place. L'Empereur, de temps en temps, à cheval, suivi d'un énorme état-major, faisait de petites promenades au dehors. Il ne cherchait la mort ni bien loin, ni bien longtemps, car à peine était-il sorti qu'on le voyait rentrer. Les aides de camp de l'Empereur étaient sérieux et sombres. » *L'Invasion*, par Ludovic Halévy.

(2) L'élite de nos officiers avait donc abandonné son poste de bataille dès six heures du matin ! Leur chef, le général Faure, se prélassait avec eux. C'est M. de Wimpffen qui le raconte (*Sedan*, p. 167).

(3) « Ne pouvait-il, dit le général De Wimpffen, se contenter, comme le général Lebrun et moi, d'une carotte arrachée sur le champ de bataille ? » *Sedan*, p. 235.

prussiens, le général De Wimpffen était remonté sur son observatoire du Vieux Camp. De là il apercevait tout le champ de bataille : le Ier corps, le VIIme corps soutenaient avec peine les assauts de l'ennemi ; seul le XIIme gardait fermement ses positions, dans le village de Bazeilles et sur les pentes voisines. Le général qui avait espéré, le matin, obtenir une victoire à cet endroit, mais ne comptait plus *jeter les Bavarois à la Meuse*, conçut une autre idée non moins fausse. « Ma résolution fut prise, dit-il, de nous ouvrir un passage sur Carignan, en bousculant les deux corps bavarois exténués par la belle résistance du XIIme corps, et en profitant de ce corps pour préparer l'opération. » Le général Lebrun étant venu le rejoindre en ce moment, il lui fit connaître son projet et lui annonça qu'il lui envoyait la division Gorze du Vme corps. M. Lebrun partit aussitôt pour se mettre à la tête de ses troupes (1). M. De Wimpffen écrivit alors aux commandants du VIIme et du Ier corps. Il prescrivait au général Douay, qui luttait avec désespoir contre soixante-six mille hommes, de couvrir son mouvement contre les masses bavaroises ; au général Ducrot, de le rallier avec toutes ses forces ; au général de division Guyot de Lespart, du Vme corps, de faire la même évolution. Puis il adresse à Napoléon la lettre suivante :

« Sire,

» Je me décide à forcer la ligne qui se trouve devant le général Lebrun et le général Ducrot, plutôt que d'être prisonnier dans la place de Sedan.

» Que Votre Majesté vienne se mettre au milieu de ses

---

(1) Ainsi, de nos chefs de corps, le général Douay resta seul à son poste pendant toute la bataille ; les autres allaient et venaient dans l'intérieur des lignes, comme s'ils étaient en promenade.

troupes, elles tiendront à honneur de lui ouvrir un passage.

„ 1 heure 1/4. — 1ᵉʳ septembre. „

M. De Wimpffen n'ayant pas à sa disposition l'état-major général de l'armée, ces ordres et ce billet parvinrent lentement.

Un homme qui ne connaissait ni le terrain, ni l'effectif des troupes allemandes, avait seul pu concevoir ce pitoyable dessein. Bazeilles, comme nous l'avons dit, n'était pas attaqué par moins de 50,000 hommes, déduction faite des lacunes : quatre divisions bavaroises et une division prussienne du IVᵐᵉ corps. Derrière ces premières forces, en avant de Douzy, se tenaient la 7ᵐᵉ division du IVᵐᵉ corps et toute la cavalerie saxonne. C'était encore treize mille fantassins et cinq mille chevaux, prêts à soutenir leurs compagnons d'armes, pour barrer le passage aux colonnes françaises. Voilà les obstacles qu'elles auraient trouvé sur leur front, et qu'elles auraient avant tout dû culbuter. Mais aussitôt que le VIIᵐᵉ et le Iᵉʳ corps français eussent abandonné les hauteurs pour seconder le général De Wimpffen, il est indubitable que toutes les masses allemandes et saxonnes les auraient suivis, canonnés, sabrés ; que, par conséquent, ils n'auraient été d'aucune aide aux bataillons groupés vers l'est. S'ils avaient pu atteindre Bazeilles, si tous les débris de nos régiments étaient parvenus à s'y concentrer, cent quatre-vingt mille Teutons les auraient enveloppés, accablés, précipités dans la Meuse : un massacre immense eût terminé cette lutte déjà si horrible. Tout homme qui voudra prendre la peine d'étudier une carte en sera pleinement convaincu.

L'invitation de se mettre au milieu des troupes, pour tenter de forcer le passage, ne pouvait séduire la prudence et l'égoïsme de Napoléon III. Le commandant en chef lui parut un homme bien simple de croire qu'il se laisserait induire à une pareille témérité. Le billet lui arriva très-lentement, du reste, et au lieu de monter à cheval, pour risquer une si dangereuse aventure, le héros de Boulogne expédia quelques lignes. Les émissaires du général de Wimpffen atteignirent le général Douay, au moment où il opérait sa retraite, après la charge sanglante et le sacrifice inutile de la cavalerie; le général Ducrot à trois heures et demie, lorsqu'il entrait dans la citadelle. Les Bavarois, pendant ce temps, avaient pris Bazeilles, qu'une partie de leurs troupiers incendiaient, et dirigé l'autre partie contre le faubourg de Balan. M. De Wimpffen attendait toujours les réponses au sommet du Vieux-Camp, où il avait fort mal à propos entraîné l'infanterie de marine, qui ne soutint pas la dernière lutte dans le village. L'illustre capitaine alors, fatigué de sa complète inaction, réunit aux troupes décimées du général Vassoignes quelques bataillons de zouaves et le 47me de ligne, les conduit sur les hauteurs qui dominent La Moncelle et Bazeilles, en fait tuer un bon nombre, avance et regarde. Plus un soldat français dans le village! le reste du XIIme corps et la division Goze, du Vme, ont disparu. Le commandant trouve opportun de les chercher : il revient sur ses pas, traverse Balan, arrive devant une porte de la ville, qui était toute grande ouverte : il comprend aussitôt que le général Lebrun et ses colonnes sont rentrés par cette porte! Il était quatre heures. En ce moment, un officier de Napoléon III lui remet une lettre du prince, et lui annonce que le souverain timide, au lieu de risquer sa vie, a mieux aimé faire arborer le drapeau blanc. Le général s'emporte, dit que l'Empereur n'a pas le droit d'intervenir, déclare qu'il ne prendra pas connaissance de la lettre et refuse de négocier. En vain le messager de Napoléon insiste : tenant en main le billet de l'Empereur, le général entre dans la ville, appelle les militaires au combat en leur disant : « Il faut me suivre pour nous ouvrir un passage, ou mettre bas les armes et vous rendre prisonniers. » Il parvient de la sorte jusqu'à la place Turenne.

Le général Ducrot et le général Douay, après avoir conféré avec plusieurs autres chefs supérieurs, venaient d'entrer, à la sous-préfecture, dans le cabinet de l'Empereur. Il n'avait plus ce visage impassible que la nature lui a donné, mais dont il augmente par calcul la froideur glaciale. La peur, l'anxiété animaient enfin ses yeux vitreux et son masque de statue. Dès que le général Ducrot fut en sa présence, il essaya de le flatter. Il lui dit qu'il avait regretté vivement la nomination du général De Winpffen, qu'ayant renoncé au commandement, il n'avait pas voulu le reprendre, mais que le mouvement de retraite par Illy aurait seul pu sauver l'armée. Il ne mentionna pas, bien entendu, son télégramme funeste adressé au général Vinoy.

M. Ducrot ne répondit point, mais les bruits du dehors répondirent pour lui : au milieu du profond silence qui régnait dans la salle, on n'entendait que mieux le fracas des bombes, l'infernal grondement des batteries prussiennes, la lourde chute des murailles, les cris et les gémissements des blessés ; de nombreux obus tombaient dans le jardin et dans la cour de la sous-préfecture ; deux généraux venaient d'être frappés à mort.

— « Je ne comprends pas, dit l'Empereur, que l'ennemi continue le feu ; j'ai fait arborer le drapeau parlementaire. J'espère avoir une entrevue avec le roi de Prusse ; peut-être obtiendrai-je des conditions avantageuses pour l'armée.

— » Je ne compte pas beaucoup, répondit M. Ducrot, sur la générosité de nos adversaires ; à la nuit, nous pourrions tenter une sortie.

Le fils d'Hortense se récria. Le désordre qui régnait partout et l'abattement des troupes lui semblaient défendre tout espoir. « Une tentative pareille, dit-il, n'aboutirait qu'à une effusion de sang. »

Une nouvelle pause, un nouveau silence permirent d'écouter l'horrible canonnade qui foudroyait la ville, promenant la mort sur tous les points de son étendue. Les obus tuaient les blessés dans la grande caserne, déjà inondée de sang, éclataient dans toutes les demeures transformées en ambulances.

— « Mais, dit Bonaparte, il faut absolument faire cesser le feu ! — Écrivez-là, reprit-il, en s'adressant au général Ducrot et lui indiquant la table près de laquelle il était assis :

« Le drapeau parlementaire ayant été arboré, les pourparlers vont être ouverts avec l'ennemi ; le feu doit cesser sur toute la ligne. »

L'homme funèbre ajouta : « Maintenant, signez. »

— « Oh ! non, Sire, répondit le général Ducrot, je ne puis pas signer. A quel titre signerais-je ? Je commande le 1ᵉʳ corps. C'est M. De Wimpffen, qui est général en chef.

— » Vous avez raison ; mais je ne sais pas où est le général De Wimpffen ; il faut que quelqu'un signe.

— » Faites signer par son chef d'état-major, ou par le plus ancien général de division, qui est le général Douay.

— » Oui, répondit l'Empereur, faites signer par le chef d'état-major » (1).

On trouva dans la citadelle le général Faure, qui se récusa.

— Je viens de faire abattre le drapeau blanc, dit-il, ce n'est pas pour signer un ordre pareil.

(1) Toute cette conversation est rapportée par le général Ducrot (*La Journée de Sedan*, p. 50 et 51.)

Le colonel Robert, député vers le général Faure, était rentré à la sous-préfecture, lorsqu'il vit sortir du cabinet de l'Empereur le général Lebrun, qui se rendait en parlementaire au quartier du roi de Prusse : un militaire portant un drapeau blanc l'accompagnait. Comme ils quittaient la ville par la porte de Balan, ils aperçurent le général De Wimpffen et le rejoignirent. A force de crier et de gesticuler, le commandant avait réuni environ deux mille hommes, avec lesquels il marchait vers le faubourg de Balan. Ce n'était plus une retraite sur Montmédy que voulait faire maintenant le généralissime, mais une simple trouée, projet plus absurde encore. Comment une poignée de soldats pouvait-elle percer à travers cinq divisions allemandes? Et quand elle aurait percé, quel avantage eût-elle obtenu par ce fait d'armes? Derrière les Bavarois, elle eût rencontré une division prussienne et toute la cavalerie saxonne. La cavalerie suffisait, à elle seule, pour envelopper la troupe téméraire et la forcer de mettre bas les armes, puisqu'elle avait un effectif de cinq mille hommes. Et de bien autres masses étaient disponibles en ce moment, la lutte ayant cessé partout, excepté dans un faubourg. Mais ce raisonnement si clair était sans doute trop subtil pour l'intelligence de M. De Wimpffen : il tenait à sa trouée.

En voyant le drapeau parlementaire entre les mains d'un soldat, le comte d'Ollone, officier d'ordonnance du général, éprouve un sentiment d'indignation et le fait jeter à terre. Puis le commandant propose au général Lebrun de traverser les lignes prussiennes. — « Vous ferez tuer deux ou trois mille hommes de plus, lui répond le général Lebrun, et vous ne réussirez pas; mais si vous voulez essayer, je ne refuse point d'aller avec vous. »

Les perceurs traversent le faubourg de Balan, où l'infanterie de marine, bien réduite, hélas! tiraillait encore contre les Bavarois, soutenue par le 47me de ligne et quelques bataillons de zouaves. Mais avant même de quitter le faubourg, les deux généraux, s'étant retournés, virent que personne ne les suivait. Les soldats avaient plus de bon sens que leurs chefs. La trouée devenant tout à fait chimérique, M. De Wimpffen donna l'ordre de la retraite. Il était cinq heures et demie. A six heures, les dernières troupes franchissaient la porte de la ville, et on fermait derrière elles les barrières. L'ennemi approchait, pointait ses canons en face. La lutte était finie, après avoir duré treize heures, tantôt sur un point, tantôt sur un autre.

N. B. La quatrième livraison de Borbstaedt, qui vient seulement de paraître, contient la preuve que M. De Wimpffen a donné dans un piége tendu par les Prussiens à l'armée française. « La bataille de Sedan fut commencée avant le jour, dit-il, par la marche du Ier corps bavarois contre le village de Bazeilles. Le général Von der Tann avait tenu pendant la nuit la rive droite du fleuve occupée, au moyen de son artillerie, de sa 1re brigade et d'une partie de sa 2me, tandis que la masse de ses forces bivouaquait entre Rémilly et Angecourt. Il lui était recommandé de faire une tentative dans l'obscurité pour prendre le village de Bazeilles, afin de retenir l'armée française jusqu'au moment où les autres corps germaniques atteindraient leur poste de combat, car ce qu'on appréhendait le plus, c'était qu'elle se retirât sans avoir accepté la lutte. » Ainsi M. De Wimpffen réclama le commandement pour venir en aide aux Prussiens, pour faciliter l'exécution de leur grande manœuvre. Ils voulaient détourner nos troupes de Mézières, les attirer vers l'est : le général leur prêta son concours.

CHAPITRE XVIII.

CAPITULATION DE SEDAN.

Les obus des Prussiens avaient allumé dans la ville de nombreux incendies. Aux rayons d'un magnifique soleil couchant, des nuages de fumée tourbillonnaient sur les monuments publics et les demeures particulières. A l'ouest, un énorme magasin de fourrage, qui avait pris feu, dégageait surtout des flots de sombres vapeurs. Une douce haleine du midi chassait lentement les émanations vers le splendide amphithéâtre des Ardennes, qui déployait au loin ses opulents feuillages. D'une éminence située près de Frénois, Guillaume examinait ce lugubre et imposant spectacle. Tout à coup le drapeau blanc, qui n'avait flotté qu'une minute sur la citadelle, fut hissé de nouveau. Le roi ayant en conséquence donné l'ordre de cesser le feu, les monstres de bronze acharnés à leur tâche cessèrent peu à peu de rugir.
Le lieutenant-colonel De Bronsart fut chargé de porter aux vaincus le message de paix et d'humiliation. Presque au même instant, Napoléon III expédiait dans le camp prussien le général Reille, pour annoncer qu'il demandait grâce. Les deux envoyés se rencontrèrent près des murs de la ville. On banda les yeux de l'interprète allemand et on le conduisit à la sous-préfecture. Il y trouva Napoléon assis dans un fauteuil et appuyé contre une table : il était

sombre, fatigué, abattu. Quand le parlementaire entra, il se leva péniblement à l'aide d'une canne, sur laquelle il s'appuya pendant tout le dialogue. Il apprit avec étonnement que le roi de Prusse était dans le voisinage et avait lui-même choisi le lieutenant-colonel pour porter ses propositions.

— « Alors vous aurez la bonté de lui remettre la lettre que je viens de lui écrire, » dit Napoléon III.

Il prit une lettre qui se trouvait sur la table, et l'offrit au délégué prussien. En la recevant, M. De Bronsart répliqua : — « Mais, Sire, nous avons encore besoin d'un officier supérieur, pour traiter les négociations militaires qui sont devenues indispensables.

— « C'est juste, c'est juste, » répondit Bonaparte.

Et il désigna le général De Wimpffen comme devant porter la parole au nom de la France. Le représentant de Guillaume allait se retirer, quand Napoléon le pria de faire route avec le comte Reille : les deux officiers partirent ensemble.

Guillaume les attendait sur le plateau d'où il regardait fumer la ville et flamboyer alentour de nombreux villages, offerts en sacrifice au lugubre génie, aux rancunes frénétiques et insensées de l'Allemagne. Après sa victoire sur notre aile gauche, son fils était venu le rejoindre avec le duc de Saxe-Cobourg et plusieurs officiers. Vêtu d'une simple tunique, le fameux casque à pointe sur la tête, le roi de Prusse se tenait au bord du plateau, dont le général Reille devait gravir la pente. A quelques pas derrière lui étaient rangés le prince Frédéric-Guillaume, appuyé sur son sabre, le prince Charles, le grand-duc de Weimar, le duc Ernest de Saxe-Cobourg, le comte de Moltke, M. De Bismarck, le général de Blumenthal, quelques adjudants et officiers, puis un détachement des gardes à cheval de l'état-major, dessinant plus loin un demi-cercle. Les rayons du soleil couchant miroitaient sur leurs cuirasses. On eût dit que le roi Guillaume avait voulu rendre plus solennels le triomphe de la Prusse et l'abaissement de la France. Aussitôt que le général Reille atteignit le sommet du contrefort, il ôta son képi brodé, s'inclina respectueusement et, appuyé sur sa canne, attendit que le roi lui fît signe d'approcher. Le délégué de Bonaparte alors lui présenta la lettre qu'il portait. Guillaume, l'ayant reçue, passa comme un illuminé la main gauche sur son front et leva les yeux vers le ciel: Avant même de briser le cachet, il dit à l'interprète de Napoléon : « Mais je veux que Sedan capitule ». La lettre contenait ces mots :

« A Sa Majesté le roi de Prusse.

» Monsieur mon Frère,

» N'ayant pu mourir au milieu de mes troupes, il ne me reste qu'à remettre mon épée entre les mains de Votre Majesté.

» Je suis de Votre Majesté,
le bon frère,
» NAPOLÉON. »

Les principaux assistants se groupèrent autour du Roi, qui leur fit lire le billet. Alors, prenant son fils dans ses bras, le robuste vieillard le serra avec effusion sur sa poitrine, puis tendit la main à ses ministres, au général De Moltke, leur témoigna sa gratitude d'avoir puissamment contribué au succès immense, inattendu, qui le comblait de joie. Le comte Reille gardait pendant ce temps un maintien réservé, mais calme et digne. Le prince royal, touché sans doute de sa position cruelle et de sa noble attitude, s'approche de lui et lui serre la main.

Il le connaissait depuis l'Exposition de 1867, où le général lui servait de guide, en même temps qu'à sa femme, et il avait gardé de lui la meilleure opinion. Le roi de Prusse ayant alors demandé du papier pour répondre à Louis-Napoléon, s'assit sur un escabeau militaire et, un autre escabeau lui servant de table, écrivit d'une main ferme :

« Monsieur mon Frère,

» En regrettant les circonstances dans lesquelles nous nous rencontrons, j'accepte l'épée de Votre Majesté, et je la prie de vouloir bien nommer un de ses officiers, muni de ses pleins pouvoirs, pour traiter de la capitulation de l'armée qui s'est si bravement battue sous vos ordres. De mon côté, j'ai désigné le général De Moltke à cet effet.

» Je suis de Votre Majesté,
    le bon frère,
       » Guillaume. ».

Après avoir remis cette lettre au comte Reille, le souverain lui adressa quelques paroles, et le général français descendit tristement la colline.

Quand il se fut éloigné, le roi de Prusse décida que les négociations auraient lieu à Donchery, que le général De Moltke et le comte de Bismarck y régleraient avec le général De Wimpffen les articles de la capitulation. Puis il se mit en route pour Vendresse, où il avait établi son quartier général et qui se trouvait à plus de trois lieues, pendant que son fils se rendait à Chémery. Partout des cris de joie et des chants, partout les notes guerrières de l'hymne national leur souhaitaient la bienvenue, et les fenêtres des villages français, où les troupes allemandes étaient campées, s'illuminaient sur leur passage aux dépens des vaincus.

L'intérieur de la ville bloquée offrait un bien autre spectacle. A la lueur des incendies, sous l'âpre fumée, les soldats, les chevaux, les fourgons, les canons; les charrettes, les vivants, les morts et les blessés formaient un hideux pêle-mêle. On distribuait enfin une ration de vivres et 50 centimes par soldat, 1 franc par sous-officier, pour que les malheureux pussent acheter quelque supplément de nourriture. Ceux-là mangèrent du moins : les captifs pris pendant le jour, plus de vingt mille hommes, reçurent-ils quelques aliments? On les avait réunis sur les hauteurs, près de la forêt des Ardennes. Les Prussiens du XIme corps d'armée les gardaient. L'ordre arriva de les conduire dans les prairies qui bordent la Meuse, entre Briancourt et Donchery. Les Allemands cueillirent des rameaux de chênes, pour les planter, en signe de joie, sur leurs casques et leurs fusils; la musique militaire joua ses plus triomphantes mélodies, et les vainqueurs, dans un ordre parfait, poussèrent devant eux les prisonniers comme un docile troupeau. De loin, dans les herbages, on eût dit toute une armée : ils passèrent la nuit à la belle étoile, en proie aux plus amères douleurs que puissent éprouver des créatures humaines.

Rentré chez lui, à Sedan, le général De Wimpffen eut un accès de désespoir. Il était indigné que Bonaparte, n'ayant pris aucune initiative pour la lutte, montrât tant de verve pour se rendre et livrer son armée. Il lui envoya une lettre, où il donnait sa démission et demandait sa mise à la retraite. L'homme pusillanime s'empressa de lui répondre. Il s'agissait, disait-il, de *sauver l'armée par une honorable capitulation.* « Vous avez fait votre devoir toute la journée, faites-le encore. C'est un service que vous rendrez au pays. Croyez à mon amitié. » M. De Wimpffen se résigna : il était huit heures, quand il aborda le souverain déchu.

M. Ducrot le peint comme un fanfaron, qui, même en de si douloureuses circonstances, posait et jouait un rôle. Il entra d'une façon bruyante, levant les mains au ciel et marchant à grands pas. — « Si j'ai perdu la bataille, si j'ai été vaincu, s'écria-t-il en parlant au chef de la grande Bohème impériale, c'est qu'on n'a point exécuté mes ordres; c'est que vos généraux ont refusé de m'obéir. »

Le général Ducrot était assis dans un coin, masqué par plusieurs personnes de l'entourage. Il se lève comme frappé d'une commotion électrique et, se plaçant d'un bond devant l'accusateur : — « Que dites-vous? qui a refusé de vous obéir? A qui faites-vous allusion? Serait-ce à moi? Hélas! vos ordres n'ont été que trop bien exécutés. Si nous avons subi un affreux désastre, plus affreux que tout ce qu'on a pu rêver, c'est à votre folle présomption que nous le devons. Seul vous en êtes responsable, car si vous n'aviez pas arrêté le mouvement de retraite, en dépit de mes instances, nous serions maintenant en sûreté à Mézières, ou du moins hors des atteintes de l'ennemi. »

Décontenancé par ce ferme langage et cette brusque apostrophe, le général De Wimpffen répondit comme un enfant :

— « Eh bien, puisque je suis incapable, raison de plus pour que je ne conserve pas le commandement.

— » Vous l'avez revendiqué ce matin, répliqua son interlocuteur, quand vous pensiez qu'il y avait honneur et profit à l'exercer; je ne vous l'ai pas contesté, alors qu'il était peut-être contestable. Maintenant vous ne pouvez plus le refuser. Vous seul devez endosser la honte de la capitulation. »

Le général Ducrot est un homme fougueux, et son visage, ses yeux sincères annoncent une droiture qui ne calcule pas. Il fallut que Napoléon et son entourage intervînssent pour le calmer. M. De Wimpffen accepta l'ingrate mission d'aller prosterner l'Empire devant le chef d'une peuplade, qui était encore païenne et sauvage au quinzième siècle. On avait sellé des chevaux pour lui et pour quelques officiers de son état-major : Bonaparte lui remit ses pleins pouvoirs' et lui adjoignit M. De Castelnau, chargé de débattre ses intérêts particuliers. Ce groupe tragique se mit en marche, emportant la fortune de la France. C'était une nuit claire, où le croissant de la lune nouvelle glissait dans l'azur infini, comme la barque mystérieuse d'Hécate, divinité des morts. La cavalcade put apercevoir au loin, sur les collines, les lanternes des porteurs de blessés, qui exploraient le champ de bataille. Trente-cinq mille hommes au moins couvraient la terre sanglante de leurs cadavres, ou de leurs membres immobiles. Des râles et des gémissements proclamaient la fin de l'Empire.

Le général et son escorte furent introduits dans un salon, au rez-de-chaussée, où ils attendirent environ dix minutes. Sur une table carrée, au milieu de la pièce, une lampe éclairait un tapis rouge. Une porte s'ouvrit enfin, et le général De Moltke montra son odieuse figure, avec ses yeux bas et cruels, avec ses lèvres de fouine : le comte de Bismarck, le général de Blumenthal et quelques autres officiers le suivaient. Après une brève salutation, il demanda au général de Wimpffen s'il avait des pouvoirs, se les fit remettre et les vérifia. Le commandant de l'ex-armée française lui ayant alors présenté le général Castelnau et le général Faure, il exprima le désir de savoir à quel titre ils étaient venus. Le général Faure répondit qu'il accompagnait M. De Wimpffen comme chef d'état-major de l'armée, sans caractère officiel; le général Castelnau, qu'il apportait une communication verbale de son maître, pour la fin de la séance. M. De Moltke nomma au général De Wimpffen, en les désignant, le comte de Bismarck, le général de Blumenthal, et on s'assit. M. de Moltke, d'un côté de la table, entre le chancelier de Prusse et M. De Blumenthal : en face de lui, M. de Wimpffen, seul. Derrière le général vaincu se tenaient debout, presque dans l'ombre, MM. Faure, Castelnau, et l'escorte d'officiers français. Parmi eux se trouvait un capitaine de cuirassiers, M. D'Orcet, auquel on doit la meilleure relation du colloque. Sept ou huit officiers prussiens formaient une espèce de garde aux plénipotentiaires allemands : à un signe du général Blumenthal, l'un d'eux se plaça près de la cheminée, sur laquelle il s'appuya pour noter ce qu'on allait dire. Un silence profond régnait dans la salle. L'interprète de l'Empire était troublé, inquiet de son début, mais M. De Moltke attendant qu'il prît la parole, il dut ouvrir la conférence.

— " Je désirerais savoir, dit-il, puisque nous devons capituler, quelles conditions S. M. le roi de Prusse a l'intention de nous accorder.

— " Elles sont bien simples, répondit froidement le général De Moltke : l'armée française tout entière est prisonnière, avec armes et bagages; on laissera aux officiers leurs armes, comme un témoignage d'estime pour leur bravoure, mais ils seront prisonniers de guerre ainsi que la troupe.

— " Ces conditions sont bien dures, général, répliqua M. De Wimpffen, et il me semble que par son courage l'armée française mérite d'être mieux traitée. Ne pourriez-vous accepter les clauses suivantes : on vous remettrait la place et son artillerie; l'armée se retirerait avec ses armes, ses bagages, ses drapeaux, à condition de ne plus servir pendant le reste de la guerre. L'Empereur et les généraux se porteraient caution pour l'armée ; les officiers s'engageraient personnellement et par écrit ; cette armée serait alors conduite dans une partie de la France que désignerait la Prusse, ou en Algérie, où elle attendrait la fin de la lutte.

— „ Je ne puis rien changer aux conditions, répartit M. De Moltke avec la même sécheresse. „

M. De Wimpffen lui adressa de nouvelles instances, puis, n'obtenant rien, se mit personnellement en cause. Par toutes sortes d'arguments, il prouva que cette capitulation lui était désagréable, et pria le féroce capitaine de lui en adoucir l'amertume. Il lui exposa que, sans la blessure du maréchal Mac-Mahon, si l'armée française n'avait point remporté la victoire, elle aurait pu faire une retraite heureuse ; que lui-même, si on ne l'avait point contrarié pendant la bataille, il aurait traversé les lignes allemandes. M. De Moltke l'écoutait d'un air impassible.

L'envoyé militaire s'en irrita, et prenant un ton plus vif : « Si vous ne pouvez m'accorder de meilleures conditions, je ne puis accepter celles que vous voulez m'imposer. J'adresserai un appel à mes soldats, à leur honneur, et je parviendrai à faire une percée, ou je me défendrai dans Sedan.

— „ Vous ne pouvez pas plus en sortir que vous y défendre, répliqua M. De Moltke. Certes, vos troupes sont excellentes, vos fantassins d'élite remarquables, vos cavaliers audacieux et intrépides ; mais vos soldats sont en grande partie démoralisés : nous avons capturé aujourd'hui plus de 20,000 hommes non blessés. Il ne vous en reste pas maintenant plus de 80,000. Et c'est avec ces éléments que vous voulez faire une trouée ? Apprenez donc que 240,000 combattants vous enveloppent, que j'ai 800 bouches à feu, dont 600 menacent déjà la ville : les autres seront braquées au point du jour. S'il vous plaît de vérifier mes assertions, je puis vous faire conduire par un de mes officiers, qui vous mènera sur toutes les positions occupées par mes troupes et vous prouvera l'exactitude de mes paroles. Quant à vous défendre dans la place, c'est un autre rêve : vous n'avez plus de munitions, et vous n'avez pas de vivres pour quarante-huit heures. »

A cette logique effroyable, le plénipotentiaire de Bonaparte ne pouvait rien répondre. Transportant avec habileté la discussion sur un autre terrain, il parla du caractère généreux des Français, de leur reconnaissance pour les égards qu'on leur témoigne; il dit qu'une paix noblement faite aurait seule des chances de durée; qu'une paix outrageante allumerait des haines immortelles, provoquerait une guerre sans fin.

M. De Bismarck jugea son intervention nécessaire et prit la parole.

— « Votre argumentation paraît sérieuse, mais elle n'est que spécieuse. On doit en général croire très-peu à la reconnaissance humaine, on ne doit jamais croire à celle d'un peuple : un souverain et même sa famille peuvent témoigner de la gratitude; on peut même, dans certains cas, y avoir pleine confiance; mais ne me parlez point de la gratitude des nations. Les Français d'ailleurs ne sont pas un peuple comme un autre : si vous aviez des institutions solides, si vous aviez, comme nous, le culte et le respect de vos institutions, si vous aviez un souverain établi fermement sur le trône, nous pourrions croire à la reconnaissance de l'Empereur et à celle de son fils, nous pourrions attacher du prix à cette gratitude; mais les gouvernements ont si peu duré, ont été si nombreux en France depuis quatre-vingt ans; ils ont changé avec une rapidité si étrange et si imprévue, que l'on ne doit compter sur rien dans votre pays; une nation voisine qui fonderait, chez vous, des espérances sur l'amitié d'un souverain, commettrait un acte de démence : *ce serait vouloir bâtir en l'air.* »

Ainsi, le 1ᵉʳ septembre 1870, M. De Bismarck, l'homme pratique, l'homme madré par excellence, ne prévoyait pas encore la chute de l'Empire.

— « Ce ne serait pas une moindre folie, continua le subtil Prussien, que de s'imaginer que la France nous pardonnera nos succès : vous êtes un peuple irritable, envieux et orgueilleux à l'excès. Depuis un siècle, la France a déclaré *trente fois* la guerre à la Prusse..., je veux dire à l'Allemagne ; et cette fois, vous nous l'avez déclarée, comme d'habitude, par jalousie ; vous ne pouviez nous pardonner notre victoire de Sadowa, et pourtant Sadowa ne vous avait rien coûté, n'avait pu atteindre en aucune façon votre gloire ; mais les succès militaires vous semblaient un domaine qui vous était uniquement réservé, la victoire un monopole attaché à vos drapeaux ; vous n'avez pu supporter près de vous une nation aussi forte que vous. Et vous nous pardonneriez la catastrophe de Sedan ? Jamais ! Si nous faisions maintenant la paix, dans cinq ans, dans dix ans, dès que vous le pourriez, vous recommenceriez la guerre : voilà toute la reconnaissance que nous aurions à attendre de la nation française ! Nous, au contraire, nous sommes un peuple honnête et paisible, que ne travaille jamais le désir des conquêtes et qui ne demanderait qu'à vivre tranquillement, si vous ne veniez sans cesse nous troubler par votre humeur querelleuse et envahissante. Aujourd'hui, c'en est assez : il faut que la France soit châtiée de son orgueil, de son caractère agressif et ambitieux ; nous voulons pourvoir enfin à la sécurité de nos enfants, et pour cela, il faut que nous ayons entre la France et nous un glacis ; il nous faut un territoire, des forteresses et des frontières, qui nous préservent à jamais de vos attaques. »

On le voit : c'est toujours le même système d'hypocrisie

et de mensonge. L'histoire d'Allemagne prouve que la race germanique est la plus cupide, la plus tracassière, la plus dangereuse pour ses voisins, la plus envahissante de l'Europe et même du monde entier : la Hongrie conquise, la Bohême égorgée, la Transylvanie, la Croatie réduites en servitude ; l'Italie opprimée, démembrée, convoitée pendant des siècles, la Pologne mise à mort, le démontrent suffisamment. La Prusse microscopique devenue, à force de larcins et d'annexions, une puissance de premier ordre, prouve l'immense, l'éternelle rapacité des peuples teutoniques. Trois mots latins ont parfaitement exprimé leur jalousie maladive, fiévreuse et inquiète : *Immensa invidia Germanorum*. N'importe : M. De Bismarck falsifie l'histoire, soufflète l'évidence, conspue audacieusement la vérité à la face du monde. Quel abîme d'impudence que l'honnêteté germanique !

— " Votre Excellence se trompe dans le jugement qu'elle porte sur la nation française, dit M. De Wimpffen. Vous la voyez comme elle était en 1815, et vous la jugez d'après les vers de quelques poëtes, ou les articles de quelques journaux. Les esprits sont changés : les Français aiment avant tout le travail, l'agriculture, l'industrie, le commerce, la paix et le bien-être. C'est en France que l'on proclame la fraternité des peuples. Voyez l'Angleterre, cette vieille ennemie de notre nation : est-ce qu'on la déteste encore ? Les Anglais ne sont-ils pas maintenant nos meilleurs amis ? On se réconciliera de même avec l'Allemagne, si elle ne montre pas une rigueur cruelle, injuste et impolitique. "

M. De Bismarck fit un geste de doute, en entendant citer l'amitié mutuelle de la France et de l'Angleterre : il avait assez travaillé l'esprit de la reine Victoria et le ministère Gladstone, pour savoir à quoi s'en tenir.

— " Je vous arrête ici, général, dit-il ; non, la France

n'est pas changée : c'est elle qui a voulu la guerre, c'est pour flatter, dans un intérêt dynastique, cette manie populaire de la gloire, que l'Empereur nous a provoqués. Sans doute, la partie raisonnable et saine de la nation ne poussait pas à la guerre, mais elle en a volontiers accueilli l'idée ; l'armée non plus ne nous était pas hostile ; mais la partie de votre population qui voulait tenter le sort des armes, est celle qui, chez vous, fait et défait les gouvernements. C'est la populace, c'est aussi *les journalistes* (il appuya sur ce mot) : ceux-là nous voulons les punir, et pour cela, il faut que nous allions à Paris. Qui sait ce qui va se passer ? Peut-être va-t-il se former en France un de ces gouvernements qui ne respectent rien, qui font des lois à leur guise : il désavouera la capitulation que vous aurez signée, forcera peut-être les officiers à violer leur parole, car on voudra se défendre à tout prix. Nous savons bien qu'en France on forme vite des soldats ; mais des recrues ne valent pas des hommes aguerris, et d'ailleurs on n'improvise pas des officiers, ni même des sous-officiers. Nous voulons la paix, mais une paix durable : pour l'obtenir, nous devons mettre la France dans l'impossibilité de nous résister. La chance des batailles nous a livré d'excellents soldats, une partie de vos meilleurs chefs ; nous exposer à les voir marcher de nouveau contre nous serait folie : nous prolongerions ainsi la guerre, et l'intérêt de nos peuples s'y oppose. Non, général, quelque égard que mérite votre proposition, quelque estime que nous ayons pour votre armée, nous ne pouvons rien changer à nos conditions premières. Votre armée sera conduite prisonnière en Allemagne ; vous nous payerez une indemnité de quatre milliards et nous céderez en outre l'Alsace et la Lorraine allemande. Il nous faut un rempart contre la France qui nous menace toujours ; il nous faut, comme solide protection, une bonne ligne stratégique avancée (1). Mais il ne s'agit pour le moment que de l'armée française.

— " Il m'est impossible, dit le général, de signer une pareille capitulation. Nous recommencerons la bataille. "

En ce moment le général Castelnau s'avança et dit d'un air timide : — « Je crois le moment venu de communiquer le message de l'Empereur.

— " Nous vous écoutons, dit M. de Bismarck.

— " L'Empereur, continua le général Castelnau, m'a chargé de faire remarquer à *Sa Majesté* le roi de Prusse, qu'il lui avait envoyé son épée sans condition, et s'était mis, *de sa personne*, entièrement à sa merci, mais il l'a fait dans l'espérance que le Roi *serait touché d'un si complet abandon*, qu'il saurait l'apprécier et voudrait bien, par suite, accorder à l'armée française une capitulation plus honorable et digne de son courage.

— " Est-ce tout? demanda M. de Bismarck.

— " Oui, répondit le général.

— " Mais quelle est l'épée rendue par Napoléon III? *Est-ce l'épée de la France* ou *son épée à lui?* Si c'est l'épée de la France, les conditions peuvent être singulièrement modifiées et *votre message aurait un caractère des plus graves.*

— " C'est seulement *l'épée de l'Empereur*, répondit le général Castelnau.

— " En ce cas, reprit avec une joie méchante le haineux comte De Moltke, cela ne change rien aux conditions. " Et il ajouta : « L'Empereur obtiendra pour sa personne tout ce qu'il lui plaira de demander.

— " Nous recommencerons la bataille, dit une seconde fois le général De Wimpffen.

— " La trêve expire demain à quatre heures du matin,

(1) *Sedan*, par le général De Wimpffen, p. 242.

s'écria le général De Moltke ; à quatre heures précises, j'ouvrirai le feu. »

Tous les généraux et officiers français s'étaient levés, avaient demandé leurs chevaux. Un silence glacial, un silence de mort, régnait dans la chambre.

M. de Bismarck alors voulut calmer l'indignation des envoyés de la France et renouer l'entretien. Il assura au chef militaire qu'il sacrifierait inutilement la vie de ses soldats. — « M. De Moltke, dit-il, va vous convaincre, j'espère, que tout essai de résistance serait une folie de votre part. » Les interlocuteurs se rassirent. M. De Moltke affirma qu'il pouvait brûler Sedan en quelques heures, que ses troupes occupaient des positions formidables et inexpugnables.

— » Elles ne sont pas aussi fortes que vous voulez bien le dire, répliqua le général De Wimpffen.

— » Vous ne connaissez point la topographie des environs de Sedan, répondit M. De Moltke : voici un détail qui peint votre nation présomptueuse et inconséquente : au début de la campagne, vous avez fait distribuer à vos officiers des cartes de l'Allemagne, sans les mettre en mesure d'étudier la géographie de leur territoire : ils n'avaient pas une seule carte de France. »

Piqué de ces railleries, le délégué impérial témoigna des doutes sur la véracité du capitaine prussien. — « Je profiterai, général, de l'offre qu'on a bien voulu me faire; j'enverrai un officier voir ces positions redoutables dont vous parlez tant : à son retour, je prendrai une décision.

— » Vous n'enverrez personne, c'est inutile, répliqua sèchement le général De Moltke, vous pouvez me croire. D'ailleurs vous n'avez pas longtemps à réfléchir, car il est minuit : à quatre heures du matin la trêve expire, et je ne vous accorderai pas un moment de sursis.

— » Je ne puis prendre seul une telle décision,

objecta M. De Wimpffen; il est indispensable que je délibère d'abord avec mes collègues; demain, à neuf heures, je vous ferai savoir ce que nous aurons décidé.

— » Ou acceptez nos conditions à l'instant même, répartit M. De Moltke, ou nous recommencerons le feu dès le point du jour » (1).

Plus judicieux et moins frénétique dans sa haine contre la France, M. De Bismarck intervint. Il se pencha vers M. De Moltke et lui murmura quelques mots à l'oreille.

— » Eh! bien, soit, reprit le farouche capitaine; je vous accorde jusqu'à neuf heures; mais ce sera la dernière limite. »

Le colloque était à peu près terminé. On régla quelques détails, puis les militaires français quittèrent le salon et montèrent à cheval. Jamais on n'avait parlé avec tant de morgue et d'insolence au représentant d'une grande nation, qui était célèbre dans le monde entier, qui avait une histoire glorieuse et l'université la plus influente de l'Europe, quand la Prusse n'existait pas encore.

Une heure du matin sonnait, lorsque M. De Wimpffen s'arrêta devant la sous-préfecture. Il entra dans la chambre de l'Empereur, qu'il trouva couché.

— « On nous met le poignard sur la gorge, dit-il; on nous impose les conditions les plus dures. J'ai fait tous mes efforts pour en obtenir de meilleures : nos ennemis se sont montrés implacables. Votre Majesté seule, par ses démarches, pourra nous tirer maintenant de notre malheureuse situation.

— » Demain, à cinq heures du matin, répondit Napoléon III, je partirai pour le quartier général allemand et je ferai en sorte que le roi de Prusse nous soit plus favorable. »

---

(1) *Sedan*, par le général De Wimpffen, p. 244.

Aux premiers rayons du jour, effectivement, le souverain obtus s'habillait en petit uniforme, pour tenter son humble démarche. Ses préparatifs annonçaient l'intention de ne plus revenir. Toutes ses voitures de gala, tous ses équipages, tous ses fourgons étaient prêts à le suivre. Il monta dans une calèche découverte, et afin de se donner contenance, avec la forfanterie d'un homme sans cœur, il affecta de fumer nonchalamment une cigarette, en traversant la ville désolée. Comme les généraux prussiens menaçaient de la réduire en cendres quelques heures plus tard, si les termes de la capitulation n'étaient pas acceptés, Bonaparte aimait mieux être ailleurs.

Où se trouvait Guillaume Ier? Il ne le savait pas. Comme son plénipotentiaire l'avait fait la veille, il prend la route de Donchery, et lance à la découverte le général Reille. Des fourriers prussiens qu'il rencontre ne peuvent le renseigner. Il file le long de la Meuse, ayant pour compagnons dans sa voiture le général Castelnau et le prince de la Moskowa : des officiers supérieurs chevauchaient autour de sa calèche. Il portait un paletot gris d'officier, avec des parements rouges et un képi. Ayant rencontré M. De Bismarck à environ 1,500 mètres du pont, il le salua le premier : le négociateur prussien lui rendit son salut et lui demanda ses ordres.

« Je voudrais avoir un entretien avec le Roi, dit Bonaparte.

— » Sa Majesté est fort loin d'ici, à Vendresse.

— » Savez-vous si elle a pris une décision relativement au séjour qu'elle veut m'assigner ?

— » Je l'ignore ; mais je puis vous offrir mon propre logement à Donchery : il se compose d'une seule chambre, qui n'est pas dés plus élégantes. »

Bonaparte, ayant accepté, continuait son chemin, lorsqu'il aperçut près de la route une maison isolée, fit arrêter sa voiture et exprima l'intention de descendre dans la chaumière, dont les portes étaient ouvertes. On la visita, on n'y trouva personne : elle appartenait à trois frères, tisserands de leur métier, qui avaient pris la fuite. Bonaparte en monta les marches extérieures, creusées par les sabots des propriétaires, et invita M. De Bismarck à le suivre. Ils entrèrent dans une petite chambre basse et pleine de fumée, où il y avait pour tout ameublement une table et deux escabeaux. L'ancien flatteur de Napoléon et le prince dupé s'assirent en face l'un de l'autre. Le dialogue fut plus important par les circonstances où il avait lieu, que par le sujet de l'entretien. Les premières paroles du souverain tombé furent qu'il s'adressait au cœur de M. De Bismarck, pour obtenir une capitulation moins rigoureuse (1). Le cœur de M. De Bismarck ! l'expression est comique. Le chancelier, comme bien on pense, refusa d'intervenir, sous prétexte que la question étant purement militaire, les généraux seuls pouvaient la décider. Pour le reste, pour les affaires politiques, pour les conditions de la paix, Bonaparte se récusa, renvoyant à sa femme, qui exerçait uniquement l'autorité (2). Suivant le témoignage de M. De Bismarck, il ne s'exprima nettement que sur un point : la déclaration de guerre. Il soutint qu'il n'avait pas désiré une lutte avec l'Allemagne, mais avait eu la main forcée par l'opinion publique, mensonge odieux qui

(1) *Von der dritten Armee*, par Paul Hassel, p. 250.
(2) Cette manière d'esquiver la responsabilité de ses actes inspire, dès le camp de Châlons, à M. Derrecagais, les réflexions suivantes : « Le souverain qui nous avait poussés à la guerre, qui n'admettait pas pour ses ordres la pensée d'une discussion, ne voulait plus ni diriger ses armées, ni gouverner ce peuple qui lui avait livré ses destinées. A quarante lieues de sa capitale, il déclinait, à l'heure du danger, toute responsabilité et la rejetait sur une femme, dont les œuvres charitables n'avaient pu déguiser ni l'incapacité politique, ni la frivolité d'esprit. »

complété son règne. Guillaume et l'héritier présomptif de sa couronne avaient proclamé tous les deux : — « L'Allemagne fait la guerre à l'Empereur et non pas à la France », paroles textuelles affichées sur les murs de Nancy. Et maintenant, après avoir jeté la nation, malgré elle, dans une horrible aventure, l'impérieux et aveugle despote, au lieu de s'écrier noblement, comme le héros de Virgile, comme tous les hommes de cœur : *Me, me, adsum qui feci*, imputait à ses victimes ses propres fautes, se cachait derrière elles, leur laissait toute la responsabilité de sa démence. N'était-ce pas dire à la Prusse victorieuse : — « Épargnez-moi, de grâce ; je suis innocent, mais frappez la France, car la France est coupable. » Quelle lâcheté !

Pendant cet entretien, qui dura plus d'une demi-heure, les officiers français, assis au bord de la chaussée, attendaient le retour de *l'homme providentiel*. Un détachement de cuirassiers prussiens se rangea autour d'eux, pour servir d'escorte à l'Empereur et le garder. Il parut enfin, avec le comte de Bismarck, devant la porte de la maison, que précédait un petit jardin rustique, et les deux interlocuteurs prirent place sur un banc. La nouvelle que le héros de décembre se trouvait près de Donchery, avait attiré quelques membres du grand quartier général, plusieurs officiers d'état-major et d'autres curieux : M. De Moltke lui-même en accrut bientôt le nombre. Il passait pour aller au-devant du roi et lui demander ses derniers ordres, relativement à la capitulation ; il se chargea de solliciter l'audience qu'espérait le César tremblant.

Elle ne lui fut point accordée : Guillaume refusa de voir *son bon frère*, avant que la capitulation eût été signée, dans les termes qu'il avait prescrits au général De Moltke. Ne voulant pas poursuivre un dialogue qui l'intéressait peu, l'adroit Bismarck s'esquiva sous un prétexte quelconque.

Demeuré seul, Bonaparte, sans faire attention à son escorte assise sur le bord de la chaussée, arpenta de long en large le petit jardin des tisserands, le visage soucieux et à demi voilé par la fumée de sa perpétuelle cigarette. Entre 9 et 10 heures, des officiers prussiens découvrirent dans le voisinage de Frénois une spacieuse construction champêtre, abandonnée par les propriétaires, le château de Bellevue, qui semblait convenable pour recevoir le fugitif. Le comte de Bismarck, en ayant été informé, retourna vers le prince déchu et l'invita à s'y transporter. L'Empereur ayant consenti, le chancelier le mena dans la résidence agreste, située au flanc du mamelon où le roi de Prusse avait posé la veille, où il allait poser encore le 2 septembre.

Dès six heures du matin, à Sedan, les chefs militaires avaient été convoqués. Les généraux De Wimpffen, Ducrot, Lebrun, Félix Douay, Forgeot, commandant de l'artillerie, et Déjean, commandant du génie, présidaient la réunion funèbre. Ils allaient humilier devant la Prusse le drapeau de la France. M. De Wimpffen, Allemand d'origine, exposa les dures conditions que le vainqueur dictait au vaincu. L'armée tout entière devait être conduite en Allemagne ; les officiers conserveraient leurs épées et leurs bagages ; les armes de la troupe seraient déposées dans un magasin de la ville, pour être livrées aux Prussiens.

Le général De Bellemare dit que ces conditions étaient inacceptables, qu'il fallait se défendre dans la place. M. Faure lui répondit qu'on n'avait ni vivres, ni munitions, que l'encombrement effroyable des voies publiques rendait tout mouvement impossible, qu'au milieu de ces masses compactes l'artillerie prussienne ferait un affreux carnage. Des arguments de cette force n'admettant pas la réplique, le général Pellé proposa une sortie. La réponse fut encore plus accablante : les Prussiens occupaient déjà toutes les portes, avaient pointé des canons devant : c'était eux qui, le matin, avaient ouvert les barrières au somptueux cortége de l'Empereur. Il n'y avait plus qu'à signer le procès-verbal de la séance et l'acceptation du douloureux programme : on signa.

M. De Wimpffen se rendit alors au château de Bellevue, où l'attendaient M. De Bismarck et le général De Moltke. Il y vit arriver Napoléon III, toujours suivi de ses nombreuses voitures.

— « Sire, lui dit-il, qu'avez-vous obtenu ?

— » Rien, je n'ai pas encore vu le roi.

— » Il faut alors que je règle et signe les bases de la capitulation. »

Les deux plénipotentiaires de la Prusse l'attendaient dans un salon. M. De Bismarck le flatta, l'amadoua, suivant son habitude, lui offrit comme une grâce de laisser rentrer dans leurs foyers, avec armes et bagages, les officiers qui prêteraient serment de ne plus combattre : ceux-là seulement qui n'abandonneraient point aux hasards de la captivité leurs malheureux soldats, subiraient toutes les rigueurs de la capitulation. M. de Wimpffen ne vit point le piége, eut la faiblesse d'accepter cette clause peu honorable. C'était une inspiration napoléonienne. Après avoir terminé sa cruelle besogne, il entra dans la chambre où se tenait Bonaparte, lui déclara que le sacrifice était consommé. L'usurpateur s'approcha de lui, avec des larmes dans les yeux, lui pressa la main et l'embrassa. Il ne pleurait pas sur la France, il pleurait sur lui-même, l'homme impitoyable, et pourtant il ne devinait pas l'affront solennel que Guillaume lui avait préparé.

La scène de la veille se répéta le 2 septembre, mais avec une pompe plus théâtrale encore. Vers onze heures, sur l'éminence de Frénois, arrivèrent graduellement le roi de Prusse, son fils, le prince Charles, le grand-duc de

Weimar, le duc de Cobourg, les princes Luitpold de Bavière, Guillaume et Eugène de Wurtemberg, les héritiers présomptifs de Saxe-Weimar et de Mecklembourg-Strelitz, Léopold de Hohenzollern, cause accidentelle de la guerre, le prince d'Augustenbourg si insolemment berné dans l'affaire du Schleswig-Holstein (les Allemands baisent toujours la main qui les frappe, tant qu'elle peut continuer à frapper). Le roi, son fils et les princes formaient, au bord de l'esplanade, une première ligne en arc de cercle; les généraux et les adjudants, les ministres et les conseillers de la couronne, les officiers du quartier général, en tout deux cents personnages, traçaient un second hémicycle; la garde de l'état-major, les ordonnances, les montures de rechange et les équipages dessinaient un troisième rang. Les somptueux uniformes brillaient aux rayons du soleil; en face, la ville de Sedan et les trois étages de collines groupés derrière composaient une vue pittoresque, où ondoyait encore la fumée des incendies. Tout à coup on aperçut le général De Moltke gravissant la colline, comme le délégué de l'Empereur l'avait fait la veille : il apportait l'instrument de la capitulation, signé par lui et par le général De Wimpffen. Le roi de Prusse avait voulu le recevoir au milieu de toute sa cour. Il le transmit à un de ses adjudants, M. De Treskow, pour qu'il en donnât lecture à haute voix. C'était l'abaissement de la France publié à la face du ciel et devant un splendide paysage.

Quand la lecture fut achevée, le roi de Prusse alla se placer au milieu du second demi-cercle, pour être mieux entendu et prononça ces paroles : « Vous connaissez maintenant, messieurs, le grand événement historique qui vient de s'accomplir. J'en suis redevable aux exploits des armées réunies, et j'éprouve le besoin de leur exprimer ici ma royale gratitude, d'autant plus que ces brillants succès auront pour conséquence d'associer plus fortement les princes de la Confédération du Nord et mes autres alliés, dont plusieurs m'écoutent en ce moment solennel ; nous pouvons par suite compter sur un heureux avenir. Sans doute le triomphe que nous venons d'obtenir ne complète pas notre programme ; car nous ne savons pas comment la France accueillera et jugera l'événement. Nous devons donc nous tenir prêts à combattre ; mais je m'empresse de témoigner ma reconnaissance à tous ceux qui ont ajouté une feuille de laurier à la glorieuse couronne de l'Allemagne. »

En terminant son allocution, le roi de Prusse tendit la main au prince de Wurtemberg et au prince Luitpold de Bavière, comme représentant ses alliés du midi de l'Allemagne ; puis toute la cavalcade se mit en chemin, suivie par les équipages, pour escorter le Roi au château de Bellevue, où l'attendait humblement Napoléon.

Cette résidence champêtre, qui appartient à un riche industriel, se dresse dans un parc touffu, planté de vieux arbres. Elle est de construction moderne, en mauvais style gothique : deux pavillons latéraux, flanqués de tourelles, y sont associés par des galeries vitrées à un pavillon central. Un large escalier occupe le milieu de la façade. Il était environ une heure, quand le roi de Prusse, avec sa nombreuse escorte, entra dans le jardin qui entoure immédiatement le château. Napoléon sortit pour recevoir son vainqueur, l'attendit en haut de l'escalier, ôta son képi quand Guillaume approcha, et, courbant son échine orgueilleuse, lui fit un profond salut. Avec une rare humilité, il conduisit lui-même le souverain teutonique et son héritier dans l'intérieur de l'habitation, puis dans une espèce de cabinet vitré, où ils eurent pendant un quart d'heure un entretien secret. Autant qu'on a pu le savoir, le fils d'Hortense parla presque uniquement de ses intérêts personnels et de sa position. Quand Guillaume lui offrit pour séjour le château de Wilhelmshœhe, près de Cassel, Bonaparte lui témoigna une vive gratitude. Le roi de Prusse avait un air grave et un fier maintien : le vieux poseur jouissait de son triomphe. Napoléon essuyait avec son mouchoir ses yeux baignés de larmes. Tremblant toujours, il témoigna le désir d'être protégé par une ample escorte militaire, sur la partie du territoire français qu'il devait traverser pour se rendre en Allemagne : il avait à franchir un espace de trois lieues! Guillaume ayant consenti, l'ex-empereur le traita de *magnanime*, comme il l'a fait plus tard dans une lettre. Le dialogue terminé, il salua profondément le Roi et son fils pour prendre congé d'eux. Les vainqueurs n'emportèrent pas une haute opinion de sa dignité.

En quittant le château de Bellevue, Guillaume alla pendant cinq heures visiter le champ de carnage, repaître ses yeux des scènes d'horreur qu'il offrait partout. *Nihil turpe aud ignobile satianti oculos inimicorum malis*. Mais il éprouva un sentiment de douleur, quand il arriva sur les emplacements où la garde royale avait combattu : le sol était jonché de cadavres, preuve certaine que notre 1er corps avait bravement défendu ses positions. L'ordre du général Ducrot, quand il avait essayé un mouvement de retraite sur Mézières, les lui avait seul fait abandonner : il ne put jamais les reprendre. Ce qui montre, au surplus, d'une manière éclatante, la bravoure de nos troupes dans cette bataille désastreuse, où l'ennemi avait tous les avantages, c'est la faible différence qui existe entre les pertes des deux armées; celle des Prussiens et de leurs auxiliaires monta, suivant leurs propres calculs, au chiffre de 9,860 morts ou blessés ; les mêmes documents n'estiment pas au delà de 13,000 le nombre des Français mis hors de combat. Le meilleur écrivain militaire de l'Allemagne attribue, en outre, cette inégalité dans les conséquences de la lutte à l'évidente supériorité de l'artillerie germanique (1). Ah! si nos soldats avaient eu des généraux, même à Sedan!

Sur la demande de Guillaume, l'Empereur fut autorisé par le roi Léopold II à traverser le territoire belge, pour se rendre en Allemagne. Quittant le château de Bellevue, le 3 septembre au matin, Napoléon prit la route de Donchery, afin de marcher après sur Bouillon. Le général De Boyen et le prince Lynar le gardaient à vue : un escadron de hussards noirs *le protégeait*, suivant son désir. Il vit, du reste, fourmiller autour de lui les Allemands, ce qui dut le rassurer tout à fait. Ce jour-là précisément, le quartier général de la IIIme armée avait été transporté à Donchery. La ville tout entière et les environs formaient un vaste camp. Les maisons ne suffisant point, à beaucoup près, pour loger les soldats, un grand nombre bivouaquaient en plein air. Sur la place du marché, les Wurtembergeois avaient répandu de la paille, que la pluie torrentielle de la nuit précédente avait détrempée. Ce temps affreux continuait : l'averse et la rafale battaient Napoléon et son cortège, quand ils traversèrent la Meuse, à neuf heures du matin, entre un double rang de soldats ennemis. Dans le premier carrosse, attelé de quatre chevaux, étaient assis le prince de hasard et le général Castelnau. Les voitures suivantes contenaient les généraux, les officiers d'état-major prisonniers, puis les officiers de la cour et les domestiques. Une file énorme de fourgons venaient derrière. Chacun des véhicules portait le blason de l'Empereur, était traîné par des chevaux de l'écurie impériale. Un détachement de hussards terminait le convoi. Le luxe des équipages et des voitures

(1) Borbstaedt, p. 515. La supputation est faite en détail.

de transport, la beauté des quadrupèdes étonnaient les spectateurs. Bonaparte avait, dit-on, emmené cet immense attirail pour servir à ses entrées solennelles dans les villes allemandes : il formait à présent le cortége de l'exil et de la captivité.

A peine si les habitants de Donchery témoignaient la curiosité de voir le captif : presque personne ne le salua. Les troupes allemandes le laissèrent passer avec une froide réserve. Le César déchu avait un maintien calme, presque indifférent. Son pâle et sinistre visage laissait pourtant voir les traces des fatigues, des inquiétudes et des secousses morales qu'il venait d'éprouver. Il regardait à droite et à gauche, comme un homme en promenade, et rendait leur salut aux officiers allemands. Le passage de nombreuses troupes germaniques arrêta plusieurs fois son carrosse. Il n'atteignit Bouillon que le soir, à travers une pluie continuelle. Enfin il respirait, il était hors de cette malheureuse France qu'il a trempée de sang, par une cruelle ambition d'abord, et ensuite par une folie incomparable. Né d'un commerce adultère et marqué dès l'origine d'une note d'infamie, son élévation a été un malheur public, son règne un désastre, sa chute une calamité sans pareille, toute sa vie un crime et une bassesse. Il a changé en litanie funèbre, en complainte désolante, l'histoire jadis glorieuse de notre pays. Shakespeare semble l'avoir prévu, quand il écrivait ce terrible passage : « O Despote, ne te repens point de tes forfaits, car tu ne pourrais en expier l'infamie, et l'horreur de tes crimes te voue au désespoir. Tu jeûnerais et resterais nu pendant mille ans, agenouillé sur une montagne inféconde, battu par les orages d'un éternel hiver, que les dieux ne daigneraient point abaisser jusqu'à toi leurs regards! »

CHAPITRE XIX.

REDDITION DE SEDAN; BATAILLE DE NOISSEVILLE; PROCLAMATION DE LA RÉPUBLIQUE.

Le 2 septembre, avant la fin du jour, l'armée française devait abandonner la ville de Sedan et la livrer aux autorités prussiennes. L'infanterie reçut l'ordre de déposer ses armes sur les emplacements qu'elle occupait; l'artillerie de conduire son matériel sur la rive gauche de la Meuse, en avant du petit village de Glaire, à l'entrée de la presqu'île d'Iges. Un canal, qu'enjambe un seul pont, ferme en cet endroit la boucle de la Meuse. Nos régiments allaient être parqués au delà de ce canal, pour faciliter la surveillance des troupes prussiennes, ils se trouveraient ainsi emprisonnés par l'eau de tous côtés. Dans l'intérieur de la ville régnait un désordre sans nom. Les soldats n'obéissaient plus, un grand nombre même insultaient leurs officiers; on pillait les vivres. « J'ai entendu un colonel dire à son général : » Ah! l'on vous voit aujourd'hui, monsieur. Où donc étiez-vous hier? (1) »
— « Les magasins du château avaient été envahis, et par les fenêtres on jetait à la volée les pains de munition, les gros morceaux de lard. Des troupiers ivres s'injuriaient et se battaient. Dans une cour, à peu de distance du châ-

---

(1) Ludovic Halévy : *L'Invasion*.

teau, les agents du Trésor payaient la solde. Des mains avides étaient tendues. L'or s'étalait à tous les yeux (1). »

D'autres scènes plus nobles et plus graves montraient ce malheur public sous son aspect douloureux. « Quelques soldats étaient profondément abattus : d'autres pleuraient de honte, de rage et d'humiliation... ils pleuraient de vraies larmes, des larmes d'enfant, des larmes de femme. Les artilleurs enclouaient les canons à grands coups de marteaux, brisaient les ressorts des mitrailleuses. On démolissait les fourgons et les caissons. Les chevaux dételés erraient à l'aventure dans les rues : en prenait qui voulait. Des soldats criaient : « Cheval à vendre! cheval à vendre! Cinq francs! dix francs! quinze francs! » Pour les sacs et les couvertures, cela ne coûtait que la peine de les ramasser (2). »

Cependant l'armée française commençait à défiler sur le pont de la Meuse, devant les remparts, entre deux haies de soldats prussiens. La douleur qui assombrissait ou contractait les visages, ceux des vétérans surtout et ceux des officiers, touchait les vainqueurs eux-mêmes. Comme pour braver une dernière fois les Allemands, la plupart brisaient devant eux leurs épées : d'autres jetaient dans le fleuve sabres, fusils, ceinturons, gibernes, croix, médailles, épaulettes, « quelquefois avec des paroles pleines d'exaltation, dit un auteur prussien, mais aussi avec des discours noblement patriotiques (3). » Les Allemands eurent assez de miséricorde et de tact, pour ne pas troubler ces manifestations du désespoir, pour ne témoigner leurs propres sentiments ni par un mot, ni par un geste. Mais là aussi la dépravation née du régime impérial devait se trahir. « Quelques misérables qui avaient pillé des bouti-

(1) *De Châlons à Sedan*, récit d'un Chasseur à pied.
(2) Ludovic Halévy, *ibid*.
(3) *Von der dritten Armee*, par Paul Hassel, p. 257.

ques dans la ville, dit un capitaine français, ou défoncé des tonneaux de l'administration, venaient rouler ivres-morts dans la fange, aux pieds de nos vainqueurs (1). »

Quatre-vingt-trois mille hommes défilèrent jusqu'au soir, et les vainqueurs prirent possession de la ville. Elle offrait un spectacle de ruine, de tristesse et de désordre. A peine pouvait-on faire un pas dans les rues. Des chariots, des voitures renversées, des roues brisées, des fragments de harnais, des morceaux de bâches encombraient ou jonchaient le sol. Des miasmes putrides chargeaient l'atmosphère. La puanteur des chevaux morts offensait l'odorat à plusieurs centaines de mètres hors des murs. Dans les fossés, sur les remparts, dans quelques rues, les cadavres humains pourrissaient déjà. Les hospices, les ambulances et les maisons ne renfermaient pas moins de quatorze mille blessés. Un grand nombre de citadins étaient morts. Il fallut toute l'activité du commandant nommé par le prince royal de Prusse, il fallut de rapides mesures pour rendre la ville habitable. On alluma de grands feux, comme en temps de peste, afin de détruire les exhalaisons infectes (2).

Les Prussiens trouvèrent à Sedan 330 pièces de canon, 70 mitrailleuses, 163 pièces de rempart, qui n'avaient point tiré, faute de munitions, un matériel de guerre considérable et 11,000 chevaux, représentant une somme d'au moins sept millions. Parmi les prisonniers figuraient 39 généraux, 230 officiers d'état-major, 2,095 officiers de second ordre. Trois mille hommes avaient réussi à fuir en Belgique.

Non-seulement le malheur qui s'acharne sur un peuple ou sur un individu, ne lâche point facilement ses victimes,

---

(1) *Journal du commandant Corbin*, sous-chef d'état-major général. *La journée de Sedan*, p. 114.
(2) *Von der dritten Armee*, p. 257.

mais il les persécute avec une sorte d'astuce et de malignité. Jusque dans la nuit du 30 août, des pluies continuelles avaient harcelé nos troupes, en même temps que les colonnes prussiennes, et eussent rendu presque impossible une sérieuse affaire. Le 30 au matin, la négligence et l'incapacité d'un général devaient offrir aux envahisseurs l'occasion de battre un de nos corps d'armée : un soleil resplendissant illumine la campagne et facilite les opérations du prince de Saxe devant Beaumont. Le 31 août, le 1er, le 2 septembre, l'immortel lampadaire montre la même complaisance : il rayonne, il éclaire avec une sorte de joie nos cruels désastres. La nuit descend sur nos infortunes : nos malheureux prisonniers se trouvent en plein air, sans abri, sans nourriture, au pied d'une colline, dans un pâturage humide. Aussitôt d'épaisses nuées envahissent le ciel, la pluie tombe par torrents, mouille jusqu'aux os des vaincus déjà navrés de douleur ; et elle tombe le lendemain encore, elle tombe la nuit suivante, elle tombe pendant quinze jours, comme si elle voulait anéantir ceux que les projectiles des Allemands ont épargnés.

Jamais position n'a été plus horrible que la leur, et l'histoire d'aucun peuple n'offre un tableau aussi tragique. Pendant deux jours, le 3 et le 4, on ne leur distribua aucune espèce d'aliments. Ce n'était pas faute de provisions, car la rapacité germanique pillait toute la province et faisait abonder les vivres à Sedan. Les soldats prussiens mangeaient deux fois par jour de la viande. Si on ne leur fournissait pas sur-le-champ les denrées mises en réquisition, ils procédaient par le vol, le massacre et l'incendie. Les villages de La Chapelle, de Givonne et de Balan, que les troupes françaises occupaient, le matin du 1er septembre, n'avaient pas été moins cruellement traités que Bazeilles. De toutes les maisons il ne restait que les quatre murs : les meubles étaient brisés ou brûlés ; des vieillards, des femmes, des enfants, des porcs, gisaient pêle-mêle, éventrés, dans les pâtures. A Balan, un homme d'âge, le plus riche propriétaire de l'endroit, M. Laurent-Laporte, avait eu la tête tranchée par quatre soldats bavarois, qui pillèrent ensuite sa maison. La terreur donc ouvrait aux barbares toutes les granges, tous les celliers, toutes les huches, tous les magasins, tous les saloirs, toutes les caves, et ils auraient pu nourrir nos soldats, s'ils n'avaient eu le projet bien arrêté d'en faire mourir un grand nombre par le supplice de la faim.

Gelés, exténués, les malheureux se pressaient les uns contre les autres pour entretenir un peu leur chaleur vitale. Leurs pieds plongeaient dans une boue profonde, le ciel épanchait un fleuve sur leurs têtes. Quelques-uns, qui avaient des blessures et s'étaient traînés avec leurs camarades, souffraient plus que les autres. De temps en temps, l'un d'eux tombait mort : d'autres aussi mouraient de froid et de faim. La dyssenterie, la fièvre, les rhumatismes s'abattaient comme une troupe d'oiseaux funèbres sur ces damnés de la guerre. Au bout de quarante-huit heures, un homme sur vingt, c'est-à-dire environ quatre mille, avaient rendu le dernier soupir. Dès qu'un infortuné cessait de vivre, ses compagnons lui enlevaient ses habits et se les partageaient, dans l'espoir de se garantir contre l'affreux déluge. Si un soldat ou un officier se plaignait trop haut, les Prussiens ou les Bavarois l'assommaient à moitié avec la crosse de leurs fusils. Tous les objets de quelque valeur que ces dignes gardiens apercevaient sur les captifs, ils les leur volaient (1).

Ce serait manquer à la probité de l'histoire cependant, que de laisser peser sur les vainqueurs toute la responsabilité

---

(1) Lettre écrite de Bouillon au *Standard*, le 9 septembre 1870.

de ces tortures. Une part doit en revenir aux généraux du conspirateur de décembre, devenus célèbres à force d'être battus. L'ordre du jour publié au quartier général de Frénois, le 2 septembre, après la capitulation, par M. De Moltke, renferme ce passage d'une authenticité incontestable : « L'entretien des prisonniers, pour lesquels, suivant la promesse du commandant de l'armée française, des vivres doivent être amenés de Mézières à Donchery par un train spécial, est confié, comme leur garde, au général Von der Tann. Il faudra veiller avec soin à ce que nul obstacle n'arrête la marche de ce convoi. » Donc, si la parole donnée par le général De Wimpffen avait été tenue, quatre mille prisonniers ne seraient pas morts de faim, de froid et de détresse en 48 heures. Qu'étaient devenues les provisions annoncées ? Nous l'avons dit : après la défaite, on les avait brûlées avec les wagons qui les contenaient, pour les soustraire à l'ennemi. Le général en chef n'aurait pas dû promettre ces aliments, qu'on venait d'incendier avec la même folie dont toute la campagne a offert le désolant spectacle, sans s'être assuré qu'ils existaient encore. Mais ces faibles intelligences ne portaient pas si loin leurs regards.

Le 5 septembre, on distribua du pain pour la première fois aux captifs exténués : ils le dévorèrent comme l'eussent fait Ugolin et ses enfants. Le 6, on leur donna de la soupe. Puis on organisa les départs. D'après les ordres du général De Moltke, les prisonniers devaient suivre deux routes différentes : les uns passer par Stenay, Étain, Gorze, Rémilly, Forbach ; les autres par Buzancy, Clermont-en-Argonne, Saint-Mihiel et Pont-à-Mousson. L'armée saxonne était chargée de les conduire.

Dans l'après-midi du 5, on permit aux vaincus de faire du feu, s'ils pouvaient y réussir. Le 6, commença le douloureux voyage. On réunit les prisonniers par groupes de

deux à trois cents, qui furent emmenés comme des troupeaux de moutons. Un capitaine, auquel la langue germanique était familière, ayant demandé à un officier où on les menait, le Prussien lui répondit : « Tais-toi, cochon de Français, ou je te brûle la cervelle (1). » —
« Plusieurs étaient dévorés de la fièvre ; d'autres souffraient d'atroces douleurs d'entrailles, et des milliers, en proie à des crampes rhumatismales, pouvaient à peine se tenir debout. Mais aucun médecin n'était venu les visiter (2). » Les corps de musique prussiens jouaient devant eux des airs de triomphe, pour insulter à leur malheur. Une foule de soldats allemands les regardaient passer, leur adressaient de lâches insultes. « Faibles, à demi-morts de faim, tourmentés par la dyssenterie, par la fièvre, ruisselants, perclus de rhumatismes, on les forçait de marcher au pas accéléré (3). » Si quelqu'un d'entre eux, épuisé, harassé, à bout de forces, s'arrêtait parce qu'il ne pouvait plus avancer, il recevait un coup de crosse, accompagné du mot : *Vorwærts!* (En avant!). La faiblesse, la maladie l'empêchaient-elles d'obéir, on l'accablait de coups, on lui meurtrissait la figure ; puis on le jetait paralysé au bord de la route, et on l'y laissait. Il pouvait encore s'estimer fort heureux, quand on ne lui brisait pas les membres. A la moindre velléité de résistance, un officier ou un sous-officier accourait, tenant à la main un revolver, et brûlait la cervelle au récalcitrant. Cinq exécutions de ce genre eurent lieu, le même jour, dans un seul détachement de captifs (4). « Je n'ai jamais rien vu, j'en

---

(1) Lettre adressée de Bouillon au *Standard*, le 9 septembre 1870, par ce capitaine qui venait de s'échapper.

(2) Lettre écrite de Sedan, le 7 septembre, par un officier anglais, au *Daily Telegraph*.

(3) Même lettre. Le jour où il l'écrivait, l'auteur avait vu défiler *sept mille* de nos malheureux soldats.

(4) *L'Ami de l'Ordre*, journal de Namur, 15 septembre 1870. Tous

prends Dieu à témoin, d'aussi dur et d'aussi cruel, dit un officier anglais, que la manière dont les prisonniers français ont été traités par leurs vainqueurs. Si l'homme que je respecte le plus sur la terre n'eût conté ces faits, j'eusse refusé de le croire. Et les paroles ne peuvent traduire les scènes de barbarie lente et préméditée, qui ont eu lieu devant moi. Ayant appelé l'attention des officiers sur ces indignes traitements, les deux premières fois on me répondit poliment de me mêler de mes affaires; la troisième on me répliqua par une volée de malédictions contre la nation française en général et l'armée française en particulier (1). » Ce lamentable exode ne dura pas moins de dix jours, pendant lesquels ceux qui restaient dans la presqu'île d'Iges demeurèrent sans abri, les pieds au milieu de la fange, sous une pluie continuelle.

Et les généraux de Bonaparte, que faisaient-ils pendant que les soldats, victimes de leur ignorance et de leur incapacité, agonisaient et mouraient? Prisonniers sur parole, traînés dans de bonnes voitures, ils partaient commodément pour l'exil. « Le 6 septembre, M. De Failly passa par Mouzon pour se rendre en Allemagne, mais il ne se donna pas la peine de visiter les hommes qu'il avait fait estropier à Beaumont. Craignant sans doute que des officiers ou des soldats français ne lui fissent un mauvais parti, il avait fait effacer son nom de dessus ses fourgons (2). » Ce satrape de l'Empire avait des fourgons pleins d'habillements, de vaisselle, d'argenterie et de tentures!

---

les faits consignés dans l'article venaient d'être contés à l'auteur par des évadés français.

(1) Lettre adressée de Sedan au *Daily Telegraph*, le 7 septembre 1870.

(2) *Histoire de la seconde Ambulance*, par l'abbé Domenech, p. 269.

Le 3 septembre, le général De Wimpffen, qui avait sottement promis de nourrir nos captifs et les avait laissés mourir de faim, qui, dans tout son livre, n'a pas un mot de pitié pour eux, adressait au comte de Moltke une lettre courtoise et obligeante, où il lui demandait l'autorisation d'emmener avec lui quatre officiers d'ordonnance, ayant chacun un domestique, un secrétaire et un domestique pour lui-même. Ce grand homme avait peur de la solitude. Il appelait en outre la commisération du général prussien *sur deux vieux chevaux*, « qui ont été, dit-il, mes compagnons de fatigue en Italie et dernièrement encore en Afrique et en France. Ce sont des bêtes hors d'âge, incapables de faire un bon service de guerre, et je désirerais les conserver. Je prie Votre Excellence de vouloir bien me faire savoir si je puis les garder, et si mes officiers peuvent emmener un cheval leur appartenant, pour un service particulier auprès de ma personne. » Le lendemain d'un immense désastre, voilà quelles étaient les préoccupations du général De Wimpffen. Tant de soin et de pitié pour les animaux, tant de négligence et de dureté pour les hommes !

Le 4 septembre, le chef de nos légions décimées quittait Sedan, avec ses officiers et ses bêtes : il allait s'établir à Stuttgardt, ville bucolique située au fond d'un champêtre bassin, que couronnent des vignes et des bois résineux. Il y attendait patiemment la fin de nos calamités.

Le général Ducrot, lui, ne voulut point quitter ses troupes et donner sa parole qu'il ne servirait plus pendant la guerre. Quand il vit les soldats sans nourriture, il alla en demander au prince Frédéric-Guillaume ; puis, ayant rejoint les captifs, s'installa dans une bicoque située près du pont qui traverse le canal. Il fit tous ses efforts pour soulager les victimes du second Empire. Des chevaux furent abattus par ses ordres, des officiers choisis remplirent les fonctions d'intendants. Les Prussiens lui ayant octroyé quelques voitures de vivres, quelques têtes de bétail, il en surveilla la répartition. Enfin, il activa autant que possible le départ des prisonniers, qui tombaient malades et mouraient avec une effrayante rapidité. Mais il ne put leur donner longtemps ces marques de patriotique sollicitude. Il reçut lui-même l'ordre de se mettre en route, le 7, pour Pont-à-Mousson. Le roi de Prusse avait décidé que les officiers supérieurs de l'armée française se rendraient librement dans cette ville, d'où ils devaient être dirigés vers l'Allemagne en chemin de fer : ils prenaient par écrit, sur l'honneur, l'engagement d'y arriver le 11, et de s'y présenter aux autorités allemandes, avec leur feuille de route, une heure avant midi. M. Ducrot et son état-major tinrent fidèlement leur parole. Ayant annoncé leur présence au commandant de place, il leur enjoignit de se trouver dans la gare à deux heures. Un peu avant, le général, en uniforme, attendait le moment du départ dans l'embarcadère, que gardait au dehors une compagnie de Bavarois, les armes chargées. L'insuffisance de wagons ayant produit un retard et les troupiers catholiques surveillant très-mal, M. Ducrot, qui n'était pas tenu d'avertir ses geôliers, se glissa inaperçu hors de la gare, prit un déguisement, sortit de Pont-à-Mousson, et eut le temps de gagner Paris, quelques jours avant le blocus.

Par une coïncidence tragique et bizarre, le jour même où la sottise d'un chevalier d'industrie, auquel son nom avait permis de travailler en grand, annihilait ou livrait notre seconde armée, la perfidie opiniâtre du maréchal Bazaine assurait à la première un nouvel échec.

Le 29 août, il reçut du commandant de Thionville, par l'agent de police qui lui avait déjà remis un message le 23, cette importante dépêche : — « Général Ducrot commande corps Mac-Mahon : il doit se trouver aujourd'hui 27 à Stenay, gauche de l'armée. Général Douay à droite sur la Meuse. Se tenir prêt à marcher au premier coup de canon.

„ Signé : TURNIER. „

Le 30, à une heure avant midi, arriva au maréchal, par Verdun, une répétition du télégramme, qui lui était parvenu le 23 : « *L'Empereur à maréchal Bazaine.* Reçu votre dépêche du 19 dernier, à Reims. Me porte dans la direction de Montmédy, serai après-demain sur l'Aisne, d'où j'agirai selon les circonstances pour vous venir en aide. »

La première expédition de cette note avait déterminé Bazaine à la fausse attaque du 26, pendant laquelle il avait fait décider par un conseil de guerre que notre principale armée ne se battrait plus, qu'elle laisserait les autres forces du pays soutenir, comme elles pourraient, une lutte mortelle contre les envahisseurs. Le duplicata ne l'eût donc point tiré de sa voluptueuse nonchalance. Mais il accentua, en quelque sorte, l'avis positif du commandant de Thionville, et le maréchal, pour ne pas être accusé par un collègue d'une négligence préméditée, crut devoir faire encore une démonstration. S'il avait su que l'Empire était au bord du gouffre, il s'en serait abstenu ; son programme allait s'accomplir (1). Le 29 au matin,

(1) Au nombre des motifs qui l'engageaient à perdre l'armée de Châlons, les écrivains militaires du siége de Metz comptent l'*envie*, la plus basse et la plus cruelle des passions humaines. Il n'était pas fâché de détruire en même temps les forces et la renommée de Mac-Mahon. « Dans son inaction du 26 août, dans sa conduite du 1er septembre, quelques-uns ont voulu voir les effets d'une jalousie qu'il savait peu dissimuler dans ses conversations, aussi bien contre ses collègues que contre les hommes qu'il craignait de voir s'élever jusqu'à lui... et malgré soi on se reporte aux tristes souvenirs des

il avait annoncé un mouvement; puis il avait retiré ses ordres à midi. Le 30, à huit heures du soir, il prend un parti définitif : on attaquera le lendemain dès six heures. Mais comme il ne prévoit pas la fin si peu éloignée du régime impérial, comme il veut laisser aux Prussiens le temps d'abattre Napoléon, il prend ses mesures pour faire échouer la nouvelle sortie.

Par son ordre, les deux ponts jetés sur la Moselle avaient été consolidés; on en avait bâti un troisième et on avait amélioré les chemins. Vaines précautions; toutes les forces convergèrent sur une seule route, de sorte que la marche fut aussi lente le 31 que le 26. L'attaque devait avoir lieu sur les mêmes points, les manœuvres devaient être exactement pareilles; la journée du 26 semblait n'avoir été que la répétition de la feinte bataille qui allait se jouer. L'ennemi, de cette façon, pouvait se mettre en garde, contrarier tous nos mouvements, amener l'effectif nécessaire pour repousser nos troupes et les accabler au besoin. Mais l'ingénieux maréchal ne se doutait pas que tout, absolument tout, allait favoriser cette sortie, et qu'une mauvaise volonté prodigieuse empêcherait seule nos colonnes de traverser les lignes prussiennes, notre armée entière de gagner la pleine campagne, aussi aisément qu'un gamin franchit une haie.

En effet, le prince Frédéric-Charles avait porté la majeure partie de ses forces sur la rive gauche, quelques divisions même très-loin de la place bloquée. Le IIme corps tout entier se trouvait à plus de dix lieues, près de Longuyon, et encore au delà, près de Jametz, à cinq lieues de Montmédy. Le IIIme corps stationnait à quatre lieues de Metz, près de Doncourt et de Conflans; la division hessoise, la 18me division et l'artillerie du IXme corps,

guerres d'Espagne. sous le premier Empire. » *Metz, campagne et négociations*, p. 171.

presque aussi loin, dans le voisinage de Roncourt. Le VIIIme corps se tenait derrière Gravelotte, le VIIme à cheval sur la Moselle, au midi de la place. Bref, les trois quarts des forces allemandes avaient été groupées au nord-ouest, à l'ouest et au sud-ouest de la place, pour recevoir l'armée de Châlons, si les troupes dirigées contre elles n'avaient pu la tenir en échec. Préoccupé des nouvelles qu'il recevait, le prince Frédéric-Charles s'était lui-même posté à treize kilomètres de la ville, sur les hauteurs de Malancourt, dans la direction de Montmédy et de Sedan.

Comme la première fois, nos colonnes devaient gagner le plateau de Saint-Julien, s'y déployer et marcher contre le village de Sainte-Barbe, situé au pied d'un mamelon d'où partent des crêtes irradiées dans tous les sens ; une de ces arêtes s'allonge vers le nord, si bien que des régiments en marche doivent occuper l'éminence centrale, pour aller à Thionville. Comme la première fois, le maréchal Lebœuf devait tenir la droite avec le IIIme corps, le général Frossard former le centre avec le IVme, le maréchal Canrobert l'aile gauche avec le VIme. Comme la première fois, la brigade Lapasset fut chargée d'observer au midi les troupes prussiennes vers Ars-Laquenexy. La garde impériale et le IIme corps allaient composer une seconde ligne de bataille ; la réserve d'artillerie stationner à gauche du fort de Bellecroix, derrière le fort Saint-Julien, à plus de cinq kilomètres du front d'attaque. Comme pendant les journées de Rezonville et de Saint-Privat, la tactique du maréchal Bazaine eut pour but principal de faire écraser son aile droite. C'est le premier capitaine, depuis l'origine de l'histoire, qui n'ait jamais aspiré qu'à être battu. Et dans ses plans artificieux, il ne montrait même pas d'invention.

Cent quarante mille hommes de choix, la fleur de tous nos contingents, se préparaient donc à sortir de Metz.

Quelles forces se trouvaient devant eux, quelles masses capables de les arrêter? Dans le vaste périmètre, qui s'étend depuis Argency, par Sainte-Barbe et Retonfay, jusqu'à Ars-Laquenexy, ligne courbe qui n'a pas moins de dix-sept kilomètres, les Allemands ne pouvaient opposer aux Français que trente-six mille soldats. Devant Malroy-Charly se tenait la division Kummer, une douzaine de mille hommes; la 1re division d'infanterie occupait Sainte-Barbe, même effectif; la 2me division d'infanterie déployait ses lignes depuis Retonfay jusqu'à Mercy-le-Haut, même nombre de combattants (1). Si le maréchal avait fait avancer ses troupes en silence pendant la nuit, attaqué dès le matin les faibles corps placés devant lui, l'armée française écartait d'un revers de son aile droite, chassait, éparpillait le 2me division d'infanterie, culbutait la division Kummer et la 1re division d'infanterie, leur passait sur le ventre et marchait ensuite sans obstacle vers Thionville, d'où elle se concertait avec Mac-Mahon, que le maréchal Bazaine croyait à proximité. Mais c'était là justement un succès qu'il ne voulait pas obtenir. Il ne négligea rien pour essuyer une défaite.

Le mouvement des troupes françaises commence au point du jour; dès huit heures du matin, les IIme et IIIme corps sont en position. « Les avant-postes prussiens se retirent devant eux, et les emplacements indiqués sont occupés sans résistance; à ce moment, les villages de Noisseville, de Nouilly, de Montoy, sont à peu près abandonnés par l'ennemi, et il suffirait de la moindre démonstration pour les enlever; mais on n'y songe pas, l'ordre de mouvement ne donne aucune instruction pour le combat, l'emplacement assigné laisse

(1) Rapport du prince Frédéric-Charles. — *Der Französische Feldzug* 1870-1871, par A. Niemann, p. 258. Une carte spéciale montre dans ce livre la position des divers corps allemands.

ces points en dehors ; pas un de nos généraux, pas même un chef de corps n'oserait prendre sur lui de faire la moindre opération sans un ordre positif » (1).

Les deux corps, soixante mille hommes, formaient donc les faisceaux, et on leur enjoignait... d'allumer leurs feux, de préparer leur café (2). Le reste des troupes arrivaient lentement, si lentement que le VIme corps prenait position à une heure, la garde à deux heures et demie, l'artillerie de réserve à six heures du soir, la cavalerie à neuf heures.

En parlant du début de la journée, un historien allemand écrit en grosses lettres : *L'armée d'investissement se trouvait dans une position très-dangereuse* (3). »

Vers deux heures enfin, le maréchal Bazaine paraît sur le champ de bataille. Il s'occupe alors... devinez de quoi il s'occupe?... de faire construire un épaulement pour abriter deux batteries de 12. L'opération est longue, car on ne creuse pas comme on veut une terre forte et dure, mais elle s'achève. Le grand capitaine envoie aussitôt chercher au fort Saint-Julien trois pièces de 24 court, et les protége à l'aide d'un solide parapet. Quatre heures sonnent, quand on termine le travail. Le héros du Mexique pense que les Prussiens ont amené assez de forces pour écraser nos troupes ; il donne le signal, un coup de canon retentit : nos soldats peuvent marcher à la mort, avec la certitude de ne jamais vaincre.

Pendant que le maréchal faisait dresser des retranchements pour ses batteries, les Prussiens avaient à loisir pointé leurs pièces. Au lugubre signal qui annonce l'attaque, ils répondent par une grêle de projectiles : en quelques minutes, les bouches à feu logées derrière les retranchements sont écrasées ; les hommes qui les servent

(1) *Metz, campagnes et négociations*, p. 146.
(2) *Journal d'un officier de l'armée du Rhin*, par Ch. Fay, p. 143.
(3) NIEMANN : *Der französische Feldzug* 1870-1871, p. 261.

périssent; on renvoie au fort les pièces de 24. Les batteries divisionnaires ne sont pas mieux traitées : les obus allemands volent sur tout le plateau jusqu'à la ferme de Grimont, passent par-dessus nos régiments couchés à terre, fouillent le sol avec rage (1). Voilà quelle utilité avaient eue pour nos troupes les apprêts du maréchal Bazaine, dans l'endroit où il avait daigné se montrer.

Mais, au premier coup de canon, les différents corps s'étaient mis en marche, avaient prononcé leur mouvement. Le maréchal Lebœuf attaquait Nouilly, Noisseville, Montoy et Flanville, qui formaient devant lui un arc de cercle, ouvert de son côté. Toutes ces positions étaient enlevées à six heures et demie; les Prussiens battaient en retraite sur Retonfay, Gras et Servigny, dernières localités en avant de Sainte-Barbe, pendant que deux bataillons du général Lepasset, aidés par deux escadrons de dragons qui avaient mis pied à terre, prenaient Coincy, à l'extrémité de notre aile droite, en retour vers le sud.

Le IVme corps, après avoir attendu sous le feu de l'énnemi la réussite de cette première opération, attaque Servigny, où une de ses brigades pénètre par les jardins : mais trouvant les rues barricadées, les maisons garnies de meurtrières, elle recule devant une fusillade terrible. Deux divisions du général Ladmirault, vingt mille hommes, suivis d'une troupe de réserve, marchent alors contre Servigny, en occupant par échelons les vignobles inclinés de Villers-l'Orme, pour tourner par la gauche le premier village. Les retranchements prussiens de Villers sont conquis : on attaque au pas de charge, au bruit du tambour, ceux de Failly, de Poix et de Servigny. Nos soldats les enlèvent tous ; mais la prise des villages mêmes offre plus d'obsta-

(1) *Journal d'un officier de l'armée du Rhin*, par Ch. Fay, p. 143.

cles. Le 20me bataillon de chasseurs, précédant nos lignes, se jette sur Servigny à la baïonnette : il y entre, il pénètre dans les habitations, mais ne peut franchir les barricades. Deux régiments lui viennent en aide : ils sont arrêtés à leur tour. Il faut toute la division Aymard pour occuper la bourgade, encore ne peut-on déloger les Prussiens d'une maison crénelée, qui se dresse au bout du village. Celui de Poix reste inabordable.

A notre gauche, Canrobert s'était emparé de Chieulles, de Vany, dominait et menaçait Malroy, au bord de la Moselle.

Nous étions vainqueurs sur toute la ligne : encore un mouvement, et nous prenions Sainte-Barbe, situé à deux kilomètres de notre front. Le passage était forcé : les troupes de Metz pouvaient marcher à leur guise vers le nord ou vers l'est. Notre aile droite, depuis ses premiers avantages, était restée immobile, le maréchal Bazaine ne lui envoyant aucun ordre, feignant de l'oublier, parce que sa marche en avant aurait été décisive, aurait formé une évolution tournante, qui eût cerné la gauche des Prussiens ou déterminé leur retraite : demeurés inactifs, le maréchal Lebœuf et le général Frossard passaient leur temps à se disputer et à se contrarier. Tous deux néanmoins avaient gardé leurs positions, et un dernier élan, une attaque générale balayait nos adversaires, nous rendait complétement maîtres du terrain.

Mais l'ombre était arrivée pendant cette lutte, que le maréchal Bazaine avait à dessein commencée beaucoup trop tard. Il salue ces ténèbres amies, dont il veut profiter. Elles vont lui servir de prétexte, comme l'orage du 26. Dans les lueurs du crépuscule, il quitte le champ de bataille, tourne deux fois autour d'une auberge où avait eu lieu une escarmouche, puis, sans mot dire, prend la route du village de Saint-Julien. La consternation règne dans son entourage. On se rappelle son départ de Rezonville, les ordres donnés bientôt après et leurs fatales conséquences. « *Nous sommes perdus*, s'écrient les observateurs ; *ce n'est que trop certain, il ne veut pas sortir... On l'avait bien dit* » (1). Dans le village, il annonce qu'il y passera la nuit, et n'envoie aucune instruction aux chefs de corps, ni sur les mesures qu'ils doivent prendre jusqu'au jour, ni sur ce qu'on fera le lendemain.

Dès qu'il est parti, le général Changarnier, qui servait comme volontaire dans le IIIme corps, dit à son chef : « Allons, commandant, en avant ! Montrez que vous avez du nerf ! » Et il donne lui-même le signal de la charge (2). Elle fut vive, elle fut ardente, mais ne produisit aucun résultat. L'ennemi avait reçu de nombreux renforts. Entre minuit et une heure du matin, il attaqua lui-même Servigny, d'où il délogea nos troupes ; elles reculèrent de trois cents mètres (3). La fusillade des avant-postes retentit jusqu'aux premiers rayons du jour.

Les lenteurs calculées du maréchal Bazaine avaient, depuis vingt-quatre heures, bien amélioré la situation des Allemands. Le 31 août, dès huit heures du matin, le général Voigts-Rhetz avait ordonné à la 25me division du Xme corps (12,000 hommes) de traverser la Moselle, sur le pont jeté près d'Hauconcourt ; elle n'atteignit le champ de bataille que vers trois heures de l'après-midi. Quand l'attaque française eut lieu, les Germains purent donc lui opposer environ quarante-huit mille hommes. Mais les autres secours devaient arriver lentement : il fallut encore douze heures aux Prussiens pour réunir devant nos troupes une masse totale de 80,000 soldats (et je suppose les corps au grand complet). Une marche de nuit faite

---

(1) *Metz, campagne et négociations*, p. 159.
(2) *Journal d'un officier de l'armée du Rhin*, par Ch. Fay, p. 148
(3) *Ibid.*; p. 149. — *Armée de Metz*, par le général Deligny, p. 20.

par le IXme corps leur permit seule d'atteindre ce chiffre au lever du jour, le 1er septembre.

Comme à Sedan, un épais brouillard enveloppait la campagne : il ne laissait apercevoir que le sommet des collines, et formait sur les terres basses un voile impénétrable. Au chef d'état-major général, M. Bazaine dicta un ordre du jour équivoque et insidieux, espèce d'énigme qui n'offrait aucun sens et laissait tout au hasard. En voici le résumé : « Suivant les dispositions que l'ennemi aura pu faire devant nous, on continuera l'opération entreprise hier pour occuper Sainte-Barbe et marcher sur Bettlainville, ou on gardera et fortifiera nos positions, pour revenir le soir sous Saint-Julien et Queuleu. » Cette rédaction ambiguë préparait évidemment une retraite. Le maréchal avait sur place 140,000 hommes, presque le double des forces réunies par les Allemands : il pouvait leur faire subir au moins un sanglant échec; mais il ne le voulait pas. Bien loin de commander l'attaque, il laissa donc ses troupes immobiles, attendant, selon toute apparence, que le brouillard fût dissipé, car c'est un homme qui aime faire commodément la guerre.

Tout à coup un feu violent d'artillerie tonne sur le front du IIIme corps : la brume ne gênant pas les Prussiens, ils voulaient reprendre Noisseville. Le maréchal Lebœuf s'y maintient avec résolution : il fortifie le village, transforme en redoutes l'église et le cimetière, paye intrépidement de sa personne pour encourager ses troupes. Son exemple anime la brigade Clinchant et le 32e de ligne. Non-seulement ils gardent la position, mais ils poursuivent au dehors les assaillants. Les Prussiens font un effort terrible pour vaincre cette résistance. Le général Manteuffel lance contre nos braves champions la 2e brigade d'infanterie, la 1re brigade hessoise, l'artillerie entière du IXe corps et la brigade de cavalerie hessoise. Une mêlée furieuse s'engage. En subissant des pertes énormes, les Teutons occupent les abords et une partie de la localité. Mais des troupes fraîches et un bon nombre de mitrailleuses arrivent au secours des Français : ils chassent encore une fois les Allemands de Noisseville. La 2ᵉ brigade hessoise renforce les Prussiens, qui battent de nouveau la charge : ils pénètrent dans le village pour la troisième fois, mais sont repoussés comme les deux premières, et le général Manteuffel découragé ne renouvelle point l'attaque : il retire ses troupes, en forme une ligne pour contenir nos régiments victorieux, les canonne et les fusille à distance (1).

Il était huit heures du matin. Du plateau de Malancourt, le prince Frédéric-Charles entendit en ce moment, dans la direction de Montmédy, le sourd tonnerre d'une violente canonnade. C'était la lutte acharnée de Bazeilles, situé à vingt et une lieues, dont la brise lui apportait le grondement lointain. Mais les nécessités du commandement fixent bientôt son attention sur la rive droite de la Moselle. Il y dirige une partie du Xme corps, puis ordonne par un télégramme au général Von Zastrow de mener à la rescousse des bataillons engagés tout le VIIme, qui occupait le midi de la ville, pendant que le VIIIme ferait un mouvement pour aller prendre sa place.

Le général Manteuffel pointe alors sur Noisseville cinquante canons et toute l'artillerie hessoise, dans le but de foudroyer non-seulement le village, mais les troupes françaises postées derrière. En même temps, la 28me brigade d'infanterie prussienne attaque la droite du maréchal Lebœuf à Flanville, puis à Coincy. Elle refoule de ces deux endroits la division Fauvart-Bastoul. Comme ce mouvement découvrait l'aile droite de la division Montaudon, le maréchal

---

(1) *Der franzœsische Feldzug* 1870-1871, par A. Niemann, p. 271.

Lebœuf commande au général Fauvart-Bastoul de reprendre sa position. Il essaye et ne peut réussir. Les pertes énormes qu'il éprouve décident le commandant en chef à autoriser sa retraite, qui détermine celle de la division Montaudon. Noisseville, bombardé depuis deux heures, brûlait en plusieurs endroits. Le maréchal Lebœuf, que Bazaine ne fait pas soutenir, est contraint d'abandonner le village. Les Prussiens l'occupent à 11 heures.

Le IVme et le VIme corps avaient eu moins à faire. Le général Frossard avait maintenu mollement ses positions devant Poix et Servigny, Bazaine lui ayant ordonné d'attendre le succès du maréchal Lebœuf ; cependant le général Tixier, du VIme corps, avait attaqué Failly. Mais bientôt il remarque l'immobilité du IVme corps, elle le décourage ; puis Frossard se retire, et Canrobert, pour ne pas se trouver seul en flèche, imite son mouvement. A onze heures, la bataille était finie. Bazaine avait laissé au repos, non-seulement toute la garde impériale, mais une partie considérable des autres corps et presque toute son artillerie de réserve. Son principal soin avait été d'isoler le maréchal Lebœuf, de le laisser écraser par des forces supérieures, pour avoir le droit de rentrer dans Metz et peut-être aussi, avec les lâches sentiments d'un envieux, pour porter préjudice à un rival. Dans le livre indigne qu'il vient de publier, livre écrit avec toutes les ruses de la mauvaise foi, mais aussi avec une remarquable impuissance, il fait peser sur le maréchal Lebœuf, qui s'était bravement et noblement conduit, toute la responsabilité de la défaite qu'il avait organisée lui-même. — « A neuf heures, dit-il, j'envoyai l'ordre à tous les commandants de corps d'armée de tenir, coûte que coûte, sur leurs positions, et je préparai avec la garde et dix régiments de cavalerie une attaque décisive sur Sainte-Barbe. Vers dix heures, au moment où j'allais ordonner le mouvement, je reçus l'avis suivant, au crayon, du maréchal Lebœuf! (suit le billet, où le chef du IIIme corps annonce sa position critique). — Le mouvement de retraite de l'aile droite se propagea rapidement aux autres corps de l'armée. L'opération générale, d'offensive qu'elle aurait dû être, devint défensive, et les troupes furent contraintes de reprendre leurs anciennes positions sur les deux rives, afin d'éviter d'être acculées en grande agglomération jusqu'au glacis de la place. » Ce dernier membre de phrase, assertion prodigieuse et incroyable, veut dire que Bazaine, avec 140,000 hommes, ne pouvait en contenir 70 ou 80,000!

Ainsi le commandant de l'armée du Rhin laisse le maréchal Lebœuf lutter seul, sans ordre, sans appui, contre les principales forces germaniques; le maréchal obtient les éloges de tous ceux qui l'ont vu au feu, les Prussiens même lui rendent justice, et son rival l'accuse d'avoir, par sa faute, déjoué ses propres intentions, causé la perte de la bataille. Que la conscience publique le juge!

Après avoir raconté l'affaire du 31 août et du 1er septembre, le général Deligny, commandant une division de la garde impériale, ajoute les observations suivantes :
« Il ressort de ce récit, très-véridique dans son ensemble, que la bataille de Noisseville n'avait été ni préparée avec soin, ni bien conduite, et que le général en chef ne s'était proposé aucun but sérieux, car celui qu'il a laissé entrevoir eût été obtenu, s'il l'avait poursuivi avec la volonté de l'atteindre (1). »

Un autre témoin oculaire donne ce renseignement précieux : « Quand l'armée française se retrouva dans les positions qu'elle occupait la veille, à la même heure, les Allemands ne répondirent plus à notre feu; les vergers

(1) *L'Armée de Metz*, p. 23.

qui entourent les villages conquis le 31 août, étincelaient de casques et de baïonnettes ; les régiments prussiens et hessois y rentraient, musique en tête, et poussaient des hourras qui nous arrachaient des larmes de rage. Nous étions encore une fois vaincus (1) ! » Donc les Allemands ne poursuivaient pas nos troupes *pour les acculer aux glacis de la place*, donc les obus de l'ennemi ne *fouillaient pas les terrains en arrière des forts* (2), invention absurde entre toutes, car les Allemands auraient dû s'exposer en plein au tir de ces forts, pour que leurs projectiles pussent arriver au delà.

La feinte bataille de Noisseville coûtait à l'armée d'investissement 120 officiers, 2,358 soldats, tués ou blessés. Nos pertes étaient plus cruelles, et infiniment regrettables, puisque tant d'hommes étaient morts ou mutilés, parce qu'un ambitieux incapable avait voulu faire une démonstration illusoire et inutile : le général Manèque la paya de sa vie ; trois autres généraux reçurent des coups de feu ; 142 officiers, 3,547 hommes furent tués ou blessés. Tant de victimes pour mettre en scène une fourberie militaire ! Et le même jour, le sort complétait l'œuvre du maréchal, réalisait l'autre partie de son programme, abattait l'Empire à Sedan, livrait aux Prussiens notre seconde armée.

Je ne puis raconter dans ce volume la suite de ses manœuvres déloyales ; elles avaient produit, dès le 4 septembre, les plus pernicieux, les plus terribles effets, auxquels devaient succéder encore une immense catastrophe. Le scélérat de décembre avait trouvé un homme digne de lui : porté au faîte du pouvoir par la trahison, la trahison venait de le culbuter.

(1) *Les Vaincus de Metz*, p. 202.
(2) Phrase du *Rapport sommaire sur les opérations de l'armée du Rhin*, répétée dans le livre du maréchal Bazaine, p. 106.

A la bataille de Spikeren, si le maréchal avait soutenu Frossard avec tout son corps d'armée, fondu bravement sur les troupes du général Steinmetz, il les aurait détruites. Première victoire.

A la bataille de Borny, au lieu de se laisser surprendre, il pouvait attaquer avec des forces très-supérieures, écraser cette fois encore les divisions du général Steinmetz. Quoique surpris, en montrant de la résolution, une noble hardiesse, en n'immobilisant pas derrière lui la garde impériale, Bazaine dispersait et foudroyait ses adversaires. Deuxième victoire.

La bataille de Rezonville fut gagnée malgré les artifices du maréchal; mais elle aurait donné, sans sa criminelle astuce, des résultats bien plus précieux, bien plus décisifs. Troisième victoire.

A la bataille de Saint-Privat, si au lieu de se tenir à l'écart, il avait commandé ses troupes en personne, utilisé le bois de Genivaux pour couper en deux l'armée allemande, et fait marcher la garde impériale, restée immobile par son ordre pendant toute l'affaire, il eût remporté un succès mémorable. Quatrième victoire.

Si, par des messages hypocrites, par de faux renseignements, il n'avait pas attiré le maréchal Mac-Mahon et l'Empereur, contre leur volonté expresse, dans le département des Ardennes, pour faire anéantir notre seconde armée, la catastrophe de Sedan n'aurait jamais eu lieu. Mac-Mahon, renforcé par les trente mille hommes du général Vinoy, aurait marché au-devant du prince royal de Prusse en Lorraine, pendant que les légions de Metz auraient poursuivi les Allemands dans les provinces rhénanes. Une victoire de Mac-Mahon eût presque terminé la lutte. Le sort de la campagne, en tout cas, aurait été entièrement changé. La bravoure de nos soldats eût réparé les fautes du gouvernement, son imprévoyance, son désordre administratif, ses plans ridicules : la France n'aurait pas été déchue de sa haute position en Europe, saccagée, pillée, rançonnée par un peuple odieux, qui se fait gloire d'être vil et proclame lui-même qu'il n'a aucun sentiment d'honneur.

Le maréchal Bazaine a donc joué un rôle précisément contraire à celui de Jeanne d'Arc : l'héroïne lorraine a sauvé la France par son courage magnanime ; le sycophante de Metz l'a garrottée, saignée aux quatre membres de sa main parricide. Dans un demi-siècle peut-être, elle n'aura pas cicatrisé ses blessures. Judas n'avait trahi qu'un Dieu, mis par sa divinité même au-dessus de toutes les atteintes ; Bazaine, l'homme sans cœur, a trahi une nation déjà malheureuse, que sa perfidie a plongée dans un abîme d'infortunes.

Son premier châtiment a été de ne pas atteindre son but principal, la dictature qu'il rêvait : le second plane sur sa tête.

La nouvelle du désastre de Sedan, qui allait culbuter l'Empire, et de l'échec subi volontairement à Noisseville par le maréchal Bazaine, échec non moins grave, puisqu'il annonçait l'époque où notre armée la plus puissante et la plus aguerrie serait livrée tout entière aux Prussiens, arriva lentement à Paris. Le 1er septembre, on n'y connaissait pas encore la défaite de Beaumont. Ce jour-là, le prince de La Tour-d'Auvergne, ministre des affaires étrangères, dénonçait au Sénat l'odieuse conduite des Allemands sur le territoire envahi, et lisait une circulaire où il en informait les gouvernements de l'Europe. Il y racontait la saisie de l'ambulance dite *de la Presse*, avec son personnel et son matériel, qui avait dû traverser une partie de l'Allemagne, le Luxembourg et la Belgique pour rentrer en France, la mésaventure du baron de Bussière, fait prisonnier au milieu de l'ambulance qu'il avait organisée lui-même, la mort d'un chirurgien français, tué sur le champ de bataille par un soldat prussien, pendant qu'il terminait le pansement d'un blessé (1); il rapportait que des fragments de balles explosibles avaient été trouvés dans les plaies de nos soldats, que des paysans domiciliés près de Strasbourg avaient été contraints par les assiégeants de travailler aux parallèles creusées devant la place, mesure atroce qui obligeait les défenseurs de la ville à tirer sur des Français. (*Explosion de murmures : c'est horrible!*) « Nous protestons, au nom de la conscience universelle, contre de tels abus de la force », ajoutait le ministre. Il signalait encore l'indigne emploi fait par les Prussiens de la convention de Genève. Ce peuple artificieux, qui vante toujours sa droiture, avait couvert des insignes de la Société internationale, à Joinville notamment, à Saint-Dizier et à Vassy, son attirail de guerre, ses approvisionnements et ses caissons ; pour protéger le trésor de l'armée, les officiers de l'escorte et les payeurs portaient le brassard. Enfin M. De La Tour-d'Auvergne stigmatisait les déclarations de la Prusse, qui refusait de traiter la garde nationale mobile et les francs tireurs comme des belligérants, qui leur réservait la mort des assassins.

Le discours du ministre avait une importance manifeste, touchait à de graves questions. Ceux du Corps législatif annonçaient la plus grande quiétude d'esprit. Pendant toute la séance du 1er septembre, les élus du peuple examinaient des pétitions, parmi lesquelles une seule était relative à la guerre : les Alsaciens y demandaient qu'on ne laissât point périr Strasbourg sous une pluie de feu, sans lui porter secours. Le 2 septembre, l'assemblée discutait une loi sur l'élection des officiers dans la garde nationale

---

(1) Une de nos gravures représente cet incident tragique.

de la métropole et passait en revue d'autres pétitions. Les journaux du soir publiaient cette note : « D'heureuses nouvelles circulaient à la fin de la séance du Corps législatif. On parlait d'une grande victoire remportée par le maréchal Bazaine sur les Prussiens devant Metz et d'une marche en avant de son armée vers le maréchal Mac-Mahon. Nos soldats auraient enlevé de nombreux drapeaux et un ample butin aux troupes allemandes. » Le 3, dans l'après-midi, le gouvernement lui-même n'avait aucune nouvelle précise. A trois heures et demie, au moment où s'ouvrait la séance du Corps législatif, M. Cousin-Montauban prenait la parole : « Des nouvelles, qui ne sont pas officielles, je dois le dire, mais dont quelques-unes, d'après mon jugement, *peuvent être vraies*, nous sont parvenues.

» Ces nouvelles, je vais vous les donner.

» La première, et une des plus importantes, selon moi, *résulte de documents* qui m'ont appris que le maréchal Bazaine, après avait fait une sortie très-vigoureuse, a eu un engagement qui a duré près de huit ou neuf heures, et qu'après cet engagement, dans lequel — *le roi de Prusse lui-même le reconnaît* — nos soldats ont déployé un grand courage, le maréchal Bazaine a été obligé néanmoins de se retirer sous Metz, ce qui a empêché une jonction, qui devait nous donner le plus grand espoir pour la suite de la campagne.

» D'autre part, nous recevons des renseignements sur la bataille qui vient d'avoir lieu *entre Mézières et Sedan*.

» Cette bataille a été pour nous l'occasion de succès et de revers. Nous avons d'abord culbuté une partie de l'armée prussienne, en la jetant dans la Meuse, — différentes dépêches ont dû vous l'annoncer ; — mais ensuite nous avons dû, un peu accablés par le nombre, nous retirer soit dans Mézières, soit dans Sedan, soit même, je dois vous le dire, sur le territoire belge, mais en petit nombre. »

Quel sort peut espérer un grand pays, dont les chefs politiques ne sont pas mieux informés?

L'opposition en était au même point. Peu de temps après le ministre de la guerre, M. Jules Favre montait à la tribune, et débitait cette tirade : « L'armée française a été héroïque dans toutes les circonstances où elle s'est rencontrée en face de l'ennemi. Tout à l'heure encore on vous parlait de ces prodiges de valeur, qui ont été accomplis par le maréchal Bazaine, essayant de percer le cercle de forces quadruples des siennes qui s'est formé autour de lui. Il n'a pas calculé le nombre : il a vu que la France avait besoin de son épée, et, à travers tous les obstacles, il a essayé de se faire jour. » (*Bravo! bravo!*) Quelques développements oratoires suivirent, puis M. Jules Favre demanda passionnément la dictature en faveur du maréchal Bazaine. « Ce qu'il faut en ce moment, ce qui est sage, et qui est indispensable, c'est que tous les partis s'effacent devant un nom représentant la France, représentant Paris, un nom militaire, le nom d'un homme qui vienne prendre en main la défense de la patrie. Ce nom cher et aimé, il doit être substitué à tout autre. » Et comme on interrompait l'orateur, il s'écria : « Tous les autres noms doivent s'effacer devant celui-là, ainsi que le fantôme de gouvernement qui a conduit la France où elle est aujourd'hui. Voilà mon vœu; je l'exprime en face de mon pays : que mon pays m'entende! (*Applaudissements à gauche. — Violents murmures au centre et à droite. — Agitation.*)

C'était bien le pouvoir absolu remis au maréchal Bazaine, avec l'approbation enthousiaste du parti démocratique. M. Montauban fut très-embarrassé pour répondre. Il finit par se retrancher derrière cet argument *in extremis* : — « J'ai trop de confiance dans la loyauté et l'honneur de celui que vous avez désigné, pour croire un seul instant qu'il consentît à accepter, contrairement au serment qu'il a prêté, la position que vous voudriez lui faire. »

Jules Favre : « C'est la France qui la lui donnerait : il n'aurait donc à violer aucun serment! »

Le maréchal Bazaine montant sur le trône de Napoléon, quel rêve affreux! quelle vision du Dante! Avec un troisième empire, que serait devenue notre malheureuse nation?.

Dans la soirée du 3 enfin, des nouvelles positives arrivèrent aux Tuileries. Une convocation extraordinaire fit assembler la Chambre pendant la nuit, à une heure du matin. Le ministre de la guerre y confessa les malheurs que le régime impérial venait d'attirer sur la France, et demanda que toute discussion fût remise au lendemain. Mieux inspiré que la veille, M. Jules Favre déposa sur le bureau une proposition tendant à déclarer Napoléon et toute sa famille exclus du pouvoir, à élire une commission de gouvernement et à maintenir le général Trochu dans ses fonctions. N'ayant point Bazaine, l'orateur de la gauche voulait avoir Trochu.

Le lendemain, la Chambre se réunissait à une heure ; à 3 heures, la salle était envahie, le président Schneider levait la séance, et le flot populaire roulait vers l'hôtel de ville, où on proclamait la république.

Une nouvelle ère, une nouvelle lutte allaient commencer, lutte terrible, atroce et glorieuse pour la France. Toutes les ressources militaires du second Empire, ses armées, sa marine, ses généraux, ses ministres et ses Chambres, n'avaient soutenu la guerre que pendant vingt-neuf jours, du 4 août au 1er septembre. Sans capitaines, sans troupes régulières, sans armes, sans munitions, sans approvisionnements, le peuple français tout seul, trahi encore par les derniers chefs de l'armée impériale, persécuté par la disette, par la variole noire, par un effroyable hiver, délaissé de l'Europe, victime des circonstances les plus funestes et des cruautés de la nature, en proie au malheur, au chagrin, aux privations et aux souffrances, ne désespéra point de sa fortune, combattit pendant cinq mois un million de soldats féroces et astucieux, les bandes les mieux organisées de l'univers. Il adopta dans sa détresse la noble devise des Louvois : *Mieux vaut périr que de fléchir*, MELIUS FRANGI QUAM FLECTI. Et répandant à flots par toutes ses veines le sang de son cœur, il montra qu'il était toujours digne de sa vieille renommée, toujours fier, dévoué, intrépide, élevé par son courage au-dessus de la douleur, au-dessus de la mort, qu'il brave et dédaigne. Pendant que son vil Empereur s'engraissait à Cassel, lui recevait en pleine poitrine les balles des Prussiens, voyait brûler ses villes et ses maisons, périr ses femmes et ses enfants, assassinés par les hordes tudesques, par les escobards du meurtre et du vol. Sa bravoure, son patriotisme, son abnégation magnanime demandent un second récit, une étude patiente et inspirée, qui doit avoir pour titre : DÉFENSE HÉROÏQUE DE LA NATION.

FIN.

TABLE DES MATIÈRES

Pages.

Préambule. 5

LIVRE PREMIER.

LES ILLUSIONS ET LES PROVOCATIONS.

Chapitre Iᵉʳ. Les faux Allemands : la religion. 9
Ch. II. Les faux Allemands : la politique et la morale. 27

LIVRE DEUXIÈME.

LA GUERRE ET LA CHUTE DE L'EMPIRE.

Chapitre Iᵉʳ. Manœuvres du roi de Prusse et du comte de Bismarck 57
Ch. II. La démence de Bonaparte 93
Ch. III. La lutte diplomatique 127
Ch. IV. Début de la guerre, marche des armées, escarmouche de Saarbrück. 151
Ch. V. Batailles de Wissembourg et de Wœrth 172
Ch. VI. Bataille de Spikeren 202
Ch. VII. Chute du ministère Ollivier, marche du Prince royal, investissement de Strasbourg. 223
Ch. VIII. Mouvements des armées; inaction de la marine française 246
Ch. IX. Description de Metz; Napoléon et le maréchal Bazaine; souvenirs du Mexique. 269
Ch. X. Batailles autour de Metz : Borny, Rezonville 287

	Pages
Ch. XI. Bataille de Saint-Privat, perdue exprès par le maréchal Bazaine.	328
Ch. XII. Investissement de Metz, plan secret du maréchal Bazaine; incapacité du général Montauban.	368
Ch. XIII. Abandon de l'Alsace, plan de campagne absurde, bombardement de Strasbourg	392
Ch. XIV. Marche insensée vers le Nord, premiers engagements.	421
Ch. XV. Poursuite de l'armée de Châlons par les troupes allemandes; escarmouche de Busancy, combat de Nouart	444
Ch. XVI. La *Journée des dupes,* à Metz; combat de Beaumont.	461
Ch. XVII. Bataille de Sedan	504
Ch. XVIII. Capitulation de Sedan	555
Ch. XIX. Reddition de Sedan; bataille de Noisseville, perdue exprès par Bazaine; proclamation de la République	581

www.ingramcontent.com/pod-product-compliance
Lightning Source LLC
Chambersburg PA
CBHW060401230426
43663CB00008B/1349